U0939882

微言集

明清史考辨

李治亭 著

满学【清史】专家文库

辽宁民族出版社

图书在版编目（CIP）数据

微言集：明清史考辨 / 李治亭著. —沈阳：辽宁民族出版社，2012. 10

（满学（清史）专家文库）

ISBN 978-7-5497-0409-5

Ⅰ. ①微… Ⅱ. ①李 Ⅲ. ①中国历史 — 明清时代 — 文集 Ⅳ. ①K248.07-53

中国版本图书馆CIP数据核字（2012）第241666号

微言集·明清史考辨

WEIYANJI·MINGQINGSHI KAOBIAN

出版发行者：辽宁民族出版社
地　　址：沈阳市和平区十一纬路25号　邮编：110003
印 刷 者：沈阳市北陵印刷厂有限公司
幅面尺寸：180mm×250mm
印　　张：33
字　　数：570千字
印　　数：1-2000
出版时间：2012年10月第1版
印刷时间：2012年10月第1次印刷
责任编辑：吴昕阳　李　璜
封面设计：杜　江
责任校对：林　松

标准书号：ISBN 978-7-5497-0409-5
定　　价：68.00元

联系电话：024-23284345　　邮购热线：024-23284335
http://www.lnmzcbs.com

李治亭　1942年生，山东莒南人。1965年毕业于辽宁大学历史系。曾任吉林省社会科学院历史研究所副所长、所长等职，现为国家清史编纂委员会委员、传记组组长。一直致力于清史与东北地方史研究，撰有《清太宗全传》（合著）、《明清战争史》（合著）、《吴三桂大传》《努尔哈赤传》《清康乾盛世》《中国漕运史》等专著，主编有《清史》《关东文化大辞典》《爱新觉罗家族全书》《东北通史》等。

自 序

我从事清史及东北地方史研究，迄于今，已近五十年。历年发表的论文不算少，尚未编过个人文集。我深知出版论文集之类的书甚难，也就很少想过这件事。

今年夏，辽宁民族出版社吴昕阳副总编辑邀我编一本自选文集。开始，我还以为是客气话，嘴里说感谢，心里未必很当真，迟迟未操作。入秋，昕阳问我编完否？我这才感到误会了人家的美意。她再次明确而郑重说明：约我编文集，确系本社的决定，切勿疑虑，并嘱我尽快把文集编出来。真的，这让我好感动！我不再犹豫，迅即行动，历时仅月余，就把文集编出来了。忆及此事之缘起，直到完成，全赖辽宁民族出版社之盛情相邀，慨然为我出版文集，此情此谊，既深且厚，非一言而能尽！不待写在“后记”，这里，先向辽宁民族出版社致以真诚的谢意！

我拜读过老一辈们诸多文集，也浏览过时下已出的某些集子，各有各的编法，无须论其短长。我以为，编一部文集，当有一中心内容，或称为主题，有一条主线贯穿其中。为体现辽宁民族出版社的“民族”特色，我设定本文集的基本内容，当以满洲（族）与清史，而清史则以清入关前史为主。清入关前，正是满洲形成与崛起之时，遂使两者合而为一，概称之为清朝开国史，为本文集的基本内容。同时，也考虑到相关的内容，如读清史的札记类，就一件事或某一学术观点，发点议论。

根据这一设想，拟将收入文集的论文分为五个部分，一是“满洲（族）论”，二是“明清兴亡论”，三是“清前期人物论”，四是“专题论丛”，五是“读史议论”，近五十篇论文。这五部分内容，集中反映清前史与清初至康熙前期的研究成果。当然，我的研究成果远不止这些，例如，有关东北地方史的论文，以及学术考察、学术专访等未予收入。一本文集所收论文毕竟有限，不可能面面俱到，否则，势必将文集内容搞得杂乱无章，有如一个拼盘，照顾到了面，却显得分散而主题不鲜明。本着少而精、主题集中的原则，宁肯舍弃部分论文，亦有利于读者较为系统地了解清入关前与满洲（族）史。以后如有机会，再编新的文集也不迟。

新中国成立前，有关清入关前史、清初与满洲（族）史的研究，长期冷清，少有问津者。即便是清朝断代史也不被看重，其研究成果屈指可数。至新中国成立后，清史研究仍不见明显起色，唯从清史中分离出来的所谓“近代史”，却成一热门学术。清史真正热起来，从冷落变为“显学”，还是在改革开放以后，发生了划时代的变化，迄今已三十余年，“清史热”不减不退。其中，清入关前史包括满洲形成史一度占据风头，有席卷全清史之势，成果之多，远胜清亡迄至改革开放前约七十年成果的总量还要多！

虽说研究热火朝天，硕果累累，但认识与评价不一，有些问题的分歧相当尖锐，直到现在也难达成共识。例如：

努尔哈赤创建后金政权，是“分裂了中国”吗？努尔哈赤向明朝宣战，是“犯上作乱”吗？

努尔哈赤是个什么样的人？有的将其评为“武装强盗头子”！

满洲即现代满族的前身，她本属中华民族的一个重要成员。无论从她的远世祖先肃慎算起，还是从后世的直接祖先女真开始，满洲从来是中华民族的固有民族。但近年有些学者却说：“清军入关后，满族才真正开始融入中华民族的过程。”显然，将入关前已兴起的满洲排斥在中华民族之外。

清军入关，是历史发展的必然趋势，还是偶然性所使然？有些学者持后一说，用“偶然性”来解释这一重大历史事件！

清军入关，是参与全国重新统一战争，还是“野蛮的民族征服”？明明是群雄角逐的统一战争，确说成是“异民族入侵”。

满洲崛起，与明朝的矛盾，本为一国之内民族间的矛盾与冲突，却被某些人篡改成“国家间斗争”！

还有更极端的说法，断然全盘否定清朝：“清朝取代明朝是历史的大倒退”，是“以夷变夏”，使汉族“亡国灭种”！“后金——清野蛮凶残，代表了邪恶与黑暗。”

举凡降清的原明将吏，统统被斥为“汉奸、叛徒、卖国贼”，说他们“背叛祖国，背叛民族，背叛亲人”云云。

还有其他相近相似的说法，不一而足。

上述说法种种，大都是针对清入关前史与满洲兴起史，延及清军入关的一些重大问题，换言之，都是从这一阶段历史研究中发出的完全不同的声音。但是，清史学界的主流还是肯定满洲与清朝的。

从清朝历史的全过程来考察，清入关前史，无疑是清史的“源头”。这一阶段，以明万历十一年（1583）努尔哈赤起兵复仇为开端，至顺治元年（1644）初清入关前，共六十一年，又称为清开国创业时期。至四月，清军入关，定鼎北京，即与李自成的大顺政权、张献忠的大西政权及南明诸政权展开角逐，争夺天下，仍是清继续创业之时。到康熙二十二年（1683），以接收郑氏台湾为标志，初步完成了对全国的统一。至此，正好历经百年，可称为清之“百年创业史”。正确认识、科学阐释其“百年创业史”，具有重大的学术研究价值，也有深刻的理论意义。

本文集所收录的论文，并非针对上述的不同观点而作而发。实际情况是，在我发表大部分论文时，学术界尚未流行这些种种不当的观点，迟至近十余年间才陆续出现，有的颇为盛行。我想强调的是，我写的大多数论文与前引的说法并无关系。但也有个别论文是针对当前不同观点，予以反驳。如，《再辨洪承畴降清问题》《必须还历史真实——〈正说清朝十二帝〉质疑》《历史的回答——也辨吴三桂降清问题》等，就属于这类文章。不论哪种类型的文章，或正面阐述、论证，或批驳，贯穿全文集的学术主线，就是表达了我的“民族观”与“清史观”，跟百年间尤其是近年间出现的种种不正确的评说划清了界限。

如果要详细阐明我的基本观念，绝非一言而能尽，亦非千言所能说得清楚。这里，只能约略说几句吧！

在我国五十多个少数民族中，满洲（族）是最富有活力、最富有创造力、最富有进取精神的伟大民族之一。从其先世女真创建金朝，到其自身创建清王朝，无不给予中国历史的发展注入强大的生命力，推动中国历史继续向前发展。特别是清朝，是中国历史上统治中国最久、贡献最大的一个王朝。她打破历代一直贯彻的“华夷之辨”，实行“天下一家”“中外一视”的新观念，真正解决了对边疆的完全统一。在边疆的设置上，自秦始皇筑长城，限隔内外，长城以外的多民族，游离于“大一统”之外。而清第一次将秦始皇所行郡县制应用于边疆，用多种体制把边疆管辖起来。满洲——清朝的中国定型，始有当代中国疆域之广大、民族之众多。在中国历史上，没有一个王朝可以与之相比！至于在其他各个领域，皆有重大建树，可资大书特书之事，不胜枚举。要而言之，满洲——清朝改变了中国，发展了中国，以“文”化中国。

从满洲民族的实践活动，尤其她的不断更新的新观念，展示了这个民族的文化精神，可概括为：善于学习，胸怀宽广，勇于进取，适时捕捉历史机遇。正是这一文化精神，引导着满洲不断从胜利走向胜利。人们总是奇怪地问：满洲人数少，文化落后，何以打败能征惯战的农民军？又怎样击败强大的明王朝？答案总强调清的武力强大，“野蛮人”总是能“征服”先进的汉民族。其实不然。表面看，是武力打败，实则是文化精神在满洲人心中激励，并鼓舞他们奋勇向前！一句话，是文化打败了李自成、张献忠及南明诸政权。在清入关前，满洲的这一特色即文化思想尤为突出地展现出来。

一切不实之辞，污损满洲——清朝历史的评价，都将在她的伟大建树面前不攻自破。

当然，我肯定满洲——清朝，并不是要掩盖其不足或者错误。如，她坚持“首崇满洲”，对汉族施以“文字狱”；她坚持国语、骑射、服饰传统不变，强迫汉族剃发易服，接受满洲文化习俗；拒绝西方科技文明，自认骑射之技最好，不接受西方的火器，甚至采取鄙视的态度，被乾隆帝斥为“淫巧小技”，一概排斥。当形势发生重大变化，尤其是人类社会生产已取得重大突破，如西方社会已达到新的进步，满洲——清朝却没有跟上时代的大变化，即使英国人把“资本主义”送到中国的大门口，也被乾隆帝断然拒之于大门之外！到晚清时，清朝已经衰弱不堪，多次错过改革自救的大好时机，也就无法复兴了。

清朝百年创业史，历时长久，艰难险阻，宛如一部英雄史诗，令人感泣；每个事件都是一个传奇故事，让人心驰神往……但若展开研究，就不会像听故事那样轻松。总是因为史料未必详备，难以揭示其历史真相。更兼情况错综复杂，由努尔哈赤一人之崛起，竟牵动方方面面，其中是是非非，如何评断？诸如明与建州女真，后金建国，与明之战争；后金与李氏朝鲜之关系，新兴起的满洲与蒙古、与黑龙江沿岸诸民族、尤其与汉族之关系；清（后金）与农民军政权、清与南明诸政权、汉人反抗清之剃发易服、清收复南明所属的郑氏台湾，等等，真是多方交织在一起，矛盾重重，孰是孰非，功过之裁定，以何标准加以区分、界定？学术界部分学者的思维方法是：先入为主，即先设定某一方为正义的一方，与之对立者即为非正义的一方。如定明朝为正义，那么，清（后金）则推为非正义，于是，断定清向明发动战争为非正义，是侵略战争。而明为保己国土而战，就是正义之战。设定李氏朝鲜为正义方，皇太极两度发动对朝鲜战争都是侵略战争。其他，如南明、大顺、大西等政权，都被定为正义，那么，清入关、分别向他们展开进攻，统统是“侵略”，正义一方投降清朝，统统是背叛行为，必受谴责。如此等等。

这种评价方法，如同改革开放前，要求人们站稳政治立场，拥护、支持一方，去反对、否定另一方。将这一原则应用到历史研究，则将造成是非混乱，无法揭示历史真相。这是在“以阶级斗争为纲”“政治挂帅”的时代通行之法，应当指出，在改革开放三十余年后的今天，仍未彻底消除，还被一些人奉为“指导”。

坦白地说，我不赞成这种看问题的方法，从自己的科研实践中提出一种新的可行之指导原则：

第一，不要站在一个王朝的立场，去反对或否定另一个王朝，而应站在客观的立场上，即站在历史发展的趋势的立场来评是非；

第二，不要站在一个民族的立场上，去反对或否定另一个或几个民族，而应站在中华民族的立场，平等地看待各个民族；

第三，不要站在纯道德的立场上，去肯定或否定一切，而应站在“实践是检验真理的唯一标准”这一根本立场上。这就是重动机，更重实践的效果，并将两者有机地结合起来，来判是非曲直。

根据以上三条原则，就是一个基本思想：完全平等看待各个政权、各个民族，坚持具体问题具体分析，一切以其实践效果为据，是非就一目了然。如果按照改革开放前的思维模式与阶级标准，必然按“阶级身份”去划分明或清是“革命”还是“反革命”，那就会得出汉族为正义，少数民族兴起则为“侵略”。如此评述历史，就永远不会获得真理！

收入本文集的文章，大体是按此“三原则”为指导的。我的认识，并非一开始就很明确，也是在经历了长期的科研实践之后，加以总结并提炼而成。实践也证明：此“三原则”较少偏见，不易以偏赅全，不犯狭猛等错误。

我的主观愿望如此，效果如何，有待广大读者来检验。

还须强调的是，本文集之长短文章并非写于一个时期，恰恰是陆续写成并发表的。其学术水平及论文的质量，也是参差不齐。如拿二十几年乃至三十余年前写的文章与今日相比，难免诸多幼稚甚或失误。这次收入文集时，一律不改不动，以存历史原貌。

清史与满洲（族）史的内容极为丰富多彩，本文集所收的几十篇文章，与之相比，不过是微不足道的一两滴水，至多是反映其一小角的历史画面而已。又以其语言至微至陋，故取本文集之名曰“微言集”。

本书是我的“一家之言”，记录在此，乞方家雅正。

2011年12月18日夜

于中国人民大学静园

目　录

满洲（族）论

明清兴亡论

清前期人物论

专题论丛

读史议论

WEIYANJI

满洲（族）论

略说满洲名称的来源

公元1635年，清太宗皇太极庄严宣布：自此以后，他们的民族只许称满洲，其他一切不正确的名称永行禁称。可以认为，这是满洲名称的正式使用。全称应为满洲族，现今通行的满族名称，是辛亥革命后对前者的简化。清太宗为什么将本民族定名为满洲，这个名称是怎么来的，三百多年间，说法种种，误解纷纭。现在，理应定一个说法，尤其有助于消除误解。

误解之一，是把满洲当成地名。最恶劣莫过于日本帝国主义，早在发动"九一八"事变前，已把东北指为"满洲"，与蒙古并列，统称"满蒙"。他们的官方文件，乃至学术著作，把现今东北三省概称为"满洲"，遂将一个民族的名称混为地名，一直影响到今天，一些对历史缺乏了解的人们，一提满洲，仍以满洲为东北，而不知它本是民族之称。

误解之二，是把满洲当成国名。这也是日本帝国主义当年制造"满洲国"所留下的遗毒。所以，一提满洲，往往又与"满洲国"联系起来，甚至视为同义，这与民族名称实在是风马牛不相及。

在清代，把满洲作为族称的最权威的文献，是由乾隆皇帝"钦定"的《满洲源流考》。该书指出："满洲，本部族名……今汉字作满洲，盖因洲字义近地名，假借用之，遂相沿耳。实则部族而非地名，固章章可考也。"其实，乾隆帝的这番话，不过是对1635年清太宗定族称的进一步论证和确认。

清朝皇帝已明确否定了满洲为国名的说法。但是，在清代早期文献中确实有满洲为"国"的记载。如《清太祖武皇帝实录》，为清太宗时所修，是清代第一部官方实录。首叙满洲源流时，说天女所生的布库里雍顺已建立国家，"其国定号满洲"。由此便误认为满洲为国名。由满文译成汉文的"国"字，在满文中，其本意有“国家”“部落”“人口”等含义。比照历史文献所载，即以明代女真（满族的前身）诸部为例，有哈达、叶赫、乌拉、辉发等，都在后面加一“国”字，自称“乌拉国”等；以他称而言，如明朝称女真诸部，也时加一个“国”字，这不表示一个独立国家，更非现代人的国家观念，实际是部落或部族之义。清太宗命将征黑龙江中上游时，嘱咐领兵将领要向当地各民族宣传我们同他们“皆系一国之人”，以便于不战而招抚之。他所说的“一国”应理解为“一族”，因为他们同属女真人，正是在同一民族的含义中以“一国”而代称。所以，布库里雍顺所谓定国号为满洲，实质是定部落名为满洲。在《清太祖武皇帝实录》中，屡屡出现满洲与女真诸部并列的记载，仅举一例：叶赫派一使者至努尔哈赤处，称：“乌拉、哈达、叶赫、辉发、满洲总一国也……”从明朝到今人，皆把乌拉、哈达、叶赫、辉发等统称为女真的一“部”，那么，满洲也不例外，应是女真诸部之一。所说“总一国”，其义甚明，是说我们同属一个民族即女真。前引《满洲源流考》，不过是重申历史事实，消除人们的误解罢了。

满洲非国名，作为部落或部族称，源于何时？是否从清太宗宣布启用满洲族称开始？事实并非如此。这里再具体征引清太宗于1635年发布关于族称的谕旨。他说：“我国原有满洲、哈达、乌拉、叶赫、辉发等名。向者无知之人往往称为诸申。夫诸申之号，乃席北（锡伯）超墨尔根之裔，实与我国无涉。我国建号满洲，统绪绵远，相传奕世……”诸申与女真同音，明代统称为女真。清太宗不准称诸申，也就是不再称女真，而称原名满洲。此称之由来，延续久远，相传很多世代。这说明在清太宗以前，进而推定在努尔哈赤以前，已有满洲的名称。根据清朝统治者的说法，早在布库里雍顺时代就已有满洲的名称。未免言之过早，布库里雍顺是传说中的人物，如果确有其人，当属“只知其母而不知其父”的原始母系氏族社会时的人。按传说，他所建的满洲国号，地在斡朵里，即今黑龙江省依兰南，约当牡丹江与松花江汇流处。他命名本部落名称为满洲，因何起此名称？是无法解释的，就是说，无论从哪个方面都是破译不了的。

满洲人的姓氏，多以居地为氏，或以本部名为氏。同样，明代女真诸部都以所居之地或附近山、川而得名。如哈达部，以其附近的哈达河而命名；辉发部近处有辉发河而名之，乌拉部近居乌拉河畔，叶赫部有叶赫河，皆以河得名。近年来，一些学者认为，满洲之得名，同哈达等诸部一样，是从该部落所居之地的山、川得名。此说颇令人深省。满洲究竟以何地、哪个山川演变为部落名称？有的学者具体论证，是由“蔓遮”地名而衍化为“满洲”。据有的学者考证，“蔓遮”之地，相当于今吉林省集安县境。这里，在明代已成为女真诸部的故乡。约当元明之际，建州女真南迁之时，在这里生活过。努尔哈赤的祖先猛哥贴木儿率族人南迁，居住此地是完全可能的。因为他率族人进入朝鲜境内，而集安与朝鲜为邻，他经由此地进入朝鲜或后人返回中国，这个地区应为其居住的故乡之一。这个重要线索，也是重要证据，就是朝鲜人申忠一所著《建州纪程图记》，记叙他自朝鲜前往赫图阿拉途中，经历蔓遮岭，居于此处的女真人，他记为“蔓遮胡人”，统称“蔓遮诸部”。以朝鲜人所亲见，该部是一个不小的女真群落，不见得逊于哈达、辉发等较小的部落。但在明清官方典籍中，蔓遮的名称不见载，大抵被涵盖在建州女真诸部而不显，努尔哈赤的祖先迁离此地，定居于赫图阿拉，明朝遂以建州而称之。清太宗对此很反感，认为是明朝“误名建州”。他坚决主张用本族的传统名称，其意在追本溯源，不忘祖先。至于满洲是否从蔓遮转化而来，还可继续研究。

顺便指出，清太宗不准称诸申（女真），同宣布用满洲名称的第二年改国号大金为大清，具有同样的政治深意。他深知明朝人以宋与金（女真）和谈为戒，保持警惕，故避讳以金称国名、以女真称族名，表示他的政权和民族与金代女真并无关系。

以上略说，可以认为，清太宗宣布用满洲名称，并不是给本族以新的命名，而是对原有名称的恢复，重新加以确认，并把属于他先人的部落名称作为所有女真人的族称。于是，以此为标志，满洲共同体宣告成立，与古老的女真族划清了界限，进入满洲发展的新时代。

（原载《新文化报》1995年11月28日）

建州女真史研究的重要成果

——谈《建州女真遗迹考察纪实》

由孙诚、傅波、张德玉研究员主编，并组织近二十位学者共同撰写的《建州女真遗迹考察纪实》（以下简称《纪实》），历经二十年考古调查与文献研究，始于近期成书。古人著书，有“十年磨一剑”之说。其恒心与严肃治学可知。今之《纪实》以两倍于“磨剑”之数，远胜古人，更胜今人！

《纪实》对于本书学者而言，无疑是其心血与集体艰辛研究的结晶。此书之问世，为国内明清史研究奉献了一部迄今为止最新的学术研究成果。作为他们的朋友，我以先睹其书稿为快，深为他们取得这一重大学术成就而感到由衷的钦佩，可喜可贺！

“建州女真”——凡明清史学者，明清东北地方史学者并不陌生，尤其是研究满族史、清入关前史，建州女真必在研究之列。即使清朝简史、简编之类的清代通史，建州女真同样不可或缺。如清亡后第一部清代通史就是萧一山的《清代通史》，以及民国修《清史稿》，有关建州女真的史事与人物，各以浓重笔墨书写其中。

远的不去说了，就以近三十年的清史研究状况为证：三十年中，又有五六部规模不等的清代通史问世，有哪一部通史不写建州女真！至于建州女真的研究论文，也是连篇累牍。可见建州女真研究之盛，已成为20世纪八九十年代清史的一个研究热点。

清史研究状况反映出一个事实，即建州女真是一个无法忽略的问题，谁也割舍不掉！

当然，比之清史全部，建州女真未必是一个大问题。以往的研究，多集中于建州女真的源流、生产方式、阶级关系以及文化习俗等方面。一个最重要的问题，就是如何评估它在清史、满族史中的地位。换言之，给建州女真以准确的历史定位，并非是每一个明清史及满族史研究者所曾思考过的问题。如，有的学者著文称："清军入关后，满族才真正开始融入进中华民族的过程。"（见《明清易代及洪承畴研究》之"序二"）换言之，满族融入中华民族是从清入关后才"真正开始"的！这分明说，清入关前，满族还不是中华民族的一员。这就把满族的前身——东北地区的女真族包括建州女真统统划到中华民族之外去了。如此无视建州女真的存在，抹杀它与满族的必然联系，这是正确的结论吗？绝对不是！

我之所以强调建州女真不容忽视，是由其历史地位决定的，其研究价值重要，是因为她与满族的崛起、清朝的勃兴息息相关。因此，理应给她一个明确的历史定位。

从已存在的历史事实出发，可以毫不夸张地说，建州女真聚居之地，以赫图阿拉为中心，就是清朝"龙兴"的开创之地，努尔哈赤就是在这里起兵，掀开了清史的第一页！从满族史方面说，建州女真又是满族形成的发祥之地，他们的实践活动，才是满族史的真正开篇。要而言之，建州女真是清史与满族形成史的"源头"。

我们还要深化这一认识：建州女真之关键，就在于她是明清易代的连接点，两王朝一兴一亡的分界线。如所周知，建州女真与海西女真及"野人"女真，同属明代东北地区女真族的三个部分，皆归属明朝统治。当三部女真尤其是建州女真长期维系这种隶属关系，明朝在东北特别是在辽东的统治是稳固的。当建州女真率先打破同明朝的隶属关系，明朝才真正开始陷入统治危机。明万历十一年，公元1583年，建州女真努尔哈赤起兵复仇。如把这个在当时看来很小的一件事置于明清兴亡的过程来考察，就显得特别重要：恰恰是努尔哈赤起兵之时，正是清朝的"龙兴"之日。故清史的开端，必从努尔哈赤起兵讲起。同时，也开始了满族形成的历史进程。

表面看，努尔哈赤起兵的目的，是追杀仇人尼堪外兰，为被杀害的父祖复仇。尼堪外兰是亲明派，他引导明军去围剿反明派建州女真的一个部落首领阿台，努尔哈赤的父祖恰在其寨内，当明军攻破其寨，父祖不幸被误杀。努尔哈赤此时还不敢向明朝"问罪"，就把愤怒与仇恨发泄到尼堪外兰的身上，此人就成了明朝的替罪羊。他得到明朝的庇护，公然扶植他当"满洲国主"。努尔哈赤不予理会，马不停蹄，四处追杀，终至尼堪外兰授首。

这则小故事，清史学者无不知晓。这里，重现这一幕历史，意在阐明这一小事件的重大历史意义：建州女真以此为契机，开始崛起，向着创建清朝的前身——大金国的方向迈进。这就是坚冰正在打破，方向已经指明，星星之火，将成燎原之势。努尔哈赤起兵的目标是尼堪外兰，实际已把矛头指向了明朝。他统一建州女真诸卫，再进兵扈伦四部，完全打乱了明朝对女真的统治秩序，破坏了诸部的平衡关系，也使明对女真的民族政策归于瘫痪。可以认为，努尔哈赤起兵，兼并女真诸部，已经埋下了明朝灭亡的种子。从这个意义上说，明清兴亡肇始于此。

明清真正进入兴亡阶段，当始于努尔哈赤建国家政权，进入明统治东北的中心辽东地区之时，亦即宣告明亡的开始。我的先师，著名的明清史专家孙文良教授对此做出了精辟的不可替代的结论："明亡始于辽亡，辽亡影响明亡。"[①] 明清兴亡的历史进程，完全证实了这一结论准确无误！应当指出，人们往往只看到李自成大起义及推翻明朝的历史过程，却忽视建州女真之崛起对亡明的重要性。事实是，明末天下大乱，先乱于建州及扈伦诸部，再乱及辽东。当皇太极即位后，亦即明崇祯元年（1628），李自成才以一个驿卒加入农民起义的队伍。因为辽东之乱，明朝首征"辽饷"以全力征讨后金。农民不堪重负，人心思乱。加之天灾频繁，吏治败坏，终于逼使陕西农民揭竿而起，明朝再征"练饷"、"剿饷"，社会矛盾总爆发，明朝之亡无可挽回。把这一系列因果关系联系起来，就将明清兴亡的真相清晰地展现出来了。

追根溯源，明清兴亡史的源头，当始于建州女真崛起。换言之，建州女真之崛起，恰好是明清兴亡的分界线、转折点，或称为明亡的"拐点"。

我们把建州女真置于明清兴亡这个大时代的背景下，很自然地就会彰显出建州女真所处的历史位置，因而就获得了它的巨大的学术价值。建州女真之研究，是打开明清兴亡隐秘的一把钥匙。

建州女真与明清兴亡的关系如此密切，而与满族的形成尤其密不可分。无须做过多的论证，就可以断言：没有建州女真的崛起，就没有满族的形成！可惜，我们对建州女真的认识远未深入，还存有诸多糊涂不明之处，至于分歧亦在在多有。坦白地说，我们对建州女真既熟悉又陌生。所谓熟悉，是指依据十分有限的文字记载，不过描述了建州女真的表层的历史现象，至多勾勒出建州女真大致的历史轮廓罢了。随便举一个例子：建州女真社会，到底是奴隶制社

① 见《满族崛起与明清兴亡》。

会、农奴制社会，还是家内奴隶制、封建制社会？学术讨论未见深入，而今分歧依然。20世纪80年代曾热闹了一阵子，其后便无人问津了。就说满族的形成，是不是一个“新的民族共同体”？学术界亦有此疑问。新形成的满族与建州女真有何区别？皇太极改称族名为“满洲”，是民族的质的飞跃，还只是改个名称而已？为何改称“满洲”？即“满洲”之名的由来是什么？结果，学术界先后提出了十六种说法[①]。有关“满洲”之名，简直成了“哥德巴赫猜想”！

说不清的问题，至少说明我们的研究还停留在表面。如上面所说“满洲”之名，许多种说法简直是望文生义，有的却是一种猜想！至于我们感到陌生或未知的东西，恐怕要远远多于已熟悉的内容。如建州女真人的生产生活方式、生存状态、文化风俗、受汉文化多少影响等等。我们或感到陌生，或是个未知数。这里再提到建州女真人生活的地理环境问题，欲明此问题，须先知其地理方位，就是具体的地址、地点。可以说，我们从文献上知道的建州女真的地名、寨名、山冈名等，真的不算少。但若实指或确指今属何地，我们应当承认，知道的太少了！所以，我们只能照抄文献上的地名，而不知其地在何方！研究历史，失去了地理方位与空间概念，无论如何也不能阐明历史的真相。在古代社会，地理位置与地理环境的状态、自然资源等，对一个国家或民族的生存与发展起着巨大的甚至是决定性的影响。在当代，尽管进入了高科技的时代，其地理位置与环境仍然是制约其发展的一个重要因素。不重视地理或对地理的无知，不能不是一个史学专业工作者的严重缺欠！

的确，建州女真尚留给我们的空白太多。《纪实》的学术贡献，就是为我们填补建州女真的历史空白，将诸多的未知数变为已知数，把文献上的记载再现具体的存在；将历史上的存在寻找到她的遗址遗迹。

多年来，我们研究建州女真，存在两大困难：其一是文献记载甚少，多有语焉不详，有的是文献无证，更是难为无米之炊。女真本来有文字，但在元朝统治时期，女真文渐至消亡，在女真贵族中通用蒙古文。入明后，女真文完全消亡，于是女真人便没有文字记述本族的历史，留下了两百余年的空白。迟至1599年努尔哈赤创新文字，即所谓无圈点老满文。由此开始用此新文字记述其历史，记述零散，且极简单，这就是《满文老档》之由来。留存至今的“老档”，仅仅述努尔哈赤建金国后的一些史事，记述断断续续，并不完整。至于

① 据瀛云萍《满族史》统计。

努尔哈赤起兵至建州女真则无载。到皇太极时期“老档”记其史事，与建州女真相去已远。唯首修《清太祖武皇帝实录》，才记述了努尔哈赤起兵前有关建州女真的部分实况。显然，女真——满洲记述建州女真的事少之又少。多记载建州女真史事的，一来自明朝官方史书，以及私人史家之见闻、笔记一类的史书；一来自李氏朝鲜方面的官私史书，其史料或得之于亲历见闻，或取自传闻，其不确切也难免；记事之简略，互有歧义，亦属必然。史料之严重匮乏，不能不是一个难以逾越的障碍。

其二是，如前已指出，文献所载建州女真的地理环境，诸如山名、地名、寨、村落、城邑，以及其他等等地名，却不知其地在何处，往往读到文献所载之地理环境，头脑却是一片空白，顿失空间地域感。这是因为建州地区的地名，都是女真（满洲）命名，写到汉文献中则用汉文音译。随着其族人迁离，汉人进入，又代之以汉名，原地名就无人能确指其地了。如，在努尔哈赤统一建州女真的过程中，军队行经之地，文献载有地名，或山或水，或村寨，事后，恐怕连亲身经过其地的人也未必能记得。又如，战斗中，一些部落被兼并，人被迁离，其聚落之寨堡被平毁，其地在地图上消失，只能存其名而失其实。特别是努尔哈赤进入辽东，原建州女真大批迁入；至清军入关，又以“从龙”远迁中原。于是，建州女真之地变得荒凉而无人，原有的地名再也无人知晓了。本来，建州女真的居住很简陋，像中原那样建筑的城镇又极少，多利用山河之险，栅木为城。在其所谓城寨被废弃之后，不用多久，就连遗迹都无存了。而今三百多年后，真的连一点痕迹也找不到了。这与内地完全不同。中原地区的村屯、城镇皆已形成世代传承的稳定居住地，随着人口的增加，居住的规模也随之扩大，即使遭到战争破坏，仍能在原地重建，故其历史能延续下来。当我们一读到史书所载，即知其地在何处，即使不能够确切，也能大致辨其方位。如蒙古族本系游牧民族，流动性甚大，难以形成稳定的居住地，城镇也难以发展起来，一旦毁弃，就很快消失，以至连点痕迹也荡然无存了。

写了上面这么多文字，我们的研究者都会明白：寻找建州女真的“遗迹”多么重要！找到其遗迹，必能有助于恢复或再现建州女真的历史面貌。

《纪实》共寻找到建州女真近五十处遗址遗迹。其中，除赫图阿拉，包括旧老城，还有萨尔浒、玛尔墩、抚顺、界凡等部分遗迹已考证清楚，为我们所熟知外，大多是我们陌生或模糊不清之地。如，努尔哈赤起兵，文献并未明载其起兵之地，而《纪实》则明确考证出其地为波勒密山城。如图伦城、兆佳城，《清太祖武皇帝实录》明载其城，我们却不知城在何处。《纪实》给予了答案。王兀堂是建州女真著名首领，其“居寨”在哪里？以往，谁能说得清？董鄂部是建州女真诸部之一，它的城寨又在哪里？该部在“故寨瓦尔喀什”，谁能知晓？其“牛毛寨”为后金军事要塞，从未被人们所注意。这些有名无实的遗址遗迹都已找到，《纪实》做了详细考证，逐一记录下来。萨尔浒战役东路与北路战场，也是第一次考察，补充官书记载的缺漏。

还有某些遗迹已被人考察过。如上面提到的界凡、萨尔浒、赫图阿拉等城址、地址，《纪实》再考察，再论证，勾勒出更清晰、更准确的历史原貌。诸如人们熟知的苏子河、浑江等河流，考辨其河名、江名之来源与沿革，无疑丰富了我们对建州女真地理环境及历史变迁的认识。李朝文献中的计程“里”与明之“里”不同，与今之“华里”也有差异。《纪实》作三种“里”之对比，就为我们阅读明与李朝文献提供了知识，有助于解读史实。

类似的事例，皆写在《纪实》中，兹不一一列举。

《纪实》以建州三卫遗迹为核心而展开的考察，并非仅限于遗址遗迹的“名实”对号，更深入一步，是在此基础上，具体研究建州女真人的生产与经济发展状况，以及人们的生活、文化风情等，展现出清前女真史的演变脉络。《纪实》一方面对明朝、李氏朝鲜各方文献记述疏漏做了大量补充；另一方面为我们研究清前史、满族史提供了丰富的新史料。读《纪实》，使我们对建州女真有了一个系统的全新认识，产生出“立体感”。建州女真的历史不再模糊不清，更不再虚无缥缈，它变得如此清晰，如此具体，名至而实归！

《纪实》取得这一系列成就，实在是来之不易。

此事之缘起，当追溯到1987年，张德玉研究员首议：开展建州女真遗迹考察，给予准确的历史定位。此议一提出，即得到时任抚顺市社会科学院科研所所长赵立静先生的赞同，又得到抚顺市博物馆考古队的支持，遂于次年组成考察组，正式开展考察。搜罗史料，解析文献，固然不易；比较之下，实地考察更艰难。初期考察，既无资金，也无必需的设备，每年春秋两季，利用星期天，骑自行车，穿行在沟沟岔岔的旷野间，进山沟，爬山冈，自带面包、水壶，踏遍抚顺地区的山山水水，每寻到一处遗址，总要反复前去考察多次，有的要去十几次，始获圆满结果。2005年，他们又把考察扩大到本溪、丹东地区。又得到抚顺市社会科学院与本溪市档案局的全力支持，考察工作条件有所改善。更可喜的是，这项考察工作，不断吸引地方专业工作者参加进来。如，抚顺市社会科学院、本溪市档案局（馆）、本溪市博物馆、桓仁满族自治县地方史研究会的领导和研究人员也加入了考察队伍。桓仁满族自治县的王从安先生已八十多岁了，仍然壮心不已，苦苦追求。数年来，他们根据文献反复考察县内兀弥府遗址，确定董鄂城的位置。他们的考察成果进一步充实了建州三卫的考察内容。

建州三卫的遗迹考察，最终形成抚顺、本溪、桓仁两市一县，近二十人的考察规模。虽然考察工作条件有所改善，仍远远不能满足实际需要。他们中一些在岗的专业人员与领导，大多是利用工作之余考察。经费有限，他们就自费。张德玉等同志几次自费下乡搞田野调查，还到民间搜集资料。考察组成员分工协作，跋山涉水，吃苦耐劳，以辛勤的汗水换来了丰硕成果。

考察组的成员长期坚持，不为名不为利，不怕艰苦，孜孜以求。他们的精神之高尚，事迹感人之深，适足以写成一长篇的动人故事！

历经二十个春秋，辛勤的劳动，终于结成了丰硕的成果：一部翔实的《纪实》凝结了集体的心血，实实在在地摆在了我们的面前。我作为一个清史专业研究者，深为这些做奉献的人所感沛，从内心向他们表达由衷的敬意和感谢！

我还要特别指出，参与撰写的专业人员治学严肃认真，一丝不苟，一扫当前学术界急功近利、浮躁的不良习气，正确地应用科学方法，将文献的搜集、研究与实地考古考察紧密地结合起来。举凡明与李朝及满文老档所载建州女真史料，确已搜罗无遗，继之进行排查、比对，提取史料中的历史信息，得出应有的结论。他们借助熟悉本地自然地理的优势，将文献所记与实地相对照。前已说到，为一处遗迹的真伪，竟连去十余次，反复验证，直到确认为止。这种求实求真的科学精神贯注于《纪实》之中。

当然，《纪实》所考所查建州女真遗址遗迹，是否皆准确无误，有待实践的检验。个别的、或小的纰漏总是难免的，这丝毫也不影响《纪实》的学术价值。从地方史来说，本书恰好填补了明代辽东地区历史文化记述的不足。本书作者们所做的考察工作，对地方的文化事业的建设是一个有力的推动，他们以其实践行动起到了示范作用。

《纪实》是二十年对建州女真史考察的生动记录。实际上，这是一桩重大的学术文化的事业，期待继续做下去，必将取得新进展。

（原载《满族研究》2011年第2期）

清初索伦人

富饶的黑龙江，孕育多少勤劳民族和英雄的人们！自北魏而辽，而金、而元，至于有清，皆崛起于黑水之滨，龙骧虎步，闯入中原，或建一代统一王朝，或建半壁江山。它们都在中国历史上留下了巨大的痕迹。明清之际，伴随着古老的女真族的再次复兴，在黑龙江上游地区又出现了一个强悍的民族——索伦人，她以勇敢善战的姿态登上了当时的军事斗争舞台，四征不庭，威名震天下。索伦人在清初发展史上写下了重要的一页。

一、关于“索伦”的名称

明清之际，在黑龙江流域的广阔地区居住着很多语言不尽相同的部族与部落，有蒙古族的巴尔呼、额鲁特，有蒙古语系的达呼尔、鄂伦春、毕勒尔、索伦（鄂温克）、黑斤（赫哲）、费雅喀等民族部落①。但这些部族与部落并不完全为人们所知道，就是说，还不能具体地区分各民族。在明代，概以女真称之，并按其生产发展水平和地域，分为建州女真、海西女真、“野人”女真。大抵黑龙江流域的各民族都属“野人”女真。迟至明末清初，才开始有了各种不同的名称，例如，对居住在黑龙江中上游的部落和部族，或称之为“呼尔哈”，或称之为“索伦”，或称之为“萨哈尔察”，或上述名称互用，有时在这些称呼之前冠以“黑龙江”，有时干脆写作“黑龙江地方”②。以上诸称，多系

① 《朔方备乘》卷2，第1、6、7页，“索伦诸部内属述略”。
② 见《满文老档》《清太宗实录》。

从居住地域来划分的，如今天同为中国人，则必冠以居住地名以示区别。以呼尔哈为例：呼尔哈为女真人的称呼，原居住在呼尔哈河地区，因以名之。这个部族一度很强大，因而获得了具有代表性的普遍名称。在清初文献中，就把黑龙江直到东海的女真统称为呼尔哈人。为加以区别，又有松阿哩（松花江）呼尔哈、东海呼尔哈、黑龙江呼尔哈等称。这里，诸如松花江、东海、黑龙江都是地域概念。上面提到“萨哈尔察”为满语，意为“产黑貂的地方”，这也是用地域称部族的另一种表示法。

索伦之称，同呼尔哈具有同样的含义。在清初文献里，并不把索伦视为一个新的民族，而是把它看成是另一个地区的女真（满）人。我们从索伦的本意也证实了这一点。这一部族称“索伦人”，翻译过来的意思是“居住在河上游的人”（“索罗乃”，即“上游人”），“河”系指黑龙江。这与居住在黑龙江下游的“黑斤”（赫哲）意即“居住在河下游的人”（“黑斤乃”——下游人）是相对应的名称[①]。索伦居黑龙江上游之地，史有明证，据《大清一统志》载，索伦与达呼尔两个部族散居在西起额尔古纳河、东至黑龙江北岸的精奇里江，北起外兴安岭、南至大小兴安岭之间的广大地区[②]。《清太宗实录》明确记载：坐落于黑龙江上游两岸的雅克萨、铎陈、多金、额苏里诸城皆隶索伦部，其首领博穆博果尔亦活动于这一地区。《清圣祖实录》也载：清军反击罗刹之地的雅克萨一带广布“索伦村庄”；《朔方备乘》对此亦作了准确的考证。精奇里江，水色黄，索伦语“黄色”为精奇里。至晚清，魏源著《圣武记》说：“盖索伦当黑龙江极北，兴安大岭之麓，介于俄罗斯及喀尔喀蒙古之间。”[③]《清朝通典》写道：“其东北最远者，为索伦、达呼尔二部，居黑龙江东北境，额尔古纳河与精奇里江之旁，与俄罗斯接壤。”[④]历史记载和后人考证表明，索伦居于上游地区是没有疑问的。可见，“索伦人”，同样是以地域来命名的部族与部落的称呼。在17世纪中叶以前，即清入关前后，把这一地区的居民统称为索伦人，还没有把达呼尔、鄂伦春、鄂温克等族具体区分为不同的民族。这表明当时“索伦人”是一个泛称，换言之，她是这个地区各民族的总称。何秋涛

---

① ［苏］波列伏依著，郭燕顺、孙运来译：《久切尔人问题》。
② 《黑龙江志稿》卷62，第2页，“艺文”。
③ 《圣武记》卷1，第8、9页，“开国龙兴记一”。
④ 《清朝通典》卷70，第2538~2541页。

指出："索伦诸部者，黑龙江省土著之民也。"[①]"世人于黑龙江人不问部族，概称索伦，而黑龙江人居之不疑。"许多本不属索伦的部族也自称索伦，是因为"索伦骁勇闻天下，故借其名以自壮"[②]。因此，索伦的本意和她的名望，就使索伦获得了普遍的意义，许多不同的部族与部落都被概括在"索伦部"的总称之下[③]。我们这里使用"索伦人"的概念，确切些说，本应指鄂温克人，但在当时历史条件下，她确是包含了居住在这一地区的各民族，特别是达呼尔、鄂伦春与索伦多系混居，又是本地的强大民族，自然是"索伦人"的一个主要成分。

"索伦"这一名称，最早见于《清太宗实录》天聪八年（1634）的记载，迟至康熙六年（1667）才从索伦的总称下分出"打虎儿"（达呼尔现称达斡尔）的族名[④]。这是因为不断吸收索伦人编入八旗，使人们对这里的民族有了进一步认识，看到"索伦族类至繁"，并不全是索伦人，逐渐分出达呼尔、鄂伦春等民族[⑤]。这说明人们已把索伦视为一族即后来的鄂温克，从而失去总称的意义。自此，索伦与达呼尔、鄂伦春并列而不断出现在清代与私人文献著述中。直到民国时期，还在沿用索伦名称。新中国成立后，索伦正式更名为鄂温克，索伦也就从记载中最终消失了。

二、强悍的民族

黑龙江流域的地理环境十分奇特。《黑龙江志稿》做了这样形象的描绘：外兴安岭拱于北，内兴安岭布于中，松花江横于前，黑龙江、额尔古纳河分列左右，居高临下，天然形胜，而一山一水曲折平衍，皆成半环式，实为地理一奇观[⑥]。黑龙江上游地区，以黑龙江为主干，曲折环绕千余里，支流河汊纷出，大小兴安岭绵延不尽，峰峦林立，沟谷纵横。山间丘垄，草木丰盛，森林郁茂，野兽繁殖。这种天然的特殊环境，索伦人"倚为苑囿"[⑦]。他们世代"采捕打牲为业"，岁以"捕猎为生"[⑧]，终年游动在大小兴安岭上。笔者曾于

①②《朔方备乘》卷2，第1、6、7页，"索伦诸部内属述略"。
③ 王锺翰：《达斡尔人出于索伦考》，载《清史杂考》。
④《清圣祖实录》卷22，第17页。
⑤《朔方备乘》卷1，第7页。
⑥⑦《黑龙江志稿》卷3，第2~7页。
⑧《黑龙江志稿》卷26，第59页，"武备·兵制"。

1983年8月初，驱车上溯黑龙江二百余里的山林中，到鄂伦春族聚居的新生村考察。按文献记载此地也是概括在索伦之下的达呼尔、鄂伦春与索伦人混居的生息之地。当地党政干部说，直到解放初定居前，这一带鄂伦春一直保持着原始的游猎生活。不过，在沿江某些平川地，如雅克萨附近有定居的达呼尔和索伦人，从事少量的农耕。从新生村鄂伦春以往的狩猎看出，他们主要是捕鹿，兼以捕貂。至今，驯鹿仍为其大宗收入。捕鹿必以马追逐，所以人人精于骑术。例如，他们还保有“骑马接新娘”的习俗：新娘跳上马飞奔，新郎亦纵骑追赶，直至追上，把她接回家中。据此看来，他们应称为“使马”部族。生活在黑龙江以北更远的索伦人即后来的鄂温克、达呼尔“诸人皆以捕貂为业”①。捕貂亦以骑马为便。在追逐中，飞山越岭，诸如“熊、羆、豺、虎、鹰、鹯之属，骈蹄累迹，白昼出，攫人为粮”②，要防备和躲过这些猛兽的袭击，也要时时避开密林树枝的撞击。他们在险境中骑马逐兽，把他们锻炼得机灵、敏捷、勇敢，又养成不猎到猎物不罢手的坚忍不拔的精神。

黑龙江流域，气候酷寒，尤其是江北以远，至外兴安岭，每年阴历八月初秋，至十二月（相当公历次年的一、二月间），是这一地区最为严寒的季节，大雪皑皑数千里，“冰厚逾丈，万物成蛰”③，但却是捕貂的好季节，索伦人趁此时出动，“皆于雪天寻其迹而捕焉”④。有一首诗描写了冬猎的情景：

> 鄂伦春隶索伦围，庐帐千家裹桦皮。
> 大树惊貂凭犬得，深山野鹿任人骑。

又有一首写道：

> 夫役官围儿苦饥，连朝大雪雉初肥。
> 风驰一矢山腰去，猎马长衫带血归。⑤

索伦人就是这样年复一年地驰逐于山谷林间。这种世代相袭的捕貂猎兽的

---

①④《黑龙江志稿》卷15，第20页，“物产·动物”。
②③《黑龙江志稿》卷61，第10页，“艺文·文征”。
⑤《黑龙江志稿》卷62，第22~23页。

营生，培养索伦人耐艰苦、耐驰逐、耐风雪的民族素质，大自然的刚劲秋风与酷寒的冷冽之气把他们练得筋骨粗壮，力大无穷，猎到熊、虎等大兽，自己“负之而归”[①]。索伦人长期在马背上追逐，不仅骑术高超，无与伦比，而且箭法极精，矢不虚发。故索伦人以其骑射敢战而“雄于诸部”[②]。后来，他们被编入八旗，成为一支最能战斗的队伍。仅举两例。其一，有一个叫由屯的索伦人，“饶胆力，善用强弓”。一次，他随乾隆皇帝到木兰围场行猎，恰巧一只老虎闯进围中，由屯只一箭就把老虎射毙。乾隆皇帝取其矢，赞叹道：“吕布善射，未必能尔。”后官至齐齐哈尔副都统[③]。其二，著名的海兰察更是海内闻名的神箭手，他年幼时随大军征准噶尔。有一次，他追赶叛将巴雅尔，此人也很善射，他正要引弓先发制人，海兰察却眼疾手快，还没等巴雅尔发射，他的箭已射中其肘，从马上滚落下来，成了俘虏。因之赐号“额尔克巴图鲁”。乾隆四十六年，他随驾赴木兰围场，有两虎进入围中。海兰察连发两矢，两只虎当即被射死，“众诧为神勇”[④]。像由屯、海兰察那样善骑射，这在索伦人中已成为每名丁壮必备的技能。索伦人不愧为黑龙江上一个强悍而令人敬畏的民族。

三、入贡归大清（后金）

在清朝（后金）勃兴以前，广大的黑龙江流域隶属于明朝版图，沿黑龙江南北两岸，远至外兴安岭，遍设卫所，以当地部族首领为官员，定期向明朝贡，保持着政治上的隶属关系。建州女真崛起，建后金，进入辽东，争雄于辽西，明在东北的统治亦告结束。从努尔哈赤到皇太极都十分清楚满洲（女真）与黑龙江流域各民族的渊源关系，力图在与明争夺中，把黑龙江、乌苏里江，直至东海诸部并入清（后金）的版图。努尔哈赤曾几次向东海诸部进兵，远至黑龙江中游南北两岸。但他尚未完成对该地区的统一就去世了。然而，后金的影响却不断扩大。就在他去世的这一年，即天命十一年（1626）十二月，“黑龙江人来朝，贡名犬及黑狐、元狐、红狐皮、白猞狸狲、黑貂皮”等物[⑤]。这

①《朔方备乘》卷1，第7页。
②《圣武记》卷1，第8~9页，“开国龙兴记一”。
③《黑龙江志稿》卷52，第15页，“人物传”。
④《黑龙江志稿》卷52，第6页，“人物传”。
⑤《清太宗实录》卷1，第20页。

是清早期文献明确称“黑龙江人”首途沈阳。比这早些时间，即天命元年（1616），努尔哈赤派兵“征东海萨哈连部”，“驻营黑龙江南岸”[①]，始出现“黑龙江”的名字。当时，刚刚建立的后金把萨哈连部概括在“东海”的地区之内，说明萨哈连部约当黑龙江中下游之间的地带。而天命十一年这次“黑龙江人”来朝，没有冠以“东海”或“萨哈连”字样，从一个侧面证实此处提到的“黑龙江人”，是来自黑龙江上游地区[②]。

以此次为开端，黑龙江上游地区各部族和部落纷纷向清（后金）朝贡。据载，天聪五年（1631）六月，有“黑龙江地方”伊扎纳等头目来朝，同年七月，又有“黑龙江地方虎尔哈部落”托思科等四头目贡貂皮[③]。

天聪七年（1633）十一月，“萨哈尔察部落”头目费扬古满代率四十人贡貂皮[④]；八年（1634）正月，“黑龙江地方”羌图里、嘛尔干率六姓六十七人来朝[⑤]。

上述记载，虽称呼不尽相同，但都在黑龙江上游地区。

以“索伦”名称首次见诸记载的，也是在天聪八年五月：“黑龙江地方”头目巴尔达奇率四十四人来朝，贡貂皮等物，紧接着又记为“可令索伦部落来朝头目巴尔达齐速还国”[⑥]。巴尔达齐系“京奇里兀喇（即精奇里江，今结雅河）人”，后被清太宗招为宗室额驸[⑦]。上面“黑龙江地方头目”与下文“索伦部落”头目巴尔达齐同是一人。同年十月：“索伦部长京古济、巴尔达齐、哈拜、孔恰泰、吴都汉、讷赫彻、特白哈尔塔等，率二十五人来朝，贡貂狐皮。”[⑧]按居住区域，这里所说的索伦人是在萨哈尔察、呼尔哈等部族更远的地区，当是黑龙江上游江北以远的地方。索伦部来朝这一事实，生动地反映清（后金）的政治影响不断扩大，由近及远，不断深入，大批地吸引远方的民族投向清（后金）政权。这一历史趋势的新发展，有力地促进清（后金）对黑龙江上游地区的统一。其后，到清太宗去世前近十年间，索伦人来沈阳朝贡，总的来说，还是相当积极的。

---

①《清太祖武皇帝实录》卷5，第7页。

②［日］阿南惟敬：《清の太宗の黑龍江徵討について》。

③《清太宗实录》卷9，第9~11页。

④《清太宗实录》卷16，第17页。

⑤《清太宗实录》卷17，第5页。

⑥《清太宗实录》卷18，第20页、34~35页。

⑦ 北京文管处藏：《一等阿思哈哈番巴尔达奇碑》。

⑧《清太宗实录》卷20，第30页。

天聪九年（1635）四月："黑龙江索伦部落头目巴尔达齐率二十二人来朝，贡貂、狐皮等物。上（清太宗）命礼部承政满达尔汉迎于五里外，设宴宴之。"五月，清太宗又召见"索伦部落朝贡头目巴尔达齐等"①。

在巴尔达齐的带动下，他的同族人也接踵而至。同年六月，"又黑龙江贡貂者塞布奇屯巴尔达齐等十六人、噶尔达苏屯四人、戈博尔屯二人、额苏里屯萨岱等二十四人、阿里岱屯八人、克殷屯四人、吴鲁苏屯二人，此皆旧日往还之人。又新至者：榆尔根屯一人、海轮屯二人、固浓屯一人、昆都轮屯一人、吴兰屯一人。又，索伦部落移牧八人，内至者四人，其余因马疲，留于科尔沁地方，先后共六十七人。"②

天聪十年（1636）三月，"赐黑龙江进贡貂皮头目费扬古、卓嫩、吴墨特等九人缎衣、帽、靴、缎、布等物有差"③。

同年四月，"索伦部落萨哈尔察地方额驸巴尔达齐，率十四人来朝，贡貂皮。"④

应当指出，当时，萨哈尔察同样被概括在索伦部之内。以巴尔达齐为代表的这部分部族即是达呼尔民族⑤。从以上摘引的《实录》可以看出，居于黑龙江北岸支流精奇里江附近的达呼尔人向清（后金）朝贡最为频繁，与满洲上层的关系非常密切。

崇德二年（1637）二月，"黑龙江地方额苏里屯内俄伦扎尔固齐、克讷布鲁达尔汉率九人至，奏言：额苏里屯，约六日程。有从未通我国者三十九屯，今欲来贡，不知纳贡礼仪，求我等同皇上使臣一人至彼，即备方物，随使臣入贡，为此特遣人来，其所献之物：貂、狐皮二百有六，貂狐衣服七领"⑥。

四月，"黑龙江索伦部落博穆博果尔率八人来朝，贡马匹貂皮"⑦。博穆博果尔居于乌鲁苏城，是索伦部的总首领。他以自己的才干赢得黑龙江上游两岸各部族和部落的拥护，成为他们的共同领袖。换言之，也就是各部落联盟的首领。由于他亲自来朝，黑龙江上游"南北两岸各城俱附之"⑧。如，同年十

① 《清太宗实录》卷23，第8~9页。
② 《清太宗实录》卷23，第29。
③ 《清太宗实录》卷28，第10页。
④ 《清太宗实录》卷28，第17页。
⑤ 王锺翰：《达斡尔人出于索伦考》，载《清史杂考》。
⑥ 《清太宗实录》卷34，第11页。
⑦ 《清太宗实录》卷35，第3页。
⑧ 《黑龙江志稿》卷54，"博穆博果尔传"。

月，“精奇里河浑秦屯内居住扈育布禄，初未入贡，至是亦率五人来朝，贡貂皮”[①]。

崇德三年（1638）十一月，“博穆博果尔、瓦代、噶凌阿等来朝，贡貂皮”等物[②]。此为博穆博果尔第二次亲自来朝，居月余返回。

同月，“黑龙江额驸巴尔达齐弟萨哈连等五十一人、索伦部落透特等三人来朝”[③]。

我们从清代官方的一系列记录清楚地看到，清（后金）对黑龙江上游各民族实行了招抚与笼络的政策，给予优厚的待遇，的确收到了明显的效果。但是这一政策在具体对待上，并非完全一视同仁；同时，它也不排斥在某种情况下（如拒绝朝贡）使用武力。只要稍稍分析，就会看出其中细微的差别。清太宗对以巴尔达齐为代表的达呼尔人礼遇独厚，还招为额驸，这是黑龙江其他民族头领所未有得到的殊荣，不过是对巴尔达齐忠心的一种报偿。相反，博穆博果尔作为强大的索伦部首领却只得到一般待遇，当然会引起他心中的不平。这也难怪清待之菲薄，因为博穆博果尔归服甚迟，朝贡不频，贡品有限，也就换不回清政权对他的优厚回报。在各部族纷纷朝贡时，有的暂时中断，清太宗于天聪八年曾派出八旗兵远征黑龙江上游地区，掠夺和俘获了大量财物和人口，不能不在当地各部落之中产生仇恨。还有，博穆博果尔的势力正在发展壮大，他不肯屈服于满洲统治者，因此他第二次朝贡之后，就同清断绝了政治关系。于是，便发生了清军与索伦部的一次重大军事冲突。

崇德四年（1639），清太宗派兵征索伦。激战在西至雅克萨、东至乌鲁苏等夹江两岸诸城堡近千里的战线上展开。这里各部族、部落，除巴尔达奇所在的多科屯站在清朝一边，都响应博穆博果尔的号召，参加了抗击清军的战斗。博氏一次就动员和率领六千人组成的各民族的军队，可以想见他的力量多么强大！所以，清军同索伦人战斗是它屡次进兵黑龙江以来所遇到的一次最激烈、规模最大的激战。强大的清兵遇到善战的索伦人的顽强抵抗，损失颇重。但最后还是把索伦人给打败了。次年，崇德五年（1640），清太宗另派一支二百四十人的精骑追到外兴安岭的齐洛台（苏联赤塔），将博穆博果尔擒获，献俘于沈阳。清军击败了黑龙江上威名素重的索伦部和她的著名首领，迅速产生了深

①《清太宗实录》卷39，第2页。
②《清太宗实录》卷44，第10页。
③《清太宗实录》卷44，第19页。

远的政治影响，推动这个地区尚在徘徊不定的部族纷纷投向清政权，从而加快了清政权对黑龙江的完全统一。例如，崇德五年（1640）五月，清兵征索伦时，有三百三十七户，计男子四百八十一人主动来降[①]；六月，有索伦部落克尔密特等来归[②]。崇德六年（1641）五月，“索伦部落蒙塞尔瓦代之子巴尔达齐率其户二百四人来降。”[③]同月，索伦部落一千四百七十一人来降[④]。至此，清基本上统一索伦部。清太宗庄严宣告：“予缵承皇考太祖皇帝之业，嗣位以来，蒙天眷佑，自东北海滨，迄西北海滨，其间使犬、使鹿之邦，及产黑狐、黑貂之地，不事耕种，渔猎为生之俗，厄鲁特部落，以至斡难河源，远迩诸国，在在臣服。”[⑤]这一宣言，标志着清对黑龙江流域的统一已经取得了历史性的胜利。而最强大的索伦部基本上归入清的统治，则是这一胜利的突出象征。崇德八年（1643）五月，清太宗第三次也是他在位时的最后一次对索伦部用兵，越过黑龙江，到达北岸，进入精奇里江下游地区，对尚未归服的部分部落展开进攻，克三屯，招降四屯[⑥]。“于是，黑龙江全境索伦诸部皆称臣妾，奉正朔，我疆我理，尽东北海矣。”[⑦]

四、八旗劲旅

索伦人归入清政权后，选其丁壮编入八旗，披甲为兵。他们以勇敢善战、精于骑射而名闻天下，成为八旗兵的一支劲旅，为清统一全国、保卫边疆发挥了巨大作用。

索伦编入八旗，始自太宗时期。天聪八年，清首次进兵黑龙江上游地区，所得壮丁二千四百八十三人，“分与新编牛录”[⑧]。崇德四年，征索伦，俘获六千九百五十六人，选择其中“堪为首领者，即授为牛录章京，分编牛录”[⑨]。同时，将妇女幼小“均隶八旗，编为牛录”[⑩]。六年，清太宗赏赐并宴请索伦

①⑨《清太宗实录》卷51，第32页。
②《清太宗实录》卷52，第6页。
③④《清太宗实录》卷55，第20页。
⑤《清太宗实录》卷61，第2~3页。
⑥《清太宗实录》卷64，第24~26页。
⑦《朔方备乘》卷2，第1、6、7页，“索伦诸部内属述略”。
⑧《清太宗实录》卷23，第24页。
⑩《清太宗实录》卷52，第12页。

部落牛录章京，有都勒古尔、达大密、阿济布、纳努克等十六人[①]。七年三月，赐宴索伦牛录章京讷耨克等二十二人[②]。六月，赐宴索伦牛录章京尔特米、阿济布等十四人[③]。八年，清兵第三次征索伦，“其携来男子，命按丁披甲，编补各旗缺额者”[④]。

上述材料证明，自索伦归入清政权，就已开始编入旗籍，一是被迁来沈阳的索伦人加入满洲八旗，称“伊彻满洲”（汉语，“新满洲”）；二是留在原地的索伦人则按旗编制，任命牛录，管理基层的军政庶务，他们定期朝贡，以保持同清政权的隶属关系。

清兵入关后，到康熙时期，加强了对黑龙江的管辖，开始由朝廷派官置守。康熙二十二年（1683），置机构，正式设“黑龙江将军”，同时也加强了对索伦的管辖。二十三年（1684），圣祖指示大学士等：“索伦、打虎儿总辖之任甚为重要，必得贤能之人，始能管理。”[⑤]是年始设索伦总管、副总管。十月，“以原任奉天将军安珠护为索伦总管”[⑥]，“该总管与蒙古四十九旗扎萨克一样，俱照内都统例，各颁给印一颗”[⑦]。总管为三品，副总管为四品[⑧]。后又分设索伦总管，达呼尔总管、副总管，称为“打牲头目、副头目”。其总称又叫布特哈，“东北数千里内处山野业采捕者悉隶之”。康熙三十年以后，陆续增设满洲总管一员、副总管八员[⑨]，分别管理索伦人、达呼尔人及其他民族或部落的事务。

清朝采取的另一项措施，是在索伦人、达呼尔人中设“额兵”，组成一支近似独立的军队。康熙三十年，圣祖下达谕旨：“以索伦、达呼尔之众，酌量令其披甲驻防。”在齐齐哈尔遣满洲八旗兵二百人进行训练[⑩]。在此之前，我们只知道被迁入沈阳的索伦人和其他民族的丁壮披甲入伍，以补各旗的缺额者。自圣祖这一谕旨之后，便成为定制，要从原居地的索伦和其他民族中征兵，披甲入伍。黑龙江将军所属八旗兵，除满洲、汉军之外，还有索伦兵、达呼尔

---

①《清太宗实录》卷56，第6页。
②《清太宗实录》卷59，第24页。
③《清太宗实录》卷61，第16页。
④《清太宗实录》卷65，第15~16页。
⑤《清圣祖实录》卷120，第17页。
⑥《清圣祖实录》卷122，第26页。
⑦《清圣祖实录》卷124，第20~21页。
⑧《茶余客话》卷1，第6页。
⑨⑩《朔方备乘》卷2，第1、6、7页，“索伦诸部内属述略”。

兵、鄂伦春兵、毕勒尔兵、巴尔呼兵、厄鲁特兵，称为“黑龙江八部落”。他们“平时自应其役，军兴皆听调拨”[①]。

自“清世祖鼎定后，四征不庭，威棱（凌）绝域，索伦之名乃大著”[②]。索伦人“从龙”入关，帮助清朝打天下，姑且不论。即以他们参加反击沙俄入侵的斗争为例，是他们创下的英雄业绩之一。沙俄所侵占的雅克萨一带，原是索伦人（包括达呼尔）的居住地。他们以保卫家乡的迫切感，积极地投入这场伟大的斗争。首先，他们为清军提供后勤支援。在清军调发雅克萨时，索伦人为他们“接济牛羊”[③]，选五百匹肥马，送到呼玛尔口，酌量给用[④]。为了保证军报、谕旨通畅无阻，迅速上传下达，圣祖指令“安设驿站”，由索伦与达呼尔完成此项艰巨任务。驿夫粮食不足，“以索伦所贮米支给”[⑤]。索伦人实心任事得到了圣祖的称赞：“索伦效力勤劳，传谕异日加恩，以示鼓励。”[⑥]在战斗中，索伦人是很勇敢的。索伦总管傅克等俘获沙俄匪徒三十余人，副总管乌木布代等被派到雅克萨侦察，生擒沙俄匪徒，出色地完成了任务。在清军两次发起雅克萨的反击战中，索伦人始终与之密切配合，并且成了清军后勤供应的主要依赖。

继雅克萨反击战后，索伦、达呼尔等部队又踏上新的征程，远涉西北，参加了平息噶尔丹叛乱的斗争。噶尔丹是准噶尔部的首领，原属厄鲁特蒙古之一部。他自称为汗，四出侵扰，与清朝分庭抗礼。圣祖不容忍噶尔丹分裂国家的叛乱行径，率大军亲征。他深知准噶尔叛军善骑射，便从东北调来索伦、达呼尔和满洲八旗兵组成的“黑龙江兵”，由抗俄名将萨布素统帅，成为与噶尔丹战斗的一支最精锐的部队。康熙三十五年，分三路出兵，萨布素率黑龙江兵“出东路，逼其冲”[⑦]。又命大将伯费扬古率部分黑龙江兵与蒙古兵出西路，迎击噶尔丹。三十六年正月，驻守大同要地的“前锋兵”共三千人，其中黑龙江兵有五百人，这时，将他们移至右屯驻扎，接应进剿。同年三月，圣祖驻跸黄河西岸，他站在船上，亲自检阅“八旗前锋黑龙江兵起程”出征，他发现内中

---

①《朔方备乘》卷2，第1、6、7页，“索伦诸部内属述略”。
②《黑龙江志稿》卷54，“博穆博果尔传”。
③《清圣祖实录》卷106，第22~24页。
④《清圣祖实录》卷109，第7~9页。
⑤⑥《清圣祖实录》卷120，第16页。
⑦《朔方备乘》卷4，第2页。

有的马瘦弱疲蹇，当即下令以内厩马驼换掉[1]。由此可见，圣祖是多么看重以索伦为代表的黑龙江兵！的确，这支善战的劲旅不负朝廷厚望，在平息噶尔丹叛乱的各次激战中，都是冲锋在前，建立了巨大的功勋。

噶尔丹兵败自杀后，康熙五十五年（1716），又有策妄阿拉布坦派兵袭击西藏而掀起一场新的叛乱。策妄是噶尔丹之侄。他趁叔父进攻喀尔喀，占有其旧属，自成一势力，但表示效忠清朝，共同剿灭噶尔丹叛军。数年后，他以进攻西藏而发动新的叛乱。索伦兵、达呼尔兵又奉命从遥远的黑龙江畔来到西北，向叛军发动了猛烈的进攻，迅速平息了叛乱。策妄死后，其子噶尔丹策零继续为乱。这场叛乱持续到雍正十年（1732）前后，才基本上安定下来。索伦人奔驰于蒙古草原、瀚海周边，为维护多民族国家的巩固尽了他们最大的力量。

至乾隆二十年（1755），清兵进新疆，平定准噶尔内乱和消灭阿睦尔撒纳的新的叛乱中，索伦兵和巴尔虎兵三千名应召赴京，调到军营效力。索伦、达呼尔与其他民族的八旗兵所至凯旋，会师于乌里雅苏台。高宗对此给予高度评价："索伦、达呼尔兵向无俸饷，年来效力军营甚属奋勉，著加恩照呼伦贝尔官兵例，赏给一半俸饷，其数额著定为二千名。"[2]

乾隆三十四年（1769），向云南派兵五千名，其中索伦兵三千名，由黑龙江副都统瑚尔起等六人率领，至云南集结，向缅甸进兵[3]。三十八年（1773年），在四川又爆发了大、小金川土司的叛乱。清军进剿失利，所用绿营兵不得力。高宗特指派吉林兵和黑龙江之索伦兵"作速起程"。由于索伦兵和吉林兵的勇猛作战，先克小金川，又以很大的代价和流血牺牲，攻克了大金川。索伦为安定西南边疆又作出了新的业绩。

在和平时期，索伦人又被派往边疆，"分充各城额兵，多以材勇自效"[4]。坚守哨卡，保护各族人民生活的安宁。索伦兵主要在以下防区驻兵守边：

黑龙江将军，属下有索伦、达呼尔佐领十六人、骁骑校十六人；索伦、达呼尔兵共九百六十名。

黑龙江城副都统，属下有索伦、达呼尔佐领八人、骁骑校八人、索伦兵六十名、达呼尔兵四百二十名。

---

①《黑龙江志稿》卷31，第7页。
②《黑龙江志稿》卷31，第20页。
③《清高宗实录》卷827，第14~15页。
④《清朝通典》卷70，第2538~2541页。

墨尔根副都统，属下有索伦、达呼尔佐领十五人、骁骑校十五人、八旗索伦兵六百名、达呼尔兵三百名。两翼副总管，属下有八旗满洲、索伦、达呼尔、汉军兵共三百二十名。

呼伦贝尔副都统职衔总管属下有索伦、巴尔呼两翼总管两人；又有副总管四人、索伦佐领十九人、骁骑校十九人、八旗索伦、巴尔呼兵九百六十名。

打牲处掌关防，有索伦总管一人、副总管五人，达呼尔总管一人、副总管三人；索伦佐领四十七人、骁骑校四十七人[①]。

新疆是索伦兵、达呼尔兵驻守防边的另一个主要地区。自巴里坤西达乌鲁木齐，自此再往西南达伊犁，北达塔尔巴哈台，其南达回部。自伊犁南，又接回部之乌什诸城，视各卡伦地之大小，简要设满洲、索伦、锡伯、察哈尔、厄鲁特兵，自十名至三十二名不等[②]。

有清一代，不论是皇帝、臣属，还是一般士民，以至历史学家都给予索伦人的功绩以充分的肯定。如，《啸亭杂录》的作者昭梿指出：“国家挞伐四夷，开辟新疆二万余里，南驱缅夷，西翦金川，惟赖索伦轻健之师，风飚雷击，耐苦习劳，难撄其锐。”[③]魏源说：“自索伦骑射闻天下，于是后编八旗之达瑚尔、鄂伦春等部，世皆索伦呼之。”[④]何秋涛作《朔方备乘》，说索伦人“以勇猛敢战，取翠翎顶及巴图鲁名号如寄，此海内所以称劲旅也”[⑤]。这些评论无疑是正确的。清代官方一系列文件反映的大量事实，完全证明索伦人得功最多，得荣誉最多。在清朝的功劳簿上，索伦人在少数民族中所占的比例也是最多的。这对于一个世居山林的原始民族来说，其创立的功绩是惊人的。而清朝敢于重用这批力量，驱为前锋，无坚不摧，这是它成功的一个重要因素，即联合各民族中一切可用的力量为己所用，故能摧破南明、李自成、张献忠等强手，又能平息一次次叛乱，进一步巩固自己的统治。其中，索伦人建树的功绩是不可磨灭的，她在清史中特别是在清开国，进而统一全国、保卫边疆的斗争史上占有非常重要的一页。

（原载《社会科学战线》1986年第4期）

①②《清朝通典》卷70，第2538~2541页。

③《啸亭杂录》卷9，第8页。

④《圣武记》卷1，第8~9页，“开国龙兴记一”。

⑤《朔方备乘》卷2，第1、6、7页，“索伦诸部内属述略”。

简论爱新觉罗家族

——《爱新觉罗家族全书·前言》

我国自夏朝废禅让制，实行“家天下”的一姓统治，历代相沿，皆父子相承，一姓治天下。如，两汉为刘氏，唐为李氏，明为朱氏等等。由满族领袖努尔哈赤与皇太极父子所创建的清王朝，其姓氏称“爱新觉罗”。此系满语，汉译“爱新”为金之意，“觉罗”意为姓。在他们的子孙入主中原后，其家族就成了名副其实的皇族，爱新觉罗氏一跃而变为中国第一大姓氏，以其所居最高统治地位，堪称是清代中华第一家；从满族方面说，她又是满族第一家。进入民国时期，她虽失去最高权位，但以人数众多，尚且保持一定影响，仍是国内称一数二的大家族。

鉴于爱新觉罗家族在中国历史上的重要地位，对于清史研究和满族史研究以及家族史研究具有重大的科学价值，我们决意编纂《爱新觉罗家族全书》。

一

在改革开放的近二十年中，我国的史学蓬勃发展，空前繁荣，硕果累累，如汗牛充栋，难以数计。可以毫不夸张地说，在当今史学的所有领域，几无可开垦的处女地！在史学研究持续高涨之时，家族史的研究已提到了议程。中国古代社会的特色之一，即是以血缘关系为纽带组合成的家族（包括单个的家庭），构成了封建社会组织的基础。对家族史展开研究，无疑是对封建社会史研究的积极推动。目前，此项研究，方兴未艾，尚处于起步阶段。爱新觉罗氏，作为封建社会最后一代王朝的皇室大家族，自然引人瞩目。本书对该家族的研究成果，是为中国家族史研究增添了新篇章。

爱新觉罗家族与历代汉姓皇族不同之处，就是她不仅与当朝的清史密不可分地联系在一起，而且还跟满族史融为一体，概言之，她既是清史的一部分，也是满族史的组成部分。但是，两者虽有联系，也互有区别。因为爱新觉罗家族史毕竟不能代替清史，也不可以代替满族史，却是清史或满族史的一个缩影。事实证明，爱新觉罗家族史确已涵盖了清朝与满族从崛起到发展，及盛衰之变，迄于今，大约四百余年的历史，因此，包含了极其丰富的清史与满族史的内容和大量的史料。以往只做过个别研究，却没有从整体上综合研究这个庞大的家族，换言之，尚未引起人们的足够重视。我们编纂本书，试图弥补这一缺憾，期望对清史与满族史的研究有所拓展。

长期以来，我们一直重视研究西方殖民主义、帝国主义特别是日本军国主义侵华史，不断揭露他们对中国的侵略和掠夺，给中华民族造成了深重灾难，蒙受了巨大耻辱。中国人民理所当然地应牢记这长达近百年的血泪史。与此同时，我们也同样揭露和痛斥清朝统治集团腐败无能，屈辱卖国。毫无疑问，中国近百年所遭受的一切灾难，清朝统治集团负有不可推卸的历史责任。但由此便带来了重大影响：人们关注清朝后期七十余年，却忽视了清朝还有前、中期近两百年史；只知清朝腐败，却甚少知道清朝前期的辉煌业绩。

这种不甚正常的状况，使我们深深感到，继续大力开展清史与满族史的研究是多么重要！这也是促使我们把注意力转到爱新觉罗家族研究的一个重要原因。我们只要认真而不带任何偏见地审视这个家族的全部历史，就不难发现，从努尔哈赤、皇太极艰难创业，历顺、康、雍、乾共四世一百五十多年的开拓进取，创造了多少超越前人的辉煌！其中，近百年的“康乾盛世”则把中国封建社会推向新的发展高峰。我们今日的辽阔广袤的版图，统一的多民族国家，都形成于这一百五十多年中。我们享受这份丰厚的遗产，后世子孙也将分享不尽，是不应该忘记的。当然，这些伟大的贡献，并非全赖一个家族之力，恰恰是中华民族世代共同奋斗的结晶。但处于最高统治地位的爱新觉罗家族，她发挥的指导作用，是无可替代的。

不仅如此，在漫长的岁月里，该家族涌现出一批批杰出人物，各领一代风骚。他们中有军事家、谋略家、政治家、思想家、诗人、艺术家、教育家、书画家等等，诸如努尔哈赤、皇太极、多尔衮、玄烨、胤禛、弘历等，雄才大略，气度恢宏，才能卓著，比之历代任何一位明君，都毫不逊色。玄烨、弘历两帝还是诗人、书法家，弘历一生写诗四万多首，称得上中国之“最”！不可讳言，也出现了一些不足称道，甚至是反面的人物。但不管怎么说，爱新觉罗家族在有清一代以其独特的政治地位，全面领导中国，给中国历史的发展注入了强大而深远的影响。因此，她在各个领域的具体实践中，提出的一系列政治、经济、思想理论主张及一系列政策，值得加以总结，作为宝贵的历史经验或教训，足资今人借鉴，为我们的现代化建设服务。

爱新觉罗家族的发展历程，盛衰之变，曾与清朝命运与共，一荣俱荣，一损俱损。清朝统治中国长达两百六十多年，她有过成功，也有过失败；有过辉煌，也有过耻辱。显然，一概说清朝皆好，固然不对，但说她皆坏，也不符合历史事实。我们对爱新觉罗家族，也应持同样的态度。

不言而喻，我们研究爱新觉罗家族，已远远超出对一个家族的研究范畴，却是通过该家族个案研究，一方面，具体反映中国家族制度史的一个侧面；另一方面，有助于我们正确评价清史和满族史。这样，本书之编纂就获得了重大的学术价值与认识价值，其现实意义亦在不言之中。

二

本书定名《爱新觉罗家族全书》。顾名思义，所说“全书”，是指全面阐述该家族的历史与现状。要做到面面俱到，事事不漏，实非容易，即使如清朝纂修的浩大的《四库全书》，实则也难做到不遗一书。因为她已毁禁了许多不利于其统治的书籍而不得入典；同时，也难免漏载另外一些该收入而未能收入的书。但在编纂者们看来，按照他们的标准，已把符合入典要求的书籍全部载入《四库全书》，也就不失“全书”之意。本书称“全书”，是从整体而言，涉及家族的一切方面，但每个方面都不可能做到“全”。如家族人口，据估计，已繁衍三十万人左右，如此之多，不可能也没有必要把家族的每个人物都写进本书。再如，家族所遗文集、诗词、书画作品等，也无法将其全部“一网打尽”而尽收。我们只能按所定原则，选取其中有代表性的人物或作品。实在说，具体内容也难以穷尽，但大的方面皆备，故称为“全书”，亦不为过；如说是“丛书”，也未尝不可。

本书从纵的方面详述家族历史，从横的方面反映其家族在社会各个领域的实践活动，展示她的历史与现实风貌。举凡家族的存在，是一个不断演变、繁衍的历史延续过程，只要其家族人口没有灭绝，其延续的过程就永远不会完结。爱新觉罗家族同清朝的历史一样漫长，清朝亡国后，这个家族不仅继续存在，而且还在发展，显示出不同的发展阶段。如同清史、满族史，该家族也有自己的发生、发展的时间断限。照清朝官方也是本家族的说法，爱新觉罗氏始祖为三仙女之一即佛古伦所生，名叫布库里雍顺，其姓氏为仙女所赐。神话传说，往往包含了真实的历史因素，但毕竟不是历史，它与清朝前身后金的创立相隔遥远，跟爱新觉罗家族的世系也无法确考。清朝编造神话，奉传说中的布库里雍顺为始祖，无非是昭告世人：他们的先人为上天所生，受权统治人间。事实上，他们把有史可查的孟特穆（猛哥贴木儿）奉为本家族的直系祖先，后追尊为"肇祖原皇帝"。肇、原，都是开始或本原之意。考之史实，爱新觉罗家族之兴，却是从努尔哈赤创业开始的。故本书所主，即以努尔哈赤于明万历十一年（1583）起兵复仇为开端，作为该家族历史的上限时间（此前为家族的源流）；下限时间，止于1995年。其时间跨度，约计四百余年，经历了古代、近代，直至现当代各个时代，社会变革也由封建社会而半殖民地半封建，再变为新民主主义而为社会主义社会。四百余年的历史巨变，有如天翻地覆，沧海桑田！爱新觉罗家族所经历的不同时代的演变，为历代皇族所不曾有过。

爱新觉罗家族所经四百余年的历史变革，其中有三百余年居于统治地位（含关外时期），她的实践活动，大都载入官方史册。清逊国后，该家族已失去昔日权位，逐渐走出世代居住的紫禁城和京师，随着岁月的变迁，族人星散，流布海内外。他们从皇族变为平民，融入到现代生活的各个领域，自食其力，仍有许多族人创造出了新的业绩，取得了应有的地位。所有这些，都表明爱新觉罗家族的历史丰富多彩，令人神往。据此，我们归纳为十个方面的内容，构成了《全书》的基本框架。这些内容是：家族全史、世系源流、人物荟萃、家事本末、家法礼仪、诗词撷英、文集述要、书画揽胜、养生妙法、典迹备览。

以上十个方面，基本上包括了爱新觉罗家族的历史与现实的内容，真实地反映了她在社会各个领域的实践活动。如，《家事本末》卷，摘取家族中重大的，或有意义、有趣的事，一事一议，叙其本末，汇为一册，它与《家族全史》卷，互为表里，相得益彰。《家法礼仪》卷，指家族族规及日常生活的礼仪、风俗习惯，也包括对宗教的信仰如礼佛、祭祀等。其他如《诗词撷英》《书画揽胜》《文集述要》等卷，各选其精品进行评介；同时，还把各艺术家的生平与创作活动一并介绍给读者。这些数以千计的艺术品便构成了一个大家族的艺术长廊，异彩纷呈，琳琅满目，令人有美不胜收之感。值得一提的是，《养生妙法》卷汇集了家族内养生的方法与经验。主要是身居宫廷的帝王后妃，位居权要的诸王、贝勒等，颇重养生。如康熙帝，不主张进食补药，其养生之道是：饮食有常，起居有度。乾隆帝正好相反，他既进食补药，又提倡活动筋骨。他养生得宜，故长寿经年，寿终八十九岁，为历代第一长寿皇帝。除了极个别的，家族内已废弃前代以炼丹养生近似荒唐的做法，强调身心的调适，饮食营养的配置，劳逸适宜，故其养生各得其妙，对指导今人的健康大有裨益。再如，《典迹备览》卷，其一是清人与今人或记叙或研究家族活动的各种典籍、专门著作；其二是有关家族活动的遗址、遗迹和遗物，诸如宫室、王府、陵寝、碑刻，以及有价值的各类文物等，把这两个方面的内容辑为一书，可供研究者或参观者备考观赏。

应当指出，十项内容，各自独立成书，但也间有交叉，如《人物荟萃》卷与《世系源流》卷中的人物，有重复出现的现象，所述人物生平也有相近似的内容，这也难免，不过还是有区别的，因为角度不同，各从本卷内容出发，给以必要的叙述。《书画揽胜》卷为保持其内容的完整，收录了家族内书画艺术有造诣的杰出人物，而《人物荟萃》卷对这些人物一律不收。

爱新觉罗氏是一个历史悠久而庞大的家族，为她编纂全书，实在不是一件轻而易举的事，其困难比比皆有。最大的难处，还在于史料浩繁，散而难辑。在爱新觉罗氏登上政治舞台，主宰中国历史命运的近三百年中，自有官方记史，把她融入到记叙国史的各类典籍。例如，一部浩大的《清实录》，内载家族事，俯拾皆是，再加上《满洲实录》《满洲源流考》等大量官书，搜集之繁，可想而知。其他，还散见私家著述，包括家族人的著作，逐一罗致，再增难度。1911年清逊国，官方记史遂废，迄今八十余年间，有关家族的事多湮没失载，况且其族人星散海内外，要搜集这一时期家族的史料，尤为困难。据悉，“文革”前，家族中尚保存不少已刊或未刊行的书稿、文稿、书画，以及珍贵文物，可惜在“文革”中几乎全被销毁，或被没收，损失之惨，不禁令人扼腕喟叹！尽管困难重重，本书的作者们还是尽一切可能，从清代官书、档案、私人笔记、专门著作及当代人的著述中，最大限度地搜集史料。如果《全书》有缺欠，或有脱误，问题还是出在史料搜集或调查不足所致，难免有遗珠之憾。

如前已指出，该家族史与清史、满族史，还与其他民族史交织在一起，既要把她从交织中剥离出来，又要正确处理二者之间的关系。因此，我们确立以下指导原则，作为解决问题的办法：

第一，家族与清史、满族史分离，要立足家族，从家族的视野审视所有问题。

第二，爱新觉罗氏为满族望族，同汉民族及其他民族的关系，要贯彻民族平等的原则，公平地处理历史问题，切忌大汉族主义，也反对狭隘的地方民族主义。

第三，古与今的关系，该家族历古今时代，以何者为重？当以古、近代为重，简言之，“厚古薄今”。该家族在古、近代经历的时间最长，其族人的活动也都集中在这一时期，因而对中国的影响也最大。毫无疑问，这部分内容在《全书》中所占比重远远超过现代部分。

第四，对人物的处理，自有其特殊性。主要是古今人物，已故与当世人物，都取慎重的态度，严格筛选。对古近代人物，凡有建树，或以权位崇高而载入史册者，或起过消极作用，乃至否定的人物，皆在选录之列。现当代族人，凡已故，盖棺定论，能确认其在某一领域卓有成就，适当选取；对当世健在的人，原则上不予载入《全书》，但个别贡献卓著，举世公认，或担任现今国家高级职务，从事广泛社会活动的人，经严格筛选，适当选入《全书》。古人有“活人不入史”之忌，自有道理，我们不妨稍破此例，未必不当。

第五，最后，坚持历史唯物主义，实事求是，秉笔直书，对好人善事，不溢美，有其污点，不隐恶。一切皆依据史实，不杜撰，考辨史实真伪，务得其真。

以上五点原则，贯彻《全书》始终。但是，也须指出，由于《全书》内容繁富，有些问题还不能完全靠原则解决。我们则坚持在上述原则指导下，采取具体问题具体分析，个别处理，保持《全书》内在的一致性。

三

《全书》体例，外在形式是按前叙十项内容，各自独立成书，即为一卷本，计十卷。各卷互为联系，都是《全书》不可或缺的重要组成部分。《全书》内容结构，分为概述、历史、专题、表列与资料精选等五个层次，构成了全书的整体布局。

《全书》统一要求，各为本卷写一篇“概述”，对本卷内容作出宏观概要说明，作者要准确而恰当地阐述个人的学术观点。历史部分，除了《家族全史》卷，专写该家族史外，其他各卷都包括写史的内容。专题是指各分卷均为一个专题，各卷又有各个具体专题，自成体系。表列，凡有统计内容，均列表说明。如《世系源流》卷，部分列出图表，昭示各世系之间的纵横血缘关系；资料精选，如《文集述要》《书画揽胜》《诗词撷英》《家法礼仪》等卷，各精选原作部分作品或有关资料，略加注释，以广读者见识，并为研究者提供实证资料。

本书大体按百科全书体例撰写。如：《人物荟萃》《家法礼仪》《书画揽胜》《养生妙法》《典迹备览》等卷，或列子目，或按问题写；字数则按内容多少，适当分配比例，保持字数趋于均衡。部分卷本按笔画顺序排列。

但是，本书又与百科全书体例不尽相同。我们考虑到，各卷内容有别，不能绝对按百科全书要求，只能从各卷内容出发，采取最恰当的表述方式，可能更符合实际。《家事本末》卷就是采取通常方法，以事系人，叙一事之始末，字数多则三四千字，少则千五百字左右，比较灵活，为群众所喜闻乐见。《世系源流》卷，详本族之世系，明本族发展之源流，以各代皇帝即“族长”为中心，用文字或图表说明各世系纵横关系，也与百科全书体例有别。《家族全史》卷则完全不同，它是按写史的要求，以时间为序，阐明其家族历史的发展过程。我们认为，体例上求大同而存小异，是适宜的，那种拘泥于形式而强求完全一致，不见得就是高明。

任何一部成功的著作，无不在文字语言上见功夫。文学作品对文字语言要求极为严格，自不待言。属于学术著作，对文字的要求同样严格。事实上，在这方面的表现不佳，是学术著作受到冷落的重要原因之一。在编纂本书过程中，我们力戒现今学术著作中的文字弊端，力求语言文字的大众化、通俗化，尽量生动一些，活泼一些，少用或不用学术专业用语，要用自己的语言，贴近生活，使人感到亲切，愿意读下去。提出要求不难，而真正做到并不容易。本书作者多，水平不尽一致，大多的文字颇为生动，有吸引力；但也有个别的文字还欠功夫，虽经定稿润色，仍不免露拙。

不断创新，是学术研究的生命力之所在。我们正是本着这一意图，对爱新觉罗家族展开研究的。我们要求在观点上不拘前人之说，不人云亦云，要立一家之言，本书鼓励作者自由地表达自己的学术观点，不强行统一，允许保留不同的见解；对已知史料，给予新的诠释，尤其重视挖掘新史料，补充空白；体例不拘以往的定式，敢于突破，大胆采用新体例。做到这些，才不失创新之意。

本书为一个曾主宰和影响中国历史发展长达近三百年的皇族，作了较为系统而完备的阐释，这在国内还是首次，不能不具有创新的意义。诸如家族史、家法礼仪、家族人物、养生等问题，都是第一次给予研究。该家族的文学艺术创作，构成了一个艺术群体，成就之大，为历代皇族所仅见，但长期受到忽视，没有给予专门的研究。

本书汇聚该家族诗词、文集、书画等各项成果，把他们系统地介绍给广大的读者。作者们跳出原领域的局限，以历史的眼光，展开历史的考察，给予评估。至于史料的挖掘，对各重大问题的阐发，直至对该家族的总评价，可以肯定，都在不同程度上体现了学术的创新，确已取得了显著进展。

《爱新觉罗家族全书》的编纂，是一巨大的学术文化建设工程，以一人或几人之力，在规定的有限时间内，是难以完成的。因此，在吉林人民出版社的全力支持下，本书邀集国内清史学界一批专家、学者，他们来自北京、沈阳、吉林、长春等地的学术研究机构与高等院校，共八十余人，自去年7月开始，至今年8月初，历时年余，即成《全书》三百多万字的书稿。接着，自8月19日转入修订稿。参加这项工作的有：李治亭、姜守鹏、刘厚生、刁书仁、李理、柳海松、魏克威及本书责任编辑贺萍女士等。经二十余个日日夜夜，《全书》大部分定稿，剩余小部分亦相继完成。这是本书全体作者通力合作，辛勤劳动而获得的一项丰硕成果。当此《全书》即将付梓之际，我们感到由衷地欣慰。

在过去的一年里，我们不能忘怀的是，学术界、教育界、文学、书法艺术界、新闻出版界诸多师友和单位，以及爱新觉罗家族的知名人士，给予我们的热情的鼓励、宝贵的支持和慷慨无私的帮助！

我们还得到了吉林省社会科学规划办公室的大力支持。本书就是根据其“课题指南”之一即“满族望族个案研究”设计的。经评选而中标，正式列入“九五吉林省社科规划项目”。这里，还要特别提到，本课题的创意为柳海松先生首次提出，肖黎、马宝珠予以论证，提出可行性决断，其首创之功皆不可没。

我们怀着深深的敬意，向给予我们一切支持和帮助的所有个人和单位，真诚地表达由衷的感谢之情。

限于水平，时间尚嫌仓促，本书的不足甚或错误亦难避免，诚恳地期待热心的读者批评教正。

（原载《爱新觉罗家族全书》，吉林人民出版社1997年版）

论清初满汉贵族地主联盟与作用

清政权是我国东北少数民族——满族与汉、蒙古及其他民族共同建立的一代王朝。它开国伊始，就逐步采取同汉、蒙古等民族主要是中上层人物结盟的政策，最终确立了以满族贵族为核心，与汉、蒙古封建地主王公联盟的政治体制，成为有清一代的立国基石。从努尔哈赤到皇太极创立的这一体制，把满、蒙古、汉族为代表的各民族统治阶层的人物集合于一个政权之中，为夺取全国政权奠定了全胜的基础，并维护了清朝二百六十多年的长治久安。的确，这在中国历史上是成功的范例之一。其中，满与汉统治者的结盟又是关系到这个体制能否成立和巩固的一大关键，对清朝的前途命运具有深远意义。

本文仅就清入关前后，满汉统治者联盟建立的历史进程及其作用，作一概略的阐述。我们对这一问题的研究越是深入，就越有助于深刻揭示清朝勃兴与成功之谜，加深对明清兴亡的必然性认识。

一、满汉贵族地主联盟的提出与确立

满汉贵族地主联盟的构想，发端于努尔哈赤，而完成于皇太极时期。

我们知道，努尔哈赤于万历十一年（1583）起兵复仇，直至正式建后金前，三十余年，战争完全局限于女真内部，他还谈不上对汉族及其统治者采取联盟的政策。但是，努尔哈赤于万历四十四年（1616）创建后金国，建元天命，并于天命三年（1618）宣布同明绝交，首次发动了抚顺、清河之役，拉开了明清长期战争的序幕，整个形势为之一巨变。从努尔哈赤方面来说，如何对待当地汉人及其地方官吏这样一个重大的实际问题摆到了他的面前。进攻抚、清时，他曾向八旗将士规定：对俘获之人勿剥其衣服，勿淫其妇女，勿离散其夫妻，拒战者杀之，放弃抵抗者不得妄加杀戮[①]。他征战的对象是明朝，因而上述军纪规定自然反映了民族政策的内容。在这一政策的指导下，他和平地招降了明游击李永芳，当即把孙女嫁给他，封为额驸，并升为总兵官。此役获降民千户，仍照明朝设大小官属，令李永芳统管[②]。努尔哈赤这一措置，首开任用汉官的先例。继之，他留用了明朝生员范文程，以其为名门后裔给予格外礼遇[③]。这是迄今我们从清代官方实录和其他记载中所看到的后金用汉人的最早记录。天命六年（1621），努尔哈赤攻下辽阳，“释辽阳狱中官民，查削职闲住者，复其原职，设游击八员、都司二员，委之以事”[④]。同时，河东七十余城官民闻风降后金。据《清太祖武皇帝实录》统计，载入《实录》有名姓的明降将共三十四人[⑤]。可以肯定，未载入《实录》的明将吏远比见诸姓名的要多出数倍。

但是，努尔哈赤没有把与汉将吏即汉人的中上层人物的合作坚持下去。他在向辽东进军过程中，一方面大量抢劫、屠杀；一方面“俘掠辽沈之民，悉为满臣奴隶”[⑥]，连投降过来的明将吏也不能幸免。努尔哈赤虽给予一定赏赐，保留原职，却把他们置于诸贝勒王大臣的管辖与奴役之下，备受歧视和凌辱。皇太极也承认，在他父亲统治时期，汉官生活极端困苦，每每典卖衣服奴仆来糊口[⑦]。他在崇德二年（1637）还说过：当时汉官“如在水火之中，苦无容身之地”[⑧]。他们地位如此低下，生活如此悲惨，当然也就谈不上被重用，甚至额驸李永芳一度也受到努尔哈赤的怀疑[⑨]。这种情况表明，直到努尔哈赤去世，他尚没有意识到同汉人主要是中上层人物结盟的必要性。他的政治目标是把明朝的势力逐出山海关以西，后金仍居辽河以东，“满汉各自为国”[⑩]。这就是说，他要建立一个以汉人为奴役对象的纯粹的满族国家，也就无须汉人的帮

---

①《清太祖武皇帝实录》卷2，第11页。
②《清太祖武皇帝实录》卷2，第13页。
③《碑传集》卷4，“范文程传”。
④《清太祖武皇帝实录》卷3，第14页。
⑤ 因受文字限制，略去原统计表格。
⑥ 昭梿：《啸亭杂录》。
⑦《清太宗实录》卷17，第11页。
⑧《清太宗实录》卷37，第14页。
⑨《满洲秘档》，“太祖怒责李永芳”。
⑩《清太宗实录》卷3，第6页。

助。因此在努尔哈赤晚年，汉人的反抗斗争此起彼伏，致使国中局势动荡，潜伏着深刻的危机。

明确地提出与汉族统治者联盟的思想，不是别人，恰恰是皇太极。他不仅将自己的这一战略思想付诸实践，并且大力推进，以求其迅速实现。

天命十一年（1626）九月，皇太极刚即位就提出了“满汉一体”的政治主张，规定在法律、分摊差徭公务等方面都要同等对待[①]。以后，他又重申，对待满洲、蒙古、汉人“视同一体”。他还形象地打了一个比喻：“譬诸五味，调剂贵得其宜。若满洲庇护满洲，蒙古庇护蒙古，汉官庇护汉人，是犹咸苦酸辛之不得其和。”[②]他反复强调，“今满汉均属一国人民”[③]，“朕于满洲、蒙古、汉人不分新旧，视之如一”[④]。皇太极以敏锐的目光，清楚地看到在他的政权中，汉人和蒙古人是他可以借助和利用的两大政治力量。这与乃父努尔哈赤轻视和奴役汉人形成了强烈对比，更衬托出了皇太极作为雄才大略的政治家的本色。他的思想已经超越了本民族的狭隘观念，他不只是做满族的汗，而是要做满洲、蒙古、汉人及其他所有民族的共同君主。因此，他把汉人看做是与满、蒙古同等地位的臣民。这就为同汉人联盟奠定了思想与政治基础。

为贯彻自己的政治主张，皇太极逐步采取实际步骤，朝着与汉人结盟的方向前进。首先，他开始改变其父掳掠汉人为奴的政策，将一部分为奴的汉人编为民户，恢复了自由身份，成为个体农民，选择为官清正的汉官管辖他们。过去是汉满合居，汉人受到种种凌辱与压迫。皇太极则实行汉满分住，自立一庄，用汉人管理，以减轻或杜绝满族贵族的直接束缚。努尔哈赤时，把战争中俘获的明兵和掠来的汉人都降为奴隶。皇太极逐渐改变这一做法，直到基本消除为止[⑤]。皇太极实行这些新政策，缓和了满汉之间的民族矛盾，为满汉的相互接近和联合创造了条件。

在对汉族的政策中，皇太极无疑最重视同汉族的中上层人物，即大大小小的明朝将吏——汉官的联合。他制定待遇优厚的政策，千方百计争取汉官投向他的政权。他规定：现任职的明朝官员归降后，子孙世袭父职不变；率众来归

①《清太宗实录》卷1，第10页。
② 王先谦：《东华录》崇德三，第4页。
③《清太宗实录》卷17，第17页。
④《清太宗实录》卷24，第5页。
⑤ 参见《东华录》及《清太宗实录》崇德各年有关记事。

的，根据人数多寡，按功授职；单身一人来降的，由国家“恩养”；即使一般百姓，如杀掉当地官吏而投向后金的，也授予不同的官职。归降后，皇太极百般给予“优礼”，诸如安排家室，赏赐大量财物、土地、牲畜、奴仆等等。天聪五年（1631），他收降大凌河（今辽宁锦县）明各级将吏一百五十多员，一次赏赐奴仆总计达一千五百二十四人，牛三百一十三头，还有庄屯和大量土地[①]。崇德元年（1636），皇太极赏赐汉官四十五人，共赏人户一百九十户、牛九十头及骡、驴等[②]。像这样数量不等的赏赐在《清太宗实录》中，俯拾皆是。凡来归时及以后，不时地召见，频繁举行宴会，“宰牲设宴，曾无虚日”[③]。皇太极表示：“朕于尔等新附各官与旧臣（指满洲官员）一体抚育，更或优于旧臣，俱免徭役。”[④]汉官得到优厚的待遇，很快就积累丰厚，俨然成了新贵。就拿占有人丁来说吧，不少汉官占有八九百丁，多的达千丁，一般的也不下百丁，就是下等之家，也有二十余丁。所以，皇太极在崇德二年（1637）对汉官们说：由于他“爱养有加，今尔等已富贵矣”[⑤]。

皇太极厚待汉官，曾不止一次表露过他的政治意图，说：“朕于旧归新附之人皆不惜衣服、财帛、马匹、牲畜以养之，又每日三次赐宴，岂不惮烦？直欲使人心悦服以图大事耳。”[⑥]有一次，他对新晋封为恭顺王的孔有德进一步表明他的心事，说：“朝廷用人，授以高爵厚禄，使之安享尊荣者，无非欲其感恩图报，赞襄治理，有裨于国家而已。”[⑦]皇太极笼络、优待汉官的目的，为的是将来克成大业，取明而代之。因此，他不惜一切代价地招抚汉官，“惟以多得人为可喜耳”，不厌其烦地告诫诸王贝勒：“金银币帛用之有尽，如收得一二贤能之人，堪为国家之助，亦利赖宁有穷也！”[⑧]在他看来，多得汉人远比多得钱财更为重要。值得注意的是，皇太极把招抚和“恩养”汉人提到奠定政权“基业”的高度来认识。天聪四年（1630），在揭露二贝勒阿敏弃守永平

① 据《清太宗实录》卷17，第29~30页统计。
②《清太宗实录》卷30，第14~15页。
③《清太宗实录》卷17，第18页。
④《清太宗实录》卷37，第13页。
⑤《清太宗实录》卷37，第14页。
⑥《清太宗实录》卷22，第22页。
⑦《清太宗实录》卷36，第20页。
⑧《满文老档》天聪27，第373页。

四城、屠戮汉人的罪行时，皇太极严厉谴责阿敏："故意扰害汉人，隳坏基业，使不仁之名扬于天下。"[①]他认为，欲成其大事，必须先打下牢固的基础。他阐述过"治国之道"，如盖房子，"叠石为基"，筑地坚固，才不致速毁[②]。显然，他把争取汉人与之合作看做是巩固他的政权的一块基石。

在皇太极优礼汉官政策的感召下，明朝将吏纷纷投向清（后金）政权。仅据《清太宗实录》统计，在天聪九年之中，见诸姓名的汉官，有一百三十余人；而在崇德七年中，约有三百人，但没见诸姓名的汉官远远超过上述统计数字。如，天聪七年（1633），孔有德、耿仲明来归，其中副将、参将、游击等一百零七员[③]，其部众达一万三千八百八十人[④]；天聪八年（1634），尚可喜率部数千余人叛明归后金[⑤]；崇德二年（1637），明皮岛副将沈志祥降，其中副将九员、参将八员、游击十八员、都司三十一员、守备四十员、千总四十员，总计一百四十七员（包括沈在内），军民共二千五百余人[⑥]。崇德七年（1642），清军连破松山、锦州、杏山、塔山四城，所得明将吏自总督洪承畴、总兵官祖大寿以下，各级将吏达百员以上。至于个人、几人，或十几人小股来投的，更是不胜枚举！

明将吏如此众多地投向清政权，证明皇太极招抚和优礼的政策产生了巨大的社会效果。崇德元年，他自豪地说："向者我国深以得众为难，今各处人民辐辏。"[⑦]满洲王贝勒大臣也说："明之臣子"已"知明运将终，叛归我国者，如水之就下"[⑧]。大概都不是自我夸诩，而是反映了当时的历史真实。

在清（后金）政权中，汉官猛增，迅速形成了一股不容忽视的政治力量。皇太极因势利导，一方面加强对他们的管理；一方面鼓励和扶持他们成为后金的"羽翼"[⑨]，力图把他们变成一支在他统帅下同明抗衡的有战斗力的独立的政治与军事力量。这就是汉官臧国祚所说："选用招降，以汉攻汉，则无不可

---

①《清太宗实录》卷7，第19页。

②《清太宗实录》卷37，第7~11页。

③《明清史料》丙编第1本，第28页。

④《天聪朝臣工奏议》卷中，孔有德，耿仲明呈献兵册奏。

⑤《东华录》天聪九，第3页。

⑥《清史稿》卷234，沈志祥传。

⑦《清太宗实录》卷31，第10页。

⑧《清太宗实录》卷20，第25页。

⑨《清太宗实录》卷7，第3页。

矣。”[①]皇太极的这一深谋远虑，从他每年元旦排班次行朝贺礼的仪式中已经显露出来。据《实录》载，从天聪五年元旦始，“汉官、生员”被准许入朝行礼，班次排在八旗满洲贝勒之后、蒙古官员之前，由总兵官佟养性率领，单独向他朝贺[②]。这表明汉官作为一股政治势力出现在朝堂之上。天聪六年元旦，又增加了大凌河新降各官为一班行礼。天聪八年元旦，皇太极命新近“航海归诚”的都元帅孔有德、耿仲明“与八和硕贝勒同列，行止与俱”，列于第一班行礼，礼毕，与诸贝勒“列坐左右”，其他汉官仍照以前顺序行礼[③]。孔、耿等跻身于诸贝勒显贵的行列之中，无疑提高了汉官的地位。

我们从皇太极给予汉官特殊的礼遇，可以看出他急切要同汉上层人物建立稳固的政治联盟的思想。他的这一愿望到他即帝位时得到了实现。天聪九年（1635）九月，皇太极获林丹汗传国宝玺，孔有德、石廷柱、耿仲明等率先提请皇太极“登九五之尊”的建议[④]。接着，多尔衮、科尔沁土谢图济农巴达礼、都元帅孔有德分别代表满洲、蒙古、汉官各以本民族文字写的表文联合“劝进”，显示了满蒙汉三股政治力量合一的新局面。特别是在皇太极举行受尊号大典的过程中，与其说他个人受尊号，毋宁说他带领满蒙汉统治者举行政治定盟！盛典之始，即由满汉各一人任“导引官”，引皇太极按程式“祭告天地”，之后，“行尊号礼”，孔有德代表汉官“捧宝”，与满、蒙古代表同时向皇太极进献。继之，“满洲、蒙古、汉官捧三体表文，立于坛东”，宣誓“同心推戴，敬上尊号”的共同意愿[⑤]。礼成，仍按满、蒙古、汉官的顺序，各出一名“赞礼官”主持“排班”行礼，孔有德“捧表跪进”，由“汉侍臣接至御前跪读”。最后，皇太极分别向满、蒙古、汉官发出内容相同的谕旨，要求他们“同心辅政”，“各殚忠诚，立纲陈纪”，“君臣一德，庶几上合天心，下遂民志”[⑥]。

从“恭请”上尊号，到受尊号的全过程，皇太极坚持满、蒙古、汉官三大政治力量各自代表本民族，分别向他行礼、宣读表文，这些仪式场面形象而生

①《明清史料》丙编第1本，第22页。
②《清太宗实录》卷8，第2页。
③《清太宗实录》卷17，第2页。
④《清太宗实录》卷25，第8、23页。
⑤《清太宗实录》卷28，第21~22页。
⑥《清太宗实录》卷28，第36~38页。

动地显示出三大民族的联合一致。他们的表文、贺词及皇太极的谕旨，都含有互相盟誓的浓厚色彩。皇太极与他父亲努尔哈赤不同的是，他不满足于做满族的“汗”，而要做各民族共同的统治者——皇帝。他通过即位的盛大仪式，取得了满、蒙古、汉族的承认，并把对汉官包括对蒙古的联盟关系从政治和法律上确认下来。这场大典不仅完成了他即帝位、改国号的划时代的转变，同时也标志着满与汉、蒙古的政治联盟最后告成。

满汉贵族地主的联盟单靠政治上的一致还是不够的，还必须有组织上的保证。皇太极的一项重大措施，就是把八旗制度逐步扩大，按照满洲八旗制把汉、蒙古组织起来。早在天聪五年（1631）初，皇太极任命额驸佟养性为汉人总管：“凡汉人军民一切事务，使尔总理，各官悉听尔节制。”[①]为不久建汉军旗迈出了重要的一步。同年二月，“新编汉兵”，成为一支独立的军队，已具有旗的性质[②]。到天聪七年（1633）初，正式建汉军一旗。《实录》所说“旧汉兵一旗”[③]，实指原分属满洲八旗的汉军，即天聪五年成立的一支新编汉军部队。组织已经存在，不过赋予其正式名称罢了，故《实录》不载汉军旗成立的时间。同年七月，为加强汉军，皇太极“命满洲各户有汉人十丁者，授绵甲一，共一千五百户，命旧汉军额真马光远等统之”。这些汉人“分补旧甲喇之缺额者”[④]。崇德二年七月末，分汉军为两旗，以总兵官马光远为右翼旗固山额真，总兵石廷柱为左翼固山额真，“照满洲编壮丁为牛录”[⑤]。至崇德四年（1639）六月，再分两旗为四旗，每旗设牛录十八员、固山额真一员、梅勒章京二员、甲喇章京四员。各旗将吏均由汉人充任[⑥]。直到皇太极去世的前一年，崇德七年（1642）六月，将原有四旗改编成八旗，名称、旗色、官员设置等一如满洲八旗之制。至此，历十年终于完成了汉军八旗的建设。八月，孔有德、耿仲明、尚可喜、沈志祥等奏请“以兵部兵随汉军旗下行走”，皇太极予以批准[⑦]。这样，孔有德等四人所属部队虽未正式编旗，但已属汉军八旗的一部分。他们是强大的清军的一支生力军。

---

① 《清太宗实录》卷8，第4页；参见《清史稿》卷231，佟养性传。
② 《清太宗实录》卷8，第33页。
③ 《清太宗实录》卷13，第7页。
④ 《清太宗实录》卷14，第32页。
⑤ 《东华录》崇德二，第9页。
⑥ 《东华录》崇德四，第5页。
⑦ 《东华录》崇德七，第7页。

终皇太极之世，从初创汉军与蒙古旗，到组建成八旗，与满洲八旗并列为三大旗组织，这是皇太极对八旗制度的重大发展。汉军八旗的创建，不仅是清的军事组织的扩大，更为重要的是，它从政治制度上把满蒙汉王公贵族地主的联盟体制确定下来，并使之巩固而不破裂。三大旗制，犹如部落联盟，满洲是盟主，而皇帝——皇太极则是这个联盟的最高统帅。以满族贵族为核心，与蒙古、汉族王公地主联合主政体制的形成，已使清政权从努尔哈赤时代的单一的满族政权变为多民族的封建国家政权。皇太极及其后世子孙就是借助蒙汉王公地主的强大政治与军事力量，不仅一举夺取了全国政权，而且又依赖他们的长期支持与合作，才维护了满族统治者的长期稳定统治。

二、汉官在满汉联盟中的地位

汉官在满汉联盟中居于何种地位，可以从他们参加清政权的多少，尤其是在上层统治集团中，他们所占比重、掌握的权力大小等方面来加以考察。

努尔哈赤时期，排斥汉人参政，完全是满族贵族掌握着从底层到上层的统治权。努尔哈赤设每旗总管大臣一员，佐管大臣两员；设议政五大臣、理事十大臣。这些人构成了上层统治集团，既没有蒙古人，也没有汉人参加，当然也就无地位可言。皇太极即位初期，基本上遵循旧制，对国家机构尚未做大的变动，仍没有汉人参加到中央一级政权[①]。应当指出，皇太极已开始起用有才能的汉官，辅佐他参谋国事。例如范文程，早在天命三年归附直到皇太极即位，才“拔置公帷幄”[②]，把他“召直左右”，视为亲信顾问[③]。天聪三年四月，皇太极设文馆，范文程入直；原为萨哈廉的奴隶宁完我以“通文史”拔置文馆，经他推荐，于天命七年（1622）兵败投降的明副将鲍承先也入选[④]。文馆职责是翻译汉文典籍，记注本朝政事，总结为政得失。表面看，文馆人员职位很低，不具有权势，充其量是皇太极的咨询机关，但他们以随侍皇太极左右而显得尊贵。还有早期归附的一批明将，如李永芳、石廷柱、李思忠等随军出征，并担负一定的任务。

①《东华录》天聪一，第2页。
②《碑传集》卷4，“范文程传”。
③《清史稿》卷232，“范文程传”。
④《清史稿》卷232，“宁完我传”。

自天聪五年（1631）设立六部，改革国家机构为开端，汉官的地位明显地变化。皇太极规定每部以一名贝勒（皆为其兄弟子侄）总理部务，其下设满承政二员、蒙古承政一员、汉承政一员。承政之下各设参政八员，唯工部设满参政八员、蒙古二员、汉人二员。再下设启心郎一员，多由满官充任，其余“办事笔帖式，各酌量事务繁简补授”①。为便于说明问题，特简列下表：

职务 部别	掌部事务	满承政	蒙古承政	汉承政	启心郎	参　政
吏	多尔衮	图尔格	满朱习礼	李延庚	索　尼	八　员
户	德格类	英额尔岱 萨璧翰	巴思翰	吴守进	布　丹	八　员
礼	萨哈廉	巴都礼 吉　孙	布颜代	金玉和	祁充格	八　员
兵	岳　托	那木寨 叶克舒	苏　纳	金　砺	穆成格	八　员
刑	济尔哈朗	车尔格 索　海	多尔济	高鸿中 孟乔芳	额尔克图	八　员
工	阿巴泰	孟阿图 康喀赖	囊努克	祝世荫	满:苗硕浑 汉:罗秀锦 马鸣佩	满:八员 汉:二员 蒙古:二员

在我国封建社会，六部是国家政府首脑部门，具体行使着国家管理权。汉官与满、蒙古官员并列首次参加政府，这在清初发展史上的确是件破天荒的事。尽管他们参政的人数还很有限，也不占有重要地位，却是后金政治体制的一个重大突破，它使汉官自此进入上层统治集团，登上清代的政治舞台，发挥着日益重大的作用。

随着国家机构的改革，不断吸收大批汉官充实到上层统治机关。天聪十年（1636）三月，改文馆为内三院。这内三院是国家最高权力机关，代表和执行皇帝的诏令。内三院设大学士，相当明代以前的宰相。皇太极任命才能卓著的范文程、鲍承先为内秘书院大学士，以罗硕与罗秀锦为内国史院学士，胡球、王文奎为内秘书院学士②。五月，设都察院，与三院六部不相属，独立行使监

①《东华录》天聪六，第4~5页，本表据此作。
②《清太宗实录》卷29，第2页。

察各部臣、百官的职权，甚至连皇帝、诸王贝勒都在监察之列。皇太极特命原明大凌河副将张存仁为该院承政。与此同时，他又“以大凌河各官为各部院承政”：祖泽洪入吏部，韩大勋入户部，姜新入礼部，祖泽润入兵部，李云入刑部，裴国珍入工部[①]。六月，我们从皇太极颁赏的名单中看到一大批汉官被选入中央政权的各个部门。计自吴景道以下，共四十四人，充任内三院学士、举人、生员、都察院参政、六部启心郎、赞礼官、管仓生员、税课生员等职[②]。经过数年改革、充实，便形成了内三院、六部和都察、理藩两院，合称三院八衙门，确定每衙门设满承政一员，以下设左右参政、理事、副理事、启心郎、主事等官，以满、汉、蒙古人充任。很清楚，汉官生员已广泛地参政，上自内三院，下至政府各部及其所属的各个部门，占有轻重不同的地位。在军队中，汉将独掌汉军八旗兵权。崇德七年，任命祖泽润、刘之源、吴守进、金砺、佟图赖、石廷柱、巴颜（李永芳五子）、李国翰八人为固山额真；命祖可法、张大猷、马光辉、祖泽洪、王国光、郭朝忠、孟乔芳、郎绍贞、裴国珍、佟代、何济吉尔、金维城、祖泽远、刘仲金、张存仁、曹光弼等十六人为梅勒章京。他们中还有的兼任他职，如张大猷、金维城为兵部承政，王国光为户部承政等[③]。

皇太极任命的上述大批军政部门官员，无疑都是汉官生员中的优秀人才。但他还通过多种渠道，不断发现和选拔才堪使用的汉人充实到各级政权机关。一是凡投降过来的明将吏，其原任职务不变，分配适当工作，个别的还视其归降中立下功劳，而给予提职。二是考试。天聪八年三月，举行会考，汉生员考中一等的有十六人，二等三十一人，三等一百八十一人，共得二百二十八人[④]。四月，考试举人，汉人中举者有宜成格等九人[⑤]。三是推荐授职。如，天聪八年，无职的朱延庆上疏推荐陈极新，马上录用文馆，他本人因推荐人才有功也录用文馆[⑥]。还有自荐而被重用的。如汉生员刘奇遇、刘弘遇兄弟上疏自荐，皇太极即令大学士范文程、希福等考试，以刘弘遇有才，当即任命为内弘文院副理事官[⑦]。四是定期考核管理汉人官员，政绩突出的，皆提拔重用。天聪九

---

①《清太宗实录》卷29，第9页。
②《清太宗实录》卷30，第14~15页。
③《东华录》崇德七，第5页。
④《清太宗实录》卷18，第10页。
⑤《清太宗实录》卷18，第18页。
⑥《清太宗实录》卷21，第28页。
⑦《东华录》崇德一，第6页。

年，一次考核，如李思忠、扬子渭、佟三、吴裕、李国翰等以所管区人口增加而得到越级提升[①]，而在战场上立军功的，提升更快。五是父死子继。或因病、因征战而死的，其子即可袭父职，从而保持着汉官们已得到的地位不变。这些政策和措施，为汉人参政提供了更多更广泛的机会。

清（后金）统治下的辽东地区是汉人聚居之地。皇太极充分认识到这一点，依靠汉人管理地方事务，远比满族人单独管理更好。在基层，一村一屯、一城一镇，包括管户籍、钱粮、仓储、征收赋税、兵役、主持公共事务如筑城、修道、运输、水利，以及驻防当地的下层军职，无不有汉人充任管屯、牛录章京、屯拨什库等等职务。从上层统治集团到基层各级机构，汉人任职已成为普遍现象。汉官爵位达到王，如孔有德、耿仲明、尚可喜“三顺王”；官高大学士，如范文程、鲍承先。汉官地位的上升，不能不分散了满族贵族的部分特殊利益，比之努尔哈赤时期，已失去了地位独尊、权力独擅、包揽一切的权势。难怪满族贵族发出感叹：“昔太祖诛戮汉人抚养满洲，今汉人有为王者矣，有为昂邦章京矣。至于宗室，今有为官者，有为民者，时势颠倒一至于此！”[②]在他们看来，这个变化之大，有如天翻地覆！这正反映了汉人在满族贵族所建立的政权中地位的显著变化。

三、汉官在清（后金）政权中的作用

在满汉贵族地主联盟中，我们只需全面地考察汉官发挥的种种作用，就会深刻理解皇太极及其后继者对他们实行联盟具有何等重要的意义！可以说，汉官的作用无所不及，约而言之，集中表现在如下几个方面。

降清的明朝将吏，深通为政之道，亦懂治军之法，他们有较高的文化素养，积有丰富的统治经验。他们参加了清（后金）政权，就积极参与制定国家大政方针，发挥了满洲王公贵族所不能替代的特殊作用。皇太极即位之初，面临着十分困难而充满危险的局面。后金向何处去，如何求得自身的发展？这是后金命运攸关的一个严重问题，必须有一条明确的长远方针。在此关键时刻，是汉官首先对形势作了透彻的分析，并给予理论上的深刻阐明，提出了新的方

①《东华录》天聪十，第5页。
②《东华录》崇德八，第1页。

针和政策。最有说服力的是天聪二年一份佚名汉官长篇奏本。他在精辟地分析了后金、明、朝鲜、蒙古诸方面的形势之后，提出：后金处南朝（指明）大计，唯讲和与自固二策而已。他说，以“讲和”麻痹对方，让其自身矛盾充分发展，必然陷入不可挽回的颓势之中。而后金则以讲和赢得时间，修明政治，开垦土地，息兵养民，举贤任才，积蓄实力，以求得“自固”。待后金更加富足，兵力更加强大，那时再乘机进攻，破竹长驱，天下可传檄而定。这就是兵法上说的“卑骄利诱之术”[①]。其后，许多汉官纷纷阐述了这个思想[②]。实践证明，他们对形势的分析和确立的方针完全符合后金的实际情况。我们看到，皇太极在位十七年，真正把讲和与自固两策奉为治国的指导方针。他自始至终要求与明讲和，甚至不惜去年号、屈居崇祯帝之下来达成讲和的协议。他大力改革内政，整顿吏治，起用贤人，重视发展生产，仅仅数年，已见成效，到他去世时，清政权变得空前强大，为不久胜利进关准备了政治与物质条件。

1644年，是明清兴亡史上伟大转折的一年。当李自成农民军正以排山倒海之势向北京挺进，明亡在旦夕时，汉官们以机会千载难逢，无不力主进关夺权。最有权威的人物范文程为清统治者决策，力劝摄政王多尔衮宜乘明之将亡，先出兵底定河北，以奠基业。他要求清兵一改过去入关剽掠，申严纪律，秋毫无犯，以收揽人心、救民水火为主旨，则人心响附，王业可成。他认为，“惟成丕业以垂休万祩者此时，失机会而贻悔将来者亦此时”[③]。不久，农民军陷北京的消息传来，范文程正在盖州汤泉养病，他应召疾速赶回沈阳，再次阐述战略方针。他分析了清兵与农民军的优劣之势，坚定地认为，清兵势在必胜[④]。范文程两次决策，无疑极大地鼓励了摄政王多尔衮及其上层统治集团进取中原的决心和信念。于是，多尔衮接受范文程等人的战略思想，亲统大军进关夺权。范文程“扶病随征”，亲自起草文告，打出了“为尔复君父仇”的旗号，把矛头指向农民军，安定人心。文告皆署他的官阶、姓氏[⑤]。清兵进入北京后，迅速实施范文程提出为明崇祯帝发丧、易梓宫、安抚孑遗、举用废官、收求隐逸、更定律令等一系列重大建议，京畿地区混乱的局面迅速趋于稳定。

---

①《明清史料》甲编首本第1本，第48页。

②《天聪朝臣工奏议》许多奏本都阐述了类似的看法。

③《清世祖实录》卷4，顺治六年四月辛酉。

④《碑传集》卷4，“范文程传”。

⑤《清史稿》卷232，“范文程传”。

他决策进关的战略方针，正如已故著名学者孟森先生所说："于清之开国，关系甚巨。"

范文程官居大学士，地位甚显，素为皇太极的智囊，皆参与国家机密大事。皇太极每召他共议大计，"必漏下数十刻始出；或未及食息，复召入"。在跟廷臣议政时，皇太极总是问："范章京知否？"遇有处理不当之事，则说："何不与范章京议之！"①正如皇太极称：他把范文程"资为心膂"②。福临在位，他继续得到重用。顺治十年（1653），授为议政大臣，晋升为少保兼太子太保、太傅兼太子太师，位列首辅。范文程自太祖时归附，历太宗、世祖、圣祖共四朝，一直随侍皇帝左右，运筹"帷幄赞谋，皆国是大计"③。辅政三十余年，堪称是清开国元勋。

努尔哈赤建后金，国家草创。汉官们佐皇太极改革国家机构，推动和加快了后金封建化的历史进程。汉官们的政治理想，是要建立像明朝那样的中央集权国家，力图改革后金八和硕贝勒"共议国政"的远非完备的官制。以文馆儒臣宁完我为代表，"遇事敢言"，屡次奏请设六部④。他说："古帝王设官分职。并非无故，恐国事无纲纪，故立六部；恐六部徇私，故立六科；恐六科臣庇护，当启格君心，故立馆臣……"他以《大明会典》为依据，提出"参汉酌金，用心筹思，就今日规模立个金典出来，每日教率金官至汗面前，（汉官）担当解说，各使去因循之习，渐就中国之制"⑤。皇太极采用此建议，于天聪五年设吏、户、礼、兵、刑、工六部。接着，宁完我又直言不讳，痛陈时弊，请求设立言官⑥；他联合高鸿中、鲍承先、范文程、马国柱等人上疏"言官当立"。天聪七年，马国柱再次上疏，重申设言官的必要性："建立言官，乃千古帝王之美意良法。后世人主，虽有神圣亦不得弃而不置。若言官一立，汗之过失得闻，贝勒是非不掩，国中善恶可辨，小民冤苦得伸。"他认为，"怯弊防奸之着，莫要于言官之设也"⑦。皇太极为防止明朝言官弊政重演，本无意设言官，但经不住汉官们累次雄辩，遂于崇德六年，设立了督察百官言行、弹劾权

①《国朝耆献类征初编》卷1，"范文程传"。
②《碑传集》卷4，第1页，"范文程传"。
③《碑传集》卷4，第3页，"范文程传"。
④《清史稿》卷232，"宁完我传"。
⑤《天聪朝臣工奏议》卷中，"宁完我请变通大明会典设六部通事奏"。
⑥《东华录》天聪六，第13页。
⑦《天聪朝臣工奏议》卷中，"马国柱请更养人旧例及设言官奏"。

贵的都察院，进一步完善了官制。皇太极仿明制建立了一套完整的国家统治机关，确立了中央集权制，都是在众多汉官的积极建议和具体佐助下实现的。他们还提出重名器、别冠服、立天地坛等一套封建礼制，也得到了实施。所有这一切，使后金加速完成了向封建制的过渡。

经济是国家的命脉，是它赖以生存的物质条件。汉官颇关注后金的经济发展，提出各项措施来繁荣社会经济。后金进入辽沈地区后，实行计丁授田，每丁给田五日（合三十亩）。皇太极即位后，继续按此标准授田。实际上，一直没有完全实行。天聪六年初，文馆秀才高士俊、杨方兴等相继提出："名虽五日，实在止有二三日。"[①] 汉官胡贡明也说："每丁授地五日，且又不足五日。"[②] 根本问题是"分田之不均"，上等肥饶之地，或被本管官占种，或被富豪家夺取，剩余薄地分给贫民，也仅得到二三日地[③]。农民耕地不足，且耕贫瘠之地，而一家衣食，凡百差徭，皆出自土地，其苦累可知。针对授田不均、粮食不足等问题，汉官们纷纷发表意见，归纳起来，主要有：清查土地，务要足五日之数，不论地之厚薄，要贫富均分；实行轻敛、薄税，使民以时，保护民力；召民开垦土地，家给充裕的，照亩起科，家贫无力之户，可贷给牛具粟种，年终取其收入十之一偿还[④]；"开拓广种"，推行屯田，可致"民殷国富"[⑤]，即以八旗兵丁屯垦荒地，增加粮食收入，保证军食足用。他们具体提到广宁（辽宁北镇）东西、闾阳驿一带、盖州等地，宜以驻军屯田。与农业生产相关的一个问题是，农民负担过重。如，修城不已，误了农时。汉官认为应当减少或停止工筑之事。他们的这些建议，差不多都被接受，下诏令执行。如，皇太极曾下令停止"工筑之兴"，将民力专注于农业生产[⑥]；他还发放牛具，许汉人乘时耕种[⑦]；天聪七年，他发下一道谕旨，专门指导农业生产，其中明令官员不得"占近便沃壤"，不得将远处瘠地分给贫民，如违背，准许贫民控告[⑧]。汉官对经济的干预，同样收到了成效，已使国家逐渐摆脱困境，农

①《天聪朝臣工奏议》卷上，"高士俊谨陈末议奏""杨方兴条陈时政奏"。
②《天聪朝臣工奏议》卷上，"胡贡明谨陈事宜奏"。
③《天聪朝臣工奏议》卷上，"杨方兴条陈时政奏"。
④《天聪朝臣工奏议》卷中，"扈应元条陈七事奏"。
⑤《明清史料》丙编第1本，第22页。
⑥《清太宗实录》卷1，第9~10页。
⑦《清太宗实录》卷16，第10页。
⑧《清太宗实录》卷13，第4~5页。

业生产达到“足食足兵”，支持它同明朝的长期战争进行下去。

不断发动战争是清战胜明朝的基本手段。汉官们密切注视双方战局的新发展，深入研究战略战术问题，随时把他们对战况的分析和论断提供给皇太极。在明清战争史上，有他们的生动记录。首先，关于军纪问题，他们坦率地批评满洲八旗出征时任意抢掠、杀人，每次出兵，都习惯说“去抢西边”。受到战争蹂躏的地方，“房屋烧毁，土地荒芜。如此行事如何使人归心，而上天乐助与乎？”[①]宁完我直言：清（后金）兵杀掠扰害，使“天下之人怨心恶名，萃归于汗矣”[②]。正红旗固山备御臧国祚指出：“凡图大业，必兴仁义之师以取天下，未有贪杀而治天下者也。”[③]他们要求皇太极定法令，严禁杀掠，收拾人心，“汗之仁声遍于四方，远近闻知，谁不乐归正！”[④]据《清太宗实录》所载，清（后金）兵每次出征前，皇太极总是规定若干条军律，再三叮嘱出征将士，不得妄杀，不许奸淫妇女，不准乱抢财物。显见皇太极接受了汉官们的意见，并且付诸行动。但事实上，清兵抢掠仍不能禁止，所以每次出征归来，皇太极总是惩治违令的将士。

其次，汉官熟知明军内部状况，每论兵，议战守，皆切中要害，对清兵的胜利起了具体指导作用。这里仅举一例。著名的松山决战，是清入关前继萨尔浒大战之后又一次具有战略意义的决战。在皇太极处心积虑要打破明宁锦防线时，祖可法、张存仁等首先献“进取”大计三：一攻北京，二抵关门，三先得宁锦门户，以广宁为屯兵基地，夺取锦州[⑤]。皇太极接受了后一建议，选择距锦州更近的义州作为屯兵的前哨阵地。张存仁又献计：锦州只可围而不可强攻。只要把围困坚持下去，远不过一年，近不过数月，自有可乘之机。皇太极征调大军把锦州严密地包围起来。明朝闻讯，急调各地精锐援锦，一场大战迫在眉睫。这时，石廷柱进破锦打援之策。他认为，应继续加强围锦的兵力，四周环列大炮，阻击明援兵，只要锦州一破，关外八城闻风震动。明援兵从宁远至杏山，所带行粮够用六七日，若挫其锋，势必速退，清兵先埋伏于高桥等处，掘壕截击，前后夹攻，明兵无退路，势必皆为清兵所俘。他估计八、九月

① 《天聪朝臣工奏议》卷上，“胡贡明谨陈事宜奏”。

② 《天聪朝臣工奏议》卷上，“宁完我军等谨陈兵机奏”。

③ 《明清史料》丙编第1本，第22页。

④ 《天聪朝臣工奏议》卷下，“仇震条陈五事奏”。

⑤ 《清太宗实录》卷56，第14~18页。

间，天气转凉，明必与我拼力一战，我朝“定鼎之谟，在此一举”①。石廷柱等人的分析和制定的战略战术为后来的战事所证实。皇太极就是在听取了他们的意见后，才下定决心同明展开战略决战，亲自指挥，夺得了这场战争的完全胜利，逼使锦州明兵投降，一举连夺松山、杏山、塔山三城。清入关前后，与明大战小战不下数百次，身居上层统治集团的汉官们参与明清各个战役的决策。不仅如此，汉军八旗和孔、耿、尚所部是一支生力军，几乎参加了每次征伐，冲锋陷阵，立下了赫赫战功。清兵只善骑射，不懂火器。而汉军独掌火器（如红衣大炮、佛朗机等），是八旗军的一支特种部队。他们自天聪五年以后，随军出征，对明军形成了巨大威慑力量。后金自造红衣炮，始于天聪五年，为汉官王天相、金世昌等所造。后金把大炮先进武器投入战场，这就改变了清与明的军事力量对比。原先火器为明兵所独有，成为它的优势。自从后金掌握了造炮技术，建立火炮营，就使明兵优势顿失，而转变为清兵的优势。正如佟养性说：“我国火器既备，是我夺其长技。彼之兵，既不能与我相敌抗，我火器又可以破彼之固守。”②汉官最先倡导用火器、造大炮，设立大炮营，这对于只善骑射的清兵恰似如虎添翼。清军这个优势的获得应归功于汉官兵。

汉官在清政权中的作用，在《天聪朝臣工奏议》中得到了充分的反映。《奏议》所载，五十余名汉官，共九十七人次奏章，举凡这个政权的方方面面，都有他们的建议和主张。论冲锋陷阵，敢战敢胜，比之满洲、蒙古八旗，不见优长。但他们运筹谋划，用智用心，却比他们略胜一筹。尤其是对国家政治制度建设、经济管理、思想文化建设等方面，表现出他们的远见卓识。皇太极能知人善任，肯于纳谏，最大限度地利用了汉官的聪明才智和治国治军的经验，并运用于同明朝的长期复杂的斗争中去，变成强大的物质和精神力量，为清建立了一代伟业。

四、满汉联盟的实质及历史局限

满汉贵族地主联盟，从广泛的意义上说，就是满汉两个民族的联合与合作，他们为一个共同的政治目标——推翻明朝而展开联合一致的斗争。清兵进

① 《清太宗实录》卷56，第23~26页。

② 《天聪朝臣工奏议》卷上，“佟养性谨陈末议奏”。

关后，这个联盟又为统一全国和巩固长远统治而坚持下来。所说联盟，既包括满汉统治者，也包括两个民族的广大劳动人民和其他阶层的群众。但是，说到底，满汉联盟实是两个民族的统治阶级即王公贵族、封建地主的合作，此为该联盟的阶级实质。满汉统治者的联盟之所以能够建立起来，固然是皇太极实行了正确的政策；其中更主要的原因是双方有着利害一致的要求，他们都是剥削阶级，在根本利益上是一致的，自然就成了双方联合的思想与政治基础。明朝将吏归附清政权，有种种不同的情况：有不少是兵败被俘，受感于清政权的宽大和优待而投降；有的或被战败，或被围困，走投无路，被迫投降；有的在明朝受到压制或打击，被逼上“梁山”，投向清（后金）政权；还有的看到明朝气运已衰，不能长久，便及早脱离，投靠新政权，寻找新的出路，如此等等。他们投向清政权的个人原因虽不尽相同，其实都是为了保全自己的身家性命，保持以往的荣华富贵，从清政权获得在明朝已失掉的一切。以皇太极为代表的满族贵族恰恰是给了他们想得到的一切，满足了他们对物质利益和政治地位的要求。皇太极决心打破明朝的一统天下，夺取全国政权，更符合他们的根本利益。他们不仅有重返家园之望，也希图成为大清的一代勋臣、开国元老，使子孙皆沾庇荫。因此，无论是眼前利益或长远利益的一致，使原为仇敌的满汉统治者握手言欢，一拍即合。因此，汉官以“肝脑涂地以报万一”的心情，拜倒在历来被汉族封建统治者鄙视为“夷”“虏”的少数民族统治者的脚下，悉心尽力为其赞划。这说明皇太极建立同汉族地主的联盟是完全成功的。清统治者还把联盟从上层扩大到整个汉族人民，实行“满汉一体”的政策，建汉军旗，吸收汉族各阶层有才能的人加入清政权，这些都说明了满汉联盟的广泛性。这是中国历史上任何一个少数民族建立的政权所不能比拟的！

事实表明，皇太极成功地建立同汉族地主阶级的联盟，是清夺取全国政权和维持长期统治的一个非常重要的因素。至今，学术界还有一种看法，坚持说清朝入关夺权是得之于历史的“偶然”，是“侥幸成功”；甚至说，全国的统治权不应属于清朝，而应属于李自成等等。这些说法忽视了一个最基本的事实，即没有从清朝内部自身发展的历史全过程来考察它的成功之路，把自努尔哈赤几代人的艰难创业到最后的胜利，说成是“偶然”，这就离开了清朝的历史而陷入主观想象之中。在明清改朝换代的历史大变动时期，几支政治军事力量角逐，优势者胜，劣势者败。清朝的优势之一，就在于它联合了汉族部分地主和它统治下的汉族人民，还有蒙古王公贵族及其强大的军事力量，因而连连击败李自成、张献忠等农民军，横扫南明三个政权，取得了自己生存的权利。试想，如果没有汉、蒙古的谋划和佐助，单靠满洲八旗，其成功的希望微乎其微！打个比方，清政权好比是一辆车，汉、蒙古是它的两只轮子，满族皇帝是驾驭者，没有两只轮子，哪怕缺其一，这辆车也是无法运转前进的。相反，农民军、南明都不过是孤军奋战，而且他们混乱而错误的政策更使自己陷入孤立，他们遇到了满蒙汉八旗兵这个强手，其失败是必然的。历史的发展自有其自身的规律，任何事情的成败亦自有其内在因素，并不依我们喜欢与不喜欢为转移。

应当指出，满汉联盟的历史局限与阶级局限性，也是显而易见的。如上所述，满汉联盟是两个民族的统治者的联合与合作。汉族广大人民是被统治的阶级，他们受其联合统治。同样，满族人民也是被统治阶级，与汉族人民一样，也受其联合统治。毋庸讳言，清统治者给予满族以某种特殊待遇，却改变不了他们受压迫的阶级地位。满汉人民及其他各族人民同清统治者的矛盾和斗争构成了清代社会的基本矛盾。

在上层统治集团，满汉似乎平等，没有什么矛盾。其实不然。他们的联盟是以满洲贵族为核心的，他们掌握着实权。如皇太极设六部，各部首脑皆由他的兄弟子侄充任。每次征伐，其统兵权也由其宗室亲属掌握。这种情况，直到乾隆时也没有改变。据朝鲜人所见：“汉人主清官，胡人（指满人）主权职，各自为类，不相易种矣。”乾隆四十五年（1780），朝鲜人又说：“朝廷则胡多汉少，胡为主，而汉为客。”[①]乾隆五十五年时，朝廷“一部之内，满汉二人，分治事务，满人主钱谷甲兵，汉人惟簿书期会，爵秩虽同，主客悬殊。以兵民言之，则满人悉隶旗下，汉人举为民户。汉人之愿属旗下者，号以绿旗兵，而凡于徭役，兵轻民重，以此满汉、兵民之间，腴瘠判异，怨恨交力”[②]。朝鲜人把满汉在朝廷中的联盟比做主客关系，颇为允当。这就是说，自皇太极始，清统治者始终坚持以满族贵族为主，他们分任国家要职，握有钱、谷、军队等大权，发号施令，而汉官则掌如“簿书期会”等次轻权力。主次分明，满族贵族是朝廷的真正“主人”，汉官不过是帮办的“客人”而已。这就说清了问题的实质，即满族贵族对汉族地主的联盟既有限度，又有“主

①《李朝实录》正宗四年十一月辛丑。

②《李朝实录》正宗十四年三月丁未。

客”之分。这种民族间的限制和不平等，必然引起种种矛盾和斗争，不时在具体事件中表现出来。随着清朝社会基本矛盾的发展，满汉联盟最终也随清朝的衰亡而解体。

（原载《清史论文集》，辽宁人民出版社1990年版）

论清入关前的民族统治政策

满族以一个新兴的少数民族崛起于我国东北，稳步地建立了全国政权，统治着居地辽阔、人口众多的汉民族及其他几十个少数民族，长达近三百年，这在中国历史上堪称是前无古人的勋业。毋庸讳言，这个以满族建立起来的政权对满族以外的各民族实行的政策，包含了民族压迫、民族剥削的内容。但是它在各个不同的历史时期，一向很重视调节它与其他各民族之间的关系，所实行的具体政策基本上适应了那个时代的历史发展。这不仅维护了清朝的长治久安，而且对中华民族的凝聚起到了积极的促进作用。本文仅对清朝入关前，从努尔哈赤到他的继承者皇太极的民族统治政策作一初步研究。

努尔哈赤：从反抗民族压迫到民族绥服政策

东北地区自古就是我国多民族的主要集聚区之一。北起兴安岭内外、黑龙江畔，南至辽河两岸直至辽东半岛，西起石勒喀河流域，东抵乌苏里江至海，在这辽阔而广大的土地上，历来居住着众多民族。在明代东北这个民族大家庭中，有汉、女真、蒙古、赫哲、达斡尔、鄂伦春、鄂温克、锡伯、朝鲜等民族，其中以汉、女真（即后来的满族）、蒙古族构成了东北民族的多数。如何处理这些民族之间的关系，换言之，采取一个什么样的民族政策，是关系到能否在东北建立统治、站稳脚跟的一个根本性的问题。

（一）努尔哈赤从起兵到进入辽沈地区之前，采取的政策是：统一本民族，争取其他民族的同情与支持，共同反抗明朝的民族压迫

为了论述这个问题，有必要回顾一下明朝统治东北的情况。同历代以汉族为主体建立的封建政权一样，明朝对东北地区的各少数民族实行的是民族压迫的统治政策，简言之，就是“分而治之”“以夷治夷”。众所周知，明朝在东北不设州县而大量设置军事组织的都司卫所。从太祖洪武初年到万历年间，在东北陆续增设到四百多个卫所。这些卫所多设在各民族地区，起到了监视和分割他们本身力量的作用。显然，这是一种军事统治。由于地理位置上的原因，明朝对东北的统治亦有所侧重。辽东地区（北起开原，南至旅顺口，西起山海关，东至鸭绿江）被明朝视为它的边疆重镇，由朝廷直接派出官员率军据守。这里“边鄙瓯脱之俗，华糅之民，迫近胡俗，易动难安，非可以内地之治治之也”[①]，故“恃其卫所以柬武耳”[②]。对于辽东地区以外直至边远地区的少数民族，则以“羁縻”的方式间接地进行统治，即任命他们的头领为卫所官员，颁给印信、敕书、冠带等，以此来笼络这些上层人物代为管理各自的民族事务，达到“以夷治夷”的目的。但实际的统治权仍操在明朝统治者之手[③]。

明中叶以后，随着明朝统治日益腐朽，它在东北的统治也很快衰落下去，特别是在辽东地区，民族矛盾日益尖锐起来。这突出地表现在汉与女真人的关系日益紧张。这是明朝边将官吏残酷压迫女真等少数民族所引起的。女真人散居东北各地，按其居住地区，有建州女真、海西女真、野人女真三大部分。其中建州女真以及海西女真之大部居于辽东地区及其周边地带，因而他们与汉族交往最密切，生产发展程度也比其他少数民族更高。同时他们也直接受到明朝统治阶级的压迫和欺侮。例如，明边将任意侵占女真人的土地。万历元年（1573），辽东镇总兵李成梁建议将其属下参将移到女真人居住地驻扎。这个建议得到批准后，又相继建了六个堡，向这里移殖汉人，经三十余年，达到六万四千多人[④]，大量开垦土地，结果“引起女直积愤”[⑤]，双方冲突、纠纷时有发

① 毕恭、李辅：《全辽志叙》。
② 顾炎武：《天下郡国利病书》，“边备”。
③ 刘丹：《论努尔哈赤与明朝的关系》，载《辽宁大学学报》1978年第5期。
④ 郑天挺：《清入关前满族的社会性质续探》，载《南开大学学报》1979年第4期。
⑤《明经世文编》卷363。

生。更为甚者，明朝边将任意“开边隙，出塞外扑杀诸夷”[①]，冒充“斩获”，向朝廷邀功请赏。他们插手少数民族内部事务，支持一部分，反对另一部分，致使内乱不已。努尔哈赤的父亲塔克世、祖父觉昌安就是在武装冲突中遭明军杀害的。明朝边将的种种暴行，当然激起女真等族的人民激烈反抗，“诸夷益恨”，便屡屡“大入塞杀掠吏民”[②]，以回击汉族统治者对他们的迫害。

努尔哈赤正是在这一民族矛盾不断加剧、武装冲突日益扩大的形势下，于1583年奋起为死去的父祖报仇，掀起反抗明朝民族压迫的壮烈斗争。

努尔哈赤起兵时，只有父祖的遗甲十三副，几十个人，凭这点力量是无法同强大的明朝相匹敌的。因此，他首先着眼于内部，把一个四分五散各自为政的女真逐步统一起来。当时，在女真社会内部正经历着一场变革：由于生产力的发展，社会交往的不断扩大，促进了人们之间经济联系的进一步加强，迫切需要打破疆土分裂、各自为政的状态。“因为这种状态分散和抵消了民族的集体力量。”[③]消除这种分裂状态，走向统一，是历史的必然。当时，各部落之间展开了激烈的兼并战争，所谓“各部蜂起，皆称王争长，互相残杀，甚且骨肉相残，强凌弱，众暴寡”[④]。恰是当时形势的生动写照。不管努尔哈赤是否意识到这一点，他的行动却是完全顺应了历史的发展方向。他经过一年多血战，终于使仇人尼堪外兰授首，控制了苏克素护部，兼并董鄂部，成为一方的强大势力。历史在推动努尔哈赤继续前进。他“恩威并行，顺者以德服，逆者以兵临”[⑤]，先内后外，由近及远，次第用兵，所向披靡。十余年间，混乱纷扰的建州五部成于一统，再经二十余年征战，其他女真各部如长白山三部、扈伦四部、东海二部之大部分女真皆入努尔哈赤掌握之中。

作为中央政权的明王朝，它不希望在东北出现一个统一的强大的女真，而宁肯维持分散、割裂的状态，才最符合它的统治利益。因此它极力反对努尔哈赤统一女真，急忙出来干涉他的行动。万历二十七年（1599），努尔哈赤灭掉哈达，明“万历皇帝不喜，逐责之曰：‘汝何故破哈达，虏其人民？可令吴儿户代复国’”[⑥]。努尔哈赤料难违抗，只得让已灭亡的哈达重新复国。万历四十一年（1613），努尔哈赤攻叶赫，明朝极力庇护它，万历皇帝命令努尔哈

①②郑晓：《四夷考》，“女直”。

③［德］恩格斯：《德国的革命和反革命》，载《马克思恩格斯选集》第一卷，第540页。

④⑤⑥《清太祖武皇帝实录》。

赤："自今汝勿侵夜黑国。"还派去了军队携带大量火器，阻止努尔哈赤进军。除此，明朝还采取其他措施来限制甚至压制他的军事活动，给他制造种种困难。万历四十三年（1615）夏，明朝不许努尔哈赤收割已属建州的柴河、三岔、抚安等地已熟庄稼。四十六年秋，努尔哈赤派八百军民在浑河附近收割庄稼，遭到明兵的突袭，死亡七十人。类似的事件屡见不鲜。以上所举都成了努尔哈赤伐明时"七大恨"的内容。

历史的前进，是不以人们的意志为转移的。恩格斯指出："部落发展了民族和国家。"[①] 女真这个历史悠久的民族——终于在努尔哈赤的领导下，重新实现了统一，并逐步凝聚成一个新的民族——满族。万历四十四年，努尔哈赤正式称汗，建国号金，从此，它以一支新兴的力量登上明代中国的政治舞台，与明朝展开了激烈的斗争。

到1618年努尔哈赤伐明前这三十余年间，由于力量对比悬殊，他对明朝基本上不侵不叛。一方面向朝廷称臣，岁时朝贡，还在边境会晤明朝辽东副将和抚顺所备御官员，建碑划界，"宰白马祭天"，宣誓友好[②]。另一方面，对汉族人民也采取了友好的政策。虽难免有些小的骚扰，但仍保持了和平安定的局面，两个民族以及其他少数民族在抚顺、清河、宽奠、叆阳等四处进行贸易，互相友好往来。努尔哈赤之所以采取这个政策，是出于战略上的考虑。万历四十年（1612），努尔哈赤亲征布占泰（乌喇）时，说过一段很精彩的话，道出了他的战略思想。他说："譬伐大木，岂能遽摧？必以斧斤砍而小之，然后可折。今以势均力敌之大国欲一举而取之能尽灭乎？我且削其所属外城，独留所居大城，外城尽下，则无仆何以为主，无民何以为君乎？"[③] 这话虽然是针对乌喇国说的，但他对明的政策又何尝不是如此！基于力量对比悬殊，努尔哈赤不能贸然征伐比乌喇强大不知多少倍的大国明朝。所以他想方设法迷惑明朝，更不去触动它，而是在明统治东北的中心辽东地区外围作战，其目的就是把臣属明朝的各族及部落都争取到自己一边，以削弱明朝，进而孤立它，然后一举驱逐它出东北。这不是如同"伐大树"一个道理吗？即使努尔哈赤感到军事上有力量可以与明一战，但又顾虑粮食不足，他还是按兵不动。四十三年，努尔哈赤在劝告其臣属暂不伐明时，指出："我国素无积储，虽得人畜何以为生？

---

①《马克思恩格斯文选》（两卷集）第二卷，第37页，外国文书籍出版局1955年版。

②③《清太祖武皇帝实录》。

无论不足以养所得人畜，即本国之民且待毙矣。”[①] 所以他提出，当前应以“重农积谷”为先，积蓄力量。由此可见，努尔哈赤对明采取的政策是很稳妥的，是建立在本民族的力量不断增长的基础之上的。

努尔哈赤的民族统治政策的另一个内容，是对蒙古族实行亲善政策。当时，努尔哈赤正忙于女真内部的统一战争，与蒙古尚无正式来往。只是在1593年，科尔沁部参加围攻努尔哈赤的九国联军，可以算作最初的接触。其后，随着努尔哈赤逐渐强大，影响远播蒙古各部，其中“科尔沁部蒙古贝勒明安、喀尔喀五部贝勒老萨始遣使通好。自是蒙古诸贝勒通使不绝”[②]。明驱逐元朝以后，与蒙古长时间处于战争状态，终明之世，双方关系一直是时紧时松，明朝把蒙古当做敌人加以防范；蒙古则因被逐出中原而对明抱有仇恨心理。由于这种关系，自然就使蒙古与努尔哈赤的女真族接近起来。开始，努尔哈赤只认为“彼（蒙古）越敌国（明）而来，盖冀望恩泽于我也。遂厚赏遣之”[③]。但努尔哈赤很快就认识到蒙古对他具有重大的实际意义，所以积极主动开展与蒙古的交往，示以亲善友好，不断加深这种友好联系，发展到互相通婚，亲如一家。如，科尔沁贝勒把他的女儿嫁给了努尔哈赤；蒙古扎鲁特部落贝勒钟嫩的女儿嫁给努尔哈赤的二子代善；该部落内齐汗的妹妹嫁给努尔哈赤的五子莽古尔泰；还有该部贝勒额尔齐格的女儿嫁给他的第十子德格类。礼尚往来。努尔哈赤也把他的亲属的女儿远嫁到蒙古。建立这种亲戚关系，就使蒙古处于远较其他民族更为优越的地位。努尔哈赤也另眼高看。凡蒙古王公来朝、通使，都受到破格优礼款待。一次，明安来朝，努尔哈赤出迎百里外；每天设宴，隔一天设大宴，住了一个月。走时，赐给四十人、甲四十副，还有大量钱币等物，赏赐是相当丰厚的。之后又送出三十里而还。凡此种种，都说明努尔哈赤对蒙古积极推行民族亲善的政策，把蒙古族上层人物逐渐争取到自己方面来。

天命三年（1618），努尔哈赤终于作出战略性的决定：向明朝在东北的统治展开了进攻。他先发出“七大恨”檄文，历数明朝的罪过，说明他起兵之由。虽然不免有些个人恩怨，但其基调是反抗明朝的民族压迫的，意在唤起人们的同情，尤使汉族人民给予理解，免生对抗。在大军起行前，他规定纪律：

---

①《清太祖武皇帝实录》。

②③《清太祖努尔哈赤实录》。

凡俘获之人勿去衣服、勿淫妇女、勿离散其夫妻，拒战而死者听其死，若归顺者不得轻易杀戮。因为作战对象是明朝，这里就有一个如何对待汉族的问题。上述若干项规定虽属军纪，但实际上应看做是对汉族的政策。这在攻打第一个目标抚顺时收到了显著效果：没伤兵卒便招降了明将李永芳，连同东州、马根单及其周围的台堡寨共五百余个几乎不战而得。显见“七大恨”伐明是颇得人心的。和平进入抚顺后，没有发生戮杀汉人的事件，所降大小明官都照任原职，而李永芳被提升为总兵。当时在抚顺从事贸易的山东、山西，远至苏杭等地的汉族行商十六人，一个不杀不抓，让他们带着“七大恨”檄文回家做宣传。

努尔哈赤降服抚顺后，明朝大为惊慌。次年（1619），组织九万兵马，分四路进兵，企图一举歼灭新兴的后金政权。毫无疑问，这是明朝对女真族的一次规模巨大的军事镇压。努尔哈赤倾全民族之力，奋起抵抗，是反对明朝的民族压迫，保卫本民族生存的民族自卫战。这次激战就是明清兴亡史上著名的萨尔浒战役。它以努尔哈赤全胜而结束。其结果，不仅保住了女真族的生存，而且使之进一步发展壮大。这次战役还标志着努尔哈赤反抗明朝的民族压迫达到了高峰。

（二）进入辽沈地区后，实行民族绥服的政策

萨尔浒战役，使后金与明朝在东北的力量对比发生了根本的变化。明朝在遭到惨败后不得不作战略退却，而后金则尾随其后，以胜利者的姿态，耀武扬威地进入辽沈。这时，他不仅将进攻矛头对准明朝统治者，而且还扩大到了整个汉民族和其他民族，把他们同样作为进攻对象而加以压服。因此，女真人的后金政权不再是一个被压迫民族，而变为军事征服者、统治其他民族的压迫民族。

努尔哈赤进入辽沈后，在他面前站立三个强大的民族：汉、蒙古、朝鲜。另外，在黑龙江中下游、乌苏里江流域的诸民族可视为一股边远的势力。努尔哈赤从争雄天下的目的出发，对这些民族采取不尽相同的政策。他对蒙古继续发展以亲善为主的密切的关系，对黑龙江边远诸民族则采取以武力统一兼掠夺的政策。这些在努尔哈赤的政策中毕竟是次要方面。他把明朝当成头号敌人，集中主要军事力量对它发动了持续不断的进攻。在同明朝争夺统治权的斗争中，努尔哈赤用满族贵族的民族主义对待汉族，实行掠夺、奴役甚至杀戮的

政策。

还在天命三年（1618）攻取抚顺时就已经开始掠夺："将所得人畜三十万散给众军。"[①]

次年（1619）四月，后金兵"遣入大明铁岭境，掠得人畜一千"[②]。

同年六月，陷开原，据《清太祖武皇帝实录》载："城中士卒尽被杀"，在城内外"收人畜财物三日犹未尽"，撤兵时，"毁其城郭，焚公廨并民间房屋"。另据《栅中日录》载："奴酋（指努尔哈赤）陷开原，屠害人民亡虑六七万口，子女财帛之抢来者，连络五六日。"两份记载，只是数字详略不同，仍可看出这种大规模的屠杀是相当惊人的。

七月，破铁岭，"被屠者可三四千"[③]。

八月，灭叶赫，"将大明来助此二城者游击马时楠及兵一千俱杀之"[④]。

五年（1620）六月，努尔哈赤率数万步骑兵攻沈阳，在其周围抄掠，"一日夜疾驰，掩袭小堡村坞四十余所，掳掠男女屡千口"，过了几天，"避难人民还寻旧墟，收拾灰烬之际，不意遇贼（指后金兵），无一人得脱，被掠人畜，亡虑千数"[⑤]。

同年底，后金兵大败明兵于沈阳城下，"将所获八千人畜论功赏赐军士"[⑥]。

类似的材料，充斥于努尔哈赤《实录》之中。辽沈为汉族聚居区，毫无疑问，所杀掠人畜除了明军，少量蒙古人，大部分是当地的汉族百姓。处于战争状态时，后金兵见汉人就杀，就是在平时，出于民族复仇的报复心理，努尔哈赤也下令屠杀汉人。据计六奇《明季北略》卷二记载：后金刚攻破辽阳，"恐民贫思乱，先拘贫民杀尽。又二年恐民富聚众致乱，复尽杀之"。还有一种人也在被杀之列，即"秀士"，可称之为知识分子。这与《清太宗实录》的记载是相吻合的：天命十年（1625），努尔哈赤曾下令："察出明绅衿，尽行处死，谓种种可恶，皆在此辈，悉诛之。其时诸生隐匿得脱者，约三百人。"屠杀汉族地主知识分子，也是努尔哈赤的民族统治政策的一个方面。当时，只有四种人不杀：一皮工、二木工、三针工、四优人（能歌舞者）。这四种人属能工巧匠，各有一技之长，所以才得以活命。

努尔哈赤一面大规模地屠杀，一面又把掳掠的汉人及其财产当成奖品赏赐

---

①②④⑥《清太祖武皇帝实录》。

③⑤［朝鲜］李民寏：《栅中日录》。

给他的兵士和有战功的将领，从而把大批有自由身份的汉族百姓降为隶属于满族贵族的奴仆。这种大肆掳掠，已被视为正当的事业，并不断得到鼓励。九年（1624），努尔哈赤将他的父母及祖父的尸骸移葬东京（辽阳），特“率诸王臣，令众军披挂出东京二十里，迎至接官亭，命束草为汉人形，放炮呐喊，斩草人以夺其地”，然后，努尔哈赤和群臣跪迎父祖榇柩通过。这个类似游戏的小插曲最具象征意义，表明努尔哈赤是如何对待汉族的，同时他也鼓励士兵和将领如同斩草人那样去对付汉人。恩格斯指出：“进行掠夺在他们看来是比进行创造的劳动更容易甚至更荣誉的事情。”也就是说，获取财富已成为他们的“最重要的生活目的之一”[①]。

被掳掠为奴的汉人，其境况不问亦知。被编为庄户的汉人，表面看身份是自由的，但实际上仍处于满族的监视和奴役之下。有一个汉人说：“我之牛为满洲耕种，我之身为满洲役使，我之妻亦为之煮饭”，甚至连他养的一口猪也被“索去而杀之”[②]。民族压迫是多么严重。努尔哈赤也多次告诫他的大臣：“今汉人、蒙古并各国杂处国中，其逃叛、盗贼、诈伪、横逆者，当细察之，尔等若加察访，则恶者无暇为恶，国有不治者乎？”[③]看来，对汉、蒙古等人民的监视是相当严厉的。在满族贵族统治下，还有一部分是从明朝归降过来的汉官，他们是在交战中或被后金俘虏，或被迫投降，如陷沈阳、辽阳，后又进军广宁（辽宁北镇），破明四十余城堡，得到了大批明朝官员将领。努尔哈赤把他们分给诸王大臣管辖，受到各种歧视、奴役：所有马匹，这些汉官不得乘，而满族官员乘之；所有牲畜，他们不得使用，满族官员用低价强行买去。他们一旦病故，其妻子都给满族贝勒家为奴。既然为满族官员所属，“虽有腴田，不获耕种，终岁勤劬，米谷仍不足食，每至鬻仆典衣以自给”[④]。境遇如此低下，人心思归，他们中很多人暗中与明朝来往，互通声息。

努尔哈赤进入辽东后实行的民族政策，比起“七大恨”和初期规定的政策，应该说是一次倒退。他不把广大汉族人民争取到自己一边，进一步扩大反明的力量，相反却把他们当成征服对象，任意杀戮、奴役，这就加剧和激化了民族间的矛盾，迫使汉族人民首先起来反抗后金的民族压迫，在辽阳、海城等

① ［德］恩格斯：《家庭、私有制和国家的起源》。
② 《故宫周刊》第264期。
③ 《清太祖武皇帝实录》。
④ 《清太宗实录》卷17。

地的暴动事件不断发生，被掠为奴的汉人纷纷逃亡。国内阶级矛盾、民族矛盾相当尖锐，陷入空前的政治危机。这反映到军事上也遭到严重挫折。天命十一年（1626），努尔哈赤率军征宁远（辽宁兴城），由于恐惧后金屠杀的汉族军民“大惧，焚房谷而走”，明将袁崇焕率军民死守孤城宁远，同仇敌忾，致使努尔哈赤遭到兴兵以来的第一次大败。这是他推行民族压迫政策的必然结果。军事上的失利，进一步加剧了国内的政治危机，而他本人从宁远败退后，回沈阳不久，便忧愤而死。这个横枪跃马数十年的一代杰出人物、满族的英雄却以悲剧结束了自己的一生。

皇太极：以满蒙汉统治阶级联合为基础的各族和解政策

天命十一年十月，努尔哈赤三十五岁的儿子皇太极继登汗位。皇太极是一个具有雄才大略和远见卓识的大政治家。他洞悉国中严重的政治局势，对他父亲的政策做了全面调整：有继承，有发展，也有改变。皇太极清醒地看到，民族间的矛盾特别是满汉的尖锐对立，已构成国中肇乱之源。因此，他一即位，就提出“治国之要，莫先安民”[①]的施政总方针，一改他父亲的做法，放弃民族的武力压服的政策，只把进攻的矛头对准明朝统治集团。从解决满汉的矛盾入手，进而调和满与蒙古、满与其他民族的关系，大力推进各民族之间的和解。

（一）改善汉族平民的社会地位，对其上层人物采取“恩养”的政策

皇太极即位伊始，把“安民”当成一件最紧迫的大事提到满族贵族王公大臣面前。他明确地指出，“安民”的对象首先是汉人。他宣布：“满汉之人，均属一体，凡审拟罪犯，差徭公务，毋致异同。”[②]从这一总政策出发，他又规定了一系列具体政策，从多方面改善汉人的经济、政治地位。

首先，改变汉人的农奴地位。在努尔哈赤统治辽东时期，规定“汉人每十

①《清太宗实录》卷1。
②《清太宗实录》卷1，天命十一年十月。

三壮丁编为一庄，按满官品级，分给为奴，于是同处一屯，汉人每被侵扰，多致逃亡”。调整政策后，规定每备御官员只给庄丁八名、两条牛，以备役使，“其余汉人分屯别居，编为民户，择汉官之清正者辖之”[①]。给相当一部分为奴的汉人恢复自由身份，与满族分开，自立一庄，用汉人管理，照顾到了汉族的民族特点。这无疑是一大进步。在承担国家义务方面，汉人也得到了同满族较为平等的地位。天聪八年，有一次皇太极向汉官介绍和分析了满汉的差徭负担。他说，满族之苦于汉人者，不但三丁抽一当兵而且“每牛录下守台、淘铁，及一切工匠、牧马人、旗下听事人役等所出不下三十人，当差者凡十有四家。又每年耕种以给新附之人，每牛录又出妇人三口，又耀州烧盐、猎取禽兽，供应朝鲜，使臣驿马，修筑边境四城，出征行猎后，巡视边墙、守贝勒门，及派兵防守巨流河，在在需人，皆每牛录是问”，“满洲差徭之多，实逾尔等（指汉官）三十余项也”[②]！满族人民负担固然繁重，刚刚恢复自由身份的汉人负担也必不轻快，当无疑问。由于民族间的偏见，有些差役只能由满族人承担，相比之下，汉人负担略少几项，这也是事实。如前所述，过去，把汉官都分隶满族大臣，境况很苦，与被掳为奴的汉族平民相差无几。现在则将他们“拨出满洲大臣之家，另编为一旗”，从此他们“得乘所有之马，得用所畜之牲，妻子得免为奴，择腴地而耕之，米谷得以自给”[③]。显然，这是一个很大的改善。

在努尔哈赤时代，主要是在后期，因不堪忍受民族歧视和奴役，大批汉官汉民逃亡，引起社会严重骚动不安。努尔哈赤制定严厉的逃人法，凡逃亡者，一经逮住，一律处死。尽管如此，逃亡仍不见丝毫减少。皇太极改变这种做法，把政策放宽，宣布：从前有私逃的，或与明朝私相往来的，“事属已往，虽举首概置不论”。就是说，既往不咎，今后只对在逃而被捕获的，处死。虽想逃，但未付诸行动的，即使有人揭发，也不论罪。“由是汉官汉民皆大悦，逃者皆止，奸细绝迹。”[④]为了保护汉人应得的社会地位而不受损害，皇太极制定了严格的法律条文，限制满族贵族的某些特权。规定上自诸贝勒大臣、在外驻防官员，下至诸贝勒所属的牧马管屯人，去各庄办事时，“各宜自备行

---

① 《清太宗实录》卷1，天命十一年十月。

② ③ 《清太宗实录》卷17。

④ 《清人宗实录》卷1。

粮，有擅取庄民羊鸡豚者，罪之；私与者，章京、屯拨什库，亦坐罪”。还申明诸贝勒大臣及其下属满族官员，不得“私至汉官家，需索马匹鹰犬；或勒买器用等物及恣意行游，违者罪之”[①]。皇太极严禁满、蒙、汉互相斗殴，如有发生，则不分民族，按律评断。他说：“朕于满洲、蒙古、汉人不分新旧，视之如一。凡有人斗殴之事，既经控诉，宜听法司公断审结。”[②]当时，汉人与满蒙等人打架斗殴屡有发生，各自袒护反映了民族间的对立情绪还是很强烈的。皇太极警告，对这种“不遵国法而妄行”的人，“必须惩之”[③]。这是有史可证的，仅举一例：崇德二年四月，有个叫金特赫的满族人，随多罗武英郡王前往牛庄驻防，因喝酒致醉砍伤喀喇古济牛录下球家二汉人，被执送法司审问核实，判处死罪，报请皇大极批准。他念其兄长在征朝鲜时阵殁，“免其死，鞭一百”[④]。皇太极实行上述种种措施，在一定程度上满足和保护了汉族人民的基本利益，“由是汉人安堵，咸颂乐土”[⑤]。这对于安定人心、巩固后金政权，起了巨大的作用。

皇太极继承并发展了他父亲关于重视人才的思想，提出：“朕惟图治，以人才为本”[⑥]，这确是高人之见。但他和努尔哈赤根本不同之处在于，一不杀汉族知识分子，二打破民族偏见，唯才是用，特别注重起用汉族知识分子，即便是奴仆，只要有一技之长照样录用。他多次下达谕旨，要大臣们推荐人才：“满、汉、蒙古中有谋略素裕，可裨益军政者，各以所见入告，朕将择而用之。”[⑦]“尔满、汉、蒙古各官果有深知灼见之人，即当悉行荐举。所举之人，无论旧归新附，及已仕未仕，但有居心公正，克胜任使者，即呈送吏部……朕将量才录用。”[⑧]求才若渴，溢于字里行间。天聪三年（1629）八月，皇太极下达举行大考的谕旨，为建国以来的第一次。规定：凡诸贝勒府以下及满、汉、蒙古家的所有生员“俱令考试”，“各家主毋得阻挠”，有考中者，将再拨“别丁偿之”[⑨]。九月一日正式考试，汉族知识分子踊跃参加。在努尔哈赤时隐匿免遭屠杀的约三百名“诸生”，“分别优劣，得二百人。凡在皇上包衣下，八贝勒等包衣下，及满洲、蒙古家为奴者尽皆拨出，一等者赏缎二；二等、三等

①⑤《清太宗实录》卷1。
②③《清太宗实录》卷24。
④《清太宗实录》卷35。
⑥⑧《清太宗实录》卷22。
⑦⑨《清太宗实录》卷5。

者赏布二，俱免二丁差徭”[①]。天聪八年（1634）三月，再次“考试汉人生员，分别等第，一等十六人，二等三十一人，三等一百八十一人”[②]。这一措施，又使一部分降身为奴的汉人得到了解放，特别是向汉人知识分子指明了前途，仿佛在毫无奔头的黑暗中看到了希望之光。不言而喻，皇太极对汉族知识分子所采取的政策必定会产生巨大的社会效果。

“安民”重在“养民”，这是皇太极提出的一个重要政策思想。随着各项政策的坚决推行，日益吸引着各民族阶层人士来降、来归，这里就有一个如何对待他们的问题，必须制定一项明确的政策，使他们各得其所，安居乐业。因此皇太极提出了“养民”的政策。要而言之，对归降的汉人（也适用于其他民族），不杀、不辱、不歧视，一律给以妥善安置，包括给以土地、房屋，配以妻室。对于有困难者还要给以资助，对他们采取各项保护措施。他说：“归降之地土，即我地土；归降之民，即我民人”，“皆吾赤子，来归之后，自当加以恩养。”[③]他规定严厉的法律条文，惩办伤害归降者的各种犯罪行为：“凡贝勒大臣有掠归降地方财物者，杀无赦，擅杀降者抵罪。”[④]他批评诸贝勒：“朕方招徕人民，而诸贝勒大臣辄敢横行，扰害民人，是与鬼蜮无异。此而不诛，将何以惩！”[⑤]皇太极发现敖汉、奈曼、巴林、扎鲁特诸贝勒每每杀害归降者，立即发布旨意，向他们申明法律：“今后来降之人，若诸贝勒明知而杀者，罚民十户，贝勒不知而小民妄行劫杀者抵死，妻子为奴。”[⑥]阿敏在永平等地犯有杀害汉族降民罪，受到处罚。他的罪状是：“驱汉人至永平，分给八家为奴。我国之法，不惟归顺者不扰，即攻取之永平，何尝有犯秋毫？……今故意扰害汉人，隳坏基业，使不仁之名，扬于天下。”[⑦]更为残酷的是，在擅自撤离永平时，将归降的汉官、百姓、士兵统统屠杀干净。因罪行严重，革去贝勒爵位，永远幽禁。皇太极的哥哥代善不执行“恩养”政策，让他“加意恩养”所俘人民，“彼既不从，反以为怨”，因而受到公开申斥[⑧]。为了推行这项政策，皇太极除了重处不执行政策的各级官员，还不厌其烦地向他的诸王公大臣阐述“养民”的重要性。他说：“譬如砍伐则用斧斤，宰割别用铓刃，济用于

①③④⑤《清太宗实录》卷5。

②《清太宗实录》卷18。

⑥《清太宗实录》卷4。

⑦《清太宗实录》卷7。

⑧《清人宗实录》卷25。

临时，必须予养于平日。岂有养人而不得其益者乎？……且朕于新旧人等常来悯恤勿忘，随时爱养，每加赏赉以招徕远人。”①“惟善养人，故人皆归附。”②今后如果你们（指大臣）“若仍然不爱养人民，朕亦弗事远就，惟有闭门独处耳”③。

皇太极实行“养民”，还表现在不杀汉人俘虏。努尔哈赤在向辽沈进兵时，遇汉人必杀，特别是在交战中，必彻底消灭，不留俘虏。皇太极修改这一政策，只对拒战者不得不杀，一经被俘，一是不杀，二是基本安置为民。例如，天聪九年四月，驻防揽盘、岫岩的后金兵，沿海边巡逻，捕获汉人二十一名，杀一人，活捉二十人，“命即以所获人发尚阳堡居住”。五月，有汉人八名驾船入海捕鱼，被牛庄守将追捕，“杀三人，生擒五人来献。命梅勒章京孙得功安插五人于静安堡编为民，善养之”。十二月，驻守揽盘城的后金兵擒获捕貉的汉人六名，讯问后，“发尚阳堡安置”④。崇德元年八月，驻守海州河口的清兵（从此年始改国号为清）捕获汉人三十三名，“编其人为民”⑤。对在战争中俘虏的明兵，也取安置为民的办法，不使他们流离失所。由于战争的不断胜利，俘虏的明兵也与日俱增。原先把这些俘虏兵分到百姓家“恩养”，但百姓越来越负担不起，于是，“更定永远安插之制”，改为由官方统一安排：从大凌河来的汉人，分隶副将官员下各五十人、参将下各十五名、游击下各十人，让这些汉人都住沈阳，以国中妇女千口配之，其余部分，由诸贝勒大臣各分四、五人，配以妻室，善加抚养⑥。

皇太极把能否“善养”汉人作为各级官员的最重要的职责，把它当成考核官员优劣、职位升降的准则。天聪九年七月，考核“分别管理汉人官员，以各堡生聚多寡黜陟之。”经考定，如一等甲喇章京李思忠原管壮丁六百一十五名，七年后，增丁一百一十三人，故升为三等梅勒章京。还如，牛录章京杨子渭原管壮丁九百八十六名，经七年，增丁一百六十三人，升为三等甲喇章京。有的没管好，不但没增丁反而减丁，轻者罚银，重者“革职为民”。更有严重者，减丁过多，除了罚银、物，还送与贝勒家为奴，也有个别官员被处

---

①③④《清太宗实录》卷23。
②《清太宗实录》卷10。
⑤《清太宗实录》卷30。
⑥《清太宗实录》卷11。

死[1]。这样一来，有关“恩养”的政策才得以贯彻到底。

皇太极关于汉族政策的另一个重要方面，就是对汉族统治阶层的人物同样实行“恩养”的政策。这项政策与上述对汉族人民的政策相辅相成，构成了皇太极一套完整的政策体系。但在皇太极心目中，争取明朝统治阶层人物（汉族地主）的支持与合作，似乎是更有决定性意义的一项政策。因为它对直接破坏与瓦解明政权、加强满族的统治力量，将产生不可估量的作用。

为了鼓励汉官和其他各方面人物归降，皇太极制定了归降政策：“官员降者，子孙世袭罔替；小民杀官吏来归者，量功授职；孑身采降者，恩养之；率众降者，量人数多寡，亦计功授职。”[2]一句话，凡来降者，一律收留，“无不恩养之”[3]。所谓“恩养”，即“给以衣食，与以妻室，厚加抚恤”[4]，待遇相当丰厚。在明朝做官的，归降后照复或略高于原官职，稍有立功表现，立即提升。平时，皇太极给予多方面的关心，从国库或从八家贝勒拿出大批钱财赏赐给他们。皇太极对明朝大凌河汉官，对孔有德、耿仲明航海来归及此后尚可喜来归，还有劝降优待洪承畴，都是这一政策的生动体现。天聪五年，攻取大凌河城（今辽宁锦县），有大批明朝官员将士归降，皇太极一一妥善安置：副将、参将、游击等官拨到每旗各四员，都司、守备等百余名官员由早已归降的汉官“收养”。对祖大寿子侄更加优待，各赏赐房屋，“以客礼恩养之”[5]。当时，祖大寿是明朝大凌河总兵，他答应去锦州策反，但一去不回；其子侄留质于皇太极，并没因此而不信任，更无伤害之意，还格外关照。但也有个别不投降的，监军道张春见皇太极不拜，不肯剃发，不接受封官，皇太极既没震怒，亦不勉强，而是听其自便，让他与白喇嘛同居三官庙。

皇太极对待这些归降的汉官，真是恭之、敬之，挥金如土。大凌河之役刚结束，他未及接见汉官就率军征察哈尔，临行嘱咐八贝勒轮流宴请招待他们。当他一回到沈阳，便马上召集大凌河归降各官，在内廷举行盛大宴会，还向他们说明“我国虽财用未充，必尽力恩养尔等”。同时还为接见“甚迟”作了解释，“勿以为忘尔等也”。副将祖可法代表众汉官致答词：“上率大军起行后，蒙留守诸贝勒及众官，每日款宴不绝，且时惠食物，以充匕箸，皆厚恩也。”宴后，皇太极又指示诸贝勒，说：“大凌河各官可令八家更番具馔，每五日一

①《清太宗实录》卷21、24。

②③④⑤《清太宗实录》卷10。

大宴，宴与今日同，以示隆礼。”[①]过了几天，又赏赐一、二、三等副将三十多人“缎匹银两、雕鞍、撒撒袋、鞓带、器用等物有差”[②]。随着胜利不断到来，新降的人日益增多，皇太极都一一宴会、赏赐，但时间一久难免有疏漏，顾此失彼，顾新忘旧。皇太极一经发觉，马上纠正。当察哈尔举国来归，皇太极喜不自胜，“频加恩宴”，而“燕京及大凌河归顺各官，久未宴劳”，他当即下令“设宴”，召集自守备、都司以上各官，都到内廷宴会。他发现有的汉官“形容憔悴者”，便说可能“贝勒等不加恩养，以致如此。虽得新附之人，何乃转忘先归之人？”他当即下达指示：“所得大小官员人等，朕皆一体加恩，未尝分别新旧。”[③]天聪八年皇太极大赏大凌河大小官员一百五十多名，共赏人口一千五百二十四人，牛只三百一十三头。以上各官俱编入庄屯，给以房地器用等物[④]。

天聪七年，孔有德、耿仲明率数千人航海来归，在皇太极看来，简直是天大的喜事。孔、耿还在途中，皇太极就赏赐马匹，自己带头拿出好马，令各贝勒各出上等鞍马一、空马四，共四十匹，满蒙汉按职务每十备御出马一，约百匹，从中再挑最好的给孔有德，其余分给其部将。继而又发马二千余匹，供兵士及家属乘用。归来后，官照原职，继续统领所部驻辽阳，除了用刑、出兵二事向上请示批准，其他“俱仍其旧”[⑤]。召见之日，皇太极率文武大臣出城十里，在浑河岸举行盛大欢迎仪式，以满族最隆重礼节抱见礼接待，“以示优隆之意”[⑥]。之后举行盛宴款待，继之各贝勒分次宴请。不久，皇太极颁给孔、耿敕书，对他们来归给予“伟绩丰功、超群出类”的崇高评价，“其功名富贵”将同河山长久，“永无遗弃之义”，今后凡有过犯“尽皆原宥”[⑦]。次年，进一步提高孔、耿的政治地位，“命与八和硕贝勒同行，行止与俱”，逢节日、庆典，“于第一班行礼”[⑧]。接着又派出官员负责给他们另造府第。孔、耿十分感激皇太极的恩情，每有大小官员经过辽阳，必躬迎款待。皇太极知道此事后，马上制止说：“朕视尔等如子弟，岂以此分爱憎耶？……以朕之子弟而接待诸臣于理亦有不合”，“尔系新附之人，有何余资，以供交际？”皇太极温语

①《清太宗实录》卷10。
②《清太宗实录》卷11。
③《清太宗实录》卷22。
④⑧《清太宗实录》卷17。
⑤⑥⑦《清太宗实录》卷14。

关心，照顾备至，能不令归降者感到温暖吗！

天聪八年四月，又有尚可喜率众来归，皇太极仍以迎孔、耿的盛大仪式来欢迎他。过两年，同时封孔有德为恭顺王、耿仲明为怀顺王、尚可喜为智顺王，其余官员也都论功行赏。

崇德七年春，清军在松山一带击溃明兵十三万，活捉总督洪承畴。皇太极努力做工作，终使洪承畴和祖大寿等倾心归顺。尽管祖大寿几次失言背盟，清官员人人皆有杀他之心，但皇太极“不杀而恩养之”[①]，给以种种优待、重用。难怪当时人们感叹：“昔太祖诛戮汉人，抚养满洲。今汉人有为王者矣，有为昂邦章京矣。至于宗室，今有为官者，有为民者，时势颠倒，一至于此！”[②]这种情况正好反映了两种不同的民族政策带来了民族关系的新变化。

从汉官归降的情况来看，有的不满于明朝而来归的，有的是在战场上被俘的，相当一部分是因势穷被迫归降。但不管出于何种原因，都一体优待。任命官职，赏衣食、奴仆、马匹，“凡迎送，宰牲设宴，曾无虚日”。实际上，这是一种收买政策。不出几年，汉官们已是积累甚厚，经济状况、政治地位迅速提高，俨然成了新贵。就拿人丁来说，多者“或有千丁”，“或有八九百丁”，“余亦不下百丁”，所谓下等之家的汉官，亦“不下二十余丁”[③]。他们有的还私自增加人丁名额，引起了满族贵族大臣的不满。当时，在一品满族大臣中还没有达到千丁的。但皇太极并不责怪汉官，还向满族大臣解释，采取宽容的态度。绝大多数汉官感激涕零：“似此豢养之恩，虽肝脑涂地，实难极容万一也。”[④]但也有少数仍不安心居此，私自逃跑。皇太极又规定了来去自由的政策。对汉官们明确宣布：“欲归家探取信息，则奏闻于朕，明白遣去。他日或来或否，原听自由。”[⑤]天聪四年攻打永平时，户部郎中陈此心归降后又暗中准备逃跑，被逮捕，审讯后定死罪。皇太极不同意，他说：“业已养之，杀之何为？不若纵还原籍。”于是“赐此心马二、驴四、银二十两，令携妻子奴仆任其所往”[⑥]。

皇太极对汉官可谓用心良苦，这正是出于一个政治家的胸怀，远大的目

①《清太宗实录》卷60。

②《清太宗实录》卷64。

③④《清太宗实录》卷17。

⑤《清太宗实录》卷11。

⑥《清太宗实录》卷6。

光。他说："朕于旧归新附之人，皆不惜衣服、财帛、马匹、牲畜以养之，又每日三次赐宴，岂不惮烦？直欲使人心悦服，以图大事耳。"[①]这个"大事"就是推翻明朝统治，取而代之。他做汉官的工作，就是求人和，这在他看来，是比城郭、武器更为重要的东西。所以他主张"用兵以招抚为尚，勿杀敌人"[②]。"惟多得人为可喜耳。金银币帛用之有尽，如收得一二贤能之人，堪为国家之助，其利赖宁有穷也。"[③]事实正是如此。在他所招降和使用的大批汉官中，确有才能卓著之人。如孔、耿、尚三王，祖大寿、洪承畴、佟养性等人，都发挥了重大作用，为建立一个强大的清朝作出了贡献。历史证明，皇太极对汉族的政策是成功的，是适应了当时的实际需要的。如果按照努尔哈赤的政策走下去，清朝的前途就不可知了！

（二）继续实行对蒙古的亲善政策

蒙古族在后金（清）政权的民族政策中占有特殊地位。虽然在它统一前一直被后金（清）视为三大"敌国"之一（另两个敌国是明朝与朝鲜），但是，无论努尔哈赤还是皇太极都没有对蒙古大张征伐之举，仅有几次，杀伤并不严重，基本上保持了和平交往的关系。这是因为后金（清）是把明朝当成最主要的"敌国"，而蒙古、朝鲜不过是明朝庇护下的被统治民族，不是后金（清）夺取统治权的主要对象。后金（清）对他们用兵，意在剪除明朝两翼，孤立并包围它。其次，就蒙古内部而言，处于分裂、互相争战状态，形成不了统一的力量，不大可能对后金构成重大威胁。再是，以明与蒙古的关系而论，由于历史上的原因，造成了仇恨与隔阂，而蒙古与满洲虽然言语迥异，但服饰、生活习惯等方面颇有近似之处，这种天然上的互同点，也促使两个民族产生一种亲近感，故较之与其他民族更容易接近。基于此，在努尔哈赤时代就实行与蒙古亲善的政策，互相联姻，视同一家，建立了密切的关系。但努尔哈赤也深知蒙古族的特点，叛服无常，并非以亲善所能解决问题。他形象地道出了他对蒙古的估计："蒙古之国犹此云，然云合则致雨，蒙古部合则成兵，其散犹如云收而雨止也。俟其散时吾当亟取之。"[④]这就是说，抓住时机，必要时还须以军事解决。

---

①②《清太宗实录》卷22。
③《清太宗实录》卷6。
④《清太祖武皇帝实录》卷4。

皇太极基本上延续并发展这一政策，以政治上争取为主，军事为辅，维持和不断加深对蒙古的亲善关系，只对其不服招抚、与后金（清）为敌的顽固势力采取军事行动。如同对汉官的政策一样，皇太极大力做蒙古贵族的工作，政治上笼络，优礼接待，物资上收买，厚赏赐。《清实录》中有关这方面的记载，比比皆是，难以胜计。可以说，皇太极赏赐给蒙古各王公贵族的钱物财产何止千万！崇德元年，皇太极对他的大臣说："今各处蒙古每次来朝厚加恩赏，因此俱不忍离我而去，虽去时犹属恋恋，而蒙古各国亦从此富足安闲。"[①]可见，这种收买政策产生了积极效果。蒙古王公贵族从后金政权得到大批财富而富足起来，于是也就更加依附于这个新政权。这就是皇太极所说的，不以力服人，而"令人中心悦服之"[②]。

赏赐而外，还搞联姻缔盟，这既是皇太极笼络其贵族的一种手段，也表示对蒙古的一种特殊关系。从皇太极到他的兄弟、子侄都与蒙古贵族及其子弟通婚，或出嫁，或迎娶，频繁进行。这样，便在两个民族的上层建立了血缘的亲戚关系。但这并不能保证蒙古就听命于皇太极，事实上，恰恰在一些至关重要的大事上，如会同出兵征明、不与明单独言和等，一些蒙古贵族拒绝与后金（清）联合行动。像科尔沁土谢图额驸奥巴，是努尔哈赤的女婿，被视之"如子"，较其他亲戚更受优待，但他也几次背盟，不服后金调遣。其他部落对后金的态度也就可想而知了。在这种情况下，皇太极并不急于诉诸武力，而是进行耐心的说服。另一方面，不管对方如何一再背弃盟约，皇太极仍然坚持"誓言"，以昭信于蒙古。在这一点上，皇太极持以宽容的态度，只是到了万不得已才进兵。例如，天命十一年冬，命代善等率军问罪喀尔喀、扎鲁特等部落，是在其一再背盟，截杀后金使臣、私通明朝等情况下用兵的。此役俘虏不少王公贵族，均释放并赏赐各种物品。天聪八年夏，皇太极亲率大军征察哈尔，是多少年来第一次对蒙古的大规模用兵。察哈尔林丹汗肆虐蒙古，接受明朝的贿金，反对后金。这在蒙古中引起了严重内乱。一些经不起林丹汗进攻的蒙古部落纷纷求救于皇太极。这正是所谓蒙古"云收"内散之际，是进兵的大好时机。果然，林丹汗一听说皇太极出兵，自知无力抵抗，就不战而逃。皇太极率大军追击，但始终未与察哈尔交战。林丹汗在逃跑中，损失人马不计其数，他本人逃到青海大草滩地方病死。其子额哲、后妃率余众向皇太极投降。皇太极

①②《清太宗实录》卷30。

却待之以贵宾，举行盛大仪式，行最隆重的礼节来欢迎他们，还把自己的一个女儿固伦公主嫁给了额哲。原先是仇敌，此时却化作亲人。这对蒙古的影响实在深远重大。强大的察哈尔灭亡后，在蒙古再也没有敢与皇太极相抗衡的力量了。于是，蒙古便归于皇太极一统之下。这时，皇太极为蒙古制定并进一步完善各项法令，如划分各部落之间的区域、出兵的规定等等，如有违犯，给以各种经济上的处罚。这标志着皇太极的权威、后金政权的威信逐渐树立起来。

从当时斗争形势来看，蒙古正处在明朝与后金相互争夺之间。双方都把蒙古看成是一支强大的军事力量。明朝费了不少力量去争取它；皇太极也在用劲挑拨蒙古与明的关系，力图把在明朝那一部分蒙古人拉到自己一边。天聪五年，皇太极率军包围大凌河城，专给城内的蒙古兵写了劝降信，说："我满洲与尔蒙古原系一国，明则异国也。尔等为异国效死，甚无谓，予甚惜之……"[①]天聪八年，兵部和硕贝勒岳托给锦州的蒙古多尔济哈谈等人写了一封策反信，说："尔等既非汉人苗裔，又非汉人臣僚，明国皇帝亦不视尔等若子弟……且交战时，彼（明）必令尔蒙古在前，进则为我戮，退则被彼诛，势难自全，当聚诸蒙古合谋来归。"[②]皇太极在招抚驻牧明朝边境的诸蒙古时，写信动员他们来归："我与尔两国，语言虽异，衣冠则同，与其依异类之明人，何如来归于我？不惟尔等心安，即尔祖父世传之衣冠体貌亦不烦变易矣。"[③]如此等等。在这里，皇太极不惜煽动民族情绪来促使这部分的蒙古人尽速脱离明朝。

在皇太极的亲善政策感召下，蒙古诸部来归、来朝络绎不绝，所谓"外藩蒙古十六部落四十九贝勒"齐聚后金（清）政权的统治下，从而使这个长期四分五散、又被限隔在长城以外的勤劳勇敢的蒙古民族重新回到各民族的大家庭之中，恢复与各民族的和解交往关系。这应当归功于皇太极和他父亲的民族政策。

结束语

民族矛盾、民族斗争，始终是有清一代的一个十分敏感而复杂的问题。应

①《清太宗实录》卷9。
②《清太宗实录》卷20。
③《清太宗实录》卷18。

该说，清朝在处理民族之间的关系，调和矛盾，维持大局，坚持多民族的统一等方面，是有许多成功的经验的。尤其是入关前的几十年艰苦创业，以一个新兴的小民族统御人数众多的汉民族和强悍的蒙古族，其经验更应引起人们的重视。从整体来考察，后金（清）政权对各民族除了使用军事力量，更多的时候是从政治上的利害关系、历史上的联系及现实的经济利益等方面去调解民族之间的关系，在某种程度上，力求平衡各族的切身利益，尽量减少掌权的民族对被统治民族的歧视和不公平的对待。例如，对汉族就是从实际出发，在政治经济方面来改善他们的生活状况，力图泯灭汉族对少数民族的成见。对蒙古的政策，既从实际利益，又从与明各方面的利害关系来做蒙古王公贵族的工作。对黑龙江中下游诸民族则多从历史上的联系、渊源关系把他们争取过来，宣传他们的“语音与我国同”，“尔之先世，本皆我一国之人，载籍甚明”，“用善言抚慰”[①]，使他们乐于归顺。所有这些符合历史与现实状况的政策，是比较容易得到各民族的理解与支持的。天聪十年四月，文武百官请求皇太极上皇帝尊号，多尔衮代表满洲“捧满字表文一道”；科尔沁国土谢图济农巴达礼代表蒙古族，“捧蒙古字表文一道”；都元帅孔有德代表汉族“捧汉字表文一道”，“率诸贝勒大臣文武各官诣阙跪进”[②]。这种类似戏剧的场面，不是象征性地表示出皇太极上尊号已得到各民族的承认吗？后金（清）政权特别是在皇太极时期，在满、汉、蒙古及其他民族间的错综复杂的关系中找到了解决问题的办法，因而在辽沈乃至整个东北牢牢地站稳了脚跟，为进据中原而立于不败之地。从这个意义上说，清入关前的历史亦即是满族形成与其他民族的关系史。这个关系简言之，就是以满族贵族为核心的，与汉、蒙古封建主的联合。满蒙汉封建主的联合也就是这种压迫者对各民族的被压迫者的联合。正是这种长期的联合，构成了清入关后的民族政策的基石，才得以维持清对各民族的统治。

封建的所有制关系是造成民族压迫的根源。从努尔哈赤到皇太极所实行的民族政策，都无法克服民族压迫这一窠臼。他们开始起来反抗明朝的民族压迫是正义的事业。可是当他们变成一个统治民族时，他们就转而压迫其他民族。大规模地屠杀或者掳掠异民族为奴，就是明显的证明。在其他方面，例如，强制剃发易服，服从满族习俗，这也是民族压迫的一种表现。虽然改穿满族服饰

①《清太宗实录》卷11。

②《清太宗实录》卷28。

只是个习惯问题，并不是难以接受的东西，但毕竟是强加于人。还有强制迁移，凡从战争中招抚或俘虏的其他民族人民，“俱携以还”①，被安插到沈阳及其周围地区居住，“以为我用”②。每次迁移，少则几十人、百余人，多则达千人、万余人。实际上人为地造成了持续几十年的东北民族大迁移运动。尤其是黑龙江流域的民族，自努尔哈赤进入辽东前就开始把他们迁入到自己管辖的地方，因而使边疆少数民族大量进入内地，改变了原先的民族分布。这对于满族的发展壮大，促进民族间的交往和融合，不是没有意义的。但消极的作用是使边疆本来就很少的人口更加空虚，从长远看，是不利于国防的。

（原载《中国古代史论丛》，福建人民出版社1981年版）

①《清太宗实录》卷25。
②《清太宗实录》卷21。

清入关前满洲文化论

满族文化是中华民族文化宝库中的瑰宝之一。在她的发展史上，曾有过辉煌的创造，为人类的文化增添了夺目的光彩。在历经近四百年的沧桑巨变，满文化基本已融入到汉文化之中。尽管如此，我们之所以重视她，不只因为她对中华民族文化所作的贡献，重要的是，分析她发生、发展的内在规律，既具有认识价值，也提供必要的借鉴。本文仅就清入关前满族早期文化做一初步探索，或许对全面认识满文化有所补益。

一、满族先世的文化

当我们叙述满族早期文化时，首先遇到的一个问题，就是探其文化之源。

如所周知，满族是形成于17世纪20—30年代的新的民族共同体。如同考察满族的形成必追溯其先世一样，她的文化之由来，也同其先世紧密地联系在一起。换言之，满文化同她的先世有着深刻的渊源关系。作为观念形态的文化，远比政治、经济更具有传统的绵延能力。不管社会制度如何变化，生产力发展到何种水平，根植于世代观念相沿中的文化，在许多方面将不可遏止地流传下去。满族的先世虽历百代，其文化依然是满文化的源头。

满族的先世，最早可追溯到周秦之际的肃慎，其后，便是汉魏时的挹娄、南北朝的勿吉、隋唐的靺鞨，宋辽金元至明代的女真，构成了古代东北民族的肃慎族系。满族即源于这一族系，由宋元以来的女真人嬗变而来。金代女真就是她的直接先世。满族先世的各民族、部族世代生息于白山黑水之间，创造了各自的文明史，也创造了本民族的文化。

在辽阔的东北，各民族社会发展程度不同，生产方式的差异，文化层次不一，形成了异彩纷呈、各树一帜的局面。如从经济形态来考察，与之相适应的文化，则有南部汉族地区的农业文化、西部游牧民族的草原文化、北与东北部以渔猎为生民族的渔猎文化，以及处于两者之间的半农牧、半渔猎的文化。满族先世各族文化，当属于渔（射）猎文化，还有部分属于过渡型文化，即从渔猎文化向高度发达的农业文化过渡。

满族先世各族以射猎为业。早在春秋时，肃慎人已把他们的“楛矢石砮”作为贡品向中原王朝进贡。挹娄人皆善射，自制毒药敷于箭镞，凡被射中者皆死[①]；勿吉人使用的角弓三尺，箭长尺二寸，以石为镞[②]。靺鞨人主要是黑水靺鞨，地处北方，人劲健剽悍，各善射猎，“盖楛砮遗法”[③]。满族的直接先世女真人尤其精于射猎。据《大金国志》卷39记载，女真人“耐饥渴，上下崖壁如飞，济江河，不用舟楫，浮马而渡”。又载：建国后，仍然“酷喜田猎”，每至冬，自皇帝、后妃、亲王、近臣，下至军队，皆行围，称为“围场”，每出猎“必逾月”。特别是熙宗时，把行围列为不得阻止、不许劝谏之禁。金虽立国于中原，仍不忘射猎。先世的这种遗风，直到满族崛起及清建国后，同样长期保持。满族先世各族的生产与生活方式，可以说是一脉相承。与射猎的生活相适应，大量养马，以马代步，追逐禽兽，故个个善骑，已成为他们世代相传的长技了。据《建州闻见录》说，满族（女真）人六畜皆兴，“惟马最盛，将胡之家，千百成群；卒胡之家，不下数十匹”。在此之前，其先世重马可想而知。在东北部黑龙江与乌苏里江沿岸地区，不同的是，以狗作为交通工具，是为特殊风俗。再如，他们的服饰，以其地酷寒，皆衣皮毛，包括牛马猪羊犬鱼等皮。

在射猎与网鱼的生产生活方式下，也形成了独特的文化，我们姑且称之为渔（射）猎文化。这在他们的日常生活中，无不鲜明而广泛地体现了她的丰富内容。满族先人们以貂、鼠、狐、鹿、熊、虎、豹、水獭等各种兽皮与名马、海东青等名禽为币，不仅用以向中原王朝进贡，还用于生活交换。其他用于赏赐、婚嫁的聘礼，包括甲胄、鞍鞰和弓矢等物，则由男方送给女方家。射猎原

① 《后汉书》卷85，“挹娄传”，中华书局标点本（下同）。
② 《魏书》卷100，“勿吉传”；参见《北史》卷49。
③ 《新唐书》卷219，“黑水靺鞨传”。

为生产生活所必需，进而发展成一种带有文化娱乐性质的活动，如前述金代行围及后世清代每年秋季举行的“木兰秋狝”，都反映出浓郁的文化氛围。满族先人的丧葬习俗也与射猎活动息息相关。他们基本实行火葬、树葬、土葬等形式，如《魏书·勿吉传》说：若人死于秋或冬，则用其尸体引诱貂，当貂食尸体时将其捕获。《渤海国志·属部列传》说：“死者穿地埋之，以身衬土，无棺敛之具。”同时，将死者生前所乘马宰杀，于死者前设祭。辽金之际，女真人仍沿袭靺鞨人的习俗。所谓“树葬”，是将尸体悬放到大树上，其生前所佩弓箭也挂于树上，而人在其下宰马食肉。再从装饰来看，从肃慎到女真人，其剃发之制，只留颅后发编辫。《三朝北盟会编》说：“女真辫发盘髻，男子辫发垂后。”《新唐书·黑水靺鞨传》《魏书·勿吉传》等书也作了类似的记述。到满族形成后，剃发式只在留发多少有些变化。从肃慎到满族，男女服装窄袖、紧身、盘领、束带等特点，包括剃发编辫，都是适应骑射渔猎生活的需要。从头顶到身上佩带，如羽毛、东珠、兽骨、各色石等装饰品，也无不是射猎的产物。至于在音乐、舞蹈等方面，则是射猎生活的艺术创造。

满族先人们具有共同的宗教信仰，这就是萨满教，从肃慎到满族形成初期，久盛不衰。它是以崇信敬奉祖先为主要内容的原始的多神教，表现为对自然、图腾和祖先的崇拜。如他们对火的恐惧与崇拜，便产生了祭火的一套礼仪；对生活中有关的动物、植物奉为神，于是就产生了很多神，谁拥有的神越多，谁就越有力量，不可战胜；本部落死去的首领或酋长即被奉为祖先神而加以祭祀。所有这些崇拜与祭祀活动，都由人与神之间的“使者”——萨满来主持，其中，跳神时所唱的神辞、跳神舞等，都是民间诗歌和舞蹈的雏形。无疑，萨满教是原始的低级形态的宗教，也是满族先人文化的一大特征[①]。

文化有雅俗之分。满族先世的文化基本属于俗文化，她大量存在于人们的观念及生活生产活动中，是世代相沿的传统习俗，因而具有原始的刚健、质朴的风貌。应当指出，唐时靺鞨人所建渤海国，盛极一时，被誉为“海东盛国”[②]，其文化堪称渤海文化，达到了高度发展，与唐文化并驱争先。二百年后，被辽毁于战争。约当北宋初年崛起的大金国，其女真文化即成为满文化的直接来源，两者构成了承接与发展的关系，当无疑问。

---

① 刘小萌、定宜庄著：《萨满教与东北民族》，吉林教育出版社1990年版。

②《新唐书》卷219，“渤海传”。

二、满文化的形成及其内涵

满文化的发轫与形成，与满族这个新的民族共同体的出现是同步进行的。

满族的出现，也有个发轫的时间，这就是以努尔哈赤于1583年起兵复仇为契机，开始了女真各部的统一进程，亦即满族形成之始。其后，统一建州女真各部，所谓“各部环满洲而居者，皆为削平，国势日盛”。后金天命四年（1619），灭掉海西女真强大的叶赫。至此，“满洲国自东海至辽边，北自蒙古嫩江，南至朝鲜鸭绿江，同一音语者俱征服，是年诸部始合为一”[①]。标志满族基本形成，至天聪九年（1635），皇太极更定“诸申”为满洲，可以看做是满族最后形成。

满族形成的过程，也是满族文化形成的过程。这两个过程，都是在统一女真的伟大斗争中同步实现的。这里，一个关键性的因素，就是满文的创制，无论对满族及其文化的形成，都具有划时代的意义。列宁认为：“语言是人类最重要的交际工具；语言的统一和语言的无阻碍的发展，是保证贸易周转能够适应现代资本主义而真正自由广泛发展的最重要条件之一，是使居民自由地广泛地按各个阶级组合的最重要条件之一……”因此，“必须使操着同一种语言的人所居住的地域用国家形式统一起来”[②]。列宁所说，是在资本主义产生的历史条件下，强调统一语言绝对重要，这一原则思想，同样适用于对满族及其文化形成的科学分析。

在满族形成前，散居东北各地的女真人已失去本民族的文字。这是因为在金朝亡国后，女真人置于元统治之下，官方通行的是蒙古语和蒙古文，在女真人居住区，女真文渐呈衰落之势。到明中叶，已基本成为死文字，女真人懂女真文的为数极少，而蒙古文完全取代了女真文，成为女真地区的通行文字，对于“汉字、女真字皆不知”[③]。努尔哈赤起兵时，所有“文移往来，必须习蒙古书，译蒙古语通之”[④]。女真人讲女真语，而书面文字则用蒙古文，构成了

---

①《清太祖武皇帝实录》卷3，第358页，故宫博物院排印本。转载于《清人关前史料选辑》（第一辑），中国人民大学出版社1984年版。

②《列宁选集》第二卷，第508页，《论民族自决权》，人民出版社1973年版。

③［朝鲜］《李朝实录》燕山君八年三月。

④《满洲实录》卷3。

一特殊的文化现象。显然，女真人中语言与文字的不统一，不仅不利于女真人内部的交往，而且更妨碍着女真人的统一。因此，当努尔哈赤在统一女真的过程中，已意识到统一文字极端重要，即于明万历二十七年（1599）二月，首倡制定新文字。他说："汉人念汉字，学与不学者皆知；蒙古之人念蒙古字，学与不学者亦知。我国之言写蒙古之字，则不习蒙古语者，不能知矣。"[①]在他的倡导下，满族语言学家额尔德尼、噶盖创制了一种新型文字——满文。为与皇太极时改进的新满文相区别，称为"老满文"或"无圈点满文"。自此，女真人重新有了本民族文字，但同时也使女真人发生了质变，即由女真嬗变为满族。以统一的文字为纽带，极大地增强了她自身的凝聚力，这是除文字以外任何力量也难以企及的结果！

从文化的视野看问题，对于一个民族来说，没有自己的文字，就不可能形成本民族文化，更不可能推动文化向前发展，只能永远停留在原始的口碑阶段。因此，努尔哈赤创制新文字，产生了始料不及的历史后果：既从古老的女真族脱离出来，也从蒙古的强大影响下获得解放，迅速形成本民族的文化。文字的重要还表现在，它是民族互为区别和文明程度的重要标志。通过全民族共同掌握统一的语言文字，也是形成民族的共同心理的必要条件之一。

在现今已见的论著中，对努尔哈赤创制满文的巨大历史意义的认识尚嫌不足，估价不足，把满文的出现，仅看做是一般文化现象，显然是不够的。实际上，唯其有了满文，才使满族的形成变为现实，由量变达到质的飞跃，使满族真正成为区别于女真人的新的民族共同体。不言而喻，满文的出现，也就是满族形成的开始，同时也是满族文化形成的一个不可替代的标志。

正如我们已从大量史籍中所看到的，满文一经出现，就促使满族文化从原始的低级阶段向高级阶段飞跃，最终在中华民族文化中取得她应有的地位。

满族既然形成本民族的文化，那么，她的内涵是什么？具有哪些特色？这个问题，迄今尚未见到明确而完整的论述，至多罗列了一些文化现象，没有给予科学的界定。

总的来说，满文化既有对先世文化的继承，也有对其他民族主要是汉、蒙古文化的积极吸收，还有她的独创。这既是满文化的三个来源，也是她的文化内涵，体现了满文化的多元性。

---

①《清太祖武皇帝实录》卷2，第219~220页。见《清入关前史料选辑》（第一辑）。

满文化对其先世主要是女真文化的继承，诸如饮食、居室、婚丧嫁娶、文体娱乐、宗教信仰等，可以概括为国语、骑射与服饰，构成了早期满文化的主流，也是她的基本特色。所谓国语，是指满文满语。自满文创制后，就成为本民族的语言文字，同时也成了国家的官方语言。满文固然不同于女真文，但其语音却是相通的，只是记录语言的文字符号不同罢了。二者内在的继承关系是明确的。坚持使用本民族的语言文字，就是坚持本民族的文化传统。在这方面，作为创业之君的皇太极一直强调，保持民族语言是关系国家兴亡的一件大事。他认为，国家创业，未有弃自己的国语反而学习他民族的语言。弃自己的语言，仿效他人的，其国没有能长久的①。清入关后，直至清末，无不首重满语。

骑射，在满族文化中与满语并重，同样视为本民族文化的一大象征。骑射原是游牧、渔猎民族的古老传统技艺，已变为他们的习俗而世代流传。后金建国后，无论贵族、富家，"少有暇日，则至率妻妾畋猎为事，盖其习俗然也"②。在满族进入汉人地区，尤其是君临天下后，始终强调保持骑射极端重要。当国语骑射衰微之际，清朝的统治也由盛转衰，满文化同时进入衰落期。至于衣冠服饰，同样是满文化观念的反映。她坚决拒绝和排斥汉人服装，甚至采取强制的极端政策，压迫汉人变易汉装为满装，所谓"剃发易服"，即是这一政策的概括。她的目的是力图保持本民族文化的独立，反映出一个弱小民族自立的顽强心态。

在满文化形成过程中，就开始了对主要是汉、蒙文化的积极吸收，成为她的组成部分之一。在满文出现前，百数十年中，女真人只通用蒙古文，如朝鲜人所见："胡中只知蒙书，凡文簿，皆以蒙字记之"，凡与朝鲜往来的国书，"则先以蒙字起草"，再经汉人译成朝鲜文③。女真——满族与蒙古从来就是两个不同的民族，但习俗文化却多有共同之处。正如努尔哈赤在答复蒙古察哈尔林丹汗的信中说："尔我异国也，言虽殊，而服发亦相类。"④自元灭金，女真人长期置于蒙古的统治之下，其影响既远且深。正因为文化上的相近，才使满蒙建立了特殊关系，自努尔哈赤始，直至清末，皇室及大臣同蒙古王公贵族结

---

① 王先谦：《东华录》天聪八年四月。
②③［朝鲜］李民寏：《建州闻见录》，第473页，见《清入关前史料选辑》（第一辑）。
④《清太祖武皇帝实录》卷3，第361页。

亲不断，故彼此都注入了对方的血统，也吸收了对方的文化，以至某些方面两者无法区别！

满文化对汉文化的大量吸收，是她迅速发展的一个重要原因。以努尔哈赤为例，他在青少年时，就与汉族往来，除了熟悉蒙古语，还通晓汉语。他喜读《三国演义》《水浒传》等汉人典籍，并把《三国演义》作为兵书来读，成为他后来同明作战的谋略。建国前，他设部堂听讼大臣等，是仿明制而设的；建国后，创立的政治文化典章制度，也多取明制。如天命五年（1620），“帝论功序爵，列总兵之品为三等，副、参、游亦如之，其牛录厄真俱为备御，每牛录下立千总四员”①。随着对明战争的迅速扩大，俘获的汉官、汉将及百姓日益增多，尤其是进入了辽东地区后，汉文化的影响迅速增强，对满族的语言、服饰、习俗等产生了巨大的冲击，到皇太极时，大有取代之势。显见汉文化的影响远远超过蒙古文化。满文化在形成过程中，始终不断吸收汉、蒙古文化，因而成为独立的民族文化，这是她的特殊性之一。

在满文化中，也有满族的独创。如，努尔哈赤从传统的狩猎习俗，创立“以旗统人”的八旗制度，初设黄白红蓝四色，后将四色镶之为八色，始成八旗之制，遂变为有清一代的根本制度。皇太极时，又创制汉军、蒙古八旗，与满洲八旗并列，使八旗制度臻于完善。满洲、蒙古、汉军三个八旗，在文化上已包容了三个民族的文化内容。同占主导地位的满洲八旗一样，其文化也体现了她的主导地位，故其国语、骑射、服饰及本民族的其他习俗，构成了满文化的基本内涵。

文化的雅俗之分，如“阳春白雪”与“下里巴人”，层次不同而已。满文化在其形成及其形成之初，基本属于俗文化，呈现出原始的粗俗状态。如，在满文出现前后，还难以见到以文字为载体的文学创作，用文字记载的历史尚未出现，在群众中，仍然靠口头流传那些动人的神话故事；萨满祭祀的祝文，亦靠一代一代地口头传授。脍炙人口的三仙女的美丽传说，是最早流传在黑龙江流域的女真人中的神话故事，直到天聪九年（1635）五月，才把一个叫穆克什克的俘虏口述的这个故事，第一次用文字记录下来②，并移植到《清太祖武皇帝实录》，这则故事遂成为定式，在其后《满洲实录》《开国方略》等官书中，

①《清太祖武皇帝实录》卷3，第362页。

②《汉译满文旧档》，辽宁大学历史系1979年印本。

首叙满洲始祖，皆以这个故事为据。这些，都反映了满族早期文化的内涵和特征。

三、满文化的初步发展

满文化的发展，主要是在皇太极清太宗统治时期。这种发展，同满族王公贵族统治中国的漫长历史相比，毫无疑问，只能说是初步的。但就其发展速度之快，及其所取得的成就之大，却是惊人的。她的发展，是从量向质的飞跃，是由俗文化向雅文化的迅速转化。概括起来，表现在如下几个方面。

首先，满文的进一步完善和大力推行。努尔哈赤时创制的满文，还很不完善。皇太极意识到已有的满文远不能适应本民族的发展需要，于天聪六年（1632）三月，指授满族学者达海改造满文，在字母右侧加上圈点，并续增若干新字母。为与前期满文相区别，故称为“有圈点满文”或新满文。经过此次改造，满文已臻于完善，成为满族的标准语言文字。这对于满文化的发展具有深远的意义。但是，满文的使用遇到了障碍。满族人进入汉人地区后，学汉语，说汉话，习汉俗，日趋严重，而满语在社会流通中已降为次要语言，如不加以阻止，很快将全部汉化。于是，皇太极亲自倡导满族内部说满语，同汉人交往说汉语，两种语言并行不悖[①]。天聪八年（1634）四月，他下令将所有官名和辖境内的城邑都改成满语名称，原有汉名一律废止。如，改沈阳为“盛京”，满语为“莫克敦”；一等总兵官改称为一等昂邦章京等等。皇太极要求国人“嗣后不许仍袭汉语旧名，俱照我国新定者称之，若不遵我国新定之名仍称汉字旧名者，查出决不轻恕”[②]。这些措施，不仅强化了满语的社会地位，而且也有力地推广了满语的流通使用。

其次，用满文译书、记述历史，是满文化发展的突出表现之一。皇太极命达海用满文翻译汉文历史典籍，据载，计有《刑部会典》《素书》《三略》《万宝全书》等，他逝世前尚未译完的有《通鉴》《六韬》《孟子》《三国志》等。这些翻译，都是在天聪六年七月前译的。天聪十年（1636），已完成的《清太祖武皇帝努儿哈奇实录》，可称为满族文化史上第一部历史著作。尽管有汉官

① 王先谦：《东华录》崇德二年四月。
② 王先谦：《东华录》天聪八年四月。

参与撰修，但却以满族人刚林为主，在皇太极的指导下完成的，并用满汉文书写，具有巨大的社会价值。这时期，用新老满文记事的档子，为清前史积累了极其珍贵的史料。译书和撰著活动，生动地展示了满族社会进入“一代文明之治”的盛况[①]。

第三，兴办教育，倡导读书。在满族崛起时，女真社会中几乎没有教育，自然也极少有人读书，即使贵族之家也是如此。至后金建国三年时，据朝鲜人所见，努尔哈赤诸子及诸将中，“惟红歹是（皇太极）仅识字云”。此时，后金还不懂历法，如上一年（指天命二年，1617），“胡中以正月初二日为正朝，盖不知历日故也”。有了疾病，也“绝无医药针砭之术，只使巫觋祷祝，杀猪裂纸以祈神”[②]。这些现象，说明文化极端落后，没有人读书。到天命六年（1621）七月，努尔哈赤曾选择钟堆、博布黑、萨哈连、吴巴泰、雅兴噶、阔贝、扎海、洪岱等八人，任命为巴克什，担当八旗的专职教师，教授八旗子弟读书[③]。此项举措，首次见诸文字记载，当视为满族办教育之始。后来，事实表明，这种教育并没有坚持下去，也就谈不到发展。后金进入辽东地区，王公贵族已离开原先的艰苦生活环境，开始追求繁华的生活。但他们还没有从原始的传统习俗中解脱出来，普遍不重视教育，不愿读书，就连皇太极的子侄孙辈也很少有读书的。他们认为，只有骑射武功才能得到一切，视读书为无用。其家长“溺爱”自己的孩子，却不让自己的子弟去读书。显见努尔哈赤所定读书的规定没有贯彻下去。天聪四年（1630），后金丢弃永平四城及次年围困大凌河城（辽宁锦县）明兵至死不降两件事，给皇太极的思想以极大的震动。他从正反两方面得到启示，认为后金的严重教训就是不读书。他对诸王贝勒说：我兵丢弃永平四城，不就是阿敏等人不读书不懂义理的恶果吗！我兵围大凌河城四个月，城内明兵“人相食”，仍死守不降；攻锦州、杏山、松山诸城，明兵也不肯投降，这不就是汉人读书明理，为朝廷尽忠吗！为此，他下达指示，自今以后，凡年龄在15岁以下、8岁以上的子弟都必须读书，其父母如加以阻拦，不让孩子读书，将受到严厉处罚[④]。与此相适应，皇太极还通过开科取士的办法，以激励人们读书。还在天聪三年（1629）八月，他已表示“欲振兴文

① 《清史列传》卷4，“达海传”。
② ［朝鲜］李民寏：《建州闻见录》，第473页。
③ 《重译满文老档》（太祖朝）第2分册，辽宁大学历史系印本。
④ 《清太宗实录》天聪五年闰十一月。

治”的强烈愿望，即于当年九月一日，首次举行考试，满、汉、蒙古生员按成绩录取①。天聪八年，举行第二次考试，满族人刚林等4人中举，占16名举人的四分之一②。崇德六年（1641）六月，再次从满、汉、蒙古人中考取生员举人，成绩揭晓，满族2人、蒙古族1人中举③。皇太极倡导读书，发展教育，是满文化的新发展，也推进了社会文明的进步。

第四，移风易俗，改革民族陋习。满族在其初步发展中，尚保留某些原始氏族社会的残余，妨碍着满族社会的进步。如满族人缺乏农耕为本的观念，习惯于战争掠夺，一闻听对明作战则喜，称“抢西边”，连妻子、孩子都为之欢腾雀跃，以掠夺为致富的根本手段。皇太极反复阐述农耕的重要性，并制定政策保护和发展农业。以农为本的思想，来自汉人的传统习俗和价值观念，也是儒家的重本抑末的思想主张。皇太极的倡导和实施的政策，加速了满族传统价值观念的变革。他逐步建立的君主专制，定冠服，别等级，一扫原始军事民主残余，仿明制，确立了封建国家政权体制。变革满族社会陋习尤其显著。进入辽沈后，民风渐染汉俗，抽烟、酗酒、殡葬追求侈奢等，日趋严重。皇太极认为，此风不可长，否则将败坏民族。他三令五申限制种植烟草，限制用粮食制酒，严格规定平民至诸王贝勒祭祀与陪葬物品的标准，不得任意宰杀耕牛，如违背，按律治罪④。当时，在满族社会中，“嫁娶则不择族类，父死而子妻其母”⑤。在接触汉文化后，始知其俗不合道德人伦。天聪四年，皇太极下令，永行禁止娶继母、伯母、婶母、弟侄妇为妻。崇德元年（1636），再次明令严禁族内婚，若不遵此法规，视为禽兽行径，以奸淫之例问罪⑥。汉人妇女裹足，实为一大陋习，也被皇太极下令禁止，满族妇女不得仿效。改革陋习，移风易俗，加速了满族社会文明的发展，其文化超凡脱俗，达到了新的境界。

第五，改变思想与宗教信仰，是满文化的又一个新发展。如前述，满族人继承先世信仰，崇信萨满教。这一宗教还停留在原始阶段，尚未形成有组织的、有统一教义的宗教。由于佛教与喇嘛教的传入，加之汉文化的深刻影响，

---

①《清太宗实录》天聪三年八月。

②《皇朝政典类纂》卷23，学校一。

③《东华录》崇德六年七月。

④《东华录》崇德六年二月；《清太宗实录稿本》卷14，第5~6页。

⑤［朝鲜］李民寏：《建州闻见录》，第473页。

⑥《清太宗实录稿本》卷14，第6~7页。

萨满教已远远不能适应飞速发展的满族社会的需要，必然导致古老的萨满教的衰落，而皇太极为了增强同明朝斗争的政治实力，率先崇佛，优礼僧人，广建佛寺；同时，对萨满教的活动加以限制。天聪五年（1631），他下令“巫觋星士并禁止之”[①]，即指萨满的活动。崇德元年，他又进一步规定：“满洲、蒙古、汉人端公道士，永不许与人家跳神拿邪，妄言祸福，蛊惑人心。若不遵者杀之。”所说跳神、拿邪等，都是萨满教的内容，已在禁止之列[②]。在皇太极统治时期，随着满族封建化进程，萨满教不可避免地衰落下去了[③]。满族人由多神信仰变为一神信仰，对满文化也起到了促进作用。

在皇太极时期，除了上述几个方面，还有建筑、绘画、音乐、舞蹈等，也取得了长足的进步。以沈阳故宫为例，这一建筑群既反映了对汉文化的吸收，也突出地表现了满族的建筑风格和艺术观念。这些成就，学术界已有专文评论，这里不再赘述。

可以说，满文化主要是在皇太极时期大力推进政治军事改革中发展起来的，使全民族的文化素质得到了空前提高。到这个时期，满族才真正成为一个自立于中华民族之林的独立民族，她的文化则成为中华民族文化的有机组成部分。

（原载《王锺翰教授诞辰八十周年纪念文集》，辽宁大学出版社1993年版）

---

①《清史稿》卷2，太宗本纪一，中华书局校点本。

②《清太宗实录稿本》卷14，第13~14页。

③ 参见刘小萌、定宜庄：《萨满教与东北民族》，第123~135页，吉林教育出版社1990年版。

满族与中华文化

满族作为中华民族的重要一员，无疑参与并成为中华文化的主要创造者之一。在她统治中国长达两个多世纪的岁月里，不仅把中国历史推上了新的发展阶段——康乾盛世，而且继承和发展了中华文化，显示出空前的辉煌。本文以满族（女真）建国迄至清亡共三百年为限，就满族与中华文化的关系作一概述，给予应有的评估，为深入此项研究提供某些思考。

一、为中华文化增添新篇章

中华文化是中国境内以汉族为主体的各民族共同创造的多元一体的文化，历千百年积淀而形成。所谓“多元”，系指各民族或地区都各有本民族或本地区的文化，最终归为一体，恰似一座百花园，异彩纷呈，各具特色。满族同其他少数民族一样，在其自身发展中也创造了本民族的独特文化，为中华文化增添了崭新的篇章，因而极大地丰富了中华文化宝库的内容。

满族文化源于古老的渔猎文化。众所周知，她的祖先世代生活在白山黑水之间，逐兽网鱼为业，骑射成为他们谋生的基本手段，保卫自身安全的独特技能。生产及生活的方式，决定着人们的意识形态。换言之，一切精神的、观念的，以及宗教信仰，总括为文化，无不与其生产及生活方式息息相关。我们姑且称之为渔猎文化。这在他们的观念和日常生活中无不鲜明而广泛地反映出她的丰富的内涵。例如，满族的先人们以貂、鼠、狐、鹿、熊、虎、豹、水獭等各类兽皮及名马、海东青等为币，既用于生活交换，也以其作为向中原王朝进贡的贡品，其他用于赏赐、婚嫁的聘礼，包括甲胄、鞍鞯和弓矢等物，则由男方送给女方家。这些习俗，渗透出浓烈的文化氛围。再如丧葬、服饰等习俗，无不是渔猎生活的直接反映。与此生活相适应，其宗教信仰对自然与动植物及祖先的多神崇拜，亦深深根植于渔猎生活之中。这一原始而质朴的文化，自春秋时代的肃慎，延至满族形成，世代承传而不衰。满族的直接先世为宋代女真人，毫无疑问，两者的文化也构成了承传与发展的关系。

满文化是在满族凝聚过程中形成的。约当17世纪20—30年代，满族终于从女真人中脱离出来，嬗变为一个新的民族共同体。她形成的最重要的标志，就是满文的创制。在此之前，散居东北各地的女真人已失去本民族的文字。金朝亡国后，女真人置于元朝统治之下，通用蒙文，逐渐取代了女真文。至明中叶，女真文已基本变成死文字，女真人对于“汉字、女真字皆不知”[①]。努尔哈赤起兵后，“文移往来，必须习蒙古书，译蒙语通之”[②]。女真人彼此说女真语，而书面文字却用蒙文，是很奇特的文化现象，严重阻碍女真人的统一和自身发展。于是，努尔哈赤于明万历二十七年（1599）二月，首倡制定新文字，即通常所说的“老满文”或“无圈点满文”。有关创制新文字的具体细节，学术界已多有论证，这里不须赘述。要而言之，满文的出现，无论对满族的形成，还是满文化的形成，都是一个不可替代的标志。到后金天命四年（1619），灭掉叶赫部后，“满洲国自东海至辽边，北自蒙古嫩江，南至朝鲜鸭绿江，同一音语者俱征服，是年诸部始合为一”[③]。满族初步形成，而满文在通行20年后，促成先世文化的划时代的飞跃，成为区别女真文化的新的民族文化。至太宗天聪九年（1635），更定“诸申”为满洲，可以看做满族及其文化的最后形成，并在中华民族文化中取得应有的地位。

满族创造的文化，从一开始就具有本民族的鲜明特色。我们可以概括为国语、骑射与服饰，构成了早期满文化的基本内容。所谓国语，是指满文满语。自满文创制后，就成了本民族的正式语言文字，也成了国家的官方语言，因而是满文化的一大表征。骑射，在满族社会中与满语并重，是世代流传下来的古老传统技艺，至后金建国后，无论贵族、富家，“少有暇日，则至率妻妾畋猎为事，盖其习俗然也”[④]。入关后，历朝统治者始终倡导，亲自示范，力图保

---

① ［朝鲜］《李朝实录》，燕山君八年三月。
② 《满洲实录》卷3。
③ 《清太祖武皇帝实录》卷3。
④ ［朝鲜］李民寏：《建州闻见录》。

持这一习俗。衣冠服饰，自成一个系列，是满文化的深刻体现。剃发编辫、衣服窄袖、紧身、盘顶、束带，以及身上饰带之羽毛、东珠、兽骨、各色石等，都严格区别于汉族，只有游牧的蒙古族与其近似。满族的服饰系列不仅为满族长久保持不衰，也彻底改变了汉人的传统服饰。除此，其他诸如宗教信仰、音乐、舞蹈、体育、礼俗，以及建筑、绘画等，无不与国语、骑射、服饰紧密联系在一起，换言之，皆受其制约，而衍化出多姿多彩的民族文化内容。

国语、骑射与服饰，是满族对先世文化即东北渔猎民族数千年文化之集大成。她在全面继承先世文化的基础上，加以系统化总结提炼，尤其是从制度上做出一整套规范化规定，把它提高到前所未有的水平，面貌焕然一新，真正从先世的原始状态的习俗文化中脱离出来，很快形成与汉文化并驱争先的格局。

满族文化发轫于辽东地区（今辽宁省境），在这块肥土沃野上迅速成长起来，以一支独特的文化系统迈入到中华文化的殿堂。在当时的历史条件下，她的出现，对已有四千多年历史的中华文化确属石破天惊之举。一方面，她为中华文化添加了新内容，极大地丰富了中华文化，使之又多一份光彩；另一方面，伴随着她成为中华民族的主宰者，其文化推向全国，灌输到汉民族及其他民族的生活之中，深深地打上了满文化的印记。例如，她推行“剃发易服”的政策，举凡汉人必变易汉装为满装，剃发编辫。汉人几千年之习俗为之一巨变！在女真人、蒙古人统治中国尚未做到的事，而满族人做到了，而且做得十分彻底、持久，与清朝统治相终始。但应指出，强迫其他民族改变自己的习俗这并不可取。满族的骑射原为武备所需，但进关后逐渐演变成一种具有娱乐性质的体育活动，汉人与之共享。努尔哈赤创造的八旗制度，如同视国语骑射服饰为国家命脉一样，把它作为清朝立国的基石，维护了她的长治久安。八旗官兵及其家属驻防全国各地，也把他们的文化习俗带到当地，熏染了汉人的生活与习惯。特别是在她的故乡东北地区，保留了更多的满族文化，直到今天，其遗风随处可见，在很多方面如衣食住行、文体娱乐、禁忌礼仪等，都还沿袭着满族的习俗。满文化影响中华文化近三百年，造成一个弱小民族主宰中华文化的空前局面，这不能不说是一个奇迹！

像满族给中华文化以如此持久、如此深刻、如此巨大的影响，这在中国境内的所有少数民族史上堪称是独一无二的！毫无疑问，她是借助政权的强大威力，才达到了这一难以想象的效果的。

二、满族对中华文化的继承和发展

满族创造了本民族的文化，无疑是对中华文化的重大贡献。不仅如此，当满文化一经形成，尤其是入主中原后，就全面继承和发展了中华传统文化，把她推上了一个新的巅峰，造成了空前辉煌灿烂的文化景象。

中华文化博大精深，举世无双。她积数千年之底蕴，容各民族之流采，汇为浩渺之华章。其中，汉文化乃中华文化的主体和核心。而儒家思想与文化，又是汉文化最重要的构成部分。我们所说的中华传统文化，一般说主要是以儒家为代表的文化思想体系。从经济到政治制度，从哲学思想到道德规范，无不是儒家价值的全面应用和实践。两千年间儒家大行其道，深深地注入世代人们的观念之中，形成不可动摇的传统力量。历史已经证明，任何民族取得对中国的统治，不能不对中华文化予以继承，都离不开对儒家学说的学习和应用。目前，有一种说法，否认儒家思想在中华文化中居于主导地位，这种看法不见得能够成立。

满族是一个勇于开拓、善于学习的民族。早在清入关前时期，她就十分重视对汉文化的学习和吸收，使之成为本民族文化的组成部分。努尔哈赤建后金国，就是按明朝政权的模式，创立自己的政治文化典章制度。他取明朝的总兵、副将、参将、游击、备御等建制，作为他“序爵”的等别[①]，就连汉人的古典小说《三国演义》也被当做兵书来读，成功地应用于军事斗争。

清太宗执政时期，一方面，极力保护满族及其文化的特色；一方面，又大力倡导学习和吸收汉文化。他从这两个方面作出不懈的努力，使满族迅速强大起来。清太宗敢于改革落后的政治体制，按儒家的政治思想，迅速建立了同明朝相似的封建国家的体制。在经济上，继承儒家的“重本”思想，积极发展农业。早期的满族，普遍轻视甚至鄙视农业，崇尚军功，以掠夺为致富的根本手段。清太宗克服和改变先人留下来的遗风和旧习性，强调农业极端重要，不时地指授耕种方法，禁止用粮食造酒，不得随意宰杀耕牛等等[②]。上述一系列政策和主张的实施，都加速了满族的生产与生活方式的巨大变革。

---

①《清太祖武皇帝实录》卷3。
②《清太宗实录稿本》卷14。

清太宗在文化上的举措与实践活动，在满族发展史上具有开创的意义。主要表现在：他指示用满文译书、记载历史。所译之书，主要是汉族的也是重要的中华文化的典籍。据载，已译完和尚未译完的有：《刑部会典》《素书》《三略》《万宝全书》《通鉴》《六韬》《孟子》《三国志》等[①]。同时，还用满文编纂了满族发展史上第一部历史著作《清太祖武皇帝努尔哈赤实录》。他兴办教育，倡导读书，开科取士，开创清代文教之治，且与历代一脉相承。满族崛起时，几乎没有人读书识字，连记年月的历法也不懂，医治疾病不懂得用医药和针砭之术，只求巫觋祷祝。清太宗从亲身经历中深刻感受到，不读书识字，不利于本民族的发展。天聪五年（1631），他下令，自今始，凡年龄在十五岁以下，八岁以上的子弟都必须读书，其父母若加以阻挠，将受到处罚[②]。把教育列为一项重大政策，实始于清太宗。天聪三年（1629），他举行满族有史以来第一次科举考试，有满、蒙古、汉各族知识分子踊跃应试，其中二百名汉人被录取[③]。以后，又于天聪八年、崇德六年（1641）举行考试，从满、蒙古、汉人中选拔出一批人才[④]。清太宗通过科举的办法，选拔人才，用以激励人们重视读书，达到“振兴文教”的目的[⑤]。自此，满族社会进入了“一代文明之治”[⑥]。清太宗遵从儒家的道德观念，移风易俗，改革民族陋习。当时，在满族社会中，“嫁娶则不择族类，父死而子妻其母”[⑦]。在接触汉文化后，始知其俗不合道德人伦。天聪四年，清太宗下令永行禁止娶继母、伯母、婶母、弟侄妇为妻。崇德元年（1636），再次明令严禁族内婚，若不遵此令，则视为禽兽行为，以奸淫之例同罪[⑧]。汉人妇女有裹足的陋习，清太宗破此千百年习惯，下令不准满族妇女裹足。对妇女来说，是一次解放。满族信仰的变化，也源于汉文化即中华文化的深刻影响。如前述，满族与其先人世代崇信多神的萨满教，但已无法适应日益发展的满族社会的需要，清太宗转而信奉佛教和喇嘛教，同时禁止萨满教的活动，违者重处。盛行千百年的萨满教，到清太宗时

①《东华录》天聪六年七月。
②《东华录》天聪五年闰十一月。
③《东华录》天聪三年九月。
④《清太宗实录》卷18，《东华录》崇德六年七月。
⑤《东华录》天聪三年九月。
⑥《清史列传》卷4，“达海传”。
⑦［朝鲜］李民寏：《建州闻见录》。
⑧《清太宗实录》卷14。

期，已无可挽回地衰落了[①]。满族由多神信仰转变为一神信仰，标志着满族社会的新发展。

清入关前主要是在清太宗时期，满族才进一步成为自立于中华民族之林的独立民族，在其民族文化形成过程中，迅速同中华文化正式对接，并开始参与对中华文化的继承与创造，变成她的有机组成部分。

清入关后，君临天下，开创了清史的新纪元，也为中华文化的大发展开辟了广阔的道路。

清朝入主中原，迅速形成满族与汉族、满文化与汉文化及其民族文化相汇合的历史大趋势。至清逊国前，大体经历了三个不同的阶段。

第一个阶段，自顺治元年（1644）到康熙八年（1669）圣祖亲政前后，约三十年间，表现为汉、满民族及汉、满文化两种文化的时急时缓的冲突。正如人们皆知，清朝用武力统一全国，引起满汉民族间的激烈斗争。满族贵族力图把他们的民族政治观念、生活与生产方式统谓之满族文化模式强加给汉人的传统文化，行使对全国的统治。这不能不引起汉人特别是士大夫阶层的强烈反对。显然，冲突的实质就是两种文化的对立和矛盾。例如，世祖进关伊始，就下令圈占顺天、保定、太原、徐州等地区的土地，建立大大小小的八旗官庄，致使大批汉族农民失去土地，沦为农奴或奴隶。他们不堪忍受，纷纷逃亡。朝廷订立严厉的“逃人法”，用以惩治所谓“逃人”[②]。汉人拒绝接受，掀起了反圈地斗争。满族统治者将本民族的剃发编辫等习俗，也强加给汉人，“用夷变夏”，改变汉人千百年来的习俗，因而又引发出一系列严重的流血斗争。满族贵族以关外形成的诸王议政的“家法”“祖制”治国，所谓“率祖制，复旧章”[③]，不能不遭到儒家尊崇君权的传统思想的对抗。终顺治之世十八年，延至康熙初年四大臣辅政期间，两种文化的冲突是相当激烈的。

当然，满族统治者也表现出对儒家文化的推崇。如顺治帝进北京后，即封孔子为“大成至圣文宣先师”[④]，表明他对儒家为代表的中华传统文化的认同，是合法的继承者。然而，由于上述诸矛盾的存在，文化的双向交流受到严重阻碍。

---

① 参见刘小萌、定宜庄：《萨满教与东北民族》，吉林教育出版社1990年版。

②《清世祖实录》卷90。

③《清史稿》卷249，“索尼传”。

④《清朝文献通考》卷73。

第二个阶段，约自圣祖亲政，中经雍正承前启后，至乾隆后期，百余年间，满汉文化协调发展，并把中华文化推上了辉煌的境界。

还在圣祖即位时，除了台湾，清朝已完成了对大陆的统一，军事斗争基本停止，民族矛盾趋于缓和，政局随之稳定下来，开始转入“以文教治世”的新时期，出现“盛世”的大好局面，文化繁荣，人才辈出，取得了超越前人的重大成就。

振兴和发展理学，确立了儒家的思想统治地位。自西汉“独尊儒术”，儒家的理论便成为历代的统治思想。发展到宋代，程颐和朱熹把儒家思想阐释成“理学”，至明代，经王阳明等倡导而一度达于极盛。但至末叶，已趋衰落不振。在明清鼎革之际，各派思想和主张纷出，“礼义坠地”。以魏象枢、魏裔介、汤斌、熊赐履、李光地等著名学者为代表，摒弃王阳明空谈心性和“以知为行”的唯心主义思想，反佛道，重实际，面向现实，“经世致用”，从而把旧理学发展成为新理学。他们的理论和政治主张赢得了圣祖的赞成，便取代满族的“祖宗成法”，成为占统治地位的思想理论。

满族统治者按儒家思想治国，无论在政治领域、经济领域，以及思想、文化领域，无所不及，包括康雍乾三帝的日常言语举止，对人民的道德教化、社会风气的整肃，都贯彻了儒家的政治思想、价值观念、人生观，达到了历代统治者所不能企及的境地！他们“自幼学问，研究性理等书”[①]，具有高深的学问和修养，与那些理学大师相比，毫不逊色。他们把儒家的“仁政”思想作为施政的总方针，如，圣祖主“宽仁”，世宗主“严猛”，高宗取其“中”，主“宽严相济”，而倾于“宽仁”[②]。其差别仅仅在于施“仁政”的宽严程度稍有不同而已。概括他们为政之道，一是严厉打击贪官污吏，澄清吏治，实现社会安定的目的；一是抚恤百姓，施惠于民。他们笃信儒家所主“民为邦本”的信念[③]，圣祖“与民休息”，世宗除陋规，反加派，行“摊丁入亩”，使“贫民无厘毫之费”[④]；高宗关注民生，施惠有增无减。特别指出的是，康熙五十一年(1712)，宣布“盛世滋生人丁永不加赋”[⑤]。全国人丁数额以上年（即康熙五

---

①《清圣祖实录》卷251。

② 参见《康熙圣训》46、《雍正起居注》雍正七年闰七月、《清高宗实录》卷14。

③《清高宗实录》卷144。

④《苏州府表》卷8。

⑤《清朝文献通考》卷19。

十年）总数为常额，其后所生人丁，不征人头税，此举破两千年之成规，具有划时代的意义。同时，又自五十年始，三年之内，全国各省分批分期全部普免钱粮一次，将旧欠钱粮一概免征，总数达三千二百零六万多两白银[①]。这是旷古未有之举，比之历代，令人叹为观止！标志清朝已进入“盛世”，实非虚语。其后，经雍正特别是到乾隆时，社会经济繁荣昌盛，曾四次普免全国钱粮，三次免征江浙七省漕粮，已远远超过康熙朝的规模，在中国历史上是空前绝后的！到乾隆中期，清朝达到“全盛”，乾隆帝又遵循儒家学说，“持盈保泰”[②]，力图用儒家的理论为指导，保持清朝久盛不衰之势。

儒家的社会理想，是实现君主一统天下的国家“大一统”。它包括：一是所有政令、法令自天子出，即皇权高度集中；二是国家的完全统一，即疆域所及，皆归于一个政权之下；三是统治思想归一，凡与儒家不合者“皆绝其道”[③]。审视清以前各代，严格地说，大多都没有真正实现国家的“大一统”。唯康雍乾三帝，把中央集权发展到君主高度专制，君主“乾纲独断”，国家的一切权力皆操自其手。在意识形态领域行高压政策，伴之以伦理纲常的教化，抑制了“异端”思想的滋生，达到了舆论一律，思想完全统一。历代“边患”皆起自北方游牧民族，中央王朝不能行使有效的控制，往往造成国家的长期分裂。早在努尔哈赤时，已同蒙古展开了斗争，清太宗时绥服漠南蒙古，迫使漠北蒙古献“九白之贡”[④]。康雍乾之朝则同漠西蒙古、准噶尔等上层分裂势力展开了长达数十年的艰苦卓绝的斗争，终于完全解决了蒙古、新疆、西藏问题，纳入版图。在西南地区，废除传统的土司制度，实行“改土归流”，直接隶属于中央。在边疆地区置行省，驻军队，任官吏，与内地形同一体。至此，中国这个多民族国家空前统一，正如雍正帝所说：“自古中外一家，幅员极广，未有如我朝者。”[⑤]时人称颂：“合六合成大一统之天下，东西南朔，声教所被，莫不尊亲。”[⑥]就是对清朝“大一统”的生动概括。儒家“大一统”的理想，在清朝得到了最完美、最彻底的实现！

---

①《清圣祖实录》卷251。

②《乾隆朝上谕档》乾隆二十四年十月二十三日。

③《后汉书》“基仲铃传”。

④ 福格：《听雨丛谈》卷2，《九白》。

⑤《雍正起居注》雍正七年六月。

⑥《清世宗实录》卷83。

满族发展中华文化，在文化学术领域尤其令世人瞩目。康雍乾三朝编纂历史、修方志、整理历代典籍，规模之大，持续之久，成就之著，实集历代之大成，史无前例！康熙朝编辑《全唐诗》《渊鉴类涵》《康熙字典》等多种图书，最著名的书是《古今图书集成》，共一万卷，始修于康熙初年，雍正三年（1725）修成，为清代纂辑的最大类书。乾隆朝时，学术文化达于极盛。据统计，经乾隆帝发起和批准编纂的书达一百三十多种[①]。其中，一类是续编历代典章制度，如续“三通”及清朝“三通”等；一类是编写中国通史、明史及当时重大事件的撰述。如《纲目三编》《通鉴辑览》《大清一统志》《满洲源流考》《平定准噶尔方略》等，编纂《明史》历时尤长，自顺治二年（1645）开馆，历康熙，至雍正十三年（1735）告成，乾隆四年（1739）刊刻，共历近百年问世。一类是对历代典籍的整理和解注、校勘、考据，开一代学派，因形成于乾嘉之际，故称为“乾嘉学派”。如校勘《十三经》《二十一史》等，惠栋、戴震、段玉裁及王念孙、王引之等都是当时的考据大师。其中，戴震的《考工记图》、王鸣盛的《十七史商榷》、赵翼的《二十二史札记》、钱大昕的《二十二史考异》等都是该学派的代表作和代表人物。最值得令人自豪的是《四库全书》的编纂，乾隆帝动员全国的人才和物力，系统整理中国数千年传统文化的成果，以二十余年告成，总凡三千五百十一部、七十一万八千余卷，皇皇巨著，无与伦比！此书之问世，被称为“文治之极隆，而儒生之殊荣”[②]。书成后，分建文渊、文津、文源、文溯四阁，各储一部，后又于镇江建文宗、扬州建文汇、杭州建文澜三阁，分藏其缮写本[③]。还有一类是时人笔记、见闻、诗词、小说、轶闻等私家著述，层出不穷，数量之多，不胜枚举。值得强调的，自清初以来，开创了私家修史的新局面，诸如谈迁的《国榷》、谷应泰的《明史纪事本末》、查继佐的《罪惟录》、计六奇的《明季北略》和《明季南略》等，都是传世之作。私家修史形成热潮，与官方修史并行不悖，恰成清代学术大观，盛况空前。

这里，还要特别提到《清实录》，始作于清太宗为其父努尔哈赤纂《实录》，终止于末代《宣统政记》，积十二朝之全，历近三百年，逐日逐月逐年记

① 孙文良等：《乾隆帝》，吉林文史出版社1993年版。

②《国朝畿辅诗传》卷42。

③ 吴振棫：《养吉斋丛录》卷20；参见《四库全书》卷首，《乾隆上谕》。

录，是清朝最系统、最完备的历史长编。与现存的另一部仅有的实录即《明实录》相比，规模更为宏大，内容更为详尽。至于自清入关前留下的满文老档，到入关后历朝所积原始档案，多如汗牛充栋，是最珍贵的历史遗产。满族统治者重视并严加保管档案之功，也应看做是满族对文化的一大贡献。

第三个阶段，以嘉庆帝即位为起点，百年“盛世”开始落下了帷幕，直到清亡，又历百有余年而终结。这期间，作为满族文化特色的国语骑射衰微，几乎融入汉文化之中，难分满汉民族的界限。伴随着清朝的日益衰落，阶级矛盾日趋尖锐，政局动荡，国库空虚，再也不能像“盛世”那样有一系列的文化举措。尤其是1840年以后，西方列强不断扩大侵华，西方文化如潮水般涌入中国，致使中华文化遇到严重挑战，陷入空前危机。但是，西方列强的侵华已引起中国社会的深刻变革，促进部分先进的满汉开明人士的觉醒，发出向西方学习、改变现状的呼吁，给困境中的中华文化注入了新鲜的活力。例如，针对封建统治腐朽，已从故纸堆中钻出来，鼓吹变革，提倡经世致用，匡时救国。魏源编纂的《皇朝经世文编》就反映了时代的呼声。像龚自珍、包世臣等都是这一时代的代表人物。19世纪初至中叶，随着边疆危机的加深，又掀起了边疆地理研究的热潮。如祁韵士的《藩部要略》、张穆的《蒙古游牧记》、何秋涛的《朔方备乘》，介绍世界各国概况的林则徐的《四洲志》、魏源的《海国图志》等大批著作纷纷问世，后有康有为的《新学伪经考》《孔子改制考》等，都在不同程度上反映出中国近代文化的启蒙思想，成为即将到来的新时代的先驱，在他们的著作和言论中无不充满了爱国主义的激情。这一时期，文化的建树，无论从规模上、数量上自然不能与“康乾盛世”相提并论，但它所提出的新思想比之前期，是一个巨大的进步，就是说，在质上是一大飞跃，无疑为中华文化装填了新鲜的内容。

全面考察满族贵族统治下的清代，可以认为，她全面继承和发展了中华传统文化，创造了奇迹般的“康乾盛世”，这是其他任何朝代所无法比拟的！即使在她处于衰落中，仍有某些突破，对后世产生巨大的启蒙和影响作用。因此，我们评价满族对中华文化的贡献是不应当低估的。

三、满族的历史局限

当满族乘明末衰败之势，勃兴于辽东，跃马横枪，阔步走上中国历史舞台之际，同时也进一步对本民族文化进行开拓和创造，使她跻身于中华民族之列。在她入关后的二百六十八年的漫长岁月里，她把以儒家思想为核心内容的中国传统文化亦发展到了封建主义时代的顶峰，展示了中国数千年传统文化的无穷魅力和恢宏的气势。中华民族——炎黄子孙应该为之自豪和骄傲！

当然，满族对中华文化的创造，绝非是满族一个民族的独创，公平地说，是中国各民族的共同创造，但是，我们不应忽视的重要事实是，中华文化的再造是在中华民族的最高统治者——满族皇帝的倡导下完成的。包括清太宗、康熙帝、雍正帝、乾隆帝等在内的汉文化素养极高的许多满族学者亲自参加，都作出了自己的贡献。在经济、政治、军事、文化、思想及艺术等各个领域，乃至社会生活的一切方面，无不贯彻和体现了皇帝及其统治集团的理想、意志和价值取向。以往论者，以批判清朝入主中原，延缓中国历史的发展尤其痛斥其后期的政治腐败，便忽视甚至否定她对中华文化所作的贡献，有失公允。近十余年来，对满族及其历史研究的深入，已给予她应有的历史地位。而对她发展中华文化这一至关重要问题，也应引起人们的足够重视。

人类自身的发展史证明，人类的认识能力、创造能力是无限的，只要人类存在下去，就不会完结，但在一定历史时期或一定时代，又是有限的。因为人们不能超越时代的客观条件去创造历史包括文化意识形态的精神文明。清代满族尽管居于统治地位，她的皇帝也居于至高无上的权力顶峰，即使可以随心所欲，也不能不受到历史的局限，使她行进到一定阶段便停顿下来。

满族创造的中华文化，其实质仍然是属于儒家的思想体系，是封建主义的高度发展，一句话，就是中国两千年来封建社会文明的延续。满族统治者发展文化的根本目的，不过是维护清朝的长治久安。她从这一根本利益出发，凡是不符合其统治的言论、书籍、思想及一切形式的表示，都在取缔、禁毁或镇压之列。于是，一场旷日持久的禁书运动及与之伴随而来的文字狱，始于康熙，经雍正，至乾隆中后期，历近百年才结束。据统计，约禁毁各类图书典籍共一千一百多种、十五万一千多部，销毁书板八万块以上，至于民间因惧怕获罪而自行销毁之书，更是难以计数[①]。造成如此惨重的损失，是无法用已取得的成就来弥补的。所谓文字狱，是因文字或作品获罪的案件。千万人被杀被剐，数十万人被充军流放，恐怖气氛一度笼罩了整个知识界。秦始皇“焚书坑儒”首

---

① 参见王俊义、黄爱平：《清代学术与文化》，辽宁教育出版社1993年版。

开文字狱先例，但如清朝持续如此之久，株连之广，处罚如此残酷，恐怕连秦始皇也自叹弗如！

焚书与文字狱，是满族统治者最不光彩的一页记录，是“盛世”辉煌下无法掩饰的污点！由于政治的局限性，还有满族以少数处广大汉人之中，自感孤立，故取此极端之策，借以保护自己。

时代的局限，也使满族统治者在达到了自己的目标后裹足不前。我们看到，满族在经历了百余年的奋斗，恰似日升中天，灿烂辉煌，但此后前进的脚步停顿下来，如乾隆帝所主“持盈保泰”，一心想保持现有的辉煌，而失去了新的创造力，加之封建社会的潜力已尽，不能再向前发展了。国家“承平日久”，经济繁荣，社会生活也由俭入奢，尤其是满族王公贵族及其子弟都享受着极为优裕的物质生活，不再需要奋斗，昔日那种开拓进取的精神早已成为遥远的过去，他们变得懒惰、骄奢，诸如赌博嫖娼、斗鸡走狗、嬉戏游乐，挥霍无度，无所不为①。八旗子弟们向以朝廷俸饷为生，不事农工商贾，皆集京师和驻防之地，寄食于国家，“虽竭海内之正供”，犹不足以养家糊口，皆陷贫困，给国家造成巨大负担②。迄至乾隆、嘉庆之际，八旗生计维艰，情况十分严重。很清楚，这一重大的社会问题困扰着满族自身的发展和进步，直接影响到她对文化的继续创造。

18世纪，是人类社会大变革的时代。在西方，资本主义蓬勃发展，并向海外扩张，寻找市场。以英使马戈尔尼率团首次访华为标志，资本主义的文明与科技进入中国。但乾隆帝断然拒绝了英国要求建交、通商的一切要求，勒令其限期归国。乾隆帝夜郎自大，闭关锁国，根本不了解外部世界天翻地覆的变革，拒绝英使，亦即拒绝了西方文明，东西方文明对接遂告落空。中国失去了一次历史机遇，仍然陶醉于“盛世”之中，被儒家的思想所束缚，寸步难行！满族统治者已失去应有的应变能力，落到了时代的后面。

前已指出，满族入主中原，迅速同中华传统文化相汇合，逐渐失去其民族特色。虽然历朝满族统治者无不力图保持本民族的文化，却无法阻止满族“汉化”的必然趋势。满语、骑射渐被放弃，乾隆时，大多满族人包括各级官员都不能说满语、不识满文了③。汉文化的强大穿透力已使满族人“尽染汉习

① 滕绍箴：《清代八旗子弟》，中国华侨出版公司1989年版。

②《清高宗实录》卷74。

③ 辽宁省档案馆：《黑图档》卷329。

矣”[①]。而咸同以后，满族自己的文化已趋于消失，她对中华文化的继续创造，也就丧失其特殊的意义。

满族及其文化，从勃兴至今，总共也只有三百余年，其影响至今犹存。她对中华文化的贡献与建树巨大，影响深远，是汉族以外任何民族都不可企及的！由于历史的与自身的局限，她的创造力也是有限度的。顺便指出，这里所说的“满族的局限性”，主要是指满族统治者，应当把他们同广大的满族人民区别开来。

（原载《炎黄文化与中华民族》，中国人民大学出版社1996年版）

① 辽宁省档案馆：《盛京内务府档》卷213—6052。

清代满（洲）族的崛起与中国社会的变迁

在中华民族的发展史上，满族占据着独特的历史地位。清代把满族统称满洲，本文为了和目前的学界说法一致，特称满族（洲）。如同鲜卑、契丹、女真、蒙古诸族各建一代王朝，满族是继其先世女真所建金朝之后，又建一新王朝——清朝。一个少数民族，相继两度建立国家政权，这在中国漫长的历史进程中却是独一无二的。而清朝历时268年，如溯自关外，近三百年，比之任何一个少数民族所建王朝更长久，比之汉族王朝，也是名列前茅。满族（洲）及其清朝主宰中国历史的命运，给予中国社会的发展以决定性影响，这不能不说是满族所创造的一个奇迹！

如何认识和评价满族在清代及中国历史中的地位？怎样辨识其作用？在清朝逊国，满族失其统治地位一百年后的今天，仍然是一个值得重视、值得认真探讨的重大问题，无论对学术研究、对当代民族关系的新发展都有着重要的意义。

一、满族百年评价的回顾

按公历计算，公元2012年1月，恰好是清朝宣布退位、结束其统治一百年。清朝是满族人创建的，其皇位亦由满族人世袭传承，统治集团的核心则被皇室与满族王公贵族所掌控。清朝之失国，处于统治地位的满族也随之降为普通民族，迄于今，也是一百年。

百年间，中国社会变化之大，恰似天翻地覆！清亡后，如同历代王朝末世，很快，内忧外患，天下大乱：先是袁世凯称帝，继之，全国讨袁，二次革命，军阀混战，日本侵华并最终战败，蒋介石发动内战自取灭亡。至1949年中华人民共和国建立，中国内乱已近四十年。在中国共产党取得政权后，中国再次统一，中国社会也由半殖民地半封建社会，转变为社会主义社会。其后的60余年，以改革开放为分界，中国社会的变迁，又是一次天翻地覆！

百年风云，百年巨变，人们的观念因应时代而不断变化。现在，就提出一个问题：在百年社会大变革中，人们是怎样看待已失去统治地位的满族？从民间到政界，以及文化界、学术界，确有不同评价，给满族以不同的历史地位。

百年评价，还得从辛亥革命说起。辛亥革命从其酝酿之时，就把斗争的矛头指向专制的清朝，同时也指向了整个满族这个民族，几乎不予区分，将两者混同，一律打倒。当孙中山于光绪二十年（1894）十月在檀香山成立“兴中会”，即明确提出其政治纲领：“驱逐鞑虏，恢复中华”，至三十一年（1905）成立“同盟会”时，孙中山将此纲领写进其章程，亦成为辛亥革命最大的也是最根本的革命目标。鞑虏者谁？孙中山在解释其纲领之一的“民族主义”时，给出了清楚地答案，他说：“我汉人为亡国之民者二百六十年于斯。满政府穷凶极恶，今已贯盈，义师所指，覆彼政府，还我主权……中国者，中国人之中国；中国之政府，中国人任之。驱除鞑虏之后，光复我民族的国家。”[①]

显而易见，所谓“鞑虏”，明指“满政府”之统治者，又指满族人，把满族这个民族统统斥为“鞑虏”，而“鞑虏”非中国人，只有汉族才是中国人！因此，以孙中山为首的革命党人必欲把满族人“驱逐”出中国，将“亡国之民者”汉人解放出来，即“光复”并建立“我民族（汉人）的国家”。

在革命党人的鼓吹下，国内掀起了一股股反满、排满、仇满的政治浪潮。举凡怀有“反清”之志的人，无不“反满”，他们蔑称满族（洲）为“满酋”“满夷”。诸如夷、狄、酋、鞑虏等诸称，皆属历代汉人王朝对周边少数民族的蔑称，而辛亥革命的志士仁人把这类称呼统统都用在了满人身上！他们举行集会、办杂志、报刊、发表文章，无不以排满为目标。如，革命党人陈少白奉中山之命，筹办《中国日报》，宣称：“宣传排满，做革命党喉舌。”[②] 在学术界，一些具有反满思想的人，纷纷撰写文章，鼓动广大汉人起来反满。陈垣是

① 广东社科院研究室编：《孙中山全集》第一卷，第296~297页，中华书局1981年版。
② 引自董丛林：《辛亥革命党人高水平的舆论宣传》，《北京日报》2011年6月13日。

享誉海内外的史学大师，辛亥革命前，在《时事画报》上撰文反满。如说："蒙元以外族入主中国，与国朝同也。"所以，"革命党之排满，排满而并欲推倒政府"[①]。这就是既排满，又必须推倒其政府。

更为极端的言论，公开鼓动杀满人："非我族类杀光！"[②]不仅杀光满人，还要杀"汉奸"、"驱满酋必先杀汉奸"。何谓"汉奸"？"引入满人之媒介也。"与满人一样，都在必杀之列。这类充满血腥味的语言，不绝于耳。无须征引史料，即知在满族中引起巨大恐慌，引发满汉关系空前紧张。

革命党人反对专制，推翻清朝的腐败统治，无疑是正确的。但是他们不加区别地将斗争的矛头指向整个满洲族，是绝对错误的！其实，革命党人的这一民族思想，一点也不新鲜，是历代所坚持的"华夷之辨"的重复应用，不过是借用朱元璋反蒙元及太平天国反清反满的思想武器。仅此一条，可知辛亥革命并未突破千百年来旧传统的"华夷观"。比之清朝坚持施行各民族"大一统"，显系是历史的倒退。

革命成功后，原先鼓吹反满、排满、仇满为之一变，改为包括满族在内的"五族共和"。但在社会中，并未获得完全认同，就是说，辛亥革命时期反满宣传已深入人心，仍在社会生活中强烈地反映出来，弥漫着排满的思想气氛。如文艺界，出现大量野史、小说、演义之类，极力污损清朝，奚落满族，《清宫演义》即是此类荒诞之作。清史研究之开创人之一孟森指出："辛亥革命后之小说家妄造清世事实，以图种族之私。"[③]在学术界，仍接受辛亥革命所主张的"民族革命"的思想。以萧一山著《清代通史》为代表，指清朝为"夷酋入主，擅兵专制"。他解释清史为"中国民族史"，即汉族反对满族的革命斗争史。显然，他还在贯彻辛亥革命所倡导的"民族革命"的思想，曲解清史，做出了错误的结论。孟森率直批评许多"浅学之士"，"承革命时期之态度，对清或作仇敌之词"[④]。

民国时期，关于对满族（洲）的评价，多持否定的意见，故批判之声不

---

① 陈智超：《陈垣早年文集》，台北"中央研究院"1991年版；孙邦华：《陈垣在辛亥革命时期的反清反帝活动与思想》，载《历史档案》2004年第4期。

②《申报》辛亥九月十六日（1911年11月6日）。

③ 王锺翰：《篇篇精练，字字珠玑——孟森的〈明清史论著集刊〉》，载《二十世纪中国史学名著提要》，北京师范大学出版社2007年版。

④ 孟森：《明清史讲义》（下），第364页，中华书局1981年版。

绝。当然，也有些许史家如孟森等对清史、满族（洲）史坚持正确的“清史观”，给予适当的肯定。

解放初至改革开放前的三十年间，有关满族（洲）的研究很冷清，很少有人去研究，成果极少；即使有论著涉及到满族，也多持批评意见。

总计自清逊国，中经民国，直至当代改革开放前近七十年间，一言以蔽之，尚未有一部专门研究满族（洲）的著作问世，即使论文也没有专论满族的历史地位之作。有的是关于满族之文化习俗的变迁，或者论及满族民族的来源与形成。往往将满族（洲）与清朝或清政府合并，称之为“满清”，批判清朝，亦是对满族的批判。可以说，有关满族（洲）的研究，实属长期空缺。学术界对清代的满族（洲）不置评，这个民族在清代究竟做了些什么，有何贡献等等，几乎无人专门研究。清代的满族，随着清亡似乎已被人遗忘！但是，我们仍能看到批判满族的文字。如，中华人民共和国建国后50年代末，有人写道：“满族侵入并统治中国二百六十余年”，“对于中国历史来说，不能不是最大的不幸……”[①] 将满族看成是外来的侵略者，实在是大错特错。识见如此浅薄，这才是学者的最大不幸！

直到改革开放，从清代的满洲到当代的满族，其历史命运才发生了百年来未曾有过的变化。一方面，国家对满族的政策进行重大调整，其中一项重大决策就是在满族聚居的地区设置满族自治县、满族乡。主要集中在东北地区，又以辽宁为最多。辛亥革命至民国时，满洲瞒报为汉族，而今又恢复原族属，故其人口猛增，现已突破千万，是我国少数民族中第二大民族。当代满族这一盛况，与辛亥革命时期的满族（洲）受到歧视、排挤，甚至打压，却是天壤之别！另一方面，清史学界掀起持久的研究满族历史与文化的学术热潮，相应的研究机构，诸如满学研究中心、满族文化博物馆，以满族研究为中心内容的民族研究所，以及纷纷创办专门研究满族的各种刊物，等等。还有，在北京，在东北，成立满学研究会，定期或不定期地举办学术研讨会。值得注意的是，原已近于消失或基本死亡的满族语言文字又恢复生机，在东北各地举办满语培训班，向新一代传授满语与文字。满文档案的翻译之盛，为前所未有！

学术界研究满族史的人员之多，已形成一支队伍，堪称是一支学术生力军。积三十年之研究成果，是前七十年成果总和的许多倍！例如，以满族通史

①《中国资本主义萌芽问题讨论集》，第894页，三联书店1957年版。

或满族史命名的满族历史著作，层见叠出；有关满族文化研究的专门著作，屡见不鲜。如满族文化概论、清代满族文化论、满族谱谍文化、满族的习俗以及宗教信仰，等等，无所不及，几无遗漏！论文、著作、资料，真是累千逾万，似已占清史研究之半壁！

近三十年间，评价满族，如果以肯定与贬低，乃至否定来区分的话，可以毫无疑问地说，全面肯定满族的评价，正是改革时期学术界的主流看法。这与前七十年主要是辛亥革命与民国初年的评判相比，简直是颠覆性的历史巨变！反映了人们观念的大变化、社会发展的大进步。

应当指出，学术界并非一面倒，还有不同的声音，有的声音还相当尖锐，其评价与主流意见完全相左，毫无共同之处。

一种说法：满族不属于中华民族，视为“异民族”。有文字为证：“清兵入关后，满族才真正开始融入中华民族的过程。”这是说，清入关前，满族（洲）尚未融入中华民族，自然就不属于中华民族，入关后，才开始融入，云云；又写道：“李自成、张献忠等建立政府，与明争夺统治权……但国家并没有分裂……如果说有分裂，就是后金（清）自立为国！”[①]其意甚明：李自成与张献忠虽为农民起义领袖，但跟明朝都属“中国”，同为“中国人”，故其自建政权，也没有“分裂”中国，而满族及其政权后金（清）非属中国，亦非中国人，他们“自立为国”，就是对中国的分裂！

又一种说法：清军入关，是“满族统治者”对汉民族的“野蛮的军事征服”，其结果，使汉族“亡国亡种”[②]。

还有一种说法：清朝（满洲）统治中国“大约250年”（正确说法，应是268年，约略说法应是“260余年”），是中国落后的“根本原因”，“也正是中国从先进（指明代）到落后的250年”[③]。一句话，就是把清朝260余年的历史一笔抹煞！

仅从上文引述的说法，可知正反两种观点，泾渭分明，形同水火。这大约是近百年来有关满族（洲）——清朝两种截然不同评价的大碰撞。

---

① 详见杨海英：《洪承畴与明清易代研究》“序二”“前言”，商务印书馆2006年版。

② 张献忠：《清朝取代明朝是历史的大退步》，载《历史学家茶座》，第49页，山东人民出版社2009年版；顾诚：《南明史》，中国青年出版社1997年版。

③ 毛佩奇：《明清易代与中华帝国的衰落》，载《中国社会科学报》2009年3月3日。

回顾满族（洲）百年评价，否定与批判贯穿百年，尽管近三十年已发生重大变化，多给予肯定，但“否定”的声音仍很尖锐，已如前述。我们发现，百年间，在持否定意见的人中贯穿一条主线，这就是：否认满族是中华民族大家庭中的一个当然的成员，从辛亥革命，中经民国，到解放后，一直宣称：满族（洲）是“外来的”异民族，它进入“中国”是对“中国”的“侵略”，让汉人做了它的“亡国奴”！不言而喻，满族（洲）统治中国没做一件好事，它只能使中国落后！显然，持否定意见者又都有一个共同的民族观：只承认汉族主导或统治中国，满族“窃取”统治权是“非法”的！说到底，还是千百年“华夷之辨”的传统观念根深蒂固，不改不变，故其种种说法陈旧，落后于时代，自然经不起历史的检验。

其一个根本的问题是：究竟怎样认识和评价满族（洲）？如何给满族在清代的历史定位？已往的论著有的做出回答，有的尝试回答，也仅是表面现象的简要说明。说到底，还是没有真正认识满族（洲）这一民族的历史。

二、满族在清代的历史定位

清朝统治中国长达268年，满族（洲）作为全社会的统治民族，以及他们的最高代表——皇帝，在清代中国社会的进程中，不能不扮演历史的主要角色。因此，她对社会发展与变迁所发挥的主导作用，也是其他民族不可取代的！那么，她的作用是积极的，还是消极的？这就要依据这个民族的一切实践活动及其政治的或思想的主张来做出评判。

总结满族（洲）在清代的近三百年历史，可以概括为如下三个方面。这三个方面，将决定她在清代及中华民族发展史上应有的历史定位。

（一）满族改变中国

满族凭借其特殊的地位与国家权力，多方面改变了明代所遗中国的历史面貌。

首先，清朝入主中原，确立对全国的统治，打断了以明为代表的汉民族垄断国家政权的历史进程，因而改变了中国传统的“华夷秩序”，即以“夷”变“夏”，又一次开创了一个少数民族——满族（洲）一统天下的新时代。应当指出，在清以前，唯有蒙古族取得全国统治权，国号大元。在元之前，已有鲜卑、契丹、女真等族，建立过半壁政权。它们各自不同程度地改变过中国历史进程。表面看，清朝不过是重复前人的做法，不足为奇。其实不然。清朝并非简单地重复，而是在更高层次上的重复，关键就在于，满族（洲）更深刻地改变中国面貌：最大的不同，就是从根本上改变传统的“华夷之辨”的民族观，确立“大一统”的新的“中国观”。欲知满族（洲）的这一变革的巨大意义，须追溯历史。

早在商代，其王室之居地，称天下之中，故谓之“中国”，亦即天下中心之国。中国为内，居中国之外围者，为“华夏”。至周，凡遵奉周礼者，皆属中国；而与华夏不同风俗者，称夷狄，居中国之外。这说明中国的范围进一步扩大。春秋时，王室衰微，诸侯强大，所谓“礼乐征伐自诸侯出”，王权已失其权威。同时，来自“三北”地区的游牧、渔猎诸民族不断内侵，于是，“尊王攘夷”的思想应运而生；要求尊崇周王，在周王的统领下，共同抗击夷狄。孔子著《春秋》，提出“大一统”的政治主张。它的思想内涵，与“尊王攘夷”具有共同之处，就是华夏统一于周王的名下，而夷狄包括南方的蛮，都收为华夏大一统的附庸。这就是“内诸夏而外夷狄”、“内中国外夷狄”之意。历代奉行儒家的这一政治思想，严格区别华夷，分辨内外。此即“华夷之辨”。

那么，华夷之分，以何处为界线？或者说，怎样加以区分呢？秦始皇修万里长城，恰恰适应了这一要求，使之成为内外、华夷的分界线。西汉人对长城做出了正确的解释：“天设山河，秦筑长城，汉起塞垣，所以别内外、异殊俗也。”[①] 又说：“秦始皇攘却戎狄，筑长城，界中国……”[②] 指长城为“中国”与夷狄的分界。这就是说，秦始皇筑长城的伟大意义，已远远超出军事的价值，它改变“中国”原有的内涵，将“中国”的政治地理推进至长城脚下。从此，历代王朝（元除外）严守长城一条线，将“三北”的少数民族排斥在“中国”之外，不得进入长城以内，更不可主宰“中国”，只能接受“中国”的统治。如明太祖朱元璋说：“自古帝王临御天下，中国居内以制夷狄；夷狄居外以奉中国，未闻以夷狄治天下也。”[③] 这段话十分清楚地解释所谓内与外，是以长城为分界线的，也揭示了“华夷之辨”的内涵与本质。

---

①《后汉书》卷90，“鲜卑传”。

②《汉书》卷96，“西域上”。

③ 张德信等：《洪武御制全书》“谕中原檄”，黄山书社1995年版。

长城是为防御“三北”的游牧民族而设。但始作俑者秦始皇却没有想到，长城竟也成为华夷民族的分界线，支撑“华夷之辨”的现实依据。两千年来，长城限隔汉民族与北方少数民族的往来，只有按约定，夷狄戎等前来中原朝贡，这才有接触的机会。汉族视夷狄为“非我族类，其心必异”[①]，严加防范。民族间猜忌，不同利益的诉求，因而民族矛盾不断，从武装冲突演变成大规模的战争，往往制约着中原王朝的盛衰兴亡。在清以前，两千余年间，历代都无法解决民族间的冲突与战争。本质的问题，就是没有真正解决国家的统一。历代所行朝贡制，不过维持形式上的统一，即使这种形式上的统一，也不能维持许久，常被“绝贡”、冲突与战争所取代。

这个困扰历代王朝两千余年的民族问题，到满族（洲）人执掌中国政权后才获得根本解决。杰出的满族人、雄才大略的清圣祖康熙皇帝，在完全解决喀尔喀蒙古归附清朝以后，长城不再具有军事价值，反而成为民族交往的一个巨大障碍。康熙三十年（1691），他宣布：废弃长城，不再修理，也不再守御，说：“昔秦兴土石之工，修筑长城。我朝施恩于喀尔喀，使之防备朔方，较长城更为坚固！”[②]他要的是建一道思想长城、民族长城。圣祖废长城，也就否定了“内中国外夷狄”的“华夷之辨”的千百年的传统思想。他强调，废长城，才能实现“中外一体”“天下一家”，即蒙古及东北、西北各民族从此变为一家。这是秦筑长城以来，第一次把“三北”的游牧民族、渔猎民族都包括在中国的范围之内。

秦筑长城，把“中国”的地理坐标扩大到长城脚下，因而更新了“中国”的观念。但是，自此以后，“中国”徘徊在长城一线，长达两千余年。以圣祖废长城为标志，又一次改写了“中国”的地理坐标：中国的含义不再是长城以内，而是突破长城之限，扩大到长城以外。这是一个伟大的创举，是一次划时代的改变，清代“中国”恰为当代中国奠定了基础。

清世宗继清圣祖之后，从理论上论证“大一统”及批驳“华夷之辨”的荒谬。其新思维、新观念，都集中反映在《大义觉迷录》一书中，是对清圣祖政治实践的理论阐述。限于文字，这里不再引证。一句话，发前人所未发，具有首创之义。

---

①《晋书》卷102，“刘元海传”。

②《清圣祖实录》卷275。

满族（洲）人改变中国，一个重要表现是，伴随满族的崛起，引起东北地区民族大变动，逐渐形成达斡尔、鄂伦春、赫哲等新民族。当满族入关，又引发全国各民族的大变动、大改组，形成新的民族大格局。其中建立满、蒙古、汉三大民族的政治联盟，成为中华民族的核心力量；满族人创建八旗制度，将三大民族组织起来，则成为国家政权的基石。满洲八旗、蒙古八旗、汉军八旗，实为本民族的政治与军事的核心力量。回顾历史，无论哪朝哪代都没有与之近似的体制或制度。八旗制度是满族的独创，国家实行八旗制，就是将清朝与明朝及历代王朝区别开来。

不仅如此，满族（洲）的民族文化改变了汉民族千百年来的文化传统，例如，所有汉人，不论什么人，都必须穿满族的服饰，头发装束也比照满族人，这就是人人皆知的剃发易服。在清以前，一些少数民族创建的政权，没有一个能做到让人数千百万乃至近亿人口的汉民族改变其文化习俗，无论满、汉、蒙古，统一服装，再加之剃发留辫，再也看不出民族的差异，真正实现了满汉生活“一体化”，给中国社会生活打上了鲜明的满族文化的印记。推而广之，满族文化无处不在，诸如饮食、娱乐、体育、禁忌、节庆、信仰等等，包括官职，八旗制的专有名称，乃至爵位，一则汉文化，一则满文化，或两民族文化之混合。给中国传统文化以如此深刻地改变，持续近三百年，唯满族能做到。

应当指出，满族（洲）统治者推行剃发易服是通过强制手段来实现的。广大汉人主要是江南士子为捍卫汉文化习俗付出了惨重的代价。不过，百年后，新一代人已失去汉人传统文化的记忆，对剃发易服习以为常，以致辛亥革命割辫子时，遭到汉人们的拒绝。显然，满族文化习俗已完全化为汉人的文化习俗了。同样，满族的文化也受到强大的汉文化的影响，这就是她改变了汉族，汉族也改变了她。满汉文化的相互改变，应该是不同民族文化融合的一个成功范例。

（二）满族发展中国

中国是经千百年的积累、凝聚，终于形成一个多民族的、涵盖地域即经济、政治、文化、军事等兼备的共同体。前已指出，在清以前，“中国”长久地徘徊在长城脚下，只有满族（洲）君临天下，才使“中国”突破传统的观念，从“华夷之辩”的束缚下解放出来。那么，满族（洲）又是如何发展中国的呢？

中国作为一个各民族的共同体，他们共同拥有的疆域到底有多大？一言以敝之，清以前说不清，或完全说不清。因为除了个别地段，大都是有国无界，如何计算疆域？“三北”游牧民族叛服无常，也无法计算其领土是否归入中央王朝。如明代，长城外蒙古人与之战斗两百余年，打打停停。蒙古人不承认明。就说元朝时疆域最广大，蒙古人本属游牧民族，她统一了“三北”，没有其他任何一个民族敢于与其抗衡。但实际上，元朝的国家管理体制尚有许多疏漏，特别是在边疆地区设置亦不严密，形同虚设，没有严格管起来，只是短暂地维持了形式上的统一。

疆域关系一个国家的生存空间，是居住在这里的人类群体世代传承的共同家园。历代王朝只关注长城以内的“中国”疆域，视为王朝安身立命之本，对长城外的“三北”之得失并不在意。满族统治者对疆域毫不含混，有着明确的领土主权意识。例如，清圣祖两度发起雅克萨反击战，就是一典型事例。雅克萨地处边远，荒凉而罕少人烟，圣祖为何劳师袭远？因为他认定居住在这一荒远的人，与满洲同出一源，他有责任要保护他们的生命财产安全。他坚定地认为：“尼布楚、雅克萨黑龙江上下及通此江之一河一溪，皆我所属之地，不可少弃之于鄂罗斯。”[①] 表明捍卫中国的坚定立场。遂使沙俄的图谋没能得逞，才产生了中国历史上第一次与一外国划界签约，也才真正有了第一道边界线。

其后，在西北——新疆地区，不断发生动乱，准噶尔部闹独立，要脱离清朝，亦即脱离中国。于是，自康熙二十七年起，如噶尔丹、噶尔丹策零、阿睦尔撒纳、达瓦齐等人，前赴后继，与清朝展开战争。从圣祖起，经雍正朝，到乾隆二十四年打垮霍集占兄弟的动乱，已战斗七十年，终将西北的分裂势力消除，完成了对这一地区的真正统一。次年，清高宗乾隆帝就曾自豪地说：“关门以西，万有余里，悉入版图……”实为前数代所“未有之盛事”[②]。至此，清朝拥有陆地疆域达1300万平方公里。此前，其西南边疆云贵、西藏等地，早已获解决，完全归入中国的版图。这一广阔的疆域第一次可用数字记录下来。

①《清圣祖实录》卷135，第15页。

②《清高宗实录》卷599，第30~32页。

满族（洲）人将中国定型化、将民族的格局定型化，是满族（洲）发展中国的又一大建树。

前已指出，中国作为一个多民族的庞大的共同体，是一个不断发展变化的过程，就说它的疆域，有时会缩小，有时又扩大。疆域主要集中在边疆地区，在清以前，始终处于不停地内外摆动中。如，明朝始终管不了“三北”的蒙古族，它直接管辖的疆域也只管到长城脚下，西南如云贵地区的土司，明朝也管不了。这就是说，“中国”继续变动中，尚未把中央对边疆的直接管辖确定下来。一句话，中国到底有多大？中央到底要管到哪个地区？这一根本问题没解决，“中国”也就难以最后“成型”。

满族（洲）人执掌中国的统治权，以其雄厚的军事实力与得力的系列政策，完全解决困扰历代王朝数千年之久的边疆统一问题，坚决地把东西南北、四面八方的边疆统统纳入中央直接管理系统，各因地制宜、因民族而制宜，采取多种形式的管理体制，将边疆与内地牢固地联结在一起。简言之，满族把秦始皇创立的郡县制，在停滞了两千余年后，推广到边疆地区。当满族人最后全面完成郡县制之时，中国即被定型：“中国”不再是华夏——汉民族的代名词，也不是“内地”的另一称呼，而是一个多民族庞大的共同体之名，也就成了多民族国家之名。这是对中国的一个划时代的发展。

自满族所确定的疆域，包括边界线，至今未变；清代所形成的多民族大格局（约有五十多个民族），至今未变；清代所规划的行政区，如省、县等及行政名称，至今极少变动，除了少量名称仍沿袭其原名称。可以这样说，当代中国，完全是满族人给定型后遗留给中华民族的最大遗产。

满族（洲）发展中国，何止以上几项。在经济领域，最大的成绩就是开荒扩大耕地。雍乾时，全国耕地达到十亿余亩，当时人口三亿左右，平均耕地仅三亩余。在生产工具落后、技术极不发达的条件下，能养活如此之多的人口，堪称一大奇迹。就连已开始工业革命的英国，也无法做到。值得重视的是，满族统治者大力开发边疆地区，一则大力发展农业，一则建仓储粮，以备荒歉。还有，动员军队在边疆开垦土地，行屯田之制，也命军队自建粮仓。如在新疆，经济繁荣起来，保持了较长时间的稳定。东北地区是满族的故乡，以其优越的自然条件和丰厚的自然资源，其发展速度及繁荣的程度仍远远高于新疆。在南疆、西南边陲，虽不及东北，亦逊于新疆，但比清前之历代皆有明显发展。限于篇幅，不便逐一举证[①]。关键的问题，也是本质问题，在中国完全统一的大前提下，真正实现边疆与内地“一体化”，开启了这一历史进程，恰恰是从清代开始的。

自雍正时，实行“摊丁入地”，是对中国历代赋税制的划时代的改革；在此之前，康熙五十年宣布：自是年以后新生人丁“永不加赋”，即取消已实行千百年的人丁税，是社会发展的一大进步。至近代，大办洋务，由军工转向民用，是为中国近代化的开端；应对世界发展大势，满族人转变观念，从世代守护的陆地向海洋谋求发展，筹建海军，是向近代化迈出的又一步伐，标志从历代传统的“塞防”，部分地向“海防”转变。虽说这一转变已远远迟于西方，毕竟已开始转变，其意义同样是巨大而深远。

满族（洲）统治下的中国，已经不再是明朝遗留下来的中国旧貌，而是一个人口众多、疆域广大、空前“大一统”的多民族的国家。这就是满族（洲）发展中国的一个最后的具有世界影响的成果。在中国的发展史上，是一巨大的里程碑！

（三）满族“文化”中国

何为“文化”中国？《易经》有云：“观乎人文，化成天下。”满族强调以文化治国，以文“化育”天下人之心，以期治道达到完备。一句话，所谓“文化中国”，就是以文治国，教化人心，化成天下。

学术界历来认为，满族（洲）文化落后，初兴时，甚至有些“野蛮”，与先进的汉文化简直无法相比！应当承认，以文字来表现，或用其他各种形式表述、表达的文化，满族确实落后于汉文化。但是，必须指出，满族人的观念、精神、品格、信仰、审美，以价值判断等等，无不独特而行之有效。如与汉人相比，在这方面——文化根本的方面，汉人不再占优势：明朝、南明五政权、李自成、张献忠等等，举凡汉人的军事武装，皆被满族（洲）打垮、消灭。表面看，用的是武力，实则是文化打败了汉族的群雄势力，一统天下。在260多年的统治过程中，满族（洲）不断发现文化，不断创造文化，遂造成一个郁郁葱葱的文化中国。

满族（洲）人具有强烈的文化意识，非常重视文化。他们不停地学习文

① 有关边疆开发的盛况与统计数字，详见拙著《清康乾盛世》有关章节。

化，不断提升其文化品质，应用于治国的一切实践。清入关前，从努尔哈赤到皇太极，包括他们的兄弟子侄、满洲王公贵族，并无多少书本知识，多属“文盲”。但他们顽强地向汉文化学习，吸取汉文化与历史的知识，甚至不惜模仿，遂使后金（清）国很快强盛起来。这就是满族以文化兴国的真实所在。

清定鼎北京，满族真正进入汉文化的汪洋大海之中。在她取得军事上绝对胜利之时，即消除李自成、张献忠两个农民政权，正取得对南明的最后胜利，便马上转入以文化治国。转变之快，应对无误，皆可说明满族人文化素质之高。

如所周知，满族并无本民族的“统治思想”，她只有自然崇拜，皆信萨满，以此维系本民族的思想统一。就在其兴起过程中，与汉文化发生了密切关系，遂使满族转向汉族的儒家思想的崇拜，集中表现就是对孔子的尊崇。满族已意识到，通过尊孔崇儒有利于消除汉人对满族人的抵触情绪。顺治元年（1644）六月中，入关才一个多月，主政的多尔衮即遣官“祭先师孔子”①，以此为开端，祭祀不绝。至十月，正式袭封孔子第六十五代孙孔允植为“衍圣公”；又按明朝原级别，命为太子大傅，其弟允钰、颜回后裔以及曾子、孟子等人的后裔均袭封五经博士。顺治二年正月，清朝“铸给衍圣公印”，数日后，更定孔子的新封号为：“大成至圣文宣先师”②。

以多尔衮为首的满族贵族核心集团采取的一系列措施表明：清朝已正式确立儒家学说为意识形态领域占统治地位的思想，孔子也被推到至尊地位。随着满族对孔子及儒家学说的不断提升，儒家思想与孔子简直是神圣不可侵犯。康熙十七年，圣祖回顾入关以来“崇儒重道，培养人材……”③二十二年十一月，他又去山东朝拜孔子，称：“朕幸鲁地，致祭先师，特阐扬文教，鼓舞儒林，祀礼告成。”他进一步明确孔子思想为独一无二：“至圣之道与日月并行，与天地同运，万世帝王咸所师法，下逮公卿、士庶，罔不率由。”④至世宗，再次阐述满族必以儒家“化”天下的信念。他说：“自古师道，无过于孔子，诚首出之圣也。我皇考崇儒重道，超秩千古，凡尊崇孔子典礼，无不备至”，

---

①《清世祖实录》卷5，第17、15页。
②《清世祖实录》卷13，第9~11页。
③《清圣祖实录》卷71，第11页。
④《清圣祖实录》卷117，第24~28页。

满族“尊崇至圣，远迈前代”[①]！

满族尊孔重儒，比之历代，可谓登峰造极，无以复加！以儒家思想为治国的核心价值，也就抓住了中国传统文化的根本，一改明末以来文化思想的混乱，使涣散的人心重新凝聚，社会风气随之而改观。

满族以文“化”中国，重在“教化”人心。满族杰出的康熙皇帝说得好：“朕维至治之世，不以法令为亟，而以教化为先。其时人心醇良，风俗朴厚，刑措不用，比屋可封，长治久安，茂登上理。”[②]他又说：“治天下者，莫亟于正人心，厚风俗，其道在尚教化以先之。学校者，教化所从出……”[③]

康熙、雍正及乾隆诸帝有关“教化”的言论还有很多，兹不赘引。他们的思想与主张，一脉相承，始终把“正人心，厚风俗”摆在治国的第一位，认定只有“教化”才能达到这一治国的目标。这正显示出满洲人的文化素养之高，识见非凡，能不令前代诸多明帝为之叹服。

如何“教化”？主要途径就是大办教育。如雍正皇帝所言：“定鼎中夏，首隆学校。”[④]就是说，统一国家后，首先就是发展学校教育。满族极为重视教育，广泛建立学校：在京师设太学，在地方设府、州、县学，农村设社学；在八旗内各设满、汉学校；在皇族内设觉罗学；在宗人府设宗学。约自康熙时，全国新建书院五百三十七所，修复明代已废弃的书院二百四十八所。雍正年间，仅十年内，新建书院一百五十九所。至乾隆朝，教育大发展，新建凡一千一百三十九所，修复和重建前代书院一百五十九所。还有其他类似的书院，总数达两千五百所[⑤]，为历代王朝所仅见。兴办教育，大力发展教育，一向是治世之大政，国家兴旺发达的重要标志，也是满族以文化中国、巩固其统治的一项最值得重视的文化实践。

各类学校无疑成为“教化”的基地和场所。那么，向臣民们“教化”什么呢？满族毫不犹豫地选择儒家思想作为“教化”的内容。例如，大量印制《论语》《孟子》等儒家经典，发行到社会供臣民阅读。雍正时，刊印《四书五经

①《清世宗实录》卷6，第2~22页。

②《清圣祖实录》卷34，第10~11页。

③《康熙御制文集》一集，卷17，“学校论”

④《清世宗实录》卷3。

⑤ 以上统计数字，引自白新良：《中国古代书院发展史》，第129、157页，天津大学出版社1995年版。

读本》，颁发给国子监、八旗官学，以及各直省书院，作为教材，是学生们的必修课。为使满族与汉族一体受到儒学的教化，特从儒家经典中选出部分著作译成满文，在满族中传播。可以说，从满族皇帝到满族臣民，没有不读儒家经典的。如清高宗乾隆帝自述其读书："朕自幼读书，研究义理，至今《朱子全书》未尝释手……朕时时体验，实践躬行。"[①] 其他皇帝，像顺治、康熙、雍正、嘉庆、道光等帝，可以称之为学习儒家思想的典范。

满族不仅重视儒家，还重视释（佛）、道，并将三者有机地结合起来。清世宗说：儒、释、道三教"理同出一原，道并行而不悖"。他解释说："凡天下中外设教之意"，就是教化臣民："忠君事亲，奖善惩恶，戒淫戒杀"，用以端正品行。他明确说："朕向来三教并重，视为一体。"[②] 这是满族人独特的文化思考，他们发现"三教""同理"，遂将"三教"结合起来，推向全社会，使之成为满汉臣民的共同信仰，同属一个精神"家园"。清朝的历史进程已表明：满、蒙古、汉等民族持久保持稳定的关系，国家能长治久安，一个重要原因，就是用儒家思想统一亿万臣民的思想，又以儒家思想为其言行的最高准则。自汉以降，历代无不尊孔崇儒，但如像清代那样举国学儒家、推崇孔子，几无一个王朝可以与之相比！以儒家"教化"人心，取得国家长期稳定、社会安定的效果，这在历朝历代也不多见。因此，满族以儒家思想"化"中国，做得最为成功，无论其深度与广度，都使儒家思想大放光彩，给社会生活深深打上孔子的印记。

满族（洲）以文"化"中国的另一个重要方面，就是满族（洲）十分重视历史，以国家的名义，设置专门机构，组织大量学者，调动各相关衙门，一则记录清朝自身的历史，一则编纂清朝历史书籍。满族（洲）人记录与编纂历史，当始于关外时期，如《满文老档》《清太祖武皇帝努儿哈奇实录》等，都是这个时期的重大成果。入关后，为应对编史的需要，陆续成立各专门的修史机构，如《明史馆》《实录馆》《方略馆》《国史馆》《一统志馆》《四库全书馆》等，统称为官修国史。清代设各类史馆之全，参与的学者与相应机构之多、持续时间之久，其成果之卓越，皆为历代所不如。一个原起自渔猎的民族，在接触到汉文化之后，迅速提高其历史意识，通过记录与编纂，目的是不

① 《清高宗实录》卷2，第3页。

② 转引自李上娟：《雍正帝与内务府刻书》，载《清史参考》2012年1月。

断总结历史经验，及时应用于治国的实践中。满族的历史意识强烈，主要体现在不遗余力记述清朝自身的历史，不断总结其自身的治国经验教训。在清代，历史学真正发挥了经世致用的大作用。满族应用历史的经验治国，不仅胜过历史上任何一个建立王朝政权的少数民族，也使号称“先进”的汉族所建王朝感到逊色。

满族以文“化”中国，改变中国的文化面貌，还表现在对中国两千余年的文化典籍进行空前规模的大整理、大总结。诸如文字、经学、理学、绘画、小说、戏剧等等，全面开花结果，名人辈出，并驱争先。诗词直追唐宋，考据学、辨伪学独开学术新天地。《红楼梦》的艺术，名为不朽，迄今无一人无一书能够超越。最具划时代意义的中国文化史上的旷世之作《四库全书》，集清代文化也集中国传统文化之大成，堪称是集中国五千年文化的宝库！这部数亿字的鸿篇巨制，就是在乾隆帝亲自操持下，组织全国四千多人的队伍，靠集体的共同努力完成的。《四库全书》正是康乾盛世达到鼎盛的时代标志。其他，还有《全唐诗》《古今图书集成》等，近两百种典籍都是满族（洲）皇帝钦定的。

满族（洲）文“化”中国，历顺、康、雍、乾等四朝的开拓奋进，一系列的奇迹相继出现，无论怎样的文化奇迹，集中到一个奇迹：就是以儒家思想与传统文化构建起来的“康乾盛世”，持续繁荣百有余年，把中国传统文化推上了封建社会的最后一个高峰，它使儒家思想与“至圣先师”孔子也登上了它的最后一个高峰。这一切，固然离不开经济的发展，提供雄厚的物质需要，但说到底，还是人的文化观念、文化意识与文化感悟在发挥着主导的支配作用。表面看，满族原为渔猎民族，即使已过渡到以农耕为主的生产方式，却依然保持着本民族的古老文化传统。比之积淀千百年的汉文化，确实落后。但他们善于学习，一经接触到汉文化，就毫不犹豫地学习、吸收，迅速提升本民族的文化素养。从努尔哈赤为开端，特别是到皇太极时期，全面学习、系统吸纳汉文化，已使满族社会突飞猛进，其民族素养大有脱胎换骨之势。至于入关后，满族与汉民族融为一体，文化不分高低上下。若论写诗词、著文章，满族（洲）未必能与汉人同论，但其文化观念、以文化为治国之根本的信念，却是远远地超越了汉文化，终于创造了一个深深打上满族（洲）民族烙印的新的文化中国。

三、满族的历史局限

历史已经证明：满族是中国历史上最具创造、最富进取精神的伟大民族之一。说她伟大，是指说她主宰中国历史的命运长达两百多年，为发展中国、以文化中国作出了历史性贡献。

应当指出，在有清一代，并非说只有满族一个民族的创造；也不能说，只有满族一个民族作出巨大贡献，恰恰相反，汉族、蒙古族、藏族、维吾尔族等中国境内的各民族都参与历史的创造，都不同程度地作出了本民族的贡献。不言而喻，汉族的创造与贡献，不论怎么评论，她所处的重要地位是没有疑义的。如前已说到，满族是清代中国的主宰，中国如何发展，走向什么目标，制定何种政策，总之，国家的政治生活，乃至社会生活的一切方面，无不体现满族民族的意志，清朝的皇帝们都是满族的代表，成为满族民族意志的执行者。概言之，清代中国社会的变迁，正是满族主导下的各民族共同创造的必然结果。

满族以一个人数少、文化又落后的民族，居然逐一击败各方强大势力，一统天下，这的确是一个奇迹。不仅如此，她还不断改变着中国。的确，满族创造了惊人的历史。这是她的“有所能”。但她又“有所不能”，就是说，她在一些时候、在某些方面也都是无法做到的。何以至此？此即历史局限性所使然。

按照历史唯物主义的观点，任何一个伟大人物，再扩大到一个民族，谁也不能超越他们所处的历史条件去创造历史，必然受到历史的局限而发生失误，甚至遭受失败。那么，满族作为一个民族，受到哪些历史的局限呢？

其一，满族的民族意识与汉民族及其文化的矛盾。早在入关前，皇太极就提出“满汉一体”“满、蒙、汉一体”的新的民族政策。入关后，如顺治、康熙、雍正、乾隆等皇帝，进一步提出“天下一家”“中外一视”的大中华的民族观。这是政策的一个方面。另一个方面是，满族皇帝又提出“首崇满洲”，即不管有多少民族，满族总是被置于第一的地位。不言而喻，他们的利益也受到特殊的眷顾。这种民族“差异政策”，不能不影响汉族及其他民族的历史创造精神。

满族一方面认真学习汉文化，一方面又对汉人保持警惕。为保持本民族的文化传统，防止被汉文化所同化，严禁满族王公贵族包括满族的各级官员不得热衷汉文化而一味追求词章，要坚持满族的国语、骑射与服饰。这在皇帝的“上谕”中，一再有这样的劝诫与警告。

封禁东北，是防范汉人的一个典型事例。如所周知，东北地区是满族的故乡。这里资源丰富，土地丰饶，疆域辽阔，特别适宜生活。约自顺、康之际，关内主要是山东、河北等地农民迫于当地生计艰难，纷纷出关，落籍一地，即开荒种地，称为“流民”。这就产生一个问题：关内汉人来此，不可避免地与当地满族人“争利”。满族人不擅经营农业，土地往往被“流民”给占种，换言之，流民与满族争利，这不能不使满族的利益受到损害。大批关内流民进入东北，其汉文化又对满洲文化必有所冲击，久而久之，有被同化的危险。考虑到这两方面的情势，至乾隆五年（1740），正式下达东北封禁令。清高宗谕令称：“盛京（指今辽宁）为满洲根本之地，所关甚重，令彼处聚集民人甚多，悉收地亩占种。……与其徒令伊等占种，孰若令旗人耕种乎！”又称：禁民人，“数年之后，集聚之人渐少，满洲各得本业，始能复归旧习……”[①]遂定禁令八条。二十七年（1762），下令封禁宁古塔；四十一年，下令全部封禁吉林[②]。迟至光绪末才正式废除封禁令。至此，东北已被封禁160多年。此令大大延缓了东北经济的开发与发展。同时，东北空旷，有土无人或少人，造成边防空虚，以致沙俄步步进逼，大肆侵吞东北领土。

满族作为统治民族，防范汉人非止一端。如，雍正时驱逐传教士，乾隆时收缩外贸口岸，皆意在严防汉人与“外人”勾连，威胁清朝统治。大搞文字狱，主要针对汉人士大夫，更深刻地反映防范汉人的民族偏激心理。凡此种种，可称为民族意识的局限性。

其二，满族文化传统与现实的矛盾，同样反映满族的历史局限性。这集中表现在拒绝西方科技文明。当西方科技传入中国，并未引起满族统治者足够的重视。以康熙皇帝为例，他个人努力学习自然科学，诸如天文、历法、几何、火器、医学，无不通晓；还有地理学，甚至亲自搞过地理测量，但他并未大力提倡，也没有推广到生产实践，实则已置西方科技于无用之地。那么到了乾隆时期，清朝已达鼎盛，却实行闭关政策，严格限制商品进出口，将通商口岸仅限定在广州一处，因而阻止了中国社会生产力的发展[③]。特别是乾隆五十八年

① 《清高宗实录》卷115。
② 《吉林通志》卷1，“圣训志一”。
③ 《清高宗实录》卷602、卷603、卷660、卷148。

（1793），英国遣使马戛尔尼率团来华，给中国与西方科技接轨提供了一次重大历史机遇。英使团携带大批西方科技新产品，如各种科学仪器，包括新式火器，但因为礼仪之争，断然拒绝接受。英国提出派使臣驻北京、增开通商口岸等要求，乾隆帝以其“与天朝体制不合，断不可行”！至于“任听夷人传教，尤属不可”[①]。最终以“最文明”的方式，将其“驱逐”出境，遂使东西方接轨化为泡影。

从康熙，经雍正，主要是乾隆时期，为何拒绝学习、不接受西方科技？原因很简单，就是因其怀有强烈的满族传统文化意识，极力保持他们的骑射、国语与服饰等民族文化本色，自以为本民族皆先进，拒绝一切科学，中国不可避免地走向衰落。

其三，满族从早期的进取与创造精神，逐渐转为保守、满足现状、固步自封。满族入关前后，约百余年，确实有一种奋力进取的精神，但伴随着清朝国力强盛、天下太平，满族的进取精神逐渐退化，到乾隆时，清朝已达鼎盛，国内安定，经济繁荣，文化昌盛。从满族最高统治集团，以乾隆帝为代表，满足现状，坐享安逸、奢华的生活。艰难创业的时代早已成为遥远的过去，再也不想如何进取，更谈不上有何创造了！于是，乾隆帝提出“持盈保泰”的治国新方略，简言之，就是保持现状，不进不退，天下永远太平无事。到乾隆晚年，懒于理事，多一事不如少一事，指责臣工奏事琐细，“徒滋扰”[②]，遂使政务废弛，官场腐败，社会风气日趋败坏。

近代以后，世界资本主义蓬勃发展，满族统治者却不能应对社会变革，以不变应万变，固守封闭的国度，维系着旧有的统治。当改革大潮兴起之时，满族统治者望而却步，满族中的顽固派以慈禧为首，拒绝改革，戊戌变法被打入血泊之中。其后，行新政，搞立宪，皆无果而终，只好被辛亥革命推翻。忆及满族勃兴之时，是十分弱小！但她不断学习汉文化，不断变革，开拓进取，终于战胜强大的明朝，再战击倒大顺、大西两个农民政权，一统天下。康熙时，平三藩，收台湾，东北击沙俄，西北大战噶尔丹，所向披靡，捷报频传……清朝前期，延及中期，满族表现出朝气逢勃，充满了历史的活力。与后期的保守、图安逸、不思进取相比，形成鲜明对照。

---

①《清高宗实录》卷1435。

②《清高宗实录》卷1485。

最后，满族的历史局限，从根本上说，是她选择了封建君主专制制度。努尔哈赤创业崛起之时，基本实行农奴制，进入辽东后，逐渐发展到封建制，是一个历史性大进步。在当时的历史条件下，满族别无选择，只能沿袭中国已行两千年的封建制，在这个制度的框架内不断发展，进一步完善。事实是，满族确已把中国封建制推进到顶峰。当西方资本主义来中国敲响大门时，满族统治者及其统治集团无法超越历史设定的局限，既无先进的思想理论，也设计不出新制度，只能固守封建制，顽强守卫本民族的文化传统，拒绝变革，杜绝外来的一切新事物。满族的衰落及其最后失败，就成为不可避免。

这就是满族（洲）的历史命运！

总结满族（洲）的历史经验与教训，可以用一句话来概括：因应时代的变化，顺应人心所向，不断变革，再变革，才是一个民族或国家的兴旺之道。

简单结语

满族（洲）崛起于穷乡僻壤，起步于辽东赫图阿拉，经辽阳（东京）、沈阳（盛京），突破山海关，定鼎北京，一统天下。满族（洲）在全国确立其统治地位，奋力开拓，建立了空前大一统的多民族国家，把中国推进到封建社会的最后一个颠峰——“康乾盛世”。满族发挥历史的主动精神，尽现其巨大的民族活力，创造性地改变中国、发展中国，以文化中国；到18世纪，满族与其统治下的中国，以其雄姿盛容屹立于世界的东方，成为世界一大强国。经因种种的历史局限，满族不可避免地走向衰落。随着清朝的亡国，满族的统治亦告终结。

满族奋起创业，以及为中国所创造的前无古人的业绩，无疑是中国编年史中最精彩的篇章之一。在满族历史发展的进程中，中国正经历着空前大变动、大变革；满族有成功，也有失败；有辉煌，也有屈辱；有光明，也有黑暗。满族的历史与文化，是中华民族的一份宝贵的文化遗产。正确认识、正确评价、正确总结满族的历史经验，对当代中国具有重大的认识与实践价值，是不可低估的。

中国·本溪建州女真国际学术研讨会会议总结

各位领导、各位朋友：

大家好！

在深秋的季节，枫叶红了的时候，本溪市、桓仁满族自治县的领导请来了各方面的专家，欢聚一堂，共同讨论建州女真这个专题，是件非常好的事情。我能受到邀请，既高兴又感动，借此机会，向本溪市人民政府、桓仁满族自治县人民政府各级部门表示深深的感谢。国家清史编纂委员会副主任朱诚如教授，还有传记组的潘振平、王思治教授本来也想来，但因有其他活动，没能如愿赴会，要我向大家致意，向大家问好！

这次会议，是以建州女真为主题展开学术讨论，这大概是自改革开放以来，第一次举办这样专业性很强、问题很集中的一次学术讨论会，而且请到的都是高端的学者，来自方方面面，上至八十多岁的老先生，下至二十多岁的青年学者，男女老少欢聚一堂，整个会议气氛非常祥和，非常和谐。大家都为参加此次会议，做了积极准备，可以说，发言无空缺，发言率达到了百分之百！会议轮值主席工作很到位，组织讨论得非常标准，非常细致，无可挑剔。这次会议准备得非常充分，安排得非常周到，生活就更不用说了。仅从安排学术讨论这方面讲，一市一县的领导亲临会场，始终与学者在一起，参与讨论，是很少见的好现象。证明这次会议真正是政府搭台，学者唱戏。这也开创了新的范例，过去是什么呢？是学者搭台，政府唱戏。这次讨论会，把学者放在第一位，铺设了一个平台，让大家畅所欲言，讨论充分。从讨论的问题看，内容丰富，有建州女真的族源、迁徙，建州的崛起，董鄂部与建州的关系，还有建州历史人物的评述，以及方方面面的文章。我对建州女真研究不深，因为忙，来前准备不足。所以现在要我来做总结，真是勉为其难，但这是会议领导的盛情，又不好推辞。这里，我就自己想到的，讲几个问题。

第一个问题，关于研究建州女真的学术价值。大家讨论的很多，应该说，这是第一次全面地展示建州女真历史与文化的真实面貌。因为改革开放近三十年来，还没有一次会议专门讨论建州女真像这样的全面，这样深入，毫无疑问，此次学术讨论，取得了重大的成果，也就取得了成功。这应该充分肯定。集中大家的讨论，是不是可以归纳为一个核心问题，这就是给建州女真和董鄂部的历史定位，那么如何给建州女真、给董鄂部一个历史定位呢？在上个世纪70年代末、80年代初，讨论清入关前史很热烈，很盛行，但有关建州女真，却是一个问题也没有进行专门讨论，所以，现在应给建州女真、董鄂部一个历史定位。

首先，建州女真的历史时间断限，我们应当明确。任何一件事都发生在一定的时间内，这就是空间概念，如果没有时间概念，漫无边际的话，这个问题没法讨论。讨论建州女真，给它的历史一个定位，有必要先从时间上定位。我的想法是，应该从洪武初设建州卫开始，第一任建州卫指挥使阿哈出，这就开始了建州历史的进程。那么，它什么时候结束呢？应该是到1619年，就是后金天命四年，努尔哈赤攻打叶赫，最后攻下叶赫以后，标志扈伦四部归于一统，这时候建州女真存在的意义已经没有必要了。因为什么呢？建州女真是对海西女真而言的，海西女真不复存在了，建州女真这个名字就没有必要存在了。它虽然名字不存在了，但是拥有一个整体，一个共同体。建州女真史这一过程大约有两百五十年左右。这应是我们研究建州女真史的时间限定。当然，建州女真史可以上溯到金代，还可以溯到元代，还可以上溯到肃慎时代。其实，我们不必要追溯那么远，如讲女真专门史，必然要从它的源头说起。现在我们只讲建州女真，特定的历史问题应该把时间、空间统一起来。

建州女真的历史与文化的内涵是什么？我们在给学术命题的时候，一定要掌握它的内涵，然后才能展开讨论。如果我们对内涵不了解，我们就不知道研究什么问题，就不知道提出什么问题，所以先把内涵说清楚。建州女真总的内涵，就是建州历史与文化，具体说，就是建州的崛起发展，以至最后融合，与海西、东海以及“野人”女真诸部融合为一体，融合的意思，就是它消失了。当然了，作为董鄂氏的后人及建州女真的后裔继续存在，但是建州历史文化的特定历史时期已告结束。建州女真的定位，如果从中国历史上来考察，女真史、女真文化并不占有特殊重要地位。但是把它放在满族形成史、清朝开国史中考察，它就获得了特殊重要的历史意义，因而也就取得了特殊重要的地位。简单地说，建州女真史是满族史的开端。换言之，满族的形成，即始于建州女真的统一，完成于扈伦四部的统一。但是，1599年创制满族文字，那是表明满洲初步形成的标志。到了扈伦四部的统一后基本形成，到1635年皇太极宣布改族称为“满洲”，标志着满洲最后形成。还有一个标志，就是建立满洲八旗、汉军八旗、蒙古八旗，其社会组织已告完善。另外，黑龙江女真后裔纷纷加入到满洲这个新的共同体中来，表明共同体正在扩大。所以说，这是她的开端，即是女真——满族史的开端，又是清朝开国史的起点，清朝的起步即始于建州女真的统一。如果没有建州女真的统一，也就没有海西女真的统一，没有海西女真的统一，满洲就不会形成，形不成满洲的整体，也就不能建国。努尔哈赤正是按照历史发展的趋势，在满洲基本形成、女真基本统一的前提下，在社会组织满洲八旗建立的情况下，建立政权，这是合乎逻辑的，是顺应历史发展趋势的。所以，满洲的形成、建州的发展和清朝开国的起点，这是一个过程的两个方面，是同步进行，即满洲的形成和清朝开国同步进行，这是一个过程中的两件事情，完成于一个过程之中。建州女真具有特殊地位，特就特在它是起点、开端，是源头：清史的源头，满洲的源头。什么源头？就是满洲形成于建州统一。基于这样一个定位，那么女真史的研究、建州女真史的研究就获得重要意义。这个建州女真我们研究过，它是在清入关前史中作为一个问题研究过，也就是满洲形成过程当中作为一个问题研究过，现在把它单独作为一个学术专题来进行研究，就具有它自身的研究价值。

会上，大家讨论的问题很广，概括起来：建州女真的起源，为何崛起，建州社会的性质，建州的社会形态，如果想想还有建州女真形成的意义，建州女真史及其文化价值，建州女真人口考，努尔哈赤与建州，建州的统一，满洲形成的重要意义等等。这次会议没有谈到建州女真的社会性质和经济形态。这样的问题，在20世纪70年代末80年代初，讨论的够多了，一直到90年代基本消退了，研究清入关前史的高潮，也已经基本消退，但并没有停止，所以这个问题也没有研究透。比如说，起先的观点，建州女真社会性质认为是封建制，李洵先生的观点是农奴制，还有好多学者意见是奴隶制，到了后金进入辽沈以后，才由奴隶制向封建制转化，皇太极完成封建化。又有一说清入关以后，到康熙初年，才最后完成封建化。还有建州的经济形态，是农业经济，还是畜牧经济，还是牧猎经济。

上述问题都是学术需要解决的问题。我们现在研究缺欠的是顾头不顾尾，或顾尾不顾头，还有拦腰斩断的，研究入关后的不知道入关前史，研究入关前的不知道入关后史。研究清入关前史，建州女真研究是个核心问题之一，它的源头要搞明白，它后来怎么发展，是从源头一步步发展起来的。那么，起点是什么起点？努尔哈赤是清朝的起点，是在什么样的起点发展起来的？我们总说满族落后，总说清朝落后，的确，满族的文字功能落后，远远不如汉文，汉人的典籍积累之多，如汗牛充栋，而入关前的满族基本没有，直到皇太极继位后才翻译了《七略》《孟子》《论语》等书，简易书翻译了一些，没有创作，缺乏文化素养。但是作为精神文化的财富，精神观念性的东西，并不次于汉族，甚至比明朝有过之！所以我说清朝的起家不要只看他们的骑射，那是表象的，骑射后面含有着强大的文化内涵。

现在，我对建州女真研究的学术意义，也是有新的认识。以前当一般问题来研究。现在看，对建州女真的问题不可小视，要给予重视，这次研究应该说开了一个头，这是接续中断了十几年的清前史研究来开始新的研究，取得了新的进展，恕我直言，我们的新材料还不很多，发现新材料不足，我们的观念还提得不够，我们对建州女真的价值、地位的认识还不足。我不是说在口头上，说建州女真如何伟大，不是那个意思，关键是把问题研究明白，结果就出来了。我给我们这个会定的是：建州女真问题研究的开始，作为一个起点，也作为一次高潮。但是，建州女真研究这篇大文章、这项工作还要由我们学者来做，还希望本溪市、桓仁县继续做，把它继续开展下去。

第二个问题，研究建州女真的认识价值。精神和物质，就在于怎么认识它，怎么捕捉它，把对它的认识搞明白。因为任何事物都存在它内涵的文化价值、认识价值。从这些问题探讨当中来理出理性的认识，经验的总结，这就是认识价值。这项工作极其重要，我们对认识价值要把握两点：首先，要坚持正确的历史观。坚持正确的历史观，是非常重要的，是唯物的不是唯心的，是发展的不是僵化的。所以要比较、对比，用这种观点观察历史，研究历史，不能随心所欲，不能凭自己的好恶，这是大忌。否则，就不能真正认识事物的本质。其次，要坚持历史的真实性。我们研究历史，真实性是第一位的。这句话，对我们史学研究来讲，本来不是问题，研究历史还不知道真实吗？现在恰恰存在很大问题，即历史真实性出现了很多问题，当然，如果我们考证错了，这也很正常，谁没有错误啊！我们搞研究，一个观点错误，如同自然科学搞实验搞了千次，就错了一次，那也是错。就是说，我们错误是难免的，也是允许的，只要不是有意去犯错误，不是别具一种异样的心态去看待历史，那错误就是可以原谅和允许的。有了这两条，就可以正确解读历史，从中提出理性的认识。

我们古人善于从历史中汲取精华，比如说《春秋》，突出其精华就是"大一统"。20世纪70年代，我们都在"批林批孔"，批儒家，谁都没讲"大一统"。现在我们打开典籍看一看，《春秋》中没有直接讲"大一统"。它讲什么？它说："隐公元年，春，王正月。"就这句话，怎么讲呢？何谓"元年"，隐公即位之始。何谓春？一年之始。何谓正月？春之始。王是谁？周文王也！鲁隐公、文王并列，而且把文王摆在正月前头，这就是把王摆在第一位，向全国发布政令。这就是大一统，但这"大一统"并没有直接讲出来，但后人给总结出来了，什么是大一统呢？"天无二日，土无二主，家无二尊，以一治之也，即大一统之义也。"一个政权，一个人统治，不用两个政权，也不用两个人统治。所以，董仲舒讲："《春秋》大一统者，天地之常经，古今之通谊。"什么意思呢？大一统，天地之间的运行法则，古今通用的。它就成为中国历史发展的一条主线，历代政治家都在做大一统的工作，谁也不愿意有两个"太阳"，谁也不愿意有两个王，所以分裂、统一，统一、分裂，总是王朝分裂了，中国这个共同体没分裂，如刘家王朝、李家王朝等等，都垮台了，但中国没有垮。大一统为历代政治家所推崇。古人非常精明，读书读史非常到位。

概括建州女真，就是如何把握正确历史观，用正确的历史观评价历史，解读历史。那么现在说到建州女真的历史价值，如何认识建州历史和它的价值？换言之，努尔哈赤给我们提供了什么样的认识？从建州女真二百多年的历史看，一个是民族精神，民族崛起过程当中，努尔哈赤发扬了本民族的民族精神，而这种民族精神在统一建州女真过程中逐步发扬光大，逐步丰富，逐步丰满健全。民族精神非常重要，一个民族如没有本民族的精神，就是没有灵魂，没有方向，就不能发展，就是一群乌合之众。讨论建州女真崛起，为什么海西女真不能崛起？为什么乌拉部、叶赫部都没有崛起？叶赫和乌拉无论领土和整体实力都比建州女真强大，为什么乌拉、叶赫没有崛起，而建州崛起了？建州因努尔哈赤而崛起，努尔哈赤因建州而成功，就是因民族精神而成功。这种民族精神是什么精神呢？敢于挑战，崇尚武功，充满了英雄主义，乌拉和叶赫比较一下，他们为什么都打不过建州，因为什么呢？它们就缺少这种精神，一打就缩回去了，如乌拉，一打就认错，改过吧，还不愿改过。努尔哈赤三征乌拉把它灭掉。叶赫金台石也不服建州，对抗没有成功，最后也灭亡了。努尔哈赤敢战敢胜，他对乌拉，你乌拉大，我一次打不了你，我可以撤回来，第二次打你，又回来了，第三次打得差不多了，我就一举把你灭掉。打叶赫为什么打的那么晚呢？努尔哈赤感到力量不足，需要时间积蓄实力。直到建国以后，于1619年，在萨尔浒战役以后，乘胜利之军才把叶赫给灭了。

还有，对明朝的宣战，更强烈地体现了女真族传统的民族精神。后金建国才三年，即天命三年，就和明朝公开宣战，这需要很大的勇气与魄力。崇尚武功，满族人人以立军功为荣，以无军功为耻，我们讲八荣八耻，他们确实也讲荣耻，你的爵位取得，你的利益分得，就靠军功，没有的话就不用想，也没有俸禄，就靠军功，打仗回来，分你一部分，分军饷，分牛马，分衣服，分银子，很不错！所以，一听说出去打仗，“抢西边”——明朝在西边，孩子欢腾雀跃，老人孩子都出来送亲人上战场，都想不到死的事！打仗立功，给全家争得荣誉啊。这种精神形成以后，一往无前，努尔哈赤一生当中几乎没有打过败仗，他的兄弟子侄，他的部下，各个能征惯战，各个勇于牺牲，如果发现谁在战场上胆怯，就立即遭到努尔哈赤斥责，轻者斥责，重者重处、罚款甚至斩首。这个民族还表现出进取精神，进取就是不满足。为什么叶赫、乌拉成不了大事呢？他们世守田园，世袭领地，他打不了别人，别人也别想打他，就世守那个地盘。努尔哈赤本来报了仇，尼堪外兰授首，把脑袋拿过来了，也就可以了吧，可以结束了，明朝一再表示歉意，又给他很多优待，但是他不，既然打下去了，就不能停步，就继续征讨。如果他满足现状他也就不打了。和明朝开战之后，“既已征明，岂容中止！”既然征明了，宣战了，岂能半途而废！不管输赢，一定要再打，哪怕冒着巨大的风险。以英雄主义来取得胜利，这种精神根植于民族精神，努尔哈赤就是民族精神的杰出代表之一。他不是唯一，因为他的兄弟子侄个个都是这样的英雄，所以这种精神非常值得我们借鉴。

善于抓住历史机遇，是建州女真崛起给我们的又一个历史启示。作为一个人来讲，一生当中每天都有机遇，都在你身边，就看能不能发现，发现能不能捕捉住，否则，稍纵即逝。历史给努尔哈赤的机遇，一个是明朝衰弱了，太监高淮在辽东十年，乱辽十年，把辽东搞乱了，统治力量削弱了。第二个机遇呢，在东北的历史舞台上，在努尔哈赤之前，群雄并出，虎争龙斗，这时候努尔哈赤还没有走上舞台，明朝实力很强大，威震东北，女真首领李满住、董山反叛明朝，成化三年（1467）犁庭扫穴，把李满住杀了，把董山也给杀了。其后，王杲、阿台也被杀了，哈达的王台、王忠、速黑忒、清佳奴、杨佳奴、纳林布禄等等这些称雄一时的人物都退出了历史舞台，他们或者自相残杀，或者被明朝击杀，或者老死。等到努尔哈赤登上历史舞台的时候，这些强有力的人物已经所剩无几，就剩布占泰这样胆小如鼠的，没有大能力的；如金台石那样，就看着家园不思进取的，遇到努尔哈赤这样雄才大略的，他们就不是对手。《三国演义》讲诸葛亮三气周瑜，到第三气的时候，周瑜快死了，仰天长叹："既生瑜，何生亮？"老天既然生我周瑜，为什么要生出诸葛亮和我作对呢？言外之意，如果没有诸葛亮，我的智慧大展雄风，我就横行天下了。的确有这种可能，如果没有诸葛亮，周瑜有可能把曹操打败了，因为他利用蒋干也把曹操给骗了，就说明周瑜智慧不低。努尔哈赤的机遇比周瑜好，他没有比他更强的对手。在这种条件下，努尔哈赤马不停蹄，不停地征战，不断取得胜利，这个机遇抓得很好，等你不进则退，自己慢慢地消亡了，或被别人吃掉了，他就及时进取，及时进攻。

努尔哈赤、建州女真崛起的历史又告诉我们：掌握正确的策略极其重要。努尔哈赤优点很多，缺点也不少，但他对明的策略却是很高明呢。比如，明朝说为什么把哈达灭了？你给我把哈达复国！努尔哈赤乖乖地把哈达给复国了，后来过了一年，看明朝也没什么了不起的，就再次出兵把哈达给灭了。灭完哈达，灭辉发。攻乌拉的时候，他的几个儿子都说赶快把乌拉灭掉算了，他说不行！攻上国、大国，如伐大树，须从两边一斧子一斧子地砍，砍到一定程度，不砍自扑，就是说，那个大树砍到一定程度，它自己支撑不住了，自然就倒下了。对乌拉这样的大国，先剪其周围，把它周围的城市灭掉了，孤立乌拉城。"剪"了两次，把它给攻克了，城给废了，就剩一座孤城了。到第三次，1613年把它给灭掉了。最后，叶赫也这样，努尔哈赤用了不少策略，才取得重要胜利。

我们研究历史，不能停留在搞清历史事实阶段就完事大吉，还要更深一步，从已知的历史事实中获得什么认识，获得一个什么感悟，获得一个什么样的舆论，来指导我们自己的实践，武装我们自己的思想，把古书里的智慧变成我的智慧，变成国家的智慧。这就是研究历史的一项巨大功能！

最后一个问题，研究建州女真的应用价值。中国学术有个传统，叫做“经世致用”。中国的学术绝不是靠本本，儒士绝不是书呆子，都是读了书来用，改造国家，建设国家，用于国家，这是非常重要的。学术不离开社会，应用到实践当中去，要治国，要治军，要经办一些事业。明朝东林党，有一个很著名的口号：“风声雨声读书声声声入耳，家事国事天下事事事关心。”东林党是个学术团体，它能讲学，但是它提出这个座右铭，风声雨声，不止是读书声，风声雨声都入到我的心里了，我都注意这些事。“家事国事天下事事事关心”，我不是坐着抠书本，不是坐而论道，讲几个道理，讲玄虚道理，而且讲的都是社会现实，应用于国家。

再说科举考试，那也不简单，最后有一个策试——殿试，什么叫殿试呢？实际考问你对当前治国有何高见，皇上亲自提出现实当中的治国问题要你来回答。殿试包括策问，就当前的治国，关系国计民生的这些问计问策，回答这些现实问题。我们说这个传统非常之好，所以这些官员，经过科举考试的能文能武。例如，袁崇焕是一介书生，中了进士，分到福建邵武县当一个小知县，后来调到北京兵部当一个办事员，后来他就请缨上战场，他打赢了，因为他改变了在他之前那些指挥者错误的战略。什么错误呢？明兵出城迎战，在城外放炮，努尔哈赤起先吃亏，后来学精了，在远离炮的射程之外布阵，明兵放炮打在后金兵马前，打不着，等明兵要装第二次药的时候，有个间歇时间，那时不像现在火箭炮那样连珠炮连着发，先停个几分钟装药，然后再射，趁这个工夫，后金千军万马一下冲过去了，当明兵再放炮时，炮弹已落到马屁股后头去了！所以，明朝就失败了。没有人总结，袁崇焕就总结出一套新战术，凭坚城用大炮：把炮调进城，军队在城上守，老百姓坚壁清野，全部进城，把城门一关，努尔哈赤无可奈何，只能望城而兴叹！袁崇焕是文人吗？可军事家还不如他！清朝的兵部尚书都是文人，不能让军人当尚书，当上之后他搞不了政治。清朝的官员都考试，今天在兵部，明天在户部，然后连轴转，干什么像什么，干什么成什么，为什么？他读书都是经世致用啊，我们搞学术比他们差在哪儿呢？学术和社会脱节，学术和生活脱节，学术和百姓脱节，是书斋书院的史学，我们写的书是给学术界同仁看的，不是给老百姓看的，给老百姓看，他们不看，看不懂，不明白，看了没用。这就是很大的问题。

研究女真价值体现在哪里呢？首先，动员人们学习历史，了解本地历史文化。本地人要学习认识本地的特色文化，提高人们的文化素养，提高认识能力，但是就桓仁县学习中国史、中国通史，那么长，那么多，你就把本地历史搞明白，那也是一个进步。历史是智慧的科学，是艺术的科学，是修养的科学，是人生的教科书，人生的读本，也是政治读本，不懂历史就不懂政治，就成不了政治家，这个观点不是我说的，是已故的孙文良老师的经典语言，我引用了。我想说不学历史就不懂政治。

第二，要深入挖掘本地历史资源。在这方面我要特别提到本溪及桓仁县非专业人员搞了大量调查，写了论著，有孙诚局长写的《董鄂氏人物传略》，百多个人物，我很惊讶，也非常感慨，很不容易，和专业学者相比又差哪儿！还有张德玉先生到处搞调查，王从安先生八十多岁了，搞考证，真叫人感动涕零。这些同志不为名、不为利，拿着自己的钱，去搞调研，为什么？就是为这份心思，有这份志愿，要有益于乡邦文化，有益于家乡建设，能给后人提供点什么东西。就抱着这么一个信念，这么一个愿望，做了很多很多工作。我听了之后非常感动，借此机会向孙诚局长、王从安先生、张德玉先生，以及做了很多具体工作和研究的同志表示钦佩，对他们取得的成绩表示祝贺，希望更加努力，希望政府给他们更大的支持去搞调查。桓仁的建州女真资源相当丰富，到处都是历史的资源，从中可以挖掘出大量有价值的东西。

第三，要讲建州女真的新认识，新感悟，帮助政府决策。我们从建州女真的历史与文化中得到一种观念，一种感悟，然后进入现实的思考。现在有部分领导，并不了解当地文化。东北有满族乡、满族县，应体现满族文化的特色，需要打出这张“文化牌”。昨天到桓仁县的一个饭店，布置很好，但是改成满族风味的就更好，更有亲切感。所以要把认识定在政府决策上，重新建设。比如建设“文化名县”，我非常赞赏。打造地方特色、文化特色，从建筑、从办文化节来搞活，比如说，最重要的人物何和礼、李满住，给他们雕个像，坐落在桓仁县适当的场所。辽宁兴城就给袁崇焕塑像，仰天长啸，非常壮美。

第四点，倡导祭祀文化。祭祀文化不容小视，以前认为是封建迷信，现在须重新认识。去年我参加陕西祭黄帝陵的大会，我看是好事。现在不搞祭祀，不祭天，不敬地，祖宗也不理，先烈也不祭。没有信仰了，没有追求了。努尔哈赤时候就靠敬天，就靠敬地，搞祭祀文化。他通过敬天、通过祭祀把民族凝聚起来。我写过文章《从祭祀文化看满族的内向凝聚》，尊重“天道”。何谓天道？就是今天所说的自然界运行的规律与规则，天是可敬可畏的，只要不违背其道，就会获益。所以，不能简单地把“敬天”说成迷信。现在几乎什么都不祭祀了，没有什么明确的行事信仰，就难以将人心凝聚起来。天安门广场人民英雄纪念碑就那么搁着啊？我们为什么不拜一拜，就几十年拜一次，平时为什么不拜？俄罗斯的全国解放日，叶利钦、普京带头去敬礼，青年结婚上英雄纪念碑前献花。这就是靠共同的文化价值和民族信念来维系，人心内向凝聚，民族才能兴旺发达！如果从文化来讲，应把人们凝结起来，祭祀不过是其中之一。祭祀文化在当代怎么搞，应该提出思考。

我讲以上三个问题，总之，大会开得很好，使我大开眼界，我也增长不少见识，如果没有这次会，我也想得很肤浅。这也不是会前预先想出的几点，实在是会议给予我很多的感受，就讲了上面一席话，不对之处请大家批评。谢谢！

（原载《建州女真暨董鄂研究》，中国文史出版社2006年版）

明清兴亡论

WEIYANJI

明清兴亡考辨

——为清军入关350年而作

350年前，雄踞东北的清政权，乘中原内乱，挥师入关，定鼎北京，中国政局迅速改观，明清兴亡遂成定局。这是中国历史上又一次政治大变动，论其规模之大，持续时间之久，斗争之复杂，比之历代之变革更有其深刻性。本文不想重复叙述明清兴亡之过程，旨在针对这一过程中的若干重大问题，作一考辨，亦有益于在学术上达成共识，从现实上说，也不失为总结历史经验之意义。

一、明亡之源与演变

在以往的研究或教学中，叙述每个王朝之亡，往往用土地兼并、剥削残酷、政治黑暗等类似条文加以概括，这似乎已成为一个通则或通例，不变的模式。事实上，各代的情况并不相同，因此不能用一个共同的模式去解释各代的历史。恰恰相反，应当从比较中寻找它们之间的不同之处，从其不同的地方回溯它们各自演变的经过，考察在哪些历史条件作用下促使这些不同之处得以发生。当然，历史各阶段发展亦常有“惊人的相似”。毕竟“相似”不是相同。因此，我们应当寻找其“差别”，而不是寻找“相同”，才能更深刻地阐述历史的真相。

当我们重新审视明清兴亡演变，也应用这个研究方法找出明与历代之亡的不同之处，阐明它灭亡的真正的内在原因，获取本质性的认识。

明朝何以亡国？对这个问题，自清初以来，从官方到学者，以及明朝遗孤，都在不断地加以总结，提出了各种各样的评论。以清人修《明史》为代表，对明末史事都从不同侧面做过分析。如，《熹宗本纪》分析熹宗朝，承神宗末年之弊，纪纲“废坏极矣”，“而重以帝（熹宗）之庸懦，妇寺窃柄，滥赏淫刑，忠良惨祸，亿兆离心，虽欲不亡，何可得哉！”至末代的崇祯，其《庄烈帝本纪》说：“惜乎，大势已倾，积习难挽，在廷则门户纠纷，疆场则将骄卒惰，兵荒四告，流寇漫延，遂至溃烂而莫可救，可谓不幸也。”谷应泰作《明史纪事本末》，对明亡分析颇多，其重点强调“宦侍误国”[①]。赵翼著《廿二史札记》，除了指出明代“宦官之祸”，“不减东汉末造”，又提出“明末书生误国”[②]，也是明亡的一大原因。

不仅如此，他们还作出明必亡的判断。《明史·袁崇焕传》在评论袁崇焕之死时，指出：“自崇焕死，边事益无人，明亡征决矣。”在《神宗本纪》中，赞成当时“论者”的看法，“谓明之亡实亡于神宗”。赵翼也持同样看法：“明之亡不亡于崇祯，而亡于万历。”[③]更有与明争夺的清太宗于天聪九年（崇祯八年，1635年）曾预言：“南朝（指明）君骄而臣谄，兵弱而民穷，亡无日矣。”[④]清太宗即位以来，已与明进行了九年的战斗，其中又有两次率大军突入长城，直逼北京城下，所向披靡。他对明朝了若指掌，所以能做出如此明确的判断。

在佚名所作的《明亡述略》中，提出了更为深刻的见解，认为“虽当时无流贼之蹦蹂海内，而明之亡已决矣”，也只是个时间问题。作者没有留下姓名，但能说出如此尖锐而深刻的见解，想必是明朝统治集团中的人，亲眼目睹了内部的实况而发的。

综合以上各种引证，可以得出结论：明之亡是源于自身内部的溃烂，具体些说，就是明朝统治集团的腐败，以及士大夫阶层的沉沦，导致溃烂而不可收拾。简言之，是明朝自亡了自身。从文化的意义上说，明朝统治集团与士大夫的道德沦丧，他们所赖以安身立命的礼仪道德已被他们破坏殆尽，而且又没有新的思想来适应他们的需要，于是，他们只能沿着已溃决的思想继续烂下去，直至灭亡。

---

①《明史纪事本末》补卷74，第1245页，中华书局（下同）。
②《廿二史札记》卷35，第806~807页。
③《廿二史札记》卷35，第797页。
④《明史纪事本末》补遗卷3，“插汉寇边”，第1447页。

如前引，明亡实亡于神宗。明朝自建国，到神宗时，已走过了二百年的漫长道路，在经历了“永宣之治”的辉煌期，转入较为平稳的保守期，至神宗以冲龄即位，社会已露出各种弊端，有张居正辅佐，力救其弊，国势一度兴旺，但张居正一去世，所行新政被废弃，迅速陷入困境。《明史》描述了神宗朝诸种弊政。它写道：“乃因循牵制，晏处深宫，纲纪废弛，君臣否隔，于是，小人好权，趋利者驰骛追逐，与名节之士为仇雠，门户纷然角立”，以至“邪党滋蔓，在廷正类无深识远虑，以折其机牙而不胜忿激，交相攻讦，以致人主蓄疑，贤奸杂用，溃败决裂不可复振”[①]。这番话大体符合神宗朝的基本状况。今人黄仁宇著《万历十五年》指出，万历十五年（1587），“实际上我们的大明帝国都已经走到了它发展的尽头。”不过，此论言之尚早，确切些说，到万历中期，即万历二十五年（1597），左佥都御史吕坤始把“天下安危”说得深刻而透彻。他一针见血地说：“今天下之势，乱象已形，而乱势未动；天下之人乱心已萌，而乱人未倡；今日之政皆播乱机，使之动；助乱人，使之倡也。”经济状况同样糟糕，吕坤大声疾呼：“今国家之财用耗竭！”[②]这是对万历中期全国局势最准确的概括。由此而论，明亡应始于神宗万历二十五年前后，可能更接近历史真相。

在封建君主专制的时代，作为最高统治者的皇帝，他的品行、作风、才能不能不与国家的命运息息相关。就是说，直接关系到国家的治与乱。明万历时期的败坏，是神宗的怠政、荒废造成的。论才能，他平庸，论品德和作风，也属低劣之辈。自中期以后，神宗“怠于政事，奏章一概不省”[③]。至末年，“怠荒日甚，官制多不补”。如，按定制，给事中五十余员、御史百余员，最后六科只剩四人，五科印无所属，十三道只有五人，六部堂官仅四、五人。事关人命的“诏狱诸囚”，也因理刑缺官而无法判决，“家属聚号长安门”，群情汹汹。万历四十年，六卿只剩赵焕一人，都御史竟十年中不补一人！首辅叶向高屡次疏请补官：“自阁臣至台省，曹署皆空，南部九卿亦止存其二。”他进而直指神宗：“陛下万事不理，以为天下长如此，臣恐祸端一发不可收也！”[④]神宗麻木不仁，对此毫无反应。神宗考选科道七十余人，都不下旨委任。叶向高上

---

①《明史》卷22，第42页，上海古籍出版社（下同）。
②《明史》卷226，第636页。
③《廿二史札记》卷35，第805页。
④ 以上见《明史》卷240，第671页。

疏数十道，过了二年，才下令。叶向高为请求增加阁臣，先后上疏百余道！这样一个懒惰而不顾国家利益的皇帝实前所未闻！至于其他劣行可想而知。

光宗即位仅一个月而逝，熹宗继其后，承神宗之弊，非但没改弦更张，却是变本加厉。他的品行更为低劣，除了行犬马声色之乐，不问朝中事，让宦官魏忠贤与客氏操持实权，倒行逆施。他在位七年，国政急剧败坏而不可收拾。崇祯有求治之心，却无治国之才，回天无力，“举措失当，制置乖方”[①]，感情用事，刑赏滥施。据统计，崇祯朝，总督封疆大吏被处死者计七人，巡抚一级被杀的有十一人，致仕、削职而保全性命的也仅数人而已[②]。人才净尽，只待亡国之日罢了。

社会风气的败坏，常常是国家兴衰的晴雨表。明代风气的败坏，首先始于士风和吏风。我们通常说的“士”或称为儒生，即今日称知识分子。他们本是读书人，以读儒家经典并通过科举考试进入仕途，成为庞大的官僚机构中的一员。他们凭借儒家思想治理国家。明代士风之坏，各依有权势之门，以图自保。有明一代，最重宦官。自永乐始，宦官被起用，参与政事。但自宪宗成化年间，宦官擅权，王振开其先例，汪直继之，权倾朝廷。这些通过科举而升入官僚行列的士大夫，曲意奉承，身为大臣见汪直竟屈膝下跪。每当他奉命出使，巡按御史等“迎拜马首”，连巡抚大员“亦戎装谒路”[③]。当时流行一句谚语：“尚书叩头如捣蒜，侍郎折股如栽葱。”[④]士大夫折节奉承，于此可见一斑。更有一些士大夫与其勾结，陷害良善。到熹宗朝，士风之坏达到了登峰造极的地步。宦官魏忠贤“目不识丁”[⑤]，却窃夺了大权，廷臣“群起附之”，文臣崔呈秀等五人号称“五虎”，武臣田尔耕等五人号“五彪”，尚书周应秋、卿寺曹钦程等号“十狗”，又有“十孩儿”“四十孙”之号，自内阁六部至四方督托，无不争附在这个丑恶的宦官门下[⑥]。凡魏所经之处，“士大夫遮道拜伏，至呼九千岁”，魏不予理睬。士大夫寡廉鲜耻至此已尽！更为荒唐的是，他们在各地为魏忠贤建“生祠”，“剥民财，侵公帑，伐树木无算”，其规制，“仪如帝

---

①《明史》卷24，第47页

②《廿二史札记》卷36，第819~820页。

③《廿二史札记》卷35，第808页。

④《明史纪事本末补编》卷5，第1590页。

⑤《明史》卷305，第853页。

⑥《明史》卷305，参见《廿二史札记》卷35，第808~809页。

者”。如，巡抚杨邦宪在南昌竟毁掉周、程、朱三贤祠，为魏忠贤建祠。监生陆万龄更进言：“孔子作《春秋》，忠贤作《要典》；孔子诛少正卯，忠贤诛东林党人，宜建祠国学，与先圣并尊，并以忠贤父配《启圣公》词。”[①]士大夫们把魏忠贤比做孔子，其荒谬堪称是前无古人！他们所标榜的传统儒学及其伦理道德，至此，扫荡已尽。另一方面，凡不肯依附魏忠贤的士大夫，都遭到了血腥镇压。如东林党人，被指为“邪党”而被滥杀，成了极权下的牺牲品。

士风之下，还表现在言官风气之堕落。明代言官，是指“以言为职者”的科道各官，责任专，其权尤重。如御史，为天子之耳目，监督百官之奸邪，朝廷内外大事无不参与；六科给事中举凡廷议、审决大案、直至皇帝的言行，都受其督察，“直言无隐”。约至明中叶，言官们“渐多意气用事”，公私混淆，是非不明，阁臣与言官渐成火水不容之势。万历时，神宗章奏一概不看，于是，廷臣各以所见标新立异，危言激论，各成门户攻击之局。及魏忠贤势盛，“而科道转为其鹰犬”[②]。崇祯帝即位后，定“逆案”，凡附魏忠贤者，分等定罪，从处死到革职者，计二百六十余人之多，可谓阉党一网打尽[③]。阉党虽尽除，而各立门户，互攻争胜的恶习，已成牢不可破之势，“是非蜂起，叫呶蹲沓，以至于亡”[④]。正如修《明史》者不禁感叹：“宁坐视社稷之论胥，而不能破除门户之角立。”[⑤]这些人，在朝廷内部各立门户，纷争不已；对外任边将则“不问难易，不顾死生，专以求全责备，虽有长材，从何展布”[⑥]！诸如，杨镐征伐后金、熊廷弼经略辽东、卢象升孤军抗清、陈新甲遣使与清议和、撤宁远守将吴三桂进京勤王等等重大决策，都被他们妄言攻击，以至招致失败，或议决受阻，误国家大事，后果严重。

明中叶以后，社会的不断溃烂非止一端，但统治集团及其士大夫思想的堕落，导致社会风气的全面败坏，就连农民也纷纷放弃农业生产而追逐生财之道，所谓“民多遂末，田卒污莱”，吏贪侵刻，致使“海内困敝，而储积益以空乏”[⑦]。经济危机随之而来。这反映了社会已变得无序而混乱，已到了土崩

---

①《廿二史札记》卷35，“魏阉生祠”，第815页；参见《明史·魏忠贤传》卷305。
②《廿二史札记》卷35，第805页；参见《明史·魏忠贤传》。
③《明史》卷306，第875页。
④《廿二史札记》卷35，第806页。
⑤《明史》卷279，第781页。
⑥《明史》卷261，第733页。
⑦《明史》卷77，食货一。

瓦解的地步！所有这些因素，造成明末社会的全面危机，而统治集团的腐败及其统治思想的没落，是根本性的危机。于是，明亡遂成为不可避免。

二、谁灭亡了明朝

明清易代后，曾流传这样的谚语：朱家的面，李家的磨，做了个馒馒送给对过赵大哥。意思是说，李自成把他夺取的明朝江山，拱手送给了清朝。清朝不劳而获，实在是幸运。多少年来，学术界一致认定是李自成的农民军推翻了明王朝，而清朝则劫夺了农民军的胜利果实。这同前引民间谚语是同一个意思。这一结论已成铁案，从没有人提出异议。尤其是在“以阶级斗争为纲”的年代，李自成以推翻明朝的丰功伟绩而被大书特书。

的确，李自成灭亡明王朝这一事实不容怀疑，让他彪炳于史册，也当之无愧。现在，需要考辨的是，灭亡明王朝的不只是李自成领导的农民军，还有清朝的一份“功劳”，它所起的作用不容低估。当然，还应该把张献忠的一支农民军也算在内，要之，是三股力量的整合，逐渐肢解了庞大的明王朝，最后由李自成一举而推翻。

不妨先辨张献忠与李自成两者与亡明的关系。如所周知，当李自成进军北京之时，张献忠正走向四川，谋求发展，因此没有直接参加攻取北京的军事行动，在明清编年史上，也就没有他的这份记录。但不能说张献忠与推翻明朝没有关系。有关张献忠起义的经过及其斗争，早已为人们所熟知，这里不再赘述。只需引述谷应泰在《明史纪事本末》中一段评论，似能说明全部问题。他写道：“论者又以献据蜀，闯则犯阙，按法行诛，薄乎减等。而不知献乱以来，财赋绌于吴、楚，士马毙于荆、襄，民命涂于中野。夫是以土崩瓦解，一蹶而坏。譬犹人之死也，献执其手，而后闯刺其心；献揕其胸，而后闯扼其吭，则献之与闯，厥罪惟均也。”①

谷应泰作为封建史家评论张、李在灭亡明朝这个问题上孰罪轻重，但他讲出了一个重要道理，即张与李共同灭亡了明朝。他称两人之“罪惟均”，而我们应看做是“功劳”同等。他说得很形象，如同两个人攻击一个人，一人抓住被攻击者的手，另一人刺其心；一人捣其胸，另一人扼住其喉咙，故将其人置

① 《明史纪事本末》卷77，“张献忠之乱”。

之于死。如“判刑”，应处同一刑法。一句话，张献忠领导的农民军抗击并消灭了明朝的有生力量，还牵制了明朝的大量兵力，为李自成顺利攻取北京创造了有利的条件。

不应忽视的还有清军，这支以骑射为长技的八旗军队长期同明军作战，消耗了明朝的军事实力，几度歼灭了明朝的数以十万计的精锐，彻底扫清了障碍，也为李自成攻取北京创造了最为有利的条件。

首先要指出的是，清朝的奠基人努尔哈赤起兵反明远远早于李自成和张献忠。如果说，努尔哈赤于万历十一年（1583）为复仇而起兵，不伤及明朝，那么，以万历四十四年（1616）创建后金国为标志，正式宣布同明决裂，两年后，即万历四十六年（1618），发起抚、清战役，揭开了入关前同明朝二十六年战争的序幕。第二年，明以十万精兵攻后金，于萨尔浒决战，明兵彻底被击溃，三路丧师，一路逃跑。明朝损失之重，不言而喻。

明视辽东为京师“左臂”，列为“九边”之首。辽东之得失，实系天下之安危[①]。辽东祸端，肇始于李成梁镇辽时期，努尔哈赤之崛起，即源于李成梁的种种失策。以抚顺、清河首次交锋为开端，辽东再也不能安静下去，迅速变成长期战争的疆场。到入关前的二十八年间，双方逐城逐地争夺，战事之酷烈，争战之频繁，为明开国以来所仅见！其中大战役者，如开（原）铁（岭）之战、辽（阳）沈（阳）大战、旅顺之战、广宁（辽宁北镇）之战，宁远（辽宁兴城）之战、宁（远）锦（州）之战、松山决战等，明军均被重创，损失惨重。清军所向披靡，攻无不克，每战必胜，只在宁远城下为明辽东经略袁崇焕所阻，明以保住宁远为“大捷”，是明清战争以来所获得的少有的一次胜利记录。约略对辽东的争夺，明朝动用军队不下百万，损失大半[②]。特别是辽沈大战，明在沈阳被歼七万人，加上在辽阳及前来增援的明军，共十余万人被歼。明崇祯十四年（清崇德六年，1641年）爆发的松山决战，清太宗亲临战场指挥，仅数日，全歼明督师洪承畴所率13万精兵，只有很少一部分逃脱。此役明朝连失松山、锦州、塔山、杏山四城，形势岌岌可危。

明为松山决战，调集了“九边”的精锐之旅，力救锦州，企图保住关外这一战略地区，用以防护山海关，保障京师的安全。不意全军覆没，致使“九塞

① ［朝鲜］金景善：《燕辕直指》卷1，“辽东大野记”。
② 参见孙文良、李治亭：《明清战争史略》，辽宁人民出版社1986年版。

之精锐，中国之粮刍，尽付一掷，竟莫能续御，而庙社以墟矣”[①]！至崇祯十六年（清崇德八年，1643年）十一月，明在关外仅存宁远一座孤城了。此时，距明亡已不到半年时间。

明亡的过程，是同明逐渐丧失辽东同步发展的。神宗中期，全国乱形已成，恰好是努尔哈赤奋然崛起、统一女真各部之时；而努尔哈赤建国之年，正值神宗晚年，局势进一步恶化；天启七年中，正是努尔哈赤耀武扬威、勇夺辽河以东地区的极盛时期，兵锋直逼山海关下。崇祯十七年中，清太宗也大逞兵威，至去世前，已击破明朝的宁锦防线，无论大战小战，无不奏凯，而明朝已变得极度虚弱，松山决战以后，再没有还手之力了。当全辽尽失之时，明朝也就随之而亡。可见，辽东实系明朝命脉，历史已做出了不容置疑的回答。

自神宗历天启至崇祯共三朝，辽东地区成了明清（后金）长期较量的战场。明倾注全国人力、物力和财力于一隅之地，二百多年中，从未间断。以所费财物而言，自明初就在辽东地区修边墙、筑城堡，兴建数以千计的墩台，派重兵防守，迄至明末，仍修边不止。难怪人们感叹：“明季防边既周且备，不知费去几万万之钱！”[②]如果加上每次战争所动用的粮饷及其武器装备，明朝投入辽东的财物就难以计算了。明为支付巨大的军费开支，屡次向全国摊派“辽饷”，数额逐次增加，合“剿饷”与“练饷”为“三饷”，已成为明末的一大虐政，加速了社会经济的总崩溃，不管明投入辽东多少，其结果或化为灰烬，或变为清的战利品。

不仅如此，清太宗在世时，共五次派大军突袭长城，进入中原，其中有两次是他亲自统率的。天聪三年（1629）十月，他首次大胆尝试，亲率近10万大军突袭北京，一举成功，辉煌的紫禁城就在他的脚下，但以时机尚未成熟，没有攻取。经过突袭，明兵脆弱之势完全暴露在清太宗面前。此后，他一次又一次进袭关内。河北、京畿、山西、陕西、山东等腹地遍受蹂躏，所谓“旌旗所指，无不如意”[③]，深入内地，“如在无人之境”，从容出入[④]，竟极少受到明军的阻击！清太宗派大军进关并不以占领城镇为目的，凡攻下一城即放弃，最后撤回关外。他的根本目的，是掠夺明朝金钱、人口和财物以自固，残破城

① 谈迁：《国榷》卷97，第5905页。
② 王一元：《辽左见闻录》（手抄本不分卷）。
③《清太宗实录》卷46，第13页。
④ 李永茂：《荆襄题稿》，中华书局1958年版。

池，消灭明军，以损耗明朝的国力。计五次掠人口100多万，掠黄金、白银更以千万两计。造成的损失和直接遭受掠夺的百姓，整个“畿南郡邑”，“民亡十之九”，行程千里，“一望荆榛”。被清军饱掠玉帛金珠，“不可胜数”①。

清太宗把他的战略思想概括为“伐大树”。他说：“取燕京如伐大树，须先从两旁斫削，则大树自扑。……今明国精兵已尽，我兵四围纵略，彼国势日衰，我兵力日强，从此燕京可得矣。”②

这是在松山决战大获全胜后，清太宗说出了他对明的战略思想，讲得很形象很生动，再清楚不过了。一句话，他在辽东的决战，以及屡次进关袭明，都是在贯彻他的指导思想，反复从两旁不断斫削明朝这棵“大树”，直到它不能自立而扑倒为止。

清太宗的预见，一年半以后得到了完全的应验，可惜他已离开人世，这一夙愿只能由他的儿子去实现了。

概括以上分析，很显然，自努尔哈赤，特别是清太宗，对明已制定了明确的战略目标，并按照其战略战术一步步地实现。他统率强大的八旗军队已把明朝打得精疲力竭，国力耗尽，不堪一击。就是在这一背景下，李自成捷足先登，轻而易举地夺取了北京。

李自成迟于崇祯元年（1628）投入王嘉胤的起义队伍，至少比努尔哈赤晚了十二年。他入伍不久，为洪承畴所败，“走匿山泽，得免”。次年，往投高迎祥，处境好转，称“闯将”。高迎祥牺牲后，他始称“闯王”，独树一帜，展开了十余年的艰辛斗争。他几度沉浮，几度死里逃生，隐匿躲避，终于保存了自己，东山再起。约从崇祯十四年，李自成得杞县诸生李岩、宋献策、牛金星等人的谋略，这才发展起来，其势不可阻挡。而明朝也到了山穷水尽的地步，东西不能兼顾，以关外清政权为大患，遂抽调对农民军作战的总督洪承畴率领“九边”的精锐13万，前往关外战场迎战。公平地说，清军吸引和牵制了明朝精兵猛将，的确是帮了李自成的大忙。

清军没有及时进关夺权，但它保持着对明的强大军事压力，甚至在李自成进入居庸关前后，明朝还不敢把关外劲旅吴三桂的辽军调回北京“勤王”，还是重辽东。明朝的一系列举措失当，再也无法重振雄风了。所以，清军为李自

① 李永茂：《荆襄题稿》，中华书局1958年版。

②《清太宗实录》卷62，第14~15页。

成创造了千载难逢的大好时机。换言之，没有清军牵制明军和不断消灭它们，就不会有李自成攻北京那一辉煌的历史性记录。

张献忠攻入四川，东北有清军，隔山海关与明对峙；西北部到中原则是李自成，他们三方各有自己的作战方略，但他们的政治目标——推翻明王朝都是一致的。虽然没有联系，实际是分兵作战，而李自成领先了张献忠和清政权，率先攻到了北京城下。明朝顿成土崩瓦解之势，它的260多年的统治宣告结束。

尽管如此，李自成不能独享推翻明朝的功劳，正确的结论是，三方力量共同推翻了明王朝。

三、吴三桂与清军入关

当我们论及清军入关这个问题时，吴三桂是个不可或缺的人物。的确，清军入关，吴三桂实为一关键人物。明清史论者认为，清军之入关，进而夺取了全国政权，关键是吴三桂开关迎降，起了决定性作用；但也有的论者持相反的意见，以为夸大了吴三桂个人在历史进程中的作用，忽视了明朝必亡的其他客观因素。前一种意见，似乎是强调没有吴三桂开关迎降，清军就没有入关的可能；后一种意见则强调吴三桂无足轻重，明朝灭亡是其自身原因所致。迄今，我们对这个问题评价不一，各有偏重，没有给予一个恰当的“说法”。在清军入关350年的今天，重新评论此事，无疑是必要的。

否认吴三桂对清军入关所起的作用，显然是距离事实太远，因而不能成立。这里，引述当时清朝与南明及各方面对吴三桂的评论，是可以说清这个问题的。

清军入关时，与吴三桂联合，大败李自成于山海关前的石河战场，战役刚结束，摄政王多尔衮迅速作出决定，代表顺治帝，赐封吴三桂为“平西王”，赏给大量贵重物品。在此之前，清太宗在世时，连封孔有德、耿仲明、尚可喜三人为王，以表彰他们率从航海来归的特殊功劳。至多尔衮封吴三桂，是继孔、耿、尚之后的第四个王，奖赏之高，在此时无以复加。此举本身表明清朝高度评价吴三桂开关迎降所立下的不世之功，只有封以王爵，才能抵偿他的功劳。山海关血战五个月后，即顺治元年（1644）十月，由皇帝亲自册封，重封“平西王”，并颁给宝册，写道：“咨尔平西伯吴三桂，洞识天时，当叔父摄政王统兵西征之际，尔即擒流贼说士，遣官归命军前。迨王师式临，开关迎入，又随叔父摄政王破贼兵二十万，底定中原。大功茂著，宜膺延世之赏，永坚带砺之盟。”[①]

册文以“底定中原”的大功评价吴三桂开关迎降，故给予“延世之赏”。这是充分地评价了吴三桂的作用之后作出的。不难看出，清朝是抱着感激和敬仰的心情作出了恰当的评价。吴三桂本人也曾自表他与诸将在山海关激战中的特大功绩，说：“此一役也，立肇造大定三基，揆厥勋劳，原非浅鲜”[②]，云云。虽不免有自诩之嫌，但与朝廷所论“底定中原”的说法是一致的。

南明弘光政权以吴三桂请兵灭“寇”、光复京师而兴高采烈，极度赞誉吴三桂。太仆少卿万元吉盛赞说：“惟凭忠义，当闯百万，遂能屡挫贼锋，凯奏收京，功成勒鼎。”[③]大学士马士英向弘光帝奏报吴三桂战败农民军的事，弘光大夸吴“倡议讨贼，雪耻除凶，功在社稷”[④]。群臣都捧他，把他比作中兴唐朝的名将郭子仪、李光弼，可与郭、李“同功”[⑤]；还有的甚至说：吴三桂“克复神京，功在郭、李之上！”[⑥]种种赞美，不一而足。

当然，是时也有人痛骂吴三桂，完全否定他的作用。如，目睹和亲身经历了甲申之变的杨士聪，就持此立场，在其所著《甲申核真略》中斥责吴三桂“西不能讨贼，东不能守关”，有何功可言？以忠孝而言，他“有何当焉”！

当时，不管人们以何种身份和立场，大都给予吴三桂以高度的评价，直接受益者清朝给予的评价及其至高的封赏，则是最有力的证明。但自三藩之乱及以后，清朝以康熙帝为首的统治集团对吴的评价为之一大变，完全抹杀吴当年开关迎降的功绩。如，康熙帝的讨吴檄文一开头就说：“逆贼吴三桂，穷蹙来归，我世祖章皇帝念其输款投诚，授之军旅，赐封王爵……”[⑦]绝口不提“底定中原”的大功，把吴说成是一个走投无路、山穷水尽的乞丐，是清朝慈悲为怀，才收留了他。如此说，就完全抹杀了历史的真实，是不足取的。后来，乾

---

①《清世祖实录》卷10，第7页。
② 刘健：《庭闻录》卷1。
③ 见《爝火录》卷4，第249页。
④ 见《爝火录》卷3，第197页。
⑤ 计六奇：《明季南略》卷2，第66页。
⑥《爝火录》卷4，第222页。
⑦《清圣祖实录》卷44，第18页。

隆帝曾谈到对吴三桂的评价，提出“功者功之，罪者罪之”[①]，功过不予混淆，不能因后来叛清而否定当年引清军入关之功。此说可谓允当，反映了历史的真实。

吴三桂是在清入关的关键时刻，献关投降，又与清军联合作战，一战而败李自成的。他为清朝入关首开胜利记录，奠定统一全国的基础，其功勋之大，非孔、耿、尚“三王”所能比拟。所以，任何忽视甚至否认吴三桂在这个历史转折的关头所起的作用，都是不恰当的。但是，如说没有吴三桂接引，清军就不能进关，也就不会有二百多年的统治，这也不符合历史事实。大凡持吴三桂为“汉奸”“叛徒”一说的，基本采取了这种评价。

这里，不能不提出一系列疑问：没有吴三桂的接引，清军真的就不能进关，政权就必属于李自成无疑吗？没有吴三桂的帮助，清军不能击败李自成农民军吗？从理论上说，这便涉及清军进关的必然性，或因得吴三桂“请兵”这个偶然性因素而侥幸取胜的问题。考之史实，清军进关是必然的，这是清既定的一项国策。自努尔哈赤时，确切些说，是在清太宗时期，就把夺取中原、与明争天下作为他的战略目标。

早在后金天命七年（1622）攻克广宁（今辽宁北镇）后，努尔哈赤就对诸贝勒大臣发誓：“既征大明，岂容中止！”[②]已经表示出同明战斗到底的决心。天命十年（1625）他不惜“一时之劳”，“惟远大是图”[③]，又把都城从辽阳迁到沈阳，以“沈阳四通八达之处，西征大明从都尔鼻（今辽宁彰武）渡辽河，路直且近；北征蒙古，二、三日可至；南征朝鲜，自清河路可进。”[④]故作出新的战略决策，使沈阳终成为清入关前的稳定的政治与军事中心，为将来入关奠定了根基。努尔哈赤所说征明不容中止和“惟远大是图”，都表达了他要夺取明朝天下的政治理想。

皇太极继承其父努尔哈赤的遗志，提出了更为明确的政治目标，不断完善为实现其政治目标所采取的各项政策和策略。他即位未久，天聪二年（1628），他与诸臣商讨进取的大计方针，确定“讲和与自固二策”，这是在强弱之势不利于后金的形势下，唯有先与明讲和，稳住对方，促其内部必然陷入不可挽回的颓势之中，而后金则乘机修明政治，举贤任能，息兵养民，积蓄实

---

①《逆臣传》卷2，“吴三桂传”。

②③《清太祖武皇帝实录》卷4，第2页。

④《清太祖武皇帝实录》卷4，第6页。

力以“自固”，待后金富强，明朝溃烂，便破竹长驱，天下可传檄而定[①]。这一战略方针与实施的具体策略，比努尔哈赤更明确、更肯定，与明争天下，志在必得。

到天聪九年（1635），形势的发展变得对后金十分有利，皇太极开始考虑，在不久的将来，向明朝发起总攻后，该采取哪些对策，以应付形势的急剧变化。如他说：“朕反复思维，将来我国既定之后，大兵一举，彼明主若弃燕京而走，其追之乎？抑不追而竟攻京城，或攻之不克，即围而守之乎？彼明主若欲请和，其许之乎？抑拒之乎？若我不许，而彼逼迫求和，更当何以处之？倘蒙天佑，克取燕京，其民人应作何安辑？我国贝勒等皆以贪得为心，应作何禁止？此朕之时为廑念者也。”[②]清太宗想到入关后面临的这一系列问题，恰恰证明他与诸贝勒大臣对夺取天下充满了必胜的信念。清太宗的这个信念，还在天聪三年（1629）底，他亲率大军突袭至北京城下，发出了必取北京的誓言。当时，诸将争请攻取北京城，他回答说：“城中痴儿（指崇祯帝），取之若反掌耳！但其疆域尚强，非旦夕可溃者，得之易，守之难。不若简兵练旅，以待天命可也。”[③]他以时机不成熟，放弃攻北京，无疑是明智之举。

天聪十年（1636）四月，清太宗正式改国号为大清，即皇帝位，更年号为崇德。清朝开始进入一个新的发展阶段，同明朝的最后争夺正日益临近。

清太宗一方面从政治、经济、军事以及文化上进行充分准备，等待时机成熟，即大举进关夺权；一方面，他又从理论上反复阐述清将代明的合理性。他质问明朝：“从来帝王有一姓相传永不易位者乎？”当然没有！“自古至今，其间代兴之国，崛起之君，不可胜数。”[④]他指出，明朝开国皇帝朱元璋当年当过和尚，后来终成帝业[⑤]。他认为，“匹夫有大德，可为天子；天子若无德，可为独夫。”他以辽、金、元为例，说明他们都是东北的弱小民族，也都先后有天下或半壁江山，但他们都不存在了，先后被别的朝代所代替[⑥]。他反复阐述他的思想主张，表现了一个小国欲成帝业，“匹夫”可以“君临天下”的雄心。

①《明清史料》甲编首本，第48页。
②《清太宗实录》卷22，第22~23页。
③ 昭梿：《啸亭杂录》卷1。
④《清太宗实录》卷59，第20页。
⑤《清太宗实录》卷5，第39页。
⑥《清太宗实录》卷28，第46页；参见《东华录》崇德七年六月。

崇德六年（1641），为清入关前三年，清太宗发动了攻取锦州之役，明清决战——松山决战即将开始，清朝诸臣已意识到此战的战略意义，看做是“定鼎之谟，在此一举”[①]。取得松山决战的辉煌胜利，俘获了明军统帅洪承畴，清太宗给予特殊优礼款待，诸将不服，以为做得过分。清太宗就问他们：我们栉风沐雨这么多年，究竟是为了什么？他们回答说：想得中原啊！他笑着说：比如行人，你们都是瞎子，现在得到了一个领路的，我怎么不高兴呢[②]？可见，清太宗为准备进中原，虑事周详细密，已到了处心积虑的境地！

不幸的是，就在清军入关前仅有半年多一点，清太宗突然去世，他的政治目标和理想，由他的儿子福临和弟弟多尔衮来继承，并迅速全面实现了他的遗愿。

从上述列举的大量事实中可以认为，清太宗夺取明朝天下的思想是一贯的，并把它作为国策，进行了近二十年的浴血战斗。所以，当1644年历史大事变到来之际，清军进关夺权是顺理成章之事，其出兵既非突然，亦非吴三桂请兵后才偶然想到的。这也有事实为证。

顺治元年（1644）正月，主持朝政的多尔衮曾遣使携带国书，前去寻找农民军，要求联合攻明，共享胜利成果[③]。使者是否找到李自成的农民军？史无记载，迄今还是个谜。但可以肯定，即使找到了，农民军也不会同一个“鞑子”政权搞联合。到三月中旬，清朝获知吴三桂统军民撤离宁远的消息，就已判断明朝已到了生死存亡之秋，即迅速下令“修整军器”，备办粮饷、马匹，预定四月初旬“大举进讨”明朝[④]。

清军尚未出动，又传来李自成已攻取北京的消息。形势发展之快，大出清朝的意料之外。于是，多尔衮迅即召开紧急会议，作出乘中原内乱，进关夺权的战略决策。其严重性，如范文程所说：“承丕业以垂休万异者此时，失机会而贻悔将来者亦此时。”他们视此次出兵为千载难逢的一大机遇，要牢牢把握住，清或兴或亡，在此一举[⑤]。

清军之进关，并非是吴三桂请来，而是在对吴三桂及山海关动向一无所知

---

①《清太宗实录》卷56，第23~26页。

②《啸亭杂录》卷1，第8页。

③《明清史料》丙编第一本，第89页。

④《清世祖实录》卷3，第21~22页。

⑤《清世祖实录》卷4；参见吴晗：《朝鲜李朝实录中的中国史料》上编，卷58，第3734页。

的情况下作出的决定。当吴遣使赴沈“请兵”时，多尔衮已率大军出发，在翁后（辽宁北镇附近）相遇了。至此，清军入关才与吴三桂有了联系，很快，共同的命运把他们结成一个整体。

对于清朝来说，吴三桂请兵，使清军改变了行军路线，大大缩短了进取北京的时间，长驱直进。多尔衮原定仍沿清太宗生前屡次派兵进袭中原的路线，经内蒙古，奔蓟州、密云，抵达北京城下。有吴三桂的接引、献关，便改道趋山海关，使胜利提前到来，更有吴军劲旅的配合作战，便保证了清军的胜利，为统一全国开辟了道路。同时，也改变了李自成及其农民军的命运。吴三桂请兵、献关的全部意义即在于此。

退一步说，如果没有吴三桂开关迎降，清军照旧可以顺利进关。在山海关以外长城北部的任何关口，清军同以往一样，不会受什么阻挠，可以轻易进关。这是没有疑问的。同样，没有吴军的参加作战，清军也有条件击败农民军。在决策出兵时，清朝统治集团就已明确：此次出征，“非与明争，实与流寇争也”。为此，他们对比分析了李自成的农民军与清朝的各自优势和不足之处，从各个方面进行准备，以便战而胜之。范文程分析农民军有“三败道”，即逼殒其主，天怒；刑辱缙绅、拷掠财货，士忿；掠民资，淫人妇，民恨。备此“三败”，行之以骄，可以一战而破[①]。这“三败”尤以后“二败”却是点中了农民军的要害。在清军到达山海关前，李自成率精锐攻山海关，激战一天竟没有攻破；次日，同吴军激战半天，还不分胜负。据此可知农民军的战斗力大大下降。其原因是农民军进入北京后，“恣意淫掠，身各怀重赀，无有斗志”[②]。连吴军都攻不破，恐怕就更难以同精于骑射的清军争锋了。所以，范文程认为：“战必胜，攻必取，贼不如我。”清军只要改变以往抢掠的作风，顺民心，秋毫无犯，就是不可战胜的。从当时双方实力和军心比较，清军单独作战，不管付出多大代价，是可以击败农民军的。

明清兴亡涉及很多问题，这里，只提出上述三个问题，作一考辨，正确与否，尚有待深入讨论。

（原载《清兵入关与中国社会》，辽宁人民出版社1996年版）

① 《碑传集》第3册，“内秘书院大学士范文肃公墓志铭”。
② 《明季北略》卷20，第371页，参见《平寇志》卷11，第243页。

努尔哈赤与皇太极亡明辨

努尔哈赤与皇太极作为大清王朝的奠基人，在清史中居于首创地位，是毋庸置疑的。这里提出的问题是，他们对推翻明王朝所起的巨大作用，与李自成领导的农民起义军最后攻陷北京，同样重要，不容忽视，不可低估。本文仅就此问题，辨明努尔哈赤与皇太极在亡明过程中所起的作用与地位，全面揭示这一历史事件的真相，给予公正的评价。

一、努尔哈赤是率先亡明的第一人

明朝亡国，经历了漫长而痛苦的过程。约自明“世宗而后，纲纪日以陵夷”[①]，经穆宗，“柄臣相轧，门户渐开，而帝未能振肃乾纲，矫除积习”[②]，至“神宗末年，废坏极矣，虽有刚明英武之君，已难复振”[③]。故“论者谓明之亡，实亡于神宗”[④]。神宗在位四十八年，是明十六帝中在位最久的一个皇帝。所谓神宗亡国，又从何时开始？“论者”并未进一步确指，但也不是始于末年，因为其末年时，亡国之象已备，成“不可复振”之势，故其亡之始，必推之前期。考之史实，明万历十年（1582），首辅张居正去世，神宗亲政，一反张居正所行新法，前朝弊端复萌，政局急转直下。这个贪财好利，集腐败于一身的酒色之徒，沉醉于花天酒地之中，根本不理朝政。他的种种恶行，尽载

①③《明史》卷22，“熹宗纪”。

②《明史》卷19，“穆宗纪”。

④《明史》卷21、卷22，“神宗纪”；并见赵翼：《廿二史札记》卷35。

之于史册[1]，已为人们所知，自不待赘述。万历二十五年（1597），刑部右侍郎吕坤痛陈“天下安危”，他说：“自万历十年以来，无岁不灾，催科如故。臣久为外吏，见陛下赤子冻骨不兼衣，饥肠不再食，垣舍弗蔽，苫藁未完，流移日众，弃地猥多，留者输出者之粮，生者承死者之役，君门万里，孰能仰诉!”他诉说最近几年以来，“寿宫之费几百万，织造之费几百万，宁夏之变几百万，黄河之溃几百万，今大工采本费又各几百万矣”。由此可知，“今国家之财耗竭”。他大声疾呼：“今天下之势乱象已形，而乱势未动；天下之人乱心已萌，而乱人未倡。今日之政皆播乱机，使之动；助乱人，使之倡也。”[2]

吕坤的这番话，是对万历十年以来，至二十五年之间，计十五年形势恶化的极为生动的写照。

努尔哈赤起兵，恰好是在吕坤指出明朝形势开始变坏的第二年即万历十一年（1583）。尽管当时尚未引起明朝方面的注意，实际上已开始了明清兴亡的历史进程。这就是说，明亡始自万历十年以后，而清之肇兴，明确的时间，亦在万历十一年。清与明，一兴一亡，同步进行。

努尔哈赤以起兵复仇为契机，迅速演变为对建州女真的统一。从整个明清兴亡的历史过程来看，努尔哈赤起兵伊始，就是他叛明反明的开始，换言之，没有起兵这一事件，就不可能有后来同明朝的彻底决裂。当然，直到建国前，努尔哈赤并没有公开反明，相反，他还同明朝保持着朝贡的隶属关系。但是，随着他先统一建州，次及海西，逐步扩张其势力，扩大其统一，却已引起明朝的有识之士的警觉，连连向朝廷发出警报。万历三十六年（1608），礼部侍郎杨道宾上《海建二酋逾期违贡疏》，指出：“努儿哈赤与弟速儿哈赤，皆多智习兵，信赏必罚，兼并族类，妄自尊大……此其志不小而忧方大耳。臣阅金辽二史，辽人尝言：女直（真）兵若满万则不可敌。……今奴酋精兵业已三万有奇，况其老弱，更多有之。”他在另一疏中再次提醒朝廷：努尔哈赤“蹂躏属国，勾连野人，迁徙诸胡，逆已形矣，恶已著矣，而督镇诸臣犹然以为未形未著，岂以为必抗旌犯顺，鸣钟向洛，乃称显逆显恶哉”！努尔哈赤与其他部落都不同，他的目的是“意在自外”，脱离明朝，建立独立的政权[3]。

---

①《明史》卷21、卷22，“神宗纪”；并见赵翼：《廿二史札记》卷35。

②《明史》卷226，“吕坤传”。

③《明经世文编》卷453。

明朝对东北女真人实行“分而治之”的政策，早在明成祖时，已将女真分为三大部（建州、海西、野人），析卫所地站为二百六十二个，“而使其各自雄长，不相归一者，正谓中国之于夷狄，必离其党而分之，护其群而存之，未有纵其蚕食，任其渔猎，以善其成而付之无可奈何者也”。是时，部分边臣和朝臣主张：“夷狄自相攻击，见谓中国之利，可收渔人之功。”但这种主张不符合国家的根本利益，而且也很危险。因为“国家本借女直以制北虏，而今已与北虏交通；本设海西以抗建州，而今已被建州吞并”[①]，如任其兼并，实力“坐大”，将来势必“徐图内犯”，将把明朝置于十分危险的境地[②]。

显然，努尔哈赤横刀跃马，在明朝边防重镇辽东外围东征西讨，从根本上破坏了明朝治理女真的政治格局，打乱了明朝对女真人的统治秩序，实际上已经开始反明。这一点，已为上述有识之士所看破，未来的事变，完全证实了他们的预见，可谓不幸而言中！

明万历四十四年（1616），是明清兴亡史上一个极为重要的年代，这就是努尔哈赤正式宣布建金国称汗，已把“意在自外”变为现实。后金政权的建立，标志着清朝的勃兴，女真人开始再次登上中国历史舞台，并一变而为新的民族共同体——满洲，跻身于中华民族之林。这一重大历史事件的发生，也给明朝敲响了丧钟。两年后，即万历四十六年（1618），努尔哈赤发布著名的“七大恨”，向明朝宣战，首战抚顺、清河，拉开了明清（后金）长期战争的序幕。自此，女真（满洲）同明朝二百多年的政治隶属关系彻底终结，以一支独立的政治军事力量，终于走上了同明朝争夺统治权的漫长而艰难的道路。

努尔哈赤叛明，或称为反明，其义为一。问题的实质，就在于努尔哈赤建国称汗，进而向明朝宣战，是否具有正义的性质，回答是肯定的。首先，应当承认女真人由分散走向统一，是女真社会发展的必然趋势。约从明正德年间（1506—1521），海西女真出现分合不定之势，先后有祝孔革、速黑忒、王忠、王台等著名的首领崛起，攻伐不已，其势互为消长。当王台势最盛时，曾被明朝“犁庭扫穴”的建州部女真，在沉寂了数十年后，再次复兴，涌现出王杲、王兀堂等强有力的人物，各控制一方，自行其是，所谓“海、建诸部日强，皆建国称汗”[③]，就是对当时形势的概括。努尔哈赤登上政治舞台时，正值群雄

①《明经世文编》卷453。

②《明经世文编》卷453。

③《明史》卷222，“张学颜传”。

并起，各部展开弱肉强食的战争，都力图消灭别的部落，扩大自己的势力。《清太祖武皇帝实录》生动地描绘了女真各部斗争的景象："各部蜂起，皆称王争长，互相战杀，甚且骨肉相残，强凌弱，众暴寡。"[①]争夺土地、财产和人口，乃至建立个人的统治权，恰是女真社会大变动的生动反映。在努尔哈赤之前，约60余年中，那些女真的英雄们都曾各领风骚，称雄一方，却都没有达到统一女真的政治目标，昙花一现，如匆匆过客，先后从历史舞台上消失了。唯努尔哈赤继其后，大展雄才，实现了先辈们的夙愿，重新把女真各部统一成为一个民族的整体。可见，女真由分散走向统一，是女真社会发展的必然，尽管明朝行"分而治之"的政策，却无法阻止历史的前进。这就是历史发展的必然性。从历史发展的观点看问题，女真的统一是历史的进步，应给予肯定。

其次，我们还应当承认，明朝对女真人实行民族压迫的政策，阻碍了女真社会的发展，必然激起他们的反抗。凡亲明的，明朝都给予扶持，反之，必欲消灭而后已；同时，又利用亲明的一方去镇压反明的一方，因而加剧了女真内部的斗争。如建州部王杲、阿台父子属反明派，哈达部王台是亲明派，则被利用来镇压王杲父子；海西部清佳砮、杨吉砮反明，也遭到打击。努尔哈赤的父、祖原属亲明派，却被明军杀害，虽属"误杀"，其实做了明朝"分而治之"政策的牺牲品。努尔哈赤的"七大恨"，实际是对明朝"分而治之"的民族压迫和统治的有力控诉。当然，在努尔哈赤之前，女真人尤其是在反明派的首领指挥下，曾屡次入边，袭扰汉人，造成了程度不同的财产与生命的损失。但明朝作为最高统治者，不能不成为矛盾的主要方面，所行政策的本质是民族压迫的。因此，努尔哈赤在历经三十余年统一大部女真后，建国反明，不能认为是"犯上作乱"，因为他顺应了女真社会发展的需要，也顺应了历史发展的总趋势，起到了推动历史发展的巨大作用。我们常说，农民阶级反抗封建统治，是天然合理的，总是给予高度的评价。同样，努尔哈赤作为一个少数民族的领袖，率领女真人反抗明朝的民族压迫，也是合理的。

我们在评价努尔哈赤时，往往忽视他对推翻明朝腐朽统治所起的巨大作用，往往把这一巨大作用单纯归结为李自成所领导的农民起义军。事实上，努尔哈赤起兵复仇时，李自成尚未出生；而当其建后金时，李自成仅是个十岁的孩童。即使两年后努尔哈赤发动对明战争，李自成也不过十二岁。迟至明崇祯

①《清太祖武皇帝实录》卷1，第4页。

三年（后金天聪四年，1630），李自成在陕西米脂县参加起义①，努尔哈赤已去世四年。所以，从亡明的时间上，李自成不占有首要地位，而努尔哈赤实为反明、亡明的第一人。

二、夺取辽东即是亡明的开始

明代辽东地区，其辖境东至鸭绿江畔，西抵山海关，北达开原，南止于旅顺，疆域广阔，相当于现今辽宁省境。辽东地处东北，为沟通东北与华北的咽喉，其南部隔海与山东相望，东南则与朝鲜仅一江之限，而与日本一衣带水，近在咫尺。尤其是东北、北部及东部，周边布满了女真、蒙古等少数民族，是他们活动的广阔的历史舞台。辽东特殊的地理位置，使她在有明一代居于战略地位。刚刚建都南京的朱元璋，就以战略家的眼光，发现了辽东对明朝的一统江山极端重要。如洪武九年（1376），他曾明确地指出："沧海之东，辽为首疆，中夏既宁，斯必成守。"②明在辽东不设州县，专设卫所以守。自洪武四年（1371）首设辽东卫于盖州得利嬴城（今辽宁复县东北得利寺山城），延至宣德初年，历五十七年，遂形成以辽阳为中心的二十五卫的建制体系。这一建制，实则是军事防御体系，特别是洪武十四年（1381）建山海关，设山海卫"限隔内外"，将辽东置于严密的军事统治之下。明朝为何在辽东实行与内地完全不同的军事体制？后人看得很明白，如嘉靖时辽东巡抚王之诰曾说：辽东"边鄙瓯脱之俗，华夷杂糅之民，迹近胡俗，易动难安，非可以内地之治治之也"③。凡到过辽东，或在此地任过职的将吏，无不认识到"辽东乃东北之雄藩，实国家之重镇"④。但又以"辽防为难者，北于属夷，东于高丽，而又渡海归内地，故不设州县，编民一以卫所制之者……恃其卫所以束伍耳"⑤。自永乐迁离南京，定都北京，距辽东不过千七百里（此为明人所修《大明一统志》所载，按今道里计之，实为千五百里左右），中间仅以雄关山海关拱卫北京，故辽东之安危直接关系北京存亡。辽东对明朝之重要，如同她的一只臂

① 顾诚：《明末农民战争史》，第35~36页，中国社会科学出版社1984年版。
②《明太祖实录》卷103。
③④《辽海丛书》"全辽志叙""辽东志书序"。
⑤《天下郡国利病书》卷155。

膀，以处北京左侧，向以“左臂”称辽东，故又称“辽左”。

明称为辽东的这一广大地区，自古就是“英雄百战之地”，关系天下安危。朝鲜人对此作过如下的精辟评论：

> 天下安危常系辽野。辽野安，则海内风尘不动；辽野一扰，则天下金鼓互鸣。何也？诚以平远旷野一望千里，守之则难为力，弃之则胡虏长驱，曾无门庭之限，虽殚天下之力守之，然后天下可安也。①

这一评论，无疑是对历史经验的精确总结。他所说“天下安危常系辽野”，又为明朝的历史所验证。如所周知，元朝自被逐出北京，其余众及其后裔散布长城以北，明人概称为“北虏”。终明之世，“北虏”一直是她的一大劲敌，双方时战时和，迄无定局。至明末，蒙古大部主要居于长城以北，瀚海以南的漠南蒙古归服后金，成为后金的一支生力军。明朝的另一劲敌，就是女真，明人称之为“东夷”。明朝统治者以金（女真）元（蒙古）世仇，长期采取“以东夷制北虏”之策，欲利用女真人以对付蒙古。辽东处于女真人与蒙古人包围之中，在军事上首当其冲，遂成为必争之地。但是，随着时间的推移，明中叶以后，女真人渐次复兴，给辽东造成了巨大威胁。这样，到了后期，明朝便承受着既来自蒙古又来自女真的两个方面的军事压力。于是，明朝不惜一切代价，向辽东地区倾注亿万金钱，修边墙，筑城堡，兴建数以千计的墩台，派驻重兵防守：“自山海关至开（原）、铁（岭），每三十里即筑城，势若连珠……皆列兵戍守。”还在山顶上每五里或十里筑墩台，俗谓：“十里一墩，五里一台”②，置烽燧以报警。清初，一个叫王一元的，目睹明朝的这些遗迹，不胜感叹地说：“明季防边既周且备，不知费去几万万金钱！”③

明朝以二百余年的漫长岁月，不停地加强辽东的军事防御，已把辽东建设成为一大军事重镇。除此，明朝还在沿长城内侧，分别构筑了蓟州、宣府、大同、榆林、固原、太原、宁夏、甘肃等8处重点军事防御，合辽东为九镇，而

---

①［朝鲜］金景善：《燕辕直指》卷1。
② 宋小濂：《北徼纪游》，第48页，黑龙江人民出版社1984年版。
③《辽左见闻录》（手抄本）。

辽东居九镇之首。这表明，辽东的军事战略地位在明朝统治者心目中是何等重要！换言之，他们把明朝的安危系于辽东。

我的老师、已故著名的明清史专家孙文良教授早在1962年就著文《明代的辽东和明末的辽事问题》，首次论证明末辽事与明亡的关系，得出的结论是："明末的辽事问题反映了一朝一代的兴亡，明清统治的交替并非偶然。"至1990年，他又续作《明朝兴亡所系辽东之得失》①，结论尤为精辟："明亡始于辽亡，辽亡影响明亡。"论证之精确，已成不易之论！这里，需要强调的是，亡辽者恰恰就是努尔哈赤开其端，亦即明亡的开始。事实证明，亡辽的过程就是明亡的过程，而全辽皆失之日，明朝最后灭亡随之到来。我们从下列明清（后金）战争进程便可得到验证：

后金天命三年（1618），与明首战抚顺、清河，虏人畜三十万，消灭明军万余。

天命四年，双方激战于萨尔浒，为明清战史上第一次战略决战，明军近十万被击溃，死伤大半；继之，正式向辽东进军，攻取明开原、铁岭两城，歼灭明军近万。

天命六年（1621），发动辽沈大战，先克重镇沈阳，破敌七万，再夺明在东北的政治与军事中心——辽阳，破明军近二十万，辽河以东七十余城传檄而定。明失辽阳，标志着明在东北的统治宣告瓦解，同时，也意味着明行将灭亡。

天命七年（明天启二年，1622年）初，向辽河西岸的重镇广宁（辽宁北镇）发起大规模进攻，血战西平堡，歼明军近万人，在沙岭（北镇南）再歼明援军三万，不战而得广宁，克义州（辽宁义县），歼明军数千。废弃广宁而不守，全师退回辽东。

天命十一年（1626）初，再次进军辽西，攻击辽西另一重镇宁远（辽宁兴城），遭到对明战争以来第一次重创，无功而返。同年八月，努尔哈赤病逝。至此，他已夺得全辽之半②。

自抚顺、清河首战以来，后金与明交战，远远不只上述所举重大战役，随着战争的不断进行，为后金的发展开拓了胜利之路。同时，努尔哈赤联络蒙古

---

① 孙文良：《满洲崛起与明清兴亡》，辽宁大学出版社1992年版。

②《清太祖武皇帝实录》，参见拙著《明清战争史略》（合著）。

科尔沁部，结为同盟，共同对明；向黑龙江中下游发展，吸收当地少数民族加入八旗，后金势力迅速增长。努尔哈赤占据辽河以东的广大地区，对不久的将来明亡产生重大影响的事件之一，就是一再迁都，先迁辽阳，至天命十年，再迁“四通八达之处”的沈阳[①]，作为稳固的根据地，成了清入关前与明朝京师对峙的都城，在政治、军事、文化各方面发挥了巨大作用。

努尔哈赤占据辽东，已将明朝推向衰亡之路。他主要通过战争的手段，使明朝为辽东付出了重大代价，实力遭到严重削弱。

皇太极继承其父的遗志，全面发展其父的未竟事业。他从辽东出发，分别于天聪元年（1627）、崇德元年（1636）两度出兵朝鲜，彻底征服李氏王朝，确立了君臣之盟，从而剪除了明朝的羽翼，为己所用，使明受到孤立。他继续向北用兵，将黑龙江及乌苏里江流域诸民族置于他的统治之下；他剿抚并用，使广大的漠南蒙古脱离明朝，加入了清（后金）政权；至其晚年，又有西藏班禅遣使赴沈阳，建立了政治上的隶属关系。皇太极以辽东为根据地，对明朝成功地实行了政治与军事的大包围。

皇太极始终保持着对明朝的强大的军事与政治的压力，挺进辽河以西的地区。我们从以下战事记录中可知全辽的丧失，加速了明朝的灭亡过程：

天聪元年（1627），首战宁远与锦州，受阻于坚城之下，遭炮火攻击，被迫退兵。

天聪六年（1632），围大凌河城（辽宁省凌海市）。皇太极称：明“精兵尽在此城，他处无有[②]，攻下此城，便消灭了明的有生力量。围城三月余，迫使明将祖大寿出降，全城军民所剩万余人皆归后金所有，祖大寿以下，百余名将官尽数归降（祖大寿降后又脱逃）。

天聪七年，攻取旅顺，明将黄龙自杀，其所属近万人非死即降。明在辽东半岛的最后一个据点丧失，其统治势力完全被逐出辽东半岛。

崇德二年（1637），袭取皮岛，明将沈志祥投降。明在辽东外围的海上防线也最后崩溃。

崇德五年（明崇祯十三年，1640），进围锦州，明兵精锐数万被围于城内。

崇德六年，松山决战。明调集“九边”精锐之旅共十三万，力救锦州，企

---

①《清太祖武皇帝实录》卷1、卷4。
② 王先谦：《东华录》天聪五年八月。

图防护山海关，保障京师安全。仅数日，明全军覆没，主帅洪承畴被俘投降。锦州、松山、杏山、塔山四城随之而破。这是继萨尔浒决战以来的又一次更大规模的决战。仅此役，使明“九塞之精锐，中国之粮刍，尽付一掷，竟莫能续御，而庙社以墟矣”[①]。足见这次决战对明清兴亡影响之大。此役后，明在全辽仅剩下中前所、中后所、宁远、前屯卫四座城镇（均在今辽宁省兴城与绥中县境）了[②]。一代大明江山处于岌岌可危之中。

崇德八年（明崇祯十六年，1643年）八月，皇太极病逝。这时，距明亡还不到一年。新即位的顺治帝，在他的两位叔父多尔衮与济尔哈朗的辅佐下，乘松山大战之胜，于皇太极病逝一个月后，便向中后、中前、前屯卫发动攻击，在不到十天内，连克三城，歼灭与收降明军一万五千余人[③]。

此时，明在辽东，只剩下吴三桂独守的宁远一座孤城了。

顺治元年（明崇祯十七年，1644年），明清兴亡的最后时刻终于来临，耐人寻味的是，明亡之时，恰恰是明失全辽之日。这年三月初，农民起义军正以排山倒海之势向北京逼近之际，明崇祯帝始下决心，征调吴三桂率部进京勤王，宁远城无条件放弃，实际是白白送给了清朝。吴三桂率军民进入山海关，继续向北京进发，至三月二十日抵丰润，李自成已于前一日即十九日进入北京，明朝二百七十六年的统治至此终结。

在清入关前的二十八年间，从努尔哈赤到皇太极，同明朝集中争夺辽东，逐城逐地争夺，战事之酷烈，交战之频繁，影响之深远，为明开国以来所仅见！其他诸如东征朝鲜、北征黑龙江、西征蒙古，都是围绕争夺辽东这个焦点进行的。从以上所列军事斗争的历程，我们看到，辽东实系明朝的命脉，其衰而亡，是同明逐渐丧失辽东同步发展的。全辽丧失，明朝亦亡，是偶然的巧合，还是历史的必然？早在明亡百余年前，嘉靖时已有人预言：辽东，“中国得之，则足以制胡；胡得之，亦足以抗中国。故其离合实关乎中国之盛衰焉”[④]。万历中期，又有人说：“京师去辽才七百里（指北京至山海关），辽亡则京师未得安枕卧也。”[⑤]辽亡，何只“关乎盛衰”、“安枕卧”，而是关系存亡

① 谈迁：《国榷》卷97。
② 《清太宗实录》有关各卷。
③ 《清世祖实录》卷2。
④ 王之诰：《全辽志叙》。
⑤ 《神庙留中奏疏汇要》“兵部”卷1。

的一大关键！但他们已把话说到这种程度，确属相当难能可贵。历史已为他们的预言做了明确的回答。所以，明亡并非始亡于李自成农民军，从根本上说，始亡于辽。我师所说："明亡始于辽亡，辽亡影响明亡。"实在是卓异之见，精辟的理论概括。

三、"辽事"动摇了明朝统治根基

明朝亡于神宗，而神宗之亡明，又始于辽东之丧失。神宗的腐朽统治，已使整个社会危机四伏，作为边防重镇的辽东地区，其形势急剧恶化，为努尔哈赤所乘，遂引发天下大乱，导致明朝迅速走向败亡。

神宗暴虐，倒行逆施，不顾国家安危，其中，为祸最烈莫过于重用大批宦官，充当矿税使，分赴全国各地，大肆掠夺民财。他们打着皇帝钦差的旗号，如狼似虎，无恶不作，引起民变、兵变、商变，天下骚动。矿税使的种种暴行，详载《明史》诸书，为治史者所熟知，不须赘引。

辽东是受害严重的地区之一。宦官高淮被派到这里，为害十年，民谣称："辽人无脑，皆淮剜之；辽人无髓，皆淮吸之。"[①]寥寥数语，已把高淮作恶刻画得淋漓尽致。其次便是辽东总兵李成梁，与高淮勾结，狼狈为奸。再是巡抚赵楫，也助纣为虐，为害地方。时人把他们三人称为辽东"三患"，换言之，实为"三害"。主要还是高、李二人，搞乱辽东，人心思逃，"生于辽，不如走于胡"，就是对当时人心趋向的真实写照[②]。在高淮、李成梁先后被赶跑或罢官后，辽东受害已深，形势进一步恶化。朝廷选将不得其人，兵备废弛，民穷财尽，国家财源枯竭。辽东陷入混乱之中。

努尔哈赤就是利用明朝衰弱、辽东混乱的局势，乘机起兵，东征西讨，明朝麻木不仁，任凭其兼并，终于完成了对女真诸部的统一，建国称汗，迅即掉转进攻的矛头，直指明朝统治者。"辽事"问题，由此而起。

所谓"辽事"，主要是指努尔哈赤对辽东的争夺。自辽东传来警报，就把明朝拖上死亡之路，并且随着战争频繁进行，规模不断扩大，争夺日趋激烈，从根本上动摇了明朝统治的根基，明朝这座立国已达200多年的大厦将倾，风

---

①《明经世文编》卷467，"宋一韩疏"。

② 陈继儒：《建州考》。

雨飘摇。

自努尔哈赤到皇太极，在长达近三十年里，清（后金）越战越强，不断发展壮大，而明朝却被打得精疲力竭，财源枯竭，经济危机加深。远的不说，从神宗后期，经熹宗朝，至崇祯，为防护辽东，阻止后金的进攻，倾注了全国人力、物力与财力于一隅之地，筑城堡，修工事，运粮饷，备器械，派重兵，已将国家的财政储备消耗殆尽。投放到辽东战场上的粮饷和武器装备，或成为清（后金）的战利品，或在战争中被销毁。明朝为支付巨额军费开支，屡次向全国额外加派税额，名曰“辽饷”，合“剿饷”与“练饷”为“三饷”，已成为明末一大虐政，农民不堪重负，农业生产急剧下降，加速了社会经济的总崩溃。清（后金）对明朝的打击和破坏，并不限于关外辽东地区，皇太极在位时，先后五次派大军突袭长城，进入中原，举凡京畿、河北、山西、陕西、山东等腹地遍受蹂躏，所谓“旌旗所指，无不如意”[①]。计五次所掠，人口达百余万，牲畜无数，掠黄金、白银更以千万两计。致使京师以南地区“民亡十之九”，行程千里，“一望荆榛”[②]。清军不以占城夺地为目的，专事破坏和掠夺，消耗明朝的经济实力和有生力量。皇太极把他的这一做法，形象地比喻为“伐大树”，他说：“取燕京如伐大树，须先从两旁斫削，则大树自扑……”[③]他从辽东的攻战，到屡次进关袭击，都是在贯彻他的战略思想，直至把明朝这棵大树砍倒为止。

清（后金）把明朝拖入“辽事”的泥潭而不能自拔。因为经济状况的恶化，激化了社会阶级矛盾，险象环生，零星的小规模的反抗活动，正在酝酿成大规模的农民起义。不仅如此，“辽事”问题也加剧了统治阶级内部的矛盾，政争日趋激烈，各立门户，党同伐异，统治集团内部一片混乱。

围绕“辽事”问题，明朝廷臣议战守，迄无定策，由意见分歧，进而发展成宗派与门户之争，致使将相不和，文武对立，言官拨弄是非，朝政黑暗，正直大臣遭到陷害、排挤，乃至死于非命，招致战场上一败涂地。如，杨镐奉命首次伐后金，廷臣主要是言官们以“师老财匮”，累累发红旗催战。杨镐分兵四路冒进，在萨尔浒决战中被彻底击败，朝廷以“失陷封疆”罪，将他处死；王化贞与熊廷弼，以战守意见不一，意气用事，自行其是，致有广宁之逃，熊

①③《清太宗实录》有关各卷。

② 李永茂：《荆襄题稿》。

士二人被逮，先后被处死；大学士孙承宗自请督师关外，辽西的军事与政治形势得以改观，但因为不阿权贵，终被排挤出朝廷，只得告老还乡，让阉党分子高第担当孙承宗的职务；敢言战守的袁崇焕两度挫败后金的进攻，给明朝带来了希望，皇太极施离间计，明廷臣与崇祯帝不辨真伪，将他残酷处死。《明史》评论说："自崇焕死，边事益无人，明亡征决矣。"[①]在袁崇焕经略辽东时，擅自处死总兵毛文龙，明在海上防线渐致瓦解，自毁海上长城。至洪承畴率13万精兵援锦，本待徐图渐进，行以守为战的"持久之策"[②]，却被兵部职方司张若麒与兵部尚书陈新甲所逼，改为速战速决而惨败，洪本人被俘，精兵猛将及大批物资毁于一旦。兵部尚书陈新甲也因泄露与清和谈的机密而被杀。凡此种种，都是政治黑暗带来的恶果，内耗损失了自身实力，在强大的清朝面前只有被动挨打。尤其是宦官柄政、监军，利用"辽事"战守问题，对不合己意的文臣武将大肆排谴，无端陷害，如熹宗朝的魏忠贤与客氏相结，把朝政搞得乌烟瘴气。崇祯初年一度消除宦官干政，不久崇祯帝又重蹈覆辙，利用宦官监军。这些本属皇帝的奴仆，不过是供洒扫庭院的无知之人，竟高居于将领之上，监督战守，瞎指挥，岂能不败！在明朝处于危亡瞬间之际，廷臣议宁远是否该放弃，吴三桂所率辽兵劲旅应否进京勤王，除了吴麟征力主撤宁远，调吴三桂进京以卫京师，廷臣们互相推诿，却唱出祖宗土地不能随意放弃的高调，绝口不谈撤兵进京勤王，唯恐招惹祸端。最后一次挽救灭亡的机会失去了，当崇祯帝醒悟过来时，为时已晚，明朝终于难逃亡国的命运。

一系列事实无可争辩地证明：在明末农民起义很久之前，清（后金）依靠自己的实力和正确的政策和策略，同明朝展开了军事的与政治的斗争，使明朝财力、物力和人力耗尽，变得虚弱，不堪一击。

明末农民大起义，是在明朝已被清（后金）部分肢解，统治摇摇欲坠的情况下爆发的。而后来成为农民领袖的李自成迟至明崇祯三年（后金天聪四年，1630年）才投入"不沾泥"的起义队伍，失败后，再度崛起，逐渐走上独立发展的道路。与此同时，张献忠也独树一帜，同明军作战。还有其他多股农民军，独自展开反明活动。但是，他们早期的活动范围，大体还局限在陕西地区，有时也突入到山西、河南、湖北等地区，以流动作战而著称。总的说来，

---

① 《明史》卷259，"袁崇焕传"。

② 谈迁：《国榷》卷97。

对明朝还构不成严重威胁。事实上，这些起义军特别是李自成几度遭到明军的致命打击，总是死里逃生。但关外的清军却逐渐取得对明军的战略优势。至明崇祯十四年（1641），李自成才获得大转机，迅猛发展起来。恰好同年八月，发生了明清战史上的又一次决战——松锦决战，自此次决战后，明朝已到山穷水尽的地步。

应当指出，松锦决战对李自成的命运关系极大。在此役之前，明朝是分内外两线作战，内线是对李自成，外线是对清军，东西兼顾，当明朝误以为李自成溃不成军，偃旗息鼓，便以关外清军为大患，遂抽调李自成的劲敌洪承畴率十三万精兵出关援锦，迎战清军。公平地说，皇太极发动对锦州的战役，吸引和牵制了明朝的雄兵猛将，的确是帮了李自成的大忙，他就是趁明军东调关外的机会，乘机复出，其势不可制。而明朝十三万精兵没于松山战场，再也没有力量回师关内，去对付声势浩大的李自成起义军了。正如前文已指出，在明朝存亡的关键时刻，明为阻止清军入关，仍然不肯及时地把它的最后的一支劲旅——吴三桂所统的辽兵调进北京。这又是清太宗帮了李自成的忙，牵制了吴三桂所部，使李自成统率的数十万大军，在突破了居庸关之后，如入无人之境，一鼓作气，兵临北京城下。李自成在没有任何竞争对手的有利条件下，一举夺取了北京。明朝就此灭亡。李自成直接亡明，居于首功的地位，是毋庸置疑的。

当论及明亡的时候，还不能忽视张献忠的作用。张献忠没有直接参与攻取北京的军事行动，是为人们所共知的历史事实，但不能说他对推翻明朝毫无关系。谷应泰在《明史纪事本末》中有过一段评论："论者又以献据蜀，闯则犯阙，按法行诛，薄乎减等。而不知献乱以来，财赋绌于吴、楚，士马毙于荆、襄，民命涂于中野。夫是以土崩瓦解，一蹶而坏。譬犹人之死也，献执其手，而后闯刺其心；献揕其胸，而后闯扼其吭，则献之与闯，厥罪惟均也。"[1]

谷应泰作为封建史家，在评论张、李亡明这个问题上，认为罪过同等，却讲出了一个重要事实，即张、李共同灭亡了明朝。他称两人之"罪惟均"，而我们应看做"功劳"同等。事实的确如此。张献忠率军入湖南、江西后入川，分散和牵制了明朝的大量兵力，也为李自成进军北京大大减轻了来自明朝的军事压力。但是，谷应泰却不敢论及清朝在亡明过程中所起的作用。事实是，在

---

①《明史纪事本末》卷77。

李自成进北京前，与关外的清朝、四川的张献忠，已形成了三支强大的军事政治势力，谋略各不同，政治目标却是一致的，都为推翻明朝统治，建立自己的政权而浴血奋战。他们之间虽无联系，实际是分兵作战，共同肢解了明朝，而李自成捷足先登，抢先夺取了北京。

从努尔哈赤公开宣布叛明，中经皇太极，直至进关夺取政权，近三十年间，在亡明的漫长过程中，始终发挥了主导作用。即使如明末农民大起义，除了明朝的腐朽统治，天灾肆虐，另一个主要原因就是努尔哈赤父子打乱了明朝的统治秩序，使她为“辽事”所困扰，引发天下大乱，而一发不可收拾。从全局看问题，却是努尔哈赤父子率先灭亡明朝，不管他们是否预料到，他们所做的一切都不过是为李自成进北京创造了有利条件，扫除了前进的障碍，让他扮演了亡明的英雄角色，演出了最后的壮观一幕。自清入关后，诸如摄政王多尔衮及顺治、康熙、雍正、乾隆等帝，总是否认清朝亡明的事实，强调夺之于“流寇”之手，宣扬清得天下“光明正大”。在他们看来，亡掉一代王朝，并夺其政权，不合乎理性，不符合传统道德，这与他们所倡导的“忠君体国”的思想是相悖的，所以清朝统治者连他们的祖先曾隶属为大明的臣民这个事实也予以否认。这就是说，从其先祖与明无臣属关系，至推翻明朝，也非亡于清朝。他们一再强调清朝一统天下，符合道德，顺应天理，其原因在此。

明清兴亡，是一个漫长而复杂的历史进程，涉及很多问题。以往的论述，都把明亡归因于农民起义，具体说，就是李自成率领农民军推翻了明朝统治。这就把一个极为复杂的问题给简单化了。本文所论，力图把明亡的各种因素都考虑进去，作一综合考察，就不难看出努尔哈赤父子所起的作用不容低估。从明清鼎革的全过程看，始终是明与清（后金）两大势力的生死较量，而李自成、张献忠各自领导的农民军，是在明清斗争后期加入的两支生力军，为明清兴亡起了催化与加速的作用。

（原载《社会科学战线》1997年第3期）

明清战争与清初历史发展趋势

明清之际，是我国历史上又一次改朝换代的大变动时期。这场大变动约始于17世纪20年代前后，以清肇兴于辽东、李自成奋起于西北为标志，打破明朝的一统天下，到南明最后一个政权永历朝覆没，持续了近五十年，最终以清朝完全胜利、明朝彻底亡国，李自成等农民军退出历史舞台而结束。这里，提出一个问题，清朝取明而代之，是得之于偶然，还是势所必然？本文尝试从明清战争的角度，对明清之际的历史发展趋势作一简单分析，或许有助于回答上述问题。

一、战争是明清交替的基本动力

在我国历史上，战争从来就是一代王朝之兴与一代王朝之废的基本的和主要的手段，明清战争，尤其体现了军事斗争在改朝换代中所起的作用。自1618年抚顺、清河首次交锋，直至1662年最后一个南明政权垮台，在这漫长的岁月中，大战、小战交替进行，战役几近千百次。这场战争延续时间之长，规模之大，斗争之复杂，战局之多变，波及地域之广，为亘古所少见。明清战局的演变过程，不只反映了战争的一般规律，而且也鲜明地展示了明清这两个政权一兴一亡的过程，不言而喻，考察明清战争对于阐明清初历史发展趋势有着特殊的意义。

为了叙述方便，我们根据明清战争的发展变化，分成若干阶段。

第一阶段，从1618年努尔哈赤首次伐明，揭开了明清（后金）战争的序幕，到1619年萨尔浒激战，应是后金的战略防御阶段。努尔哈赤作为其代表人物，顺应女真社会发展的需要，奋力统一女真各部，逐步形成一支强大的军事与政治的力量，把女真推上中国的广阔的历史舞台，自此走上迅速发展的道路。当她感到自己的力量发展到足以同明朝抗衡的时候，她再不愿顺从地接受明朝的统治，更不能容忍明朝对她实行民族压迫和剥削。努尔哈赤举兵伐明，同明决裂，也就成了合乎正义、顺理成章之事。明朝为维护君临天下的统治权，毫无疑问，它不能容许一个藩属的反叛行为。它征调九万大军，以空前未有的规模，分四路出击，欲一举荡平赫图阿拉，消灭努尔哈赤于萌芽之中。战争的结局，正好与它的愿望相反，它在这次激战中遭到惨败。乾隆皇帝曾评论说：后金此时"草创开基，筚路蓝缕，地之里未盈数千，兵之众弗满数万"，由于"父子君臣同心合力，师直为壮"，努尔哈赤以正确的战略战术为指导，赢得了战争的完全胜利。乾隆帝最后说："由是一战，而明之国势益削，我之武烈益扬，遂乃克辽东，取沈阳，王基开，帝业定"，"我大清亿万年丕丕基实肇于此"[①]。

第二阶段，从1619年六月到1626年春，在七年中，明朝处于消极防御、被动挨打的地位，努尔哈赤则乘胜展开战略进攻，仅用一个多月，他连续作战，下开原，破铁岭，灭叶赫；又以十天的时间毕其功为一役，连夺沈阳、辽阳等名城雄镇，明在辽东的防线顷刻瓦解，金州、复州、海州、盖州（均在辽宁省，即金县、复县、海城、盖县）等七十余座城堡"传檄而陷"[②]。后金快速而勇猛，连续而不停顿，攻城略地，无不如意，仅以五六万兵力，大破三倍于己的明军总共十九万，这在我国古代军事史上不能不说是一个奇迹。开铁之役、辽沈大战，是萨尔浒激战的继续，也是它的一个必然结果。如果说，萨尔浒之战决定了后金的存在，那么辽沈之战决定了后金发展到了一个崭新的阶段，使后金取得了稳固的立足点，并依赖所取得的大片土地及其繁盛的大城市，众多的人口和巨量财富，最终发展成为统治中国长达近三百年的一代王朝[③]。

继辽沈大战之后，1622年初，努尔哈赤率大军渡过辽河，夺取了广宁，1626年攻宁远（辽宁兴城），应该说，都是辽沈大战在军事上的影响不断扩展

---

① 故宫博物院藏本：《太祖皇帝大破明师于萨尔浒山之战书事文》，嘉庆朝武英殿满汉合璧刻本。

② 王在晋：《三朝辽事实录》卷4。

③ 孙文良：《论辽沈人战》，辽宁人学《学术论文选编》。

的结果。但是，对全局产生又一次重大影响的是宁远之役。袁崇焕坚守住宁远，阻挡住后金的进攻势头，迫使努尔哈赤从战略进攻的高峰上跌落下来。此役不久，努尔哈赤因惨败而郁结成疾，不治而死，才使明朝乘机构筑宁锦防线，双方开始进入战略相持阶段。

第三阶段，从1627年到1642年松锦决战前，为明清战争的战略相持阶段。一方面，努尔哈赤的继承者皇太极累次向辽西挺进，于大凌河（辽宁锦西）、锦州、宁远一带展开激战；另一方面，明兵“凭坚城用大炮一策”[①]坚守住宁锦防线，迫使清兵长期徘徊于大小凌河之间，十余年仅夺取了大凌河一城。但皇太极采取了大胆的战略，绕过山海关，取道内蒙古，先后五次遣大军突入北京城下及其周围地区，最远深入到河北南部和山东境内，大军所至，如入无人之境，都获得了程度不同的重大成功。皇太极决策入关征明弥补了他在辽西毫无进展的损失。

第四阶段，从1642年松山决战到1644年清兵进关，是清朝发起战略总攻击的阶段。皇太极即位以后，实行了一系列的改革，把努尔哈赤开创的事业迅速地推向前进，在内政、外交、军事和经济各方面都取得了长足的进展。他两次派遣大军降服朝鲜，铲除皮岛明军的根据地，彻底除掉后顾之忧。他几次派军远征强悍的蒙古察哈尔部，引导漠南蒙古归于清政权之下，他趁着有利的形势，于1640年（崇德五年）决心打破长期的僵持局面，必欲突破宁锦防线，作出包围锦州的战略决策。锦州是宁锦防线的一个重要环节。锦州被围，震惊了明朝统治集团，唯恐锦州一破，关外诸城随破，山海关失去屏障，将置京师于危险的处境。于是，明朝不惜一切代价，调集十三万大军、一大批能征惯战的猛将援锦。明朝此番举动，在于同清军作孤注一掷的决战。皇太极抓住战机，“悉沈中之丁”[②]，亲率倾国之师十余万人，同明军在松山展开大会战。皇太极以十日之功，大破明兵十三万，再擒其统帅洪承畴、总兵大员及将领数十人，于是，“锦州、塔山、杏山各城守，势如破竹，不数月，相继下，山海以东尽为我有”[③]。这场大战，是战略上的重大突破，从而结束了明清在辽西长期拉锯的局面，清由踏步不前，转变为战略进攻。皇太极说：“今明国精兵已

---

① 《明史》卷269，“袁崇焕传”。

② 《沈馆日录》。

③ 弘历：《太宗皇帝大破明师于松山之战书及文》。

尽，我兵四围纵略，彼国势日衰，我兵力日强，从此燕京可得矣。”[①] 1644年清军以排山倒海之势涌向关内，占领了北京，开创了清朝统治全国的新纪元。所以，乾隆帝对萨尔浒与松山两次决战作了比较后，说：“太祖一战而王基开，太宗一战而帝业定。”确非夸张之语。清朝一向推崇这两大战役，道理即在这里。

列宁指出，古今一切战争，“都是同产生它的政治制度分不开的。某个国家或某个阶级在战时所实行的政策，必然是它们战前长时期内所实行的政策的继续，只不过在行动方式上有所不同罢了”[②]。努尔哈赤时期，后金还是一个奴隶制国家，奴隶主贵族不仅在本民族的广大劳动人民中进行剥削与压迫，而且要向外发展，把明朝直接统治下的汉族人民作为掠夺对象。它通过对明的战争，不断掠夺财富和大量人口，“俘掠辽沈之民，悉为满臣奴隶”[③]。正如恩格斯所说：“进行掠夺在他们看来是比进行创造的劳动更容易甚至更荣誉的事情。”在后金，“战争成为经常的职业了”[④]。努尔哈赤的政治理想，“并无必成帝业之心”，不过是欲划山海关为界的后金国而已。到皇太极时，情况有了很大变化。他进行战争的主要目的是，旨在一步步踏着千百万人的尸骨登上全国最高统治者的宝座。从明朝方面来说，它艰难地进行战争，则是为继续保持和企图恢复它的一统天下。结局是明朝节节败退，清朝如愿以偿。显然，“战争本身并不改变战前政策发展的方向，只是加速这一发展”[⑤]。

我们考察战争，不能简单地看做是双方兵力的互相厮杀。战争是政治斗争的最高的，也是一种特殊的表现形式。战争的胜负，不单单是军力、物力的对比，而且还是政治力量消长、政策得失、人心向背和人的主观能动作用是否得到发挥等等各种因素的综合体现。清朝的一系列的胜利，表现了这个政权的巨大活力。它有一支强大而善战的八旗劲旅。同时，它争取到了蒙古的强有力的支持，还吸收了数以万计的汉兵汉官参加它的政权，从政治、经济和军事上壮大了它的实力。表面上看，这个政权是以满族统治阶级发动的战争，实际上是满蒙汉联盟对明作战，特别是它实行“以汉攻汉”的政策，用招降的大批明朝

① 《清太宗实录》卷62。
② 《列宁选集》卷24，第369页。
③ 昭梿：《啸亭杂录》卷2，“汉军初制”。
④ 《马克思恩格斯全集》第4卷，第160页。
⑤ 《列宁全集》第22卷，第517页。

将士攻击明朝无不奏效。明末政治黑暗腐败是人人皆知的，它不仅各项政策失计，而且内部倾轧、党派纷争已注定它不能再振，只能步步退缩，抱守残局，直到全局丧尽为止。这一变化是伴随着战争的进程而演变的。明清战争的过程同明清兴亡的过程是同步发展的。明清战争的结局，就决定了明清兴亡的必然趋势。

二、新的南北朝对峙局面的形成

从1618年明清（后金）抚顺、清河首次交锋，至1644年清兵入关，共二十六年间，频繁而不间断的战争正在迅速改变明朝一统江山的政治格局，形成了以长城划分的南北朝对峙的局面。

万里长城西至嘉峪关，东至山海关，如果加上明增修的辽东边墙，已达鸭绿江畔的镇江（辽宁丹东）。这道蜿蜒屈曲的万里长城，不过是限隔汉族与北方各少数民族的居住区域的一道藩篱，主要目的是防备北方游牧民族大规模南下。它反映了封建主义时代广大的农业区与经营畜牧的辽阔草原之间的对立。

这里，不妨先从东谈起。从努尔哈赤到皇太极逐步完成对东北全境的统一，其间，父子两人都屡次南北用兵：南自旅顺，北至黑龙江畔，直至江北以远，八旗骑兵的足迹，无所不至。我们不想具体叙述父子二代人如何用兵，乃至如何统一，这里只需引述皇太极于1642年（崇德七年）发布黑龙江大捷的文告，就足以说明问题了。他写道："予缵承皇考太祖之业，嗣位以来，蒙天眷佑，自东北海滨（鄂霍次克海），迄西北海滨（贝加尔湖），其间使犬、使鹿之邦及产黑狐、黑貂之地，不事耕种、渔猎为生之俗，厄鲁特部落，以至斡难河源，远迩诸国，在在臣服。"[①] 这段话宣布了一个重要事实，即他所勾画的大清朝，已辖有广大的东北及蒙古的广阔疆域。

与东北疆土有联系的是朝鲜，曾是清的后顾之忧。皇太极两次进兵朝鲜，彻底切断它同明朝的一切关系，从而控制了朝鲜。

长城以北的广大地区，主要是蒙古族居地。从努尔哈赤起，就重视与蒙古的关系，极力争取它的同盟，以对付明朝。皇太极时，抚剿并用，联合蒙古科尔沁诸部，集中力量打击同它为敌的察哈尔部，先后三次出兵远征，最终把察

---

①《清太宗实录》卷61。

哈尔部撵得无立足之地，其首领林丹汗逃死于青海大草滩，其子额哲率余部向皇太极投降。至此，察哈尔灭亡。皇太极三次用兵察哈尔，实际上是对漠南蒙古的统一战争，分裂的漠南蒙古重新获得统一，并入了后金政权的管辖之下。皇太极在其父努尔哈赤的灵前祭告说："臣于诸国，慑之以兵，怀之以德，四境敌国，归附甚众。……乃者，朝鲜素未输诚，今已称弟纳贡；喀尔喀五部举国来归，喀喇沁、土默特以及阿禄诸部落，无不臣服。察哈尔兄弟，其先归服者半，后察哈尔汗携其余众，避我西奔，未至汤古忒部落（西藏），殂于西喇卫古尔部落打草滩地，其执政大臣率所属尽来归附。今为敌者，惟有明国耳。"①

皇太极灭亡林丹汗，推动了漠北蒙古积极向清朝靠拢。漠北蒙古亦称喀尔喀部，分别为土谢图汗、扎萨克图汗和车臣汗所统治。崇德元年（1636）十一月，车臣汗遣使来沈阳朝贡。崇德三年（1638）三月，土谢图汗、扎萨克图汗与车臣汗都遣使来朝。此后，他们按规定每年向清朝行"九白之贡"②，正式建立了臣属关系，它标志着辽阔的外蒙古也归入清朝的版图。

综上所述，可知清入关前，它与明形成新的南北对峙局面，是一个不容忽视的事实，以往论者只看到清在辽东一隅之地，忽视它领有东北及长城以北的大片疆域，因而把清的力量估计过低，以为它之入关夺权系偶然与幸运所致，这是缺乏历史事实与分析的。

三、清进关夺权是必然之势

1644年，在明清兴亡史上是极为关键的一年，也是伟大的转折的一年，在这一年，先是李自成于三月率领农民军胜利地进入北京，明朝作为统治全国的中央政权宣告灭亡；后是十余万清军铁骑奔驰进关，占领北京，开辟大清历史的新天地。清与明、与大顺等政治势力奋力角逐，各种矛盾与斗争交织在一起，而胜败决于朝夕之间，且巧合于1644年。这种带有戏剧性的历史巨变，使我们有理由认为，1644年堪称为中国历史上改朝换代的大事变的年代。

---

①《清太宗实录》卷20。

② 王先谦：《东华录》天聪十年二月。

应当指出，1644年，明失去北京，李自成得而复失，最后为清所有。一年之中，不过四十日，变化是如此之大，可谓天翻地覆。从表面看，的确是历史偶然巧合。但是，我们能否就得出这样的结论：明清兴亡，包括李自成的失败，都是偶然性造成的？换句话说，他们的胜负结局是否与必然性毫无关系？或者说，清之有天下得之于历史的幸运，而明亡与李自成的覆没却是历史的厄运所致？我们认为，用历史的偶然性来解释它们各自的历史命运是不妥的。因为这只是看到了事情的表面现象。欲得出正确结论，还必须探索内在的更深刻的原因。

恩格斯说得好，“历史事件似乎总的说来同样是由偶然性支配着的。但是，在表面上是偶然性在起作用的地方，这种偶然始终是受内部的隐蔽着的规律支配的”。这里所说的“规律”，亦即必然性，“被断定为必然的东西，是由纯粹的偶然性构成的，而所谓偶然的东西，是一种必然性隐藏在里面的形式”[①]。简单说来，偶然孕育于必然之中，而必然又是通过偶然表现出来的。显然，把明清之际的历史演变完全归于偶然性，与必然性无关，这从理论上很难说得通，也不符合明清交替的历史的真实情况。

事实是，1644年政治格局的天翻地覆，突发于“曾几何时”之间，却是经历了长期的酝酿过程，各种矛盾的发展，最终演变成1644年的局面。本文的第一、二部分对这个漫长的发展过程已做了较详细的说明，着重指出，清统一全国的过程，早在关外时期即已开始。努尔哈赤在辽东地区建立了前进的基地，经皇太极大力推进，加速了统一全国的进程。他以夺取全国的最高统治权为终极的政治目标，不断发动对明的战争，夺取了一个又一个的胜利，最后经松山决战，造成了清军直捣山海关的内逼之势。在关内，又有李自成、张献忠等农民军不断消耗明朝实力，逐步逼临北京，从而与清兵不约而同地对明构成南北夹击的态势。明朝的灭亡已成定局，何时灭亡，仅是时间问题。

恩格斯在阐述黑格尔的哲学命题时，曾说出如下一段精彩的话：“在发展的过程中，以前的一切现实的东西都会成为不现实的，都会丧失自己的必然性、自己存在的权利、自己的合理性；一种新的、富有生命力的现实的东西就会起来代替正在衰亡的现实的东西，——如果旧的东西足够理智，不加抵抗即行死亡，那就和平的代替；如果旧的东西抵抗这种必然性，那就通过暴力来代

---

① ［德］恩格斯：《路德维希·费尔巴哈和德国古典哲学的终结》。

替。”[①]新的代替旧的，这是不可抗拒的规律。明朝腐朽至极，是急速衰亡的东西；关外的清朝、关内的李自成等农民是新的、富有生命力的东西，它们是正在发展壮大的现实的巨大力量。它们以暴力最终战胜明朝，体现了历史的必然性。关于这一点，明清之际的许多有识之士都看得明白。自称“明遗民”的何倩甫作《大明论》，他写道：“（明）国坏者何也？北方州郡荒旱水灾相继而作，百姓困苦，啼饥号寒，流离琐尾，不可胜数。当此之时，臣无直奏其事，君不闻民之苦，而民不思为逆者寡矣。天祸李闯，机谋百出，散财结党，渐入畿内……突然内外合攻，顷刻破城。”[②]这段评论，反映了当时普遍的看法，有的甚至说：“虽当时无流贼之蹂躏海内，而明之亡也决矣。”[③]这就是说，明必亡，在当时已成定论。同样，清朝与李自成当兴，也是必然，至于它们三者何时互相“代替”，以何种方式及怎样“代替”，则表现为偶然性。这里，偶然性不正是必然性的生动反映吗？例如，李自成率领农民大军捷足先登，攻占北京，易明而替代。明没有直接亡于清朝，而亡于农民军之手，确属偶然。但这偶然性完全体现了明朝之亡的必然性。清朝长期同明争夺全国最高统治权，当李自成破北京的消息传来，它马上意识到，它同明争夺天下已失去实际意义，摆在面前的最主要的对手是李自成的农民军。位居显要的汉官范文程在参与决策进关时，明确指出：“明之劲敌，我国与流寇也。正如秦失其鹿，楚汉逐之，虽与明争天下，实与流寇角也。”[④]清朝能否“统一区夏”，关键是与农民军的最后较量。因此农民军成了清朝“必讨”的目标[⑤]，这也是形势发展的必然。

清朝与农民军，究竟谁战胜谁？开始，人们很难预料。因为从实力对比来看，基本势均力敌，但农民军在总的数量上已占有优势。它经过长期的作战，具有强大的战斗力，也并不比八旗劲旅逊色。但结局是，清朝胜利了，李自成失败了。长期以来，人们有一种习惯看法，认为吴三桂开关迎降，对清兵入关、统一全国起了决定性作用；而李自成本应最有资格建立新王朝，却因麻痹轻敌遭到了完全失败，但真正的原因并不在此。实际上，清朝与李自成农民军

---

①［德］恩格斯：《路德维希·费尔巴哈和德国古典哲学的终结》。
②《华夷变态》卷1，第111页。
③《崇祯长编》“明亡述略·序”。
④《清史稿》卷232，“范文程传”。
⑤《碑传集》卷4，“范文程传”。

的不同结局，各有其深刻的内在因素。

首先，清兵进关夺权，是清建国后主要是皇太极定下的基本国策。它同吴三桂开关迎降毫无必然性联系。皇太极在位十七年，他为未来进关夺权做了充分的准备，一直耐心等待条件的成熟和机会的到来。李自成先破北京，这就为清朝争雄中原消除了一大障碍，并提供了最后夺权的千载难逢的一大机会，清朝立即抓住不放。范文程说得非常肯定：建立帝业者，在“此时”，失去机会而贻悔将来者“亦此时”[①]，正反映了清朝统治集团的急切心情。事实表明，清兵迟早要进关，势在必行，这是毫无疑义的。其次，清兵无论从素质、装备、物资供应及作战经验等一切方面，都具备了取得胜利的基本条件。当摄政王多尔衮最后决策进关夺权，尚不知吴三桂要降，他们仍打算抛开山海关，从故道即经内蒙古地区进关，或直取北京，或攻取要地，在山海关以西地方，择一坚城顿兵，作为清兵出入的门户[②]，这是可行的一个稳妥计划。大军出发后，于行军途中，在翁后地方（辽宁北镇附近）突然接到吴三桂“请兵”的降书信，才改道直趋山海关。吴三桂投降，他的作用是使清军避免长途跋涉，少走弯路，大大缩短了清军进关的时间，使胜利提前来到。再次，吴三桂之降清，事出突然，决于急促之中。实在说，他本无意降清。当李自成给予优厚条件时，他决定投向农民军，并且真的率师返京，接受李自成的改编。但行至半路，听说家被抄、父亲被囚、宠妾陈圆圆被虏，便改变了主意，返回山海关，在得到李自成亲自率军攻山海关的消息后，他惊惶无法自存，终于急促定策，投向清朝一边，事实表明，吴三桂降清是一个偶然的重大的历史事件。清兵非请自来，它与吴三桂的“请兵”纯属偶然巧遇。但是，这个偶然事件却真实地反映了清军迟早进关的必然性。任何夸大吴三桂作用的说法，都是不足以令人信服的。

清军与农民军在山海关一仗，就决定了它们的命运，未免令人为李自成惋惜，为清朝感到幸运。其实，就其实力而言，李自成在山海关损失人马不过几万，尚有数十万大军屯于北京内外。虽然麻痹轻敌，招致失败，但一次失败也不致导致最后覆灭的惨局。例如，明朝同清兵作战达二十五年之久，失败何止几十次，上百次，还没有亡国。而李自成败过山海关一次则变得不可收拾，迅速没落。原因正如皇太极生前所说：明立国很久，制度详备，基础牢固，能经

①②《碑传集》卷4，“范文程传”。

受住各种不测事件反复的袭击[①]。李自成农民军则先天不足，且不说他立国多么短暂，就说他没有一套建立新政权的方案和具体措施，单纯军事观点，得一地，即弃一地，得一城即弃一城，得了北京，却把已攻得的城镇地盘差不多都交给明降吏看守。李自成进了北京，应当筹划如何迅速建立新政权，颁布制度，巩固已得胜利成果，吸引广大群众和各阶层及知识分子对该政权的支持，相反，却把几十万大军开进了北京城。开始，纪律尚可维持，但很快败坏得无法约束。加之他们的错误政策，把北京搞得混乱不堪，人心惶惶，大失人望。后金谋臣范文程就预见到李自成必败。第一，“逼殒其主，天怒矣”。第二，“刑辱缙绅，拷劫财货，士忿矣”。第三，“掠人赀，淫人妇，火人庐舍，民恨矣。备此三败，行之以骄，可一战破也”[②]。事实正是这样：李自成率精锐来战山海关，是存在着胜利的可能性的。但他们身怀“重宝”钱财，还怎能舍命死战？李自成在攻陷北京前就与诸将帅“约分京师财物：内藏归自成，勋戚归刘、李诸贼帅，文臣归牛、宋诸臣，富户归小盗。京师得，约封诸臣为公侯伯、锦衣卫所诸官，厚加赏赉”。在李自成率精锐出征山海关，经通州时，“大驱马骡三千、橐驼一千，驮载辎重归陕”[③]。李自成曾说：“陕，我父母国也，富贵必归故乡，即十燕京岂易一西安乎？”[④]这表明，李自成并无久居北京的打算，因此一旦发现清兵入关参战，顿时失去信心，溃败不止。李自成败归北京后，很快撤离西走。李自成进如流，退亦如流，没有自己可立足的巩固根据地，他怎能敌得过组织严密的八旗劲旅呢！全面考察李自成进北京后的所作所为，不像一个创业之君。这与努尔哈赤、皇太极形成鲜明对照。他们两代人稳扎稳打，特别注意制度与政权建设，真正是在创业，而不是目光短浅地贪图一时利益，他们以辽东为根据地，进可战，退可守，使自己立于不败之地。两相对比，我们就不会怀疑李自成失败是必然的，无可挽回的，他只能让位给雄心勃勃的清朝。换句话说，正是李自成的错误政策为清朝的成功准备了条件。

（原载《清史研究通讯》1986年第1期）

①《清太宗实录》卷37。
②《清史稿》卷232，“范文程传”。
③《流寇志》卷12，第136页。
④《平寇志》卷10。

论清（后金）五次入关及其战略思想

明清（后金）战争，在我国古代军事史上占有重要地位。它以战役频繁无歇、规模宏伟、悲壮激烈及其持续时间之久而载入史册。其中又以清（后金）五次千里奔袭关内（1644年前），写下了震撼人心的一页。清（后金）屡次奇迹般地成功远袭，对于明清兴亡关系很大，且有很多经验可供借鉴。迄今尚无专文探讨这个问题。本文试图将清（后金）五次入关起因与经过缕析清楚，并从整个明清（后金）战争的范围考察其战略思想，揭示其后果对历史演变之影响，亦能有助于我们关于明清兴亡历史过程的必然性认识。

一、入关前明与后金的军事态势

后金入关远袭前，它与明朝的战争已进入战略相持阶段，明处于守势，后金则处于咄咄逼人的进攻态势。双方在宁远、锦州一带展开了持续的拉锯战，后金被迫徘徊于大、小凌河之间，而不得越雷池一步！这个形势是怎样出现的呢？它的出现又与后金发动入关远袭有何关系？这是需要首先回答的一个问题。

萨尔浒激战后，后金从防御转入战略进攻，迅即发动了规模更大的辽沈战役，开原、铁岭、沈阳、辽阳等名城重镇，相继鼓行而下。接着，努尔哈赤乘锐向辽西进军，不战而取广宁（辽宁北镇），兵临明朝屯驻重兵的宁远，遭到明兵重创，被迫解围撤退。此后，直到他去世前，都没能再发动新的攻势。宁远之役，标志着后金已从战略进攻的高峰跌落下来。

明朝在萨尔浒战役中遭到惨败，迫使它从战略进攻转为防御，失去了辽东后，转而退却，但退到辽河以西地区，就不想再退了。明朝统治集团已经意识到继续后退将会造成多么危险的局面！从全局来看，辽东地区占有十分突出的战略地位。它是有明一代“九边”重镇之一。北与强敌蒙古接壤，东与东北跟女真等少数民族为邻，同时也是联络朝鲜的陆上必经之地。该地区通过“京东天险”门户山海关与京师联结起来[①]。这就不难看出，京城、山海关、辽东，形势完整，恰似臂指相连。难怪明人视辽东为“神京左臂”，把它置于“保辽以保神京”的战略地位[②]。自明初起，蒙古骑兵不断从这里内袭，其扰乱几与明相终始。明中叶以后，又有建州女真兴起，辽东遂成为多事之地。这不能不引起明统治集团的严重忧虑。于是，不断增兵守边，大规模地修边墙台堡不已：“山海关以东皆筑砖石为烟墩，高四五丈，广可二三亩，或方或圆，雉堞皆具，亦有筑小城以为捍卫者，棋布星罗，千里相望，沿边诸山顶亦处处有之，高出云表。明季防边至周且备，不知费几万万金钱！”从山海关至开原，每三十里即筑一城，“势如连珠”，“皆列兵戍守”[③]。明为防范蒙古与女真，其布置实属严密！当努尔哈赤破开、铁，陷辽、沈，西涉辽河，出入大小凌河之间，所有那些耗资巨大修成的台堡工事皆化为无用之物，“倾圮于荒烟蔓草中矣”[④]。明失去了辽东，则辽西首当其冲。“保河西正所以保河东”[⑤]，辽西若不保，山海关之危亡必在旦夕之间，而关门一旦被打开，北京立即暴露于敌前，局面就会变得不可收拾。

但是，明统治集团内部分歧甚大，对辽西的战守及是否放弃的问题，进行过多次激烈的辩论。一派意见，如王在晋、高第等人主张放弃辽西，退守山海关；另一派意见，如熊廷弼、孙承宗、袁崇焕等坚决主张保守辽西，把它作为缓冲地带，以护关门，北京才有可靠的安全保证。熊廷弼任辽东经略时，最先提出“防边以守为上，缮垣建堡”的方针[⑥]。孙承宗继其后，力主于山海关外

---

① 魏源：《圣武记》卷1，“开国龙兴记三”。

② 熊廷弼：《经辽疏牍》卷1。

③ 王一元：《辽左见闻录》（按：此为手抄本，不分卷，亦无页码之分，下同）。

④ 王一元：《辽左见闻录》。

⑤《明季辽事丛刊》卷7，“海运摘抄”。

⑥《明史》卷147，“熊廷弼传”。

筑城防守。其时，袁崇焕在孙手下任事，倡言“守关当于关外守之”[①]。他认为“恢复之计”在于“以辽人守辽土，以辽土养辽人，守为正着，战为奇着”[②]。这一战略方针完全符合当时当地的实际情况，是阻挡后金的猛烈攻势、渐图恢复的有效措施。朝廷终于接受这一主张，这才倾注兵力与粮饷力保辽西。天启五年（天命十年，1625年），在孙承宗的主持下，袁崇焕积极赞助，开始在辽西构筑一道坚固的防线：以山海关为根本，在关外层层布防，其中以宁远、锦州为重点，并环绕它们修筑诸城，互为声援，各成掎角之势。是年夏，已将锦州、松山、杏山、塔山诸城镇修缮完毕。这条防线还未最后完成，孙承宗就被朝廷党争排挤下台。袁崇焕接替他，继续建设宁锦防线。除继续修筑各台堡据点，军事上严密布置，还在经济上大兴屯田，以屯田养战，招徕四方流民，复兴商旅，以固长远。这道立足于积极防御的战略防线，在努尔哈赤大军攻击宁远时受到了第一次考验，证明这条防线行之有效。其后，袁崇焕不断完善和加强对后金的防御，使之更加坚固。

清太宗皇太极一登上汗位，就迫不及待地征明。他沿袭其父的做法，企图打破锦州与宁远，直抵山海关。天聪元年（1627）五月，太宗亲率大军攻打锦州。先是劝降，不成，继而攻城，连攻十四天，还是攻不下。转而率军攻宁远，袁崇焕指挥明兵进行顽强抵抗。他们凭坚城，施放猛烈火器，给予后金兵重大杀伤[③]。太宗被迫放弃攻宁远，再回师锦州，虽用尽各种办法，仍无法打破明军的防御，而后金兵的士气、战斗力都在下降。在这种取胜无望、兵力损失日益严重的情况下，太宗于七月撤离锦州。

宁、锦苦战，后金“士卒损伤甚多”[④]，太宗无功而还。明人称这次战役为“宁锦大捷”。此役又一次检验了袁崇焕等在辽西设置的防线是能够阻挡住后金的进攻的。在此后的十几年间，直至太宗去世前，他都没能完全打破这道防线。明军取得这次战役的重大胜利，便稳住了它在辽西的阵脚，从而使双方的战略相持的局面得以巩固下来。太宗出师失利，使他认识到，宁锦防线坚固，一时又无法打破，但又不能坐等，或与明军拼没有胜利的消耗，否则，就会严重阻碍后金的发展，甚至会陷入自身瓦解。努尔哈赤生前曾说过：“既征

① 张岱：《石匮书后集》卷1，“袁崇焕列传”。

②《明史》卷259，“袁崇焕传”。

③《清太宗实录》卷3，第24页；参见《国榷》卷88。

④《东华录》天聪元年六月。

大明，岂容中止！”[①]在他看来，只有不停顿地进攻，才能巩固已有的胜利；而只有不断地夺取新胜利，才能增强内部的凝聚力，最终战胜明朝。太宗遵循其父对明的既定方针，既不能停止征伐，也不能在辽西一带一味同明兵拉锯，他必须打开与明的僵持局面而有所前进。这时，他已经降服朝鲜，迫使它与后金结成“兄弟之盟”[②]，暂时解除了后顾之忧。于是，太宗考虑了一项十分大胆而又冒险的计划：避开宁锦防线，绕道进关，突袭北京，给明以猝不及防的新打击！

二、天聪时期两次进关奔袭

（一）首次进关——突袭北京

天聪三年（1629）十月，太宗发动了首次入关征明的战争。他“亲统大军伐明”[③]，目标直奔北京。此次出征兵力有多少？这里仅说“大军”，却没有具体数字，今人对此也无考证。在清代文献中，有关用兵的数目似乎是个忌讳的问题，很少具体记载，往往记录某旗参加，或从牛录中抽调若干等。以后几次入关，都是这种情况。我们只能依据出征各旗，并从旗的兵额编制来约略地推算其兵力总数。其时，后金仅有满洲八旗、蒙古两旗（汉军旗尚未成立），总兵额不过六万五千人左右[④]。太宗不可能将全部兵员调去远征。据《清太宗实录》透露，太宗从各旗抽调部分甲兵、护军等组成了远征大军。这次远征结束后，他曾说过：“前出兵时，每牛录甲兵或二十人，或十五人，毁明国坚固边墙，长驱直入。”[⑤]按甲兵二十人计算，总共抽调的甲兵也只有万人左右，再加上护军、无甲之人（即各将官私带的家丁）及匠役等，总数可达两万人以上。已归附后金的外藩蒙古都奉召参加远征。他们是：扎鲁特、奈曼、敖汉、喀喇沁、巴林及科尔沁二十三贝勒“各率所部兵来会”[⑥]。其兵马数目亦无从

①《清太祖武皇帝实录》卷4，第2页。
②［朝鲜］《李朝实录》卷15，第364~372页；《东华录》天聪元年正月至三月。
③《清太宗实录》卷6，第22页。
④ 魏源：《圣武纪》卷11，“武事余记”。
⑤《清太宗实录》卷7，第6页。
⑥《清太宗实录》卷5，第21页。

得知。但一般情况是，蒙古各部出兵多者千人、几千人，最少者不足千人。计其总数，肯定超过后金兵。综合以上材料，可以推定太宗率“大军”总数在五万左右。

清太宗为了避开宁锦防线，大胆地选择了从来未走过的内蒙古路线。他指派熟悉去北京道路的喀喇沁部台吉布尔噶都任向导，于11月16日（此为公历，本段下同）自沈阳出发，西北行，18日至都尔鼻（辽宁彰武），转向西行，进入今内蒙古自治区地区。19日，驻营杨石木河①；23日，到达纳里特河；25日，抵辽河立营；29日，会科尔沁23贝勒；12月4日，驻营于喀喇沁之青城②；8日，次老河③，太宗“各授以计，分兵前进”。10日，抵长城的喜峰口、龙井关、洪山口等关口④。至此，共历二十五日，行程一千多里。

太宗的这一军事行动却是击中了明朝的要害。如上所述，明朝把它的主要力量用于山海关及其以东至宁锦一线，力图阻挡住后金的攻势，但它万万没料到后金兵会绕开这道防线，从其他关口突入。太宗以避实击虚、攻其不备的战术，迅速突破关口，连下马兰峪、汉儿庄、潘家口诸边城，接着，会师遵化。山海关总兵赵率教急驰入援，被阿济格斩于马下。遵化陷落后，太宗挥军直趋北京。这时，明将袁崇焕闻警，率精骑自宁远昼夜兼程进关，先赶到北京，三天后，即天聪四年（崇祯三年，1630年）一月三日，后金兵蜂拥而至，双方在德胜门外、广渠门发生激战，互有杀伤。十日，太宗令后金兵逼近袁军营寨驻扎。当天晚上，他向高鸿中、鲍承先“授密计”，即众所周知的反间计，假崇祯帝之手，以除袁崇焕，取得了完全的成功⑤。

太宗在北京宫墙下，转战各门，又南至京郊良乡、固安等县纵略，连败明兵，击毙骁将满桂，活捉总兵官黑云龙、麻登云等。诸贝勒将领争请攻城。太宗很不以为然，却胸有成竹地说：“城中痴儿，取之若反掌耳！但其疆域尚强，非旦夕可溃者，得之易，守之难，不若简兵练旅，以待天命可也。”⑥二

---

① 又写作养息牧、杨什穆，河经彰武东，南流，注入辽河。见张穆：《蒙古游牧记》卷1，第13页。

② 青城，属喀喇沁右翼旗，建于明初，蒙古名喀喇城，土人称为黑城，又曰青城，乃新城之谐音。见《蒙古游牧记》卷2，第7页。

③ 老河，在今河北平泉西北境，东北流五百余里，与潢河会，下游为辽河。

④《清太宗实录》卷5，第26~27页。

⑤《清太宗实录》卷5，第43~44页。

⑥ 昭梿：《啸亭杂录》卷1；参见《清太宗实录》卷5，第44~45页。

月七日，太宗自北京撤军，在东归时，又连下迁安、滦州、永平及遵化四城，留下雄兵猛将，以为进关的立足点。他自率大军于四月十四日返回沈阳，从而结束了这次历时五个月的远征。不久，明孙承宗组织反攻，重新夺回永平四城，使后金遭到很大损失。

（二）第二次进关——入口之战

天聪八年（1634），清太宗再次决策进关。是时，后金在军事上取得一定进展，一是天聪五年（1631）夺取了大凌河城（辽宁锦西），一是击败察哈尔部林丹汗，迫使其向青海方向逃窜。回过头来，他决定对明朝展开新的大规模进攻。诸贝勒大臣主张从山海关进兵，但太宗却另有考虑。他说："今兴大兵宜直抵宣（府）、大（同）。察哈尔先为我败，举国骚然，贝勒大臣将来归我，必遇诸途。我一则征明大同，一则收纳察哈尔来归官民。"[①]太宗宣布此次远征的目的，既伐明，又于途中收纳林丹汗残部余众。他避开山海关，攻击宣、大，还是避实击虚。这一用兵特点，在以后几次进关及其他对明战役中一再表现出来。

宣府、大同是明朝的北方军事重镇。它们以防御和控制北方游牧民族而为历代兵家所重。明为阻止"北虏"（蒙古）南下，特在这两处筑城堡，驻重兵，宣府号称"北门之势于今为壮矣"，大同"亦称金汤"[②]。但明中叶以后特别是到明末，这一地区边备大坏，一方面，蒙古骑兵不断侵袭破坏；一方面，为对付后金的严重威胁，明被迫不断从宣大两镇抽调兵力，以加强山海关以东的宁锦防线，致使宣大一带塞垣空虚，形单力弱。太宗选择这两处作为突破口，不仅在军事上较易成功，而且在政治上也有重要意义。宣大离北京很近，如宣府仅距三百余里。太宗突袭这两座重镇，就会给北京造成直接的军事威胁，同时也足以施加动摇明朝统治的政治影响。

关于这次出征的兵力，文献仍无具体记载。《清太宗实录》卷18仅载，从满洲八旗、蒙古两旗各牛录下派骑兵二十名、护军八名，与汉军即都元帅孔有德、总兵官耿仲明的"天佑军"、总兵官尚可喜的"天助军"等组成远征大军。为适应长途行军奔驰，大量征调骑兵，连驻防巨流河的骑兵也被调去，以

---

① 《东华录》天聪八年五月。参见《清太宗实录》卷18，第23页。
② 陈子龙：《明经世文编》卷460，"宣府镇总图说""大同镇总图说"。

“援兵”之数补充远征的骑兵。有的牛录下的骑兵不足征用，许以步兵中有马者补充，或令马匹有余的牛录多派人参加[①]。由此推断，这次远征几乎将各旗骑兵全部征用，其他兵种，如步兵、援兵、守兵及每牛录护军两名留守后方。外藩蒙古近年归附日益增多，因而投入的兵力也比历年明显增加。例如，仅喀喇沁、土默特二部落就派出马步兵五千参加远征[②]。还有巴林、奈曼、阿禄、扎鲁特、翁牛特等各部近百名贝勒“各率所部兵来会”[③]。总计上述兵力，加上每甲喇出弓匠二名，每牛录出铁匠一名，可达九万人。这个推断是比较接近实际数字的。大军出沈阳不远，抵杨石木河时，“沿河立二十营”[④]，到达纳里特河时，外藩蒙古陆续来会，兵员大增，所立营寨“绵亘山野”[⑤]，展现出一派雄姿盛容的气势。据此，也足以说明远远超过了第一次远征的兵力。兵多将广，是此次出征的一大特点。八旗旗主，各旗主要将领、护军统领、护军参领等各层将校都成为远征大军的各级指挥官。太宗又带领他的一大批兄弟子侄如代善、阿巴泰、德格类、阿济格、多尔衮、多铎、岳托、萨哈廉、豪格等能征惯战的军事活动家随同他一起出征。外藩蒙古中也集中了一大批军事人才。因此这次出征可谓倾国中精锐，雄兵猛将如云。它反映了太宗必欲全胜的决心。

清太宗把出征大军分作两批出发。第一批于六月十五日先行，他本人与众兄弟子侄则于十七日离沈。行军路线，仍然从内蒙古地区穿越。一月后，逐渐接近长城，太宗陆续把大军分作四路进兵：命德格类自率一军破独石口，代善与其子萨哈廉等入德胜堡，阿济格与多尔衮等进龙门口，他自领一军从尚方堡进关。因为这次远征的大多数战役都集中在沿长城内侧一带进行，故称之为“入口”之战[⑥]。有的论者认为太宗在位时期，仅四次进兵关内，而把这次入关不计在内，显然是不正确的。四路大军于八月一日分别破关而入，明对此毫无所知，直到“奴（后金兵）四路纷来，至墙下而始觉”[⑦]。来不及防备，一触即溃。太宗此次用兵，不在于得城池、土地，主要目的是消耗明的实力，掠取财富，装备自己。一个被明兵俘获的后金侦探供认：后金“不攻城池，只在各

---

①《清太宗实录》卷18，第24~25页。

②⑤《清太宗实录》卷18，第35页。

③《清太宗实录》卷19，第3页。

④《清太宗实录》卷18，第34页。

⑥ 参见谷应泰：《明史纪事本末补遗》卷6，“东兵入口”。

⑦ 中国第一历史档案馆：《明档》第201号，卷第8号。

村堡抢掠”[①]。能攻取者即取之，掠其财物而后弃；不能取者，打一阵即跑，转攻他处。后金兵以宣、大地区为中心，在今河北省西北部与山西北部展开了广泛的军事活动，纵深几达山西中部代县、崞等地。

明将吏腐败怯阵，要么弃城而逃，要么紧闭城门不敢战，连崇祯帝也惊慌下令北京戒严，虽一再督战，也扭转不了一败涂地的局面。清太宗曾写信给阳和总督张宗衡，指斥明将士虚讹无能："朕入境几两月，蹂躏禾稼，攻克城池，竟无一人出而对垒，敢发一矢者。"[②]后金兵"蹂躏宣大五旬，杀掠无算"[③]。攻围大小城镇台堡凡五十余座。在饱掠之后，太宗率大军于九月二十八日从尚方堡出塞，从原路返回辽东。

三、崇德时期三次深入腹地

（一）第三次进关——兵威震京畿

继第二次进口远征之后，时隔仅两年，清太宗于崇德元年（1636）五月，也就是刚登上皇帝的宝座才一个月，又发动了第三次进关征明的战争。

太宗正准备亲征朝鲜，为了再挫明朝锐气，使之不敢在他入朝后袭扰清军，因命武英郡王阿济格为将，率师进关。阿济格是太宗的弟弟，排行十二。他以勇猛善战著称，立下不少军功，受到太宗的信任，每每给予特殊重用。这次远征，他独当大任，显见其地位之高。七月二日，太宗亲自为出征将士送行。一个月后，他估计阿济格将抵长城脚下，又别遣一军，前往山海关一带，执行牵制明军的任务，以减少明军对阿济格一军的压力。

阿济格麾下八旗将士八万余，于七月二十九日分作三路先后入独石口，八天后，会师于京畿延庆州（北京延庆县），再攻克近处的雕鹗、长安岭二城，败明军七次。清军刚入边，北京就宣布全城戒严。崇祯帝和他的谋臣以为清军奔山西，急调军队守紫禁、倒马、龙泉、固关等四个重要关口，力图阻止清军自西山进京[④]。不料清军却经延庆入居庸关，智取昌平，逼令总兵巢丕昌投

---

① 中国第一历史档案馆：《明档》第201号，卷第11号。
② 《东华录》天聪八年八月。
③ 《明史纪事本末补遗》卷6，"东兵入口"。
④ 谈迁：《国榷》卷95。

降。然后，经西山，移兵良乡、沙河、清河等镇，直逼京城。崇祯帝十分惊慌，“命文武大臣分守都门”[①]，传檄山西、山东、大同、保定及关外等处明兵五万余入援京城。其实，清军根本无意攻打京城，又不以夺地占城为目的，机动灵活地打击明军。因此，清军很快离清河，东克宝坻，西下房山，南战涿州，攻固安，陷文安、永清，再分兵攻潮县（北京通县），向南深入安州、雄县等地。接着西向转攻香河，破顺义，转到京城北，至怀柔，陷西和。至九月十七日，清兵分屯密云、平谷。一个多月的时间，清军紧紧围绕北京，“遍蹂畿内”[②]，共克十二城，五十六战皆捷[③]。二十九日，从容出冷口东归。清军“俱艳饰乘骑，奏乐凯归”，还砍下木头，在上面书写“各官免送”四字，故意丢到道上，以戏谑明将吏[④]。清军携带大批物资，“次第引归”，连续四天才全部通过[⑤]。明督师兵部尚书张凤翼与监军太监高起潜，总督宣、大兵马梁廷栋等都不敢接战，只尾随清军，眼睁睁地看着他们满载而去。于是，言官把“近畿地多残破”的责任都算在他们身上[⑥]。张、梁累次被参劾，自知罪责难逃，便日服大黄麻求死。不数日，张与梁还没等朝廷拿问，先后死去，才免去罢官与刀斧之罚[⑦]。

（二）第四次进关——铁骑闯冀鲁

崇德三年（1638）九月三十日，清太宗发布征明的命令：以十四弟睿亲王多尔衮为奉命大将军，长子豪格、七兄阿巴泰为副，统左翼兵；以侄儿贝勒岳托为扬威大将军、侄儿杜度为副，统右翼兵，分两路进兵。十月四日，岳托率右翼军先行，十日，多尔衮统左翼军离沈出征。

这就是清太宗发动的第四次对明朝的远征。他本人没有参加亲征，但曾两次亲统留守的部队前往锦州、宁远等处，以牵制关外明兵不得西顾。他说，两头出击，“使其东西疲于奔命，首尾不能相顾，我西征将士得以从容直捣中原耳”[⑧]。这段话表明，清军进关活动的范围进一步扩大，与前几次比较，也是

---

①《明崇祯实录》卷9，第8页，江苏国学图书馆传钞本。
②《明史纪事本末补遗》卷6。
③《清太宗实录》卷31，第3页。
④《国榷》卷95。
⑤《明崇祯实录》卷9，第11页。
⑥《明史》卷257，“梁廷栋传”。
⑦《明史》卷257，“张凤翼传”。
⑧《清太宗实录》卷46，第13页。

空前的深入。

十一月初，岳托一军自墙子岭、多尔衮一军由青山关毁边墙而入。这两个关口均在燕山脚下，形势险要，特别是墙子岭（密云县东北，今名墙子路）山高路狭，行军不能成列。清军利用明兵麻痹大意，迅速爬到山顶没有修边墙的地方，一拥而入。密云总督吴阿衡率军仓促应战，死于阵中。两翼军进关后，会合于通州河西，然后自北而南，绕过北京，至涿州，分兵八路向西攻掠：一沿太行山下，一沿运河，其余六路布于山河之间，纵兵并进。北京以西，至山西界，千里之内，多为旷野平川，成千上万的满、蒙古与汉军骑兵，飞驰起来，如一股狂风而过，明兵纷纷披靡。明督师卢象昇坚决主战，他率五千余残军迎战清军，在河北南部的巨鹿（邢台东北）附近的蒿水桥与清军遭遇，被围数层，终于奋战至死，全军亦覆没无余[①]。这是清（后金）军几次入关以来，明军给予的最壮烈的抵抗之一。

清军纵深到河北南部，远至与河南、山东交界地带，攻掠了广平、顺德(邢台)、大名等地，然后把进攻的矛头指向了山东。多尔衮等绕开明在德州布置的防线，从东昌、临清等处渡过运河，突然直插济南。攻击还不到一天，济南这座号称中原一大都会就落入了清军之手。饱掠之后，清军出济南，转攻山东其他城镇十六处，至次年（崇德四年）三月，多尔衮等率大军至天津卫，渡运河；四月，经迁安县，出青山关而归。

清兵这次进关，以中原地区为目标，闯进河北、山东，“转掠二千里”[②]，“旌旗所指，无不如意”[③]，其活动范围无疑更加扩大。其次，在关内停留的时间长，甚至在明腹地安然度过了一个冬天！再次，所获战果也最大。两路军共败明军五十七阵，克济南府、三州、五十五县、二关，击毙明两名总督及守备以上将吏共百余人，明宗室德王朱由枢等一大批人被俘，押到辽东。至于被俘人畜与劫掠财物更是不计其数。事实表明，这次进关在各方面都超过了前三次！

（三）第五次进关——劫掠山东

崇德六年（1641）九月下旬，清太宗率师与明军决战于松山（辽宁锦县松山公社），收降锦州，歼敌十三万，取得了松锦决战的重大胜利。清太宗乘这

①《明史》卷261，卢象昇传。

②《明史纪事本末补遗》卷6。

③《清太宗实录》卷46，第13页。

一大好时机，决定再派大军入关，进一步打击明朝，加速它的瓦解过程。

崇德七年十一月，太宗任命七兄多罗饶余贝勒阿巴泰为奉命大将军，与内大臣图尔格统领八旗将士征明。从满洲八旗、蒙古八旗、汉军八旗共二十四旗中各拨出一半兵士，即相当于十二旗，五万余人[①]，外藩蒙古各部皆出兵一半，总计已超过十万，分作两翼进兵。左翼于十一月二十六日从界岭口（河北迁安与抚宁交界处）毁边墙而入；右翼于二十九日从雁门关黄崖口（古北口西段）入口。

明朝鉴于清（后金）军屡次长驱入关，着实在军事上作了严密部署：设关内外二督，在昌平、保定设二督，设宁远、永平、顺天、保定、密云、天津六巡抚及宁远等地八总兵。可以说，明兵星罗棋布，无地不防。但清兵每次选择的入关之地都不同，大出明将意料之外，使之防不胜防。这次选择的关口，也是明将无法料到的。两翼进关后，破蓟州。当朝廷得报，急调援军时，清兵已弃蓟州，经北京，分道南下。仅两个月，清兵连克霸州、河间、永清、衡水诸城，然后转攻山东，下武城、临清，直抵兖州，鲁王朱以派被俘自杀[②]，乐陵王朱宏治、阳信王朱宏福等明宗室及管理府事仆役约千人被俘处死。从兖州分兵两路攻掠，崇德八年（1643）春，两路会于莒州（山东莒县）、沂州（山东临沂），在这里解鞍纵牧，从容休息了一个月，“如在无人之境”，而明兵“逍遥于无奴（指清兵）之地”，“全无战意”[③]。五月，分兵两路：左路沿青州府（山东益都）、德州、沧州、天津卫，经北京城南，过三河县，抵密云；右路出东昌府（山东聊城），入河北，沿太行山之东，经广平、彰德、真定，经北京城北，与左路会于密云。大军从密云出发，攻墙子岭，于六月十六日，前锋斩关而出，至七月七日，全军安然东归。此次进关，来去达八个月，共攻克三府、十八州、六十七县、八十八座城镇[④]。就在阿巴泰率师返回沈阳不久，清太宗突然去世，他的军事活动到此终结。他在位十七年，先后发动了五次进关征明的战争，创造了军事史上种种奇迹，它将作为明清（后金）战史的重要篇章而载入史册。

---

① 魏源：《圣武记附录》卷11，“武事余记”。
② 《明崇祯实录》卷15，第17页。
③ 李永茂：《荆襄题稿》，中华书局1958年版。
④ 《清太宗实录》卷164，第24页。

四、清（后金）入关征明的战略意义

清太宗不畏艰险，屡次不惜劳师远征，这就向我们提出一个问题，即这些规模逐次扩大、持续不断的军事活动对明清兴亡有何战略意义？他一再发动这些远征的真正动机又是什么？一句话，应该如何评价清（后金）进关的军事活动。对这个问题，似乎还没引起人们的足够注意。在一些论著中，都极为简略地提到这些活动，都无例外地结论为“掠夺”“破坏”，给中原人民带来“深重灾难”等等。其实不然，这只是看到问题的一个方面，而忽视从战略的高度作全面分析。

首先，毋庸讳言，清太宗屡次发动进关征明，像“一切战争一样不可避免地带来种种惨祸、暴行、灾难和痛苦”[①]。下列的统计数字，足以说明战争造成的破坏程度：

第一次：无掠夺人畜及财物的统计数字。计其赏赐有：以俘获牛马赏兵丁每人马一、牛一，其余驴骡牛俱令均分；赉诸将士每备御银二十八两，缎衣二十五袭；命以阵获马六千，择其善者，先赏给八大臣及众总兵、副将等官各一匹。命自克遵化以来，所获马骡均分赏兵丁每人一匹；纵略良乡县，俘获甚多……累计各种赏赐与均分，可略知后金兵掠夺的数量十分可观。

第二次：无具体数字。文献有“我兵计获牲畜无算”、遣将“运载军中所俘获环京”等记载[②]，其劫掠必不少于第一次。

第三次：掠人畜十七万九千八百二十。

第四次：俘人畜四十六万二千三百，黄金四千零三十九两、白银九十七万七千四百六十两。

第五次：俘人畜三十六万九千、驼马牛羊等三十二万一千余、黄金一万二千二百五十两、白银二百二十万五千余两、缎五万二千余匹、珍珠四千四百四十两，等等[③]。

纵观清（后金）五次进关，规模一次比一次大，掠夺人畜与财物也一次比

① ［苏］列宁：《社会主义与战争》，载《列宁全集》第21卷，第279页，人民出版社1959年版。

②《清太宗实录》卷20，第7、12页。

③ 以上统计，皆据《清太宗实录》。

一次多。汉官沈佩瑞曾建议：“‘流寇’作乱于西，而我兵复蹂躏于东，使其（明）顾此失彼，进退两难。”[①]故从第三次始，清军便把劫掠的目标集中在京畿及冀鲁地区，反复掠夺，破坏尤甚。这里仅举两例，其一，清军第四次进关，曾攻占济南。事后，清理城内尸体达十三万具，全城财物被抢一空。其二，京郊及畿南连遭四次袭扰，特别是崇德三年和七年这两次破坏更为惨烈。据明兵科给事中李永茂报告：自京郊庆都、新乐、真定、栾城、柏乡、内丘，至顺德，行程千里，“一望荆榛，四郊瓦砾”，整个畿南郡邑“民亡十之九”，种种惨状，目不忍睹[②]。从这个方面来说，太宗发动的五次进关征明无疑是掠夺性战争，它给中原地区的广大劳动人民造成的灾难是非常深重的。

这是否就可以说，清太宗为掠夺人畜与财物是他发动入关征明的唯一目的呢？这种看法至少是不全面的。太宗说过：“金银币帛虽多得不足喜，惟多得人为可喜耳！”[③]这并非说他不爱财物，而是有更深刻的战略考虑的。松锦决战后，由于受到巨大胜利的鼓舞，“诸王将帅争请直取燕京”[④]。以李国翰、佟图赖、祖泽润、祖可法、张存仁为代表，联名奏言：“臣等以为不如率大军直取燕京，控扼山海（关），大业克成”，所谓“万世鸿基，自此而定”[⑤]。太宗读了奏疏，否决了他们的意见，说：“尔等建议，直取燕京。朕意以为不可。取燕京如伐大树，须先从两旁斫削，则大树自扑。朕今不取关外四城（即锦州、松山、杏山、塔山），岂能即克山海（关）？今明国精兵已尽，我兵四围纵略，彼国势日衰，我兵力日强，从此燕京可得矣。”[⑥]太宗把明朝比作一棵大树，一斧子是砍不倒的。唯一的办法，是从大树的两旁、“四围”砍削，砍到一定深度，这棵大树就会自己扑倒。他用这个浅显易懂的比喻，精辟地阐明了他的战略思想，这就是要徐图渐进，从加强自己和削弱敌人实力这两个方面来逐步实现其政治目标。这是一个漫长而艰巨的过程。他正确地认识到，在相当长的时间内，总的形势还是明强己弱，明“虽兵马屡挫，城池屡失，而国势屹然未倾”，即大树尚未“自扑”，其根本原因是，“明初规模详备”，基础牢

①《清太宗实录》卷22，第25页。
②《荆襄题稿》。
③《清太宗实录》卷6，第33页。
④《圣武纪》卷1，“开国龙兴记三”。
⑤《清太宗实录》卷62，第13~14页。
⑥《清太宗实录》卷62，第14~15页。

固[①]。因此，他十分清楚自己的历史使命，不过是为他的子孙建造一座坚固耐久的统治大厦而打下坚实的基础[②]。从这一思想出发，他不急躁，不轻进，始终稳扎稳打。

根据这一战略思想，清太宗多次派大军进关就容易理解了，这就是对明朝这棵“大树”反复砍伐，不断削弱它自身的支撑力量。天聪三年，他统帅大军围北京而不取；天聪八年，掠宣大而不攻北京；崇德元年，大军从北京宫墙下经过，只在其四周攻掠；崇德三年，经北京而不触动，却深入冀鲁攻城略地。这些行动，不是很形象地勾勒出了“伐大树”的生动画面吗？即使如后来取得松锦决战的重大胜利，在一片争请攻北京的激昂声中，他仍然坚持伐大树“先从两旁斫削”的原则，进行第五次也是他生前最后一次对明远征。在他第一次入关时，曾试图占领永平四城，但很快被明收复。乾隆皇帝评论说，山海关“京东天险”，控扼其间，内外声势不接，故后金兵无法立足，太宗自此不再占领关内城池[③]。更重要的原因是，太宗看到明朝还有强大的力量，不可能在短时间灭亡，因此，他坚持耐心砍“大树”，不取北京，而重在削弱明的实力，从根本上来动摇和瓦解它的根基，直至明这棵“大树”不砍“自扑”！他如不过早地去世，还会继续“斫”下去的。

清太宗这一战略思想，无疑是他多年实践经验的深刻总结。但我们发现，它确是渊源于其父努尔哈赤的战略思想。有事实为证：1612年，清太宗时年二十一岁，随父征乌拉，他想渡河攻击敌人。努尔哈赤阻止说：“不然，汝等出言毋若浮面取水之易也，须探其底里耳。欲伐大木，岂能骤折？必以斧斤伐之，渐至微细，然后能折。相等之国，欲一举取之，岂能尽灭乎？且将所属城郭尽削平之，独存其都城，如此则无仆何以为主？无民何以为君？”[④]这段话同清太宗“伐树”的主张何其相似乃耳！可以毫不夸张地说，太宗是在重复三十年前其父说过的话。当时，正在战场上，努尔哈赤耳提面命，年轻的太宗牢记心中。二十三年后，他首次为其父修《清太祖武皇帝实录》，把这段话收入其中，显见已深深注入他的思想，并正确地运用到实践中去。他经常批评那种

①②《清太宗实录》卷37，第10页。

③《圣武记》卷，开国龙兴记三。

④《清太祖武皇帝实录》卷2，第5页。

“不达时势之见”急于取北京的各种议论[1]，抵制所谓“航海”登州、攻山海关，早成“大业”的不切实际的主张[2]，从而坚持了“伐大树”的正确战略指导原则。清（后金）军五次长驱进关，正是清太宗这一战略原则的具体实践。

清（后金）军五次大规模入关，给予明清兴亡以重大影响。它一方面消耗了明朝大量有生力量，严重地破坏了它的经济基础，从而加速了它的灭亡。一方面，它通过长途远征，使八旗将士得到了巨大的锻炼，积累了丰富的经验。特别是在中原地区目睹明朝的种种腐败，不堪一击的颓势，极大地鼓励了清太宗和他的八旗将士争雄天下的信心。应当指出，清（后金）军对京畿、冀鲁的反复扫荡，在一定程度上说，为李自成农民军开拓了胜利进北京的道路。同样，李自成占领北京，又为不久清军最后入关准备了条件。恰是这两股力的互为作用，致使明朝这棵根基深厚的“大树”自己扑倒。1644年，历史上又一次改朝换代的时刻终于来到。一个熟透了的偌大个硕果降临到历史的幸运儿——六岁的小皇帝福临的手上！这一天翻地覆的巨大变化，都是在清太宗去世仅一年后发生的，这就更加令人信服地证明了清太宗的战略思想是多么正确！

（原载《松辽学刊》1983年第1—2期合刊）

---

① 《清太宗实录》卷72，第22页。

② 《天聪实录稿本》天聪七年十月初十日。

论清的统一与郑成功收复台湾

郑成功以驱逐荷兰侵略者、收复台湾的英雄业绩而载入史册。多少年来，一直受到人们的广泛赞扬。今年，恰逢郑成功逝世三百二十五周年。我们要纪念这位民族英雄，就要把对他的认识再深化。考察一下，在清统一全国、西方殖民主义者日渐东来的历史背景下，他收复台湾的壮举，处于何种地位，与清的统一有何内在的联系，这对于评价他的一生不无益处。

一

明清之际，是中国历史上又一次激烈的大变动时期。这场持续近半个世纪的大变动，最终导致明朝亡国，李自成、张献忠等农民军退出历史舞台，清兵进关，完成它对全国的统一。这里，提出一个问题，当时中国历史发展的趋势，是要统一，还是需要分裂？如果说统一是当时大势所趋，那么，这个统一应该由谁来完成？这涉及对郑成功抗清及收复台湾的估价问题，有必要讨论清楚。

1644年（明崇祯十七年，清顺治元年）三月，以李自成为领袖的农民军攻陷了北京，明王朝一统政权宣告灭亡，中国开始出现新的大分裂：李自成建立的大顺政权，占据着中原与西北数省地区；在西南，张献忠以四川为中心，建立了大西政权；在东北，山海关外，已是清政权的天下，在长江以南的广大地区，明宗室还掌有半壁江山。是时，东西南北四权鼎立，已成四分天下之势。这一政治新格局并没有维持多久，迅速地被清兵入关而打破。

回顾中国历史，我们看到，分裂与统一交替进行；然而，统一终究是中国历史发展的总趋势。明亡后分裂的中国，只能有两种前途：要么继续分裂，持续十几年，几十年，甚至上百年；要么迅速实现新的统一。明清之际的政治形势的急遽演变，显示了统一的历史发展趋势。分裂没有继续下去，一个原因，就是各派政治军事力量没有取得足够的均势。

就当时各派实力相对比，最有条件统一全国的，首先是李自成领导下的大顺政权，其次是在关外养精蓄锐近三十年的清政权。其他两派势力，一是张献忠已向远离中原地区的四川方面发展，显然有偏安之意；一是南明，其控弦之士不可谓不多，疆土不可谓不广，实力不可谓不雄厚。但是，明宗室的后裔及其附属的官僚，却是一个腐朽、无能而黑暗的政治集团，他们有光复祖业的宏愿，并无进取之心，竟以内部党争、相互倾轧而自毁。事实表明，南明已失去重新统一的条件。因此，中国的再统一，不能不决于大顺与清政权的最后较量。正如清决策进关前，大学士范文程指出："我国虽与明争天下，实与流寇角也。"[①] 其结果，清朝胜利了，李自成彻底失败了。这从他们各自的条件和所实行的政策，亦可分出其高下。清自建国，至进关前，已走过了二十八年的艰难历程，稳步地得到了发展壮大。它在关外建立了稳固的根据地，从对明、蒙古、朝鲜的一系列战争中获得了巨大的物质资助；它联合汉、蒙古地主贵族，建立了以它为核心的政治联盟，自成一强大的政治势力，政权的基础是巩固的。它以骑射为其长技，已优胜于明军与农民军，更把大炮及各种火药装置用于战场，如虎添翼；还有，它进关后，采取了与以往不同的政策，打出了"安民"，为明朝报仇的旗号，百般笼络原明朝将吏及一切士绅，谋取他们的支持。又以汉军为前驱，所至无不奏凯。它的战略、策略，总的来说，是正确的。这就保证了它决战取胜，实现"争天下"的政治目标。

农民军由于政策与策略的接连失误而迅速丧失掉自己的优势。李自成进北京后，既不考虑制定一项长远战略，怎样消灭南明，又无视关外蠢蠢欲动的清军的突然袭击，对至关重要的山海关防务不予重视。他把主要精力用于打击在京的明官吏、士绅，放纵部将整日追赃、抄掠、酷刑拷问，士绅为之惊怨，极端仇视农民军。连吴三桂的家也被抄，父亲吴襄被抓，爱妾陈圆圆为刘宗敏夺占。吴三桂震怒，向关外请兵降清。不仅如此，农民军进了城，纪律由松弛而变得败坏，抢劫、奸淫不断发生，百姓惶惶不安。李自成进了大内，忙于登极

①《清世祖实录》卷4。

当皇帝，在得到吴三桂在山海关起兵的警报后，遂生弃北京走西安之念，把宫廷宝物、金银运往西安，以为将来的建都之资。因此，人怀重赀，已失斗志。军队中骨干大都来自晋、秦，又怀归故乡之情，军心不固，致有山海关前之惨败！自此农民军不能复振，无法同士气旺盛的清军较量，几乎遇战则败，被撵得无立足之地。李自成败死于九宫山下，他精心组织起来的数十万大军竟在不到一年的时间内烟消灰灭，胜利战果丧失殆尽[①]。

清军战胜李自成农民军之后，如果不向江南进军，就会造成南北对峙的新局面，南明方面也幻想实现南北议和，希图维持住它的半壁江山[②]。但是，清统治集团中以多尔衮为首的最高决策人，一经看清了形势，迅即挥军南下，南明的弘光、隆武、鲁王监国三个政权一触即溃，顷刻瓦解。与此同时，顺治三年十一月，清军进川，击败了张献忠的大西军，他本人中箭身亡，大西政权随之而被摧毁[③]。至此，清军进关才三年多，就以摧枯拉朽之势，把各派势力逐个击破，将全国置于它的统治之下。这时，尚有永历小朝廷，在云南、广西边陲地带流亡，苟延残喘，于大局毫无影响。此外，农民军余部尚在，郑成功在东南沿海奋击清军，都无法扭转清朝君临天下的局势。

我们考察明清之际的历史及其变化，对于清朝夺取全国政权就不会感到惊讶，也不会视它夺权为“非法”。我们不能偏爱哪一方，也不能按我们的愿望，主张统一由谁来完成，皇帝宝座该给谁。我们只能从当时历史发展的趋势和客观存在的事实中，得出科学的结论，这就是清朝顺应了历史发展的要求，实现了对全国的统一，应该给予肯定。

二

清朝完成对大陆的统一，不管人们是否喜欢它，这在当时及将来都具有重大的现实意义和深远的历史意义。首先，它避免了中国长期分裂的历史重演，政令统一，有利于生产的发展，有利于中华民族的进一步凝聚。由于消除割据、分裂状态，人民免遭征战之苦，生活安定，为社会的进步创造了必要的条

① 李自成在北京的情况及其失败，参见《平寇志》《甲申传信录》《甲申核真略》《爝火录》《明季北略》《国榷》诸书。

② 陈洪范：《北使纪略》，参见《明季南略》卷3。

③ 参见《清世祖实录》卷29、卷53、卷107。

件。这个简单的道理是不言而喻的，很快为后来的事实所证明。

其次，从当时所处的国际环境来看，清朝的统一，更有着不可估量的意义。早在16世纪中叶，西方殖民主义者从海上东来，窥视着我国富饶的土地。明天启时（1621—1627），西方海上霸主荷兰已侵入到我国的台湾，筑城占据，建立殖民统治[①]，对我国已构成严重威胁。特别值得重视的是，就在清军进关的前一年，即1643年，穷凶极恶的沙俄已悄悄地把魔爪伸到了我黑龙江北岸。其后，沙俄强盗接踵而至，到处烧杀淫掠，沿黑龙江一带设立军事哨所、据点，甚至深入到内地，在松花江下游大肆进行侵略活动。很清楚，西方殖民主义者已从南北两个方面向中国扩张，这是极其危险的信号，表明中国的领土与主权已开始受到严重侵害。就在清军奔流进关时，在遥远的英国正发生巨大的社会变革，资产阶级革命更推动它向外扩张，疯狂地进行资本的原始积累。对于弱小民族和国家来说，这预示着灾难即将来临。中国遭受英国和西方其他殖民国家的大规模的侵略，也仅是个时间问题。

在这种紧迫的形势下，中国重新获得统一，动员全民族的和国家的力量来抵抗西方殖民主义者的侵略，就成为可能。而且一个强大的王朝的建立，就会把这种可能变为现实。从这个意义上说，清朝尽速完成全国的统一，实在是绝对必要，刻不容缓。试想，国家分裂，忙于彼此争战，力量尽为内耗，何以对付西方殖民主义者的侵略！康熙初，吴三桂发动叛乱，制造国家分裂，贻误了对侵入北疆的沙俄的及时征剿，即是一明显的例证。

从清统一、西方殖民主义东侵这个大背景、大形势下来认识郑成功收复台湾，亦是自然之事。表面看，郑成功与清朝势不两立。以往人们也只注意到他抗清与驱逐荷兰侵略者，却忽视他收复台湾与清统一之间的内在联系及其一致性。这里，有必要加以讨论。

郑成功以东南沿海的抗清斗争而走上了明清之际的历史舞台。他具有炽烈的民族意识，忠君报国的气节，跟他的父亲郑芝龙分道扬镳，于顺治四年（1647）正月奋然起兵于海上，以厦门为根据地，独树一帜，开创了东南沿海抗清斗争的新局面。清朝的政治目标，是以武力统一全国；郑成功则志在恢复大明江山。十余年间，双方各为自己的目的展开了激烈的争夺。郑成功虽有所失，但也多次给清军以重创，发展壮大了自己的力量。顺治十六年（1659）六

---

① 参见《明熹宗实录》卷30、卷32。

月，郑成功誓师北伐，直取南京，其抗清的军事活动达到了鼎盛。不幸的是，郑成功骄傲轻敌，刚愎自用，误中清将圈套，招致十五镇全师覆没，整个陆军也损失大半①。南京城下之败，是郑成功由盛而衰的转折点，他苦心经营的事业，多年准备的恢复计划，竟毁于一旦！

是时，郑成功尚有军队数万人，但仅剩下金门、厦门两岛，已无回旋余地，局面难以支撑。尤其不利的是，各地抗清活动已入尾声，全国局势已趋于稳定。清朝便腾出力量专攻郑成功，已令靖南王耿继茂从广东移师福建，都统罗托为安南将军，准备大举进攻。郑成功已面临着败亡的危险。

在严峻的形势面前，他采取了一项大胆的战略：向台湾进军。顺治十八年（1661）三月，他统帅大军二万五千人，分乘战船二百余艘，向荷兰殖民主义者盘踞的台湾发动了伟大的攻击。郑成功收复台湾的壮举，在当时是一个划时代的重大事件。

台湾自古就是中国的领土，中国历史载籍甚明，无须论证。清朝要重新统一全国，毫无疑问，台湾迟早包括在它的目标之内。不过，在它还没有解决大陆统一之前，还顾不及处于海中的台湾。而郑成功却走在清朝的前面，率先向台湾进军。不管郑成功是否意识到，他夺取台湾，收复失地，这就和清朝的统一取得了一致性。因为从荷兰侵略者手中收回台湾，是当时中国统一大业的一个重要组成部分。虽然郑成功与清朝处于敌对状态，有统一与地方割据之分，但他们所从事的事业却是共同的。这一事件，反映了中国统一的必然趋势，又体现了中华民族一致对外的一种合力。它恰好说明郑成功收复台湾与清朝统一的内在的紧密联系。这使我们确信，没有清朝的统一，就不大可能有郑成功进军台湾之举。很明显，如果清朝无力统一全国，南明继续维持它对江南的统治，郑成功不会离大陆而远走海上。须知，他决策进军台湾时，除极个别人支持，遭到部众的强烈反对，“官兵多以过洋为难”，有些将士宁肯逃跑，也不去台湾。南明的遗老们都谴责他渡海逃避斗争，是对明室的不忠。著名的抗清人物张煌言写信，指责他“以中国师徒委之波涛缥缈之中，拘之风土狉獉之地”，“生既非智，死亦非忠”，“纵偷安一时，必贻讥千古”②。显见阻力之大！实非得已，郑成功岂能甘冒骂名而走险台湾。事实的确如此，他是在南明

① 参见江日升：《台湾外纪》卷4。

② 张煌言：《张苍水集》第一编《上延平王书》。

三个政权相继垮台后，自己的力量又遭受严重损失，无法立足大陆的情况下，才被迫转向台湾，作为自己的立足之地。当时，盘踞在台湾的荷兰人也得出这样的结论：“国姓爷（指郑成功）最近在南京地区战败，被胜利的鞑靼人所迫，不得不逃走，另找适当的道路。”断定“福摩萨的末日和国姓爷的到来已经迫在眉睫”[①]。正是因为无路可走，留下的将士才不惜冒险，跟随他渡海取台湾。可以说，郑成功是被清军撵下海的。换言之，清朝的统一推动了郑成功去收复台湾。因此，郑成功驱逐荷兰人，首次成功地抵抗了西方殖民主义势力的侵略，其功在中华民族，当之无愧。同时，他收复台湾，亦是顺应了中国历史发展的要求，并为后来清统一台湾准备了条件，其功又在中国的统一。对此，应给予重视，作出应有的评价。

三

郑成功收复台湾，解决了中华民族同荷兰殖民主义者的矛盾，就中国内部而言，郑成功同清朝的矛盾依然存在，这是中央政权同地方割据、统一与分裂的矛盾。入据台湾的郑成功及其子孙，由于所处地位的变化，不能不走向历史的反面。

应当指出，郑成功收复台湾，已完成了历史赋予他的使命，达到他一生事业的光辉顶点。也就是说，在他短暂的一生中，他十几年的抗清斗争，为南明效忠，不见得多么崇高，唯有驱逐荷兰侵略者，才使他的形象升华，显现出夺目的光彩。此后，他割据台湾，与清朝对峙，一直到死未改变自己的立场。他不为清朝的富贵所诱惑，又不被武力威胁所动摇，此气节可歌可泣，连康熙皇帝也肃然起敬，在迁葬他的遗骸于福建家乡时，题写一副挽联：四镇多二心，两岛屯师敢向东南争半壁；诸王无寸土，一隅抗志方知海有孤忠。这是说，郑成功入台后，是以亡明的“海外孤忠”的形象树立于人们面前的。然而，从当时国家需要统一这个大局出发，郑成功割据台湾已失去社会价值。清朝对全国的统一还没有最后完成，客观形势要求它把统一的事业继续下去，这符合中华民族的根本利益。我们不否认郑成功入台后采取了一些有利于生产发展的措施，对台湾的开发起了促进的作用，这是一个方面；另一个方面，清朝为使郑

---

①《被忽视的福摩萨》。

成功就范，实行海禁政策，不许片板下海，封锁了大陆与台湾的一切经济来往，已使台湾处于非常困难的境地，所以它的发展不能不受到很大的局限。同样，大陆东南沿海居民也深受其害，他们被迫迁界，失去生计，生活更加困苦。显然，大陆与台湾的分离，已把海峡两岸的人民陷入痛苦之中。可以相信，人民是愿意台湾与大陆统一的。

我们还应看到，郑成功赶走了荷兰侵略者，并不能从根本上阻止住西方殖民主义势力的继续东来。郑成功和他的子孙，以台湾的有限力量和落后的经济很难挡得住将来可能遇到的入侵。事实上，被击败的荷兰侵略者并不甘心失败，“常思恢复”[①]。其他殖民主义者也在虎视台湾，时刻准备争夺。其实，这种争夺早在明天启时已经拉开战幕，荷兰与西班牙以武力相争，西班牙被赶出了台湾。日本人则要求在台湾“有完全的自由贸易”[②]。这一争夺预示着将来新的争夺。特别是台湾孤悬海外，更增加了它处境的危险。从长远考虑，不能不看到这一点。因此，要使台湾取得发展，不受任何侵略势力的威胁，唯有回归大陆，借助整个中华民族的人力、物力和军力，才是它安全的可靠保障。因此，郑氏台湾与清政权的长期分裂，是不符合中华民族的利益的，也不利于保持中国领土的完整与统一。

郑成功决计取台湾，其志仍在恢复中原。他进军台湾前，曾对诸将表示了自己的这一心愿。他说：“（我）知附近无可驻足，唯台湾一地，离此不远，暂取之，并可以连金、厦而抚诸岛，然后广通外国，训练士卒，进则可战而复中原之地，退则可守而无内顾之忧。”[③]心愿如此，却无法实现。清刚刚完成对大陆的统一，正处在它的上升时期，大局已经稳定，以郑成功海外一旅之师，势难动摇它的统治。相反，他的内部开始自行瓦解。清朝一面实行经济封锁，一面展开政治攻势，千方百计诱使其部众投诚。留守闽粤近海各海岛的将士即发生动摇，如，总兵官林俊奇等六十一名将领和一千三百余人向清朝投降；守铜山的蔡禄、郭义、薛联桂等将官一百零八名、兵士四千四百名及家口万余人渡海至漳州降清；又有跟随郑成功二十余年的陈豹也叛郑，率部入广州，投向了清朝。郑成功到了台湾，正如荷兰人所看到，他已陷入困境，说他

①《东南记事》卷12，“郑成功”。

② 厦门大学郑成功历史调查研究组编：《郑成功收复台湾史料选编》，第106页，福建人民出版社1962年版。

③《台湾外纪》卷11。

“在福摩萨的情况同他以前在中国一样糟……他的士兵和其他在福摩萨的中国人对他的忠诚已有些减退，运来的粮食已不像以前那么充裕”等等[①]。他在许多问题上处理失当，实行严刑峻法，加大了内部的离心力。如，他的重要部将吴豪、杨朝栋等，都在入台不久相继被杀，已使“人心惶惧，诸将解体”[②]。连他的家庭也出现裂痕，驻守金门的儿子郑经也拥兵自恃，不听其指挥。郑成功内外交困，情志不舒，偶感风寒，竟一病而死，入台仅14个月，“成功死，海上解散”，抗清力量“益不振”[③]。郑氏族内争权，乃至残杀。郑成功去世时，长子郑经尚在厦门，其叔郑袭在台湾欲“谋自立”，诸将多不服。郑经闻讯，率部赴台，讨郑袭，将其擒获，还厦门。康熙二年（1663）六月，郑经又怀疑其伯父户官郑泰有“异谋”，设谋擒之。郑泰自缢死，其弟鸣骏惊惧，率部八千，文武官四百、船二百只逃跑，入泉州降清。接着，蔡鸣雷、陈辉、杨富、何义“先后举军降，锦（经）势益衰”[④]。

在郑经掌政近二十年中，其种种腐败，与南明小朝廷颇相类。他对台湾人民的政治压迫和经济剥削都相当严苛：征粮浪费，割肉医疮，峻法严刑，雍川弥滂[⑤]；百姓年十六以上、六十以下，每口人纳银五分，名曰“毛丁”；每条船以丈尺计算纳饷，名曰“梁头”[⑥]。他“横征苛敛”，使得“民番重困”[⑦]。他经常派兵骚扰沿海岛屿，抢掠财物，“沿海郡县，蹂躏几遍”[⑧]。百姓无法安居，被迫“去乡离井”，“生死茫然”[⑨]。吴三桂发动叛乱后，郑经遥相配合，乘机攻入大陆，占据泉州、漳州、潮州等地，大肆劫掠，“杀掠所至，十室九匮”[⑩]。郑氏政权的叛乱活动，给当地人民的生命财产造成极大的破坏。

康熙二十年（1681）正月，郑经死去，长子郑克壓承袭，诸弟争权夺位。大将冯锡范杀死克壓，拥立其弟克塽，因其年幼，大权落于冯锡范一人之手，

①《被忽视的福摩萨》卷下。
②《海上见闻录》卷1。
③《东南记事》卷9。
④《东南记事》卷12，“郑成功”（下）。
⑤ 高拱乾：《台湾府志》，卷23。
⑥ 夏琳：《闽海纪要》卷下。
⑦《重修福建通志》卷50，“田赋”。
⑧ 郁有河：《裨海纪游》卷下。
⑨ 江日升：《台湾外纪》卷下。
⑩《皇朝经世文编》卷84。

上下猜疑，“众皆离心”[①]。

事实表明，郑氏以台湾来统一全国，这是完全不可能之事。历史并没有给他准备必要的条件，而他本身也处于日益瓦解与崩溃之中。他的倒行逆施，已使他失去了存在的价值。很清楚，以大陆来统一台湾的使命已历史地落在了清朝的肩上，因而它对台湾的统一就是正义的事业。以康熙帝为首的清朝统治者，顺应历史的发展趋势，积极开展对台湾的统一，符合台湾和大陆的根本利益。康熙帝坚持谈判，以兵威为后盾，促其和平解决。郑氏集团感到大势已去，无法再维持下去，为保全生命与禄位，终于在康熙二十二年七月，接受康熙帝的条件，奉表归降。至此，郑氏割据二十余年的台湾最终归于一统。清朝从入关到郑氏台湾归降，花了整整四十年的漫长时间，才实现了对全国的全面统一。

清朝入关后，坚持统一，反对分裂，坚持中央集权，反对地方割据的斗争过程，再一次雄辩地证明，统一始终是中国历史发展的必然趋势，不管分裂多久，或迟或速地最终走向统一。它向世界显示了中华民族具有惊人的向心力与凝聚力，还显示了她具有非凡的自我调节的能力。中国内部的事务，无论用和平的、军事的，或其他手段，总是自己解决问题，结果总是令人感到欣慰。郑氏台湾为清所统一，就是一个生动的事例。

（原载《郑成功国际学术讨论会论文集》，江西人民出版社1989年版）

① 《清圣祖实录》卷105。

论袁崇焕的军事思想

明清之际，是一个战争连绵、军事斗争激烈的年代，山海关外，从鸭绿江畔，到辽河两岸，直至长城脚下，曾是明与清（后金）长期角逐的舞台，一批批能征惯战的勇将，运筹帷幄的战略家接踵而至，云集于此，各自显示出他们独具一格的军事才能，袁崇焕是所有这些杰出人物中最优秀的代表之一，他从遥远的南国，慷慨走塞外，两次经略辽东，奋力构筑并支撑著名的宁锦防线近十年，力挽辽西败局于既倒，创造了令人惊叹的奇捷大胜。他的胆识、远见、才能，不愧称为军事家、战略家，他的军事思想犹如一只火炬，长久地照耀着明清军事斗争的舞台。

一、明朝军事战略的历史演变

自明清（后金）于1618年抚顺、清河首次交锋以来，军事形势几经变化，明在辽东、辽西及山海关的战守方略亦经历了一个十分复杂的演变过程，而这一演变正是袁崇焕军事思想形成的基本条件。

如所周知，有明一代，边患最重。被称为“北虏”的元朝残部及其后裔退居塞上，从长城北部不断向内地袭扰，这种持续的战争状态，几与明朝相终始。明在东北的统治中心辽东地区，号称“京师左臂”，它边长二千余里，城镇一百二十余处，三面与女真、蒙古毗连，防务极为重要。当女真人迅速发展壮大起来，它同明朝的矛盾日益尖锐，双方的武装冲突有逐年扩大之势，特别是伴随着努尔哈赤异军突起，很快取代蒙古而成为明朝的心腹之患。辽东之得失，直接威胁大明江山之安危。

明在辽东的军事战略大体经历了四个变化阶段。

第一阶段，从明初，到万历初，为辽东稳定发展时期。此时明朝采取战守相结合的战略，一面防守，一面经常出塞交战，以战固守。《明史》盛赞李成梁“师出必捷，威震绝域”，所谓“边帅武功之盛，二百年来未有也”[①]。

第二阶段，从万历中期，到萨尔浒之战，近三十年间，明朝基本上采取以守为主的战略。万历十九年（1591）后，李成梁解任十年，辽东镇守“八易大将，戎务尽弛，战守无资，辽事大坏”[②]。二十九年（1601），李成梁第二次出任辽东镇守总兵官。是时，努尔哈赤已起兵复仇，势力方张，而明朝的统治日暮途穷，江河日下。他在辽东八年的残暴统治，加速了明对辽东统治的瓦解过程。

在辽东“战守无资”、形势日趋恶化的情况下，明朝杰出的军事统帅熊廷弼于万历三十六年（1608）任辽东巡抚。他针对“边将好捣巢，辄生衅端”的任意胡为，提出了“防边以守为上，缮垣建堡”的战略方针[③]。熊廷弼的战略对辽东动荡的形势暂时起到了稳定作用。明朝依靠庞大的常备军和坚固的防御体系，继续保持着战略进攻的态势，当抚顺、清和等地突然受到后金一击，它就毫不迟疑地发动战略进攻，四路出师，企图一举捣毁赫图阿拉，结果在萨尔浒等战场三路被歼灭，一路逃遁。辽东军事形势急转直下，明朝的战略为之一变。

从萨尔浒战役（1619）结束后，到辽沈相继陷落，为明朝军事战略变化的第三阶段。萨尔浒之战，是明与后金第一次具有战略性的决战。明军的惨败，使明朝统治集团一时惊慌失措。努尔哈赤乘胜进军，一举再下开原、铁岭。这时，明朝急忙起用熊廷弼，前往辽东，主持大计。他在《东事问答》中，形象地概括了辽东局势的变化，说：“始下清、抚，臂火始然（同燃）；三路复师，厥攸灼矣；开、铁去而游骑纵横，火燎于原；今且并窥辽、沈，遂成不可响迩之势。”[④]他采取积极防御的战略，一面整肃法纪，招集流亡；一面亲自巡历，重新布置兵力，坚守险要，“相机进剿”，仅“数月守备大固”[⑤]。然而，朝廷党争祸及熊廷弼，朝廷权贵“全不知兵”，催他马上出战，以求速战速

①《明史》卷238，“李成梁传”。
②《明神宗实录》卷357，第3页。
③⑤《明史》卷259，“熊廷弼传”。
④《熊襄愍公集》卷3。

胜。熊廷弼据理驳斥，激起他们切齿痛恨，攻击他“出关逾年，漫无定画”。遂加以种种罪名，宣称：不罢斥熊廷弼，“辽必不保”①。他按辽仅一年零三个月，终于被排挤去职，代之以不知兵的袁应泰。他一反熊廷弼的积极防御的战略，毫无戒备，妄自谋取抚顺。努尔哈赤乘其不备，不到十天，连续攻占沈阳、辽阳，“河东十四卫生灵尽为奴属”②。

从辽沈大战（1621），到广宁（辽宁北镇）之役（1622）为第四阶段。此一阶段时间虽短，但明朝内部围绕战守方略的斗争更加激烈，战局的变化之大更非人们所预料。后金攻占辽沈，大有席卷全辽之势。明朝第三次起用熊廷弼，经略辽东，驻山海关，统帅关内外兵马，同时任命王化贞为广宁巡抚，驻广宁，力图保住辽河以西的疆土。但是，熊王两人各主一战略，互相争吵，熊廷弼仍主守势，提出了一套防御战略，即著名的“三方布置策”，一是设重兵于广宁，迎击后金主力；二是在天津、登、莱置舟师，从海上牵制；三是以山海关为适中之地，节制三方。等各镇兵马大集，三方并举，实行战略反攻③。这是唯一可行的万全之策，但王化贞一味主战，向朝廷请求：“愿以六万兵进战，一举荡平！”还许下诺言，声称：“仲秋之月，可高枕而听捷音。”④熊廷弼与王化贞“终日争战争守”，因为王化贞得到阉党支持，致使熊廷弼的战略无法贯彻，关于辽西的战守亦处于混乱状态⑤。

努尔哈赤侦知明经抚不和，大举进攻，先战西平堡（今辽宁海城西），再战沙岭打援，广宁驻军十四万不战自溃，王化贞弃城狼狈逃跑，遇熊廷弼于大凌河，尽撤关外明兵，悉焚积储，护溃逃兵民入关。努尔哈赤挥军占领广宁、遣军追到锦州，而其游骑远到宁远、前屯，几至山海关下。熊、王两人以沦陷“封疆”罪被逮，监押数年，先后处死。

就在明军大溃退，辽西败局已定，山海关岌岌可危之际，一个中级职官挺身而出，他就是袁崇焕，提出了一个崭新战略，遂使辽西战局迅即改观。

---

①③《明史》卷259，“熊廷弼传”。

②《明熹宗实录》卷4，第6页。

④《明熹宗实录》卷13，第12页。

⑤《明熹宗实录》卷14，第23页。

二、主守而后战的新战略

袁崇焕的战略，概括成一句话，就是“主守而后战”，它是袁崇焕军事思想的基本内容。天启二年（1622）正月，他以邵武县知县在北京朝觐，并去山海关作了一次实地考察，很快形成了“主守”的总战略指导原则。可以说，他的这一战略，是经过他长期学习、调查、积累并总结前人的经验教训而提出来的。同年二月，他被提升为山东按察司佥事山海监军[①]。在离京赴任前夕，他去拜会已被革职听勘的熊廷弼。廷弼问他持何战略去山海关，袁崇焕胸有成竹地脱口说出：“主守而后战。”这一战略与熊廷弼不谋而合。两人商谈了一天，取得了完全一致的意见[②]。

面对明军在辽西全线溃退和后金兵直逼山海关的紧迫局势，明朝被迫采取守势，这已经没有争议。关键问题是，以什么样指导思想去组织防御。见解的高下，才能的优劣于此立见分晓。代替熊廷弼任辽东经略的王在晋拥兵山海关，提出了主守山海关的方针：“拒奴抚虏，堵隘守关。”[③]所谓“抚虏”，即是利用蒙古力量以攻后金；“堵隘”即是在山海关外不远处八里铺“划地筑墙”，再修一座关城，作为山海关的“外墙”，称重关。

从王在晋到朝廷权贵们，“人人视关门为死地，视总兵官为死官”，如守住关门半年无事，就是“良将”，得到越级提拔。因此，无论文官武将一到山海关任职，想法隐藏关内，不敢出关一步[④]。王在晋的战略显然是放弃关外，无意恢复。他倡议修重关，于军事上毫无意义，不过是为他坐稳山海关而修的一道“安全墙”罢了。他到关上半年多，“口口声声说谈要守，而将不简、兵不练，何以为守”[⑤]？这就不难看出他们的防御完全是消极的，苟全性命于一时，极力避免同后金交战。

袁崇焕明确指出王在晋议修重关为“非策”，阐明他“主守而后战”的战略与王在晋根本不同。他首先分析了敌我力量对比，强调防御的必要性。他

① 《明季东莞五忠传》卷上。
② 《明熹宗实录》卷16，第14页。
③ 《三朝辽事实录》卷15，第21页，第36页。
④ 杜应芳：《督师纪略》卷2。
⑤ 《明熹宗实录》卷79，第24页。

说：后金“以累胜之势，而我积弱之余，十余年来，站立不定者，今仅能办一守字，责之赴战，力所不能”[①]。国家“疲于东役，征调生乱，转输告窘，不得已而用一简静精密之法，如曰守为正着，战为奇着，款为旁着，以实不以虚，以渐不以骤”[②]。这就是说，总体上以防御为主，出击进攻为其次，而与后金和谈，争取备战的时间为辅助手段。他在给熹宗疏陈“治标治本”的报告中，进一步阐述了战与守的关系，他认为不能片面强调单纯防守，也不能片面强调战，“防奴”的基本方略应是“且守且战”，把守与战紧密结合起来。就当时明朝的军事力量来看，“战虽不足，守则有余；守既有余，战无不足”[③]，他表示，“战则死战，守则死守，而锦（州）、义（州），而广宁（辽宁北镇），步步打实做去，何忧夷哉！”[④]要守，明军凭坚城据险而守，“奴即百万何敢飞越”[⑤]！实行“坚壁清野”，逼使兵临城下的后金军陷入困境。要战、要进攻，只有“乘间击暇”，亦即避实击虚，才能获取胜利[⑥]。

袁崇焕为收复全辽而制定的“恢复之计”，亦即战略指导原则，要求一边防御，一边迎战；一边向前推进，稳扎稳打，以收恢复之效。这些都生动地反映了他的防御是积极的，而不是消极等待；它着眼于前进，而不是苟且偷安。整个战略思想贯彻了战斗的进取精神。王在晋只言守，不言战，更不敢战。在袁崇焕之前，在明朝所有统帅中也没有一个人把战与守的重点及其关系阐述清楚。而袁崇焕把它理论化、系统化，内容更加丰富充实。难怪清人修《明史》对此作了这样的评论：“我大清举兵，所向无不摧破，诸将罔敢议战守，议战守，自崇焕始。”[⑦]这个评价颇为公允、中肯。这表明，袁崇焕“主守而后战”是一个新战略，标志着明朝战略战术的重大变化。

袁崇焕战略的重点，“确主于守”[⑧]。在具体防御上，他总结了前人的经验，吸收其合理的成分，尤其重要的是，他看到了战争形式和手段的新变化，因而制定了新的战术原则：“凭坚城用大炮一策。”表面看，这一原则只应用于一城一地之守，对于全局似乎没有多少影响。恰恰相反，一城一地之得失，直接关系到总体防御能否实现。显而易见，“凭坚城用大炮一策”不只在战术上有决定性作用，而且也获得了战略意义。它是袁崇焕防御战略的一个重要组成

①④《明熹宗实录》卷79页。
②⑤⑥⑧《明史》卷259，“袁崇焕传”。
③《明熹宗实录》卷70，第2页。
⑦《明熹宗实录》卷66，第19页。

部分。

自明与后金交战以来，明军几乎逢战必败，防御屡被突破，城镇连连丧失。一系列失败的记录表明，明军战也不行，守也守不住。火器已大量应用于战场，却发挥不了它的威力。原因何在？无论哪一个统帅都没有解决这个至关重要的问题。袁崇焕考察了双方军队的特点，深刻认识到，明军不善骑射，得出了明“兵不利野战”的结论[①]，而明兵这一短处恰是后金的长处。后金兵精于骑射，善于旷野奔驰拼击，矢无虚发。曾目睹过后金兵作战的朝鲜人李民寏以惊叹的语气写道：后金“骑兵奔驰，冲突蹂躏，无不溃败”。尤其在“平原易地，决不可与其争锋”[②]。后金以骑兵为主，速度快，机动性强，奔袭、包抄、切割，常出意料之外，明军望尘莫及。往往战斗伊始，即施以勇猛冲杀，把明军杀得措手不及。明军的优势，当首推火器，后金却没有，甚至还不会使用。明军无论在辽东，还是在辽西战场，曾大量使用过诸如佛郎机、三眼枪、鸟铳、火药等新式武器，但也不奏实效。原因是明军的布阵法与火器使用的方法是矛盾的。每当作战明军于城外列阵，火器列于阵前，或排列城壕外。战斗一开始，明军先施放火器轰击对方。后金骑兵掌握了火器的特点，或飞速一拥而上，冲过射击线，炮弹则远远地落在骑兵的后面，或等明军放过第一遍火器，利用明兵装填第二次弹药的间歇，迅即冲杀过来，使火器丧失发挥作用的机会，都成了后金的战利品。还在天启元年五月，詹事府少詹事徐光启曾建议，改变一贯“列兵营火炮于城之壕外”的错误做法，要求把火炮置于城上，“凭城击打”[③]。可惜他的建议没有付诸实施。

袁崇焕到了辽西战场，经过自己的实践，总结出“凭坚城用大炮一策”。这一战术原则远比徐光启的见解精辟得多。在实践上，袁崇焕动员数万军民修筑关外各城，先修宁远城，次及锦州、中左所、大凌河、中后、中右、中前、右屯等城，“业已鼎新，所谓重关累塞矣”[④]。各城“多备火器火药，添买马匹”[⑤]。被派到关外监军的太监刘应坤在写给熹宗的奏疏中也证实说：“今设备

---

①《明史》卷259，“袁崇焕传”。

②［朝鲜］李民寏：《建州闻见录》，第46页、第49页。

③《明熹宗实录》卷5，第11~12页。

④《明熹宗实录》卷79。

⑤《三朝辽事实录》卷17。

更严，城势增高，堡垒更固，著著皆实，毫无粉饰。”[①] 袁崇焕把坚固的城池同大炮紧密结合为一体，以大炮护城，以城护炮，成为后金骑兵无法击破的坚固堡垒。天启六年（1626）与七年（1627）两年中，后金发动了宁远与宁锦两次大战役，一向无往不胜的努尔哈赤和他的继承者强悍的皇太极相继败归沈阳。这两次战役验证了“凭坚城用大炮”防御的可靠性和有效性，是制后金骑兵的一个新的强有力的手段。

“主守而后战”与“凭坚城用大炮一策”，以及下面还要详细谈到的“以辽人守辽土”的新方针，构成了袁崇焕军事思想的体系。他从理论上和具体实践上，真正为明朝解决了战与守的战略战术问题。这里，不能不提到优秀的统帅熊廷弼，虽然他一贯主守，有一个明确的战略防御思想，但他在总体上尤其是在战术上并没有提出新的原则，例如筑坚城，以火器为战略防御的主要手段，如何使明军扬长避短、限制后金发挥长处，如何适应战争形式与手段的新变化而采取相应的措施等等，熊廷弼并没提出新的东西。总的说来，他的防御思想及具体方法上，基本还是沿袭传统的一套内容。这在广宁之役中，他不作任何抵抗，全部放弃关外的轻率举动暴露得最为明显。所以，表面看，他主守的战略与袁崇焕一致，实则在内容上颇有显著不同。我们之所以肯定袁崇焕的军事战略，原因亦在于此。

三、创建宁锦防线

袁崇焕登上明清之际的军事舞台，最重要的实践活动，也是他在军事上重大的建树之一，这就是倡言守宁远，并在明朝另一个优秀军事统帅孙承宗的支持下，成功地创建了著名的宁（远）、锦（州）防线。

天启二年正月，明军自广宁溃退，数十万百姓蜂拥进关。山海关外，辽河以西的全部疆土委之于后金。至此，全辽尽丧，这等于断去京师的一条左臂，对明朝统治集团来说，其内心的深刻危机感是可想而知。接替熊廷弼新任辽东经略的王在晋，历数了数年来辽东局势的败坏，说：“一坏于清（河）、抚（顺），再坏于开（原）、铁（岭），三坏于辽（阳）、沈（阳），四坏于广宁。初坏为危局，再坏为败局，三坏为残局，至于四坏，捐弃全辽，则无局之可布

①《明熹宗实录》卷71，第21页。

矣。逐步退缩至山海关，此后再无一步可退。”[①]王在晋充分估计了广宁失守后给明朝造成的巨大危险，说清了问题的严重性。如前已叙及，他正是根据自己的这一形势分析，断言关外“无局之可布”，决意修“重关”，放弃关外，主守山海关。在朝廷权贵们看来，“今日全辽丧尽，山海之外奴虏充斥”[②]，也认为在关外无法设防，只有守山海关才是唯一上策。这些都反映了从王在晋到朝廷对战局的无所作为的悲观论点。

那么，辽西地区真的“无局之可布”了吗？事实远非如此。后金占领广宁后，深感兵力不敷，且担心后方不稳，不敢久留，很快自广宁撤军，其他诸城也不敢留一兵一卒。但它仍不断派出小股游骑前往巡哨侦察，力图把辽西置于它的军事影响之下。另有蒙古喀喇沁部乘明军撤退占据了宁远以西五城七十二堡。的确，在关外布防充满了风险。在人们畏缩关内不敢出关的时候，袁崇焕首次倡言守关外，守在宁远。该城距山海关二百里，即今辽宁省兴城县城。宣德三年（1428）置宁远卫，始筑卫城[③]。中经嘉靖朝重修，至袁崇焕守宁远时重筑，至今城墙完整，四门俱在。宁远在那时并不具有特殊的战略地位。在明与后金的战争发展到广宁一带，仍没有引起明朝战略家们的注意。可是，当明军弃守辽西，山海关这座捍蔽京师的东大门便暴露在后金面前。于是，宁远的战略地位终于突现出来。袁崇焕是发现它的战略价值的第一个人，充分显示了他的远见卓识。

宁远的重要性就在于，它是山海关的一个很理想的前卫，它所处的优越的自然环境则为其前卫准备了必要的条件。明驻兵屯粮觉华岛上，与宁远相呼应。城南门外一、二里处，有一条沟通关内外的大道，东接锦州，达于沈阳，西通山海关，可连万里长城。清朝地理学家顾祖禹曾这样描述宁远：“内拱严关，南临大海，居表里之间，屹为形胜。”[④]宁远恰好居于河西走廊（指辽河）的中间[⑤]，中有一线之通，实全辽之要地。守住宁远，也就扼住了这条走廊的咽喉，山海关尚在二百里之外，它的安全也就会得到根本的保证。

袁崇焕倡言守宁远，偏要在“无局之可布”的河西咽喉地带设置新的防御

①《三朝辽事实录》卷8，第22页。
②《明熹宗实录》卷15，第10页。
③《全辽志》卷1，“图考”。
④《读史方舆纪要》卷37。
⑤《明季东莞五忠传》卷上。

据点，这是王在晋等庸人们无法理解的惊人之举。幸运的是，袁崇焕的大胆设想得到了大学士管兵部事、杰出的军事家孙承宗的全力支持，孙承宗专此赴山海关外视察，“遥见宁远形势，天设重关，以护神京，必不可不守”[①]。其后，他亲临宁远考察，更坚定了守宁远的信念，认为“此城为必据必争之地”[②]，绝不可放弃。王在晋仍然坚决反对，孙承宗只好建议熹宗将他撤换，自请督师山海关。自此，他完全采纳袁崇焕的意见，并与之密切合作，废“重关”之议，精心构筑具有深远意义的“宁远与锦州防线”，简称“宁锦防线”

孙承宗、袁崇焕的战略意图是，山海关外以宁远为重点，将沿线原有各城防御陆续恢复起来，层层设防，因而把山海关至宁远二百里之间的城堡尽收为“内镇”，“而山海不觉在重垣之内”[③]，“神京遂在千里之外”[④]。但是在贯彻这个战略方针时，仍然遇到很大阻力。辽东抚巡张凤冀攻击说：“今举世不欲复辽，彼一人（指孙承宗）独欲复耶?”[⑤]孙承宗的部将马世龙提议守觉华岛；佥事万有孚、刘诏等力阻守宁远。袁崇焕坚持自己的主张。孙承宗力排众议，决策守宁远。天启三年（1623）九月，他命大将满桂与袁崇焕共同负责宁远的防务。袁崇焕根据防御的需要，适合炮战的特点，重新设计筑城。定制城高三丈二尺，雉高六尺，址广三丈，顶部为二丈四尺[⑥]。他和满桂锐意恢复，和衷共济，到次年天启四年，用了还不到一年时间，全城完工。广宁弃失时，熊廷弼、王化贞将宁远毁坏，“城中郊外，一望丘墟”[⑦]。修复后的宁远城貌焕然一新，“遂为关外重镇”[⑧]。与此同时，宁远与山海关之间四城十三堡也恢复起来，逃难的百姓陆续返回家乡，商旅不断。战后一度沉寂的辽西，又开始变得生机盎然了。这样，以宁远为前哨阵地的关外防线粗具规模，为宁锦防线的最后确立奠定了坚实的基础。

在恢复了宁远的防御能力后，袁崇焕又把目光投向了宁远东另一个战略要地——锦州。天启四年（1624）九月，袁崇焕偕大将马世龙等率水陆马步军一万二千余众，东巡广宁，考察战略，随即提出恢复锦州、右屯（辽宁锦县右卫）诸城，以使宁远与之联成一线。从这里，我们看到袁崇焕果真是“守定”

---

①②《国榷》卷85。

③《国榷》卷86，第5236页。

④《明史》卷257，“张凤翼传”。

⑤⑦⑧《明史》卷259，“袁崇焕传”。

⑥《明史》卷271，“满桂传”。

而后进，步步前逼。事实表明，他正在有计划有步骤地实施其战略。孙承宗非常赞赏他的远见，但以为时尚早暂不布置兵力。至次年即天启五年（1625）夏，孙承宗以为时机成熟，与袁崇焕计议，实施向前推进的计划，遣将分据锦州、松山、杏山、右屯及大、小凌河等城，“缮城郭居之”[①]。至此，自宁远又向前推进并恢复旧疆二百里，计至山海关则为四百里。宁远的战略地位随之又得到了加强。它原为山海关前哨，而锦州及其周围诸城一恢复，它“且为内地”[②]。因为宁远居山海关与锦州适中之地，既为山海关之前锋，又为锦州之后援，更显示了他的中枢地位。以宁远、锦州为中心的这些战略据点雄峙河西走廊，形成连珠之势，一道以防御后金并进而恢复全辽为战略目标的新防线建成了。这在事实上完全打破了王在晋等人所谓辽西“无局之可布”的悲观而无所作为的论调。

宁锦防线一经建成，就显示了军事的与政治的巨大作用，整个辽西形势日趋稳定下来。辽西形势的稳步发展，给人们带来了希望。然而它很快遭到以魏忠贤为首的阉党的破坏。孙承宗被迫去职，以胆小怯懦的兵部尚书高第代为经略。他同王在晋一样，顽固反对守关外，一上任，就下令尽撤锦州、右屯、大凌河诸城防御，把守军及全部军用物资移至山海关。放弃关外已恢复起来的四百里疆土。袁崇焕抗拒他的命令，力言兵不可撤，城不可弃。他说：“兵法有进无退。锦（州）、右（屯）一带既安设兵将，藏卸粮料，部署厅官，安有不守撤之？万万无是理。”他接着指出，如果撤出城堡，又令百姓进关，就会使“锦（州）、右（屯）摇动，宁（远）、前（屯）震惊，关门失障，非本道之所敢任者矣”[③]。但高第不听，强令全撤，尽驱兵民进关。唯袁崇焕不撤，独守宁远，才保住了宁锦防线没有遭到彻底破坏。而经过宁远之战，使这条初建的防线经受住了考验，证明它是能够坚持下去的。此役后，高第被撤职，袁崇焕升为右佥都御史，不久，又兼任辽东巡抚。在他的直接指挥下，关外除宁远，凡已被撤防的城堡再次恢复起来。直到袁崇焕死后，这条防线仍然坚持下来，并与明朝同归于尽。在这条防线存在的二十年间，它成为后金骑兵无法逾越的一道铜墙铁壁，迫使八旗兵长期徘徊于大、小凌河之间，尽管倾注全力，发动大小无数次的各种规模不同的进攻，损失多少万兵马，却始终没有完全打破

---

① 《明史》卷259，“袁崇焕传”。

② 《三朝辽事实录》卷15，第11页。

③ 《圣武记》卷1。

它。清太宗皇太极在位十七年，屡次绕过山海关，破口而入，就是因为有这道宁锦防线。皇太极入关不敢久留，所得城池放弃不守，也是由于宁锦防线阻隔关内外声息[①]，成了他的后顾之忧。可见，宁锦防线虽布于一隅之地，它对全局的影响和作用却是不可低估的。

四、以辽人守辽土

依靠谁来支持和进行战争，是一个带有战略性的根本问题。在袁崇焕以前，明朝的许多统帅如袁应泰、王化贞、熊廷弼都没有加以解决。

只有孙承宗主持辽西防务期间，摈弃了“抚虏”之策，批驳了安插辽人于宁远、前屯为“贻祸”的谬言，决策“出关用辽人”[②]，第一次提出了“以辽人守辽土，以辽土养辽人”的新方针[③]。袁崇焕继其后，大力倡导并把它贯彻到实际中去，从而成为他的军事战略的一个重要组成部分。他把这一方针同“主守而后战”的战略紧密联系起来，从理论上和实践上深入阐述“用辽人”的极端重要性。概括起来，“用辽人”的方针有两个方面的内容，这就是，一以辽人为兵，解决从各地调兵不足之难；一以辽人屯田，“以省辽饷”[④]。

第一，以辽人为兵。随着明与后金交战日益频繁，规模日益扩大，动则用兵二十万，或三十万都从全国各地调兵，往往调兵不足，常常就近从陕西、山西、甘肃等防蒙古的北部边防军中抽调到辽东“援辽”，致使北部边防空虚，这实际是拆东墙补西墙，顾此失彼。袁崇焕指出，从外省调募之兵不但不能“援辽”，反而扰乱辽人，遭到当地百姓的痛恨[⑤]。从历次实战效果来看，这些“援辽”之兵多不能战斗。例如，“南兵（指长江以南）脆弱，西兵（指、陕、甘等地）善逃。”他主张：“莫若用辽人守辽土，将官则辽东一总兵，关内一总兵，余皆赘也。”[⑥]巡关御史梁梦环视察关外后也认为：“辽人生长本地，习知东奴举动，凡遇入冠，绝无惧色，但得坚甲利刃壮马，无不争先杀贼，以雪祖父之愤。”[⑦]袁崇焕表示，防御兵力以辽人守土，只需六万，兵虽少，仍然能

---

①《明史》卷259，“熊廷弼传”。
②《高阳集》卷19，第21页。
③《三朝辽事实录》卷16。
④《明熹宗实录》卷4，第18页。
⑤⑥《明熹宗实录》卷63，第37页。
⑦《明熹宗实录》卷70，第14页。

发挥多种作用，即“且守且战，且筑且屯”，足食足兵，“不必侈言恢复，而辽无不复；不必急言平敌，而敌无不平”[①]。天启四年（1624）四月，他在给熹宗的奏疏中又说：“复辽地而聚辽人为守，盖远求难致之兵，何如近取回乡之众，此不肖为聚兵计也。”[②]他要求将外省兵撤回，“即招辽人以填之”，此事关系至大，“而刻不容缓也”[③]。御史汪若极赞成这一措施，建议从辽民中选拔身体壮健的人，“给以衣粮，训练有方，人人皆为劲卒，即以分驻卫镇”[④]。熹宗在袁崇焕的奏本上批道：“自有辽事以来，调发援兵无利于辽，反虚各边武备。这本说撤回客兵，即招辽人填补，诚为两利。”[⑤]正式表明朝廷批准实行。

辽东、辽西经过战乱，百姓走死逃亡，人口急剧减少，到处呈现一幅破败而荒凉的景象。若招辽人为兵，首先需要招流亡的辽人返回自己的故土。在决策守宁远后，明兵陆续重返关外各城堡，局势渐趋稳定，各城守将开始招抚辽人回乡居住。如赵率教招集辽人至五、六万，“择其壮者从军，悉加训练”[⑥]。孙承宗的参将杨应乾“募辽卒出戍宁远”，游击鲁之申救出“难民七千发前屯为兵”[⑦]。再如，中前所（辽宁绥中县前所公社）兵民近五千人，前屯（绥中县前卫公社）兵民达六万余人，中后所（辽宁绥中县城）不下万余。袁崇焕驻宁远，很快城内外兵民达五万余家[⑧]。到孙承宗去职时，归附故土的辽民已达十余万人。在袁崇焕经略辽东后，辽西地区的商民已恢复到数十万人[⑨]。

袁崇焕从当地百姓中选拔精壮，征为军队，激发他们保卫家乡的责任感。特别是他起用大批辽将，分以将权，责以重任。例如，满桂，蒙古人，善骑射，袁崇焕称赞他“谋潜九地，勇冠万夫”[⑩]，任命为总兵，与袁崇焕同守宁远。赵率教早在后金进兵辽沈之前就在辽东任事，屡经战阵，后提为总兵，守锦州。总兵朱梅，是袁手下一员猛将，“皆百战百胜之勇”[⑪]。总兵祖大寿世居

①②《明熹宗实录》卷72，第14页。
③《明熹宗实录》卷72，第6页。
④《明熹宗实录》卷73，第11页。
⑤《明史》卷271，“赵率教传”。
⑥《明史》卷250，“孙承宗传”。
⑦《明史》卷271，“满桂传”。
⑧《明史》卷259，“袁崇焕传”。
⑨《明熹宗实录》卷65，第39页。
⑩《明熹宗实录》天启七年七月。
⑪《明史》卷271，“何可纲传”。

辽东，自从军于此，到投降清朝，他在辽西宁锦一带坚守近二十年。何可纲，辽东人，“廉勇善抚士卒”。再有驻守皮岛的毛文龙，虽为江南人，但很早就“逗留辽东”，经历了辽东战争的全过程。他的部下将士绝大部分是辽东本地人，诸如尚可喜、黄龙、耿仲明、孔有德、刘兴治等将官都是辽东人。他们的士兵多为辽东难民填充。这部分辽将及其士卒长期活动于后金的后方，为袁崇焕守宁锦发挥了牵制作用[①]。这些方方面面的辽将成了袁崇焕贯彻战略防御的核心力量。在袁崇焕第二次督师辽东时，特别指出祖大寿、何可纲、赵率教三人是他五年恢复全辽的主要助手。他说：“臣自期五年，专借此三人，当与臣相终始。”[②]广大的辽兵辽将在袁崇焕的激励下，特别能战斗。他们的故土被占，亲人四散，有的家破人亡[③]，对后金有着刻骨的仇怨，战斗情绪高昂。袁崇焕于宁锦战役胜利后强调指出：“十年来，尽天下之兵未尝敢与奴战，合马交锋，今始一刀一枪拼命，不知夷之凶狠骠悍。”[④]从山海关外大小凌河，四百里狭长地带，仅以六万兵马成功地阻挡了后金的咄咄逼人的攻势，连朝廷也不得不承认：“即宁锦屡捷，半是辽人摧锋陷阵者可见也。”[⑤]

第二，以辽人屯田，亦即“以辽土养辽人”。这项措施的主要目的，首先是解决驻军的给养问题，其次是使当地百姓不致失业饥馁，有衣食来源。当时，全辽兵食全靠天津截漕供应。明末政治黑暗，统治腐朽，灾荒不断，国家储备日减，不能保证供给，所需兵食经由海运，致使河北、山东百姓很受拖累。辽西不搞屯种，食价日贵，都涌到蓟门贩运，又夺蓟门之食，造成新的困难。因此，袁崇焕上疏，请求实行军民屯田，以减去“千里馈粮”之忧，就地取兵食，“以省辽饷”[⑥]。天启六年，袁崇焕再上屯田疏，提出从国家给关外驻军的粮饷四十余万石中，减运十万五千石，折成十万两白银，解至宁远，专作买牛及耕具的经费，同时，建议由深通屯田之法的赵率教，并另委任文职一员“专董其事”[⑦]。不久，他同赵率教等巡历锦州、大小凌河，“招集饥民”安插屯种[⑧]。实际上，在这之前，袁、赵等业已实行屯田，分军屯、民屯两种。驻

---

①《明史》卷259，“毛文龙传”。
②《明史》卷259，“袁崇焕传”。
③《尚氏宗谱》。
④《三朝辽事实录》卷17。
⑤《明熹宗实录》天启七年七月。
⑥⑦《三朝辽事实录》卷16。
⑧《明季东莞五忠传》卷上。

军屯田，亦兵亦农，所得收为自用；民屯则取其租，以充军饷，于军于民两利。袁崇焕开始守宁远时，就动员回乡的辽人垦荒屯田，国家发放资金，资助买牛，规定三年内不起科。在他的倡导下，宁远周围屯种远至五十里①。截至天启二年孙承宗东巡关外时，宁远左右城镇已垦田五千余顷。赵率教率兵士尽力耕种三年，积粮至十余万石②。

继上次屯田疏，同年十一月，袁崇焕总结屯田经验，向熹宗详细阐述屯田的重要性和与防御的关系。他总结出屯田“七便”与不屯田“七不便”，这里，总括成一句话，屯田可以实现人马足食，一镇富足，稳军心，安民心，坚定固守的信念③。熹宗批示，要他“悉心区处”，免致错误。到崇祯时期，这一屯田措施继续实施。崇祯四年（1631），工部侍郎沈演肯定并大力支持屯田，他说：“以辽民实辽土，以辽土赡辽兵。能开屯者即与为世业。屯有军屯、民屯，此必攘外必用之策也。”④

“以辽人守辽土，以辽土养辽人”，这一方针的两个方面的内容是紧密地联系在一起的，缺一不可。这个方针的基本着眼点，以当地百姓为依赖，他们既要当兵以守土，又搞屯种以自救。而从军者“且守且战，且筑（城）且屯，且耕且练”。这就是袁崇焕把守与战相结合，筑城与屯种相结合，还有前面提到实行坚壁清野与乘间击暇相结合。我们从这些丰富的内容，可以看出袁崇焕战略防御的基本思想。

五、一个军事家的思想素质

作为一个军事家，除了具有杰出的军事才能，还具有军人的某些特殊品质，从这两个方面加以衡量，袁崇焕都当之无愧。从上文的评述中，谁也不会怀疑他的军事才能。同样，他个人的思想素质所表现出来的特殊品质也是令人信服的，这些品质具体表现为勇敢、坚定、意志刚毅，富有自我牺牲精神，比较接近士兵、百姓，以及善于用兵民的某种程度的民主作风。

袁崇焕还没有登上军事舞台，就表现出勇敢无畏、敢战敢胜的宝贵品质。

①《明史》卷271，“满桂传”。
②《三朝辽事实录》卷16。
③《明熹宗实录》卷3，第21~22页。
④《国榷》卷91。

天启二年正月，正值广宁兵败，时任邵武县县令的袁崇焕正在北京朝觐，当此国难之际，他“自阵顾备兵”①。他任命军职后，又与众不同地独去山海关考察，一回到北京，出人意外地向明廷疾呼请战：“予我军马钱谷，我一人足守此！”②是时，京师官民“纷纷惊窜，风鹤惊惶”③。袁崇焕这一声豪言壮语，对于惶惶不安的朝廷恰似一声春雷！尤其是朝廷各官，几乎吓破了胆，“皆缩肉不敢任”，唯袁崇焕“独攘臂请行”④，他不只谈谈而已，也是付诸行动的。同年二月底，被任命为山东按察司佥事山海关监军，立即赶到山海关任职。经略王在晋命他去前屯安置难民，他毫不迟疑，当夜独自一人赶路，闯过虎豹出没的荆棘丛中，于天亮前进了城。将士们无不惊讶他的胆量之大⑤。

他的勇敢精神，在其独胆守宁远孤城的战斗中得到了最高体现。高第接替孙承宗主持关内外军事，一反他们的战略部署，强令关外兵马撤回关内。袁崇焕坚决不撤，严正表示：“我宁前道也，官此，当死此，我必不去！”⑥关外全撤了，宁远真正成了一座孤悬关外的孤城。他抱着“定与此城为存亡”的信念⑦，不惜牺牲个人的生命，坚守不撤。这种不怕死的无畏精神是很感人的。它表现了一个真正军事统帅应有的品格，这与王化贞善逃和其他将领临阵怯懦形成鲜明对照。在努尔哈赤率五六万骑兵的重围下，他面无惧色，敢战敢胜，沉着指挥。他不怕死，广大将士敢于用命拼击，仅以两万余人战胜了后金的猛烈进攻。其后，他总结第二次宁锦大捷时指出：“人人敢死，大小数十战，解围而去，诚数千年未有之武功也。”⑧尽管在这几次大捷中，大炮发挥了前所未有的威力，但归根到底，“赢得战斗胜利的是人而不是枪”⑨。

袁崇焕与士兵同甘苦，共命运，越是在危险的时刻越是置身于兵士之中。这种身先士卒的宝贵精神，我们在明朝统帅中是很难看到的。他“置身危疆六载”，尤其感人的是，他把母亲和妻子都接到宁远来住，表明战斗到底的决

---

①《国榷》卷91。
②⑤⑥《明史》卷259，“袁崇焕传”。
③《明熹宗实录》卷13，第25页。
④《石匮书后集》卷11。
⑦《三朝辽事实录》卷15，第21页，第36页。
⑧《袁督师集》第14页。
⑨《马克思恩格斯全集》第15卷，第232页。

心，给守城的将士们以极大的鼓舞[①]。在战斗中，当城墙眼看被后金兵凿破，他亲自挑石土，堵塞缺口，不幸受伤，将士们劝他养伤，他厉声说："偷息以生，复何乐也！"他从自己身上撕下战袍，包扎伤处，继续挑石土。将士们大受感动，个个争先，很快堵住了缺口[②]。

袁崇焕善于动员和组织百姓参战，开创了兵民联合作战的新局面。在后金攻围宁远前，他从思想上激发兵民的抗战热情。他手持佩刀，刺破皮肉，用鲜血写成血书，号召和激励兵民积极参战。他向广大将士们下拜，郑重委托并相信他们一定不惜一切牺牲，坚守住孤城。百姓被感动了，将士们被感动了，他们都行动起来，体强者登城迎战，不能打仗的，就组织在一起，为守城的兵士和助守的壮士提供后勤供应，连读书人——诸生也都走出书房，负责把守城里各巷口，盘查坏人，维持秩序。努尔哈赤往往在进攻前派出去很多"奸细"，以配合城外的正面进攻。攻辽沈、广宁等城都以此计获得成功。袁崇焕深知其故伎，在将士们登城后，即动员群众，"纵街民搜奸细，片时而尽"[③]，这就防止了后金从内部破坏抗战。在战斗中，群众献出被褥，裹上火药当武器，号"万人敌"；他们献上柴草、棉花，浇上油点燃，投到城下，焚烧攻城的后金兵[④]。被动员起来的群众就是以这种不惜牺牲一切的激情加入战斗的行列，与明兵同仇敌忾，万众一心，众志成城，夺取了一次又一次的伟大胜利。

以上所述袁崇焕的品质，都是可取的，反映了一个军事家的优秀素质。对比之下，诸如杨镐、袁应泰、王化贞、王在晋、高第等庸碌与怯懦之辈，不禁黯然失色。

应当指出，袁崇焕在思想上也存在着明显的弱点。自古骄傲为兵家所忌。因为打胜仗而骄傲往往是失败的开始。袁崇焕取得了宁远之捷，"志渐骄"，跟曾经生死与共的满桂发生矛盾，以至发展到不能共事的地步。为满桂的事，又跟镇守山海关的王之臣冲突起来[⑤]。所幸袁崇焕对此颇有所悟，双方矛盾有所缓和，于大局尚无根本影响，但从此袁、满两人埋下了怨恨的种子。在腐败的明朝统治集团中，袁崇焕是个颇为正直、颇有气节的人。他志在恢复疆土，原

---

①《明熹宗实录》天启七年八月。
②《袁督师遗稿遗事汇辑》卷3。
③《明熹宗实录》卷67，第21页。
④《明季北略》卷2，第28页。
⑤《明史》卷259，"袁崇焕传"。

不为封侯[①]。这是很难能可贵的。但随着朝廷政治斗争日益加剧，他虽置身于千里之外，终不能躲过是非的漩涡。他本来厌恶魏忠贤一伙阉党专权，魏对他也无好感，一方面利用，一方面又压制。魏的权势日炽，朝廷内外争颂“厂臣”（指魏），袁也不能尽脱俗气，在给皇帝的奏疏中，每每言不由衷地加一段称颂词。就在他被魏排挤下台前，还向皇帝请求于宁远为魏建“懋德祠”，但魏“终不喜”，还是把他排挤去职为止[②]。

六、结　论

袁崇焕受命于辽西败局已定的危难之时，历经近十年的戎马生涯。正是明与后金的激烈的长期战争把他锻炼并造就成一个感人的英雄人物。尽管他作为行将灭亡的一代封疆大吏，挽狂澜于既倒，难以取得最后成功，但也在有限的范围内显示和发挥了自己的军事才能。他的卓越的军事思想，不仅是他个人的实践，也是明与后金军事斗争实践的经验总结，在中国古代军事史上应给予其应有的地位。

袁崇焕为明朝制定的固守辽西，进而恢复全辽的战略，即主守而后战，用辽人守辽土，凭坚城用大炮等战略战术，在当时有着巨大的军事的与政治的意义。他采取这一套战略，在辽西构置宁锦防线，终于阻挡住后金的战略进攻，明军也从战略退却转变为战略防御，自此双方进入战略相持阶段，从而延缓了后金进关夺取全国最高统治权的历史进程。从明朝方面来说，这一历史功绩首先应当归功于袁崇焕。但是，袁崇焕的军事思想，是特定历史条件下的产物，它的局限性也是显而易见的。集中到一点，他的战略在局部布置有余，于全局则不足。他的全部注意力都放在河西走廊宁锦防线，只在保留残局上打算盘，而忽视其他各个战场与宁锦防线的内在联系。比如，防御辽西如铁壁，辽南沿海如何布置？军事上和朝鲜如何联络？堵住了山海关口，其他诸如喜峰口、大安口、龙井关等西北部长城要隘又如何防守？这些似乎没有引起袁崇焕的重视。当然，他也曾提到过长城诸口应加强防御，不过说说罢了，没有真正把上述各要害同宁锦视为一体，换言之，他没有从全局上来考略战守的问题。结果是顾此失彼，守住宁锦和山海关，后金却屡次绕开宁锦防线，从喜峰口等处进

①《袁督师遗集》。

②《明熹宗实录》卷78，第6页。

关骚扰，顾了辽西，对毛文龙所部踞皮岛不予看重等等。

袁崇焕制定的一套战略战术，他本人并没有完全实行得好，在个别问题上犯有严重过失。他擅杀毛文龙即是一例。毛文龙有错误，但不至于不经请示而擅自斩杀与自己同等地位的人。毛文龙久为辽将，其部下多为辽人，他们长期患难与共，关系很深。主帅被杀，军心顿时涣散，一些人遂生“叛志”。像尚可喜、孔有德、耿仲明等部携带大批战具和万人以上的兵士和家属先后投奔了后金，为后金增强了实力，很快夺取了辽南沿海各岛，彻底剪除了后金的后顾之忧，专力向西争锋。袁崇焕错杀毛文龙，是自坏用辽人守辽土的政策，造成了严重后果，大概是袁崇焕始料所不及吧！同时也为自己被杀伏下了隐患[①]。

袁崇焕的战略是建立在“主守”的防御的基础之上的，这无疑是正确的，但战略防御并不排除个别战役的进攻战。按照军事原则要求，在战略防御中，应当展开战术上即战役的进攻战，不断消耗对方的有生力量。在袁崇焕多年防御中，基本上没有发动过战役进攻。他主张乘间抵隙，这是军事家惯用的一种战术。遗憾的是，他没有实行。天启七年（1627），皇太极派大军征朝鲜，国内空虚。“上（皇太极）以城中（沈阳）兵少，率诸贝勒巡边，沿辽河驻营，以张兵威。”[②]我们还从岳托在朝鲜斥责阿敏逗留不返的话中，确知后金兵力严重不足。他说：“我国中御前禁军甚少，蒙古与明皆我敌国，或有边疆之事，不当思予备乎？”[③]无论是留在国内的皇太极，还是亲统大军征朝鲜的统帅岳托等人都十分担心明朝趁机发动进攻，心中惶惶不安。连皇太极也不能安坐金銮殿，亲自率兵巡边，多设营寨，虚张声势，迷惑明军。袁崇焕明知实情，没有作进攻的准备，在朝廷的催促下，仅派出左辅、赵率教、朱梅等九将率精兵九千，先后逼近三岔河，仅为“牵制之势”，使后金安然入朝，又安然凯旋。这不能不是袁崇焕军事上一大失误，政治上短见，失去朝鲜为后援，明朝受到孤立。

所有这些事实，都从不同方面反映了袁崇焕不能驾驭全局，尚嫌才力不足。尽管如此，我们仍然认为，袁崇焕不愧称为明清之际一个杰出的军事家，是那个时代的一个英雄人物。

（原载《松辽学刊》1985年增刊）

---

①《明史》卷259，“毛文龙传”。

②③《清太宗实录》卷2，第22~25页。

论清代“大一统”与边疆民族问题

在中国漫长的古代历史发展中，一个最基本的问题，就是如何统一边疆地区，由国家直接进行行政管理。历代王朝为此做出了种种努力，也付出了巨大的代价。然而，不论是汉族所建王朝，还是少数民族所建的王朝，在清以前，都没有从根本上解决这个困扰历代王朝的历史“老大难”问题。迄至清朝，坚持“大一统”的理论指导，集历代之大成，建立了规模空前的“大一统”的多民族国家，真正实现了边疆民族地区的完全统一，从而也根除了来自边疆主要是“三北”的所谓“边患”，国家与社会长治久安。科学地阐明这一历史进程，是我们正确认识和评价清史的一把标尺。

一、“大一统”理论的提出及实践

“大一统”是春秋时期儒家首倡的政治学说，自秦汉以来，被历代王朝奉为政治实践的理论指南。“一统天下”，达到长治久安，就是它们的政治理想和追求的最高目标。可以毫不夸张地说，“大一统”是左右中国历史发展的占支配地位的思想意识形态，尽管有过多次大小规模不同的分裂，迟早归于一统，但每次分裂仅仅是一姓王朝的分崩离析，而作为政治的、文化的、经济的、伦理道德的共同体中国，却依然存在，一直延续到今天。在中国这个共同体内，只有王朝和政权的更迭，丝毫不影响中国自身的存在。“大一统”是中国历史发展的一条主线，也是影响中国历史发展的一条法则。

“大一统”有着丰富的政治内容和明确的理论内涵。孔子著《春秋》已透露出“大一统”的政治主张：“隐公元年，春，王正月。”《公羊传》作出了诠释："元年者何？君之始年也；春者何？岁之始也。王者孰之谓？谓文王也。曷为先言王而后言正月？王正月也。何言乎王正月？大统一也。"这是首次出现"大一统"的政治概念。一直深受中国儒家思想影响的朝鲜对《春秋》的认识十分明确。嘉庆二年（1797），朝鲜新印《春秋》一书，其国王正宗指出："《春秋》，圣人大一统之书也。"①一语阐明了《春秋》的精义。《礼记》给"大一统"作了最通俗的解释："天无二日，土无二主，家无二尊，以一治之也，即大一统之义也。"据此可知，"大一统"的本意，就是天下统于一主，反对国家分裂、诸侯割据。春秋时期，周王衰微，诸侯争霸，夷狄内侵，社会秩序大乱，所谓"天下无道，礼乐征伐自诸侯出"！这正是对当时社会的真实写照。以孔子为代表的儒家学派力主复周礼，尊周王，抵制夷狄，重建"礼乐征伐自天子出"的政治新秩序，阐明了"大一统"的政治主张。孔子死后，他的弟子们及儒家学派的学者不断总结，提炼"大一统"的政治思想。如汉代班固著《白虎通义》，其《号篇》说："帅诸侯，朝天子，正天下文化，兴复中国，攘却夷狄。"他称之为"霸"，实则是贯彻了"大一统"的基本思想。在这里，他把"攘却夷狄"作为"大一统"的一项重要内容。这也是儒家的一个重要思想，主张"内诸夏而外夷狄"，即"华夷之辨"，对称为夷狄的民族或部族采取排斥与防范的态度，故其"大一统"，首先是"诸夏"的统一，而其周边的夷狄只能是诸夏的附庸。

儒家"大一统"的政治思想，是儒家学说的重要组成部分，对中国历史的发展产生了持久的具有决定性的影响，其价值不可估量。西汉一批儒家学者总结秦汉的政治实践，对孔子的"大一统"思想作出了深刻的评论。如董仲舒称："《春秋》大一统者，天地之常经，古今之通谊。"②稍后，又有王吉阐述对"大一统"的认识，指出："《春秋》所以大一统者，六合同风，九州共贯也。"③他对"大一统"的解说，已被中国历史一再证明，历代政治家皆以"大一统"为信念，不断开创"大一统"的新局面。可惜，迄今研究孔子及儒家学说、研究春秋战国史及中国古代政治史，对其"大一统"的思想认识不足，甚至完全忽略，因而不能正确评价孔子学说，不足以揭示中国历史发展的

①［朝鲜］《李朝正宗实录》卷47，正宗二十一年十一月乙卯。

②《汉书》卷56，"董仲舒传"。

③《汉书》卷72，"王吉传"。

真相。

秦始皇兼并六国，废分封，建郡县，天下一统，创建了中央集权的“大一统”的封建国家政权。可以认为，这是中国历史上第一次把“大一统”的理论付诸全面实践。尽管秦始皇并不崇尚儒家，但他的政治实践却完全体现了儒家“大一统”的政治理想。所谓“书同文，车同轨，行同伦”，就是对秦天下一统最生动的描绘。秦创立的“大一统”国家，是划时代的伟大变革，秦以后，历代沿袭郡县制和皇帝专制天下的体制，沿着“大一统”的方向，不断把中国历史推向前进。历史证明，“大一统”是中国历史发展的一条主线。

在论及秦朝“大一统”时，必须提到万里长城。它是秦朝“大一统”的突出象征。秦始皇修长城，其主观意图是用于军事目的，防御北方游牧民族的内侵。但它对中国历史发展的影响及其巨大的价值，却远远超出其军用价值，更是秦始皇始料所不及。第一，长城之设，给予“中国”以全新的政治地理概念。商周时期所称“中国”，是指商周居于中心地域，凡遵守周礼的诸侯国，统称为“中国”。秦始皇修长城，改写了“中国”政治地理也包括疆域的原有概念，将“中国”的范围空前扩大，一直推进到长城脚下。延袤万余里的长城就成了“中国”与夷狄的分界线。如《汉书·西域上》写道：“秦始皇攘却戎狄，筑长城，界中国，然西不过临洮。”颜师古加注称：“为中国之竟（境）界也。”[①]这是说，长城成为“中国”之“三北”的国境界线。第二，所谓长城为“中国”之国境线，与当代之国境线完全不同，它系指不同民族、不同文化之分界线，具体即指长城内之华夏族（汉族）与长城外之夷狄的分界。如东汉人指出：“天设山河，秦筑长城，所以别内外，异殊俗也。”[②]因民族文化之不同，习俗相远，故以长城加以区别。视长城如同地理山河，成“内外”的天然分界线。简言之，长城又成为中原华夏族与“三北”游牧民族的文化分野。长城之设，完全体现了儒家“内诸夏而外夷狄”的民族观念的政治主张。因长城的经久存在而形成的人文地理、内外之别的传统观念，是巨大的历史惰力，严重障碍“中国”大一统的发展。

应当指出，实践“大一统”的关键问题之一，就是如何对待边疆地区及生活在这里的少数民族。质言之，对边疆地区能否真正统一是衡量“大一统”实

---

① 见《汉书》卷96上。

②《后汉书》卷90，“鲜卑传”。

践的重要标准。

从秦到清之前，近两千年间，历代王朝始终坚持内外有别、华夷之辨的传统的治边思想，坚守长城这道藩篱，对中原地区及长城外与其他边疆地区采取不同的统治方式，亦即统一的形式明显不同。在长城内，汉族聚居区，广设郡县，由中央直接派官统治；在长城外及其他边疆地区，实行“以夷治夷”及“因俗而治”的政策，即任命当地的部落酋长，授以官职，自行管理，以朝贡的方式，定期向中央王朝缴纳贡品，保持政治上的隶属关系。这就是历代所实行的“羁縻制”统治。严格地说，这种间接的统治方式，还不是真正意义上的统一，只是形式上的统一，因而是不巩固的，也是不可靠的。

清以前，历朝历代并没有从根本上解决边疆民族问题，也就是说，还没有真正实现对边疆的统一。如前已说明，历代坚持“华夷之辨”，视少数民族为“禽兽”“犬羊”，以少数民族“非我族类，其心必异”[①]，采取严格限制，严加防范的政策。例如，分隔华夷，严加限制边疆少数民族进入中原地区，凡朝贡的民族，无论从长城入，还是从南方入中原朝贡，限定人数，限定时间、地点，连贸易的时间也受到限制，不能满足少数民族的经济要求；中央王朝特别是地方盘剥侵夺少数民族的利益等，都激发成民族矛盾。清代人总结说：“当中国治则通而来宾，不治则叛而互相吞并，争为雄长。至土马日强，土宇日广，恒与中国为敌。”[②]在历史上，边疆少数民族与中原王朝的冲突乃至大规模战争，难以计数，二十六史中，史不绝书。如，西周时，北方戎狄不断“侵暴中国”，杀幽王于骊山脚下，逼周王东迁。秦时，胡人一再内侵，被逼修长城。西汉时，匈奴强大，迫使汉行“和亲”之策。景帝时，还向匈奴表示：“长城以北，引弓之国，受命单于；长城以内，冠带之室，朕亦制之。”以长城为界，实行民族分治，显见汉朝力所不及，故做此大让步。三国时，魏与乌桓战争不已，至西晋，又有匈奴、鲜卑、羯、氐、羌五族入中原，建国十六，西晋亡，南北分裂达两百余年。隋唐时，与辽东高句丽战斗了数十年，在西北则与突厥战斗。北宋时无力统一“三北”，先后有契丹族建辽国、女真族建金国、党项人则在西北建西夏。辽、金分别进入中原，金灭辽，又亡北宋；蒙古族崛起，先后亡西夏、金、南宋。明时，“三北”大部地区被元之后裔所占

①《晋书》卷102，“刘元海传”。

②《布特哈志略》第2479页，载《辽海丛书》第4册。

据，战事不断，几与明相终始；明中后期，女真族复兴，与明冲突不断，终于发展成大规模战争，持续数十年，直至明亡。在同边疆地区少数民族的冲突与战争中，许多中原王朝被削弱、被灭亡，而其中有些少数民族如鲜卑、高句丽、靺鞨、女真、契丹、党项、匈奴、突厥等民族，或建半壁江山，或建地方割据政权；有些民族，如蒙古、满族等夺取了全国政权，一统天下，成为中国统治者。

事实表明，历代的“边患”几乎皆起自北方，包括东北、西北与北部的“三北”地区。这一延袤万余里的广阔草原地带，是游牧民族世代栖息之地，驰骋的历史舞台。他们逐水草而居，流动性极大；善骑射，性强悍，耐饥渴，对历代王朝构成了严重威胁。自秦以后，历代皆以长城为国家安全的保障，除了元朝等个别朝代，皆修长城不止。历代主要是汉族建立的王朝，其边防在北不在南。我们所说的历代边疆民族问题，主要发生在“三北”。历史一再证明，能否彻底解决“三北”的边疆民族问题，消除“边患”，无疑是实现国家“大一统”的一大关键，也是国家长治久安的根本保证。这一延续两千余年的边疆民族问题，只有到了清代，才从根本上得到解决，从而实现了空前的“大一统”，开创了中国历史上多民族“大一统”的最恢宏的新格局。

二、清代“大一统”的新观念

自秦汉以后，直至明代，其“大一统”的规模大小不一，当“大一统”扩大时，疆域就扩大；当其缩小时，疆域随之而收缩。中国的疆域并不稳定，始终处于变化的状态。就是说，在长达近两千年的漫长历史时期，中国的疆域尚未最后确定下来，根本原因是，没有彻底解决边疆地区的完全统一的问题。边疆问题实质是个民族问题。它们沿袭“内中国而外夷狄”的传统的民族观念，坚持“华夷之辨”，“严华夷之防”，所谓“非我族类，其心必异”，时刻保持对夷狄各少数民族之“大防”。因此，清以前各代对夷狄等少数民族采取的政策，是将夷狄与华夏即汉族区别开来，用长城将“三北”的游牧民族与中原的农耕民族隔离，不得“混一”，其主旨是以汉族为中心，鄙视夷狄，实际是把边疆民族排斥在国家“大一统”之外。历代的狭隘的民族观念，是造成“大一统”严重局限的主要障碍，也是造成中国古代疆域长期摇摆不定的重要原因。一句话，历代的民族观念和民族政策没有真正实现多民族的“大一统”。

清朝承袭明制，重建一代封建王朝。清对明制的承袭，主要是政治体制、中央及地方行政机构的设置及其行政管理等方面。但在意识形态领域，包括治国方略、价值取向、民族观念等，都发生了一系列重大变化。其中，关于“大一统”的新观念，应是清朝最具深远影响时代的变革。

清朝关于“大一统”的新观念，集中表现在对“华夷之辨”的否定和批判，并提出了它的理论主张。清朝的这一变革并非一朝形成，而是经历了一个演进的过程。它是在同明朝斗争、争取蒙古与之结盟，以及不断调整与汉族的民族关系的过程中逐渐变革的。

清朝突破历代“华夷”之限的传统思想，确立一种新的民族观念，实始于清入关前。具体说，自皇太极开其端。他即汗位伊始，针对其父生前掠汉人为奴，甚至“诛戮汉人，抚养满洲”①，满汉矛盾尖锐、局势动荡的危险局面，明确地表达了他的民族新观念。他宣布：“满汉之人，均属一体，凡审拟罪犯、差徭、公务，毋致异同。”②十年后，皇太极即帝位，进一步阐明他的民族政策思想：“满洲、蒙古、汉人，视同一体。”他打了一个比喻：“譬诸五味，调剂贵得其宜，若满洲庇护满洲，蒙古庇护蒙古，汉官庇护汉人，是犹咸苦酸辛之不得其和。”③在皇太极新的民族政策推动下，满、蒙古、汉构成了后金（清）政权的主要民族成分，这三大民族能否“调剂”得宜，实关其政权的兴亡。他把满、蒙古、汉“视同一体”，同等对待的民族新观念贯注到政治实践中，广泛吸收汉官、汉将及蒙古王公贵族参加后金政权，特别是在其父努尔哈赤创建满洲八旗的基础上，进一步扩建八旗组织，创设蒙古八旗、汉军八旗，与满洲八旗并立，成为清政权立国的三大基石。满、蒙古、汉八旗制的最后完善，从而完全改变了努尔哈赤时单一的满族政权的旧格局，标志着以满洲贵族为核心的多民族的政治联盟正式确立。这里所说“多民族”，并非专指满、蒙古、汉，还有其他民族，如黑龙江及乌苏里江流域的各民族，诸如后来所称的达斡尔、鄂伦春、鄂温克、赫哲等族，主要是在皇太极时期归服清（后金）政权，皇太极不分内外，也不分辨族属，都吸收为满洲八旗的成员。

皇太极制定和实施一系列新的民族政策，反映了民族观念的重大变化，不

①《清太宗实录》卷64。
②《清太宗实录》卷1。
③《清太宗实录》卷42。

仅发展和壮大了清（后金）政权的实力，更重要的深远意义，他为未来建立多民族的“大一统”国家开其端，奠定基础。可以说，皇太极的民族观念及政策，是对历代所承袭的“华夷之辨”的传统观念的一次明显的突破，不能不具有开创的意义。清入关后，他的子孙照其遗训，不断突破旧的传统，把他的新观念和新思想推向新的发展阶段。

顺治帝移都北京，面对人数更多、传统文化积深的汉人，仍然坚持“满汉一体”的思想。他说：“历代帝王，大率专治汉人。朕兼治满、汉，必使各得其所，家给人足。”[①] 顺治帝通晓中国历史，指出历代“专治汉人”，而“四夷”的边疆少数民族则不在其直接的统治范围之内。因此，他不断宣传、解释满汉一体的新认识：“天下一统，满汉无别”[②]；“满汉官民，俱为一家”[③]；“方今天下一家，满汉官民皆朕臣子”[④]；“不分满汉，一体眷遇”[⑤]。如此等等。这些具有方针、政策性的表述，都是对皇太极“满汉一体”思想的继承和发展，实际又一次否定了“华夷之辨”的传统观念。

继顺治帝之后，康熙帝明确提出“天下一家”的思想，将皇太极以来所倡导的民族新思想和新观念推上了顶峰。最具有伟大历史意义的实践行动，就是于康熙三十年（1691）宣布废除为历代沿用两千年的万里长城。如前已指出，长城的功能与影响，已远远超出其军事防御价值，成为分隔“华夷”的一道藩篱，分别“内外”的一座巨大的地理坐标，汉文化与北方游牧民族的草原文化的分界线。由此形成的传统的民族观念，不能不直接影响到中国真正全面的统一，多民族国家的形成也受到限制，因而延缓了它的发展。明大修长城以防蒙古，加强辽东边墙以限女真。满族及其先世女真世居长城与边墙外，与蒙古族一样，也被隔离在外。清入主中原后，它不能像明朝那样将本族和天然盟友蒙古族仍然隔离在长城以外，它奉行“中外一视”的治国治边方针，长城就显得多余而失去其军事防御价值。康熙帝高瞻远瞩，目光远大，及时地提出废长城的决策，说：“帝王治天下，自有本原，不专恃险阴。秦筑长城以来，汉、唐、宋亦常修理。其时岂无边患？明末，我太祖统大兵长驱直入，诸路瓦解，

---

①《清世宗实录》卷90。
②《清史稿》卷245，“冯铨传”。
③《清世祖实录》卷15。
④《清世祖实录》卷43。
⑤《清世祖实录》卷72。

皆莫敢当。可见守国之道，惟在修德安民，民心悦，则邦本得而边境自固，所谓众志成城者是也。”[1] 总结历史的经验，长城是靠不住的，只有“修德安民”，才是“邦本”自固的根本之计。康熙帝明确宣布：废土石工程的长城，筑成一道“众志成城”的思想长城。康熙帝的思想，无疑是对千百年因长城而形成的华夷观念的空前超越，他应是秦筑长城以来两千年间第一个提出废长城的人！

康熙帝废长城的伟大意义，还在于撤除限隔北方游牧民族与汉民族的土石藩篱，在中国漫长的历史发展中，第一次打破了民族界限，空前扩大了中国地理的新概念，改变了两千年民族分离的格局，放弃对北方游牧民族的军事防御，视同一体，“要荒总一家”，真心待为“一家”人。这里，关键问题是，如何对待驰骋“三北”广阔原野的蒙古族。自9世纪以来，蒙古族以强大的生命力，在“三北”纵横近千年，与中原王朝争战不已。经明之世，两百多年，为防蒙古，修长城不止。明视蒙古为劲敌，除了防御，就是攻战，始终没有找到彻底解决蒙古问题的办法，而清朝却找到了。首先它对蒙古人有一个正确的认识。康熙帝说：“蒙古游行之地，防之不胜防”，要害是“控驭蒙古有道”，若“控驭无道，则何地不可为乱”[2]。他又说：“朕中外一视，念其人（指蒙古人）皆朕赤子，覆育生成，原无区别。”[3] 康熙帝所说“控驭有道”，就是要正确对待他们，制定积极的政策，以德以恩固结其心，“皆款塞来归”[4]。一句话，不得歧视他们，更不能把他们当成敌人，应看成是“一家”之人。清朝经几代人的努力，终于将横行几个世纪、难以驯服的蒙古人彻底降服，与清朝相终始。清朝“改造”蒙古人，取得了完全成功，是清朝民族政策的胜利，也是“大一统”思想的胜利！蒙古问题的彻底解决，标志清朝已把国家“大一统”发展到或者说推进到长城以外的“三北”地区。

雍正帝对“大一统”思想的阐发和对“华夷之辨”的批判，更具深刻的理论意义。

雍正十一年（1733）四月，雍正帝在对内阁官员的一次谈话中阐明他的“大一统”论。他说：

---

①④《清圣祖实录》卷151。
②《清圣祖实录》卷183。
③《清圣祖实录》卷184。

> 夫中外者，地所划之境也；上下者，天所定之分也。我朝肇基东海之滨，统一诸国，君临天下，所承之统，尧舜以来中外一家之统也；所用之人、大小文武，中外一家之人也；所行之政、礼乐征代，中外一家之政也。内而直隶各省臣民，外而蒙古极边诸部落，以及海澨陬，梯航纳贡，异域遐方，莫不尊亲，奉以为主。乃复追溯开创帝业之地，目为外夷，以为宜讳于文字之间，是徒辨地境之中外，而竟忘天分之上下，不宜背谬已极哉！①

雍正帝阐述“中外一家”的观点，是对“大一统”思想的最好的论证，实为前人所未发，为当世人所未识。他把皇太极、顺治帝、康熙帝等先辈的思想发展到了最高水平，尤其显示了理论的特色。

雍正帝针对历代汉族治者及士大夫乃至平民，一贯将少数民族称为“夷”，作出了新的解释。他公开说：“夷狄之名，本朝所不讳”，即承认满洲原属夷狄，就连“亚圣”孟子也称舜为东夷之人，文王为西夷之人。他指出：这个“夷”字，“不过方域之名，自古圣贤不以为讳也”。至于“虏”字，“加之本朝，尤为错谬！”他承认满洲居东海之滨，可以称“东夷人”。但清朝已为天下主，“不忍”将“穷边远徼”的民族“以虏视之”。而今“中外一家，上下一体”，怎么能以“形迹相歧视”呢？他强调：“满、汉各色，犹直省之各有籍贯，并非中外之分别也。”②

雍正帝释“夷”为地理方位，符合古义，与古人的解释并无区别，如同民族籍贯，本无“中外之分”。他把满、汉等各民族看成是“一家”“一体”，仅是居住地域不同而已。这就是民族“大一统”的思想，是中华民族多元“一体”的新思想、新理论！

他针对汉族士大夫中存在的传统的“华夷”观，给予严厉批判。明清之际的著名学者吕留良认为：“华夷之分，大过于君臣之义。”他斥责“夷狄异类，詈如禽兽”③。更为著名的王夫之持同样观点，称：对少数民族“歼之不为不仁，夺之不为不义，诱之不为不信”④。如此著名的学者，在民族问题上，表

①②《清世宗实录》卷130。

③《大义觉迷录》卷2。

④《续通鉴论》卷4。

现得如此低下、陈旧而落后，民族观更为腐朽，远远地落到了时代的后面。雍正帝痛斥吕留良等：在“天下一统、华夷一家之时，而妄判中外”，是“逆天悖理”！他斥责“夷狄即禽兽”的无理之说，指出：只有那些缺乏“伦常之理”的人才可以打入禽兽之列。人与禽兽的区别，就表现在是否符合“人伦”与“天理”，所以，“尽人伦则谓人，灭天理则谓禽兽，非可因华夷而区别人禽也。”显然，吕、王等人所主张，以华夷来区别人兽是极其错误的！雍正帝的见解则是正确的。

雍正帝进一步分析“自古中国一统之世，幅员不能广远”的原因，认为是传统的华夷观和落后的民族观极大地限制了历代“大一统”的发展，主要表现在边疆地区往往被放弃，对那些边疆地区“不向化者，则斥为夷狄”，即使如“汉、唐、宋全盛之时，北狄、西戎世为边患，从未能臣服而有其地，是以有此疆彼界之分”。他指责说，清朝之疆土开拓广远，“何得尚有华夷中外之分论哉”[①]！分析之深刻，摆事实之正，即当时的诸学者及先辈的思想家也应自叹弗如！

至乾隆朝，清朝统治已历百余年，但汉人士大夫积习难改，旧观念难除，违反规定，不时地仍以“夷汉”来区分蒙古与汉人。高宗予以批驳：“以百年内属蒙古而目之为夷，不但其名不顺，蒙古亦心不甘。”本属“一体”，仍分汉夷，显然有违清朝的民族政策和“大一统”的思想。高宗贯彻先辈的民族政策，进一步发展和巩固“大一统”的成果。

以上，简要回顾自清开国时期，中经顺治、康熙、雍正至乾隆，清统治集团华夷观的演变过程。事实表明：清之华夷观是逐步变化的，总的趋势，向深入发展，达至了时代的高度，是当时最先进的思想。清统治者的“大一统”思想，一脉相承，既相互继承，又不断发展。其中，雍正帝的雄辩，展现了深刻的理论水准，形成了有清一代独具特色的民族观。从此，结束了千百年来一直奉行的“华夷之辨”与“严华夷之防”的思想统治，开创了“中外一家”的空前“大一统”的时代！

三、边疆民族的完全统一

在清以前，历代王朝对边疆民族的统一，一般来说，通过两种途径进行。

---

①《大义觉迷录》卷1。

一是和平招抚。当一代王朝在中原确立其统治地位，即向周边少数民族发出招抚令，招其来归，建立政治上的隶属关系。中原王朝强盛时，不待招抚，边疆民族纷纷主动行动，接受其统治。一是用战争的手段，击败边疆民族的反抗或抵制，迫使其服从新王朝的统治。如西汉击匈奴，争战数十年，才使其臣服汉朝；如盛唐击突厥、高句丽，均使之臣服。但当少数民族崛起边疆地区，与中原汉族王朝的统一途径却有不同：这就是先统一该少数民族所聚居的边疆地区，然后再向中原进军，最终统一全国或半个中国。如北魏，为鲜卑人所建，从遥远的黑龙江走向黄河流域；如女真人，先统一东北地区，再统一中原；如蒙古人，更是如此，当"三北"被统一，进而统一全国。举凡少数民族的统一，大体都是通过同类途径实现。当然，当中原王朝与少数民族势均力敌时，或因双方利益不能保证时，便起冲突，直至爆发大规模战争。如明与"三北"之蒙古，战和不定，打打停停，持续两百余年，这也就谈不上边疆民族的统一问题。所以，终明之世，实际并未完全统一中国。再前溯至北宋，因有辽、金的强大，无力统一，也只存半壁江山。南宋的情况亦如此。

历朝对边疆民族的管辖与管理，大体一致，历代相承，采取"羁縻制"，不过"官其酋长"，随俗而治，这就是"以夷治夷"的管辖方略。

总结历代对边疆民族的统一，应当包括：将边疆民族直接纳入中央行政管理系统，就是说，应成为中央管辖的组成部分；由中央直接派遣官员在其地负责军政庶务，执行皇帝与中央各直属部门的指令或政令；同样重要的是，要在各边疆地区设治，如同中原地区，亦实行郡县制，派驻防军队，维护地方治安，保证国家之安全。如此，才能称之为真正的统一。历史已经明示：在清以前，没有一个王朝能真正实现对边疆民族的完全统一。当然，我们不能否认各边疆民族以朝贡的方式，保持同中原王朝的政治隶属关系。这也是一种统一，或称为"形式上的统一"，但与上述所说的统一，不能等同，只有前一种统一，才真正具有实质性的统一。

现在，让我们考察清朝是否真正实现对边疆民族的统一。

清朝对边疆的统一，经历了一个漫长的历史过程。它同历代一样，也用和平与武力的手段，将边疆民族收为它的政治版图的一部分。如所周知，清朝崛起于东北地区，无疑它的统一亦始于东北边疆。自努尔哈赤于明万历十一年（1583）起兵，可以看成是统一的开始，在奋战四十余年后，其后继者皇太极继续征战近二十年，迟至崇德七年（1642），他终于宣告已完成对东北地区的基本统一。他说：

> 予缵承皇考太祖皇帝之业，嗣位以来，蒙天眷佑，自东北海滨（鄂霍次克海），迄西北海滨（贝加尔湖），其间使犬、使鹿之邦，及产黑狐、黑貂之地，不事耕种、渔猎为生之俗，厄鲁特部落，以至斡难河源，远迩诸国，在在臣服。[①]

皇太极的主观意图，是总结他即位以来所取得的皇皇业绩。事实的确如此。从他所总结的业绩，我们确信，历经两代人半个多世纪的奋战，清朝已完全统一了东北地区[②]。

与此同时，已将漠南蒙古（内蒙古）收入清朝的版图。在对蒙古的关系中，既有和平招抚，又有征战，在攻灭最强的察哈尔部林丹汗之后，其所属各部落及地盘皆归服清朝[③]。接着，吸引漠北蒙古（外蒙古）各部赴沈阳朝贡，初建政治隶属关系[④]。但这种关系还很不稳定，经顺治朝，至康熙朝，亦几经反复斗争，才使之臣服，彻底归清。

在东北与北部地区的边疆民族统一之后，清朝将注意力转向西北厄鲁特蒙古问题。顺治朝十八年中，倾全力于全国的统一，主要集中在南方，西北各族尚未参与其斗争，保持与清朝的朝贡关系。但至康熙，西北出现大的转折，这就是以准噶尔部的噶尔丹为首发动了叛乱，横行草原，夺占漠南、漠北蒙古地区，直接威胁清朝的统治。康熙帝决策，遂于康熙二十九年（1690）首次亲征噶尔丹。至康熙三十六年，又连续两征，终将噶尔丹彻底击败。噶尔丹的势力冰消瓦解[⑤]。康熙晚年，又有准部策妄阿拉布坦发兵侵占西藏，掀起新的动乱。康熙帝再次发动征剿，于康熙五十九年（1720）出兵，仅以近一年的时间就全部消灭其叛军[⑥]。

雍正朝继续同西北准噶尔部的分离势力展开斗争。以和硕特蒙古首领罗卜

---

①《清太宗全传》卷6。

② 此时只有山海关外：中后所、中前所、前屯卫、宁远四城尚为明守。

③ 魏源：《圣武记》卷3，“国朝绥服蒙古记一”；详见《清太宗实录》天聪六至八年各卷。

④《清太宗实录》卷20，第36~38页。

⑤《平定朔漠方略》卷2，《清世祖实录》卷147~178。

⑥ 详见《清圣祖实录》258~289各卷。

藏丹津为首，在青海举兵叛乱。仅历8个月，清军大破叛军，清朝恢复了在青海的统治权[①]。至雍正五年（1727），策妄阿拉布坦病死，其长子噶尔丹策零不甘其父的失败，又与清朝对抗。七年，雍正帝决策征讨，给予叛军重创。至十一年（1733），双方停战，达成和解，战事暂告一段。

至乾隆期，西北准部再起战云。先后有达瓦齐、阿睦尔撒纳发动叛乱。高宗认为："此从前数十年未了之局，朕再四思维，有不得不办之势。"[②]清朝出兵，至乾隆二十三年（1758）完全荡平两大叛乱势力，达瓦齐被擒，阿睦尔撒纳只身逃入俄境，并死在那里。西北归入平静。

与此同时，西北部的边陲地区，今新疆之南疆，为维吾尔族居住区，又称"回部"。其酋长大、小和卓木即布拉尼敦、霍集占兄弟于乾隆二十二年一月发动叛乱，欲自立为国，脱离清朝，高宗毫不迟疑地下令征讨平叛。至二十四年七月，历时近两年，叛军全被歼灭，侥幸活命者向清军投降。霍集占两兄弟被活捉，当即处死。回部彻底平定。至此，自康熙二十九年平准部叛乱，持续近70年，终于大功告成。高宗称："关门以西，万有余里，悉入版图……以亘古不通中国之地，悉为我大清臣仆，稽之往牒，实为未有之盛事……"[③]

从东北，经北部，至西北，处长城外的"三北"广阔地区，东西延袤万余里，历经百多年流血斗争，才全部进入清朝版图，接受清朝的统治。

西南地区，系指今日之西藏、四川等地。四川省西北部为大、小金川两河流域之地。居其地的土司抗拒清朝的管辖，遂有大、小金川之役。清军苦战三年，付出了重大代价，迫使其土司投降[④]。乾隆三十六年又发生小金川之役。至四十一年四月，历时五年，大小金川彻底平定。西藏孤悬西南边陲，与内地、与京师相距遥远，内地文化不易传入。此地屡被外族、外国侵入。如前叙准噶尔部侵占西藏，乾隆五十三年、五十六年廓尔喀两次入侵西藏，造成严重损失。高宗毅然出兵，将其击败，逐出西藏，保卫住这一广大领土，使之牢牢置于清朝的统治之下。

在南疆，包括云南、贵州、广西等地，历来为当地土司所统治，已有千余年，其势根深蒂固，清以前，与中央王朝保持朝贡制，这些土司各在自己的领

① 详见《清高宗实录》16~21各卷。

②《清高宗实录》卷464。

③《清高宗实录》卷599。

④ 昭梿：《啸亭杂录》卷4，"金川之战"；《圣武记》卷7，"乾隆初定金川土司记"。

地为所欲为，中央不得干预。清朝一改历代传统政策，实行“改土归流”，将传统的土司制废弃，这些地区才真正为清朝所控制①。

同“三北”一样，西南与南疆也是经历了反复的严重斗争包括大规模的战争才回归清朝的。

以上所叙边疆地区及民族被清统一的过程，已有各相关论著与相关的人物传做了较为详细的论述，这里，只做了简要回顾，不须赘述。

在确立了隶属关系之后，关键的问题是，能否在边疆地区设置行政机构，直接进入国家主权管理系统，这是使边疆地区与中央王朝保持真正一体的根本保证。清朝就是在“大一统”思想的指导下，撤长城之限隔，坚持“天下一家”“中外一视”，在边疆地区逐一设置行政管理机构。特别提出的是，清朝并非千篇一律设治，是根据不同地区、不同民族，因地因民族而制宜，设置名目不同的机构，表现出政治管理体制多样、多元，而统归于清朝中央，其中央最高统治权又归于皇帝一人之手。

例如，在东北分设盛京将军、吉林将军、黑龙江将军。“三将军”分辖之地，如同一行省，管理其辖地之军政庶务。又满汉族分管、旗民与不入旗之民分管。此制维持了东北两百余年的安定局面，迟至光绪末才正式废将军制，正式建省。回顾历代皆在辽东（令辽宁省境）地区设置行政机构，在今吉林、黑龙江广大地区仅设羁縻机构而已。

约自9世纪，蒙古族开始登上历史舞台，纵横于“三北”万里草原，在清以前，几代王朝在强大的蒙古族面前，几乎无能为力。经明之世，蒙古与之周旋了两百多年，和战交替进行，始终没能解决蒙古问题，清朝却从根本上消除了蒙古与它的矛盾斗争。一方面，清朝给予蒙古种种特殊的政策，待遇优越，又实行满蒙联姻，双方关系亲上加亲。其行政管理，实行盟旗制：以部落为旗，若干旗结为一盟。共设四十九旗七盟。在严密的组织下，依法治理，即每旗各有游牧的疆界，不得私越，更不准侵夺，否则，即依法处理。一个在广阔草原横行多少个世纪而剽悍的民族，却被清朝给驯服了，从此，安定下来，不再为患北方，成为清朝一支可靠的政治与军事力量。

正如人们已知，在解决西北地区的统一后，清朝在伊犁设伊犁将军，管理

① 详见《圣武记》卷7，“雍正西南夷改流记”（上、下）；《清世宗实录》49~51各卷相关内容。

新疆地区，其下分设都统、副都统、参赞大臣、领队大臣、管理大臣、总管等，分驻各中心城镇。在南疆的回部地区，废除其父子世袭的体制，只用其旧名，如阿奇木伯克（总管）、伊沙噶伯克（协理）等，改由皇帝任命，他们在地方，又统属于伊犁将军管辖。

清朝采取独特的方式管理西藏。雍正初年，创设驻藏大臣，乾隆末年，改革西藏行政管理体制：提升驻藏大臣的政治地位与权力，与达赖平列，直接参与西藏军政大事，地方财政亦由驻藏大臣综核。总之，“一切事权俱归驻藏大臣管理”[①]。更重要的一项制度的设立，这就是著名的“金奔巴瓶”抽签选灵童之法，由驻藏大臣会同达赖等当众抽签决定未来的活佛。此制原由达赖与班禅的亲族垄断，实行新制后，此一大权亦被驻藏大臣所控制。清朝在这里行使了国家主权，从此西藏与清朝完全结为一体[②]。

在青海推行盟旗制度，按漠南蒙古编旗设盟的方式，将当地部落编为佐领。另编和硕特二十一旗、绰罗斯二旗、土尔扈特四旗、辉特一旗、喀尔喀一旗，共二十九旗，不属青海，规定各守份地，不许强占[③]。

如前已提到，在南疆实行土司制的地区如云南、广西、贵州等，清断然废除土司制，实行“改土归流”，设郡县，派官员，如同内地。

除东南沿海无边疆事，清朝在陆路边疆地区的统一经营活动达到了历史的顶峰，可以说，达到了时代的极限。它所做的一切，实集历代之大成，将边疆变为清朝疆域的不可分割的一部分，边疆各少数民族亦如内地汉人，同属清朝的臣民，“中外一视”，没有任何区别。一言而蔽之，在清朝统治下，再无内外之分，亦无华夷之辨，真正成为“天下一家”，到这时，空前统一的“大一统”的多民族国家亦告形成。

清朝在我国边疆民族地区所取得的成就，是对秦以来两千年中的一次历史性突破。其成就之大，怎么估计都不会过分。如果对这个问题没有明确的认识，必然会对清史认识不足，评价不足。换言之，如真正了解清史，必先认识清代的边疆民族“大一统”问题。

（原载《明清论丛》，第6辑，紫禁城出版社2005年版）

---

① 《清高宗实录》卷1417。
② 详见《圣武记》卷5，“国朝抚绥西藏”（上、下）。
③ 参见袁森坡：《康雍乾经营与开发北疆》第156页，中国社会科学出版社1991年版。

清前期人物论

WEIYANJI

历史人物论

我研究历史，比较喜欢研究历史人物。这些年来，我对历史上有影响的、具有代表性的人物做过一些具体研究，发表过多种研究成果，还从理论上进行有益的探索。积多年的研究所得，深感历史人物是一个内涵丰富、异彩纷呈的研究领域。当你进入这一领域，在你眼前就展现出一个真善美与假恶丑汇聚的大千世界，人生百态的广阔画卷。

我就以历史人物为题，谈点个人管见，作为我对中国历史观念的一种表达。

一、研究历史人物的极端重要性

我们常说，历史是研究社会发展规律的一门科学。但我说，归根结蒂，还是研究人的。文学是以形象思维描写人，哲学则研究人的思维方式、方法即人的世界观，而历史以科学的逻辑思维研究人的活动及其社会的发展状况。这些不同的研究领域和对象，体现了各自不同的思维范畴，有一点是共同的，这就是都离不开对人的研究或描写。毫无疑问，人是社会的主宰，社会的一切领域，如经济、政治、军事、法律、文化、艺术等等，都是靠人的活动而存在、而发展。换句话说，社会是由人组成的，在阶级社会里，又划分为阶级或阶层，他们之间结成的某种关系及其相互势力的消长，不断推动社会向前延伸。不论是伟大人物，还是凡夫俗子，或者是群体，他们的活动，都是人的主观能动作用的结果，所以，研究历史，就是研究人的活动，探索这些五光十色的活动的动机及其后果，揭示社会发展的奥秘。离开了对人的研究，也就离开了根本，历史就无从解释。从这个意义上说，研究人物是研究历史的永恒主题。

当然，我所说的人，都是指具体的人，即在历史上曾有所建树、有所贡献、有所影响的名垂后世的人物。研究他们各自的活动，对于考察历史尤有特殊的重要意义，“因为全部历史正是由那些无疑是活动家的个人的行动构成的”①。他们的言行、作风、才能与喜好等，无不对一个时代产生重要影响，甚至要影响到将来。拿秦始皇来说，他创立的大一统、中央集权制、郡县制等，为秦以后历代所奉行，延续两千余年，直到今天，仍然可以看到它的影响。西汉初年，董仲舒提出独尊儒术的主张，不仅为汉代也为历代所接受，成为中国封建社会占统治地位的思想。时至当代，儒家思想依然深刻地影响着我们的意识和观念，进而远播海外，在东南亚尤其显示出它的经久不衰的生命力。可见，孔子创立的儒家学说、秦始皇的政治制度、董仲舒的思想主张，对中国历史影响之深远。

研究历史人物的重要性，不仅阐述他们的活动，而且通过他们的活动和主观动机，揭示隐蔽在这些活动背面的那些必然或偶然的诸因素，究竟反映了哪个阶级、阶层和时代的要求。显然，这种考察和研究，已超出了对一个人物的评述，变成了对该时代和社会的解剖。唐太宗是中国历史上的名君之一，他实行开明政治，宽松的经济政策，把唐代社会引向繁荣。清康熙以他卓越的政治远见和恢弘的气度、超群的才能，成为超越前人的一代伟人，开创了天下大治——“康乾盛世”的崭新局面。隋炀帝的下场和隋朝亡国，是一个典型的反面例证。隋炀帝的父亲隋文帝励精图治，国家迅速富足起来，如《隋书》所说：隋文帝“躬节俭，平徭赋，仓廪实，法令行，君子咸乐其生，小人各安其业，强无凌弱，众不暴寡，人物殷阜，朝野欢娱，二十年间，天下无事，区宇之内晏如也”②。炀帝即位仅十余年，就把国家败坏得一干二净，社会迅速动乱，瞬息之间而亡了国。强大的隋王朝同强大的秦王朝一样，都是传至二世而亡。秦始皇、秦二世、炀帝等人施暴政于社会，超生产力运作，其亡国实属必然。明亡则经历了长时期的剧痛。如清人所论，“明之亡实亡于神宗”③，经熹宗朝继续败坏，至崇祯时，虽欲力挽狂澜，“想望治平”，但“大势已倾，积习

①《列宁选集》第1卷，第26页，人民出版社1972年版。

②《隋书》卷2，“高祖纪下”。

③《明史》卷21，“神宗本纪二”。

难挽”，以至“溃烂而莫可救”。同时，又受到来自两个方面的致命攻击，一是农民起义军攻于内，一是清军攻于外，实为明朝的“不幸”[①]。明朝的不幸，除了客观情势，主因还是执政者举措失当，一误再误，把明朝毁灭，连崇祯帝自己也只好“自挂东南枝”而死。

一个处于社会主导者地位的人物，他（她）可以兴国，也可以亡国，其作用之大，是其他任何人所无法比拟的！他们的活动和作为，同社会的发展或倒退息息相关。研究或评价他们的活动，实际就是对一个时代的研究，从中所得到的启示和认识，即使在当代以至今后，永远也不会过时，具有日新月异的借鉴价值。

一篇中肯的历史人物评价，一部成功的人物传记，实为人生的教科书。在这方面，同样显示出研究历史人物的科学魅力。古人与今人，所处时代不同，但都具有相同的情感，世代相沿的传统意识，为成功而喜悦，为失败而痛苦，为正义而赞颂，为邪恶而指斥等等，古今同理，情感相类。当我们把历史人物的业绩和内心世界揭示在人们面前时，怎能不引发感情的共鸣?！我自己常有过这种感情的跌宕起伏。读到一些人物勇于进取，大智大勇，不断夺取胜利，心中钦仰不止；有的驰骋疆场，直至战死，或不幸被俘，杀身成仁，不禁扼腕慨叹，肃然起敬；有的面对邪恶，仗义执言，甚至敢同皇帝抗争，其胆之烈，让人拍案叫绝；还有那些奸佞之人，指鹿为马，以害人为能事，怎不令人发指?！更有许许多多高风亮节、高深道德修养之士，都赢得了我深深敬意。过去，我们常说：榜样的力量是无穷的。这句话用在古人身上也是恰当的。我们就是通过他们来树立各种类型人的榜样，以起到教育人的作用。其实，历代早已经这样做了。自孔子著《春秋》，特别是司马迁著《史记》，迄至《清史稿》，已成二十六史的连续纪录，所载人物已达四万多个，如加上节妇烈女，更远远超出这个数字，人物传占了二十六史一半以上。从某种意义上说，二十六史应是历代人物传的总汇。这些数以万计的人物，都是一个时期的正反代表人物，无非是以忠君、孝悌、仁义及才能优劣为标准，褒奖一些人，否定一些人，目的是为后世树立为人、为臣、为君的榜样。褒奖的人，引导后人仿效；贬斥的人，以为“乱臣贼子惧”。封建史家力图用他们的是非、道德标准，评定人物功过，鉴别优劣，净化社会风气，维护本朝的长治久安。因此，我们研

① 《明史》卷24，“庄烈帝本纪二”。

究历史人物，已超出单纯的学术研究，成为教育人的不可或缺的教材，既是人生的教科书，也是人生的启示录。如果能达到这一目的，那么，研究人物也就真正实现了它自身的价值。

研究历史人物的重要性，远不止这些。我还想指出，我说的是重要性，并非是用人物代替史学研究。这是不可以的。我强调的是，研究历史领域的问题，都不应忽视人的活动和作用，要全面恢复人在历史的中心地位，尤其是居于统治地位或对社会具有影响力的人物更不应忽视。在极“左”思潮肆虐的年代，历史人物的研究几乎成了禁区，往往用“人民，只有人民，才是创造世界历史的动力”来代替对具体历史人物的研究，并否定个人在历史上的作用。很清楚，离开了具体的个人的活动，所谓人民创造历史也便成了一句空话。近十余年来，我们已打破禁区，对历史人物的研究形成了经久不衰的热潮，成绩斐然，令人鼓舞。问题是，这方面的研究，许多尚停留在人物业绩和才能的评述，缺乏深层次的开掘，甚至有的忽视人的作用。在一些经济史、社会发展史的研究中，却是只见事、统计数字而不见人，特别是一些具有影响力的人物的经济活动、主观作用被忽视，把曾是昨天活生生的历史变成枯燥的数字统计和经济状况的表面描绘，因而背离了写史的基本要求，这也难怪人们不愿读这类著作。

二、研究历史人物应遵循的原则

研究任何问题，包括研究历史人物，都各有其特定的内容，需要对研究对象的内容作出大致的界定，诸如研究的出发点、研究的角度、若干层次，以及具体的研究方法。简言之，要确定必要的指导原则，使研究有所遵循，以利于研究的深入。

第一，要分析时代的特征。无论古人、今人，都生活在一定时代，在每个人的身上无不打上时代的印记，从人的活动中反映出时代的气息。特别是在那些杰出人物的身上，尤其鲜明地体现了时代的象征。他们的一生，实际就是该时代的缩影。弄清人物生活的时代，是认识、分析和评价人物的前提。每个时代，各有自己的特定内容和特征。例如，有歌舞升平的和平时代，有战乱与纷争不息的天下大乱的时代，也有抗击外国侵略的民族战争的年代，等等。如果不能仔细地分辨各个不同时代的特征，彼此雷同，甚至几乎没有区别，其结果，也就混淆了不同时代的人物差别。就说农民起义和农民战争，有秦末陈胜、吴广，汉末张角，隋末李密、窦建德，唐末黄巢，北宋钟相，元末刘永福、张士诚、朱元璋，明末李自成、张献忠，清末洪秀全等等，他们所处时代，相距短者上百年，长者千余年，上下相差两千多年。虽说他们都生活在封建社会，毕竟每个历史时代不同，起义背景和导火线也各异。通常总是千篇一律地说：阶级矛盾尖锐啦，地主阶级残酷剥削啦，吏治败坏啦，如此这般，实际上是把不同时代混为一谈，这些不同时代的农民领袖也无差别，形成了一个模式的人物。这是对时代认识上的简单化倾向。

还有，如果混淆了不同时代的特征，将导致对历史人物的错误分析。宋与辽、金，金与辽，争战不已，构成了北宋的时代特征；清（后金）与明的战争，截至顺治元年（1644）清军入关，已持续进行了二十八年之久，战争也成了这一历史时期的主要内容。他们的争夺，是国内几个民族争统治权。至于战争的是非，具体问题应作具体分析。过去，都把契丹、女真、满族统治者发动的战争斥为“侵略”，近年又有人改称为“民族征服战争”，把抗击这些少数民族统治者的人称为“民族英雄”。如果“民族征服说”合理，那么，17世纪80年代沙俄对清朝的战争、19世纪40年代英对华战争，以后又有法、日等向中国开战，八国联军攻入北京等一系列战争，又作何解释？把国内各民族的纷争同外国“异民族”的入侵混为一谈，实则扭曲了时代的性质，因而对不同时代的人物评价也是不正确的。可见，准确地分析时代的鲜明特征，将人物置于特定的历史条件下，是人物研究的首要问题。

第二，生活环境是考察历史人物必不可少的条件之一。生活环境与时代密不可分地联系在一起，它既是时代内容的一部分，也是时代的直接反映。同时，它又与人的成长和思想的形成、性格的培养息息相关，始终给予人的一生以深刻的影响。所以，对生活环境的考察，是我们研究人物的一个重要根据。生活环境，主要指一个人生活的人文地理条件、社会风俗、政治状况；家庭经济与政治地位、文化素养、家庭成员的构成，以及同周围人际的相互关系等，都是对人产生影响的重要因素，我们不能满足于报报人物的出身、简历的自然状况，重要的是，在详细考察其生活环境诸因素后，分析它对人物究竟注入何种影响，对其事业成败有多少制约。

人们的生活环境各不相同，即使同处一个时代，也有各种差异。例如，明清之际，成千上万的汉官、汉将、士兵纷纷投向清政权，每人因其各自的生活境遇不同，降清的动因各异。清初名臣范文程早在后金天命三年（1618）抚顺之役时，“杖策谒军门”，主动投入后金政权。当时，他仅是沈阳一生员，出身卑微，目睹明朝边将腐败，已走向穷途末路，毅然弃明[①]。祖大寿一家，是辽西豪族，五世镇辽，深为朝廷倚重。后金天聪五年（1631），他在援绝粮尽的情况下，献大凌河城（辽宁锦县）出降，继而设计脱身。迟至十年后，即清崇德五年（1640），他再次被围于锦州（今辽宁锦州），始真心投降[②]。他之所以迁延降清，不能不与他在辽西的社会与政治、军事地位、又受朝廷重用有关。尚可喜则与他不同，他因屡次遭受主将迫害，不得已，率士卒家属万余人、千艘战船降清[③]。吴三桂生长于明清交战地区——辽西中后所（辽宁绥中），是在战争中崛起的新一代将领，自有其不同凡响的人生经历。他一再拒绝清太宗、舅父祖大寿等人的诱降，独守宁远（辽宁兴城）。他受家庭熏染，抱有忠君报国之志，而他与父亲同受明廷重用，不肯轻易降清。特别是其父吴襄被调到北京，举家迁去，形同人质，更坚定了他与宁远共存亡的决心，李自成占北京后，几度劝降，他竟接受其条件，也不降清。这反映他的正统思想、鄙视“夷狄”的观念相当深厚。直到李自成抄了他的家，夺去他之所爱，才一怒冲冠，借清兵击败李自成，降清受封为王[④]。

以往论者，完全忽视他们各自的生活境遇，不加任何分析，单纯按道德、气节或出身论是非，指斥他们统统是“汉奸”，显然是片面的。再举一例。皇太极（清太宗）与其父努尔哈赤基本同处一个时代，但他们所处生活环境已发生很大变化。经他大力改革，后金迅速强盛起来，并把国号改为清，真正成为大清皇帝第一人。他处于承前启后的关键地位，对清朝的命运举足轻重。可以说，没有皇太极，也就没有清朝。然而，人们论清史，言必称康熙帝，盛必称康乾，几乎完全遗忘皇太极的存在。所有这些说法，大抵都没有深刻考察人物生活的时代和具体环境，得出了不恰当的结论。只有把前述的大背景（即时代）同人物生活的小环境有机地结合起来，才能正确阐明历史。

第三，区别人物的个性，应是我们研究历史人物的重要指导原则之一。世间的一切事物，无不千差万别。没有区别，就没有世界。人也是如此。我们说

① 参见《碑传集》，“范文程传”；《清史稿》卷232，“范文程传”。
② 参见《清史稿》卷234，“祖大寿传”；《明清史料》乙、丙编。
③ 参见《清太宗实录》卷16；《尚氏宗谱》，“先王实迹”。
④ 参见《清世祖实录》卷4；《流寇志》《国榷》《明季北略》等。

的历史人物，都是具体的，又是个别的，各有其个性。没有完全相同的人，即使双胞胎，外形相似或相同，而性格、思想、作风、才能等个性绝不会没有差别。研究人物，不去区分个性，造成千人一面，也就丧失了研究的意义。这一弊端，在我们的研究中屡见不鲜，往往是只见其人不见其形，而见其形又不见其个性。南宋岳飞抗金，明末袁崇焕战守辽西抗御后金，的确，两人在许多方面有相似之处，均遭陷害而死。过去，评价他们时，除了时代不同，王朝名号有别，简直把两个个性不同的人描绘成了一个人！再以努尔哈赤与皇太极父子为例，父子俩都堪称为一代的政治家、军事家，但其政治理想、思想风格、处事方法、生活作风等，迥然有别。父亲的理想是不进关，以东北为国，世代与明相守，儿子则雄心勃勃，欲取明而代之；前者只以满族统治，“诛戮汉人，抚养满洲”[①]，后者创建汉军、蒙古八旗，建立以满族贵族为主体的民族联合统治政权；前者排斥汉文化，而后者大力吸收汉文化，大批起用汉官汉将，加速了清（后金）的发展。经此区别，父子俩的个性鲜活起来，表现出两种不同类型的人物。吴三桂、尚可喜、耿精忠（耿仲明之孙）同为藩王，但在撤藩问题上，尚可喜明智，老谋深算，知进退，主动要求撤藩，解甲归田，以图善终。这同吴、耿贪恋权位、抗拒撤藩形成鲜明对照。事实说明，没有个性，也就没有人物的存在。可见，个性对于研究人物是多么重要！

第四，研究人物，重在研究他（她）的实践活动及其社会效果，这也是我们研究人物的一个指导原则。

毫无疑问，历史人物的社会实践活动，是我们研究人物的主要依据。离开它，所谓研究和评价也就成了一句空话。这里，应注意两个问题，一是主观动机和客观效果，究竟以哪个为主，抑或两者同等看待？从理论上说，有什么样的主观动机就会产生什么样的效果，实现了两者的统一。但是，生活中往往出现如列宁说过的那种情况：历史好像同人开玩笑，你本来想进这个房间，实际却进了另一个房间。在这种情形下，自然应以实际的社会效果为依据。二是社会效果有时会很快产生出来，有时则须多少年以后始见成效；有的在当时可能是消极的，甚至是坏的，而若干年后却是积极的。秦始皇当年大修长城，主观上是力图防御匈奴内侵，保护他的统治不受威胁，但也保护了农耕区的汉人不被伤害。他始料不及的是，修万里长城却使国家陷入了灾难，加深了社会危

①《清太宗实录》卷64。

机。秦始皇生前，尚未完全见到长城带来的效益，而汉以降，直至清初，两千余年间，历代王朝大受其益，在今天，她成了中华民族的伟大象征。秦始皇牺牲了他创建的大一统国家，并给自己留下千载骂名，这并不是他的初衷。从实践效果检验，功在后世，我们今天又何必跟在古人后面继续骂他呢！

再举隋炀帝开凿大运河。他的动机，是为自己到江南游玩提供交通方便条件。同秦始皇的历史命运一样，百余万民工日夜兼作，付出了重大牺牲，而他也为此付出了高昂代价，国家灭亡，他在运河的繁华之都扬州送了命！其后，人们代代骂他，却不废运河，不断整治、改造，成为中国南北交通的大动脉，直到清末兴海运，才放弃大运河。它在中国历史上所发挥的作用，关系到隋以后历朝国计民生，乃至国家命运的安危，同长城具有同等的社会的与历史的意义。可以认为，此举罪在当时，功显后世。我们抛开炀帝开运河的狭隘目的置而不论，实际上，这一重大举措却是反映了客观的需要，正是南方经济的发展这一强大动力，驱使他南下的欲望无法抑制，促成了大运河的开凿。不过，当年劳动人民为此作出了巨大的牺牲。

社会效果，总需实践来检验。舍此，只凭主观想象，就会离史实更远。

三、评价历史人物的标准

研究历史人物，就是对其功过、是非作出肯定或否定的评价。这里，涉及一个重要问题，即标准问题。长期以来，史学界有过种种不同的议论，曾提出多种标准。

20世纪60年代初，已故著名历史学家吴晗先生提出评价历史人物的六条标准，突出强调“以对当时当地大多数人的利益为标准”，可称为“当时当地标准论”。这种看法有其合理的一面。不足之处是，由于时代的与阶级的局限，当时当地人们对历史人物及其活动的认识未必正确。如以对当时当地好坏为准，那么，可能会碰到另一种情况：某件事在当地局部未必是好事，但从全局看来，可能是好事；当时因其效益不显，甚至是消极，而至将来也许会变为大好事。显然，用“当时当地标准”就无法解释清楚。

一种意见认为，历史人物千差万别，应因人、因时、因事而异，不能用一个固定的、统一的标准予以评价。这是一种“多标准论”。应当承认历史人物的复杂性与差别性，但由此就导致评价标准的千差万别，实际上就是无标准。

还有一种标准，就是“现代标准论”。按照这种标准，历史与现实等同，历史人物的功过以眼前的政治需要为转移，以今日之是非标准来衡量古人之是非。尽管很少有人主张这种标准，但实际上却在应用这种标准，其结果，必然将历史人物现代化，因而是反历史的，反科学的。

在极“左”的年代，还盛行一种标准，即“政治标准论”。这种标准，完全从阶级出身、政治立场、道德与气节出发，来区分好坏、肯定与否定。当然，这几个方面包含了历史人物的政治实践的内容，问题是应当如何看待和分析这些问题。如，把阶级出身绝对化，按此标准，那些帝王将相统统被赶了下去，即使有贡献者也从其出身批判一通，不敢给予充分的肯定。就说政治立场、道德、气节，例如，以明为正统，判定努尔哈赤起兵反明，是“犯上作乱”，凡降清者皆“汉奸”，维护明朝腐朽统治而至死不降者皆“英雄”；李秀成写了“自白书”即“叛徒”，全盘否定。这些都是“政治标准论”的事例。前面提到，以主观动机来评价人物，也是这种标准的反映。例如，洋务派办的军事工业和经济改革，主观愿望是维护清朝的统治，但他们的实践活动体现了历史的进步。长期以来，人们就是依据洋务派的主观动机，完全给予否定，是不够公允的。

不正常的年代，产生出不正常的理论，是不足为奇的。近十余年间，情况已有了根本性转变，史学空前繁荣，历史人物的研究和评价空前活跃，覆盖了史学的各个领域。在这一时期，对历史人物研究从理论上探索显得不够，或者说，受到忽视。在具体评价上一个明显的倾向是，过高评价，甚至不惜拔高。有些研究者凭个人感情好恶，对喜欢的人物，连其缺点、错误也给予辩解，乃至掩饰，置而不论，确“为贤者讳”了。反之，则贬斥得一无是处。还以吴三桂为例，给他戴一顶“汉奸”帽子固然不妥，但为他全面翻案，把他发动叛乱说成是“反清复明”，具有进步意义等说法，也与历史事实大相径庭。康熙帝不愧是一个时代的伟大人物，是不是就一点缺点、失误也没有呢？在许多论著中，都一味赞颂，什么缺点、失误也没有。事实并非如此。比如，他处理三藩问题，采取三藩同撤的方针，操之过急，激化矛盾，逼使吴三桂率先抗拒撤藩，造成长达八年之久的内战。论者常引用他的一句名言：“撤亦反，不撤亦反。”既然他已预见到吴三桂必反，为何在撤藩令下达前不做任何军事准备？以至叛乱发生后，才仓促调兵遣将，丢失半个中国。他的失误是不容掩饰的。在顺治之世至康熙初年，清对吴三桂的政策是世世代代为王，“盟永重于河山”，这些誓词和允诺一再写进皇帝敕命的金册①，康熙帝为何首先撕毁承诺？为何在无“反迹”可寻的情况下硬性撤藩？这正好揭示了康熙帝在政治上欺骗、不守诺言的本质。平息叛乱后，康熙帝又违背已许下的诺言，将原先赦免死罪而招降的大批副将以上的吴、耿军官全部处死，又阴谋处死靖南王耿精忠、平南王尚之信，斩草除根，还将大批已降的中低级将官，连同部属、家属都发配到荒凉的东北之地，永世不得翻身。康熙帝的狠毒手段于此已见一斑。诸如此类问题，许多论著都作为“英明”的优点给予肯定。

事例之多，不胜枚举。在评价中出现这种或那种倾向，仍然是一个如何掌握评价标准的问题。

回顾以往的人物研究，我感到评价标准不是一成不变的。这是因为人们的认识在不断深化，今天的认识，总比昨天、前天的要深刻些。以前以为是对的，现在则“觉今是而昨非”，反之亦然。人们认识上的前后错倒，加之新的史料的发掘，评价标准随之而发生变化。再有政治形势和政策对史学与历史人物研究的制约，往往引起评价标准的大起大落。妇孺皆知的孔子，在新中国成立40多年中，一个时期肯定他，一个时期否定他、打倒他，过了一段时间，政治气候一变化，他又被肯定。如此反反复复，孔子何时得安宁！对秦始皇也是这样。秦始皇历来是被当做暴君而受到批判，“文革”中，他一改暴君形象，被作为法家代表人物而备受赞扬。刚刚粉碎“四人帮”，对他的评价又发生一百八十度大转弯，再次把他判为暴君。西汉初的吕后，原被封为法家，继之斥为野心家、阴谋家。同是一个人，又是相同的史料，评价却迥然不同，这并非人们认识有别，而是跟随政治“方向”的变化，不断变换评价的标准，造成评价的混乱，因而完全丧失了科学性。这个教训是十分深刻的。

那么，评价历史人物要不要有个基本标准呢？回答是肯定的。我以为，这个标准既不应该是包罗万象的条条框框，也不应该是无法捉摸的“政治需要”；既不应该是当时当地标准，也不应该是虚无主义的无标准，而只能是根据历史唯物主义概括出来的一条总的基本标准。具体说，就是依据马克思主义的基本原理，综合考察历史人物的全部活动，看其对当时社会或整个人类社会的生产发展和历史进步起了推动作用还是起了阻碍或破坏作用。马克思主义认为，一切重要历史事件包括伟大人物的活动，都不过是当代生产力的发展以及

① 参见《清世祖实录》卷79、《清圣祖实录》卷6。

由此而产生的阶级斗争的产物[①]。不言而喻，每个历史人物对自己所处时代的生产力的发展是否起到积极推动作用，就成了我们评价历史人物的重要依据。不仅如此，还要看其在社会其他领域（政治、军事、文化、科学、教育、艺术等）里的活动，是否把历史上遗留下来的“一切真正有价值的东西”承受下来，“而且还要把这一切从统治阶级的独占品变成全社会的公共财富和促使它进一步发展”[②]，据其功过，给予恰如其分的评价。

这一评价历史人物的基本标准，主要包含两方面内容：一是强调马克思主义对历史人物评价的指导作用。过去多年，在大搞阶级斗争和突出政治的口号下，完全颠倒了经济与政治、物质与精神的主从关系，背离了马克思主义基本原理，造成评价历史人物混乱不堪，原因在此。在今天，以为马克思主义已经过时，弃而不用，也是评价历史人物中所出现的种种错误倾向的根源。离开马克思主义的理论指南，就会使我们评价历史人物陷入盲目性。二是坚持评价历史人物的实践标准。这一点，前面已经说过了，我还想指出的是，不仅坚持考察历史人物的实践活动，也就是付诸行动的活动，还要看其活动的客观作用，在当时当地检验，也须考察对后世社会影响大小。只有这样，才能正确判断一个人在历史上的全部作用，反映他（她）的真实面目。把以上两个方面结合起来，才符合历史唯物主义评价历史人物的基本标准。

历史人物研究，应当成为历史学的一个重要分支，形成和建立自己的独特的理论体系、研究方法。研究的目的，全在于应用，使它对社会、对中华民族真正发挥“人鉴”的作用。在这方面，我们已经积累了丰富的经验，只要自觉地继续努力，这个目标一定能达到。

（原载《我的历史观》，广东人民出版社1997年版）

① ［德］恩格斯：《社会主义从空想到科学的发展》。
② 《马克思恩格斯选集》第2卷，第479页。

关于努尔哈赤研究的几个问题

自清朝逊国，努尔哈赤作为清朝的创建人即失其至尊的地位。随着时间的推移，渐行渐远，他的名字已被人们遗忘。在沉寂了大半个世纪以后，直到改革开放，努尔哈赤突然大放异彩，其历史命运顿时改观。在空前的清史研究热潮中，有关他个人的传记，一部接一部问世；而研究他的论文连篇累牍见诸报纸杂志。连文艺电视界也来推波助澜，把他的历史编成传奇故事，在亿万人群中传播。

文艺作品属于另类，从学术研究的眼光看问题，固然不足为训，不值得一提。就学界研究努尔哈赤而言，既存在某些歧见，也有尚待深入探讨的问题。本文所论所议，仅是个人学习与研究心得，愿与学界探讨。

一、努尔哈赤所处时代论

每个人物都生活在一个特定的历史时代。他（她）的思想意识、观念、道德，乃之所言所引，无不受到时代的制约，打上鲜明的时代烙印。概括地说，人们的实践活动无不是时代的产物。毫无疑问，我们研究历史人物，一个最基本的问题，就是将人物置于其所处的时代。这就需要对时代有一个本质性的认识，包括时代的时间断限的推定、时代特征、该时代的社会发展趋势、时代标志性事件的出现等等，都应该是我们认识一个时代的主要内容指数。一句话，要给人物于所处时代准确的定位。按照历史唯物主义的观点，每一个历史人物诸如帝王将相，以及那些伟大的或杰出人物，只能在他（她）们各自所处时代现有的条件下去创造历史。如果说，脱离时代，去研究或评价他们的实践活动，判定是非也失去了客观依据。

总结以上各点，可以归纳为一个问题，即时代与人物实践的关系。正确阐明一个时代的特征，对于研究与评价人物是必不可少的前提。现今一些人物研究的论著，只写时间，不写时代；即使写了时代，不过是简单地交代背景，却没有揭示时代的特征。这同样反映在努尔哈赤的研究中，一种倾向是将努尔哈赤所处时代简单化，轻描淡写；一种倾向是虽然写了时代，却没有与努尔哈赤的实践活动有机地结合起来，对其实践活动作出了不恰当的评价。当然，全面评价努尔哈赤，主要依据他的实践活动。但是，评价其实践活动正确与否，必然与时代相联系，才能给予正确的评判。

那么，努尔哈赤所处的时代，到底是个什么样的时代？它有哪些时代特征呢?

以努尔哈赤于明万历四十四年即公元1616年创建后金国、建元称汗为标志，中国历史正式进入明清（后金）之际的新时代。由此开启了明清交替的历史进程。这就是说，如果没有后金的出现，所谓“明清之际”也就不能成立。明清之际是一个长达近半个世纪的漫长过程，以清顺治十八年消灭南明最后一个政权——永历小朝廷为终止时间，明清之际的历史至此结束。努尔哈赤恰好处于明清之际的开端阶段。

明清之际，有的也写作“明末清初”。表面看，似无问题，严格地说，并不确切。因为“明末”是指万历至崇祯十七年即1644年亡国。明亡，其历史亦告终结。“清初”，传统的说法，是指清入关后，包括顺治至康熙两朝，约当八十年为“清初”。清朝纪年，历来以顺治元年为开端，故清初不包括入关前时期，这一阶段，史称“清入关前史”，或简称“清前史”。显然，“明末清初”的时间断限，与“明清之际”的涵义有所不同，它是强调两者并存，尤其不以明亡为终结，而延续至南明为止。这就是将南明作为明朝史的组成部分，仍视为“明清之际”的继续。如前已指出，明清之际是明清交替的一个漫长的过程。它的历史内涵，简言之，就是明清兴亡史。

“明清之际”作为一个时代，其出现实非偶然。一方面，源于东北地区女真族诸部内乱。按明人划分，女真分为建州女真、海西女真与“野人”女真三大部。在经历元朝统治，至明中叶，约两百余年，女真社会经过缓慢发展，逐渐恢复其历史的活力，内则各部兼并，外则与明冲突不断：或女真突入辽东边墙，进入明辖辽东地区，劫掠汉人财产与人口；或明军深入女真之地，犁庭扫穴，毁灭其家园。此类武装军事冲突已对明构成严重的“边患”。不论明朝如何绞杀，女真社会仍按其自身的发展规律向前发展。至万历十一年（1583），建州女真努尔哈赤愤然起兵，为其被害的父祖复仇。此时，女真“各部蜂起，皆称王争长，互相战杀，甚且骨肉相残，强凌弱，众暴寡”。正是当时形势的真实写照。努尔哈赤作为其中一股新兴的政权势力，参与女真诸部“称王争长”的相互战杀。开始时，他把斗争矛头直指仇人尼堪外兰。当此仇已报，他转而进攻并兼并其他女真各部。这一过程，实际是女真从分散走向统一。在经历了三十余年的浴血奋战，努尔哈赤基本统一了女真各部，终于建立了女真的国家政权。事实证明，努尔哈赤从起兵到建国，生动地显示了顺应历史发展趋势的必然性。另一方面，明朝腐败，统治衰落，导致辽东大乱，对东北女真失控，助推努尔哈赤迅速崛起，是“明清之际”时代到来的又一根源。有关这方面内容，将在后文中具体阐述。

历史上，每一个特定的历史时代，无不是社会各种矛盾与各种力量角逐而形成的新格局。如“春秋”“战国”，各成一个时代，“春秋战国之交”又是与前两个时代有联系、且有区别的新时代。同时，各有标志性事件，以界定一个新时代的到来。以孔子著《春秋》为标志，即将其所记述的历史称之为“春秋”时代；春秋诸侯兼并，最后剩七国，展开军事较量，成为“战国”。界于两个时代之间，则称为“春秋战国之交”。“明清之际”则以努尔哈赤建后金政权为标志，揭示一个新时代的到来。

在辨明“明清之际”的时间界定及历史内涵后，现在，需要进一步探讨这个时代又有哪些特征。

首先，从世界历史发展的大势来看中国的“明清之际”。当努尔哈赤起兵、统一女真诸部、建国家政权，直至他去世，共四十余年间，在西方主要是英国，正在酝酿资产阶级革命。到1642年即清军入关前夕，英国的资产阶级革命正式爆发，很快，推翻了封建主的统治，建立了资产阶级统治的新型国家政权。这是一场真正的社会革命，由一个新生的资产阶级取代封建地主阶级而成为新社会的统治阶级。同时，在经济领域，资产阶级的生产关系也取代了封建地主阶级的生产关系，采取资本主义的生产方式，社会生产力的发展突飞猛进。这一划时代的变革，是社会发展进程中一次质的飞跃。因此，可以说，资本主义社会的建立，是人类社会文明发展到更高阶段的一个划时代的标志。

在中国，与英国已发生或即将发生的社会大变革完全不同。在明朝统治下，中国依然是一个封建地主阶级统治下的小农社会。封建的经济及生产关系根深蒂固，牢不可破，生产工具沿袭千百年而不变，生产力低下。到了晚明，始见江浙沿海局部地区出现稀疏资本主义萌芽，即在手工工场的作坊中，其生产方式及雇佣关系中，确已含有资本主义生产方式的些许因素。仅此而已。对于民族众多、疆土辽阔、经济发展极不平衡的中国来说，这些许的资本主义萌芽简直微不足道。具体说，资本主义的生产方式远未出现，新生的资产阶级远未形成。因此，在晚明时期，无论发生什么“革命”，都不具有资产阶级性质。

努尔哈赤在建国的第三年即后金天命三年（1618）正式向明朝宣战，断绝与明的臣属关系，开始了与明长达近半个世纪的统治权的争夺。后金的政治目标，是取代明朝，建立一代新王朝。继努尔哈赤在东北建立国家之后，在陕西爆发了农民大起义。很快，分别形成以李自成、张献忠为领袖的两支强大农民军武装。李氏建国号大顺，张氏建国号大西。他们的目标，同样欲取明而代之，建自己的一代王朝。李、张各自所率领的农民军，无一例外地都出身于农民，他们根植于明代封建社会的土壤，简言之，与资产阶级风马牛不相及！所以，他们的起义、造反，不具有社会变革的意义，只是推翻旧王朝，建立新王朝，在封建专制体制的框架下，重复以前的统治，不过换了姓氏与具体人罢了。

努尔哈赤本人及其所代表的阶级，与李自成所代表的农民很不同。努尔哈赤出身于女真贵族之家，他所代表的阶级是奴隶主或农奴主阶级。如学术界所共识：努尔哈赤进居辽东以后，才开始逐渐封建化。按发展阶段要求，他距离资产阶级还相当遥远。所以，他及其子孙同明朝的斗争，并非要建立一个新型的资本主义社会，恰恰相反，他与其子孙能做到的，仅仅是推翻旧王朝的统治，建立爱新觉罗氏的新王朝统治。这就是说，无论李自成、努尔哈赤等，都不是先进阶级——资产阶级的代表，同样也不是先进的生产力的代表。他们的起兵或起义，不过是如历代经常出现的“改朝换代”，姑且称之为“王朝革命”，因而不具有社会革命的意义。这并非是个人意志所能转移的，却是中国封建社会自身发展规律的生动体现。可见，在遥远的西方如英国酝酿并将发生的革命，与同期的努尔哈赤的反明斗争，不可同日而语；与李自成等农民起义与农民战争更是天壤之别！

据此，我们从世界的大势来看中国的“明清之际”，便知：中国与世界正在进入以资本主义为标志的新时代。这应是“明清之际”的第一大时代特征。

认识这一特征，解读努尔哈赤的行为不难。如前已指出，他是在明代中国与其生长的环境中成长起来的，他只能在封建主义的条件下去实践他的理想。想让他或者李自成去进行资产阶级革命，无异于缘木求鱼！学术界有种意见，坚持认为：努尔哈赤把奴隶制带进辽东，其后世子孙又进关“征服”汉人，也把落后的生产方式带入汉人聚居地，阻断了明朝已开始的近代化的进程，云云。此论不过是削足适履，尤其不足信者，当西方资本主义正在生长之时，明代却已开始“近代化”？明明是西方资本主义远比中国发展迅速，怎么又变成明的发展快于西方！对时代特征与明朝现状的误断误判，竟成为一些人否定清朝的一个口实。

“明清之际”的又一个时代特征是：各民族、各阶级阶层都参与明王朝的更迭斗争，造成中国历史的一大奇观。在明以前，历代王朝的更替，主要是被压迫的广大农民忍无可忍，发动起义，迫使旧王朝垮台。也有少数民族的政权，如辽、金、元等，向中原王朝发起连绵不断的战争，直至获胜。这也仅仅是如契丹对汉人，女真、蒙古各对汉人王朝的征伐。

“明清之际”的实况，远比历朝历代更丰富、更具特色。努尔哈赤率先建国，率先向明宣战，拉开女真（满洲）与汉人的明王朝战争的序幕。很快，蒙古族、汉族纷纷加入。生活在黑龙江流域的索伦人、达斡尔、鄂伦春、赫哲等族，也纷纷加入后金政权。这里需要指出，早在努尔哈赤起兵前，蒙古族已于明初就与明展开争战。所差的是，蒙古诸部分散，历经两百多年也未形成统一的力量，当然也未建统一的国家政权，不过是打打停停，和与战时断时续。当努尔哈赤建政权后，才将蒙古族拉到后金方面，成为其政权的强大基石。后金（清）从明朝方面吸引大批将吏，统称为汉官，还有大批汉民众及明士兵投入，成千累万。如此，满、蒙古、汉三大民族为核心，结为同盟，共同向明朝展开斗争。由三大民族结为一个整体，共同与一代王朝争夺政权，这在中国历史上是十分罕见的，何况还有那么多少数民族都参与进来，尤为罕见！一句话，“三北”地区的各民族基本上都已进入后金（清）政权。

再说各阶级、各阶层。广大农民、无业游民、手工业者、被裁减下来的驿卒、小商贩等等，还有失意的文人、没得中举的儒生、乡镇中的乡绅、地方基层至中高层的官员等，都被农民大起义的洪流卷入农民政权中，结为一条战线，向明王朝发起进攻，是明王朝存亡的一支决定性力量。

毫无疑问，农民起义并不属于后金，但他们同处“明清之际”的时代，其进攻的目标同为明王朝，这就如前文已说的：形成各民族各阶级参与王朝更迭的伟大斗争。

认清这一特征，评价努尔哈赤也就有了客观依据。努尔哈赤初创政权时，还是较为单一的女真（满洲）政权，但很快就变成多民族的政权，说“满洲征服汉人”就不准确。后金与明，究竟谁能统一全国、建立统治政权？不存在谁征服谁的问题。一句话，各民族、各阶级奋起，打破旧王朝的统一，历史发展的必然趋势，必将建立新的统一。谁来统一，就看各方较量的最后结果了。因此，明清之际是国内各种政治军事力量的最后统一，不能说成是“征服”，此其一。其二，农民起义天经地义，受到人们的肯定与赞扬。而先于农民起义的后金向明朝展开斗争，同样是天经地义，具有与农民起义同等重要的社会意义。因为各民族及各阶级都在推翻明朝的腐败统治，故都获得一致肯定的评价。那些说努尔哈赤反明是“犯上作乱”，有的将努尔哈赤诬为“武装强盗”等等评价，都是不当的说法，是极为有害的。显然，这类说法，对其时代特征缺乏正确的了解。

第三个特征是，满洲的崛起与明清兴亡同步进行。满洲共同体的形成，是明清之际最重大的历史事件之一。满洲登上中国历史舞台，不仅为中华民族大家庭增添新成员，同时，她以朝气蓬勃的新生力量，主导着明清兴亡的历史进程，她联合汉、蒙古及黑龙江地区各民族，势不可挡，逐个歼灭大顺、大西与南明等各政权，显示新生民族的强大生命力。需要指出的是，满洲共同体的形成，无疑是中国历史发展的一个巨大进步。努尔哈赤作为新生满洲的领袖，统率他们参与王朝政权更迭，具有重大意义，应予肯定。

举凡历史人物都生活于一定的时代。尤其是伟大人物、杰出人物的言行与思想深深注入社会生活，并给予时代以深远的影响，打上他们的时代印记。“明清之际”这个时代是由努尔哈赤开创的，他所做的一切，都是这个时代的产物，也是这个时代的历史内涵。努尔哈赤“创造”了一个时代，但他又无法脱离它，只能在这个时代所具备的条件下去创造历史。这使我们认识到：无论研究人物，还是重大历史事件，首先要认识时代，包括它的内涵与特征，给予准确地界定。这是解读历史人物实践活动的一把钥匙。如把时代定位错误，其一切皆错。如说明中叶已开始了“近代化”的历程，这个时代定位大错特错，那么，评价历史人物乃至评价清朝必错无疑！

如何认识时代？特别需要把历史人物的实践活动与时代有机地统一起来展

开研究。这首先是一个严肃的理论问题。在努尔哈赤研究中，对时代的误判，或对时代的完全忽略，说明我们在这方面尚存明显差距，只有缩小或消除差距，才有可能取得共识。

二、努尔哈赤成功论

在中国历代王朝开国帝王中，真正靠军事打拼、且经历数十年艰苦卓绝斗争的帝王，实在说，究竟有几个？努尔哈赤可是其中之一，也应列名第一、二！他从二十五岁起兵，直到六十八岁去世，横刀跃马，驰骋于疆场，长达四十四年，就在他去世前八个月，还奋战在辽西宁远（兴城）城下呢！初起兵，就为统一女真而战，出生入死，流血牺牲；身经百战，在马上度过了三十多年，终于建国；接着，又以巨大的勇气向庞大的明王朝宣战，从此踏上一条与明争衡、充满风险的漫漫长路！努尔哈赤去世前，尽管还没有统一全东北，更没有入关同明朝较量，但是，他创建的国家、政治制度、强大的八旗军队，已为未来子孙进关夺权奠定了坚实的基础。他完成了他的历史使命，取得了巨大的成功。质言之，他就是一个成功者。试想：他起兵时，仅有父祖遗甲十三副，战士不足百人，结果却成就了一代伟业，创造了一个奇迹！

现在，提出的问题是：努尔哈赤为什么会大获成功？

从以往到现今研究努尔哈赤，几乎都在研究他“成功的秘密”，无一例外地回答了这个问题，几近一致的答案，无不强调努尔哈赤个人的才能与勇气，所谓“雄才大略”是也。

下面，引述一段话，很有代表性，可能是回答此一问题的“标准”答案。如说：“我认为，努尔哈赤的成功，一个前提是苦难生活的磨砺。继母的寡恩，使他养成自立的性格；马市的贸易，使他大开眼界，广交朋友；父祖蒙难，刺激他依然摆脱常人的平庸生活，踏上王者的征服之路。而更关键的因素在于他实现了“四合”——天合、地合、人合、己合。”[①] 此说的基本观点，强调努尔哈赤青少年生活的经历所养成的性情、性格，乃是其成功之道。但还有“更关键的因素”，就是所谓“四合”。何为“四合”？比如，“天合”，即与“天时”合。引证孟子云：“五百年必有王者兴。”为证明其观点，窜改为：

---

① 阎崇年：《正说清朝十二帝》第11页，中华书局2004年版。

“300年也会有王者兴。”明指努尔哈赤之出现，与“300年王者兴”之“天时”合。其实，自明建国至万历十一年努尔哈赤起兵，也不过215年，何以计为300年？与孟子所称之“五百年”相差更远！这纯属臆想，怎么可以用“王者兴”的宿命论来解释努尔哈赤的成功？

所谓“四合论”，充斥着神秘，是典型的唯心主义！

前已指出，努尔哈赤确有超人的勇气，非同寻常的谋略以及刚毅的品格，这些都是事业成功所必备的优秀品质。以往的研究，往往关注或偏重努尔哈赤的个人品德与才能，但忽略他成功的客观条件，这就是历史为他提供的机遇，时代为他而准备的有利的具体条件。历史的机遇、时代的条件，对于努尔哈赤，对于任何一个成大功的人来说，都是必不可少的！因此，光凭个人的才能与品德，成功的几率是很小的。所谓“生不逢时”，是指历史没有给他提供难得的机遇，他生活的时代也没有给他准备有利的条件。他只能扼腕而叹，无可奈何而已。

《三国演义》中的一则故事，给我们更多启示。足智多谋、文武兼备的周瑜，在被诸葛亮“三气”之后，已奄奄一息，仰天长叹：“既生瑜，何生亮？！”说老天爷既然生了我周瑜，为什么又生了个诸葛亮？如果没有诸葛亮，我周瑜的才能可名列第一，没有人敢与我比拼！对于周瑜来说，因为遭遇智慧更高一筹的诸葛亮，就是生不逢时，有此高手，他就无所施其技，其结局，只有被气死而已。同样，西楚霸王项羽如不遇到刘邦与他争天下，还有谁敢与之争锋！李自成率十万雄兵猛将一鼓作气，下北京，灭亡明朝。岂料他遇到更强大的多尔衮与明降将吴三桂联合，在山海关前被击败，自此，一蹶不振，迅速走向灭亡。倘若没有明朝，或者说，没有像多尔衮这样的杰出人物，李自成的命运又将如何？至少说，不会失败得那么快、那么惨！

努尔哈赤所遇到的情况，正好与他们相反。

先从女真内部说起。在努尔哈赤起兵前，女真诸部英雄辈出，他们或兼并女真，意欲一统；或挑战明朝，力图摆脱其统治。百余年前，建州女真与汉人为邻，经济发展较快，率先复兴起来，李满住、董山是其著名领袖，颇有才略。但他们因反对明朝而受到剿杀：董山被俘，押至广宁（今辽宁省北镇市）被处死；李满住被杀于兀弥府（今辽宁省桓仁满族自治县）。两首领被杀，其部从也被洗劫一空[①]。此事发生在明成化丁亥年，明称为“成化丁亥之役”，大

① 赵辅：《全辽志》卷6；《明经世文编》卷501；《明宪宗实录》卷50，第2~3页。

伤建州女真元气，至数十年后才得以复苏。这期间，也没有出现强有力的代表人物。

与此同时，海西女真显得很活跃，不断涌现出杰出人物。祝孔革就是崛起于海西叶赫部的著名首领。他生活在明中后期，被明授予都督。稍后，哈达部速黑忒即克什纳的势力强盛起来，忠顺守边，明提升他为左都督，以他来制约女真诸部。在长子王忠袭职之后，其势又较其父为盛。王忠攻杀了叛服无常的叶赫部著名首领祝孔革，又受到明嘉奖，提升他为都督佥事，威震女真诸部。至其侄儿亦即速黑忒之孙王台袭职，被明授予“龙虎将军”的职衔，是女真诸部中第一个得到如此崇高荣誉的首领。王台以杰出的才干成为女真中一位空前强盛的人物。他最盛时，“东尽灰扒（辉发）、兀喇（乌喇，今吉林），南尽汤河、建州，北尽逞（即清佳砮）、仰（扬吉砮），延袤几千余里”[①]。这说明，王台已完全控制了女真诸部，是一位名副其实的领袖人物。如史载：“彼时，夜黑（叶赫）、兀喇（乌拉）、辉发及满洲所属浑河部，尽皆服之。”[②]王台控制这一广大地区的女真几近三十年。

在王台最兴盛的时候，建州部女真也涌现出强有力的人物，这就是著名的王杲、王兀堂等。王杲曾任建州右卫都督，为人聪明，有辩才，通晓汉语文字，“尤通日者术”。因为他才智出众，“建州诸夷悉听（王）杲调度”[③]。王兀堂为建州左都督，也以才干著称，威名远扬。在海西女真叶赫部，继祝孔革之后，其两子清佳砮与扬吉砮崛起，称雄海西。女真诸部的英雄人物，或前后相继，或同处一历史舞台，但其结局，几无一善终者。他们或死于相互攻杀，或亡于明军之围剿。

王台雄长海西女真三十年，受到清佳砮、扬吉砮的挑战。他们的父亲祝孔革为王台所杀，一直图谋复仇。至王台年事已高，经受不住清、扬兄弟的逼迫，忧愤而死。其诸子争权夺利，哈达部遂乱，势力大衰，再也不能掌控女真诸部。叶赫部清佳砮、扬吉砮逼死王台后，其势始盛，转而进攻辽东。明辽东总兵李成梁设计，暗布伏兵，诱兄弟两人至中固（今辽宁开原南约二十里处），将其斩于马下[④]。王杲同样与明为敌，屡次进犯辽东，甚至诱杀明将裴承

---

① 《万历武功录》卷11，“王台列传”。
② 《清太祖武皇帝实录》卷1。
③ 《万历武功录》卷11，“王杲列传”。
④ 方孔炤：《全边略记》卷10，“陈略”。

祖。李成梁指挥明军征伐，终将王杲彻底击败。王杲只身逃至哈达避难。首领王台忠明，就把王杲逮捕，送给李成梁。经请示朝廷，将王杲凌迟处死。王兀堂也被明军攻杀而死。王杲被处死后，其子阿台继续坚持反明，激怒明将李成梁，率军攻破古勒寨，将阿台与其弟阿海斩首[①]。

在努尔哈赤起兵前，其家族也涌现出威震四方的人物。他的祖父觉昌安有才有智。他率领本族人，消灭了两家仇人，改变以往受欺凌的窘境，一跃成为苏子河以西二百里内杰出的部落首领。按其发展势头，已有能力与实力跟海西女真争雄！可是，很不幸，就在明万历十一年（1583），觉昌安与其子塔克世被李成梁所部误杀。父祖被杀，家族中已没有超过其祖父的人了。

百余年来，女真诸部代有英雄出，但其结局都很悲惨，其事业刚开始，或取得某些进展，即告终结。他们一个个如流星，仅在夜空中闪耀几下，便迅速消失在历史的长河之中。他们之失败，以至不幸，除自身原因，主要是他们遭遇强大的明王朝。在他们先后登上历史舞台时，明朝尚未衰落，尤其在“九边”重镇之首镇的辽东地区保持着强大的军事力量。特别是辽东名将李成梁守辽三十年，威名远播女真、蒙古诸部，凡与之遭遇的女真首领，无不以失败告终，身首异处！李成梁成为“边帅武功之盛，二百年来未有”的第一人[②]。当然，女真内部相互攻杀，也削弱他们对明朝的战斗力。他们彼此势均力敌，一方很难消灭另一方，同时也受明朝的制约，不允许对其他部落予以兼并。所以，在努尔哈赤起兵前，女真诸部虽已出现分散走向统一的历史发展趋势，却没有一个人能完成这一历史使命。

努尔哈赤于万历十一年（1583）五月起兵，为死难的父祖复仇。在复仇之后，他继续战斗，由近及远，由内及外，向女真诸部展开攻伐，逐一兼并。不管努尔哈赤是否意识到，他所做的这一切，完全适应女真社会发展趋势的需要，完成历史所赋予的使命。他所得到的结果，与他的前辈们完全不同：他一往无前，所向披靡；兵锋所指，无不奏凯。原因何在？

其实，也很简单。努尔哈赤起兵时，女真社会内外形势已经发生了重大变化。一方面，女真诸部中，如上面已列名的首领，或早已退出历史舞台，或刚刚退去，新掌权的各部落酋长，差不多都是与努尔哈赤处同一时代的同龄人。

---

①《万历武功录》卷11，“阿台列传”。

②《明史》卷238，“李成梁传”。

论才能、智慧、谋略，乃至胸怀、眼光，比之努尔哈赤，相差甚远！就以万历二十一年（1593）九月古勒山大战为例：叶赫部首领布寨、纳林布禄，哈达首领孟格布禄，乌拉首领布占泰，辉发部首领拜音达里等，都惧怕努尔哈赤强大起来，视为共同的敌人，遂相互联合，又争取部分蒙古部落的支持，号称为“九部”，各出兵，组成一支拥有三万兵力的“九部联军”。他们以为，努尔哈赤势单力孤，必败无疑。但是，他们缺乏严密的组织，又无统一的指挥，九部中没有一个首领的才干超群，谁也担负不了这次战事的真正领导。结果，他们各自为战，却被努尔哈赤打得大败：布寨于阵中被射杀、布占泰被俘；三万联军不过是乌合之众，却是一触即溃。事实证明：三万联军，竟抵不过一支人数很少的八旗兵；九部首领，也无法与一个努尔哈赤的才智相匹配！

以下，再列举海西女真诸部首领的最后结局，很能说明问题。

自九部联军失败，以后再也无法联合对抗，却被努尔哈赤各个击破，国已不复存在。万历二十七年（1599），哈达最先被努尔哈赤灭亡，首领孟格布禄被俘。三十五年（1607），攻辉发部，努尔哈赤亲自指挥，迅即攻占其都城，首领拜因达里父子被杀。从三十六年到四十一年，努尔哈赤先后三次征乌拉。斗智斗勇，布占泰倾国中之兵三万出战，最后被歼灭，乌拉遂亡，布占泰本人落荒而逃，至叶赫避难，很快死去。海西女真中，除乌拉，最强大的部就是叶赫。努尔哈赤迟至建国后即后金天命四年——万历四十七年（1619）才向叶赫发起最后攻击。叶赫被灭亡，其东城主金台石系扬吉砮之子，被俘不肯降，即绞杀；西城主原为布寨，为金台石的兄弟，已在九部联军攻努尔哈赤时被射死，其子布扬古继承，至此亦被俘，用绳子将其绞死[①]。

努尔哈赤能够战胜女真诸部，除了他个人的才智及政策、策略对头，关键是，他遇到的这些对手，基本属于平庸无大志、无大才之人，加之其胸怀狭隘，目光短浅，且缺乏大智大勇与气概，无论如何，也斗不过雄才大略的努尔哈赤！一句话，海西女真诸部首领的平庸无能，恰恰是努尔哈赤成功的一个主要的客观条件。

还有一个条件，也不容忽视，这就是明朝及蒙古方面的实力与政策的走向，是关乎努尔哈赤能否成功的重要条件之一。

努尔哈赤起兵后，明朝发生重大的变化是：明已由盛转衰。史称：明亡始

---

① 以上，有关努尔哈赤灭亡诸部之经过，详见《清太祖武皇帝实录》卷2、卷3。

于神宗（万历）。他是个荒淫又懒得出奇的皇帝：大臣的奏章，他懒得看；大臣的面，也懒得见。他有二十余年不见群臣了，连缺官也懒得补！他贪财好色，竟派出太监到全国各地，以矿监税使的名义来搜刮民财，引发吏治败坏，动乱迭起。有关这方面的史料甚为详悉，这里不宜过多叙述，主要是辽东的状况，为本文所不可少。

神宗重用三个人，把辽东搞乱了。一是将太监高淮派到辽东，出任矿监税使。在辽东整整十年，为非作歹，横行无忌，逼得辽东人无法生活下去，纷纷起兵反抗；还有大批人离开，逃到女真或蒙古人居住的地方生活，时人流行一句话："生于辽，不如走于胡。"[①]"辽人无脑，皆（高）淮剜之；辽人无髓，皆淮吸之。"[②]这句话，又是对高淮乱辽的深刻揭露。害辽的第二个人，就是著名的李成梁。前文已多处说到李成梁击败女真人的进犯，其首领也毁于他之手，这是他前期的军事活动。此时，朝廷有张居正主政，实行改革，国家气象一新，李成梁尚无大过失。但自万历十年后，神宗废改革，行虐政，形势急转直下。李成梁既富且贵，骄横跋扈。他时年已六七十岁，专作威福，虚冒战功，大肆贪污、受贿；与高淮勾结，狼狈为奸，辽事大坏。其结果，以李成梁为首的辽东军政大员，对女真的防御能力大为下降，对边事能瞒则瞒，不再加意防范。

努尔哈赤幸运的是，在他起兵时，明已转入衰落，无力干预亦无意关注他在女真诸部中东征西讨。努尔哈赤起兵在女真之中到处攻伐，已打乱了明对女真的统治秩序，从根本上危及明朝在东北地区统治的安定。但主持辽东军事的李成梁既未阻止，也未干预，又有意向朝廷隐瞒，任其所为，不理不问，努尔哈赤才放心大胆地用兵，不受任何干扰，保证了战争的顺利进行。李成梁何以至此？早年，努尔哈赤的父祖与李成梁的关系十分密切，而努尔哈赤青少年之际在李成梁帐下服侍数年，关系非同一般。关键是，其父、祖忠顺明朝，没有发生任何"犯顺"的事，如王杲、阿台等屡屡侵犯朝廷，故不断受到征伐，直至被消灭！父、祖如此忠诚，努尔哈赤在建国前的30余年中，对明朝表现更为恭顺，对李成梁也表示敬意。万历十七年（1589）九月，努尔哈赤起兵已七个年头，明朝特提升他为建州左卫都督佥事[③]。为感谢明朝对他的任命和提

① 陈继：《建州考》。

②《明经世文编》卷467，"直陈辽左受病之原疏"。

③《明神宗实录》卷215。

升，表达他的忠诚，努尔哈赤从十八年开始，相继于二十年、二十一年、二十五年、二十六年、二十九年、三十六年、三十九年，先后共八次亲自赴北京明宫朝贡[①]。努尔哈赤一次次表达的忠顺，使他同明朝保持着非常友好的关系，明对他无疑心，亦无防范，还授予他正二品龙虎将军之职。他在女真诸部的威望大大提高！

概括地说，努尔哈赤所处环境与条件，与前辈相比，已发生了重大变化：辽东大乱，无暇顾及努尔哈赤的军事活动；而李成梁年事已高，得过且过，纵容并听任努尔哈赤东征西讨，任其坐大而不加钳制！应当强调的是，努尔哈赤采取的策略，比其前辈更高明：时机不成熟，实力不足时，绝不反明反叛，相反表现得更忠顺，因而保存自己而不暴露。这正是他的高明之处，也是获得完全成功的一个重要原因。

三、努尔哈赤一生功过论

如何评价努尔哈赤？功过各占多少？是基本肯定，还是基本否定？由此确认：他在清史乃至中国史上占有什么地位？这些都是努尔哈赤研究中的一个重要问题。

目前，学术界对努尔哈赤的评价，有两种偏向：一种是将努尔哈赤“妖魔化”，说他是“强盗”“武装强盗”，起兵是“犯上作乱”，视后金为“邪恶”与“黑暗”的“代表”，等等。这些说法，非无知即偏见，不值一驳。与此对立的另一种倾向是，尽量美化努尔哈赤，无限夸大其优点；为美化连过错都不得不掩饰！比如说：“努尔哈赤迁都沈阳，促进了辽河地域的经济开发。”又称：“近代辽河流域、沈海地带的区域经济开发，清太祖努尔哈赤是其经始者。”[②]努尔哈赤竟成了“近代辽河流域”经济开发的“先驱”！这完全是杜撰。努尔哈赤至去世前，辽河以西至山海关，只攻占过辽河西岸的广宁（今辽宁北镇），很快，将城毁坏，便撤回到辽阳去了。于是，辽河以西的广大地区一直处于战争状态，也就是说，自努尔哈赤发出进攻辽西的警报以来，直至他去世，整个辽河西部地区就没有安定过，人口死于战争，大量逃亡，土地荒芜，

① 参见《明神宗实录》有关各年卷页。
② 详见阎崇年：《正说清朝十二帝》，中华书局2004年版。

谁来开发？在皇太极时期，这一带仍是明清对峙的战场，进一步加剧了其残破，直到顺治十六年时，辽河西岸还是“千里有土无人”！

又称颂：“这位苦难青年先是统一了女真各部，继而统一了东北全境，并成为后金大汗。”真正研究过努尔哈赤的学者都知道一个事实：努尔哈赤至去世前，远未统一东北全境！前已指出，就辽东地区而言，其辽河以西至山海关还被明朝掌握；辽东半岛南端的旅顺，以及黄海中的大小长山岛、广鹿岛、石城岛等，仍在明人手中。特别是黑龙江广大地域，今吉林东北部等地，尚未统一！总计至多半个东北而已。这一问题，到皇太极时，才予以解决，但在辽西还有宁远、中后所、中前所、前屯等城镇尚未攻占。严格地说，甚至到皇太极时，还不能认为他已“统一了东北全境”！这种不顾及事实地随意抬高、美化，已失去学术研究的意义。

那么，究竟如何评定努尔哈赤一生的功过呢？

首先，可以明确地说，前一种将努尔哈赤“妖魔化”，是完全不懂努尔哈赤的无知妄言；后一种评价，抬高、吹捧、完美无缺之论，背离历史事实，同样与科学无缘。

我的认识是，努尔哈赤既有大功，也有严重的过错，有的甚至是罪恶。

现在，就具体说努尔哈赤的功绩。学术界也有不同的说法，例如，有人给努尔哈赤总结出“十大功绩”，这就是：1. 统一女真各部，2. 统一东北地区，3. 制定满文，4. 创建八旗制度，5. 促进满族形成，6. 建后金政权，7. 丰富军事经验，8. 制定抚蒙政策，9. 推进社会改革，10. 决策迁都沈阳[①]。为了突出努尔哈赤的功绩，在论皇太极、福临两帝时，竟以“功绩论”；写到康熙帝时，定为“对历史八大贡献”，至雍正帝时，也来评出有几大贡献，对乾隆帝又定出八大“功绩”。盛世之后，转入衰世，那几个皇帝无功绩可言！

可见，清十二帝中，唯努尔哈赤的“功绩”达十项，就连在位最久的康熙帝执政六十一年，也抵不上努尔哈赤在位十一年的作为，仅获八大“贡献”。乾隆帝在位六十年，也是努尔哈赤的五倍还多出五年，也只有八大“功绩”。康熙帝统治一个幅员辽阔的全中国，其功绩却也抵不上努尔哈赤仅有半个东北地区！至于雍正帝在位十三年，也比努尔哈赤多出两年，他做了那么多重要之事，却未被评定有几大功绩。

---

① 详见阎崇年：《正说清朝十二帝》，第3~9页，中华书局2004年版。

这是正确的吗？恰恰相反，完全错误。把努尔哈赤抬到高于所有清帝之上，不仅搞乱了清史，也搞乱了人们的正常思维。

所说努尔哈赤的“十大功绩”，不过凑数目，本属一件事即满洲形成，却硬分作四大功绩！有的是不实，牵强附会，夸大其辞；有的根本无此事。如此写历史，还有什么可信呢？至于努尔哈赤有何失误？有哪些错误，竟然一条也写不出来！是真写不出来吗？完全不是！就是因为偏爱，写不出缺点来！

以上种种说法，无论是否定，还是过度肯定，都不符合努尔哈赤的人生历史。其实，概括努尔哈赤一生，就做了三件大事：一是创建后金政权，为未来的大清王朝开基立业。可以说，没有努尔哈赤，就没有清王朝。二是统一了纷乱的女真诸部，使之凝集成一个民族统一体，在沉寂了二百多年后再度复兴，以老满文的创制为标志，迅速转化成一个新的民族共同体——满洲。仅此两件事，即使后世子孙如康熙帝、雍正帝、乾隆帝多么伟大，也代替不了努尔哈赤的开创地位。同样，没有这三帝包括顺治帝的奋力开拓，清朝也难以为继，不会出现百年盛世的恢弘局面，形成“大一统”的多民族国家。这就是开创与继承，不可偏废。努尔哈赤做的第三件大事，就是向明朝宣战，拉开了明清（后金）战争的序幕，它标志着女真依附明朝两百余年的历史宣告结束，明清兴亡的历史进程亦即亡明的进程自此开始。正如我的授业之师孙文良教授说：“明亡始于辽亡，辽亡影响明亡。”[①]此说之精确，堪称经典。这就是说，明朝亡国是从失去辽东开始的，而明失辽东，直接影响明走向灭亡。这已为明清兴亡的历史进程所证实。早在明嘉靖朝，辽东巡抚王之诰就已认识到辽东之得失关系明之兴亡。他说：“辽（东）……负山阻海，地险而要。中国得之，则足以制胡；胡得之，亦足以抗中国。故其离合实关乎中国之盛衰焉。”[②]这是在努尔哈赤夺辽东一百余年前说的话，不幸言中。实际情况，远比王之诰所说的更为严重，不只是关乎明之盛衰，而是关系明之存亡。

努尔哈赤所做的这三件大事，对于清朝来说，具有决定性意义，也使他在中国史册占据重要地位。如，他建立军政合一的八旗制度、由他倡导指定的民族新文字，都是他对中华民族的一个创造。他的军事实践，征战40余年，创造了诸多经典式的战例，为我国的军事艺术增添了新内容，应是最好的军事教

---

① 孙文良：《满族崛起与明清兴亡》，辽宁大学出版社1989年版。

② 李辅：《全辽志》序。

材之一。他个人的品质，诸如他一往无前的勇气，敢于牺牲的无畏气概，矢志不渝的理想追求，躬身实践的求实作风，无不是人生示范的楷模。努尔哈赤既是冲锋陷阵的勇士，又是千军万马的统帅。直到六十八岁高龄，冒着严寒，指挥六万兵马，奋战在宁远（辽宁兴城）城下。他与战争结下不解之缘，在马上度过了一生。

努尔哈赤所做的一切，都包含在三件大事之中，无须凑数字，并列似是而非的多少项。所说三件大事，亦是对努尔哈赤的充分肯定，因而也就获得了应有的历史地位。

同任何一个伟大人物或杰出人物一样，没有一个人是完美无缺的，也没有一个人是一贯正确、没有失误的，在努尔哈赤身上，从其性格、观念，到其制定的方针政策、具体措施等，都存在不同程度的缺欠、错误。具体表现在如下几个方面：

首先，努尔哈赤的民族观，是典型的"满洲至上"，换言之，是极狭隘的民族主义。他建的后金国家政权，从始建到其去世，始终是一个单一的满洲民族政权，既是已收容明降将降吏——汉官，如范文程、李永芳等，不过是留其活口，并未重用。从政权机构设置、官职名称，都是满洲的，少有汉文化的印记。其次是民族政策，主要是针对广大汉人而定的政策，战争中大肆屠戮敌对一方的兵民。后金天命四年（1619）六月，攻克明之最北的城镇——开原。城内兵民约十余万人，不论男人、妇女、幼童皆被屠杀，藏匿与逃生的仅约千人。撤离前，将城拆毁，城内所有房屋付之一炬。从城内所得财物及一切有用的物资，都用牲驮车载，运了三天还没运完！一座重镇名城顿时变成一座废墟。这就是杀光、抢光、烧光的"三光"政策造成的恶果①。接着，这种悲剧又在被攻占的铁岭城重演②。攻沈阳城，后金兵在城内到处追杀四散的明兵，尸体遍地，堆积如山，据清朝方面记载，此战杀死明兵包括部分百姓，达七万余人③。这些城镇得而复弃，但城内财物及大批物资，还有人口，一并掠走，运往赫图阿拉。其后，在向辽西进军过程中，仍实行屠城、掠夺的政策。如血洗西平堡、焚毁广宁，尽成灰烬，而将城中人口与财物收取一空。因为兵力不足，已攻取的部分城镇，弃而不守，都变成了一座座无人居住的荒城

①②《清太祖武皇帝实录》卷3。

③《满文老档》天命八年三月。

废堡。

历来不论什么战争，总会造成大量人员伤亡，社会经济也会遭到程度不同的破坏。努尔哈赤在发动对明的战争中，杀戮过重，破坏性极大。这应是他实行对汉族政策的恶果。他不信任汉人，尤其猜忌汉族知识分子，不惜屠杀殆尽。对明战争造成的恶果，特别是辽西地区，历经顺治，直至康熙初，尚未完全消除，这在清初发配到东北的流人所作的大量诗文中，如实地记录了辽东的残破之状。

努尔哈赤对汉人实行掠夺为奴的政策，将汉人变为满洲王公贵族及八旗将吏的奴隶。如上文已指出：努尔哈赤每攻取一地，必将俘获的汉兵全部迁离本地，迁到指定地点，与满洲贵族同居一处，同耕一处，有粮同食。实际是把汉人降为奴隶，因为满洲八旗不事农商，全靠汉人耕种，来供养其生活。努尔哈赤采取的办法是，将他们编入庄园，称为“拖克索”。每一庄编入十三丁、七头牛，再拨给相当数量的土地。努尔哈赤将此“拖克索”按级别拨给满洲王公贵族。同时，努尔哈赤还把俘获的人口与牲畜当做财富，不断奖赏给有功的满洲将士。如，发动抚顺、清河之役时，掠取“人畜”三十万，分配给他的部属①。攻克铁岭后，努尔哈赤“屯兵三日，论功行赏，将人畜尽散三军”②。这是努尔哈赤的一贯政策，直到他去世，也不曾改变。这一政策的严重后果，是把原居住在辽东地区的汉人自由民变为满洲王公贵族的农奴或奴隶，无疑是历史的倒退。

努尔哈赤屠戮汉人与掠汉人为奴本是不争的事实。请听听努尔哈赤的子孙们是如何说的：还在太宗皇太极时期，距太祖努尔哈赤生前不过二十年左右，他的子弟们就明确地说：“昔太祖（努尔哈赤）诛戮汉人，抚养满洲。”③至乾隆、嘉庆之际，距努尔哈赤去世，已过去近二百年，其后裔子孙仍然说：“国初时，（太祖）俘掠辽沈之民，悉为满臣奴隶。”④不为亲者讳、不为君者讳，敢于直率地披露其先祖的错误，恐怕也只有满洲的品性才能做到！令人难解的是，连自家人都承认的事实，而今之个别学者却予以否认，还为其开脱。不仅如此，正如上文已指出，力图美化，把被战争一再蹂躏而残破的辽西战场，誉

① 《满文老档》（上），第59页，中华书局1990年版。
② 《清太祖武皇帝实录》卷3；参见《满文老档》（上），第105页。
③ 《清太宗实录》卷64。
④ 昭梿：《啸亭杂录》。

为努尔哈赤“开发”与“改革”的经始地！置事实于不顾，另行编造，不过为其“学术”制造垃圾而已。努尔哈赤的失误或过错，无需讳言。但总其一生的实践活动，他仍是明清之际一位富有创造精神的杰出人物之一。具体说，他既是清朝的开创者，也是满洲的杰出领袖，又是能征惯战的军事家，亦不愧为超群的政治家。

努尔哈赤的崛起与成功，应归功于时代造就了他，而他又开创了一个新时代，即女真——满洲走上中国历史舞台与一代新王朝即将主宰中国命运的时代。

在努尔哈赤研究中，正确认识和评价努尔哈赤，不只是为他一个人，同样重要——也许更重要的是，为当代提供可资借鉴的经验与时刻警惕的教训再度发生！

努尔哈赤一生中，还留下一些疑案，如，努尔哈赤死前，是否留有“遗嘱”？阿巴亥大妃之死，是努尔哈赤遗命，还是皇太极诸王逼殉？努尔哈赤死于炮伤，还是死于疾病？这些问题，学术界已讨论过，迄今尚未取得共识。本文本想就这几个问题，重新给予解释，但限于本文已写得较长，不便再增文字。因此，本文就此打住，有机会时再予阐述。

（原载《沈阳故宫建院八十五年纪念文集》，现代出版社2011年版）

努尔哈赤创业考察记

访问清朝的开创者，伟大的奠基人努尔哈赤的家乡——辽宁省新宾县永陵公社（距县城四十华里），是史学工作者特别是清史专业研究者的共同心愿。1979年8月中旬，我们一行来到清入关前的故都沈阳，与北京的中央民族学院、中国社会科学院历史研究所、民族研究所、中国人民大学清史研究所、故宫博物院，以及辽宁省社会科学院历史所、辽宁省博物馆的学术界朋友们，共二十余人，欢聚一堂，以浓厚的兴趣，同行新宾访古。承蒙辽宁省委办公厅的热情支持，特调出一台大客车供我们使用。16日早晨，我们冒着淅沥的秋雨，乘上大客车自沈阳出发，向着新宾的方向疾驰……

一

汽车出了市区，沿着偏东北方向的柏油公路，行近百里，进入以煤都著称的抚顺市。在它的北侧，便是明代辽东边墙的一个关口。明政府在这里设抚顺千户所，派驻军队守卫。它还是明政府规定的内地与女真人等少数民族互市贸易的地方之一。努尔哈赤起兵前，还是一个青年，常来往这里，从事贸易等活动。由于广泛和汉人接触，使他更多地了解了汉人的文化和生活特点，这对他后来的事业帮助极大。1618年，他发布以“七大恨”为内容的伐明檄文，正式宣布断绝同明政府的臣属关系，向明争夺统治权。他率兵攻打的第一个目标就是抚顺，“众兵分队连夜进抚顺边，兵布百里，旌旗蔽空”[①]。次日晨，兵临

① 《清太祖实录》。

城下，将抚顺包围。守卫该城的明将游击李永芳，慑于努尔哈赤的军威，接受招抚，献出了抚顺，使努尔哈赤兵不血刃地得到了胜利成果。当晚他宿于抚顺。第二天他派兵四千拆毁抚顺城，把它变成一个不设防的城市。之后，退兵而还，筑界凡城于铁背山，留兵防守……大家都不约而同地举目四望，似乎在搜索历史的遗迹。然而，在我们眼前，却是栉比鳞次的高楼，络绎不绝的人群，密集的烟囱，滚滚的浓烟，消失到铝灰色的乌云中，更显得天色阴沉。出了市区，向远处望去，一处处稻田，一处处高粱、苞米，整个平川冈丘已辟成良田沃野。是啊，那过去的一切，都已淹没在现代的文明之下。但古人留下的历史足迹将永存于人们世代相传的记忆中。

车从抚顺市区穿过，转眼之间，进抵大伙房水库的大坝下。车从大坝旁一擦而过，行了短暂的一段路，便把水库抛到了后头。我们每个人都想一览水库全貌，更想凭吊萨尔浒城附近的古战场，终因坝高、公路低处而无法看到。向导介绍说，萨尔浒城已被水库的大水所淹没，只有到了枯水季节，它才能露出水面。那是在1619年，明清兴亡史上一次战略决战——萨尔浒之战，就发生在萨尔浒城附近，明失去了抚顺之后，引起朝廷君臣一片惊慌，立时把新兴的后金、努尔哈赤视为心腹大患。于是，派遣兵部侍郎杨镐为辽东经略，率九万人马号称四十万（明、清官书均载二十万），进击努尔哈赤的都城赫图阿拉，企图一举歼灭之。杨镐坐镇沈阳，分兵四路进取：左翼中路兵三万，由杜松等率领出抚顺关；左翼北路兵一万五千，由马林等率领出开原，左翼中路兵二万五千，由李如柏等率领出清河堡；右翼南路兵二万，由刘綎等率领，会同朝鲜兵，出宽甸。明采取“分进合击”的战略，指望四路大军会师于赫图阿拉。努尔哈赤的八旗总兵力只有六万余人，但他并不感到惊恐。他正确地分析了双方的兵力及优劣，判断明军的左翼中路为明军的主力。因此，他采取了“凭尔几路来，我只一路去”的战略方针，集中优势兵力，暂弃其他三路于不顾，率全军迎战杜松一路。努尔哈赤的战略部署完全击中了明军的要害。当他率军进抵铁背山下、萨尔浒城附近时，正好与在这里扎下大营的杜松一路相遇，双方在浑河两岸展开了浴血的大搏战。努尔哈赤以四万五千人对阵明兵二万余人，在兵力上占了绝对优势。而且明将腐败，治军无法，军心涣散，何能经得起以骑射见长的后金兵的攻击！激战近一日，明兵全部被歼，主帅杜松等皆阵亡。《实录》载：“明兵死者漫山遍野，血流成渠，军器与尸横于浑河者，如解冰旋转而下。”侥幸逃命的，寥寥无几。对努尔哈赤来说，这一仗打得激烈、彻底、干净、利落！他率得胜之师毫不停歇地渡浑河北进，在尚间崖迎战明兵左翼北路。又是一个歼灭战！只有主帅马林仅以身免，逃到开原去了。然后，努尔哈赤率军连夜急返赫图阿拉，倾全力对付出宽甸之刘綎一军。努尔哈赤指令他的二子代善和八子皇太极率八旗兵迎战于阿布达里岗。经过一场恶战，刘綎和他的部队全军覆没。此时，在沈阳专等捷报的杨镐，得知三路败报，吓得魂飞天外，急令右翼中路迅即撤退，以图保全，减轻个人丧师辱国之罪。李如柏得令，慌不择路，狼狈逃回。这就是历史上著名的萨尔浒大战，只用五天，以后金全胜、明军惨败而结束。此后，明政府再无力举行进攻，经此打击，它在东北的统治一蹶不振了。努尔哈赤终于突破明军防线，乘胜进入了辽沈地区，北攻铁岭、开原，中经沈阳，南下辽阳。犹如沙滩蛟龙走大海，翱翔腾跃，主动权完全操在努尔哈赤手中。因此，这一战役是伟大的战略转折。它创造以少胜多的奇迹，永远斑彪于史册，它尤其以努尔哈赤的军事艺术而使历史上的那些军事大家为之逊色。清军入关后，为了追怀祖宗的业绩，康熙帝颁刻“萨尔浒”大石碑，立于此处纪念。去年此碑已移至沈阳故宫保管。我们向着萨尔浒方向眺望，眼前仿佛展开了一幅千军万马奔驰的雄壮场面，耳畔仿佛回响着战马嘶鸣、轰雷般的呐喊声音……

汽车驶离水库，进入山区。丘冈起伏，层峦叠嶂，平坦的公路随山势回转，蜿蜒屈曲。不一会儿，在前面展开一个延伸很长的谷地。此地叫哈达，满语意为山岭。两侧山冈绵延，有如一道天然的绿色长城。雨停了，天还阴着。看近处，山青滴翠，处处皆绿；望远方，云雾低垂，灰蒙蒙，迷茫茫，群峰若隐若现，气势雄伟、庄严、肃穆。公路开始在山间环绕。汽车喘着粗气，沿着带状的山路，一圈一圈地盘旋而上。爬上了岭，又沿着回旋屈曲的公路下滑，我们从车窗向下探望，恰如悬在空中，而在心里别有一番意境。到中午时候，车爬上了一座更为险峻的山岭。路标指示此处已离沈阳101公里，刚好走了一半的路程。我们就地吃午饭。天放晴了，太阳从云缝儿中闪现出来，整个山峦、谷地突然一亮，我们的心情更为兴奋起来。

车继续行驶在群山之中。山岭、岗地、丘陵，层层叠叠，山连着山，岭连着岭。汽车忽而上，忽而下，好像一只船行驶在碧波大海之中，冲开波峰浪谷，勇往直前。过了南杂木，沙土面的公路变得越来越难走。刚下过雨，道路泥泞，崎岖不平，汽车激烈摇晃、颠簸。猛抬头，在我们面前又是一座大岭！当我们登上山顶休息时，向导告诉我们，这就是玛尔墩岭。原先立有一石碑，很可惜，前不久因为修公路已被炸毁无存。这里是努尔哈赤设置的一道重要关口，称为二道关。当初努尔哈赤起兵的第二年（1584）夏，曾在这里进行一场激战。努尔哈赤率兵四百来攻玛尔墩寨。寨城建在山顶，形势非常陡峻。努尔哈赤就用三辆战车前行，以掩护后面的部队进攻。当他们迫近寨子时，守寨的敌兵投下大量石块和木头，摧毁了三辆战车，打得他们抬不起头来。努尔哈赤“奋勇当前”，在离寨子三米远的地方，隐在一棵木椿的后面，连续几箭射去，寨上人应声而倒。他看到强攻不成，便改为围攻，绝断水源，连续围攻三天。到第四天夜里，他密令兵士跣足登山，袭破了寨子，寨主纳申惊慌逃走。不久，他们又在界凡附近的太兰岗相遇，努尔哈赤“奋力一刀”把纳申劈为两段。

我们环顾四周高峻的玛尔墩岭，不能不钦佩努尔哈赤的勇猛！如今，岭下一条狭小的谷地住有数十户人家，是为玛尔墩大队，一派兴旺景象。

下了玛尔墩岭，便是木奇公社。一条清澈见底的河自东南流向西北，这就是苏子河，即苏克素护河。明清之际，居住在这条河畔的女真称苏克素护部，属建州部。沿苏子河流域，也是女真人稳固的聚居地之一，努尔哈赤正是沿着这条河发展起来，骎骎乎前进不已。从这个意义上说，苏子河应是清朝历史的真正发源地。我们的汽车沿着苏子河畔平坦的公路疾行一段，爬过了几道小岭后，在我们的前面又展现一长方形的开阔地，地势平坦，苏子河两岸，稻田连片，四周为青山环绕，给人以江南风光之感。正左右顾盼之际，车驶入一个热闹小镇，沿街约二里许，店肆开张，集市兴隆，人来人往，不绝于道。大家引以为奇，深为这山区小镇的兴旺所吸引。车正疾行间，突然停住，只听向导说道：“永陵到了，请各位下车。”我们这才如梦初醒，一看表，已是午后四时过一点。从沈阳至此，行程四百里，刚好行驶了八个小时。此刻，天朗气清，红日西斜，把这个小镇照得明净、通亮。

回顾这一天的行程，翻过山岭十余座，曲折迂迴四百里，大家都不约而同地感到，这是一条多么不平凡而艰难的道路！遥想努尔哈赤当年所走过的道路，不禁肃然起敬。的确是这样。在交通工具发达的今天，此路尚且如此难行，试想在努尔哈赤时代，人烟罕少，丛林密集，道路不通，人们唯一依靠的就是马匹，加上自身的两条腿，要走出这漫长的崇山峻岭该是何等不易！努尔哈赤遇到的不仅仅是自然条件的险阻，更为严重的困难是在政治方面。当时，这一带地方，大小部落星罗棋布，各自独立为政，互相攻杀、兼并，而努尔哈赤要通过这些地方，不能不受到各种阻挠、攻击。因此，努尔哈赤同他们展开了长期的搏斗，粉碎明军的强大攻势，终于打开了一条通向外面的胜利之路。他跳出这深山僻壤，进入辽河平原，由新宾而抚顺、而铁岭、而开原、而沈阳，继之进居辽阳。在他晚年，多次进兵辽西，叩问山海关大门。这就是努尔哈赤所走过的道路，这就是他所成就的伟大事业。他的功绩就在于，在从新宾向北京的历史性进军中，他完成了最艰巨也是最富有传奇的一段途程，他是花了将近四十年的时间才走完的（1583—1621年于辽阳建都）。而剩下的一段，即从沈阳到北京则由他的子孙们去完成。努尔哈赤的道路，其根本意义是，坚冰已被打破，航向已经指明。这该是努尔哈赤给清王朝作出的伟大贡献。

二

历史上，常有这种情况：往往在社会发生巨大变动的时期，总涌现出一批富有才干的俊杰人物。俗话说："时势造英雄"，也正是这个意思。处在明清交替之际的努尔哈赤，乃是当时诸多才能之士中最杰出的一个。他崛起于深山僻壤，以一个少数民族的"夷酋"、世代为明朝看边的小吏，开创了一个崭新的政治局面，为他的子孙入主中原、统一全国奠定了不可动摇的基础。他获得如此罕见的成功，其秘诀何在？考察他在今永陵公社的遗址，多少会帮助我们揭开其中之谜。

让我们先从"老城"谈起。我们到达这里的第二天，新宾县文管所李同志带我们去"老城"参观。"老城"是当地老百姓对努尔哈赤所建都城的称呼，而把他最初建都的地方称为"旧老城"，以示区别。在清代文献上称"老城"为"赫图阿拉"。此称为满语，意为"横冈"。这倒是名副其实。老城坐落在永陵公社南面一座东西走向山的北坡，坡度平缓，向前延伸，形成一马蹄状的台地，在它的前面，左右两侧均为开阔地。远远看去，这块台地如一天然的露天舞台。有个同志赞美说："努尔哈赤就是在这块舞台上演出了震惊世界的历史剧来！"1603年"太祖从虎拦哈达（满语，即烟筒山）南冈（即旧老城）子黑（赫）秃（图）阿喇（拉）处，筑城居住。宰牛羊三次，犒劳夫役"[①]。努尔哈赤就是利用这块台地，依山势建城。我们看到，城内成凹势，四周缘高，中间

① 《清太祖实录》。

偏低。城墙毁坏严重，虽是残垣断墙，尚可辨识其规模。1605年春，努尔哈赤又“于城前复筑大郭，宰牛羊犒赏夫役五次”①。所谓“大郭”即是外城，其北城墙紧紧贴近在此东西流向的苏子河，使该河成为一道天然的护城河。东西两面城墙修向山冈，而南城墙好像一条带子扎在山腰。文献记载，城周长九里，设九门。实际上，就我们所见，从微露出地面上的城址判断，恐怕不止九里。这样，在外城建成后，就使得全城规模宏大、布局严整、气势壮伟。就以现今永陵公社整个地形来看，全城正好坐落中央，背靠鸡鸣山，西依高峻的烟筒山，东连山冈，正面即北面，则面向苏子河，再往北数里，横亘一山冈，称启运山，与它遥相对应。努尔哈赤的远祖孟特穆、曾祖福满、祖父觉昌安、父亲塔克世及他的伯父礼敦、叔父塔察均葬于此，名曰永陵。的确赫图阿拉地方并不算大，但不愧为一形胜地。

佛阿拉，俗称旧老城，也就是努尔哈赤最初建都的地方，在老城西南方向相距五里许。从地形及其遗址来判断，此处较老城大为逊色。这里地势高峻，城内亦高低不平。在它的前面是夹哈河，东侧是硕里口河（当地土名叫黄土岗子河），合称二道河（永陵公社二道河大队）。《清太祖实录》记载，1587年，努尔哈赤选择此处两河夹一“平山”上“筑城三层，建楼台”。十余年后，始迁往老城，此城遂废。至今经年历久，遗迹尚存，但已隐没于深草灌木丛中。关于努尔哈赤迁城，在当地流行一个神话传说：努尔哈赤每天早晨起来总听到东山鸡叫声，同时还有两只鸽子飞离此城，飞到后来建老城的地方停下来。努尔哈赤就认定是上天启示，要他迁离此处。于是，他就放弃了这座城，到鸽子落下的地方建新城，把他总听到鸡叫的那座山命名为“鸡鸣山”，至今人们还这样叫它。这仅仅是传说而已。考察他迁城的真正原因，可以认为主要有两点：其一，旧老城供水不足。我们在山上看到那时候留下的一口井，很小，它很难满足全城的人畜饮用。老城内也只有一口井，但要大得多。据当地群众说，从努尔哈赤以来就是饮用这口井的水，从来没有干枯的时候。人们称这口井为“千军万马饮不干”。内城现住有八十余户社员，仍是这口井，人畜共用，饮之不绝。其二，出于军事上的考虑。旧老城偏居东南角，在它东侧的鸡鸣山等山岭挡住了前面的视线，无法看到设在远处的烽火台发出的报警信号。这在军事上不利于防备敌人的侵袭。另外，从地形看，当然也远不如老城更适

① 《清太祖实录》。

于人们的日常活动。

从旧老城迁往老城，代表了努尔哈赤的两个不同的历史时期。在旧老城时期，从1587年建城到1603年迁出，历十七年。后一时期，从迁到老城到1621年迁都辽阳，历十八年。前后两个时期，无论在经济上、政治上、军事上都表现了明显的差异。首先，应该指出，这个不大的盆地，四周环山，沿苏子河的狭长地带为平原，又有该河提供的充足的水源，这种自然条件，最适于农业的发展。从历史上看，这里早在汉代属玄菟郡辖地，农业已有了长足的进步。因此可以推断，在努尔哈赤来此很久以前，这里从来都是以农业为主的，而畜牧业不可能占到优先地位。在旧老城时期，已经广泛地使用了铁制农具。从1599年起，由过去“贸大明铁自造”[①]的加工阶段，开始独自“炒铁开金银矿”[②]，制造各种生产工具，为农业进一步发展创造了条件。据《建州纪程图记》记载，这里“无墅不垦，至于山上亦多开垦”。农业生产由平川地向山上扩展，突出地说明农业生产的规模进一步扩大，它已成为当时女真社会的经济基础，而畜牧业则日益缩小，变成依附于农业的辅助部门。可见此时期的经济并不像人们所想象的那么落后。当然，这并不是说一切都达到高度发展的水平。从旧老城遗址可以看出，城建规模不大，建筑尚嫌简陋，这多少反映了它的某些落后状况。选择高岭处建城，易于防守，显见其军事力量还不够强大。在这个时期，努尔哈赤创建四旗，为建八旗之始；同时，“定国政，凡作乱窃盗欺诈，悉行严禁”[③]。这说明，在不少方面尚处于草创之中。

努尔哈赤迁居老城后，情况才发生了很大变化。前后三年左右时间，就修建了一座规模更大的内外城。这需要动员大量夫役、工匠，投入更多的资财才能完成。为了鼓励夫役的劳动热情，大量屠宰牛羊，先后五次犒赏他们。这些都反映了此时期的经济实力较前有了迅速的增长。再如，修内城墙，两侧用石头砌成，中间填以黄土，而且每隔一定厚度放一层木板，使墙壁更加牢固。这是一种新的独创的建筑技术，显示了当地女真等族劳动人民的智慧和才能。手工业生产更加专业化，“银、铁、草、木，皆有其工”[④]。由于统一战争的需

① 朝鲜《李朝实录》。

②③《清太祖实录》。

④［朝鲜］李民寏：《建州闻见录》。

要，手工业生产带有浓厚的军工色彩。在老城，“北门外则铁匠居之，专治铠甲；南门外则弓人、箭人居之，专造弧矢”[①]。解放后，曾在南门外出土大量的铁器，可知该记载准确无误。“铁匠极巧”，有较高的技术水平。该时期经济的迅速增长还反映在纺织业等部门。以往“女工所织，只有麻布”[②]，丝绸棉布皆依赖内地输入。1616年，努尔哈赤“布告国中，开始养蚕以织绸缎，种棉以织布帛”[③]。由于农业生产的扩大，需要大量马匹、牛来耕种、运输，因而促进了饲养业的发展，所谓“六畜千百成群”[④]，山上山下随处可见。努尔哈赤还发明了人参煮晒法，便于贮存，“徐徐发卖，果得价倍常”[⑤]，使采猎业为国家换取了大宗收入。

农业、手工业、采猎业的发展，扩大了社会分工，促进了商业的活跃，在建州出现了专事贩卖人参、东珠和貂皮等土特产品的商人。1616年，努尔哈赤一次就派出三十名商人到东海瑚尔哈部收购貂皮，后转运到抚顺马市，以“厚价”出售[⑥]。“岁以貂、参互市，得金钱十余万。”[⑦]同时，内地则向建州输入大批的生产工具及生活用品，给建州的社会发展以积极的影响。经济的繁荣带来了社会生活的空前活跃，人口迅速增长。在周长九华里的内外城共居人家约二万余户，如按每户平均四口人计算，可达九万口，几近十万。这是很可观的。平民百姓住外城，各行各业，店铺林立，应有尽有，努尔哈赤及诸王大臣、贵族、八旗兵居内城，里边建有城隍庙、文庙、关帝庙、娘娘庙等，其全城繁荣景象可以想见。

这一时期，在军事上，努尔哈赤进一步完善军事组织，由原先的四旗扩展成八旗。至今，在内城西尚存唯一一处四合院落，为当时正白旗衙门所在地。八旗制——努尔哈赤创建的这个新式的“军政合一”的组织形式，在统一战争中发挥了巨大的威力，不断地获取了一系列的胜利，并从战争中得到的人力、物力都极大地补充和增强了努尔哈赤的力量。1616年，在诸王大臣的拥戴下，努尔哈赤在内城西北角上的“尊号台”（俗称金銮殿）正式升宝座称汗，国号大金（史称后金），建元天命。如今，还剩有一块几米见方的土台子，在

---

①⑥《筹辽硕画》。
②④《建州闻见录》
③《满文老档》。
⑤《清太祖实录》。
⑦《武备志》。

它的左右可看到一些碎砖片瓦，除此再无遗迹可寻。

根据以上考察，可以肯定地说，这个时期是赫图阿拉的繁荣昌盛时期，它与明政府统治下的辽东地区的衰败景象形成了鲜明对照。换言之，它在各个方面比之辽东都处于领先的地位。这正是努尔哈赤敢于打败强大明军的物质基础。

谈到旧老城和老城时期，必然要涉及它的社会性质，本文暂且从略，留待以后专题讨论。但可以肯定，该时期是奴隶制走向繁荣，但也同时含有封建化因素的时期。

三

努尔哈赤在赫图阿拉度过了他的大半生。我们看到，他就是在这样一个不大的小天地里成长起来，却成就了一桩伟大的事业，给中国历史的发展进程以深刻影响。

在清代官方史书中，一向认为他们的始祖叫布库里雍顺，为仙女所生。他下了长白山，顺流松花江，到了三姓地方（今黑龙江省依兰）定居下来。事实是，黑龙江流域才是清朝始祖的真正故乡。到明代，女真人按区域分成野人、海西、建州女真三大部分。无疑，建州女真是由黑龙江迁过来的。据历史记载，最先南迁的叫孟特穆，他到过朝鲜会宁定居一段时间，并死在那里。因而他被清朝追认为肇祖。从孟特穆到努尔哈赤历数世，经二百年左右。这二百年间，努尔哈赤祖辈的部族几度兴盛，又几度衰落，始终没有打开新的局面。到努尔哈赤时，形势才为之巨变。

努尔哈赤生于明嘉靖三十八年（1559），兄弟五人，他排行老大。十岁丧母，他父亲塔克世续娶，继母对这个十岁的孩子很不好，刻薄寡恩；他十九岁时，毅然与父母分家，所得财产很少。父亲过意不去，表示可以多给一些财产。努尔哈赤很有志气，婉言谢绝，把财产让给了弟弟。他自己上山采挖人参、打猎，拿到抚顺市场换取生活费用。艰苦的生活磨炼了他的意志，增长了才干。直到他二十五岁那年（1583），奋然起兵，才开始了他的伟大事业。这是文献中关于努尔哈赤二十五岁以前的简单记载。除此，我们就很少知道了。

努尔哈赤为什么会起兵？说起来，这里边还有一段故事呢。万历十一年（1583），苏克素护河部图伦城主尼堪外兰挑唆明朝宁远伯李成梁进攻古勒城。

其城主叫阿太，他的妻子是努尔哈赤的伯父礼敦之女。祖父觉昌安闻讯，急忙携同其子塔克世即努尔哈赤的父亲前去救孙女。后城被攻破，李成梁大搞报复，将城中男女老幼全部屠杀，努尔哈赤的祖父和父亲也死在乱军之中。消息传来，努尔哈赤悲愤无比。明政府为了平息众怒，忙把觉昌安与塔克世的尸体归还给努尔哈赤，还给了些赏赐，以安抚其心。努尔哈赤要求把仇人尼堪外兰交给他，明政府不但拒绝交出，还申斥了他一顿。于是，努尔哈赤愤然起兵，携带祖父被杀后遗留下来的十三副铠甲，几十个人，为他的父亲和祖父报仇。

努尔哈赤起兵，表面上看，是为了报仇。其实不然。这是有其深刻的社会原因的。在努尔哈赤起兵前后，整个女真的社会正处在变革的时期。属于建州部的苏克素护、浑河、王甲、董鄂、哲陈诸部，属长白山部的纳殷、鸭绿江、珠舍里诸部，属扈伦部的叶赫、哈达、辉发、乌拉诸部以及东海部的瓦尔喀、库尔哈等，“各部烽起，皆称王争长，互相残杀，甚且骨肉相残，强凌弱，众暴寡”[①]。这些女真部落为争夺更多的土地、奴隶、财产展开了激烈的斗争。尼堪外兰挑唆李成梁攻古勒城，不过是希图借助明政府的力量来实现他的这一目的而已。这清楚地说明女真的奴隶制社会正在大发展，由政治上的分散走向统一。处在这种形势下，努尔哈赤同其他弱小的部族一样，感到随时有被吞并的危险。因此，他不等别人来攻，先发制人，以攻为守，求生存，扩大地盘。不过，这一切都是在给祖父、父亲复仇的旗号下进行的。这就掩盖了问题的实质。他的祖父、父亲被害是一偶然因素。偶然孕育于必然之中。为其亲人复仇乃是他起兵的导火线。因此，从复仇行动之始，实际上就已开始了统一战争。这大概是努尔哈赤本人所不曾意识到的吧！为亲人复仇这件事，只能给他以思想上、情感上、性格上的激发，因而使他的行动更坚决、更勇猛、更富有自我献身精神。

努尔哈赤一兴兵就把进攻的矛头对准了仇人尼堪外兰。一败尼氏于图伦城，再败尼氏于甲班城，三败尼氏于鹅漠浑城，直至1586年，迫尼氏入明边避难，把尼氏擒杀。但伴随着追击尼氏，努尔哈赤还击败了阻挡他进军的各种敌对力量，同时还累征邻近的各部落：栋鄂、浑河、苏克素护、哲陈诸部，攻克要塞，大小战役十余次。努尔哈赤本人多次遭重创，几至于死。到第三年，即1589年，他就完全统一了建州五部，从而打开了一个新局面，为统一大业

①《清太祖实录》。

初步奠定了基础。这可以算作兴兵阶段。第二阶段，1591—1616年，可以算作发展时期。继统一建州五部之后，努尔哈赤次第征服了长白山诸部，大败九国联军，灭扈伦四部，征东海诸部。包括辽东地区东部、东南、北部（今吉林、黑龙江部分）这一广大地区皆入努尔哈赤掌握之中。正是在这一空前胜利的形势下，努尔哈赤即汗位，建后金国。第三阶段，1617—1621年。前一阶段，就内部而言，努尔哈赤是进攻的，但从与明的关系这个大范围而言，他还是处于守势。而到了这个阶段，努尔哈赤开始对明由战役进攻，到举行战略反攻。1618年，攻下抚顺即撤兵；次年，明大举进攻，惨遭失败。此役之后，努尔哈赤举行反攻，明政府则取守势，步步后退。不出几年，努尔哈赤就前进到了辽东重镇沈阳、辽阳，并以辽阳为东京城，最终离开了世居的赫图阿拉故都。这标志着努尔哈赤的战略反攻达到了顶峰。

综观努尔哈赤在赫图阿拉的崛起及其历史性的活动，不能不认为是一个奇迹。探其根源，可以概括为以下几点：

第一，从客观条件来看，赫图阿拉地方虽小，自然形势实属优越。它不仅为发展农业生产提供了极为便利的条件，而且那重重山岭成为了掩护努尔哈赤从事各种活动的自然屏障。因此，努尔哈赤在深山内部东征西讨，很少为明边将知道。即使知道，也并不引为严重问题。当时明对东北的少数民族采取“以夷治夷”、“分而治之”的政策，对他们内部的互相争斗，明政府并不认为会危害它的根本利益，相反，它甚至以为这种争夺对自己有利，因而也就容忍了努尔哈赤不断扩大势力。当一朝羽毛丰满，突然跃出山沟向明政府挑战时，它才大吃一惊，虽派出大军征讨，为时已晚矣！

第二，也是当时的政治形势玉成了他。明政府在经历了二百余年之后，到这时正急速走向它的最后阶段：从中央到地方，政治腐败，黑暗，天灾频仍，人祸肆虐，民不聊生。城里有民变，农村有农民暴动、起义。明政府败亡之象到处暴露无遗。明统治集团自顾内部不暇，更无法顾及边疆。边将也同样腐败到了极点：贪财货，惜生命，专以掠夺金钱、屠杀平民、残害少数民族为务，冒充“斩获”，骗取中央的奖赏；守疆兵士不断逃亡，加之长期不练兵，部队毫无战斗力，一与后金兵交锋，就一触即溃。这种形势给努尔哈赤的兴起和发展创造了一个千载难逢的机会。

第三，努尔哈赤实行了符合当时当地实际情况的一系列政策和策略。比如，如何处理与明政府的关系，是一项大政策。处理得好，就会把统一事业引向胜利，反之，就会遭到失败。众所周知，从努尔哈赤的远祖孟特穆起，就一直与明政府保持着臣属关系，世代为明看边，深得明朝信任。到努尔哈赤时，继承了父、祖及先世世袭的建州左卫指挥使，成为明朝管辖下的东北地方官吏，由于“忠于大明”和“保塞有功”，从指挥使、都督佥事、都督晋号“龙虎将军”（正二品散官）。在正式伐明以前很长一个时期，他一直与明政权保持着友好的臣属关系，这是很有政治家眼光的。明明是明兵杀了他的祖、父，他却把愤怒和仇恨发泄到尼堪外兰身上。他杀了仇人，明政府每年例给银八百两、缎十五匹以示笼络，他欣然受之。他征伐叶赫，明政府出来干预，他又容忍了，让已经被他亡国的哈达重新复国。尽管如此，他仍然岁时入贡，自己还几次到北京给万历皇帝送贡品。明政府对此也报以信任和赏赐。据《明代辽东档》的一份材料记载：万历三十九年（1611），努尔哈赤的弟弟速儿哈齐病故，明地方官闻讯，给朝廷打报告，请求派使臣前去吊祭。报告中还援引万历三十三年，速儿哈齐妻病故时曾“办桌席二十张、白（羊?）牛只……”吊祭作为例子，请求循例另加厚赏赐。明政府如此隆重对待，是因为努尔哈赤祖祖辈辈“向来中国宣谕，无不听命”。这是在努尔哈赤称汗反明的前五年，仍然保持着臣属往来关系。他完全清醒地认识到明强己弱，如果过早地断绝与明的关系，就会招致明的进攻，势同石卵相击。努尔哈赤实行的这条外交路线可否也叫“远交近攻”？不管如何，他是完全成功的。

第四，努尔哈赤个人的才能及其作用不能不是一个重大的因素。历史唯物主义从来都不否认个人在历史上的作用。但是我们也知道，个人的作用再大，毕竟是有限度的；个人在亿万人民群众的汪洋大海中亦不过是其中的一滴。因此，归根到底，人民群众才是决定历史进程的根本力量。个人的作用也只有顺应历史的发展，符合人民的根本要求才能发挥出来，给予历史和社会的发展进程以积极的影响，反之亦然。我们说，努尔哈赤具有多方面的才能，他能把自己的聪明智慧正确地应用到社会实践，因而产生奇迹般的效果。首先就他的军事才能而论，他不愧是一位伟大的军事家、战略家。在他的一生中，特别是在赫图阿拉的几十年中，他真是“战无不胜，攻无不克”[①]。他又是以少胜多的破敌专家，败九国联军、败明四路大军等都是著名的例子。只是晚年攻宁远，被袁崇焕击败一次。他是最少失败的统帅和常胜将军。就政治而论，他也毫无

①《清太祖实录》。

逊色。他创建的八旗制度，是一个先进的军与政与生产相结合的制度；在发展农业生产，保证战争需要，在治理国家、创立各项国家制度等等方面，都表现了他的创造精神和特殊的才能。他性格刚强、坚定，具有一往无前的精神。他临危不惧，遇难不慌，多谋善断，自有主张。他临阵冲锋在前，多次受重伤而不退缩，具有自我牺牲精神。他步骑娴熟，勇气盖人。所有这些优秀品质正是一个英雄人物所不可缺少的。这些特殊品质不但帮助他去实现其政治目标，而且也必然深刻感染和影响整个队伍跟他去夺取胜利。

努尔哈赤作为一个时代造就的英雄登上历史舞台，这在当时，甚至在以后都具有重大的历史意义。

努尔哈赤之崛起，是代表了一个新兴的政治势力在中国的兴起。历史证明，明政权是一个垂死挣扎的黑暗腐朽的政治集团，它已经丧失自己存在的条件。努尔哈赤建立的政权，以铲除明政权为目标，是符合历史要求的。因此，努尔哈赤兴起，乃是一进步现象。

我们看到，明末，边疆防务日益废弛。在东北，像亦失哈巡视奴儿干，远足黑龙江的盛举早已成为历史的陈迹；此时它在东北的统治形同虚设，实际上，东北的各少数民族内部长久以来就是分散、不统一，互相攻伐。特别是到了明末，这种情况就更加严重。努尔哈赤先是统一建州（辽宁东部），进而统一吉林大部，他的后继者又统一黑龙江，把各民族编入八旗，从而把东北统一成为一个有机的政治整体，这对于形成和最后确立我国东北部的版图，巩固边防，特别是对后来抗击沙俄的野蛮入侵都具有深远的意义。

千百年来，女真人在中国的历史舞台上，几经崛起，又几经隐没。从努尔哈赤开始，随着统一战争的顺利进行，女真这个古老的民族重新焕发青春，再次复兴。政治上的统一，满文的创制，使用共同的文字，努尔哈赤做的这两件大事，为新兴的民族共同体——满族的形成开辟了道路，准备了必要的条件。以女真为主体，不断吸收其他各民族的参加，终于以一个强大的新兴民族——满族的身份加入到中华民族的大家庭之中，并对中国社会的发展作出了伟大的贡献。因此，我们又说努尔哈赤是满族的民族英雄。

三天的访问就要结束了。在此离去的时刻，我们以敬仰的心情再次漫步苏子河畔，信步登上横跨南北的大桥，凭栏远眺：呼兰哈达巍峨高耸，鸡鸣山昂首翘立，老城、旧老城雄姿犹存。苏子河仍然那么安详，日夜畅流。努尔哈赤和他那一代人如一批过客匆匆走过，成为遥远的过去。但是，他们创造的业绩将像这青山流水一样，永远不朽，他们的业绩必定作为历史的名篇，永存史册！今天，我国的历史已进入以“四化”为内容的伟大时代，苏子河两岸勤劳的人民，正以创造性的劳动建设自己的美好生活，谱写更加壮丽的篇章。如果长眠于永陵的“四祖”有知，“当惊世界殊”吧！

（原载《学术研究丛刊》，1980年第2期）

论清太宗在清史中的地位

承前启后的关键人物

1626年10月（公历），清太宗登上了汗位。他恰好处于努尔哈赤创业之后、顺治帝入主中原之前的关键时刻。他没有辜负历史使命，真正发挥了承前启后、继往开来的重大作用。

清太宗即位后，首先把一个危机四伏的后金政权引导到继续向前发展的广阔道路。后金的危机，主要是他的父亲努尔哈赤晚年采取了错误的政策造成的。努尔哈赤作为清朝的奠基人是当之无愧的。他所取得的成就令人惊叹！但他进入辽沈地区以后，采取民族歧视与镇压的政策，阶级矛盾和民族矛盾相当尖锐，汉人的各种形式的反抗斗争此伏彼起。清太宗针对其父的弊政，提出“治国之要，莫先安民”的施政国策，并把着重点放在安抚汉人上，的确抓住了问题的要害。他首次宣布：“满、汉之人均属一体”，恢复汉人奴隶的“民户”地位，使满汉矛盾趋于缓和。清太宗重视发展生产，制定了保护农业生产的政策，不准滥用民力；提倡和鼓励多增殖人口，如此等等。他大力整顿内政，改革旧制，仅两三年，就使局势转危为安；五年后，局面大改观，出现骎骎乎前进不已之势。

清太宗建立了以满族贵族为核心，与蒙古、汉贵族地主联盟的政治体制，对后金的发展，最终战胜明朝及建立清王朝的长久统治，都具有特殊意义。努尔哈赤时期，后金还是一个满族的单一政权。清太宗不断吸收汉人和蒙古上层人物参加政权，例如范文程、张存仁、石廷柱、祖大寿、祖可法、李国翰、孔有德、尚可喜、耿仲明、洪承畴等等数百人都受到重用，成为清（后金）政权中一支重要的政治力量。清太宗创建的汉军八旗和蒙古八旗，与满洲八旗共容于一个政权之中，就是这一联盟体制的生动体现。

清太宗在清初发展史上所起的另一个关键作用，是他敢于摆脱氏族制传统影响的束缚，突破农奴制的框框，把清（后金）建成为一个封建专制的强国。他在位期间，正处在由前者向后者转变的过渡时期。他的功绩就在于，他充分发挥了个人的历史主动精神，加速了这一历史性的转变，并使之沿着历史的发展方向朝前发展。如上所述，他逐步释放奴隶，抛弃那种落后的农奴制，采取封建的剥削方式。在政治领域，他废止八旗旗主“共治”的带有氏族残余的政体。因为这种政体体现了以血缘关系为纽带的原始氏族制，不能适应社会发展的需要。清太宗意识到了旧制度的危害，就仿照明朝体制，建立了一套中央集权的封建官僚制度。这一变革，就使清政权有如脱胎换骨，以崭新的面貌挺立在惊恐的明王朝面前。

清太宗生前十分明确他的历史使命，不过是给他的后世子孙树立一个可仿效的楷模，为将来夺取全国政权打下牢固的基础。他勇于进取，励精图治，成功地实践了自己的信念，从而为1644年清兵进关，建立二百六十多年的稳固统治创造了条件。毫无疑问，清太宗在有清一代的十二个皇帝（包括努尔哈赤）中，独居于承前启后、继往开来的关键地位。

满族第一个皇帝

清（后金）入关前这段历史，特别是清太宗在位时期，对于清朝发展所具有的决定性意义，以往论者大多估计不足。实际上，清太宗是清朝真正的开国皇帝，也是满族有史以来的第一个皇帝。在1636年以前，他的父亲，包括他自己在位的前十年都称“汗”。我们知道，“汗”是北方少数民族对本民族最高统治者的通行称呼，而“皇帝”却是历代汉人最高统治者的沿袭名号。如果哪个民族要取得全国政权，不能不改用“皇帝”之称。这一方面是政治需要，另一方面表明其实力已达到相当强大的程度，足以建立对全国的统治。因此，清太宗改汗称帝，更定后金国号为大清，不能视为名称的简单改换，而是宣布与明朝争衡的一个新王朝的诞生，这就与努尔哈赤草创的满族政权划清了时代的界线。

从历史实际情况来看，清太宗不愧是清朝历史新纪元的开创者。正如大家所熟知，清太宗在他去世前一年即崇德七年（1642），曾为清的发展和他个人的业绩作了精彩的描绘：整个东北地区及内外蒙古“远迩诸国，在在臣服”[①]。至此，我们看到，清政权这座基础牢固、规模宏伟的大厦已经在长城以北的辽阔土地上矗立起来。这在实际上已形成了以长城为界的南北两个政权对峙的新局面。应当指出，这个时期的清政权所领有的疆土比历史上任何一个北朝都要大得多，与此时的明朝也相差不多（李自成、张献忠农民起义军已占去数省之地）。如果说，努尔哈赤的历史功绩在于开清朝历史之先河，为未来的清政权奠定一块基石，那么，到清太宗时，经他之手，已经完整地构筑了一座规模可观的清政权大厦。

从清太宗对后世的深远影响，也表明他处于清史的突出地位。他在位十七年，奋发有为，艰难创业，为其子孙进关打下了全胜的基础，他创立的大清国号一直沿用到末代皇帝；他加工改建的满蒙汉联盟政体，成为清朝长久统治的基本模式；他制定的对蒙对汉的政策，保持满装骑射、不断吸收汉文化等等遗训，被他的后世子孙奉为守成的基本国策。这些，连他的前辈努尔哈赤也有所不及。至于顺治帝，乃至多尔衮辈更是无法与之相比。尽管顺治帝进关当了占地更广的皇帝，却也无法取代那个开创清朝新纪元的时间记录。

文武兼备的难得人才

一个人的贡献大小，往往同他的才能的优劣密切地联系在一起。清太宗对清朝的历史发展所作的贡献，是和他的杰出才能分不开的。他文能治国，武能征战，文武兼备，这在清代的十二个皇帝中堪称出类拔萃。

论者多注重清太宗的武功，忽视他在文治思想方面的建树。这当然不能反映他的全貌。事实上，论文化他并没有读多少书。据朝鲜人李民寏所见，努尔哈赤诸子及众将都是不识字的文盲，只有清太宗“仅识字”。这在一个尚武轻文的民族中也算难能可贵了。他既没有如康熙帝那种挥毫成章的本领，也没有如乾隆帝那样吟风弄月的文采。但他有一套治国的杰出思想，不断闪现出智慧的火花；他有独到的深刻见解，反映出哲学的精华。仅举二例。其一，他反复

① 《清太宗实录》卷61。

宣扬历史不断变化的思想，说："从来帝王有一姓相传永不易位者乎?"又说："匹夫有大德，可为天子；天子若无德，可为匹夫。"这不是历史进化论的观点吗？关于这方面，《清太宗实录》有大量记载。其二，他重视读书。他认为读书能明理，辨是非。他看到明兵坚守大凌河城，已陷入"人相食"的绝境，还是闭城不降。他从中悟出一个道理：这是读书所致，懂义理，不惜牺牲个人生命，甘心为朝廷尽忠。于是他规定：诸王贝勒的子弟，凡年在十五岁以下、八岁以上必须读书。他提倡读书，本人率先示范。他喜爱读史，莫过于读《金史》。他自己读，还把诸王臣召集在一起，命弘文馆大臣读给他们听，他不时加以讲解，结合军政实际，谈出自己的认识和体会。

清太宗重知识，尤其重人才。他说："朕惟图治，以人才为本，人臣以进贤为要。"[①] 以人才作为治国的根本；做臣子的以荐贤举能当做自己的重要职责。这是多么深刻而精辟的见解！他求才若渴，爱才如宝。经他选拔的人才，有奴隶，有俘虏，有普通一兵而拔为将军。他看重才能，不以资历取人，也不以尊卑贵贱看人，唯才是用。他以此训诫群臣说：金银币帛有用尽的时候，如果得到一两个贤能之人，为国家出力，那么，国家就会得到无穷尽的利益！在清太宗周围，人才辈出，大业后继有人。

（原载《光明日报》，1985年4月3日第4版）

① 《东华录》天聪九年二月。

文治武功卓著的清崇德帝皇太极

清朝是我国漫长的封建社会历史的最后一章。明崇祯九年（1636），后金大汗皇太极登极称帝，改元崇德，国号大清。从此年开始，到宣统三年（1911）亡国，清朝在历史上存在了二百七十六年。它原由明朝统治下的东北的一个少数民族——女真（满洲），发展成为一个统治民族；从地方割据政权进而统一全国，君临天下。在它存在的悠久岁月里，它既为中华民族作出了超越前人的重大贡献，也留下了许多失败与屈辱的记录。开创这个新王朝的，就是雄才大略、文武兼备的清崇德帝皇太极。他与其父努尔哈赤及诸兄共同开基立业，而他所建树的勋业又远出父兄之上。

一、在战斗里成长

明万历二十年（1592）十月二十五日，在辽东群山环抱的费阿拉城（今辽宁新宾满族自治县永陵镇），一个男婴降生在女真人首领努尔哈赤的家中。这个婴儿就是未来的清崇德帝。他是努尔哈赤的第八子。在那个时代，子以母贵。母亲叶赫纳喇氏深得努尔哈赤的欢心，俗话说：爱屋及乌，所以，她生的儿子也得到努尔哈赤格外钟爱。他给自己的爱子取名皇太极，也写作洪太主或黄台吉、红歹是等等。为什么取名皇太极？历来有种种不同的解释。清代官书说，太极谐音台吉，蒙古把王位继承人叫台吉，在台吉前面加个颜色名如黄字，是他们的习惯。汉族把皇位的继承人叫皇太子，也同皇太极三字谐音。显然，皇太极是一个十分尊贵的名字。努尔哈赤给自己最喜爱的幼子取名皇太极，就是有意让他做自己的大位继承人。还有一个说法，认为皇太极本名阿巴海。根据是什么，我们不得而知。也有人指出，皇太极之名是他即汗位后的自称自尊，就是说，是他自己起的名，而他小时的真名，据有的史书记载，应叫“黑还勃烈”。据说“勃烈”可能是“贝勒”的谐音。这同他的哥哥称“代善贝勒”、“阿敏贝勒”等名字是一样的。尽管人们对他的名字作了各种解释和猜测，但皇太极这个名字沿用已久，已成习惯称呼，我们没有必要给他更名，还是继续叫他皇太极吧！

皇太极降生的时候，父亲努尔哈赤已于十年前（1583）以十三副铠甲起兵，统一女真的大业已经取得了重大进展，他把建州女真各部置于自己的统治之下；然后，他跃马弯弓，马不停蹄、人不息肩地乘胜向海西女真各部进军，先后同哈达、辉发、乌拉、叶赫等部展开激烈交战，不断扩大他的统治。努尔哈赤艰难创业，为未来的皇太极开辟了锦绣前程，奠定了政治基础。皇太极就是生活在女真诸部群雄并起、相互兼并，逐渐走向同明朝抗争的伟大变革的时代，在父亲努尔哈赤的率领和教诲下，他饱经战争的磨炼，迅速地成长起来。

女真是一个尚武的民族。他们传统的渔猎生活要求每个人，不论男女，都得精通骑射。皇太极小时候就跟随父兄，佩带弓矢，骑马去山林涧崖打猎，练就了骑马、射箭的高超技能，培养了勇敢善战的精神。天聪三年（1629），他第一次率大军进关，行程数千里；不久，他又率军远征蒙古察哈尔，往返万余里，饥餐野露，习以为常。他力大无穷，膂力过人，英勇超群。沈阳实胜寺藏有他用过的一张弓，矢长四尺余，就是一个大力士也拉不开，而皇太极运用自如。一次，在征林丹汗途中缺粮，他和全军将士一起行猎为生，他发一矢竟贯穿两只黄羊，可见力气之大！没用多大工夫，他一人共射死黄羊五十八只。他的后世子孙无不崇拜他的箭法和气力，称赞他“步射骑射，矢不虚发”。皇太极强壮的体格、杰出的才能、与众不同的品行，都是从小跟着父亲学习和在实践中得来的。

万历四十年（1612），皇太极已经二十一岁了。这一年，他跟随父兄参加了远征乌拉的大规模战争。这是我们迄今所看到的史书明确记载皇太极首次作为一员战将，率所部参加战斗。

乌拉部（相当于今吉林省吉林地区，沿松花江至珲春一带）首领布占泰原与努尔哈赤结盟，但他背信弃义，撕毁盟约，转而进攻努尔哈赤所辖屯寨。努尔哈赤大怒，率兵亲征。九月二十二日出发，直趋布占泰所居乌拉城（今吉林市永吉县乌拉街古城）二里处安营。努尔哈赤令四出焚毁敌人粮草，却不发动进攻。皇太极和他的哥哥莽古尔泰都急于过河进攻。努尔哈赤耐心地开导说："事情不像你们想的那么简单。不要说出像河面取水那样容易的话，要看得深一些。比如，砍伐一棵大树，怎么可能一斧子骤然砍倒？必须用斧子一下一下去砍，砍到一定程度，它就会自己倒下。同样的道理，实力相等的大国，势均力敌，要一举把它灭亡，怎么可能办到？所以，最好的办法，应将它的周围的附属城镇逐一攻取，最后再取它。这如同没有奴仆阿哈，额真（主人）怎么能生存呢？没有诸申（平民），贝勒（统治者）怎么能存在呢？"努尔哈赤没有同意皇太极的主张，只是毁掉了乌拉附近六个村寨，就撤兵了。第二年（1613），才最后把强大的乌拉灭亡。努尔哈赤的一番陈述说教，对皇太极的思想产生重大影响。他把父亲的话牢记心中，竟成了一生中指引他前进的灯塔。他即位后，就采取了"伐大树"的战略方针，对明朝进行长期征伐，即使进关，到了北京城下，也不攻取，而是反复攻掠北京周边地区。他一再告诫臣下，不能指望朝夕之间就把一个庞大的明朝灭亡，要不惜花费时间，逐步削弱它，从两旁砍削，直到其难以支立而自仆。他讲的这番话，他确立的战略，都是直接来源于父亲当年的言传身教。

万历四十四年（1616），在有清一代的编年史上，是一个划时代的重要年份：努尔哈赤经过三十余年的浴血奋战，正式建立了后金政权。二十四岁的皇太极，有胆有识，他在帮助父亲创建后金政权的过程中，发挥了重大作用。他的叔父舒尔哈齐和长兄褚英都是父亲的政敌。他积极参与和谋划，把这两个政敌逐个铲除，为父亲即位称汗铺平了道路。由于皇太极的才能和功绩，努尔哈赤在他的十余个儿子中，选定皇太极与二子代善、侄儿阿敏、五子莽古尔泰为国中四大贝勒，佐理国家政务，人们都称皇太极为"四贝勒"。皇太极领有一旗兵力。

皇太极是努尔哈赤政治上的得力助手，在战场上，又是他的重要参谋。万历四十六年（1618），努尔哈赤公开向明朝宣战，首次发动抚顺之役。皇太极献计：乘抚顺开马市的机会，派五十人扮作贩马商人，分批混进城去。然后，大军乘夜进至城下，发炮为号，里应外合，抚顺唾手可得。努尔哈赤依计行事，果然获得成功，明守将李永芳率部投降。抚顺之役后，过了一年，即万历四十七年（1619），明朝调集十万兵马，分兵四路，合击后金都城赫图阿拉。后金存亡，在此一战。努尔哈赤倾全国六万之兵，奋起迎战。皇太极在这次生死存亡的决战中，大显身手，展现了"飞将军"的雄姿。激战首先在萨尔浒

（今辽宁抚顺东大伙房水库）展开。皇太极跟诸兄一起投入战斗，指挥优势兵力，奋不顾身地杀入阵中，把明兵杀得大败，尸体遍野，血流成渠。明总兵杜松、王宣等都战死于乱军之中。紧接着，第二个战役又在尚间崖和斐芬山（均在今抚顺哈达近处）进行。皇太极一马当先，率八旗铁骑突入明军，攻势猛如狂风扫落叶，把明军的军营冲得七零八落，兵士四散奔逃。接着，皇太极与代善率军直奔阿布达里冈，这里距离赫图阿拉五十余里。南路明将刘綎对两路惨败毫无所知，仍率所部在崎岖的山路中缓缓行进，刚好到达这座山冈附近。皇太极又施一计：指使明降兵携带缴获的杜松令箭，骗刘綎快速进兵。同时，他令后金兵装扮成明兵，打着杜松旗号，迎着明兵而来。刘綎不知是计，惟恐让杜松夺了头功，急催兵马前进。当两军遇于阿布达里冈时，皇太极一声令下，后金兵扔掉杜松旗号，如潮水一般冲入明军阵中，大杀大砍。毫无防备的明兵顿时大乱。刘綎仓促抡起百余斤重的镔铁刀，奋战不已，身上数处受伤，最后面中一刀，倒在血泊之中，全军几无一人生还。这时，已是开战以来的第五天，明军三路覆没，一路吓跑，共损兵折将四万六千余人。后金损失很小，激战五天，大获全胜。皇太极自始至终参加了战斗，历三大战役，屡出奇计，献智献勇，有战必胜，发挥了先锋的重大作用。

萨尔浒大战之后，努尔哈赤连续作战，如闪电般向明军发动了一系列进攻，旌旗所指，无不马到成功，诸如开原、铁岭、沈阳、辽阳等东北名城重镇纷纷落入后金之手。他又挥军渡过辽河，西取广宁（今辽宁北镇），直至受阻于宁远（今辽宁省兴城市）城下。在短短的六年间，皇太极跟随父兄纵横驰骋于辽河两岸，临战必冲锋在前，取得了惊人的胜利。这期间，皇太极还参加了征叶赫的战争，一举把它灭亡；又独自率军驰援结盟的蒙古科尔沁部，吓跑强大的林丹汗军。人们已经看到，战场——这座生死考验的巨大舞台，已把皇太极锻炼成一代优秀人物，他所建树的功勋，突出地表明他在政治上、思想上、军事上迅速成熟起来。到他即位前，他刚三十五岁，这是人生最旺盛的时期。他的年龄和实践，都告诉人们：他是未来汗位的最合适的继承人！

二、锐意进取的改革家

后金天命十一年（明天启六年，1626年），努尔哈赤驰骋疆场，已有四十余年，他奋战一世，耗去了他的全部精力。他死后留下子侄数十人，还有四大贝勒都在。但他死前并没有确定自己的继承人。于是，诸兄弟子侄一商量，都认定皇太极“才德冠世”，符合努尔哈赤的愿望，便联合劝进，请求再三，皇太极才表示同意。他在诸兄弟子侄的拥戴下，迅速登上汗位的宝座，从第二年（1627）起，改元天聪，标志着一个新的历史时期的开始。

皇太极即位，恰好处于努尔哈赤创业之后、顺治帝入主中原之前的关键阶段。他没有辜负历史使命，真正发挥了承前启后、继往开来的伟大作用。他不仅继承了父亲的未竟事业，更为重要的是，他以巨大的勇气和魄力制定新的政策，不遗余力地加以推行，在内政、外交、经济、军事、文化各个方面都取得了超越前辈的卓越成就，从而把后金推上了全面发展的广阔道路。

皇太极即位之初，政局不稳，危机四伏。辽东人民反抗后金的斗争在继续发展，民族矛盾、阶级矛盾已达到相当尖锐的程度。努尔哈赤去世前率军攻宁远，遭到他起兵以来的第一次大失败，而这次军事上的惨败，进一步加深了政治危机。后金处在西有明朝、东有朝鲜、北有蒙古的包围之中。这些国家都受到后金的进攻或军事威胁，随时都会利用它的危机反扑过来。国内外这种咄咄逼人的形势，不能不叫后金统治集团忧心忡忡，他们把希望的目光倾注在新君身上。对于皇太极来说，前途并不美妙，吉凶未卜。

后金的危机，主要是努尔哈赤晚年采取了非常错误的政策造成的。应当肯定，努尔哈赤作为清朝的奠基人是当之无愧的。他所取得的一系列成就令人惊叹！但他进入辽沈地区以后，推行民族歧视与镇压的政策。他把俘获的汉人，都变为后金贵族的奴隶，凡争战之地，肆意掳掠屠杀，甚至连儒生也不能幸免。他把落后的奴隶制的生产方式推广到辽沈地区，严重地损害汉族人民的根本利益，激起他们以各种形式进行反抗斗争。努尔哈赤不那么注重经济，他把主要注意力都放在进行战争上，因此生产不足，国无积蓄，凡军事所需，概取自抢掠。皇太极即位才几个月，就发生了一场严重饥荒。在后金统治的广大地区，到处是饥饿，国库无粮救济，出现了人吃人的悲惨情景。努尔哈赤晚年的错误政策不仅严重地损害了他自己开创的事业，也使后金陷入空前的政治危机。

皇太极即位伊始，做的第一件事，就是坚决纠正对汉人的错误政策。他提出：治国的根本是安定百姓，让他们安居乐业，国家才会安定。在这项施政总方针中，他尤其强调要解决满汉之间的矛盾，宣布今后“满汉之人均属一体”，在法律和承担社会各项义务诸方面都要平等对待，不许有差别。皇太极把“安民”的重点放在安抚汉人方面，确实抓住了问题的要害。后金进入辽沈，它统治的对象是人口占绝对优势、文化高度发达的汉人。他清醒地认识到，对汉人采取何种政策，直接关系到后金能否存在下去。因此，他以实际步骤，努力“调剂”各方面的矛盾，使之平和得宜，把矛盾减少到最低程度。第一，实行编户为民。就是逐步释放被掠为奴隶的汉人，恢复他们的民户地位。第二，放宽“逃人法”。以前，后金统治下的汉人不堪忍受民族歧视与奴役，纷纷逃亡。努尔哈赤严厉镇压，不管逃跑被逮，或是策划逃跑被告发的，一律处死。皇太极规定，在此之前私逃的，或是与明朝暗中来往的，概不追究，今后只对在逃而被捕获的处死。此项新政策实行了一段时间，他又进一步放宽“逃人法”：允许逃走，即便抓住也不治罪，但逃到明朝以后不许再返回来。第三，重新修订和颁布“离主条例”。按照条例的规定，奴仆有权控告他的主人，情况属实，主人按律治罪，告发的奴仆准予离开，得到自由身份。法律还规定，包括满族贵族在内的各级官员不得擅杀自己的奴隶、家仆，不准奸淫属下的妇女，违犯者予以惩处。皇太极推行这一系列新政策后，汉人的逃亡和反抗斗争逐渐减少，社会秩序趋于稳定，局势转危为安。当然，任何一项政策都有两面性。皇太极不可能从根本上消除社会矛盾，但新政策确实缓和了矛盾，有利于社会的发展。

皇太极另一项重要改革，是逐步建立以满族贵族为核心、与蒙汉王公贵族地主联盟的政治体制。努尔哈赤统治时期，后金还是单一的满族政权，只有满洲八旗，国家政权掌握在八旗旗主和议政五大臣手中，汉人、蒙古人几乎都被排斥在中央政权之外。皇太极则不然，他大量吸收蒙汉人参加他的政权。他制定优礼汉官的政策，招引明朝的各级将吏与地主阶级知识分子投向后金，都给予量才录用。他不断扩大和加强同蒙古的特殊关系，进一步发展双方的联姻结亲，他们的子女互娶互嫁，从血缘上来巩固他们的联盟。在取得蒙汉贵族地主的支持后，皇太极适时地创建了蒙古八旗、汉军八旗，与满洲八旗并列为三大八旗组织。它不只是军事组织的扩大，尤有特殊意义的是，这三大组织从政治上使满蒙汉的联盟得以确立起来。犹如部落联盟，满族为其盟主，而皇太极则是它的最高统帅。他建立的这一新的政权体制，成为有清一代立国的基石，也是长久指导它处理国内民族关系的一个基本方针。

与新的政权体制相适应，皇太极大幅度地改革国家政权机构，仿照明朝制度，设置国家各级政权机构。天聪三年（1629），他首先设文馆，其职能，一是翻译汉文典籍；二是记录本朝政事。目的是借鉴汉族的政治经验，总结自己执政得失。到崇德元年（1636）三月，改文馆为内三院，即内国史院、内秘书院、内弘文院。这三院的官员直接参与决策，执掌国家机密。内三院的设置，实际上已取代了原先八旗旗主“共议国政”的含有原始军事民主制残余的体制。继文馆设立之后，皇太极按中国历代包括明朝的封建官僚制度，设吏、户、礼、兵、刑、工六部，再设都察院，与上述三院六部不相属，独立行使监察各部的职权。皇太极授予该院以很大的权力，上自皇帝、诸王贝勒，下至各部臣，都可以劝谏、弹劾、纠察。皇太极指示都察院官员说：“凡你们所奏，说得对的，我立即批准照办；说得不对的，我也不加罪你们。”崇德三年（1638），皇太极又指令设理藩院，它的前身是蒙古衙门。此机构专门负责办理蒙古方面的事务。进关后，它成为处理各少数民族及国外来往事务的常设机构。这样，经过多年的改革、充实，便形成了内三院、六部和两院一套完整的官制，合称三院八衙门。这些机构的官员都分派满、蒙古、汉人充任。像范文程、张存仁、李国翰、祖可法、孔有德、耿仲明、尚可喜等汉官数百人都被安排在从上层到基层的各级政权机构，参与国家军政大计。皇太极吸收了大批汉官和蒙古人参政，这对努尔哈赤排斥汉人、蒙古人的做法是一个重大的突破。

皇太极在位十七年，他把对国家体制、官制和各项政策进行的改革贯彻始终。他敢于摆脱氏族制传统影响的束缚，废止八旗旗主共主国政的带有以血缘关系为纽带的氏族制残余的政体，最终突破农奴制的框框，把一个落后的、一度陷入危机的政权，建成为一个封建专制的强国。崇德元年（1636），他高瞻远瞩，毅然即皇帝位，改国号为大清，标志着这个关外的割据政权有如脱胎换骨，一代清王朝的大厦以完全崭新的面貌矗立于长城以北的广阔大地之上。

三、治国有方的政治家

皇太极是在开国创业中成长起来的一代政治家。他冷静、沉着，有着远大的政治抱负，他想君临全中国，使其父子群臣艰难创立的国家由后世子孙长久地统治下去。他很讲究实际，不仅懂得人君之道，也懂得治国之道。他说：“治理国家，就如同盖房子，基础打得牢固，用材精良，一定不能速毁，子子孙孙可以久居。如果偷工减料，苟且从事，虽然盖成房子，要不多久就会坍塌。这是古人一再告诫我们的道理。意思就是说，一切都不能简单从事，只有筑地坚固，叠石打基础，苦心经营构造，才能使用长久。”

皇太极具有敏锐的洞察力，能应付自如地处理一切复杂的政治问题。他重民生，发展生产；用法治，奖善罚恶，建立稳定的社会秩序。这些均反映了这位成熟的政治家治国有方、驾驭有道的雄才大略。

由于连年的战争，辽东地区经济遭到严重破坏，人口大量逃亡，致使辽东人口急剧减少，万顷良田荒芜，无人耕种。加之后金推行落后的奴隶制，农民缺乏生产积极性，经济呈现出凋敝的状况。努尔哈赤虽然采取了某些恢复农业生产的措施，却没有从根本上得到改善。皇太极比他的父亲更清楚地看到了问题的严重性，十分注重农业生产。皇太极有步骤地颁布有关保护农业生产的法令，概括起来：1. 不准任何牲畜闯入田地，践踏禾苗。规定猪闯入农田一次，罚银五钱，超过三次的，要报告本地的牛录，将猪罚给田地的主人。骆驼、牛、马、骡、驴这些大牲畜践踏禾苗的，每匹（头）罚银一两，赔偿粮食。2. 保护大牲畜，规定除国家大祀、大宴用牛，禁止随意屠宰，违者治罪。3. 禁止营造寺院，避免耗费人力物力，不准私自出家为僧，逃避生产。4. 不准用粮食造酒，以保证有足够的粮食供食用。5. 凡无牛不能耕种的贫民，可将土地托付给“有力之家”即富人代为耕种。在农时季节，各级官员要查勘土地锄垦与否，如有弃而未锄垦者，可拨工助耕。6. 一切徭役应摊派给殷实之家，不许累及贫民。

皇太极大力推行发展农业的各项政策和措施，是一件很困难的事。当时，满族贵族不事农桑，只靠战场掠夺和皇帝赏赐而致富。在他们看来，掠夺总比耕种要省力气得多，也是比从事农业生产更光荣的事情。因此，他们宁肯冒死上战场抢夺，也不愿过问农事。皇太极就不断向他们宣传农业的重要性。在他即位不久，便当面训诫诸王贝勒大臣：“我国当努力耕织，衣食足用，我们还求什么？绸缎、帛绢，不过是粉饰之物，没有这些东西，对我们又有何伤！”教育他们要把男耕女织作为主要任务，解决吃饭穿衣问题才是根本。他认为，国家富强之道，全在农桑。要实现社会富足，首先必须经营好土地，多打粮食。他说：“五谷是万民生命所关，轻视不得。”一次，他训斥满族贵族靠掠夺发财的思想时说：“你们怎么能依恃俘获作为生计呢？这不是生活的可靠来源。富足之道，全在勤治农桑啊！”在他多年的倡导和启发下，上层统治集团及各级官员都对农桑的重要性逐渐有所认识，不管征战多么频繁，他们开始想到以农务为急，较好地处理打仗与农业生产的关系，尽量给农民以足够的时间种好地。

在发展农业的同时，皇太极还很重视畜牧业、手工业、商业，都分别制定了有利于它们发展的各项政策，取得了引人注目的显著成效。在皇太极时期，经济不仅从战争的残破中恢复过来，而且有了很大发展。粮食基本能自给，遇有灾荒能自救，马也多了，用之有余；布匹也多了，存储丰足。他即位时，国库只存储一千匹布，不出几年，就改变了这种状况。原先不能制造大炮，到天聪五年（1631），能自造火药、大炮，保证了战争的需要。随着经济力量的增长，国家政权日益巩固。

在政治领域，皇太极雷厉风行，以法治国治军。努尔哈赤时，国家尚在草创中，法制很不完备，不能适应形势的需要。特别是上层统治集团，往往依其特权、习惯法，或随意妄为，或玩忽职守，或肆意同君主抗争。这与迅速发展的君主专制不能不发生严重矛盾。皇太极决心改变这种涣散、各行其是的状况。他制定法令，明军纪，秉公执法，一切都依法行事。他说："国家立法，不论贵戚，斟酌赏罚，以示惩儆。"规定：诸王贝勒审案错断人命，致使冤枉的，罚银六百两；判处刑罚错误，或怠忽职守，或擅取民间财物马匹等，均罚银二百两。他最痛恨临阵胆怯退缩、酗酒妄为、行猎不守规矩等三种过错，宣布：如违犯其中一条，必给予重处。他提出执法的指导原则和方法是：执法必须公平，审案判罪，要有真凭实据。审讯时，要对原告和被告迅速取证。如不先取证，而只听信口供，造成冤狱的，按情节轻重，处罚审判官。皇太极亲自制定法令，严格监督诸王及群臣的言行，使之在法律的范围内行事。但过惯了带有氏族民主制残余的部落生活，又分掌了很大权力的诸王贝勒，并不把法令放在心上，每每藐视，任意违犯。皇太极对此毫不姑息，严厉地将之绳之以法。崇德二年（1637）六月，清军征朝鲜归来，皇太极得知诸王和将官多违法妄行，令法司审查议罪。经刑部审议，确定礼亲王代善以下，包括皇太极的儿子、弟弟、侄儿、额驸（即驸马）等共六十四人犯有各种程度的错误，分别判处死刑者二十四人（后赦免十九人）、撤职十三人、鞭刑五人、罚银二十二人。其中皇亲国戚约占四分之一，将官级约占三分之一。皇太极严肃批评和处分他的哥哥代善，更表现了他罚不避亲的公正态度。代善在统治集团中居于显赫地位，按规定他的护卫定员为二十人。但他带头违章，在定额之外，又多选用十二人，还向户部反映，皇太极所选护卫也超过了定额。皇太极知道此事后，立即召集诸王大臣会议，当众质问代善："你查查我所管的两黄旗（正黄旗、镶黄旗）的名册里，是否多选了护卫?”说着，他命自己的护卫都站出来，用手指着他们说：“我的护卫四十人，还是父亲在世时给的，我何曾多用一人!”经过当场查对，皇太极的护卫不但没有增，相反，还不足额。他接着说：“你们都看到了吧？还不足额，哪来的多余呢！举凡升降予夺大权都在我手，我想干什么还怕你们吗？代善无端怀疑，所以才叫你们看看事实!”说得代善和诸臣口服心服，代善连连认错，表示愿接受处分。皇太极严格执法，虽权贵不饶，于此可见一斑。类似这样的例子，《清太宗实录》中有大量的详细记载。皇太极就是这样明确制法，严格行法，使统治集团内部、军队内部，上下整肃一新，政权得到了进一步巩固。

四、能征惯战的军事家

据载，皇太极于万历四十年（1612）二十一岁时第一次参加对乌拉的远征，从那时到他去世前，三十二年间，特别是他在位十七年中，他统率八旗劲旅，同明朝、同蒙古、同朝鲜展开了终年不断的激烈交战。他横枪跃马，千里奔驰，在长城内外，辽河两岸，松辽原野，直到鸭绿江畔，到处都留下他战斗的足迹。他经历大战小战不下百余次，或驰骋于疆场，出入于千军万马之中，或运筹帷幄，决胜于千里之外。终皇太极之世，军事活动构成了他一生的基本实践。他不愧是决战决胜的卓越战略家，又是熟练地掌握军事斗争艺术的军事家。为了叙述方便，我们把他即位后所指挥的战役及其战略战术概括为以下四个方面。

（一）西征明朝

天聪元年（1627）五月，即汗位还不到一年的皇太极第一次率大军西渡辽河，发动了对明朝的军事进攻，揭开了辽西拉锯战的序幕。

明朝在辽西（指辽河以西，经河西走廊，直至山海关下）设有一道坚固的防线，它以山海关为根本，在关外层层布防，其中以宁远、锦州为重点，而环绕锦州先后修复大凌河（辽宁锦县）、小凌河（锦县东南）、右屯（锦县东），松山、杏山、塔山（均在锦州附近）诸城，派遣军队据守。这些据点护卫锦州，锦州与以上诸城则是宁远的前卫，从而组成一条控扼河西走廊直通山海关的防线。这条立足于积极防御的新防线，是明朝军事家孙承宗和袁崇焕创建的。宁锦防线坚持了十五六年，双方在河西走廊展开了长期的拉锯战，清兵被迫徘徊于大小凌河之间，而不得前进一步。

清兵于五月十一日进抵锦州城下，四面合围。明骁将赵率教、左辅等统率三万将士坚守。皇太极先是劝降不成，挥军攻城。明军凭借城坚池深，发挥炮火威力，打退了清兵一次又一次的猛烈攻势。激战持续了一整天，清兵损失惨重。战斗连续进行了十四天，清兵没有取得任何进展。皇太极留下部分守兵继续攻城，自率一部转攻宁远。这里，有名将袁崇焕坐镇指挥，大将满桂、祖大寿率军出城迎战。皇太极舞动长枪，一马当先，闯入明兵阵中厮杀。然而，只靠骑射的清兵抵不住明兵的炮火轰击，仅攻击了一天多，被迫停止进攻。皇太极回师锦州，再次组织新的攻势，仍未奏效。延至六月，伤员不断增加，中暑得病又使部队减员，士气迅速下降。皇太极只好下令班师。此次宁锦攻坚，无功而还。明人称此役为“宁锦大捷”。

锦州没有被打破，皇太极在明兵的坚城大炮面前，一度无计可施。到天聪三年（1629），他产生了一个非常大胆而冒险的想法：避开宁锦防线，绕道内蒙古，突袭北京。这年十月，他亲率数万大军踏上了千里征程。以熟悉道路的蒙古人布尔葛都为向导，引领清军穿过内蒙古草原，突然出现在长城喜峰口，一拥而入，连下马兰峪、汉儿庄诸口，攻克重镇遵化，直趋北京。驻防关外的明朝督师袁崇焕闻警，星夜驰援。两军遇于德胜门外，混战一场，互有杀伤。皇太极于此时巧施反间计：委派副将高鸿中、参将鲍承先两人故意把袁崇焕密约清兵进京的假情报泄露给被俘的两个明朝太监，然后将他们放跑。这两个太监不知是计，将所得情报面奏崇祯皇帝。疑心、用人不专的崇祯帝不加分辨，就把袁崇焕逮捕，定为叛国大罪，处以磔刑，就是俗话说的千刀万剐，一代名将袁崇焕就这样惨死在自己人手中。皇太极假手崇祯帝除掉他的劲敌袁崇焕，军事上耀兵于北京城下，完全达到了他的预定目的。十二月底，他率军东归。继这次进关之后，皇太极又于天聪八年（1634）、崇德元年（1636）、崇德三年（1638）、崇德七年（1642）连续四次派他的诸兄弟子侄率大军进关骚扰，不据城镇，不占一寸土地，目的是消耗明军实力，同时，掠获总计近百万人口、数以千万计的物资财富，进一步充实了自己的实力。

天聪五年（1631），皇太极发动了大凌河之役。这次他改变了战术，采取掘壕筑墙，围而不攻，断其粮饷和援兵，迫使明兵投降。袁崇焕创立的“凭坚城用大炮”的战术，曾使善于骑射和旷野厮杀的清兵寸步难行，屡次奏效。皇太极从上次失败中吸取了教训，适应战场的新变化，改变以往的打法，弃攻坚，用围困，欲收不战而得之效。围困了三个多月，城内食尽，兵民相食。明朝几次派援兵前来解围，都被阻击，再也不敢增援。守城大将祖大寿在绝望的情况下，被迫出降。

自从拿下大凌河城后，十年中，清军一直被阻于宁锦防线，没有取得任何进展。直到崇德五年（1640）春，皇太极决策攻打锦州，必欲打破宁锦防线。他先派兵占据义州（今辽宁义县）修城屯田，作为进兵的基地。接着，出兵包围了锦州。他仍然实行围而不攻的战术，沿锦州城外掘壕三道，壕外驻兵数重，严密围困。皇太极此举，深深击中了宁锦防线的要害，引起明朝统治集团一片惊慌。崇祯皇帝焦虑如焚，急从陕西调来同农民军作战的洪承畴，命他率八镇劲兵十三万出关援锦，至锦州南十八里的松山结营。初战得势，清兵失利。告急书飞报沈阳，皇太极当机立断，以必克锦州的决心，亲临前线指挥，他调集倾国之师十余万人，欲与明兵展开战略决战。是时已是次年八月初。

明清双方主帅亲临前线，是走向决战的重要一步。他们在松山城附近原野摆开了决战的阵势。松山战略位置十分重要。它位于锦州与杏山之间，为宁（远）、锦（州）咽喉。松山一破，全局动摇。皇太极抵松山后，立即登高观察地形，很快作出战斗部署：将清军布置在松杏之间，自乌欣河南至海边，横截大路，绵亘扎营。八月二十日，他下令自锦州至南海角连掘三道大壕，各深八尺、宽丈余。经过一天一夜，三道大壕全部挖成，一下子切断了明军饷道，把松山城内外的明军置于包围之中。明军各营大乱，自相蹂践，弓甲弃于遍野。早已严阵以待的清兵，迎头痛击，伏兵四起，处处截杀。至次年崇德七年（1642）二月，守松山的副将夏成德秘密降清，活捉洪承畴。松山陷落。锦州明兵被围一年余，这时他们失去援兵，战守计穷，主将祖大寿率余众再次投降。接着，塔山、杏山两城也被拿下，松锦大战遂告结束。这次大战规模空前，是进兵辽西以来十多年中最大的一次战役，它与当年努尔哈赤指挥的萨尔浒激战并称为明清兴亡史上两次战略决战。皇太极指挥的这场决战，连破四城，造成宁锦防线全线动摇，土崩瓦解。清兵进关夺取天下指日可待。

（二）东侵朝鲜

千百年来，朝鲜一直同中国保持着友好的关系，到明朝时，这种友好的关系得到了巩固与加深。自从努尔哈赤建国后，特别是到皇太极前期，朝鲜时刻感受到清的威胁，但仍然站在明朝一边，给予力所能及的支持。皇太极也视朝鲜为后顾之忧，动以威胁、利诱，都不能改变其立场。天聪元年（1627），皇太极发动了对朝鲜的战争。他派遣叔伯兄弟阿敏、济尔哈朗，亲弟弟阿济格等人为统兵大将，率军三万侵入朝鲜，势如破竹，不到半个月，就占领了大半个朝鲜，国王李倧被迫投降。双方订立盟约，结为“兄弟之盟”。但是，朝鲜并没有真正屈服，继续同明朝保持着以往的友好关系，允许明兵驻皮岛，给予资助，威胁清的后方。它虽然同皇太极建立了“兄弟之盟”，却不愿按数进贡。皇太极一再要求朝鲜断绝同明朝的关系，均遭到拒绝。双方关系日趋紧张。崇德元年（1636），皇太极称帝，朝鲜不予承认，终于导致两国绝交。皇太极于同年九月亲率大军第二次入侵朝鲜。尽管朝鲜做了充分的准备，也无法与变得更加强大的八旗兵相匹敌，加之明朝无力援助，朝鲜孤军奋战，抵挡不住八旗骑兵的迅猛攻势，首都平壤陷落，国王李倧再次出降。皇太极提出，朝鲜必须与明朝断绝一切关系，奉清朝正朔，如期朝贡；以国王长子和另一子为人质，常驻沈阳；惩治主战的大臣，交清处置。这些屈辱的条件都为李倧所接受。两国在汉江东岸三田渡设坛，正式定盟，确立于君臣之盟。从此，朝鲜彻底归属于清朝的统治之下。皇太极完成了对朝鲜的征服，再无后顾之忧，全力西向征明。

（三）远征察哈尔

察哈尔是蒙古的一部，元太祖铁木真的后裔，居于漠南蒙古（长城以北，戈壁沙漠以南，称漠南）。它在林丹汗的领导下，一度强大，与清抗衡。但林丹汗暴虐，激起蒙古各部的反抗。皇太极实行联络蒙古各部、孤立林丹汗的策略，取得了成功。蒙古各部奉清朝为盟主，建立了针对林丹汗的军事政治同盟。天聪二年（1628）二月，皇太极率精骑闪击林丹汗所属的多罗特部落，先挫其锐气。天聪六年（1632）三月，他统率由八旗兵与各部蒙古兵组成的联军远征林丹汗，直取其巢穴。大军越过兴安岭，涉千里草原，趋归化（今内蒙古呼和浩特）。林丹汗料不能敌，率部众西逃。皇太极穷追四十余日，前锋已达黄河之滨。林丹汗惊慌失措，先于联军抢渡黄河西逃。皇太极不再追击，离归化，回师宣府（今河北宣化），然后东归。此次远征，往返近万里，虽然没有捉到林丹汗，但迫使他丢弃本土远逃，其势力自此不能复振。林丹汗率残部继续向西藏方向逃去。途中，众叛亲离，部众纷纷散去，又遇到疾病流行，无粮料，人与牲畜大批倒毙。他行至青海大草滩，出痘病死。皇太极闻讯，于天聪九年（1635），派他的弟弟多尔衮和侄儿岳托等率精骑一万，专程赶往黄河以西，寻找林丹汗之子额哲及其余部。他们过了黄河，终于找到了额哲。额哲率部民千户归降，并献上国宝传国玉玺。察哈尔灭亡，辽阔的漠南蒙古全部归入清的版图，从而实现了从北部对明朝的战略包围。

（四）北进黑龙江

辽阔富饶的黑龙江，是满族的故乡，也是我国古代东北各民族生活的摇篮。努尔哈赤生前，曾力图恢复他的祖先的故土，多次向黑龙江中下游进兵，可惜他的夙愿没有全部实现就去世了。皇太极继承父亲的遗志，在奋力西征明朝时，着手进一步统一这一广大地区。他实行招抚的政策，吸引当地各族人民归附。不出数年，归附者越来越多，贡使不绝于道。到天聪八年（1634），连强大的索伦部（地处黑龙江上游）一个首领巴尔达奇也率四十四人的代表团到沈阳朝贡。皇太极把宗室女儿嫁给他，称其为额驸。但也有的部族如呼尔哈部不来朝贡，皇太极决定发兵征讨。同年十二月，管步兵梅勒章京霸奇兰和甲喇章京萨穆什喀奉命率两千五百人进兵黑龙江上游。他们执行皇太极规定的政策，向当地部族宣传，他们与满族本是一族之人，此次进兵，专来招抚他们归附清朝。这样做效果很好，没有遇到明显反抗，当地部族纷纷接受了招抚。次年春，捷报送到沈阳，共收服编户人口七千三百余人。

在黑龙江地区重新走向统一的形势下，又发生了黑龙江上游地区索伦部首领博穆博果尔的叛乱。皇太极曾多次派兵镇抚。崇德八年（1643）五月，皇太极第三次遣军三千余人，进征黑龙江上游的呼尔哈部。这里仍有少数部族没有归降，还有个别的时顺时叛。此次劳师远征，为的是扩大和巩固对这个地区的统一。这支远征军越过黑龙江，到达北岸今俄罗斯境内，经过短时间战斗，攻克波和哩三屯，招降四屯。七月，他们完成了皇太极交付的使命，凯旋回到沈阳。

皇太极统一黑龙江地区，具有重大和深远的历史意义。就在清兵胜利地恢复黑龙江故土时，贪婪的沙皇俄国也正在步步逼近黑龙江。而在这危险的局势到来之前，皇太极刚好完成了对这一辽阔地区的统一，把各民族集合在清朝的旗帜之下，这就为后来东北各族人民抗击沙俄的野蛮入侵准备了政治的与物资的条件，从而维护了祖国的完整与统一。这个功绩首先应该属于皇太极和他的父亲努尔哈赤。

五、文武兼备的难得人才

皇太极文能治国，武能征战，文武兼备，这在清代十二个皇帝中堪称是出类拔萃的人才。

论文化，他并没有读多少书。据朝鲜人所知，努尔哈赤诸子和众将几乎都是不识字的文盲，只有皇太极略为识字。这在一个尚武轻文的民族中间也算是个“秀才”了。所以，他既没有后世子孙如康熙帝那种挥毫成章的本领，也没有如乾隆帝那样吟风弄月的文采。但他的确有一套治国的杰出思想，不断闪现出智慧的火花。他突出的一个思想，就是历史进化论。他认为，历史是前进的，不断变化的，从来就没有凝固而不变的。他常说：“历代帝王有一姓永远统治而不变的吗?”对此他做了否定的回答。这是符合中国历史实际的。人所共知，秦始皇幻想他建的帝国要永远传下去。可是，只传到二世就垮台了。秦以后，历代更迭，兴亡交替，没有一个王朝能永久维持。他还举出他的先人建立过的金朝、蒙古人建立的大元，都是历史上暂有的现象，成为永不停息的一个时代的过客而已。根据这一事实，他又说：“老百姓有大德，可以当皇帝；皇帝若无德，可以让位当百姓。”他举出明朝开国皇帝朱元璋为例，说朱元璋原是寺庙里一个小和尚，后来却当了皇帝。皇太极也说到他与父兄创建的这个王朝，不可能永远存在下去，但他希望存在的时间长一些。这个进化论思想很可贵，一方面用以指导他与诸王众臣有信心同明朝争天下；一方面用以加强政权建设，打好坚固基础，为夺取天下做好准备。

皇太极另一个可贵思想表现为重视读书，大力振兴文教。这比他的父亲前进了一大步。当时，在满族贵族中普遍不重视读书，也不让他们的子弟学习文化。他们以打仗为乐事，却把读书看成是苦事。皇太极从实践中深感不读书不行，治国必以文教为佐助。大凌河围城战引起了他思想上很大的震动。他亲眼看到，明兵长期被围，断了粮饷，杀马为食，吃完了马肉，就人吃人，用尸骨当柴烧，还是不投降。这使他从中悟出一个道理：明朝将士坚守，是因为他们读书明理，明辨是非，懂得为朝廷尽忠。打这以后，他就明确规定：诸王大臣的子弟，凡年在八岁以上，十五岁以下都必须读书。如果子弟不读书，必责罚他们的父母。他提倡读书，自己率先示范。他特别喜欢读史，一有空闲，就拿《金史》来读，还常常召集诸王大臣到他跟前，命弘文馆的官员读给他们听，他不时加以讲解，结合治国、打仗，谈出他的道理。在他的倡导下，在满族中开始出现读书的风气。满族没有自己文字的书，他指示翻译汉文书籍，像《刑部备要》《素书》《三略》等书都译成了满文，其他汉文典籍如《孟子》《三国志》《通鉴》等也在翻译中。为鼓励读书，皇太极开科取士，录取满、汉、蒙古族中学习优秀的人为官。皇太极重视文化，倡导读书，确实开了满族的一代文风。

皇太极重视人才，这是作为创业之君的又一个可贵的思想。他说："我治理国家，以人才为根本，而做人臣的应以推举贤人作为自己的最高职责。"他是这样说的，也是这样实践的。他重视人才，不问资历长短，也不问身份贵贱，唯才是用。他经常训诫臣属："金银财物有用尽的时候，如果得到一两个贤能之人，为国家出力，那么，国家就会得到无穷尽的利益。"并鼓励他们注意发现和推选人才。经他和诸臣提拔的人才，有奴隶，有士兵，有俘虏，有普通百姓。宁完我就是一个明显的例子。他原是皇太极的侄儿萨哈廉的奴隶，皇太极发现他有才能，立即提升为参将。宁完我果然没有辜负皇太极的期望，对治国、治军都提出了很多好主张和好建议，都被采纳实施。宁完我是清初的一位名臣。皇太极对从明朝投降过来的人，不管职位高低，都格外敬重，破格重用。著名汉官范文程早在抚顺战役时就投降了努尔哈赤，但没得到重用。而皇太极对他敬若神明。凡臣下奏事，他都征求范文程的意见后再做决定。他经常问奏事的大臣："这件事范章京（官名）知道吗?"有时，范文程病了，他宁肯等他病好了再办。范文程的职责，是给皇太极起草各项谕旨。开始，他还过目，后来，他不再审阅，就批准下发。他对范文程的才能的赏识和信任莫过于此。

崇德八年（1643）八月九日，皇太极死于宫内，时年五十二岁。九月二十一日，他被葬在昭陵，即现在的沈阳北陵。根据他生前的文治武功，诸王大臣尊他为"应天兴国弘德彰武宽温仁圣睿孝文皇帝"，庙号太宗。清朝统治者给予全面肯定的评价，倍加推崇。我们从历史唯物主义观点出发，认为皇太极绝不是一个完人。他发动对明朝和朝鲜的一系列战争，掠夺了大量人口和财物，给受到战争蹂躏地区的人民造成了深重灾难。他所做的一切努力，从本质上来说，都不过是为他的一族一姓建立一代新王朝。尽管如此，他对社会、对满族的发展所作出的贡献，他在政治和军事上的建树，仍然是值得肯定的。

（原载《名家评说中国著名皇帝》，河南人民出版社2005年版）

多尔衮死因考

引 言

明清之际，世乱纷争，英豪并出，各展才略。多尔衮无疑是其中赫赫有名的人物之一，他以摄政王的独特地位，跃居时代的群英之上。多尔衮继其父兄努尔哈赤、皇太极之后，奋其余烈，将清朝推向历史发展的新阶段。在群雄逐鹿之时，他抓住千载难逢的历史机遇，决策进关，收降关键人物即明将吴三桂，联合大败大顺军，定鼎北京，开创了清史的新纪元。在他的运筹和指挥下，实力雄厚的大顺、大西等农民政权以及南明弘光、隆武、鲁王监国、昭武诸小朝廷，逐一灭亡，为最后完全统一中国开拓了胜利之路。多尔衮名为摄政王，实操皇帝专制之权。他是顺治朝前期真正的最高主宰！从某种意义上说，没有多尔衮，就没有一统天下的清朝。

也许命中注定，正当事业蒸蒸日上之时，他却以三十九岁的英年而去世。因其特殊地位和影响，多尔衮的死，自然引起人们的关注。仅据现有的文献记载，其死因虽各有不同说法，但结论却是一致的：因病而死，即属正常死亡。这就排除了非正常死亡的可能。今之学者，论其死因，皆以通常所通行的病死的说法，一笔带过。至于多尔衮如何得病、得何病及病逝经过，也很少给予评论。近见有学者对其死亡提出质疑，认为他的死与清初权力斗争有密切关系，言外之意，当为他人所害死，故称其“死得不明不白”。

问题已经提出来了，而且涉及清初主要是顺治朝前期的诸多重大问题。果真如论者所断，那么，清初即顺治朝的历史将重新改写！这就很有必要对这个问题作一番深入的考实，以澄清是非。借此机会，将此问题阐述明白，于学术研究不无裨益。

一、解读档案所载多尔衮死事经过

众所周知，清代官修史书，延及民国修《清史稿》，举凡作人物传，记其终年时，从不记死因，唯记被害、处死等，可知死于非命，凡病故或正常死亡者，皆不书死于何种疾病。有时，为其政治需要，亦作掩饰，将非正常死亡改为病故。

据多种清官方记载，包括《清世祖实录》，所记多尔衮之死，皆书一“薨”字而已。如对其产生疑问，却连这一点蛛丝马迹也捕捉不到！至于他得病之由及死亡经过，亦属一片空白，无从知道。

值得庆幸的是，中国第一历史档案馆至今还保存一份档案——《皇父摄政王多尔衮外出围猎日记》。这是迄今所见到的多尔衮死事经过最为详细的记录。尽管此档只字未记多尔衮得病之由及患何病、死于何病，但其所列多尔衮死事的时间表，却有着重要的参考价值。现征引如下：

> （顺治七年）十一月十三日，皇父摄政王身体欠安，居家烦闷，欲出口外野游……（十二月）初七日，宿于喀喇城。本日，皇父摄政王病重歇息。初九日戊子，戌时，皇父摄政王猝薨。①

这份档案记述了多尔衮之死的经过，透露了重要信息，使我们能够解读其死之由。

首先，应抓准档案中的“关键词”。其一，明确说明多尔衮“身体欠安”。“欠安”也可以说成是身体感到“不适”，或者说“不舒服”。毫无疑问，这是一种十分含蓄的说法，实际上则是说，已出现患病的先兆，进一步说，已经发病，只是还很轻微，以至于任何人都不会将初发病同他的死联系起来。一句话，刚感觉有不适，尚不被人们视为有病。对多尔衮这样居于最高统治地位的人而言，说话与记录都要有所避讳。如对皇帝，不能说有病，而称之为“不

① 《皇父摄政王多尔衮外出围猎日记》，载《历史档案》1987年第3期。

豫”、“违和”，如已病危，则称“大渐”云云。说多尔衮“身体欠安”，也是讳言有病的说法。

其二，说多尔衮“居家烦闷”。缘何“烦闷”？这里有两个解释：一是因生活中发生不快之事，如家中关系不睦，发生争执或争吵；如在朝廷中处事不顺，或与某同僚、大臣意见相左等等，这些由客观发生的种种不快之事都会引起当事人的心情不好，难免“烦闷”；二是因身体不适，如头痛、身上哪个地方痛、睡眠不足引起精神不振等等。总之，自身身体不适亦会使其心情“烦闷”。那么，多尔衮“烦闷”是由哪种原因引起的呢？档案已载明：“身体欠安。”由此可知，多尔衮“居家烦闷”，显然是因“欠安”即身体不适而引发的心情不好，故“烦闷”。两者构成了因果关系。

质疑多尔衮死因论者对此却做出了完全不同的解读：认为多尔衮的“健康状况基本正常”。不客气地说，如此解读，实属“误解”。如果说因档案记载含蓄而生此误解，也有可原之处。但查阅《清世祖实录》的记载就会一目了然：十一月十三日，多尔衮“以有疾不乐，率诸王、贝勒、贝子、公等，及八旗固山额真、官兵猎于边外”[①]。

这一条记事，写得再清楚不过了：明明说多尔衮“有疾不乐”，就是因病而不乐，这与上述档案所记“欠安……烦闷”完全是一个意思。如上述解读，多尔衮之“烦闷”是由身体欠安即有病而引起的，应当是正确的解读。

可惜，质疑论者没有读上引《清世祖实录》的记载，难免对档案所记望文生义，解读有误。

照理说，多尔衮已开始发病，理应卧床休息。古今医道，同此道理。但满族有个习俗，就是在身体不适即初发病时，或者心情不畅时，往往出外打猎，以图缓解病情，或希望很快消除心中不快。这里，不妨试举一例：清太宗皇太极因“圣躬违和”、痛惜爱妃即宸妃之逝，频频外出射猎，消愁解闷[②]，甚至不计季节是否有利，即使隆冬腊月，也必出射猎。还是这位太宗，在患病的情况下，仍然在十二月即阳历一月最寒冷的日子，远到今吉林的叶赫地方行猎，结果病情不但没有缓和，反而加重了。

多尔衮行满族习俗，也是在一个最寒冷的季节——农历十一月、阳历十二

① 《清世祖实录》卷51，第6页。
② 《清太宗实录》卷58，第10页。

月至次年一月间，出长城，到更冷的地方行猎，结果适得其反，病情急剧恶化而不可救了。

其三，该档案所列多尔衮从离京到口外打猎直到死亡，共历近一个月的时间，是解读此档多尔衮之死的又一个“关键词”，亦是判定其病情发展的重要依据。

首列时间是：(顺治七年）十一月十三日，为多尔衮带病离京，出外射猎之日。

其次是：十二月初七日，宿于喀喇城。从出京到宿于此城，已经二十四天了。喀喇城，地属今承德市郊，为长城口外，距北京约八百里。这就是说，多尔衮一行，边游猎边赶路，历二十四天后才到达这里。档案特别记录：本日即初七日，多尔衮“病重歇息”。这就进一步揭示：多尔衮是带病出京围猎，不但没缓解病情，相反，病情却加重了，以至于不得不到喀喇城住下，准备歇息一下。歇几天，当视病情变化再定行止。

最后一个日期是“初九日戊子、戌时”，多尔衮“猝薨”，即猝死，因其身份不同于一般王爷，故不用“死”字，而用“薨”字，以示其地位比同帝王。当时记录者对其死用“猝”字，即明示突然去世。这指的是初七日病重，至初九日，仅仅两天，抢救不及而死。

依上述日程所记，可以认为，多尔衮发病日期，应在十一月十三日至十二月初七日病情加重，然后急剧恶化，至初九日而死。显然，从多尔衮生病到去世，共历二十六天，已近一个月。多尔衮的病历，明明白白地告诉人们，他是因病而死的，而且这个过程持续了近一个月，只是到病情恶化时，来得太快，抢救不及。若以心脏病或脑病发作，不过几分钟而致人死亡。如患重感冒，转成大叶性肺炎，若救治不及时或用药不利，也不过数日，或十数日，同样招致速死。

持质疑论者对其病情作了相反的解读，称：“途中二十天，起居也很正常。”这是视多尔衮根本无病，至初七日病重，才算作得病的时间，只两天就死了。所以，把多尔衮得“病”看成突然，去世更突然。一句话，只把最后两天认作是多尔衮的生病时间，前此二十多天都“正常”，难怪就怀疑其死因不明了。

持质疑论者还作出一个大胆的判断：多尔衮“因未到达猎场，也未打猎，可以排除”其他私家所记载：如坠马、膝创、用错药之类的“死因”。此说有误。如档案说，多尔衮要出“口外野游”。“口外”即长城外，其时，清朝入北京仅七年，长城外尚未设一指定猎场，广阔的草原地带或近山区地带均可行猎。据其习俗，往往是边行路边行猎。毕竟是身体“欠安”，像往日驰逐，恐怕不宜，故以“野游”包括行猎为此次出行的主要内容。说多尔衮“未到达猎场”，“也未行猎”，是不符合实际情况的。

根据以上考察，《皇父摄政王多尔衮外出围猎日记》应是多尔衮的死事记录。给这一记录佐证的史料，即上引《清世祖实录》，是不可辩驳的事实，因而是不可动摇的有力证据。

二、多尔衮病因的由来

从前引的“围猎日记”档案，可断定多尔衮属正常死亡。究竟得的什么病？该档案丝毫未予透露，我们也无从猜测。多尔衮之死，与其身体状况有无联系？档案也只字未提。我们查查他平时的身体状况，查找病因病根，对其猝死也就不难解释了。

多尔衮去世时，年仅三十九岁，七年前率大军进关时，也只有三十二岁。从年龄看，他正处在人生的巅峰时期，体格健壮，精力旺盛。那么，多尔衮的身体实际状况究竟如何呢？迄今，诸多研究多尔衮的论著很少谈及他的健康问题，亦无人详细披露他得病之因。下面，就这个问题作一深入的探索。

多尔衮死前，正处在最佳的年龄段。但他的身体状况却与他的年龄很不相称。他并不是如人们想象的那种体格硕大而健壮的人。他先天不足，身材瘦小，体质较差。他第一次透露自己身体状况不佳的信息，是在入关前太宗崇德七年（1642）松锦决战刚刚结束时。此战是清入关前、明亡前夕双方在今辽宁锦州地区展开的一次战略决战，始于清崇德五年围锦州时，至崇德七年二月结束。此次大战持续了两年多，打得异常艰苦。多尔衮作为主要将领之一，参加了战役的全过程，身体大受损害。他说自己“颇劳心集思，亲自披坚执锐”，致使“体弱精瘦”[①]，自此种下了病根。与他同时参战的诸兄弟子侄，很少有得病的，唯独他“体弱精瘦”，这说明他的体质本来就差，经受不住过劳过累或艰难环境的折磨。这时，他才二十九岁。

---

①《多尔衮摄政日记》。

多尔衮得病的最可靠的证据，就是他亲自向留质于沈阳的李氏朝鲜世子求药治病。该世子叫李𣳾，多尔衮派人到李𣳾的住所，向他传达求药的指令。史书作了如下记载：

> 九王（多尔衮）言：俺荷国眷爱时深，世子之待俺，亦至其欲生不欲死之意，见俺有痼疾，非竹沥难治，而蒙惠得服便见其效。但此物非此地所产，不得不求之于馆所者。[①]

此时，皇太极刚于崇德八年（1643）九月初六日去世。多尔衮争位未成，被推为新皇帝即顺治帝的辅政王。他以自己的身份之重、地位之崇，竟向扣为人质的朝鲜国王之子求药，而且口气极卑微，不敢以命令方式叫对方为他备药，却是十分委婉地求助，情词恳切，唯恐对方不答应不给办，显见多尔衮求药心切。以此证明，他病得不轻，常为病痛所折磨，故向朝鲜世子呈媚态，以图朝鲜方面给予帮助。

多尔衮求药是在秘密中进行的。因为他不愿让诸大臣知道他有病，也不让他们知道他“求药之言”，目的无非是保持政权稳定，避免因为他有病而引起“骚动”。

值得注意的是，多尔衮说他的病是“痼疾”，这表明他得病已久，已变成不易治愈的病了。可能中国方面的中药已无法医治，故向朝鲜方面求药。多尔衮不说自己得的是什么病，却指药索取，一是竹沥，一是生姜，为朝鲜之特产。清太宗去世前，因频频发病，也曾向朝鲜求药，其中就有竹沥。此药之功效，主治化痰除淤，清心去火。太宗的病症，临床表现为肝火上升，头眩晕，曾一度数日流鼻血不止。用此药，就是要去肝火，清心清脑。由于平常“劳心焦思”过重，日久成病。多尔衮日理军国之事，也是“劳心焦思”，故表现出与太宗相似的病症。但生姜之药性，与竹沥不同，其功能在“去寒生热”，如内寒肾虚类可用此药。通过用药，可略知多尔衮的病症，由此可判断多尔衮健康状况的确不佳，体质很虚弱。

如果多尔衮能静养一段时间，其身体有望康复，即使不能完全复原，也不至于败坏下去，至少能控制病情不再发展。可是，他无法做到。太宗去世后，

---

①《沈馆录》卷6，第21页。

他的侄儿福临即位，还是一个不懂事的孩子，毫无理政的能力。多尔衮身为辅政王，军国大事皆压于一身。尤其是入关后，面临明朝所遗全国乱摊子，经济崩溃，社会大乱，又有李自成、张献忠等农民军以及江南朱明后裔诸政权，战斗不已。能否战胜他们，实关清朝存亡。满族以一个少数民族进入传统文化深厚、人数众多的广大汉人之中，如何建立起和谐共处的新关系，如何化解民族矛盾，行政机构如何设置，百姓生计艰难困苦，如何给他们以生路……诸如此类问题，多如乱麻！尽管有众多能臣良将辅佐，但每件事特别是关系重大的事，都要多尔衮一人来思考，作出决策，并组织实施。他承受着巨大的压力，频频感到吃不消。

有一次，他说出了自己的身体感受："机务日繁，疲于裁应，头昏目胀，体中时复不快。"又说，到了北京后，"水土不调，为疾颇剧，今差健胜，然亦未尽愈也"。他连看诸臣的奏折都感到吃力，不得不要求下属人员选择一些简明扼要的奏本给他看[①]。可见多尔衮的身体状况的确堪忧。

随着病情的加重，多尔衮内心深含隐忧，不时地向他身边的大臣吐露。顺治三年（1646）二月的一天，他召见户部尚书英额尔岱，大学士范文程、刚林、宁完我等，说："予恭逢太祖、太宗遗业，代上摄政，惟恐事多阙误，生民所生，念民为邦本，日夜焦思。又素婴风疾，劳瘁弗胜，予躬几有过失，尔等勿得瞻徇，当各抒所见。"[②]多尔衮这番话的意思，重在述说自己的苦衷，以此激励各大臣与他共勉。他特别说到自己早已得病，因过于"劳瘁"，体力渐趋不支。他以前只是说自己有病，并没有说明究竟是什么病，这次却明确地说是"风疾"；所谓"素婴"，是说很早就有这个病，如推定为小时候或一二十岁青年时，也符合"素婴"的说法。这"风疾"又是什么病？这要征询老中医，才能准确地确定其病名。不过，《清世祖实录》又为我们提供了佐证。

据载，顺治四年十二月三十日，诸王贝勒、大臣讨论明天元旦之日如何行礼的礼节问题。他们一致提出，摄政王多尔衮"体有风疾，不胜跪拜"，应予免去给小皇帝拜年行礼的规定。多尔衮明白，这是给他"加礼"，给他特殊的待遇，再度提升他的威望。多尔衮顺水推舟，"从其言"，立即作出规定："以后，凡行礼，跪拜永行停止。"[③]我们对其是否跪拜，关乎礼节，并不在意，

①《清世祖实录》卷24，第8页。
②《清世祖实录》卷2，第8页。
③《清世祖实录》卷35，第20~21页。

需要注意的是，多尔衮因病被免去了跪拜的礼仪。其病是“体有风疾”，不便行跪拜大礼。换言之，因“风疾”引起关节疼痛，大抵膝盖受病而不使曲膝下跪。据此可知，多尔衮患“寒腿病”，与关节炎有关，故不胜跪拜。这本是慢性病，治愈甚难，长期受到疼痛的煎熬。

多尔衮不止一次地公开说自己有病，甚至连病名也说出来了。多尔衮长期患病，这是不可辩驳的事实。

那么，与他在一起共事的人又是怎样看待他的身体状况呢？

太宗长子豪格应是第一见证人。他是多尔衮的侄儿，两人本是同龄人，自小在一起长大，彼此了解。太宗去世时，叔侄因争位而对立，并结下了很深的仇怨。两人争位，均以失败告终，但多尔衮却得到摄政王的头衔，总揽朝中大权。豪格心中愤愤不平，经常跟他的支持者在一起攻击多尔衮，其中，多尔衮的身体状况成了攻击的一个重要内容。

顺治元年（1644）四月，豪格与其心腹固山额真何洛会、议政大臣杨善、甲喇章京伊成格等聚在一起。豪格即说：“睿亲王（多尔衮）素善病，岂能终摄政之事！”

又有一次，豪格向何洛会、固山额真俄莫克图说：“和硕睿亲王非有福人，乃有疾人也！其寿几何而能终其事乎？设不克终事，尔时以异姓之人主国政，可乎？”

豪格又向俄莫克图发泄心中怨气：“我岂似彼病夫，尔何为注目视我？我岂不能手裂若辈之颈而杀之乎！”[①] 他说的“彼病夫”，自然是指多尔衮。

毫无疑问，豪格的这些言论，都是在泄私愤，矛头指向多尔衮，以其身体状况不佳，不惜加以诅咒，巴不得他短寿早死！他们叔侄的矛盾及相互攻击等，不是本文讨论的问题，姑置不论。但从豪格对多尔衮发泄不满中，传出一个重要的信息：多尔衮的确有病，而其病已直接造成他的体质衰弱，以至人们都担心他能否坚持下去！以豪格所说，多尔衮“素善病”，这是说他早已有病，平时有病，与多尔衮自己所说“素婴风疾”完全一致。豪格不止一次地说：多尔衮“其寿几何”，能活多久？说他不是一个“有福”的人，不可能将“摄政”的事做完！在豪格看来，多尔衮的病很重，活不长。这些话，明显地含有诅咒，但却是事实，不幸言中。多尔衮果真是未及归政顺治帝，也就是尚

① 以上所引未注明出处的，详见《清世祖实录》卷4，第1~3页。

未做完辅政就去世了。以此结果来反证豪格当年说的话，他对多尔衮身体状况的认识是正确的！

论证至此，我想，不会有人再否认多尔衮早已有病在身的事实。恰恰是长期的慢性疾病，导致多尔衮的体质不断下降，当某一天疾病突然发作，又救治不及，或疾病已到无法救治时，他的生命便猝然停止。

多尔衮的生命历程，大致如此。

三、排除他人谋害的可能

多尔衮死后，清朝官方说法是，因病而死。这个说法，迄至清亡，也没有变化。民间私家学者的著述中，对其死因有了更为具体的说法，如谈迁著《北游录》、彭孙贻著《客舍偶闻》，甚至连外国人如卫匡国、汤若望等传教士，都有关于多尔衮之死的记叙。关于他的死因有骑马跌下，或伤脚、或伤膝盖、或用错药而致死等等各种说法。但是，不管具体说法有何不同，但有一点是相同的，即因伤因病，却没有一个说是被人谋害死的。今之学者，也基本采用骑马跌伤而死的说法。

持多尔衮死因不明论者，否认多尔衮“病因说”。这里，我们不妨再补证前文之不足，对其死因再作进一步分析。

如前所述，清朝定鼎北京后，形势严峻，困难重重。身为摄政王的多尔衮承受着巨大的压力，加上疾病缠身，其健康进一步受损。多尔衮频频发出痛苦的呻吟，频频向他身边的人或诸大臣倾诉他的病痛和困扰。损害其健康的，不只是国务繁重，还有一个重要原因，就是私生活不加节制，纵情于女色。他十二岁时，身体尚未长成，就娶了第一位妻子。以后，不断续娶，总共有六妻四妾[①]。妻妾实属不少，多尔衮犹嫌不足。进关后，随着权势日隆，地位显赫，他在八旗及部属中广选美女，连侄儿豪格的妻子也不放过，待豪格死在狱中之后，即把侄媳娶进府！其侍女也是经选拔来的，个个美丽，他随意取用。他选美女竟选到朝鲜去了。因朝鲜国王的女儿只有两岁，改在宗室中选美女，多尔衮纳为妻妾；他又在该国臣属中选美女，给他做侍女。顺治七年（1650）五

① 中国第一历史档案馆藏全宗号六《玉牒》第111号，转引自陈作荣等《多尔衮传》，第385页，东北师范大学出版社1993年版。

月，朝鲜选送美女将至中国，多尔衮闻讯，迫不及待，以出关打猎为名，出山海关，赶到连山，正好与朝鲜送的美女相遇，也不举行仪式，更不想赶回北京，即于“是日成婚”[①]。多尔衮对新送来的“朝鲜福金”甚为满意。可是，回京后，他的态度大变，称其“公主之不美，侍女之丑陋”，向朝鲜发出一道令旨，大加指责，命其再选更美的送来。朝鲜国王不敢违抗，下令在全国民间选美。很快，朝鲜又选出一批美女，在送往中国途中，得到多尔衮死讯，便返回朝鲜[②]。选美的事至此停止。

从多尔衮命李氏朝鲜为他选美，亦见其纵欲的程度。此时，他的身体状况不佳，频频发病，却纵欲而不加节制，其体质愈加虚弱。当感到身体“欠安”实际已发病时，他竟在隆冬腊月冒着严寒，北出长城围猎，一种可能是，引起旧病发作，迅速恶化而不治；一种可能是，如有的史书所载，在驰逐中从马上跌下来，受创严重，大抵是体力不支，或因晕眩所致。受重创而无法救治，或者如载记用错药而致死，举凡种种情况，都有可能发生！不管怎么说，多尔衮是因病而死的。

多尔衮死时，年仅三十九岁，可谓英年早逝。在清入关初，类似多尔衮早逝者，并非是个别现象。以皇室为例，其早逝屡见不鲜。这里，仅据《清世祖实录》所载，不妨举几例：

最年轻者，当推和硕襄亲王博穆博果尔，顺治十三年病故，年十六岁[③]；

多罗衍禧郡王罗洛宏，顺治三年逝，年二十四岁[④]；

顺治帝去世时，也只有二十四岁。

固山贝子和托逝于顺治三年，只有二十八岁[⑤]；

辅国公恭安死于顺治五年，才二十六岁[⑥]；

巽简亲王满达海死于顺治九年，年仅三十一岁[⑦]；

著名的勇将多铎，三十六岁去世，时为顺治六年[⑧]；

---

①《清世祖实录》卷49，第4页。

②《朝鲜李朝实录中的中国史料》，第3784~3809页。

③《清世祖实录》卷102，第22页。

④《清世祖实录》卷27，第12页。

⑤《清世祖实录》卷28，第10页。

⑥《清世祖实录》卷41，第16页。

⑦《清世祖实录》卷63，第2页。

⑧《清世祖实录》卷43，第10页。

端重亲王博洛于顺治九年逝，刚满四十岁[①]；

只有少数人，如英俄尔岱、阿巴泰、济尔哈朗等，五十岁后去世[②]；礼亲王代善（努尔哈赤次子）活过了六十岁，到六十六岁时去世[③]，这算是少有的长寿了。

与上述一些人相比，多尔衮还不算最短寿。入关后，这些人为何都过早地谢世？他们中一部分人因出痘即出天花，当时视为绝症，一旦得此病，确是九死一生了！他们中还有部分人水土不服而得病，医治不了的。多尔衮也称“水土不调”，使病情加剧。也有的得了其他疾病而死。总之，满族王公贵族离开东北故土，进入关内，至江南各地，生活习惯、生活方式皆被迫改变，更有气候变化大、水土不服等原因，很容易产生疾病，造成部分人过早地去世。这种情况到了康熙朝以后，才渐有改变。

可见多尔衮之死，在清初并非是一个特例，实具普遍性，他只不过是其中一例罢了。

现在，让我们考察一下多尔衮被他人谋害的可能性，究竟有多大。

本来，多尔衮被人谋害的可能性几乎等于零。但是，既然有学者提出质疑，何妨稍作讨论。谁最有可能对多尔衮实施谋害呢？据说，“多尔衮的宿敌济尔哈朗”是最值得怀疑的对象。其根据也许是唯一的根据，就是济尔哈朗随行多尔衮围猎，多尔衮死时，他又在场。鉴于两人“宿敌”，济尔哈朗应是“首位”杀手。其实，这是表面看问题，有点猜想，或逻辑推理，因而得出不正确的结论。

济尔哈朗其人，并非是人们想象中的那种奸诈之人。他是努尔哈赤的弟弟舒尔哈齐的第六子，自幼为其伯父努尔哈赤所抚育。他抱着感恩图报的感情，忠心耿耿侍奉太祖与太宗二朝。在两朝继嗣争夺皇位时，他很有自知之明，自知个人非努尔哈赤嫡系，从不参与争位。他以卓著的军功和敦厚的品格，在宗室中享有很高的声望。多尔衮为壮大个人的势力，便选择他为“辅政”，做自己的政治“搭档”。以齿序，济尔哈朗列第一辅政。开始两人和衷共济，朝野安定。虽然多尔衮名列第二，却稳操实权，济尔哈朗并不计较。三个月后，济

---

① 《清世祖实录》卷63，第14页。
② 《清世祖实录》卷25、36、91。
③ 《清世祖实录》卷40，第22页。

尔哈朗主动将第一辅政的地位让给了多尔衮，宣布今后奏报或记档，皆启知睿亲王（多尔衮），并先书他的名字[①]。济尔哈朗自知无论从血缘、朝中地位与关系，皆逊于多尔衮，故明明白白让位。这反映他为人谦和，又有自知之明。以多尔衮的雄心，不会拒绝济尔哈朗的好意，仅谦让几句，就接受了济尔哈朗的建议，“王（多尔衮）由是始专政”[②]。入关后，多尔衮权势日隆，视济尔哈朗为异己，极力排斥，于顺治四年“停罢”他的“辅政”职务，其辅政权被夺[③]。次年，又借某些“罪名”打击济尔哈朗，议罪论死。多尔衮开恩免其死罪，革去其亲王爵，降为多罗郡王。至此，双方关系破裂，似成“宿敌”。其实，并非济尔哈朗以多尔衮为敌，而是多尔衮必欲视济尔哈朗为敌人不可！当然，事过一个多月，多尔衮又恢复了济尔哈朗的亲王爵，但他从此被闲置起来，在政治上已不起任何作用[④]。济尔哈朗对此似乎没有什么不满，却是逆来顺受，更没有任何异样的举动。多尔衮再没有对济尔哈朗进行打击，显见济尔哈朗安分守己，没有被多尔衮抓住什么把柄，因而能平安度日。在军事特别繁忙之际，多尔衮还重用济尔哈朗。如，顺治五年（1648）九月，命济尔哈朗为“平远大将军”，率大军征讨湖广“逆贼”即李自成余部。他出师十一个月，所向克捷，自山东，经湖北，横扫湖南全境，擒斩南明重要人物何腾蛟，得胜班师[⑤]。从此次军事活动可以看出，济尔哈朗一心为国，毫不介意以往所受打击，其品格与为人足可称道。多尔衮对其军功做了表示：赏金二百两、银二万两，其部属将领皆得赏金，依次递减[⑥]。至于其政治方面的状况，没有任何改变。

多尔衮去世前，两人的关系大抵如此。多尔衮带病出去围猎，让济尔哈朗随行，未必有何深意。如果有，多尔衮离京远行，将济尔哈朗带在身边，感到安全。其实，多尔衮并非只带济尔哈朗等少数几个人，如《清世祖实录》所载，他“率诸王、贝勒、贝子、公等，及八旗固山额真”一大批高官显贵，以此来显示他的气派。以年龄、辈分、资历及曾有过的辅政王地位，济尔哈朗当然“列名首位”。须知，多尔衮的同母兄阿济格以及多尔衮的众多心腹，围前

①《八旗通志》（初集）卷140，“济尔哈朗传”。
②《清史稿》卷218，“多尔衮传”。
③《清世祖实录》卷33，第3页。
④《清世祖实录》卷38，第9页。
⑤《清世祖实录》卷45，第16~17页。
⑥《清世祖实录》卷48，第20页。

围后，要想对多尔衮下手谋害，谈何容易！以济尔哈朗的为人与品性，难以想象他会谋害多尔衮！质言之，几无此可能！自努尔哈赤始，经太宗，至顺治朝，宫廷中从未发生过彼此谋害的事！顺治以后各朝有宫廷斗争，皆诉之于法，公开处置，而采取非法律手段如暗杀暗害之类，从未发生过。清朝家法严，宫禁严，这也许是清宫历来较为清净的一个原因吧！

因此，在早期清宫中，济尔哈朗谋害多尔衮的事，简直是不可想象的！

多尔衮死后不久，就有人起来揭发他的罪过。质疑者说："最早联名揭发多尔衮罪行的，主要是济尔哈朗为首的随行人员。"言外之意，揭发多尔衮的人必是济尔哈朗的同伙，或是受其指使。质疑论者还强调："随行人员名单很值得研究。"其实这都是对史料的误解。所谓"随行人员"，前已指出，包括诸王、贝勒、贝子、公及八旗固山额真等，连济尔哈朗在内，统统是"随行"多尔衮的，并非随济尔哈朗。以他为首，前也指出，因其年龄长，辈分高，地位尊，在"随行人员"中列名为首位，实属正常。他个人与"随行人员"，并非是统辖与被统辖的关系。一句话，他只是"随行人员"中的一员。在"随行人员"中，有不少是多尔衮的心腹、耳目，如果济尔哈朗受到"监控"，也在意料之中。"随行人员"中有人率先揭发多尔衮，也没有证据证明济尔哈朗与这些人存有何种关系，或者有必然联系。

济尔哈朗是在众多满洲王公贵族及皇室中人纷纷揭发多尔衮的形势下，才表明自己的态度的。他与部分皇室懿亲大臣及内大臣联合上奏，要求惩治多尔衮，并自我检讨："以前俱畏威吞声，不敢出言"，即使已发现问题，也"未入告"[1]。这说明济尔哈朗一直以忍让求安，因畏惧多尔衮的权势，只能封口不言。持此心态，他怎敢设计、设谋加害多尔衮！

事实表明，从多尔衮发病、去世、隆礼办丧事，直到多尔衮案发，没有一个人怀疑多尔衮的死因，更无人提出他死得"不明不白"的疑问。一句话，当时人对多尔衮之死，没有提出任何怀疑！多尔衮已死去三百五十余年，迄今，我们认真研究其死因，仍找不出破绽，没有发现可疑之处。多尔衮之死，属正常死亡。如说"死得不明不白"，显系没有真实的依据。

（原载《沈阳故宫博物院院刊》第2辑，2006年）

① 《清世祖实录》卷53，第21~24页。

再辨洪承畴降清问题

洪承畴以及与他同时代的一大批原明高级将吏降清，早已不是什么新问题。学术界屡次讨论过，也争鸣过。1996年在福建石狮举行的洪承畴学术研讨会上，我曾发表了自己的论文，专题辨洪承畴的降清问题，驳斥了那种“降清即汉奸”的谬言。几年过去了，洪承畴降清的问题，仍被一些人抓住不放，在报刊上著文，把洪承畴斥为“叛国投敌”，甚至连平定台湾郑氏政权的爱国将领施琅也不放过，同样把他打入“叛国投敌”之列。问题如此严重，不得不再作辩驳。

一、改朝易代说“投降”

首先，应当承认，“投降”不是一个那么光彩的词，往往与“耻辱”或“可耻”连在一起，简言之，“投降”就是一切污秽的代名词！人们一谈投降，讳莫如深，特别是在那个是非混淆的时代，是不敢为“投降”两字说辞的。然而，投降的人和事，这在历史上屡见不鲜，简直是司空见惯！就是到了20世纪六七十年代，有关“投降”及种种说法，依然盛行。那么，应该怎样看、怎样理解“投降”之义呢？

不妨先从历史上——清以前的“投降”说开去。

凡学过一点历史的人，都可以看到，每当一代王朝末世，天下大乱，所谓“群雄”并起，诸侯割据之时，“投降”的人、“投降”的事频频发生：当双方或几方攻战，要么胜利，要么战死，否则，就放弃战斗，一方投降；当几个政治军事集团采取分化瓦解的手段，通过“攻心”、游说等，将某一方要人争取过来，这又是“投降”。这类的事例不是个别，也不是局部，却是十分普遍，充斥于历史的记录中。比如说，战国时期，士阶层异常活跃，他们各怀良谋，奔走于各国之间，宣传他们的治国主张。不管是不是自己的“祖国”，只要采纳他们的主张，他们就给这个国家效力，跟其他国也包括自己的“祖国”较量。像商鞅、李斯这样著名的政治改革家都不是秦国人，他们在本国不得重用，才毅然西行入秦，帮助秦国强大，把其余六国连同他们的“祖国”也给灭亡了[①]。时至今日，几千年过去了，有谁说他们“叛国投敌”呢？他们弃本国投秦，按今日一些人的政治观念和政治逻辑，应视同“叛国投敌”、视同“投降”。可是，又有谁这样认为呢？项羽与刘邦的楚汉之争，从项羽那边投奔刘邦的有多少高级人才！韩信即是其中的代表人物。他弃楚归汉，就是因为没有得到项羽的重用，才被刘邦给“挖”了过去，委以全军统帅[②]。我们能说韩信投汉不对？

东汉末，又是一个改朝易代的时期，黄巾大起义、各地军阀、豪强乘势割据一方，形成无数个大大小小的军事集团，相互攻伐，随着各方势力的消长，一些人在各集团之间跑来跑去，降来降去，总之，只要有实力，就会不断吸引更多的人投奔过来！如，袁绍势力一灭，其将官大多被曹操收降。至魏、蜀、吴三国鼎足，其三方各有投降对方的事发生。当三国势衰，魏政权为司马氏所夺，而蜀、吴两国皆向司马氏投降，国家始成一统。在东晋亡后，出现南北朝对峙的局面，国号不断变，皇帝轮流做。在这里，谈谁叛于谁，谁忠于谁，似乎都已失去了意义！所以，从来没有人论及宋、齐、梁、陈改朝换代的是非，更没有斥责北朝政权更迭的非正义！隋末农民大起义将隋朝送入坟墓，其中却有隋朝的命官太原太守李渊、李世民父子起兵，直接起到灭亡隋朝的作用。李氏父子以臣叛君，没有人说不对！唐末农民起义将领朱温背主降庄，位极人臣，终将庄废弃，改朝代为后梁。所谓“五代十国”，国号与皇帝走马灯似的改换，孰是孰非，亦难论定。至于赵匡胤率部在陈桥驿发动兵变，黄袍加身，一举夺下后周政权，建国号大宋，同样，从来没见过有人否定赵氏兵变的非理性。

以上列举的“投降活动”及忠奸表现，都是在汉人所建王朝内部进行的，

① 详见《史记》“商君传”“李斯传”等。
② 详见《史记》“淮阴侯传”。

包括农民起义在内，人们对此似乎并不在意，投降与否，乃至成功与失败，大抵是“天命所归”使然，或者说，已属正常之事，不足为怪。然而，人们对于民族间的“投降”则要另眼相待了。例如，西晋亡后，北方游牧民族如匈奴、鲜卑、羯、氐、羌等五族进入中原，建国十六。旧史称“五胡乱華”，持否定意见。不言而喻，凡跟这些民族合作，或投入这些政权的汉人士绅，自然受到痛斥。石敬瑭献燕云十六州给辽国，又向辽称“儿皇帝”，传为笑柄，世代骂为无耻。契丹人所建辽国，是真正的“敌国”，北宋抗辽是正义的事业。金继其后，进入中原争夺，更是罪不容诛！凡主张与金议和的人，都是“投降派”。秦桧就是南宋主张投降派的头子，他陷害岳飞致死，给他留下了骂名，他是万劫不复，至今还跪在岳飞的墓前，永世不得翻身！与此相反，凡主张抗金的人，如李纲、岳飞、韩世忠、梁红玉等都是爱国英雄，世代受到赞扬！在元朝入主中国时，又是一次汉族同“异民族”的激烈斗争。南宋士大夫投降蒙元者，自然受到痛斥，而如文天祥一样宁死不屈者，至今仍被人们传颂，其“人生自古谁无死，留取丹心照汗青”句，则成为千古绝唱，为后世一切仁人志士之座右铭[①]！

明朝末年，一方面是农民大起义，一方面是山海关外满洲勃兴，清朝崛起。民族间改朝易代又一次来临。于是，投降的事一再发生，而投降的人成百累千，以至上万、数万、数十万！例如，清朝前身后金建国伊始，于后金天命三年（1618），首战抚顺，就有明将游击李永芳献城投降；几乎与此同时，明朝的秀才范文程也自动归降后金。他们该是明朝降清（后金）的第一人[②]！其后降清的明将汉官，以至士卒、百姓，趋之若鹜，蜂拥归降。举其要者，如，后金天聪五年（1631）围大凌河城，明将吏张存仁等降者达一百三十多人！攻打锦州与松山决战直至清入关，诸如祖大寿、祖大乐、祖大弼及其家族，孔有德、耿仲明、尚可喜、吴三桂及其将吏，都是降清的最著名的人物[③]。洪承畴就是在松山围城战中被俘而后降的。清军下江南，又招降了南明成千上万的将吏，如将明军计在内，达数十万！其结果，那些降清的著名人物，无一例外地被否定。时至今日，骂声不绝，被骂为“汉奸”、“叛徒”，痛斥他们没有

① 以上有关各朝代事，当属常识，恕不一一注明。
②《清太祖武皇帝实录》卷2。
③ 详见《清太宗实录》有关卷页。

“民族气节”、“贪生怕死”、“出卖民族利益”等，如洪承畴还被斥为“双手沾满了汉族的鲜血”，是名副其实的“大刽子手”！这说的是民族间改朝换代中的“投降活动”。显而易见，人们把这类的“投降”看得远比汉族内部的同类活动严重得多，甚至完全相反：在汉族内部，各集团间的投降活动，无足轻重，不以为然，而民族间的投降，则“上纲上线”，简直“十恶不赦”！

在历史上，还有一类投降，这是真正的国与国、“异民族”间的投降活动。如英、法、沙俄、日本、德、意、美、荷、葡萄牙等殖民国家，在中国近代史册上都留下了他们疯狂侵略的罪恶记录。日本帝国主义，更是穷凶极恶，给中国造成深重灾难。一些中国人卖国求荣，向他们投降，沦为汉奸。在中国现代史上，以汪精卫之卖国，投靠日本帝国主义为代表，实集古今耻辱之大成、罪孽之大成！

像上列所举：向日本等国及异民族的投降，其卖国背叛民族之性质界定甚易，自不必细说，难的是国内诸政权的叛离、投降之说易起纷争。如前已指出，汉族政权间投降事，似乎也不是争论；而至今所争者，主要是在中国境内少数民族入主中原之际，汉族士大夫或前朝汉人将吏归顺新入主的少数民族统治者，总是大起非议，视为大逆不道，必口诛笔伐。清朝之大不幸，三百多年前降清的汉官汉将，仍不能为今日某些人所容，斥之为“汉奸”、“叛徒”，实则仍视清朝为“敌国”，视满族为境外入侵的“异民族”。

在中国历史上，华夏——汉人所建的中原王朝总是与周边的少数民族矛盾与冲突不断，甚至不惜以大规模战争来决定胜负。我要特别强调的是，汉人政权与周边，主要与“三北”地区游牧民族的冲突或战争，绝不能与中华民族跟外国及其民族的斗争同日而语，这是性质完全不同的两回事。汉人与少数民族的争端，是在中国这个共同体内发生的，是“一家人”的内部矛盾。其实，就当时而言，中原王朝仍视与之矛盾甚至战斗的少数民族为一家，不把他们看成是外人，在经历了矛盾或斗争后，双方依然和好如初，少数民族也奉中原王朝为“天朝”。如，汉与匈奴，连年战争，不久即约为兄弟之国，派出昭君和亲，维系双方的和平局面。北宋与辽战斗多年，最后以“澶渊之盟”和解。北宋又与金连年战争，在宋宗室南渡后，与金划淮河为界，相互承认，维持了百余年和平共处，最后，南宋与金先后被元朝灭掉。当少数民族——“三北”游牧民族强大时，往往与中原王朝争逐，如战胜中原王朝，便取而代之，成为中国合法的统治者，并为中原汉人所接受。如北魏、辽、金、元、清诸王朝能统治全中国或半个中国，短则百年、百多年，长则二百多年。这一事实，正说明汉族与周边少数民族自古以来就是一个政治与经济、文化的统一体。这些王朝兴亡的过程与原因，同汉人所建王朝都是一样，与民族成分没有多大的关系。质言之，他们的兴亡与其自身的民族没有直接联系。进一步说，那些建立过一代王朝的民族，如鲜卑、契丹、女真、蒙古、满族等族，还有建立地方政权的民族，如东北的靺鞨、高句丽、扶余，西北的党项等族，还有西晋亡后，进入中原建立十六国的少数民族，都是中华民族的成员。尽管他们之间经常发生冲突，当冲突解决之后，彼此互相承认，而少数民族还向中原王朝进贡，保持政治上的隶属关系。古人尚且如此，而今一些人却把少数民族所建政权视同“外国”，把这些民族看成是“异民族”，只要有汉族士大夫或将吏投入这些政权，必认为是“汉奸”、“叛徒”！这种情况，同上面所说汉人集团之间降来降去，没有什么区别，却没有受到谴责；唯独谴责那些降入少数民族政权的人，显然标准不一，不能平等对待！

我无意为“投降”做辩解，也不是没有是非标准、凡“投降”皆正确。从理论上说，在敌对势力的斗争中，每个人都有权选择自己的人生道路或政治前途。投降与否，都是在特定环境下个人的选择。一般来说，趋利避害，是人之本性。权衡利与害，才能做出选择。如同当代在飞机上遭遇劫持，不得与劫机犯搏斗，而是放弃抵抗，为的是保存生命，免致无谓的牺牲。这就是趋利避害的选择。重要的是，要看投降是投向光明，还是投向黑暗？是助纣为虐，还是扶助正义。古人云：良禽择木而栖，人臣择明君而事。如从邪恶的一方投向正义的一方，当然是予以肯定，这就是弃暗投明的意思。这种行为历来受到鼓励。当黑暗势力瓦解，或是分崩离析之时，必然从中分化出一些人投入到新的势力中。这在历史上也是常见之事。但常见的事还有，几股势力或称为“群雄”并存之时，分不清哪边黑暗，哪边光明，比如，明末有张献忠与李自成两支农民军，双方互争，但都属于起义军，不能分清究竟谁黑暗、谁光明。清军入关时，很快形成以李自成、张献忠、清朝与南明等为代表的四方势力，他们都在为重新统一国家而存在、而斗争，究竟哪方先进或落后、光明或黑暗，是无法分得清的，只有他们之间展开角逐，各方面的较量，才能分出高下。他们都在为统一而战，彼此必然势力消长，包括人员变动，降来降去，这类事太多。如姜镶本是明朝守大同的总兵，先降了李自成；而清军到时，又降了清朝；后来又叛清而自取灭亡。吴三桂所部，有不少是收编了李自成的将士。张献忠亡后，他的部将孙可望、李定国、刘文秀等率全体将士，一起降了南明永历政权。如此等等，此例数不胜数！如果按“汉奸”论者、“叛徒”论者的逻辑，农民起义将士李定国等降南明，是否是对农民起义的背叛？后来，孙可望又弃南明而降清，被封为“义王”，这是否也视为“汉奸”、南明的“叛徒”？可是，并没有人这么说，既然如此，为何不能平等相待洪承畴？这也不只是一个洪氏，而是一大批人，都打成“叛徒”、“汉奸”，未免太过！很清楚，评价人物，不能用一个标准，却是多标准地评价，其结果只能将史学搞乱！

总结上述，评价洪承畴和与之相关的许多人物，以“降清”为标准定性，这就是明朝正统观念第一，封建气节标准第一，唯大民族成分论，以此来判定是非，只能离真理更远！在君主专制的时代，如何确定一个人的政治态度？就是说，一个人的立场，必须与皇帝“一致”才正确？在几个政权势力并存的时候，站在哪一方面为正确？在多民族面前，只能站在汉人一边为正确？至于气节，常被统治者当做主要标准来评价人物。所谓气节，在专制时代，就是忠君尽节，所说“饿死事小，失节事大”，就是此种标准的最高境界！封建的道德观念、封建节操、封建道统，都构成了气节观的内容。提倡这种道德，不论是非、好坏，不论情与理，只要是君主即使是昏君也要忠到底！如，宁愿饿死首阳山也不食周粟的伯夷、叔齐，难道值得提倡吗？他们如此顽固，不能顺应潮流，抱残守缺到底，如果都这样，社会还能发展吗？人类能否存在！用此气节评价人物，只能陷入困境！谁都知道，这是封建社会用于抑制人们思想的观念，理应被当代科学史观所代替；而今，已进入一个新世纪，还在用这种过时的荒谬的观念评价人物，岂不同样荒谬！

二、洪承畴“降清”再分析

评价历史人物，不能用当时的正统观念，具体说，不能用“投降”某某作为标准。已如上述。现在，提出的问题是：用什么标准来评价洪承畴或与洪相类似的人物？

按照唯物主义历史观，也按照我们所用“实践是检验真理的唯一标准”看问题，评价历史人物，主要是依据人物的社会实践，不能看政治态度，而是看行动；不是看他（她）说了什么，而是看他（她）做了什么。不言而喻，历史人物做了好事，有利于社会、有利于百姓，就应给予肯定；反之，就予以否定。好事做多少，就肯定多少；同样，做了多少错事、坏事，就否定多少。好与坏、肯定与否定两个方面，既不能相互代替，又不能以偏赅全，而是将两个方面都看到，通过互相比较，做出总的基本评价。过去，评价人物的标准很多，规定又很细。其实大可不必，只需上列的一条基本标准就够用了，就像"实践是检验真理的唯一标准"一样，无须再搞些繁琐的"规定"。

对洪承畴的评价，如按上述原则，就不难评价。但以往至今的分歧，就在洪承畴"降清"这个问题上。所以，论洪承畴就从其"降清"说起。明清之际，降清的明将吏及士卒何止千万！但是，每个人降清的情况各不同，即每个人投降的动机、所处环境、有无政治背景，以及个人素养及价值取向等等，皆不相同。尽管投降这一结果都是一样，但投降前及投降过程却是千差万别，需要具体人作具体分析，才能做出正确的判断。例如，最早降清（后金）的范文程是"杖策谒军门"，主动投奔；李永芳是在抚顺城将破时主动投降的。张存仁等一大批将领，是在大凌河城被围、援绝粮尽时出降的；孔有德、耿仲明等发动兵变、被明军追剿，逃向后金，携部下万余人投诚；尚可喜原为明广鹿岛副将（此岛在大连渤海中），受其上司迫害，为死里求生，率部向后金投诚。祖大寿是业经两次兵败、两次投降。著名的吴三桂降清自有其特殊情况。他先是向清朝借兵，保卫山海关，抵御李自成农民军的进攻。他在达成与清军共击农民军的协议后，始表示投降。至击败农民军，于战场受封为平西王，其部属剃发，才算彻底降了清朝。

洪承畴降清的过程较长，也较为复杂，与上述人等降清大不相同，概括地说，他是被逼上战场，又于兵败后被部属出卖、被俘而后降的。

明崇祯十二年（清崇德四年，1639年），洪承畴受命为蓟辽总督，十四年(1641)，率八镇精锐十三万兵马，出关援救锦州，走上了同清军较量的辽东战场[①]。承畴以宁远（辽宁兴城）为集兵地，他本人也驻扎于此，作为指挥的大本营。根据明清双方实力的对比，鉴于明军屡败，而清军气盛的局势，洪承畴的谋略是，以宁远为战略基地，采取"持久之策"，步步为营，且战且守，渐次向前推进。这就是稳扎稳打的作战方略，坚持一年，清军必然粮饷不继，军心动摇，会不战而撤退；即便不撤，明军可乘其疲惫，一战而胜。被围在锦州的明辽东总兵祖大寿得知其进兵方略，也非常赞成，称赞他用兵老谋深算！作

① 参见孙文良等：《明清战争史略》，辽宁人民出版社1986年版。

战计划报到北京，要崇祯皇帝批准后实施。开始，崇祯皇帝也很欣赏，准备批准。岂料兵部尚书陈新甲不同意承畴的作战方略，认为且战且守，旷日持久，靡费粮饷，力主“速战解围”。在他的坚持下，崇祯皇帝竟然相信了他的话，采取了“速战速决”的作战方针，督促洪承畴赶快进兵。陈新甲即以兵部的名义，累累发命令，督令承畴进兵进战，并派兵部职方郎中张若麒亲至军中督战。

考察当地双方战局，承畴的方略符合实际，不失为稳妥获胜之计，却不得执行，被逼无奈，只得按崇祯皇帝的谕旨“刻期进兵”[①]。崇祯十四年七月二十六日，承畴率援锦大军进至松山城，环其城至松山下布营，进逼锦州，给围困锦州、且兵力不足的清军造成巨大压力。清军岌岌可危。

清太宗皇太极闻讯，亲自出战锦州，将军队绝大部分都征调到锦州前线，与十三万明军对阵。一场决战迫在眉睫。皇太极发现明兵皆集于“孤危”之地，迅速决策，命士卒在松山与杏山、塔山之间掘壕三道，以围困明军。因为松山南三十余里为大海，其东为清朝所辖境，其北为松山，又有一道女儿河将锦州与松山隔开。这三面无须设防，唯其西面，可通宁远、塔山等处，故于此面掘壕、断其粮道，明兵将不攻自破。果然，清军仅一夜掘壕成功，明军为之恐慌。原来明军仅带三日粮，经受不住三天以上的围困。这又逼使承畴不得不尽快举行决战。决战前一天晚上，即八月二十一日，他召集八镇总兵官，作了军事部署，表示胜败生死皆决于明日，他要与诸将共同进战，亲自击鼓助威。事出意外的是，当天晚上，大同总兵王朴率部先逃，引起全军混乱。吴三桂、唐通、白广恩等总兵也乘乱率部逃跑。皇太极料到明军会逃走，早在明军西逃的必经路上，于杏山、塔山、高桥等地设伏，等候截杀。经一夜的战斗，又延至次日的上午，明军死亡五万三千余人，吴三桂、王朴仅以身免。洪承畴也没有冲出去，只能退到松山城里据守。得胜的清军再次绕城掘壕，将松山团团围住。承畴以及未逃的总兵曹变蛟、邱民仰等无力反击，坐等城破了[②]。

解救洪承畴最有效的办法，当由明朝组织救援。然而，谈何容易！明为救锦州，投入十三万精锐、八大总兵官，孤注一掷，对解锦州之围抱有希望。但事与愿违，明之十三万精锐顷刻瓦解，八大总兵作鸟兽散。松山决战，使明朝

---

① 谈迁：《国榷》卷911。

② 《明清史料》丙编第一本，《敕书残传》。

元气大伤，至少说，在眼前无法组织有实效的进攻。再说，此战已使明将士闻风丧胆，军心不稳，如若接战，大抵是一触即溃。即使士兵敢战，就怕找不出来敢战的将军！因为明律很严，如打败仗，“失陷封疆”，其将领或统帅必被严惩，将其性命抵罪。因此，在这危难之际，谁还敢承担解救洪氏的重任！这就难怪明朝派不出一兵、一卒、一将援松山了。洪承畴坐困松山，日日盼救兵，却是毫无音信，不见一兵卒，就连粮饷也不见一个米粒运来！

松山援绝，粮饷将尽，但也不是一点办法也没有。这就是主动要求与清朝和谈，作出相当的让步，用妥协换取对松山解围，把承畴救出来。这完全有可能。当初皇太极刚即位就主动要求与明罢兵息战，签订和平协议。但要求了数年，明朝就是置之不理，以宋金和谈为诫，坚持不谈不议，实际是拒绝了和平。当此新败之时，为赢得时间，重整旗鼓，更为了解救洪承畴这样一个重要人物，哪怕用土地或城镇作交换也值得！可惜，明朝无意这样做，坐失良机。

明朝既不派军队救援，也不和谈，以崇祯皇帝为代表的统治集团一筹莫展，坐等松山城破，只等待承畴等成为“烈士”的消息。很显然，明朝已抛弃了洪承畴与松山，任由清军攻取。

半年后，即崇祯十五年（1642）二月，松山已到了山穷水尽的地步，粮食严重不足，每人每天的食量，连维持生命的最低标准都达不到。此时，已暗中降清的松山副将夏成德，与清军约为内应，在一个夜里，把清军悄悄地引进城。承畴逃跑，因马被绊倒，束手就擒。

从承畴踏上了辽东战场，然后与清军决战，直到城破被俘，确是一个较为复杂的过程。我们不难看清楚：第一，他之到辽东，非个人主观愿望，而是受朝廷委派；第二，承畴凭其在西北与农民军战斗十年的经验，制定出解救锦州的作战方案，切实可行，既稳妥又有获胜的把握。但是，此方略被否决，定以“速战”。承畴被逼，进至松山，将军队置于“孤危之地”，犯了兵法之大忌，惨败于皇太极的掘壕断饷道的妙计。第三，未经开战，王朴率先逃跑，明军先自乱，被清军追杀与设扰袭击，招致全军失败。此战之结局，非承畴战之罪，而是明军在未战先逃的过程中被清军追杀而导致惨败。第四，最重要的一环，就是明朝见死不救，明知承畴率部分将士被围，却不出一谋一策，也不出一兵一卒，坐视城破，等于将肥肉填入虎口。从这件事，也可看到崇祯皇帝等人漠视民命，更漠视人才。古人云：千军易得，一将难求。承畴在西北作战十年，将李自成起义军打得落花流水，积有丰富的军事经验，实属人才难得。加之承畴人格的力量，为官清正，威望甚高。可惜，明朝视为平常，根本就没有设法去救。所以，承畴后来降清，不可独责他个人，实际上，上列几点，都为承畴之降“创造”了条件，或者说，为其“铺平”了道路。

下面，再考察承畴降清过程中的思想变化和政治价值的取舍。诚如学界所共知：清太宗皇太极特别重视洪承畴，无意杀他，决心收降。承畴被解至沈阳，坚决拒降，诸如张存仁、范文程等汉官，都来劝降，他仍然拒绝，并绝食七天，只求速死。这一重要情节，已清楚地载入史册，这就是留质于沈阳的朝鲜人李董所作《沈馆录》卷3，写道：洪承畴“绝食七日，仍不得求死”。这就清楚地说明，开始，承畴毫无降意，谩骂、绝食、求死，就是不降。他想用死来实践儒家的道德，并用死来表明做臣子对明帝的忠诚，所谓“忠君报国”，正当此时。

尽管承畴不屈，清太宗并不动怒，却为他的志节、文韬武略所敬佩，一意收为己用。有关收降承畴的这件事，被人编成了很多“故事”，最有代表性的一则故事，说的是清太宗派自己的宠妃庄妃，动用美色来勾引承畴投降，庄妃给了他一碗参汤，他喝下去，感情荡漾，于是，他就投降了。这一情节又被文学家写进历史小说，传播得更广更远。此则故事，最为荒唐，不值一驳。试想：即使满洲人最“开放”，或存有旧俗，一个皇帝怎么可能用自己的爱妃出面以美色劝降？降后，承畴、皇帝、爱妃如何面对？况且清太宗早已实行习俗改革，将满洲的陋习一律严禁，而与汉文化相靠近。此时，岂能出此下策！

有一则记载，颇为可信，这就是清太宗亲自出面劝降，一举成功。时候是天气尚寒冷，清太宗亲至承畴幽禁处，将自己所穿的貂裘解下来，给承畴披上，温和地说：“先生得无寒乎？”清太宗的一句慰问，给他披貂裘衣的动作，使承畴的心灵大为惊撼，他“瞠视久”，情不自禁地感叹，说：“真命世之主也！”这才“叩头请降”[①]。他是被太宗的气度、襟怀，以及人格的魅力所慑服；当然，他也被一个皇帝看重他这个“死囚”的行动所深深感动。他的心被彻底征服，甚至有点身不由己，不由得跪下，向太宗称臣。毫无疑问，在此之前（即降前），他不能不做比较，权衡利害，思想斗争相当激烈。以他在明朝身份之重，地位之高，又得崇祯皇帝之宠，他当然会想到：他投降将给自己的名誉、地位，以及家庭亲人安危所带来的严重后果。他若赴死，一切都不会

---

①《清史稿》卷239，“洪承畴传”。

变，还会提升他与家人的地位；若降清，他将被打入“地狱”，蒙受洗刷不掉的耻辱。若以国家前途而说，明与清相比较，他会比任何人都看得明白。明朝之腐败、黑暗，没有作为，当时任何有一点头脑的人，都不约而同地感受到，明朝的气数将尽，难以维持多久。他看到太宗亲来住处，就是此人把他打败，看到了他，仿佛看到了清朝的美好前途。他没有顽固下去，而是断然做出他的人生中最困难的选择：降清，把自己的一生交给了清朝。史书没有记录下他降清时的心态，他想些什么，思想又是如何转变的，历史失载。但这并不妨碍我们对承畴思想的解剖。在上引的点滴史料中，我们还是捕捉到了他内心深处的隐秘，大体不会脱离他的思想实际。

洪承畴降清极具戏剧性，是一则动人的故事。人们指责他降清是“叛国”、“汉奸”、“叛徒”，有何根据？根据就是满族不是汉族的一员，清朝不该建立，更不该向中原夺权，争当皇帝。因此，满族建一代王朝，就是对明朝的“背叛”，争当皇帝，亦属“大逆不道”的行为。同理可证，洪承畴降了清朝，自然应否定。这是什么逻辑？这是哪一家的理论？

前已指出，满族与汉族同属中华民族成员，同生活在中国这块广阔的土地上，世代繁衍，绝非外来迁入者比。满族的王公贵族，汉族的官僚士大夫各树一帜，争夺统治中国的皇帝宝座，这有什么不一样？明与清都是封建专制政权，都不代表先进的生产力，新的阶级——资产阶级尚未出现，他们都不代表新的阶级。但从政治清廉与否，政策得人心与否，可以分出进步与落后。这是明清两方面的事，由他们各自解决。今天，我们既不能站在明朝立场，也不能站在清朝的立场，而是站在客观立场，从社会发展的观点来观察历史。那些所谓“叛徒”、“汉奸”论者，确是明明白白地站在明朝立场，以明为正确、为先进；站在正统立场，奉明为正朔；站在汉族立场，奉汉人为中心，只许汉人当皇帝，少数民族一律不可以！这就是分歧的所在，产生分歧的根源也在这里。

应当指出，明清之际，有一种趋向值得注意，这就是只见明朝方面成百累千至万的汉族士大夫、大大小小将吏，还有读书人如秀才等，纷纷加入清政权，相反，却看不到清政权中有人投向明朝，明朝作为“正统”的中央政权，又是汉人当皇帝，为何它的臣属不忠于明却忠于“异民族”的皇帝？明末天下大乱，政治分化，重新组合，其势必然。重要的是，尽管民族不同，民族文化风俗各异，但作为中华民族共同的成员，无论汉、满、蒙古等，都是彼此认同的。不然，明朝何以有那么多人投向清政权！明天启、崇祯间防守宁远的辽东督师袁崇焕，与努尔哈赤、皇太极交过锋。他在《偕诸将游海岛》的诗中写道："边衅久开终须定，室戈长操几时休？"他是坚决主张并真正抵抗后金（清）的主战派，他对明与后金的斗争，看成是"同室操戈"，即一家人内部的斗争，他希望尽快停止争斗，保持国家安宁。我们有些人把满族及清政权看成是如同外国的"异民族"政权，比起三百多年前袁崇焕那个时代的民族观念，简直是个大倒退！

清（后金）朝崛起于辽东东部山区，由小到大，由弱变强；从山区走进平原，从穷乡僻壤走进城镇，最后，进入明朝都城北京，由此又走向全国，究竟靠的是什么？除了武力，主要靠的是政策，特别是成功的民族政策，团结了汉族、蒙古族，结为同盟；清朝顺应民心、得民心，顺应历史发展趋势，使之战胜了一切对手，在很短的时间，击败各个对手，统一了全中国。因此，清朝入主中原，应予以肯定，洪承畴降清也就无可非议。

洪承畴降清，是他个人的政治选择，表明他也顺应了当时中国历史发展趋势，他不想跟垂死的明政权同归于尽，而选择了清朝，正反映他顺应时代的变革，与时代一道前进！

三、洪承畴历史功绩再确认

否定洪承畴，自然无功可论，即使是功劳也被视为"罪过"，如把他打成"汉奸"、"叛徒"，却是毫无功绩可言，所为皆罪！前两部分所论，已证明"汉奸论"者不正确，不过是对历史的胡说。现在，需把被他们颠倒的历史再颠倒过来，澄清被他们搞乱了的历史，有必要对洪承畴的历史功绩重新加以确认，以正视听，不致将历史引入歧途。

其实，有关承畴本人的历史及其历史功绩，学术界许多有识之士保持了正确的唯物史观，已给予了充分的肯定。我想再从一个新的角度，重新估量承畴的历史功绩，与前者所论，似成珠联璧合，互为发扬。

承畴生活的时代，恰逢明末乱世，他为明平乱、治乱；由明入清，为清一统天下、大治天下，直至生命结束。如果抛开明清两朝而不论，从中国的统一、社会的发展而论，承畴参与治乱、统一中国，其功不可没，在清开国史上，应居前列之位。

我们在考察一个历史人物时，不应过分地强调为某某王朝某某皇帝所立下的功劳，如何效忠等等，还是多从中国这个范围、中华民族的发展、社会的安定程度，以及在相关的领域所作的贡献加以论证，更有意义。简言之，跳出一姓王朝这个政治圈，把人物置于特定时代的中国社会环境中，就会更正确地评价历史人物。

首先，承畴在明时，参加平乱、治乱，如何评价？这是指他在西北地区清剿李自成农民起义军。如从明朝方面看农民起义军，视农民军为“叛逆”，承畴奉命征剿，天经地义，理应如此。若从农民军方面而论，按以往的观念，农民军“造反有理”，反抗封建地主阶级的统治，“天然合理”。站在农民军立场，承畴指挥明军去镇压农民起义军，必予否定，定为“刽子手”。现在，我们看这个问题，更多的是从社会变革、社会发展的角度来分析问题，更符合实际。

明末天下大乱，完全是明朝统治集团的黑暗和腐败的统治引发的。李自成农民起义就源于明朝的没落，大失民心，其作用，打破旧的统一，重建新的统一，这有利于中国社会的发展。从这个意义上，应给予肯定。还有，所到之处，举凡贪官、朱姓王侯等为老百姓所痛恨之人，差不多都无一例外地受到农民军的惩处，并把官府的部分物资也能分给穷人，有劫富济贫之义。但是，也应看到，农民军的破坏性极大，不仅焚烧富人的居宅建筑、官家衙署，还有一些公共设施也遭到破坏。

以往，我们按照阶级分析法，把农民起义抬得无限高，视为最革命的阶级。的确，农民作为封建地主阶级的被压迫者和被剥削者，他们有权起来反抗，为自己的生存而进行战斗。对农民起义的这一基本观念是不会改变的。这是一方面。另一方面，也应看到，农民不是代表先进生产力的阶级，他们不会提出改造和建立崭新社会的方案，不过同历代一样，迟早地会变成新一代王朝，可惜成功者少，也只有一个贫农出身、当过和尚的朱元璋获得了成功。总之，不能像过去一样，把农民起义、农民战争看得那么高大、神圣，应把它与其他政治军事集团势力平等地看成一方势力而已，因为他们——不论哪一方，不论是哪个阶级出身的人所领导，都不过是建一姓之王朝，登上皇帝的宝座。如隋末农民起义的瓦岗寨，还有地主官僚李渊、李世民父子起兵，同时并存，目标都是反隋。当隋亡，他们之间展开争夺、兼并，最后，李渊父子胜利了，瓦岗军等农民起义军都失败了。过去，以农民起义“划线”，支持农民起义，就是“革命派”；反对乃至镇压农民起义的，就是“反革命派”，是严重罪过。

如果是个肯定的人物，因为有过镇压农民起义的行为，就看成是个“污点”，受到批判。今天，我们评价洪承畴在西北的军事行动，不能评为“罪过”或“污点”。他也是在执行一项使命，消除动乱，维护国家的统一。这就是说，他是以国家的名义，在同新兴或新崛起的政治军事势力——农民军进行作战，其胜败结局，必然决定双方的历史命运。

以上所议，绝非否定农民起义，亦非为洪承畴镇压农民起义军开脱。我所说的，就是强调不要无限抬高农民起义，如过去通行的说法：只有农民起义和农民战争才是推动历史前进的力量，除此，好像再没有其他力量可以推动历史前进。其次，不必对那些镇压过农民起义的政权或个人搞“大批判”，视为一种“不可饶恕”的“罪过”。

洪承畴在西北战斗了整整十年，同李自成的农民军作战，取得了一系列的胜利，官至陕西的三边总督，成为明朝的一代封疆大吏、朝廷中一名重臣。十年战斗，充分展现了他超人的才华和治国治军的卓越能力。与他同时或稍后，还有在他之前，明朝中凡与农民军交战的几无善终者。如，清剿农民军的总指挥杨嗣昌兵败而自杀，其他不是死于战场，就是被处死，还有的死于党争。同清军交过战的明将领，几乎都没有好结果。除了被清军俘获或击毙，还有部分死于明帝及派系斗争之手。如，以抵抗后金（清）屡获大捷的袁崇焕，心存猜忌的崇祯皇帝，误中清太宗反间计，不辨真假，竟将袁残酷处死！抗清名将卢象昇身陷清军的重重包围之中，出于党争偏见的杨嗣昌，见死不救，卢战斗至死。比较之下，洪承畴可谓幸运之至！他长期在西北战斗，与强悍的李自成农民军周旋；又置身于朝廷的政治漩涡中，他却平安无事，无论在千军万马的刀光剑影中，还是在朝廷的残酷党争中，他既没丢过官，更没有丢掉性命，而是在“飞云乱渡”中稳稳当当地呈上升之势。可见，洪承畴的人品人格非同寻常辈可比，其处人处事亦高人一筹，故在乱世中能保存自己，亦能建功立业。

洪承畴入清后，其功在中华一统，为重新统一国家而多有建树。如前已指出，清朝之崛起，是要从明朝的手里夺取统治权，实现清朝对中国的统一。这是个漫长的历史进程，溯其源头，当始于努尔哈赤为报父祖的仇而起兵。实事求是地说，当时努尔哈赤并无夺取明朝统治权的想法，更无统一中国这一长远目标。质言之，他的主观实无此意识。但从全过程来说，努尔哈赤之起兵，实为中国重获统一的开端，亦即万里长征迈出了第一步。

努尔哈赤花费了四十余年的时间，走完了从赫图阿拉（辽宁新宾满族自治县永陵镇老城）到沈阳的路程，为其子孙未来统一中国奠定了坚实的基础。努尔哈赤仅完成了“半个东北”的统一，就是说，东北地区还有将近一半的疆土尚未统一。以东北地区的南部与西南而言，还有辽河以西至山海关的辽西地区来不及统一。这一历史使命便落到了皇太极的身上。

皇太极把统一大业又向前大大推进。今黑龙江流域及吉林皆归清朝版图；西部长城外的漠南蒙古诸部业已归清，尤其重要的是，皇太极在辽东徘徊了十余年后，终于打破明坚守的宁锦（指兴城至锦州间的防线）防线，把疆域直推至宁远城墙下，山海关已经越来越近了，不过一二百里之遥。也就是在此时，洪承畴毅然归清。仅年余，他未及发挥作用，皇太极突然去世，统一中国的大任便落在了新即位的顺治帝的身上。洪承畴的历史转机由清军入关开始。1644年春，李自成率大军进入北京，明朝灭亡，给清朝也给那些站在历史潮流中的人们提供了千载难逢的历史机遇。而清军入关，不仅改变了清朝，也改变了千千万万人们的命运。不言而喻，洪承畴是其中之一。

自清朝决策进关伊始，洪承畴就积极参与清朝统一的伟大事业。他在进山海关的途中，向多尔衮献进关与战胜农民军的政策方略，已为人们所熟知[①]。事实表明，多尔衮接受了他的建言，并付诸实践。因为他的建言是在清军入关胜败未卜的情况下提出来的，因此具有特别重要的意义，这对其后南下及征讨四方时，不能不产生政策性的影响作用。进入北京后，多尔衮即命承畴“同内院官佐理机务”，为秘书院大学士[②]，由此便可看出，他随清军入关因有所建树而受到重用，使他处于重臣的地位。

清朝初入关，百废待兴；同李自成、张献忠等农民军，还有南明等政权的战争正在进行。洪承畴就清朝建政，建立新秩序、实行新政等重大问题，提出了一系列建议，有力地帮助清朝巩固政权，发展大好形势。有关承畴建议建言，详载《清世祖实录》，这里不赘述。

洪承畴最重大的政治实践活动，还是“招抚江南”。顺治二年（1645）春，多铎率清军下江南，一举攻灭南明弘光政权。接着，颁布剃发令，一下子激怒了广大的江南士民，纷纷起兵反抗。清朝刚刚在江南取得的胜利有完全丧

---

①《清世祖实录》卷4

②《清世祖实录》卷5。

失的危险。于是，洪承畴被派往江南，“招抚江南各省地方”[①]。承畴利用他在江南的影响，一方面招抚原明将吏归顺清朝，变抵抗为投降；另一方面，对那些坚持抗清的武装势力予以征剿，重建社会秩序，使清朝稳定了在江南的统治。承畴在江南三年，出色地完成了使命，达到了预期的目的，再次得到朝廷的完全肯定和高度评价[②]。

承畴第二次下江南，时在顺治十年（1653）。此时，江南的形势又出现了反复：南明永历小朝廷占据云南、贵州及广西等地区，特别是张献忠的余部孙可望、李定国等率其将士加入永历政权，使其实力大为增强，掀起了新的抗清高潮。南疆虽然离北京遥远，如引起连锁反应，必将危及清朝刚刚巩固的统治。朝廷再次起用承畴，委任为江南五省经略[③]。五省是湖广、广东、广西、云南、贵州，皆处南疆边陲地区，湖广处江南腹心地带，治乱如何，实关清朝的统治能否巩固。朝廷选用承畴担当重任，是赞赏他的才干卓著，实心任事，富有经验。为加重事权，提高其身份地位，特升为太子太保兼太子太师、内翰林国史院大学士、兵部尚书兼都察院右副都御史，“总督军务，兼理粮饷”。军事与后勤供应，全由一人负责，可见其身份与实权并重，在当时，无出其右者！

承畴经略五省的实况，都记录在案，今人已反复研究，多方论证，本文不再赘述。需要强调的是，第一，此次南下比往次更困难，他所面对的“对手”，不是前几个一触即溃的南明小朝廷，却是更有实力的永历政权，胜败如何，充满了很多未知数；第二，经略五省，比起其他省更复杂。五省多属少数民族地区，有的省实属蛮荒之地，地形险峻，气候恶劣，每年都有致人死命的瘴气出现，极不利于行军打仗，即便在此生活也很危险。第三，明朝在这一地区影响深远，况且还有永历政权的存在，将以更顽强的抵抗对付清军。因此，承畴此次深入南疆边陲，风险多多，吉凶未卜。久历生活磨难的洪承畴，又一次经受了严峻的考验。他所提出的有关军事谋略、经济举措、民族政策、文化教育等一套综合治理方略，取得了“收拾人心为本”的社会效果，政治上转危为安，军事上节节胜利，也取得了巨大进展，永历政权岌岌可危。南疆形势趋

① 《清世祖实录》卷19。
② 《明清史料》丙编第二本，“江南招抚洪承畴揭帖”。
③ 《清世祖实录》卷76。

于安全稳定。承畴经略五省取得了成功，已宽释朝廷的“南顾之忧”，不必再忧惧不安了。

承畴两度经略江南，都是在危难之时受命的。他不辱使命，不负朝廷重任，出色地完成使命。江南半壁之统一，承畴之功不容低估。

洪承畴一生，自踏上仕途未久，就投入军事斗争，在西北纵横驰骋；然后，转战东北，继而随清军入关，进入内阁从政；重返江南故乡，展开新的军旅生活。再奉调回京，不数年，又一次南下，收拾被南明诸政权破坏的残局，取得了预期的成功。纵观其人生历程，其足迹几遍全中国！这在当时似乎找不出第二人！他转战全国各主战场，为国家的重新统一，进一步密切满汉民族关系，为确立多民族国家的新格局，做出了毕生的努力，建立了不朽的功勋。他以善始，又以善终，他的一生就是一部人生的教科书，也是政治教材。做人者、当官者都应从中得到很多有益的启示[①]。

（原载《洪承畴研究文集》，人民日报出版社2006年版）

① 此文系作者客居北京所作，手中几乎无书，难以逐一核对史料，故注释不多，难免有误。

清平南王尚可喜与尚氏家族

尚久蕴、尚世坦先生在《家国春秋》基础上写成的新著《平南亲王尚可喜》刚出清样，就特意委诸朋友，嘱我写序。

得此厚谊，实不敢辞。及至读完大作，不禁感叹：信矣！在现今流行的反映清代历史的作品中，此书可谓风格独具，别有一番内蕴。心有所感，不得不发。

我乐意为此书略抒观感，向读者推介，还有一个原因，这就是我与《尚氏宗谱》及其后裔有过一段未了的情缘。那是在1982年，我与我的老师——已故著名的明清史专家孙文良教授，前往海城市，寻访清初平南亲王尚可喜的历史遗迹。事隔数年，1986年我与孙先生陪同日本明清史学者细谷良夫一行，再访海城。两次所得甚丰，极大地丰富了我们对可喜公一生的认识。尤以初访得见《尚氏宗谱》为至宝，惊喜之情，难用语言形容，据此珍贵史料，我俩合写并发表了长篇研究报告《〈尚氏宗谱〉与尚可喜研究》。我个人则以两次调查为内容，先后发表了“初访”与“再访”平南亲王尚可喜历史遗迹两文。在此之前后，我俩还出版了《清太宗全传》《明清战争史略》《满族大辞典》等著作，都有尚可喜本人的历史篇章。1990年，我自著《吴三桂大传》出版，其中辟有专章，论尚可喜、尚之信父子之事，叙述之详，是前数种论著所不及的。1994年，我应香港第八届亚洲族谱研讨会之邀，写出《〈尚氏宗谱〉与清初史实考》。尽管如此，我犹感对《尚氏宗谱》及尚可喜研究还差甚远，亟待深入。刚刚看到第六次续修的《尚氏宗谱》的问世，无疑对我是个巨大的鼓舞。令人痛惜的是，我的老师文良先生已为该谱书写了一篇长序，载于篇首，却没有看到它的出版，于不久前溘然长逝。我拜读了他的序文，深为他的论证之精、行文之美妙而叹为观止；同时，也激起我对这位崇敬的老师的深切怀念。

我们两度访海城，结识了尚可喜的第十一代裔孙多人，经他们介绍，还了解到尚氏族人在海城以及在其他地方生活的概况。其后，又有在北京长城建筑工程总公司工作的尚世贤先生来函致意，表达了尚氏族人的一份亲情。我感念至深，迄今也难以忘怀。有此十余年来的情结，久蕴先生向我索序，敢不尽心一试！借此机会，我仅向他成功地创作《平南亲王尚可喜》表示由衷的祝贺。

平心而论，尚可喜其人及家族，值得大书特书。他在清开国史上是最引人注目的人物之一，地位重要，作用大，影响深远。可喜于后金天聪八年、明崇祯七年（1634），因遭受迫害，弃明归后金。归服前，他已是明广鹿岛副将，而皇太极待以优礼，授予总兵官，独率一支部队，号曰“天助兵”，成为后金的一支生力军，驰骋于长城内外，屡立战功，为后金（清）的发展作出了重大贡献。

在明清鼎革的大事变中，尚可喜是重要的参与者：同摄政王多尔衮一道进关，在山海关前，参加同李自成统率的农民军大决战；奠都北京后，率部追剿农民军；继之挥师南下，先湖南而广东，击溃南明的抵抗，镇守南疆，解朝廷的“南顾之忧”。至康熙十二年（1673），吴三桂在云贵发动反清战争，封藩福建的靖南王耿精忠、原属定南王孔有德部属的广西将军孙延龄等相继起兵响应。在叛乱四起的险恶形势下，唯尚可喜坚守臣节，不为吴三桂的威逼利诱所动，对清朝忠诚不贰，而在最危急的时刻，誓以死尽节。他忧愤致疾，遂于康熙十五年病逝于广州。至此，他在广州生活了二十六个春秋。

可喜历太宗、顺治、康熙三朝，为清朝立下不世之功，不断得到酬劳与奖赏，由总兵官而智顺王，再改封为平南王，至去世前，晋封为平南亲王，荣宠已达到人臣的极限，其家族亦成为当时最显赫的少数几个家族之一。这一系列的荣宠与爵位的直线升级，像漫长人生之旅的界标，标出了他一生的辉煌。圣祖深为他的忠诚所感动，死后，谥曰“敬”字。在平定吴、耿叛乱后，只处死了长子之信和他的三个弟弟之节、之瑛、之璜等四人，其余一律保全，尚可喜遗体运至海城安葬，魂归故里，永得安息之地。圣祖“赐田万顷”，其子孙得以生息繁衍，与清朝相始终。三百余年后的今天，后裔流布全国各地，乃至海外，约达数万人。可喜后人的繁盛，与吴三桂灭族绝嗣，形成了天壤之别。

《平南亲王尚可喜》以质朴的笔触，形象而真实地再现了尚可喜极其丰富且极具传奇色彩的壮烈一生，并以可喜为中心，描绘了这个显赫家族的兴衰荣辱，展示出明清之际的广阔的社会生活。作者准确地把握住明清之际的时代特征，紧紧追循着可喜及其家族的历史足迹，娓娓道来。我观全书，最突出的一个感觉，就是真实可信。作者成功地处理了历史真实与艺术再创造的辩证关系，因而比较完美地达到了艺术效果。

《家国春秋》出版之后，尚氏族人以及作者尚久蕴和尚世坦先生感到还有美中不足之处。除了总体上过分简略而外，从康熙十二年至二十二年的11年间发生的一些重大事件未能写进去或者未写充分。为此，在1997年春，二位作者根据自己所知的史料以及重新查证的资料，对前十五章作了补充，对后十七章重新剪裁增删，另写成三十二章新作。

近十余年来，影视、戏剧、小说创作十分活跃，涌现出一大批以重大历史题材为内容的作品，真是五彩缤纷，各呈异彩，颇有久盛不衰之势。应当指出，在许多作品中，也不乏低俗庸劣之作，普遍的一个问题是，还没有真正解决历史的真实与艺术再创作的关系。质言之，脱离历史的真实，随心所欲地进行所谓历史“再创作”，我以为是不可以的。如果不是去写历史上的重大事件或重要人物，艺术家们尽可以展开想象的翅膀，“随心所欲”地去架构心目中的人物形象，如武侠小说之类，倘能得到艺术的享受，人们可以不必问是否实有其人其事。但是，对于有影响的历史事件和人物，诸如秦始皇、唐明皇、武则天、康熙帝、乾隆帝、慈禧太后、曾国藩等，在中国历史上都是赫赫有名的人物，我们不能随心所欲，而只能根据历史事实，通过艺术加工，形象地再现他们的本来面貌。一些所谓的“艺术家”、“小说家”们，违背艺术创作原则，任意剪裁或舍弃历史，甚至张冠李戴，不惜重新编造。历史或人物到了他们手里，真的变成了一个“小姑娘”，可以任意打扮！其结果，弄得面目皆非，除了人名、地名、朝代名是真的，没有什么真实可言。自然，对其评价也失去了公允。如“戏说乾隆”之类，称得上是“典范”之作。乾隆帝是个家喻户晓的人物。他有过错，但总的评价却有大功于中国历史的发展。戏剧冠以“戏说”，这本身就极不严肃，及叙其事，尤属荒诞不经，把一个堂堂的雄才大略的皇帝描写成一个江湖游侠，岂不是糟蹋历史，污损乾隆帝的形象！诚然，艺术作品不能等同于学术著作，进行艺术再创造或艺术加工，不仅是必要的，也是允许的，否则就不成其为艺术作品了。但这种艺术再创造必须尊重历史，是在历史真实的基础上的再创造，不能离开基本史实，仅凭主观想象或个人好恶去描写历史。在这一根本问题上，史学研究与艺术创造是一致的，不过思维方式、表现手段不同而已。因此，艺术作品中的历史或人物，应当根据科学的评价，而给以艺术的概括和描写。

《平南亲王尚可喜》的不同之处，就是作者尊重历史，创作态度严肃。本书所使用的史料十分丰富，如《尚氏宗谱》“先王实绩”、《元功垂范》、清朝《实录》等官书，还有在族人中流传的有关尚可喜的大量轶闻轶事，也参考和吸取了当代有关的研究成果，总括各种史料，详加考订，以章回小说的体例，给予艺术的加工，没有夸张，没有编造，确是令人信服。我检视书中所描写的各个重大历史事件，无一没有历史根据。至细微处，包括人物的心理、思想感情、性格，以及生活环境与具体场景的描写，都与历史吻合；所涉及人物之间的称呼、礼仪、器具规制、生活与军事术语等等，都是那个时代的约定俗成，尤以时间、地点准确无误。试问：一些艺术作品随意更改或不露时间、地点，有无必要？穿古代服装，说现代语言，谬否？把现代人的思维、观念强加给古人，也称为“艺术加工”？这些弊端，在《平南亲王尚可喜》中却无痕迹，读来引人入胜，仿佛置身于那个纷乱而动荡的年代，不禁心往神驰。

书中的主人公——尚可喜，经作者的艺术处理，形成了从内心到外在的完整形象。作者抓住他在国难当头、身处逆境、临于战场危地、坐享荣华之中的思虑等等典型环境，深刻揭示了可喜复杂的内心世界，丰富的感情；作者通过尚可喜的几个关键时刻，描写他的远见卓识和睿智过人。如，早年首倡擒斩兵变头目，救总兵官黄龙，自此境遇大变；在遭到总兵官沈世奎暗算，生死决于瞬间之时，义无反顾，决策叛明归后金，人生之路又为之一变；建藩广州，深虑朝廷疑惧异姓王，主动申请撤藩，化险为夷；吴三桂倡乱，他坚决站在清朝一边，不仅保全了他一生的荣誉，也保全了整个家族，荣及子孙后代，否则会遭到同吴三桂一样的结局。作者以浓重的笔墨所描写的这些事件，生动地刻画出他善于捕捉机遇，以敏锐的目光，冷静的观察，作出正确的判断。这就是尚可喜，历史上真实的尚可喜！他的形象如此鲜亮，不同凡响，呼之欲出，不能不对他表示叹服。这正是历史的真实与艺术再创造巧妙结合而产生出的魅力，故能“征服”人心。

《平南亲王尚可喜》是章回体历史传记，也是一部尚氏家族史。久蕴、世坦先生是本族人之一，按辈分论，他们应是尚可喜的第十、十一代裔孙。由本族人写本族史，自有诸多便利条件，亦具一定权威性，但同时也可能带来某些疑问。中国历代有一则道德规范："为君者讳"、"为亲者讳"，即上为君主、下为亲人掩饰过错，只说好的方面而略去不足。久蕴、世坦先生却是破除了这一道德观念，能够秉笔直书，按照历史的本来面貌写，凡事皆征之史册，不论先人好坏事，即予采撷。此种精神，堪称难能可贵。比如说，可喜曾率部同清军追剿农民军，照我们历来的观点，应予否定。久蕴、世坦先生并未回避这一史实，而是直书其事。顺治七年（1650）二月，可喜率部围攻南明据守的广州，长达九个月。史载此役打得相当惨烈，双方死伤累累。本书第九章、第十章做了详尽的描述。攻克广州后，城里死了很多人，据广东的一些方志载，死数十万，甚至达百万，显系夸大之辞，不足为信。死伤很多，大抵属实，作者并不讳言，也以写实的手法，予以披露。对历史上的是是非非，作者未予直接评论或裁断，寓于描述之中，读者自会做出答案。作者已给读者留出思考的空间，比作者先入为主、自断是非更好。

最后，问题归结到对尚可喜的评价，这也许是题外话，不过，顺便说说无妨。以现今史学界所论，在部分论著中，仍存"汉奸"、"刽子手"之说，还包括吴三桂、洪承畴等一批重要的人物，因为降清而被戴上"汉奸"的帽子。我看，大可不必。须知，生活在中国这一辽阔土地上的各民族，自古至今，都是中华民族的组成部分。少数民族进入中原建立政权（如辽、金、元、清），汉族的中央政权出塞征伐，彼此进入对方政权，这类事多得是，难以统计。这都是中华民族或中国内部的事情，比如战争虽有正义与非正义之别，却与帝国主义或境外异民族入侵的性质完全不同；少数民族或汉族投降或归服另一方，决不可与近代以来投降帝国主义同日而语。用"汉奸"来反映古代民族间的关系，不符合民族平等的原则，有损中华民族一体化的发展。何况一个政权的腐化没落，必然会出现它的代替物，在民族大家庭中，谁具备条件，谁就可以取代它，这是历史的必然，时代的需要。我们对这个问题及其他类似的民族关系的评断，只能顺应历史发展的趋势，以是否有利于中国历史的发展，是否有利于中国的统一等等来加以考察。时代变了，人们的思想观念包括理论的阐释也在变，对历史问题及人物的评价，应以新的视野和眼光重新审视。如抱着旧的观念不放，不仅落后于时代，对子孙的教育实属无益。从历史发展的眼光看问题，尚可喜功在参加统一中国的斗争，作出了自己的努力，为之奋斗数十年；他加入清政权，对发展和维护满汉民族的关系，也应是一个贡献；他维护中国统一，坚决反对吴三桂叛乱，其功尤不可没。对这些问题，岂可用"汉奸"而盖棺论定！我们看待中国古代民族关系，既反对狭隘的地方民族主义，也反对大汉族主义。无论史学研究，还是历史小说的创作，都应遵循这一原则。

《平南亲王尚可喜》是一部形象的尚氏家族史。作者把分散的历史资料熔铸成一部历史传记，是一个创造。从清史研究方面来说，本书丰富了我们对明清交替与清初发展史的认识，书中很多轶闻和口碑资料，也为我们的研究提供了极为重要的参考。从艺术创作来说，它的创作实践，足资借鉴。而对于广大读者，本书既可当传说，也可当史书来读，还可看成是人生教科书，我们会从尚可喜的一生得到诸多的人生启示，努力创造自己的美好人生。读者有志于此，不妨试试，当知吾言不谬。是为序。

（原载《平南亲王尚可喜》，辽海出版社1997年版）

《尚氏宗谱》与尚可喜研究

一、从《尚氏宗谱》谈起

我国向以史学发达闻名于世，有一国之史，一家之史，一人之史。清代大史学家章学诚指出："夫家有谱，州县有志，国有史，其义一也。"[①] 但是，虽有此说，包括章氏本人在内，对于家乘谱牒之类的历史，因"散而难稽"[②]，且仅反映一族一姓血缘世系，隐恶扬善，认为没有大的史料价值。事实远非如此。我国封建社会两千余年，久有修家乘谱牒的传统，特别是那些世家望族，大都各刊谱牒，详一姓之世系，明一族之源流，叙族人之事功，彰显于后代子孙，而不外示于人。家乘谱牒在社会上很不易见。其史料价值实属不容忽视。1982年4月中旬，我们专程赴辽宁省海城县清平南王尚可喜家乡，寻访他的历史遗迹。在这次考察中，看到了《尚氏宗谱》。初次翻阅，即为其记事之详所吸引，它提供的史料远远超过官书记载，足以补官书之阙漏，纠流传之谬误。尚可喜第七子尚之隆、第二十子尚之瑶在"重修家谱序"中指出："谱牒之兴，前代最重，凡名公巨卿，世家大族，莫不有谱，非徒以叙昭穆，别亲疏，实以见创业之艰难，成功之不易，而祖功宗德流衍绵长，此家之谱所以同乎国之史也。"尚可喜第九世孙尚其宪也在续修家谱序言中强调："家谱者，记一姓之世系而兼及事实之书也。"这说明家谱并非只详世系源流，同时也重在敷陈

① 章学诚：《文史通义·大名府志序》。
② 章学诚：《文史通义·州县请立志科议》。

人物的事迹，提供某些有价值的史料。

《尚氏宗谱》（尚氏简称为《谱书》，下从之）始修于尚可喜。他封藩广东，晚年修家谱。康熙十四年即他去世的前一年，他为已修成的《尚氏宗谱》作序，加盖满汉合璧的“平南亲王之宝”。其后，他的子孙分别于康熙五十三年（1714），乾隆十七年（1752）、五十六年（1791），伪满康德六年（1939）续修四次，加尚可喜自修的一次，凡五次。最后一次，续修了乾隆五十六年至伪满康德六年150余年间的宗族史事，世系分明，井然有序。

《谱书》以尚生为尚氏第一世，至尚可喜为第四世。整部《谱书》，从世系来看，以尚可喜为中心，上溯三代，而以其三十二子分支入谱，下迄第五次修家谱时的第十四世。开卷首叙“先王（尚可喜）遗训”，次叙“先王实迹”。《谱书》说尚生“生卒年月无从查考”。第二世尚继官，生于明嘉靖三十四年（1555）。以父子相差二十岁推算，尚生当生于嘉靖十四年（1535）前后，如此，《谱书》上限时间应为1535年左右，至下限1939年，约四百余年。第五次续修家谱时，尚其宪将以编年体记述尚可喜一生事迹的《元功垂范》附入《谱书》。该书作于康熙十二年，当时，尚可喜还在世，他向作者澹归上人提供了自己和家世情况，保留了很有价值的史料。乾隆三十年，张允格续修《元功垂范》，增补了尚可喜自撤藩至归葬海城一段事迹，使之记叙完整，首尾无缺。该书极少见，此前，我们只见过广东中山图书馆油印刻写本，写到尚可喜撤藩止，较之《谱书》中的《元功垂范》则不完整。尚其宪还为此书作了夹注，更优于“中山本”。《谱书》记述尚可喜事迹与《元功垂范》大致相同，在具体情节上互有详略，合两处记述，则臻于详备。

尚可喜是清初发展史上一位杰出人物。他归清后，四十余年征战，为缔造多民族国家政权清王朝，为发展和密切满汉民族关系作出了重大贡献。当这个政权“君临天下”时，尚可喜维护国家的安定与统一，反对分裂，表现了以大局为重的政治胸怀。他的远见、胆识与贡献，深得太宗、世祖、圣祖的信任与倚重。智顺王——平南王——平南亲王，死后谥“敬”，这些封号和荣誉，说明清朝对他的高度评价。后人对尚可喜的评价则毁誉不一，褒贬皆有。由于受到史料的限制和囿于传统观念，对他的评价不尽完善。本文以《谱书》及官方文献为据，参酌有关文章，试对尚可喜展开新的研究，以期做出比较合乎实际的结论。

二、航海归金的远见卓识

尚可喜，字元吉，明万历三十二年（1604）生于海州（辽宁海城）。兄弟五人，他排行第四[①]。尚氏世为洪洞人，迁于衡水后，乃徙辽左。《谱书》记载："王（尚可喜）先世山西洪洞人"，至曾祖尚生始迁河北真定衡水定居。后祖父携父亲闯关东，"因家海州"。清代官书，甚至明人记载皆谓尚氏"辽东人"，不知其祖籍原非此地。可喜出生时，父年二十九，据此推定，家迁海州至多不过二十年左右。他"甫成童，善弓马"。十八岁时，随父尚学礼到了辽西。这正是明天启元年（后金天命六年，1621年）春，辽东烽烟四起，明在东北的军事重镇沈阳、辽阳依次入后金，可喜母亲死于战乱，兄嫂弟侄失散，他随父流落到松山（辽宁锦县松山）暂居。后金继续向辽西进军，兵锋逼广宁，"关外纷扰"。父子迫于生计，相继投军。父亲先自投到辽东巡抚王化贞部，后随毛文龙入东江，可喜则于天启三年投明水师当兵。一年后，可喜赴皮岛，找到父亲。是时，父亲已为营将（游击），深得毛文龙重用，同时也把可喜"拔置左右，日益倚重"[②]。

明在登州、旅顺及鸭绿江口外诸岛设东江镇于皮岛，置总兵官防戍，目的是防止后金经海上进攻关内，而用"东江一旅，原以三方牵制为复辽之计"[③]。皮岛是明辽东沿海防线的一个战略据点。在毛文龙任总兵官时，同后金频繁交战。尚可喜父亲在楼子山战斗中，中后金兵埋伏，不幸牺牲。毛文龙将其父所部交可喜统领，这是他带兵之始，年仅二十一岁。

尚可喜从军数年，因为镇压一次兵变而崭露头角。毛文龙死后，黄龙继任东江总兵官。黄龙待将士"素严，驭下苛急"[④]，引起兵士不满。更严重的是，他克扣粮饷，中饱私囊。从登州解来赏功银每人五两，被他一人独吞，还扣去兵士春秋两季月饷。兵士的口粮也被侵吞。从登州发来米，规定每人一斛，他只给六十碗。广大士兵不禁哀号："致我小兵身上无衣，肚里无食。"崇

①《尚氏宗谱·先王实迹》，以下凡引自该书均不注明出处。

②《元功垂范》卷上，甲子条。一说毛文龙认其为孙，名毛永喜。见徐轲《五藩祷乘尚可喜》。

③ 中国第一历史档案馆藏《明档》第43卷，第10号。

④《元功垂范》卷上，壬申条。

祯四年（后金天聪五年，1631年）十月二十七日，岛上明兵忍无可忍，举行暴动，将黄龙监禁起来，动用刑罚。黄的将领手足无措，不敢轻举妄动[①]。事实很明显，这次兵变具有强烈的反封建剥削反迫害性质。

正在这局势突变之际，分屯海上的尚可喜闻讯急返皮岛。他与游击李维鸾等诸将说："公等欲叛朝廷适他国乎，抑从壁上观，遂漠置之也?"在当时情况下，没有人敢于提出背叛朝廷的主张，但慑于士兵的愤怒情绪，又都束手无策。就尚可喜的思想而言，他是忠于明朝的，尽管黄龙待他不好，他也绝无反意。他认为岛兵哗变，"倡者不过数人"，如"诛首乱者"，可立即平息哗变，诸将失职的过错也可得到自赎，"则转祸为福矣"。他说服了诸将，"斩首乱者十余人"，"一军震慑"，黄龙被尚可喜等迎回镇署[②]。黄感激涕零说："公大度，非人能及，且驭变定乱，济世才也。"当即提拔他为游击，将后军。尚可喜平息这场兵变，是他站在明统治者立场对受迫害士兵的一次血腥镇压。此后，尚可喜在皮岛变得日益重要，地位迅速上升。

崇祯六年（后金天聪七年，1633年）二月，孔有德、耿仲明举兵叛明，从登州突围海上，分乘一百十余船东行，计划从旅顺上岸投后金。尚可喜率精锐，屡次击孔耿所部，迫其远走镇江（丹东市东北）登陆。因屡立战功，尚可喜被提升为广鹿岛副将。同年七月，归附后金的孔有德、耿仲明请兵袭取旅顺，黄龙"披重铠，巷战死之"[③]。城破之日，尚可喜在海上，未及救，他的两位夫人及家口侍婢等数百人投水死。

后金袭取旅顺，是对明辽东半岛防线的一个战略突破，使明兵从大陆退居海中诸岛。明急命沈世魁继任总兵官，支撑危局。沈是崇祯四年岛兵哗变的幕后主谋，欲制黄龙于死命，由他任岛帅，不料兵变给尚可喜镇压下去。沈怀恨在心，伺机报复。这次沈继任总兵，即与部分将领合谋陷害尚可喜，传檄他回皮岛。至中途，可喜侦知沈世魁阴谋，满腔悲愤，仰天叹息："吾束发行间，海上立功，血战十余年，父母兄弟妻子先后丧亡，出万死于一生，计不过为朝廷追亡逐叛，而冒功嫉能之人乃出力而挤之死地。今权归世魁，欲杀一营将，如疾风卷，特易易耳。大丈夫将扫除天下，宁肯以七尺之躯俯首就戮乎！"这

① 中国第一历史档案馆，《明档》（科题）1474号。
②《元功垂范》卷上，壬申条。
③《元功垂范》卷上，癸酉条。

段只见于《谱书》的话，当是可喜生前回忆往事的写照。他自天启三年投军海上，至此刚好十年余，父亲、叔伯兄尚可进先后战死，自己的妻子亲属丧亡海疆，他自己血战经年，九死一生，为保护明朝江山付出了重大的牺牲。他对明廷的忠忱却换得“诸臣恣意营私”，甚至加害于己。在悲愤交集之际，他胸怀“扫除天下”之志，誓做一番事业。因此，他既不能俯首就戮，任其宰割，也不能委曲求全于这个腐败透顶的政权。他要寻找一个新天地，实现他的远大的政治抱负。这是促使尚可喜在思想感情上同明朝彻底决裂的最根本的因素。另一方面，后金政权的客观存在，它的不断发展与强盛，特别是它对汉官汉人的优待政策，对明朝将吏产生了巨大的吸引力。尚可喜“时闻满洲太宗皇帝豁达神武，延揽英雄，视汉人如同体，遂决策输诚”[①]。在历史的转折关头，向何处去，这不能不是一个最为困难的选择，它需要明智的目光，清醒的头脑，更需要拿出勇气付诸行动。当时，后金还没有十分强大，明朝虽已处于风雨飘摇之中，依然挺立没倒，明与后金，兴亡前程未卜。在这种形势下，尚可喜毅然决策弃明归金，甘愿与它合作，把自己的命运同这个正在发展中的政权联结在一起，显示了他在政治上很有远见。

归金前，尚可喜密遣部将卢可用、金汝贵赴盛京（沈阳）“纳款”，清太宗“大悦，遣使赍貂裘示信”。尚可喜“誓以乘机立功报效”。崇祯七年元旦（后金天聪八年），借贺年之会，将副将俞亮泰、仇震泰逮捕，率兵略定广鹿、大小长山、石城、海洋五岛，擒其守将马建功、孙殿邦、王廷瑞、袁安邦、孙有明等，率所部将吏民一万余人航海归后金。当尚可喜还未到来，清太宗召集满汉蒙诸臣说：“广鹿岛尚副将招抚长山、石城二岛，携民来归，非以我国衣食有余而来也，承天眷佑，彼自求附。”“不费一弓，不折一矢，而王率众卷甲倾心归命，首建大勋，为国家肃清海岛，此识时之俊杰，宜有以优礼之。”[②]特遣吏礼二部亲王迎接慰劳，给马万匹，供其部众男女乘坐。三月十六日[③]，抵达海州，就地安置，赐以田宅，饮食器用卧具，无不齐全。四月十日，尚可喜与所属将领赴沈阳，清太宗出迎十里，举行盛大欢迎仪式，给予同孔有德、耿仲明来归时同样的礼遇，特授总兵官，赐敕书一道：

① 《元功垂范》卷上，甲戌条，与《谱书》内容同。

② 王先谦：《东华录》，天聪九年。

③ 《东华录》载二月十六日，《元功垂范》与《谱书》均为三月十六日，今从此说。

敕曰：朕惟任贤使能，崇功尚德，乃国家之大典，乘机遘会，达变通权，诚明哲之芳踪。尔副将尚可喜原系明臣，知明运之倾危，识时势之向背，擒明副将二员，取广鹿附近三岛，残破海防，实为我功。又全携兵民，尽载盔甲器械，乘危涉险，航海来归，伟绩丰功，超群出类，诚可嘉尚。今升尔为总兵官，给敕印，功名富贵，远期奕世之休！带砺山河，永无遗弃之义。凡有一切过犯，尽皆原宥，尔宜益励忠勤，恪共乃职，勿负朕意，尚其钦哉！

这道敕文如实地记录了尚可喜率众航海来归的“伟绩丰功”，清太宗赞扬他“达变通权”、“知明运之倾危，识时势之向背”。崇德元年封尚可喜为智顺王，说明清太宗对尚可喜率众来归是多么重视！

三、转战湘粤有功于统一

清朝是满、汉、蒙古及其他民族共同缔造的多民族国家政权。其中汉族广大人民积极参与它的创建活动，对其成功具有特殊的意义。尚可喜是参加清政权的汉族代表人物之一。他自航海归金，“北定燕都，西平三楚，南开百粤，廓清千里”①，为清政权的统一作出了重大贡献。

尚可喜从投入后金政权，到1644年进关前，十年间，积极参加对明朝的战争。他归金后的第二年，天聪九年（明崇祯八年，1635年），首次率所部随从清太宗远征大同、宣府。次年冬（是年改元崇德，国号清），清太宗第二次入侵朝鲜，尚可喜扈驾随征。崇德二年春，尚可喜率战舰攻取皮岛，总兵沈世魁被杀。至此，明辽东沿海战略防线彻底崩溃，连同朝鲜被征服，完全解除了清后顾之忧。崇德五年（1640），清太宗决心打破明宁锦防线，开始围困锦州，尚可喜奉命率所部攻略锦州外围台堡，“更番驻牧”锦州，“遇敌辄败之”②。第二年夏，明清双方在松山展开决战，前后持续数月，尚可喜参加了各个阶段的战斗。

① 尹源进：《元功垂范序》。
②《清史列传·贰臣传·尚可喜》。

尚可喜归清后的十年，正是清（后金）政权蓬勃发展的时期，不论内政外交都取得了引人注目的成就，特别是军事上的辉煌胜利，使它夺得了对明朝的明显优势。尚可喜入关前，先后共参加过五次大的战役，其中以松锦决战为最大。他统帅所部充当了清军的一支生力军，以其不败的纪录载入清朝史册，为构筑清王朝这座宏伟大厦的基础发挥了他的才能和力量。清太宗说："盖治国之道，如筑室然，基址坚固，庀材精良者，必不致速毁，世世子孙可以久居。"[①]又说："惟筑地坚固，叠石为基，经营构造，方堪久远。"[②]为清朝奠定这个基础的，是包括尚可喜在内的满、汉、蒙古各族人民共同浴血奋战的结果。

1644年（顺治元年），继李自成攻占明都北京之后，清军长驱进关，从此开始了全国的统一战争。这年四月，尚可喜从摄政王多尔衮进关，驰骋于黄河两岸、大江南北，同农民军、南明残余势力展开了激战。概括尚可喜这个时期的军事活动，可分为三个阶段。

第一阶段，他的军事活动主要集中在河北、山西、陕西、湖南及湖北等省，作战目标是追击农民军。尚可喜参加清军入关第一仗，是在山海关门外一片石击败李自成精锐，然后连续作战，率所部猛追溃退的农民军，至庆都（河北望都）发生激战，斩李自成的大将陈光先、谷大成等，河北底定。农民军向陕西方向退去，清则调整力量，分路追击，一路从河南进军，破潼关，克西安，李自成走商雒。一路为尚可喜与阿济格西出居庸关，经宣府、大同抵扁头关（山西偏关），渡黄河，至绥德，趋延安。李自成侄李锦据此，尚可喜围攻二十余日，李锦及其残部逃去。山西、陕西两省平定后，世祖命豫亲王多铎率师下江南，取金陵，命尚可喜与阿济格分路追击农民军余部。他们由秦岭出武关，连下湖北郧阳、荆州、襄阳诸郡，然后合兵克九江。是时，传来李自成死于九宫山的消息，朝廷下令班师，尚可喜以所部还镇海州。

第二阶段，奉命取湖南。李自成死后，李锦与郝摇旗拥众数十万，据守湖南各地。顺治三年（1646）八月，世祖调尚可喜、孔有德、耿仲明率所部与部分满洲八旗进军湖南。这时，农民军与南明桂王朱由榔政权联合，军事复振，但仍抵不住清军的攻击。尚可喜至岳州，击走郝摇旗，孔有德与耿仲明分路克衡州[③]，湖南悉平。桂王朱由榔与何腾蛟败走桂林。顺治五年八月，尚可喜凯

① 《清太宗实录》卷36，第13页。
② 《清太宗实录》卷37，第10页。
③ 参见《清史列传·贰臣传·孔有德》及《清史列传·贰臣传·尚可喜》。

旋还京，复回镇海州。

第三阶段，平定广东，是尚可喜军事活动最激烈、持续时间最长的一个时期。桂王永历政权自湖南败退，占据广东、广西，清廷决定孔、耿、尚率部进征。顺治六年五月，尚可喜奉召进关，将家口暂留天津，他自己进京。世祖改封尚可喜为平南王，耿仲明为靖南王，孔有德为定南王。因为粤东李成栋据岭南背叛，“屡犯南赣”，顺治帝敕书表示此次改封为的是“宽朝廷南顾之忧”，巩固大清一统。廷议原定尚可喜征广西，但他认为广西地处偏僻，情况复杂，非增加兵力不可。孔有德自负，“毅然以粤西为请”[①]。于是，尚可喜与耿仲明联合征广东。后来孔有德及全家殉难于桂林，证明尚可喜估计是正确的。七月二十八日，尚可喜与耿仲明携家口率师二万[②]，自天津水陆并发，进至江西，十一月，耿仲明因部属隐匿逃人，畏罪自杀，所部委于其子耿继茂，征广东由尚可喜负起主要责任。十二月，大军抵南安。除夕，尚可喜暗遣军袭取了“东粤首郡要地”南雄。七年正月，遣总兵班志富克韶州，明守将罗成耀已先自逃跑，桂王朱由榔逃往梧州。接着，可喜以剿抚并用之策，连下英德、清远、从化诸县。明将吴六奇等迎降，从而打通了通往广州的道路。

二月初六日，可喜与耿继茂率大军抵广州城下。明总督杜永和拒降，已在城外严密布防：城周密布炮台，城西树木城，掘河三道，与海相通，道路泥淖，清兵无法攻击。可喜定计围困，“深沟树栅，围之数重”。杜永和组织几次攻击，被逐回城中，不敢出战，作坚守之计。时值暑天，频频大雨，“弓矢皆解胶”[③]，可喜决心围困下去，修战船，铸大炮，备火药，制炮车，“凡水陆攻战之具，王悉心调理”。围困九个多月后，到十月二十九日，可喜下令发起总攻。这是一次空前激烈、付出重大牺牲的攻守战。《谱书》对这场战斗描述说：清军弃马涉淖泥奋进，砍开外壕木栅，直奔新筑木城，克其西关。复遣诸将率步骑而入，先平道路，次架长桥，把新筑大炮运到城下。十二月二日，发炮轰城，炸塌三十余丈，清军不顾一切往上冲，“炮火矢石如雨，伏尸山积”。可喜亲至炮所督战，指挥炮兵“更番叠击”。城墙渐轰平，下令将士抢登入城，而城里炮火十分猛烈，一队队清兵倒于血泊之中。可喜脱下铁甲，换上绵

① 《清史列传·贰臣传·孔有德》。

② 《清世祖实录》卷44，第9~10页，

③ 《清史稿·尚可喜传》。

甲，弃马过壕，涉水登岸，欲亲自登城，众将力劝。他说："士卒已不能乘城，尔辈复不许我，吾其死于此耶！"抽刀欲自刎，被诸将夺下刀。于是，士卒个个争先，舍生忘死，至城墙下，互相踩着肩膀，蜂拥而上，明兵大败。清兵进城，"斩首六千余级，追至南门，逼进海中溺死者无算"，获大炮五百一十二门，马七百二十三匹，其他战利品不计其数。三日，尚可喜与耿继茂进城，下令停止屠戮。广州一破，肇庆、高州诸郡邑传檄而定。到顺治九年，整个广东"十府咸平"，基本肃清南明的残余势力。李定国一军仍在广西活动，屡次骚扰广东，被尚可喜击败，远走逃避。

从顺治元年入关以来，十年间，尚可喜从东北打到广东省境，尤以广州战役最为惨烈，都以智勇而取之。实践证明尚可喜不愧为杰出的军事家。

应当指出，尚可喜等打农民军的问题，一般都以"血腥镇压"而持彻底否定的态度。其实，农民军进入北京后，已发生了很大的变化，它已是一个急速封建化了的政权，不可再把它看成一支名副其实的农民军。现实表明，农民军建立的政权，南明和清朝都要以自己为核心实现统一，在农民军或南明无法来达到这一目标的时候，那么，清的统一不仅成为客观的必要，也是广大人民所期望的。特别是在尚可喜进入广东后，全国范围的大规模抗清斗争已基本停止。所剩南明永历小朝廷与李定国联合抗清，就当时的历史条件来说，已失去了进步的意义。全国需要统一，人民期望安定，这是当时的总形势。事实上，人民很快地选择了清政权，而唾弃南明小朝廷。因为保存这个极其腐朽而又无所作为的政权已毫无实际意义。统一战争符合历史发展要求，也符合人民的长远利益。正如《元功垂范续编》作者张允格所指出，"王之殄灭'流寇'也，时天下已定，人心归向，凡义旗所指，莫不倒戈，其势顺，故其功为易"。

四、治粤取得了出色的成就

尚可喜出征广东前，世祖明确指示：一经平定，即留镇其地，"挈家驻防"[①]。他从顺治六年底进入广东，到康熙十五年去世，在广东二十六年之久。其中，他的大部分时间是在同南明永历政权、李定国农民军及台湾郑氏父子的军事斗争中度过的。处于战争环境的广东人民蒙受了战争的蹂躏，牺牲了

① 《清世祖实录》卷44，第9~10页。

数以万计的生命。尚可喜攻下广州，清军血洗全城。这些暴行是不容宽恕的。但是，随着战争的逐步缓和，尚可喜也做了一些有益的事情。他不断采取措施，治理受到战争破坏的广东。

有关尚可喜治粤的事迹，清代以来官书如《清实录》及民初所编《清史列传》《清史稿》等极少记述。史家论及尚可喜时，同样忽略了这个问题。《谱书》《元功垂范》却给我们提供了极为丰富的材料。

尚可喜到广东后，在用兵的同时，就考虑到将来治粤的大事。为此，他并不专事征伐，总是采取招抚政策，使之放弃抵抗，以减少战争的破坏。例如，抵从化县时，守城者拒降，诸将请攻城，尚可喜制止说："百姓皆朝廷赤子耳，且斗大山城，无兵无将……何而不降？"再次遣使招抚，县令季奕声终于率官吏军民出营缴印。尚可喜当即"仍令视事"。攻下广州后，诸将请剿石门和佛山两镇。尚可喜说："上命吾克粤即镇其地。此地为四方商旅凑集之区，往来贸易，百货在是，一经杀戮，市井丘墟，商旅裹足，百货不通，亦非吾等之利，其熟思之。"[①] 这两地经招抚免遭战争浩劫。

战争给生产带来严重破坏，又天灾盛行，粤地人民生活极度困苦。清政府入关未久，生产尚未全面恢复，财力不足，无力救济。在这种情况下，尚可喜慷慨解囊，以解燃眉之急。顺治十一年夏，尚可喜率师至肇庆，时天大旱，斗米七钱，饥饿的百姓"鹄面鸠形，颠连载道"，他见此苦状，"首发白金一万两，粜米赈之，全活无算"。世祖得报，特颁敕文表彰。为了发展当地的经济文化，他经常出资增修各种设施。顺治十八年，他捐献一笔钱，派遣吴守德等将领负责治理清远、英德沿江三百里道路，在悬崖断壁处修桥五十四处，将狭窄处加宽，"南北水陆往来，无不手加额称便矣"。尚可喜考虑到草木滋蔓，年久会使道路、桥梁倾圮，特招募渔民出船数十只，时加修葺，特"免其杂差"[②]。他颇重视文化，看到广东府学遭兵火毁坏，"师儒散逸"，便出钱重修，"焕然一新，弦歌之声洋洋矣"[③]。朝廷无钱买马，他与诸将捐资白银三万七千两。甚至城墙、马路倾颓处，他不忍加派到百姓身上，宁肯自己出钱整修[④]。

① 《元功垂范》卷上，顺治七年。
② 《元功垂范》卷下，顺治十八年。
③ 《元功垂范》卷下，顺治十四年。
④ 《元功垂范》卷下，康熙九年。

尚可喜受命出征时，世祖命出征官兵在广东底定之日，依照旧例，“扯地分耕，以资赡养”。广州地区三面临海，地狭人稠。尚可喜与耿继茂所部官兵及家属不下五万余，一出北京，每人月支米二斗五升，国家负担不轻。到广东后，计人授给田亩，必然侵占百姓土地，失业流离，造成社会不安定。另一方面，当时正在进行战争，官兵不可能脱甲务农，又使土地荒废，无法支付他们的粮食之需。因此，尚可喜“辞扯地之命”，经廷议，同意了他的意见，于是“亩亩如故，耕耘不变[①]，当地百姓皆获安宁。

尚可喜镇粤期间，实行“分汛防海”，是他对海防建设的一个贡献。广东底定，社会并不安定。一是郑成功父子不时遣兵袭扰大陆，广东常受冲击；一是以海盗为业的武装贩私集团，经常出没海上，潜入内地，使百姓受到扰害。为了加强沿海防务，顺治十五年春，尚可喜亲巡沿海各县，“相度地势”，实行“分汛防守”，以明确各自的责任。于是他将沿海分成澄海、饶平与黄岗、潮阳、揭阳几个防区，“有警督分防马甲互相应授，俾无坐视，某汛失事则罪归某镇，以责专成”[②]。尚可喜对海防的建设在当时起到了“外攘内安”的作用[③]。

尚可喜治粤期间，颇得人心的一件好事，是他为民请命，要求停止迁海。清政府为防范郑成功父子，从顺治初开始实行迁海措施，强令沿海居民统迁内地，对台湾实行政治经济全面封锁。这项措施给当地广大渔民带来灾难性的后果。他们一旦离开海上不能捕鱼，亦即失业，断绝生计，逼使“民失业去为盗”[④]，影响清朝统治的稳定。尚可喜看到问题的严重性，特给朝廷上疏称：“粤东沿海二千余里，生灵数百万，室庐在是，产业在是，祖宗坟墓在是，一旦迁移，流离失业，深可悯痛。”他请求停止居民迁海，但朝廷不以为然，拒绝了尚可喜的请命。康熙七年八月，他同都统特行勘边，来到惠州、潮州地方，看到被迫迁移的百姓流离苦状，很表同情，对他们进行慰问，然后会同广东总督金光祖、提督杨迁明联合疏请“复界”，极力申诉百姓的心愿。这次请命终于得到批准，灾难性的迁移得以停止，并准许已迁移的居民回到自己的故地，使数以千万计的渔民恢复了生计。

---

①《元功垂范》卷上，顺治八年。
②《元功垂范》卷下，顺治十五年。
③《元功垂范》卷下，顺治十五年春。
④《清史稿》卷234，“尚可喜传”。

五、至死不贰的大清敬亲王

尚可喜晚年，遭遇吴三桂叛乱，他极力维护清朝的统一，坚决反对任何分裂国家的叛逆行动，突出地表现了以大局为重、以国家统一安定为己志的至死不贰精神。

尚可喜留镇广东二十余年，取得一系列军事上和政治上的重大成就，使他在朝廷获得了崇高的威望。每次捷报传到北京，跟着而来的，是皇帝的嘉奖、晋升、增禄俸（原六千两白银，累次增至一万两）。政治上的信任和功高望重并没有使他恃以自傲。相反，他更加恭谨，“小心翼翼”。到了晚年，进而产生了急退的思想。顺治十年（1653），尚可喜挥军击败李定国于肇庆，再战潮州，叛将郝尚久授首，“四境渐安”。这时，他以痰疾不时发作为由，第一次疏请“解兵回京调养”，表示了功成引退之意。世祖婉言慰留：“潮逆初定，地方多事，正资悉力料理，以奠岩疆，不必遽以病请。”尚可喜上疏谢，提出以长子尚之信“入侍”，立即获准。如不遣长子入朝，是对皇帝不忠。尚之信袭藩后，有三子而不入侍，被参劾为“异志犹存，叛心未已，如见肺肝矣”[①]，即是一例。

顺治十二年（1655）十月，尚可喜向朝廷请求赐予安置地。他以自己积劳多病、子女众多，提出可否将山东兖州故明鲁王“虚悬地亩拨给耕作”，或者在辽东“旧地筑居安插”。尚可喜此举，意在向皇帝表明他在政治上已无进取心，只是为子女将来的生计着想。他大概仿效王翦伐楚请美田以释始皇疑的故事，力图消除皇帝的疑心。经廷议认为：“王图安根本，情理允协”，但广东未获安定，靖南王耿继茂还在打仗，两藩同功一体，难以独议，迁移应俟承平一并另议[②]。

到康熙十年（1671），从整个形势看，除了台湾，全国基本统一，内战已经停止。九月，尚可喜再次以年老有疾为由，申请交兵权。作为第一步，他获准由长子尚之信暂时代理他的职务。康熙十二年，他正式提出“归老辽东海城”[③]。他在奏疏中说：“臣自命镇粤以来，家口日蕃。顺治十二年曾具疏请解

① 《清史列传·逆臣传·尚之信》。
② 《元功垂范》卷上，顺治十一年。
③ 《清史列传·贰臣传·尚可喜》。

兵柄，部臣以地方未宁，俟后议。方今四海升平，臣年已七十，精力就衰，正退耕垄亩之日。伏念太宗皇帝时曾赐臣以辽东海州及清阳堡等地，今乞准臣仍归辽东安插……”[①]尚可喜以各种方式一再申请引退，探讨其动机，《平定三逆方略》说，尚之信“暴横日甚”，“所为益不法”，故尚可喜“引老乞骸骨”[②]。《清史列传·尚之信传》持相同说法。但都没有接触到问题的实质。熟悉尚可喜的《元功垂范》作者澹归上人对此曾评论说：尚可喜“身在名位权势之中，心常出名位权势之外”，“归耕之念时切”[③]。我们去海城考察，从尚氏族人中获得某些材料，很值得深思。尚可喜第十代孙六十六岁的尚世渭谈到，伪满时，族叔尚其宪曾著《宗谱别录》，收集大量没有载入《谱书》的“先王轶事”，其中，曾述及尚可喜要求撤藩的事。尚世渭读过此书，据他回忆，尚可喜谋士金光[④]，曾对尚可喜说：“王已位极人臣，恩宠无以复加。树大招风，朝廷对王很不放心，历来外姓封王没有能长久的。莫如交出兵权，回辽东养老。”尚可喜经过深思熟虑，接受了金光的劝告，下决心引退。他连上九道奏章，向圣祖申请“归辽东耕种”。考《清实录》记载，金光一席话却是道破了朝廷对三藩的忧虑。圣祖“自少时以三藩势焰日炽，不可不撤”[⑤]。亲政后，更把三藩列为他执政必须解决的“三大事”之一[⑥]：“三藩俱握兵柄，恐日久滋蔓”，久有撤藩之意[⑦]。但虑及三藩掌握精兵，不敢贸然行动。尚可喜先自提出撤藩，于是圣祖“决意撤回”[⑧]，在下达撤藩的诏书中盛赞尚可喜，“王自航海归诚，克殚忠荩，行间戮力，平定地方，效力累朝，功绩茂著，绥戢东粤，镇守岩疆，宣劳岁久。览奏，年已七十，欲归辽东耕种，情词恳切，具见恭谨，能知大体，朕心深为嘉悦……”[⑨]由此看来，尚可喜决意去位，实出于政治上的考虑，以引退求善终。

康熙十二年十一月，正当尚可喜积极准备撤藩的时候，吴三桂在云南发动

---

①《平定三逆方略》卷1，第5页。

②《平定三逆方略》卷1，第4页。

③《元功垂范》卷上，顺十一年。

④ 见《清史列传·逆臣传·尚之信》：“金光者，浙江义乌人，随可喜幕下赞谋划策最久。”后被尚之信杀害。

⑤《清圣祖实录》卷99，第9页。

⑥ 阮葵生：《茶余客话》卷1，第14页。

⑦⑧《清圣祖实录》卷99，第8~9页。

⑨《平定三逆方略》卷1，第5页

武装叛乱，福建靖南王耿精忠、广西将军孙延龄、广东潮州总兵刘进忠等起兵响应，叛乱迅速波及云贵、两广、福建、湖南、四川，一直蔓延到陕西等省。

史学界在论及撤藩引起叛乱的问题时，常引用康熙帝的话说："撤亦反，不撤亦反。"这种三藩"必反论"是不符合历史实际情况的。尚可喜几次要求撤藩是真诚的。对于他来说，撤，不反；不撤，亦不反。圣祖批准他撤，他即准备行装北返；让他停撤，留镇广东，他坚决执行命令，不迟疑地挥军参加平吴荡耿的斗争。吴三桂曾派使送"逆书"诱尚可喜从叛，他当即逮捕来使，将"逆书呈奏"[①]。他得知吴三桂遣兵屯黄沙河，急请就近调官兵与他会剿。接着他派遣次子尚之孝统兵趋潮州，剿刘进忠，恢复海澄、程乡、大埔诸县，最后攻克潮州。

康熙十三年（1674）十月，圣祖授权尚可喜节制广东督抚提镇，补授文武官员"听王选补"，调遣兵马粮饷及招抚事宜，许以便宜行事[②]。次年正月初九日，圣祖为表彰他的忠忱劳绩，特进封为平南亲王，令其子尚之孝袭爵。许他"以亲王品级顶戴支俸，示朕优眷之意"[③]。同年，他主持修成《尚氏宗谱》，亲自为序，其中写道："此吾谱之作，所以彰显前人之功烈而使我子孙推求原本，上报朝廷，下延宗祀，绵绵长长无替休命，则宗谱之作其可以已乎！"他期望后世子孙"无忘祖考之遗训，小心翼翼，以保守家法，则能永膺天子之眷佑，而流庆于无穷矣"。表达了他对朝廷的感激心情和忠君报国思想。同年底，广东形势更加严重：刘进忠兵败求援于台湾郑锦，发兵万余前来助战；祖泽清据高州，勾引广西叛兵，连陷雷州、德庆诸邑，"粤东十郡，竟失其四"。正在病中的尚可喜"连章告急"[④]。此时他的儿子尚之孝出兵潮州，广州空虚，他恐变生意外，急请圣祖另派"威望大臣星驰抵粤，以资弹压"。尚可喜实心为国，圣祖大为感动，说："……今览王奏称：年老渐衰，身婴痾疾，请遣大臣经理广东军务，具见王实心为国，计虑周详。朕与王情同父子，谊如手足，览疏未竟，朕心恻然。"[⑤] 圣祖没有选派大臣去广东，指示他在诸子中选一个合适的人前去潮州，将尚之孝替回，"侍王左右，捍卫封守"[⑥]。

① 《清史列传·贰臣传·尚可喜》。
② 张允格：《元功垂范续编》。
③ 《平定三逆方略》卷12，第3~4页。
④ 《平定三逆方略》卷20，第4~5页。
⑤ ⑥ 《清圣祖实录》卷59，第16页。

尚可喜在生命垂危之际，虽被叛兵软禁，“始终未改臣节”[①]。尚之信因其“酗酒嗜杀”，一度没能袭爵，对其父和朝廷不满[②]，在吴三桂的引诱下，接受吴授予的“招讨大将军”封号，于康熙十五年二月二十一日“易服改旗帜”，派兵监守尚可喜住宅，封锁内外消息，炮击清兵大营[③]。尚可喜卧病床上，气愤已极，“投缳自尽”，欲以死尽臣节，“被左右救苏”后，病情加重[④]。延至十月二十九日，处昏迷之中，仍“强目张视”说：“吾受三朝隆恩，时势至此，不能杀贼，死有余辜！”他命众子给他沐浴全身，穿上太宗赐的衣服，扶他起来，向北叩头，说：“吾死之后，必返殡海城，魂魄有知，仍事先帝。”说完，安然长逝[⑤]。圣祖闻讯，深为痛悼。康熙十六年五月，谥曰敬，并给予“祭葬立碑”[⑥]。康熙二十年（1681）圣祖允准尚可喜骸骨归葬海城。九月，棺至丁字沽（天津附近），圣祖特派内大臣觉罗塔达等代他祭奠，并传谕众子曰：“王素笃忠贞，若人人尽能如王，天下安得有事！朕每念王至老怀诚，克尽克荩，心甚眷注，殊为伤悼……”[⑦]这段充满感情的话，倾注了清朝对尚可喜的崇敬与怀念。

尚可喜身处叛乱包围之中，力撑广东危局达三年之久。在生命的最后岁月，他同吴逆叛乱作了坚决斗争，军事上给予叛乱以一定打击，政治上不为吴三桂的胁迫和引诱所动，使吴陷入孤立。尚可喜的坚定立场，对其长子尚之信的迅速归正，不能不产生重要的影响。

长时间以来，史学界对尚可喜反对吴三桂叛乱及其作用置而不论，不加区别地把他打入“三藩之乱”，这是完全错误的。康熙十三年三月，尚可喜发现吴三桂的叛乱檄文中有“三藩并变”之语，立即上疏澄清。他写道：“臣与耿精忠本系姻娅（按：耿精忠为尚之信妻兄，尚之孝女为耿精忠儿媳[⑧]），今精忠反，不能不踧踖于中。但臣叨王爵，年已七十有余，虽至愚极陋，岂肯向逆贼求功名富贵乎？惟知捐躯矢志，极力保固岭南，以表臣始终之诚。”圣祖览

①《清圣祖实录》卷67，第12页。

②④《国朝耆献类征初编·尚之信传》。

③《平定三逆方略》卷23，第12页。

⑤《元功垂范续编》，康熙十五年。

⑥《清圣祖实录》卷67，第18页。

⑦《清圣祖实录》卷97，第10~11页。

⑧ 北平故宫博物院编：《文献丛编增刊》（清三藩史料二）“平南王尚可喜奏”，民国二十二年十二月版。

奏，称赞："王累朝勋旧，性笃忠贞，朕心久已洞悉"，对他表示了极大的信任。乾隆三十年，《元功范垂续编》作者张允格也为之辩解说："……况'三藩并变'之语，出自吴逆伪檄之中，其布谗用间，撼摇匪细，使无保粤之勤，何以塞悠悠之口？"在吴三桂倡乱的三年中，尚可喜坚不从叛，根本谈不上"三藩并变"，即使后来耿精忠、尚之信一度失足从乱，清政府也不呼为"三藩并变"，更无"三藩之乱"的提法，在清代官方记载中只有"吴逆"、"耿逆"、"尚逆"，或"三逆"等等提法。康熙二十年十二月，在庆贺平定吴三桂叛乱的长篇诏文中，只说"逆贼吴三桂""倡为变乱"，其他有牵连的逆犯均未提及[①]。始修于康熙二十一年，刊行于乾隆四十八年的《平定三逆方略》也不提"三藩之乱"，只说"三逆"。在清政府的官方文件中，始终把吴三桂与耿精忠、尚之信相区别，而把耿、尚两人又与其封藩及属下人相区别。到清末，出现"三藩之变"的提法[②]，于今进而说成"三藩之乱"，这与清圣祖本意及其制定的区别对待政策未尽相合。

吴三桂叛乱，蔓延近半个中国，客观上对其有利的因素是孔有德、耿仲明、尚可喜这些清初的创业者相继去世，封藩大权掌握在他们子孙手中。这些后来者缺乏政治经验，为吴三桂的引诱所迷惑，误入歧途。孔、耿、尚自太宗以来，在长期征战中，同满族贵族建立了密切合作的关系，有着共同的思想感情，他们把自己的升降荣辱同亲手参与创建的清政权的命运紧紧地联系在一起，不会轻率地"背恩反叛"，抛弃功业于一旦。孔有德举家殉节于桂林，耿仲明自缢死，都说明他们是忠于清朝的。他们的子孙既缺乏先辈的创业经历，也不具有先辈那种思想感情。在对待清政府的态度上，同先辈相比，不能不存在着明显的差距。至于吴三桂与他们都不同，他是"为'流寇'所迫，势穷来归之人"[③]。太宗在世时，曾多次招抚，他不从，甚至舅父祖大寿降清后，招他仍不从。直至农民军攻占北京，他尚倚山海关，观望于清军与农民军之间。当李自成亲率精锐来攻，在玉石将焚的紧迫情势下，他才被迫乞师清军，获得了极高的爵位。他的经历与思想和清朝没有更深的联系，是一个半道入伙的同路人而已。圣祖对吴三桂与耿精忠作过比较，说："吴三桂乃本身投诚之人，

① 《清圣祖实录》卷99，第14~16页。
② 曹廷杰：《东北边防辑要》。
③ 《平定三逆方略》卷1，第26页。

背恩反叛，自取诛戮。精忠祖父以来，受恩三世四十余年，非素蓄逆谋首倡叛乱者比。”[①] 这个分析是中肯的。

论者把所谓“三藩之乱”统统归罪于吴、耿、尚，事实上，清朝负有不可推卸的责任。孔、耿、尚、吴长期战守于南疆，有当时的客观需要，但造成尾大不掉之势，则是清政府的错误政策所致。太宗时封孔、耿、尚三人为王，封给的是爵位，没有裂土建藩。到顺治及康熙初年，情况发生变化，他们把四王各封一地，建藩卫，将地方大权统交他们掌握。特别是在战时，一切都“听王便宜行事”，凡兵机、事务“悉听二王（指尚可喜与耿精忠）调度”，规定文武各官进见他们“俱照王礼谒见”。这些特殊的权力造成了一个国中之国，而且封地与京城相距遥远，上下不能及时沟通，助长了他们擅自行事的权力。另一方面，尚可喜几次申请撤藩，孔有德进军广西后，曾“乞圣恩”，要求回北京，“优游绿野”，世祖婉言拒绝了他们的要求[②]。而圣祖决定撤藩，事出突然，缺乏稳妥的步骤，把情况估计得过于简单了。像吴三桂根本就没有撤藩的思想准备，一旦与他的政治利害相冲突，他便孤注一掷，跳梁一逞。没有他带头倡乱，耿精忠、尚之信是没有胆略敢于发难的。由此可见，清朝统治者在“三藩”问题上，应负有历史责任。

尚可喜在明清（后金）激烈斗争的舞台上活动了五十余年，满载清廷给予的恩宠与荣誉结束了戎马的一生，其骸骨如愿归葬，后人还归故里，圣祖“赐田万顷”，子孙一时皆成富家翁。但“徒居海城不及二十载，子孙虽繁，已多中落，凡一切贵重之物皆贱价求售，且有死不能殡者”[③]。历朝皇帝为报偿尚可喜的功劳，对其后世每有赏赐救济，直至清朝灭亡。吴三桂等首恶分子虽贫穷亦不可得。他一谋反，埋在锦州的祖坟即被“掘而弃之”[④]，“骸骨委于道路”。他死后，“析其骸骨，传示天下”[⑤]，身首异处。凡“逆藩家口充发关东者络绎而来，数年始尽，皆发各庄头及站道当差”[⑥]。两相对照，命运如此不同，可谓各得其所！

（原载《古代历史人物论评》，福建人民出版社1986年版）

---

①《平定三逆方略》卷1，第26页。
②《清史列传·贰臣传·孔有德》。
③④⑥ 王一元：《辽左见闻录》。
⑤《清史列传·逆臣传·吴三桂》。

《尚氏宗谱》与三藩史实考辨

早在20世纪80年代初，以发现《尚氏宗谱》为契机，我与授业之师孙文良教授开始了对尚可喜的研究，并先后两度前往尚可喜的故乡——辽宁海城市，考察其历史遗迹，发表了一系列研究成果。而今，文良老师已辞世三年。我在此前研究的基础上，写作此文，缅怀文良老师才德兼备，授业之恩，以资纪念。

一

中国向有修族（家）谱的传统。约自周秦以来，上自历代帝王之家，下至公卿望族，皆重家谱之作，而自宋代以降，已深入民间，平民百姓，大兴修谱之风，尤以明清至民国时期为普遍。其数量之巨，不知凡几。据统计，现存各类谱书（族谱、家谱、谱牒、家乘）约有两万余种[①]。实际远不止此数。

一般来说，谱牒者详一姓之世系，明本族之源流，叙族人之事功，彰显于后代子孙，从不同侧面记录和透视出各时代的社会生活。故谱牒当属史学之一种。如章学诚所言："夫家有谱，州县有志，国有史，其义一也。"[②]其意即说一国之史，一家（族）之史，一地之史，一人之史，皆是人类历史的一部分。《尚氏宗谱》中有尚可喜第七子尚之隆、第二十子尚之瑶合写的《重修家谱序》指出："谱牒之兴，前代最重，凡名公巨卿，世家大族，莫不有谱，非徒

① 冯尔康：《家谱的学术价值及其研究的现实意义》，载《社会科学辑刊》1989年第二、三期（合刊）。

② 章学诚：《文史通义》之"大名府志序"。

以叙昭穆，别亲疏，实以见创业之艰难，成功之不易，而祖功宗德流衍绵长，此家之谱所以同乎国之史也。”尚可喜第九世孙尚其宪也在续修该谱的《序言》强调：“家谱者，记一姓之世系而兼及事实之书也。”这说明谱书并非只详世系源流，同时也重在敷陈人物及社会之事，提供有价值的史料。梁启超对谱书给予很高评价，视为“史界瑰宝”，是史学研究的重要史料之一[①]。可见，一家（族）之史“同乎国之史”，具有同等价值。

迄今，治史者皆重官书、档案或私家著述，忽略甚至无视族谱的价值，尽管民间存有大量的各类谱书，既不去发掘，也极少加以利用，实为一缺憾。

《尚氏宗谱》（以下简称《尚谱》），是现存谱书中较有代表性的一部。首先，从时间上说，自修谱至续修凡六次，长达三百二十余年。始修于康熙十四年（1675）。是时，刚刚爆发吴三桂叛乱，尚可喜坚守封藩之地广东，仍主持修家谱，定名《尚氏宗谱》，并为之作序，加盖满汉合璧的“平南亲王之宝”。次年，这位备受朝廷推崇的异姓亲王因病去世。他的后世子孙们继承其修谱之遗志，分别于康熙五十三年（1714），乾隆十七年（1752）、五十六年（1791），伪满洲国康德六年（民国二十八年，1939年），续修四次，加上尚可喜自修的一次，共五次。其后，以宗族支派繁衍，流布地广，散而难稽，且为社会环境所不许，更无一德高望重之人主持其事，修谱长期中断，迟至1994年，始有第六次续修成功。

从《尚谱》记事时间断限，也是相当漫长的。它以尚可喜为中心，上溯三代，奉尚生为祖先即第一世，至尚可喜为第四世，而以其三十二子分支入谱，终止于第六次修谱的第十七世，其下限时间为1994年，上限则应推之尚生的生年或卒年。可惜，连尚可喜生前也不知其曾祖父生卒年，故《尚谱》说尚生的“生卒年月无从查考”。但第二世即尚可喜的祖父尚继官却明确记载，生于明嘉靖三十四年（1555）。以父子相差二十岁推算，尚生当生于嘉靖十四年（1535）前后，此即为《尚谱》记事的上限时间，延至下限，近五百年。这就是说，《尚谱》记述了尚氏宗族近五百年的历史。相当明中叶，历有清一代，经民国而至当代。

从记述内容而言，尤其丰富而详备。据我已见的一些族谱包括满族人的族谱，唯详载世系，有居官者则载官职，于记事或语焉不详，或失载。而《尚

---

①《中国近三百年学术史》，第336页，中国书店1985年版。

谱》不仅明世系，自第一世至十七世各支派，凡尚氏子孙皆按辈分载入，纵横关系，井然有序；而且皆附记其事，其中，关于尚可喜及其三十二子尤其详细。如，开卷首叙“先王（尚可喜）遗训”，次叙“先王实迹”，是尚可喜一生行状，实为一完备的传记，叙事之详，为清代官书或他书所不及！自航海归后金（清），历太宗、世祖、圣祖三朝，颁发给他的敕书、谕旨、委任、嘉奖等皇帝御制，皆按时间为序，收载入谱。另外，《尚谱》还附有《元功垂范》一书。作者隐去真实姓名，自书“澹归上人”。该书作于康熙十二年，尚可喜还在世。以编年体记述尚可喜的业绩，记至康熙十二年撤藩为止。从记事的准确程度，透彻尚可喜的心事判断，作者应是生活在尚可喜身边的人，关系密切，从尚可喜日常回忆往事和作者亲眼所见而汇为一书，保留了很有价值的史料。乾隆三十年（1765），又有张允格续修《元功垂范》，增补了尚可喜自撤藩至去世、归葬海城的一段史事，遂使此书记叙完整，首尾无缺。我曾见过广东中山图书馆油印刻写本，只有前部分，较之《尚谱》所收，尚不完整。《元功垂范》原单独刊行，当尚可喜第九世孙尚其宪续修《尚谱》时，始将该书作为附件收入，并重新校订，作了夹注，更优于广东“中山本”。《尚谱》所记尚可喜事迹与《元功垂范》内容大致相同，在具体情节上有详略之别。后者成书在前，可以推定，《尚谱》中有关尚可喜的记叙，当参考了《元功垂范》无疑。两书互补，相得益彰。

尚可喜是明清改朝换代时期的一个重要人物。自归后金，追随太宗、世祖、圣祖，忠诚不贰，南北征战，立下汗马功劳。当清军入关夺权的历史时刻，他随清军参加了一系列战役；在进军江南时，他独当一面，南下广东，并留于是地，严守南疆，解朝廷南顾之忧。在吴三桂叛乱之时，他断然拒绝其威逼利诱，至死不叛，赢得圣祖的信任与倚重。他的封号和荣誉，自智顺王而平南王，而平南亲王，死后谥“敬”，荣归故乡安葬，显示了他一生的辉煌。他的一生，同清朝的勃兴发展史，同清朝的命运密不可分地联系在一起。有他的历史地位，才使《尚谱》的价值是一般平民家谱所无法比拟的！从一定意义上说，《尚谱》的史料如同档案，同清朝官书一样重要。因《尚谱》叙事年代久远，广泛地涉及了明清至民国时期的历史。其中不乏重大历史事件，又使它远远超出一族之史的范围，而应成为明清史主要是清初史的史学著作。但也毋庸讳言，《尚谱》也贯彻了“为亲者讳”的原则，所记难免隐恶扬善，未必事事皆真。故须辨伪存真，以揭示其历史真相，给予正确评价。

以下，取其若干重要史事，作一考略。

二

如前述，尚可喜是清初的重要人物，清官方的太宗、世祖、圣祖三朝《清实录》《平定三逆方略》《开国方略》《清史列传》及民初的《清史稿》，以及私家著《荆驼逸史》等大量史书及档案资料，都有他个人的传记和有关记载。但同《尚谱》比较，则显得多有不足，因漏载而空白，记述笼统而不实。唯《尚谱》可以弥补其失，把尚可喜的历史充实起来。

关于尚可喜的家世及幼年的生活，可以说各书都不见载。如《清史稿》“尚可喜传”，开篇仅以“辽东人，父学礼，明东江游击，战殁楼子山”几句话便概括了他的家世，以下就记为崇祯三年（1630），可喜隶属东江总兵官黄龙，驻皮岛。至于他幼年的生活，如何从军，又如何跑到皮岛驻守，均无一字记载。据《尚谱·先王实迹》所载：“王（尚可喜）先世洪洞（今属山西）人”，至曾祖尚生始迁河北真定衡水定居。后由祖父尚继官携父闯关东，“因家海州（今辽宁海城市）”[①]。尚可喜即出生于此。所以，正确的说法，他是海州人，祖籍河北真定。据《尚谱》载，尚可喜，字元吉，明崇祯十三年（1640）生，兄弟五人，他排行第四。可喜出生时，父时年二十九岁，据此推算，祖父携父家迁海州不过二十年左右。他“甫成童，善弓马”。十八岁时，随父学礼来到了辽西（今辽宁省境辽河以西，约当锦州至山海关，沿渤海湾的狭长地区）。是时，为明天启元年（1621），明与后金战于辽东地区，明在东北的重镇沈阳、辽阳相继失陷，海州亦落入后金之手，可喜的母亲死于战乱，兄嫂弟媳失散，他随父流落到松山（辽宁锦县松山乡）暂居。努尔哈赤即于是年春继续向辽西进军，兵锋直逼广宁（辽宁北镇），“关外纷扰”。父子迫于生计，相继投军。父亲先自投辽东巡抚王化贞部，后随毛文龙入东江；可喜则于天启三年（1623）投明水师入伍为兵。一年后，可喜赴皮岛（今朝鲜湾之椴岛），找到父亲。其时，父已升任营将（游击），毛文龙把可喜也“拔置左右，日益倚重”[②]。明在辽东沿海中诸岛设置一道海上防线，目的是防止后金

① 《尚氏宗谱》之“先王实迹”（以下凡引自该书，均不重注）。
② 《元功垂范》卷上，甲子条。

从海上进攻关内，统称东江防线，皮岛即为其防线的大本营。毛文龙以总兵官驻守此岛，频繁出击，尚父在楼子山战斗中，中后金兵埋伏，不幸战死。毛文龙将尚父所部交可喜统领，此即带兵之始，年仅二十一岁。

这些，皆为它书所失载，而《尚谱》提供的史实，使我们获得了有关可喜家世及早年情况的完整认识。

还须指出的是，《清史稿》等书说可喜隶总兵官黄龙部，其中漏载一段重要历史，这就是如《尚谱》所记，毛文龙被袁崇焕杀后，才擢黄龙为总兵官，可喜始归黄部。黄龙执掌东江军权，因待士兵严苛，克扣粮饷等不法事，激起一场兵变，被愤怒的士兵逮捕起来。而可喜出面，约诸将，斩首乱者十余人，将黄龙救出。黄感激地说："公大度，非人能及，且驭变定乱，济世才也。"随即提拔他为游击，将后军，从此崭露头角，地位迅速上升。《清史稿》等书只记："皮岛兵乱，（黄）龙不能制，可喜率兵斩乱者，事乃定。"叙事虽属简括，但语焉不详，难见全貌。

尚可喜及家人遭到另一次变故是在崇祯七年（1634），据《尚谱》所记，是年七月，归附后金的孔有德、耿仲明与后金兵共同袭取旅顺，黄龙力战而死。城破之日，已提升为广鹿岛副将的尚可喜正在海上，未及救，他的两位夫人及家人、侍婢等共数百人都投水而死。《清史稿》仅提后金袭取旅顺，却无一字记其家遭到不幸。

关于尚可喜叛明降后金，是他人生的一次关键性的转折，无论对明清双方或对他个人，都有重大而深远的意义。他为何叛明？是什么原因促使他作出如此艰难而关键的抉择？请看《清史稿》："明以沈世奎代（黄）龙为总兵，部校王庭瑞、袁安邦等构可喜，诬以罪。世奎檄可喜诣皮岛，可喜调得其情，遂还据广鹿岛。"天聪七年（1633）9月，"遣部校卢可用、金玉奎谒上（皇太极）乞降"[①]。实际上，事情并非如此简单。所说王庭瑞、袁安邦与可喜结怨，加害于他，才促使可喜叛明。他们之间因何结怨？怨从何来？都不得而知。看《尚谱》记载，两书出入较大：结怨者并非王、袁两人，而其主谋就是总兵沈世奎。原来，崇祯四年岛兵哗变即为沈世奎策动。沈欲制黄龙于死地，趁机夺取岛帅之权。不料这场眼看成功的兵变却被可喜给镇压下去。沈怀恨在心，伺

① 见《清史稿》卷234，"尚可喜传"，中华书局1977年版（本文所引用《清史稿》，皆属同一版本）。

机报复。及黄龙战死，沈被朝廷任命继任总兵官，马上与部分心腹将领设谋陷害可喜，以商讨军情为由，诓他回皮岛，以便逮捕。可喜得令，自广鹿岛赴皮岛。行至中途，可喜的朋友预知沈等人的阴谋，派人送来凶信，嘱其切勿前来。可喜闻讯，满腔悲愤，仰天长叹："吾束发行间，海上立功，血战十余年，父母兄弟妻子先后丧亡，出万死于一生，计不过为朝廷追亡逐叛，而冒功嫉能之人乃出力而挤之死地。今权归世奎，欲杀一营将，如疾风卷，特易易耳。大丈夫将扫除天下，宁肯以七尺之躯俯首就戮乎！"这段只见于《尚谱》的话，当是可喜生前回忆往事的写照。他目睹明"诸臣恣意营私"，以十余年来的血战和家庭的牺牲，却换来对自己的陷害，心中不禁悲愤交集。此刻，他产生这一心境是可信的，他胸怀"扫除天下"之志，不肯俯首就戮，做无谓的牺牲，也是很自然的。这一事件，最终把他推到同明朝彻底决裂的绝境。他已听说皇太极"豁达神武，延揽英雄，视汉人如同体，遂决策输诚"[①]。可喜的这段经历与思想感情的变化，已由《尚谱》写得再清楚不过了，对其降清（后金）也会给予正确的认识。

顺便说到明末汉官降清（后金）之事。海内外学术界、文化界仍有一种观点，将尚可喜、吴三桂、范文程这些著名人物降清看成是"不道"，甚至指斥为"汉奸"。实在说，这早已是过时的"理论"。其实，无论明与清都是封建的政权，从本质上说，分不出哪个是进步的，哪个是反动的。所差民族不同，但都是中华民族大家庭中的一员，谁来执政，并不重要，而重要的是执行什么政策，是否有利于中国的发展。诸如辽、金、元等都是一统天下或有半壁江山的一代王朝，成为中国历史的重要组成部分。清为满族所建，但又不全是满族，还有汉族、蒙古族及其他少数民族共同缔造。自皇太极时，就制定了"满汉一体"、"满汉一家"的政策，为后世子孙奉为国策。一个封建帝王能如此看问题，而今我们为什么不能平等地看待满族呢？在当时明清激烈斗争的形势下，明朝中大批将吏被"逼上梁山"，纷纷归向清（后金）政权，不足为怪。

尚可喜归附后金的经过，《尚谱》作了详细叙述，比诸《清史稿》《清史列传》《清太宗实录》，补写了许多细节，更具体，更生动，再现了可喜率万余部众航海，历经艰险，成功地归向后金的真实历史。以后，在清入关前的十余年间，他跟随皇太极东征西讨，马不停蹄地驰骋于长城内外，其事甚繁，限于篇

① 参见《元功垂范》卷上，甲戌条，与《尚谱》内容同。

幅，不能按《尚谱》逐一考辨。

这里，再就清军入关后，可喜率部南下，发起攻取广州的战役，作一考略。

清朝官方记史，凡涉及用兵数，往往回避；写战役，也只写胜负和俘获多少，很少具体地记述战役中进行的情况。这给研究清代军事问题带来诸多困难。攻取广州的战斗，是可喜南下以来所经历的所有战斗中最为激烈、最为艰难、牺牲最惨重的一次攻坚战。《清世祖实录》所记据可喜发来的战报，仅摘取“战果”部分，其他则都略而不计。《清史稿》记事稍详，但与《尚谱》比较，不过十之有一。

此役发生在顺治七年（1650）二月初。可喜率大军万余临广州城下。《尚谱》记述如下：

南明总督杜永和拒降，已在城外严密设防：城四面密布炮台，城西建木城：掘河三道，绕城护卫，水与海通；唯有一面，以其道路泥淖，构成一道天然屏障。可喜以强攻不易，便决计围困，“深沟树栅，围之数重”。杜永和以攻为守，组织几次进攻，都被逐回城去，不敢出击，作坚守之计，与清军对峙。可喜继续加强备战，“凡水陆攻城之具，王悉心调理”。度过夏季，河水骤减，可喜于十月二十九日下令发起总攻。他选定城西侧作为突破口，此处无河水阻隔，道路虽泥泞，犹可进军。清军舍弃坐骑，涉泥淖而进，很快进至外壕，砍断木栅，直取南明军新筑木城，遂克其西关。接着，先平道路，再架长桥，把大炮运到城下。延至十二月二日，发炮轰城，炸塌城墙三十余丈，可喜指挥大军，蜂拥进击。守城的南明军“炮火矢石如雨，伏尸山积”，清军死伤甚重。可喜亲至炮兵阵地，指挥炮兵“更番叠击”，城墙渐被炸平。可喜下令全军抢登进城，但城内炮火甚为猛烈，清兵多有战死。可喜气急，弃马过壕，涉水登岸，欲亲自登城，众将力劝他不可冒险。可喜愤愤地说：“士卒已不能乘城，尔辈复不许我，吾其死于此耶！”说完，就要抽刀自刎。诸将急忙夺下刀，表示以死夺城。在可喜的激励下，士卒个个争先，舍生忘死，不顾一切，冲入城内。南明兵再无能力阻挡清军的迅猛攻势，顿时瓦解，四散溃退。清军进城后，大肆屠杀，“斩首六千级，追至南门，逼进海中溺死者无算”。获大炮五百一十二门、马七百二十三匹，其他战利品无数。次日，可喜进城，才下令停止屠杀。据广州地方史志记载，清军屠城，杀了数十万人。这个数字恐怕有所夸大，所说清军连续屠城三天，也不尽然，以《尚谱》所记，应为一天多。不管怎么说，清军杀了很多人，确是事实。显然是对顽抗的广州军民的疯狂报复。

从《尚谱》对此役的详细描写，可以看出，攻取广州的战役，打得十分惨烈，双方伤亡都很惨重，令人触目惊心。自围城之日，到发起总攻，至破城，《尚谱》都提供了确切时间，记叙之详，是清代任何史书无法企及的。

清代诸官书及《清史稿》对尚可喜的记载，主要限于他的军事活动，有关政治方面的建树却极少提及。今人论及可喜时，也忽略了这个问题，大抵都没有看到《尚谱》，致有此疏漏。实际上，可喜自顺治六年进入广东，次年底占领广州，即按世祖之令，携家留镇于此，直到康熙十五年去世，在广东生活了26年之久。除了同南明永历政权、李定国及台湾郑氏父子进行军事斗争外，在战争趋于结束时，他曾着手治理广东，做了一些有益的事情。诸如招抚流民、解囊济贫、筑路修桥、恢复府学、分汛防海、缉盗安民，尤其是为民请命，要求朝廷停止“迁海”，给沿海数百万百姓以生计，深得民心。当时，为防范郑成功父子，从顺治初就实行迁海的政策，强令沿海居民迁入内地，对台湾实行全面封锁，致使以打鱼为生的渔民失去生业，后果严重。朝廷拒绝他的请求，他则一次又一次申诉百姓心愿，直到康熙七年才获准，允许已迁出的渔民重返故地。所有这些方面都在《尚谱》和《元功垂范》中给予了具体的记载，为我们全面了解，正确评价他，提供了极为丰富的材料。

康熙十二年（1673），吴三桂首先发难，发动军事叛乱。其导火线，由圣祖决策撤藩而引发，而撤藩却是可喜率先提出，请求允许他“归老辽东”。圣祖马上批准，靖南王耿精忠迫于形势，也言不由衷地申请撤藩。对此，毫无思想准备的吴三桂进退失据，再三谋划，便假惺惺上奏，也要求退归故里。吴三桂以为朝廷一定会挽留他，岂料弄假成真，圣祖顺水推舟，很快批准了他的要求。吴三桂愤怒，抗拒撤藩，企图用军事力量来保卫他所得到的一切。其结果，正如人们所知道的，吴三桂兵败灭族，耿精忠于京师授首，下场十分悲惨。唯尚可喜得到善终，荣于生前，誉满身后。就因为他明智，主动地且出自诚意地提出撤藩，同圣祖保持一致，故得朝廷格外眷顾。可喜引退之意，早在顺治十二年（1655）十月就已提出。他要求或到山东兖州故明鲁王之地，或回辽东“旧地筑居安插”，表明他已无进取之心，只为子女将来生计着想，以释朝廷的疑心。当时，广东尚未安定，朝廷亟须他镇守，便予以挽留，答应天下“承平”时再考虑。至康熙十年，可喜以年老体弱为由，先交出兵权，以长子尚之信代理其职务。十二年，便正式申请：“方今四海升平，臣年已七十，精力就衰，正退耕垄亩之时……”可喜晚年，富贵已极，正应享受太平之福，却一再申请引退，要求返回荒凉而寒冷的塞外，离家已久的故里，究竟出于何种动机？《平定三逆方略》认为，其长子尚之信“暴横日甚”，“所为益不法”，可喜无法约束，为避祸及自身，故“引老乞骸骨”[①]。《清史列传·尚之信传》也持同样说法。

以上说法，都没有触及问题的实质。唯《尚谱》与《元功垂范》了解可喜内心的深虑。他“身在名位权势之中，心常出名位权势之外”，因而“归耕之念时切”[②]。可喜的谋士金光[③]曾劝诫：“王已位极人臣，恩宠无以复加。树大招风，朝廷对王很不放心，历来外姓封王没有能长久的。莫如交出兵权，回辽东养老。”[④]金光一席话却是说破了朝廷对三藩的忧虑。圣祖“自少时以三藩势焰日炽，不可不撤”[⑤]。亲政后，更把三藩列为他执政必须首先解决的“三大事”之一[⑥]，“久有撤藩之意”，伺机以除隐患[⑦]。而当可喜自请撤藩，圣祖毫无挽留之意，马上批准。显见可喜之忧虑、金光之直言，都是对朝廷的深刻洞察，故作出明智的选择，以急流勇退而得一善终，使尚氏子孙得以保全，荣禄绵延。正如他为创修《尚谱》所作“序”中所说：“此吾谱之作，所以彰显前人之功烈而使我子孙推求原本，上报朝廷，下延宗祀，绵绵长长无替休命，则宗谱之作其可以已乎！”他期望子子孙孙“无忘祖考之遗训，小心翼翼，以保守家法，则能永膺天子之眷佑，而流庆于无穷矣”。很清楚，他求退不只是保

---

① 见《平定三逆方略》卷1。

② 见《元功垂范》卷上，顺治十一年纪事。

③ 见《清史列传·逆臣传·尚之信》：“金光者，浙江义乌人，随可喜幕下赞谋划策最久。”他曾劝可喜将王位传给其次子尚之孝，故之信怀恨在心，及至承袭王位，应吴三桂之叛，将其杀害。

④ 语出《宗谱别录》，内载《尚谱》没有辑入的“先王轶事”。作者为可喜的第九代孙尚其宪，著于伪满洲国时期。其族侄即可喜之第十代孙尚世谓曾读过此书，可惜，至“文革”时被销毁，现已失传。引文为作者考察时，尚世谓老人之回忆。参之《清史稿·尚之信传》卷473、第12856页：“（康熙）十二年，可喜用其客金光策，上疏请以二佐领归老海城，而以之信袭爵留镇。”又，王钺：《世德堂文集》之“水西纪略”云：金光劝可喜：“朝廷方嫌尾大，计莫若率诸少子及左右亲信归耕辽东，避俺达（指尚之信）去，朝廷必大喜，则君臣父子之好，可两全无祸。”可喜深信不疑，遂有自请撤藩之举。两处文字之证，与尚世谓之回忆，完全吻合。

⑤《清圣祖实录》卷99，第9页。

⑥ 阮葵生：《茶余客话》卷1，中华书局1960年版。

⑦《清圣祖实录》卷99，第8-9页。

他个人一世功名，而且也为子孙计，继续得到朝廷的“眷佑”，以至于“无穷”！对比之下，吴三桂、耿精忠两藩醉心于权势，痴迷不悟，却落得可悲的下场。《尚谱》深刻地揭示出可喜的内心世界，为他书所不及。

《尚谱》为研究尚可喜提供如此丰富的史料，大大地补充了清代官书及其他有关史书记载之不足，也丰富了我们对尚可喜与清代某些问题的研究。不言而喻，《尚谱》的价值于此可见一斑。

三

尚之信作为可喜的长子与王位的继承人，又是“三藩之乱”的重要参与者，在清初发展史上是一个值得重视的人物。他的活动，在《清史列传》《清史稿》中均辟有传，《清圣祖实录》及《平定三逆方略》等更有大量记载。同样，《尚谱》也有他的传，虽远不及其父“实迹”之多，但也辑入了他书所没有的史料，且与他书记载有歧异，事关清史重大问题，很有必要作一考辨。

有关尚之信早期的历史，包括他的出生、幼年、少年的生活及才能，在上述提到的史籍中，可说一片空白，未见只言片语。而《尚谱》卷二“大房”（指之信）则专记其事，大体为：之信，字德符，号白岸，生于丙子年。父可喜航海来归，太宗将其一家及部属均安插在海州，直至清军进关才迁离此地。之信就生在海州。各书或记“顺治中，可喜遣（之信）入侍（世祖）”，或记顺治十三年（1656）“入侍”。是年，之信十九岁。这是记叙之信早期历史的唯一的一句话。《尚谱》具体谈到他的为人和才能：“生而神勇，嗜酒不拘细行，临危不惧，瞋目一呼，千人俱废，故终身无劲敌。”填补了之信早期历史的空白。

康熙十年（1671），之信奉父命，经圣祖批准，离京回到年老多病的父亲身边，协理王事。自此至死，有关他的记载，史不绝书。这里，涉及他的两个重要问题，一是叛清与否，一是因何罪而死。因记载歧异互见，扑朔迷离，实际已构成清初历史或“三藩之乱”的一件疑案，有必要重新审订历史，不难做出正确的结论。

1987年8月，我第二次考察尚可喜故乡，发表了《重访平南王尚可喜历史遗迹》一文[①]，其中对之信的这两个问题作了考辨，引起争论。近年仍有人专

① 见《清史研究通讯》1987年第3期。

论尚之信[1]，与我的论点的差别，就在于如何看待《尚谱》及其所载史料的价值。持不同意见者完全拒绝《尚谱》，声称家谱属“传说”，且有“为亲者讳”之嫌，其记载不足为信。照此说法，诸如《清实录》《平定三逆方略》等官书无不“为君者讳”，就都完全可信吗？这反映了学术界部分学者轻视族谱的史学价值的倾向。事实上，我正是从《尚谱》中发现了尚之信问题的可疑点，而反驳者亦难否认。而今，很值得再作深入论证。

先谈尚之信叛清问题。表面看，之信叛清投吴无疑。《清圣祖实录》载：康熙十五年四月，据江西总督董卫国疏奏：“尚之信阴与贼通，受吴三桂‘招讨大将军’伪号，于二月二十一日守其父尚可喜第，倡兵作乱。”[2]《清史稿》与《清史列传》所撰尚之信传中，增加了吴三桂授之信“辅德公”、“辅德亲王”等名号、以“伪印授之信”的内容。“易服改旗帜”是叛清的一个重要标志。据康熙二十一年始修的《平定三逆方略》，在董卫国首报之信“作乱”的奏疏中，又加进了这一句话。于是，这些记载都成了人们论定之信叛清投吴的重要根据。

要辨明之信叛清的问题，首先应从考辨史料的真伪入手。应当承认，清朝官方对之信的记载最具权威性。因为以圣祖为首的统治集团对之信深恶痛绝，后又定以死罪，对他所犯罪过不会有丝毫隐瞒。从这个意义上说，清廷的记载远比官方以外的史书更接近真实，当无疑问。就以官方所载之信事，不难发现互有歧异，甚或自相矛盾。如上面提到《清圣祖实录》中江西总督董卫国报告：之信接受吴三桂赠与的“招讨大将军伪号”。此之外，从没见到又授予“辅德公”、“辅德亲王”名号的记载，也没有授“伪印”之说。所谓“招讨大将军”也只是“名号”，只字没提授“伪印”。康熙十五年十二月之信向朝廷“乞降”时，根本没有提到他交出吴三桂的伪印、伪札，仅是派人携带他的一份“密疏”，报给扬威大将军和硕简亲王喇布军前，再转呈圣祖而已[3]。这与靖南王耿精忠完全不同，他降时，先遣官员“献伪总统将军印，续遣子耿显祚来迎”。清军进入福州，举行受降仪式：精忠“率伪文武官员出城迎降，献所属官兵册籍”。[4]之信所受伪公、王名号及伪印，均见载于二百多年后的《清史

① 吴伯娅：《傅弘烈与尚之信》，载《清史论丛》，1993年。

②《清圣祖实录》卷60，第14页。

③《清圣祖实录》卷64，第15页。

④《清圣祖实录》卷65，第13~17页。

稿》及《清史列传》。所谓“易服改旗帜”不见于《清圣祖实录》，却在平吴之乱后所修的《平定三逆方略》中加进这句话！雍正朝始修、乾隆四年完成的官修《八旗通志》（初集）“尚可喜传”，对之信发动兵变、守可喜府第、可喜自尽未遂等情节，竟然只字未提，只写“两粤东西交讧”，藩下部分将领叛归吴三桂，致使“人情汹汹，罔有固志”，“可喜年老，不胜忧愤”等语，仅此而已。两朝官方修史，何以对之信“叛清”事记载差异如此之大？该书不载其叛清事，显然不会出于疏忽，而是在核定事实后，才略去了《清实录》的这段内容。

《清圣祖实录》等官书该记而未记的有若干，如，之信果真叛清，圣祖应如同对吴三桂、耿精忠一样，照例发布征讨檄文，宣布他为叛逆，削去他代理王事的爵位等。奇怪的是，在他得到之信“作乱”的消息后，除了指示加强防御，只说“广东变乱”，对之信未作任何评论！在之信“归正”前，圣祖也一句谴责的话未提，更未给予撤职削爵的处置。

康熙四十一年（1702），之信已被处死二十余年，圣祖“特旨赐公（之信）妻子归宗完聚，仍赐田房、奴仆服役养赡。公有女五人，皆特恩择配，复赐奴仆、妆奁”。这一重要史实不载《清圣祖实录》等官书，却载于《尚谱》卷二“大房”。按说犯有叛逆罪的人，无不株连九族；除非平反，其家属及后裔永无翻身之日！圣祖给予之信的妻女以特殊优待，适足以证明之信事已甄别，不入载《清实录》，是“为君者讳”，不敢写皇帝“昨非而今是”。联想到前面已提到的《八旗通志》不载之信叛清事，实据圣祖对他的平反。《尚谱》把上述事写进去，肯定实有其事，否则，可喜的子孙绝不敢以身试法予以披露。

根据以上各疑点，之信叛清便大成疑问。

从名分上考察，之信确曾一度“顺逆”，归属吴三桂。之信何以出此自毁之策？考之当时形势极其险恶。吴叛清后，耿精忠起兵响应，迅速波及可喜所辖的广东地区，其下属潮州总兵刘进忠率先叛变；接着，又有高州总兵祖泽清等将叛，并接引广西将军孙延龄及三桂的叛军攻陷广东雷、廉二郡，另一支叛军逼肇庆，直趋广州；还有台湾郑锦乘机出兵，威胁广东。尚部官兵连连失利，向后退却。至康熙十五年初，尚可喜向朝廷紧急呼吁：“臣病日剧，寇在门庭……”[①] 而广州“省会一区，亡在目前，人情汹汹，俱无固志。”清军无

①《清圣祖实录》卷59，第17~18页。

力救援，坐待广州自毙。《尚谱》独载：可喜“忧郁成疾，不能视事，积薪后楼为自焚计。”他已做好了城破举火自焚的准备。之信此刻的心境，亦由该书做了如下叙述：

> 公（之信）念三朝重恩，五代荣宠，值此攻守维艰，救援莫待，以死报国，分所宜然。但死则广省尽失，南方一带皆为贼有，其势愈炽，若乘风破浪，长驱四进，何以禁之！况粤地千有余里，将来恢复非数万之众，数年之久不克奏功。是死非报国，适足遗病于国也。吾心可对天日，安事虚名为哉。[①]

父子两人都想到了以死报国。以尚可喜的地位和名望，不降，只能选择一死。而之信的想法稍有不同，如死，则等于把广东轻易地送给了吴三桂，如抵抗，则无能为力，终被消灭；其结果与自尽是一样的，虽死得壮烈，却于全失广东无补。衡量利害，他便采取“阳为顺逆（吴三桂），实保地方”之策，表面投靠吴三桂，以保全广东，“大兵一到即便反正”[②]。

之信投靠吴三桂还隐藏了个人的目的，这就是借吴的力量，夺取王权。据《清史稿》披露：“可喜初请以长子之信袭爵，继恶之信酗酒嗜杀，请更授次子之孝”，引起之信愤愤不平。康熙十五年一月，可喜病重，令之信“代理”本藩事务，仍没有袭爵。于是他“阴通三桂，三桂兵日迫”。遂有二月“兵变”之举，罢之孝兵权，令其侍奉父亲。

之信达到了个人目的，对吴就采取“阳顺”之策，是得到其父可喜的默许的。其见证人就是傅弘烈。他原为甘肃庆阳知府，于康熙七年因揭发吴三桂图谋不轨而被流徙广西梧州。吴三桂叛后，他到处奔走，筹划抗击叛军大计。康熙十五年九月七日，他自梧州来到广东三水县，约见之信，又回到广州，去看望正在病中的可喜。他将这次会见可喜的情况写进他的《陈合谋灭贼情形疏》。他写道：可喜握住他的手嘱咐说：“清朝恩深难报，‘兵变’至此光景，尔与我大儿子（之信）同心协力，杀却马雄（广西提督），取了肇庆，以通广东、广西咽喉，然后披剃，将两粤复还朝廷，我死亦瞑目，感激汝矣。”傅含

①②《尚谱》卷2，“大房”。

泪出，即与之信商定取肇庆，擒斩叛将马雄之计[①]。可喜毫无谴责其子“降吴”之意，父子关系和谐，还嘱之信与傅合作，夺取肇庆，杀了马雄，然后，剃头上疏，将两广归还给朝廷。从傅的记述中，丝毫看不出之信有逼父的意思，而可喜的一席话也非为之信所逼而发。他与傅的关系密切，故于病中嘱以肺腑之言。他们见面一个多月后，可喜病逝。他以七十余岁的高龄，已有病数年，至此变乱之时，难免心急如焚，对其恢复健康不利，终至病故，亦属自然。康熙十六年六月，之信向圣祖报告：“臣父尚可喜于去年二月兵变之后，投缳自尽，被左右救苏，后忧郁疾笃”而逝[②]。与傅所记大同小异，所说“投缳”与“备薪”自焚，都是可喜尽节于清朝的决心，并非为之信逼死。而《清史列传》及《清史稿》等书说，之信叛，“可喜卧疾，不能制，愤甚，自经，左右救之苏，疾益甚，十月卒”。显然，意在说明可喜之死，为之信所逼。比之傅氏亲眼所见，就难说真实了，《清圣祖实录》也无此记载，即使后来给之信定罪，亦无此项内容。十分清楚，把可喜之死同之信“降吴”联系起来，是后人修史所加的不实之词。

傅弘烈在见过可喜父子的当天，即九月七日，立即按可喜嘱托写就一份奏疏，向圣祖通报：“安达公（之信）与臣决谋，合兵进取肇庆，擒斩马雄，剃头上疏，然后平定惠、潮。安达公遣原潮州总兵王国栋领兵同臣举事，订日起身。”[③]傅的奏疏，是对之信伪降吴三桂的最有力的佐证。而之信在同傅见面后，便设法同驻在江西的清和硕简亲王喇布取得联系，遣使躲过吴军的防线，送去一份“密疏”。但据《尚谱》卷二所载，康熙十五年春，之信代理王事，于“兵变”之后，连续“以九疏入告”朝廷，表明他“阳为顺逆，实保地方”的苦衷，向圣祖保证：他与其父“世受国恩，断不敢怀异念”。圣祖表示完全信任：“之信感戴国恩，克成父志，屡次密奏，约会大兵进粤。”《尚谱》说“九疏”，圣祖说“屡次”，其意吻合。《清圣祖实录》明载，圣祖还说过：“因事出仓促，致成变异。”[④]对之信“阳顺”吴三桂表示予以理解和默认。并约定：只要保持广东安定，使清兵以全力用于湖南主战场，等清兵入粤时作“内应”，再公开“反正”。于是，圣祖不向广东发兵征讨，完全把注意力放到江

①③ 见《傅忠毅公全集》卷1，“陈合谋灭贼情形疏”。
②《清圣祖实录》卷67，第12页。
④《清圣祖实录》卷64，第15页。

西、湖南战场。直到康熙十六年三月，圣祖命莽依图为镇南将军向广东进军时，之信派其弟署都统尚之瑛前往韶州迎接大军。圣祖随即发出谕旨，令之信承袭平南亲王爵。至此，之信完全实践了他的诺言，证明他在思想上与朝廷始终如一的政治态度。

当时，伪降吴三桂的并非之信一人，傅弘烈就是其中之一。他于康熙十四年六月至桂林，"阳附"吴三桂，接受任命，受职"信胜将军"，这与之信受"招讨大将军"名号没有什么不同。他的目的是"投身贼地，从中反间"[①]。其意图也与之信"阳为顺逆，实保地方"之策确无差别。就在傅面谒可喜之后，便开始与之信密切合作，采取完全一致的行动。当吴三桂得知傅与之信的谋划，遂断绝傅的粮饷，策动其所部士兵散去。傅陷绝境，欲一死报国，之信极力劝阻，不仅救了他的命，还捐助兵饷五千两银、粮米四千石，建议他速去江西清军大本营，"奏请皇上"，派"大兵接应"[②]。傅听从了之信的建议，向江西进军，很快同清军统帅之一镇南将军舒恕取得了联系。后清军进至韶州，他与受之信派遣的尚之瑛先后迎接清军入粤。傅给朝廷的奏疏中，尤其强调指出："臣得保全以归朝廷，尽力封疆，以展夙志，实荷平南亲王臣尚可喜遗嘱指示，安达公臣尚之信助饷助米。"[③]

可见，他们伪降的动机并无本质性的差异，对清朝的感情也是一致的，所差不过是两人的政治背景各有不同而已。如只说傅属伪降，之信却是真降，不过是重复了清朝统治者的观点，即为处死之信而加的莫须有的罪名。

之信一度名归三桂，果真"实际参与叛乱"了吗？回答是否定的。查遍《清圣祖实录》等书，也没发现他"实际参与叛乱"的记载。在所谓"参与叛乱"的二百天左右，他始终没出一兵一卒，没同清军交过一次锋。即使三桂屡次催令甚至胁迫他出兵庾岭，开辟新战场，他仍然按兵不动；实在无法应付，便出库金十万两賄叛军，以塞三桂之口[④]。他大大饮酒，不问政事，借以麻痹三桂，"以安贼志"。三桂也以之信酗酒无度，无大志而不为意[⑤]。《清史稿·尚之信传》记此事虽简，但与《尚谱》所记如出一辙。就连坚持之信叛清说的人也拿不出一件令人信服的事实来。毋庸讳言，《清圣祖实录》仅记之信"倡兵

① 《清史列传》卷6，"傅弘烈传"。

②③ 见《傅忠毅公全集》卷1，"陈合谋灭贼情形疏"。

④ 《逆臣传》，"尚之信传"，卷2，第2页。

⑤ 《尚谱》卷2，"大房"。

作乱”时，曾“炮击”清军大营。姑且就算之信下令炮击，奇怪的是，却没有发兵进攻镇南将军舒恕所部，双方根本没有交战，无任何伤亡，而舒恕自动“引兵归”即撤离广州北返。《尚谱》明记：之信“潜引将军舒恕率满洲官兵入京，一无所损”。与“引兵归”是一个意思。舒恕没得圣祖指示，不作抵抗，擅自撤离防地，其罪甚重。但圣祖既未动怒，也未责备舒恕一句话，更没有给予处分。对此重大事态不予评论，好像广州方面什么事也没发生过一样！这又证明，从一开始，之信就向舒恕等说明了他的意图，达成了默契，放几声空炮，使驻广州的清军安全北返。可以肯定，圣祖也知内情，故未说一句谴责的话，也是很自然的。

形成鲜明对照的是，靖南王耿精忠不仅易服蓄发，改旗换帜，还在军事上与清军激烈地争城夺地，陷清军于频频失利之境。因而激怒了圣祖，遂给予强烈的谴责，出兵征讨。之信却无此行动，是不能认为“实际参与叛乱”的。

“归正”后，之信积极参与平叛的战斗，《尚谱》及《清圣祖实录》等各书，均作了详细的记载。之信应朝廷部署，固守广东，进剿广西。这里只摘引两份史料，以说明之信所发挥的重大作用。其一，康熙十六年七月，在收复广西梧州后，傅弘烈所写的奏报：“梧城之捷，筹划机宜，指授方略，捐助接济，鼓舞兵心者，则平南亲王臣尚之信……”[①]其二，康熙十七年四月，之信亲统所部平息祖泽清叛乱，收复了高州等地。裕亲王福全大加称赞：“自粤省复定以来，平南亲王安达尚之信分道调遣官兵，同大兵前去征剿逆贼，固守地方。今高州逆贼祖泽清背恩反叛，又亲身统兵同大兵进剿，其矢志忠贞，效力素著。”[②]圣祖也不止一次发给之信敕谕，对他在平叛中所取得功绩一再肯定，温语有加：“王其安辑粤东，以继尔先人未尽之志。”[③]类似的话已说了许多，说明圣祖对之信“反正”后的表现是满意的。但有时也批评之信行动迟缓，执行命令拖延。平心而论，是圣祖不了解情况而作出不当的决定，给之信执行其谕旨带来颇大的困难。至于如《清史稿》所说，“上令之信自韶州进取……之信不赴”、“上命之信移师梧州，又不赴”等说辞[④]是失实的。这些就不赘述了。

---

①《傅忠毅公全集》卷1。

②《裕亲王福全等残题本》，见《明清史料》丁编第10本，第926页。

③④《清史稿》卷474，“尚之信传”，第12858页。

关于尚之信之死的问题，同样大成疑问。既有疑问，不可不辨。应该说，自之信“倡兵作乱”到“归正”后，遵旨参与平叛，本无问题，后因何被逮乃至处死？《尚谱》卷二“大房”作了这样的记载：“公（之信）下护卫张永祥、张士选获罪惶诛，潜逃回广州，串通藩员，诬公七事，入控，奉旨勘问。”至于二张氏获何罪，却没有说。《清史稿·尚之信传》卷474记载颇详：“之信残暴猜忌，醉辄怒，执佩刀击刺，又屡以鸣镝射人。（孙）楷宗叛复降，上贷其罪，之信杖杀之。护卫张永祥为之信赍疏诣京师，上召见，授总兵。之信故阻抑，复屡辱以鞭箠。怒护卫张士选语忤，射之，残其足，诸护卫皆不平。”于是，王国栋与副都统之信弟之璋、总兵宁天祚“密谋图之信”。广东巡抚金俊上疏，称：“之信凶残暴虐，犹存异志。臣察其左右俱义愤不平”，因而“密约”王国栋等“共酌机宜”，请求逮捕之信“行诛”。还有王国栋也上疏，“自述”与金俊、之障、天祚“合谋图之信”。不仅如此，他竟以之信的母亲舒氏、胡氏的名义，上奏圣祖：“之信怙恶不悛，有不臣之心。恐祸延宗祀，乞上行诛。”①

这就是尚之信的全部案情。概括起来，他的罪行，主要是酗酒行凶，擅杀朝廷命官。《尚谱》也说：“公尚之信嗜酒未除，王（尚可喜）恶之。”他多行不义，激起众怒，故纷纷揭发其暴行。但这些暴行还不具有“图谋不轨”、“谋反”的性质。用现代的语言表述，属于刑事犯罪。在评论尚之信与耿精忠两犯罪行的性质时，朝廷重臣说出了实话，如大学士明珠认为，“耿精忠之罪较尚之信尤为严重。尚之信不过纵酒行凶，口出妄言；耿精忠负恩谋反，且与安亲王书内多有狂悖之语，甚为可恶。”②一个是“纵酒行凶”，一个是“负恩谋反”，两者性质完全不同，不能混为一谈。但结局都一样，两人均被处死。

尚之信终不免一死，其根本原因，就是圣祖决心彻底铲除三藩势力，对其为首者哪怕稍有劣迹，必欲连同其肉体一起消灭。可以说，圣祖处死之信，完全是基于政治原因而采取的极端手段。

从现今已见到的史料，我们有理由认为，自康熙十七年二月，平吴战争正在胜利进行中，圣祖对之信已露出了杀机。这就是已升任广西巡抚的傅弘烈自广西发出一份“密疏”，向圣祖告密之信图谋不轨：“尚之信酒后无德，近见皇

①《清史稿》卷474，“尚之信传”，第12858页。

②《清圣祖实录》卷100，第12页。

上颁旨及部议不甚如意，又一时更换抚院藩司，心甚疑畏……尚之信官兵，臣同事心腹，其反复莫测，臣知之最深。宜用其弟尚之孝带领官兵守梧州，与臣同事，以备消弭之用。”他知道此事关系重大，唯恐泄露给之信，使他们之间“激成嫌隙，有误封疆”，因此请求圣祖“留中密览”，不要把此疏发给廷臣[①]。

这份奏疏，各书均不见载，幸有傅氏文集留存，始得见历史的真相。以他与之信父子的关系，且在危难时刻又得之信之大助，两人几乎同时“归正”，并借之信之力，得以进兵广西，本不该上此疏，捏造之信“反复莫测”的政治罪名，直取之信的人头！此前，他屡次向朝廷报告之信在平叛中的功绩，但背后却又下此狠着，意欲何为？这表明他已察觉到圣祖必欲铲除三藩的意图，窥见其心事，才敢告密，以取悦于上，获取个人政治上的好处。果然如其所料，圣祖完全听信他的密报，并大加赞扬。接着，他又向圣祖献计，如何分化之信的势力，提拔其手下的将官如王国栋等，以示恩宠和笼络，利用他们的力量来牵制之信。圣祖对此，言听计从[②]。实际上，傅已插手之信内部事务，暗中操纵，成了圣祖在平南王藩中的代理人，严密监视他的一举一动。君臣配合默契，而之信却一无所知。

事实表明，傅是向之信秘密发难的第一人！由于他屡次密报，已离间了之信与圣祖刚刚恢复起来的信任关系，也离间了平南王藩内部的关系，很快扶植起王国栋等人的反对派，制约和监视之信的行动。

至康熙十八年五月，吴三桂已死，叛乱势力急速衰败，胜利指日可待。傅见时机已到，再上《密陈藩王尚之信不忠疏》，直接点名，罗列罪状，诸如“卖官虐民，抄家充饷，遍地起税，恣行无忌”；历数之信抗违君命，无论征湖南，平广西，“一兵不发，闭门不出，目中竟不知有君命”。他声称：“久知尚之信狂野成性，反复莫测。”他建议“削之信之藩封以还其弟，散藩旗之多兵，设水师之提督，以分其权势”等等。圣祖即密令逐步实施[③]。

不幸的是，还没等到逮治之信，傅本人却于康熙十九年（1680）二月被广西叛将马承荫所俘，押至贵阳遇害。傅虽死，但献给圣祖的各项密计，已变成圣祖的既定方针，继续按计行事。

---

①《清圣祖实录》卷2，“密陈军情疏”；参见《清圣祖实录》卷72。

②《清圣祖实录》卷73，第22~23页。

③《傅忠毅公全集》卷4，“密陈藩王尚之信不忠疏”。

继傅之后，以之信手下新任命的都统王国栋为首，开始密谋策划反之信。他们与巡抚金俊相互配合，连疏告发之信的罪行。趁之信离开广州，前往广西平叛之机，二张氏亲至京师“告变”[①]。这一切都表明，这是一个有组织有计划的政治行动，特别是王国栋竟敢假冒之信母亲的名义，请求朝廷处死之信，也得到了鼓励，圣祖不但不加罪属下告主为非法，相反，一告即准，马上下达逮捕令。《尚谱》卷二载：之信“闻旨即下马解胄，自系铁组，被禁广州”。

之信被捕不服，上疏自辩。圣祖不听，还是削除其王爵，令赴京师审理。

之信正准备赴京师听审，在藩王府突然发生了一场事变。长史李天植痛恨王国栋策划陷害之信，将其阴谋报告之信母，然后约之信的弟弟之节、之璜、之瑛合谋，以召国栋议事的名义，骗至议事处，用伏兵当场把他杀死。此系《清史稿·尚之信传》所记。《尚谱》卷二的记载是：之信被逮后，国栋未经朝廷允许，擅自封府库，“恣取资财，肆行无忌”。天植见状，勃然大怒：“国栋陷身旗奴，微先王（可喜）超擢不至此。今既不白公诬，又不遵旨送公候勘，乃恣行如是，是将不轨”，“遂拥杀之”。比较两书记载，各有倾向，实际上，在圣祖分化互解下，王府已形成两个集团，而陷之信于法的，实为国栋首谋无疑。在拥之信一派看来，国栋忘恩负义，背主求荣，加害主人，是他们所不容许的，杀此人以泄心中之愤。

擅杀朝廷命官，按律重处。但问题的关键在于，之信是否参与或指使天植等人杀国栋。据《清史稿》，天植宣称：此系个人所为，与之信无涉。《尚谱》也肯定地说：“公未知也。”考之当时情势，之信被禁，已失去人身自由，并不知国栋的一系列密谋活动，至于傅弘烈屡次告密就更无从得知。如《尚谱》载，他得知国栋被杀，十分“愕然”，不禁感叹：“嗟乎！余于丙辰（康熙十五年）春，已誓死报国，因疆土计苟延至今，为余生也久矣，岂复为身计哉！”他自信“媒孽之诬不足以蔽圣明，余自见天有日”。他指责天植等人“倒行逆施，更取罪戾为哉”。以此判断，之信不可能参与或指使天植等谋杀国栋。这时，其母舒氏、胡氏也申辩：之信“无谋叛迹”，其揭发信系国栋伪造[②]。唯一人即护卫田世雄指证国栋为之信指使所杀。圣祖不理睬舒、胡两氏的申辩，就

① 《清史稿》卷474，“尚之信传”，第12858页。
② 《平定三逆方略》卷53，第10页。

以田世雄的孤证为据，定以“擅杀”之罪，下令之信就地“赐帛”自尽，其弟之节、之瑛、之璜及天植百余人斩首，对舒、胡氏不予追究，田世雄因不先揭发，“坐杖流”。对之信家属的处置，《清史稿》写道：“圣祖指示，之信虽有罪，其妻子不可凌辱，当护还京师。”但《尚谱》记载却不同：妻子籍没入官。同时又记载康熙四十一年，始令其妻子归籍，给予种种优待。这实际是对之信予以平反。此事，清官书均不刊载，而《清史稿》之简记失实，有意掩饰。总之，尚之信之死，不是作为“谋反”罪被处死的，他与耿精忠都做了圣祖既定政策的牺牲品。

《尚氏宗谱》涉及的内容，相当广泛。本文仅就清初“三藩之乱”中的两个重要人物及有关事件，做了必要的考辨。不难看出，族谱的价值是其他史书所不能代替的。它们之间，不能互相排斥，恰恰相反，应当互为补充，互为印证。一些学者不重族谱，以为无足轻重，有的甚至斥为“隐恶扬善”，以至放弃对族谱所载史料的摄取和考实，不能不是一种短见。

（原载《明清论丛》第一辑，紫禁城出版社1999年版）

历史的回答
——也辨吴三桂降清问题

近一二年间，《北方论丛》独树一帜，专辟论坛，就吴三桂的评价展开公开讨论，其中关于吴三桂是否降清的辩论最为热烈。我拜读了左书谔（以下简称左文）、战继发、李兴详等同志的文章[①]，获益甚多，愿乘此讨论之余绪，略述管见，不妥之处，还望诸家指正。

一、吴三桂降清确定无疑

吴三桂降清一事，历史早已做出回答，三百年来，从无人提出疑义。左书谔同志一再“考辨”吴三桂始终没有降清，这大概是明末清初以来的第一人吧！人们在认识客观事物中，包括对历史人物的评价，会提出这样或那样的看法，这完全是正常的。因为每个人的认识水平不同，掌握的材料（数据）的可靠性有误差，加之所持方法有别，对一个问题，对一个人物，往往会得出相反的结论，亦是常有之事，科学的生命力，就在于不断“领异标新”（郑板桥语）。这就要求人们不断提出新的创见，才有利于科学的发展。但是，这种创见必须是在正确的理论指导下，占有充分的可靠材料，经过科学分析，符合客观实际的结论便脱颖而出。否认吴三桂降清，可以作为一说。然而，我们不能不指出，这种结论是不正确的。问题就在于理论方法偏颇，采用史料未尽真实。

我们判断一个人的功过是非，根据是什么呢？是看他的主观愿望，还是看

① 见《北方论丛》1986年第2期、1987年第3期。

他的行动？是看其动机，还是看其社会实践的效果？按照历史唯物主义的观点，两者是辩证的统一，就是说，要全面地看问题。但历史唯物主义又认为，更重要的是看人的实践、行动及其所产生的社会效果。正如马克思的一句名言："一步实际运动比一打纲领更重要。"[①] 对一个政党如此，对一个人也不例外。恩格斯说得更直接、明确："对头脑正常的人说来，判断一个人当然不是看他的声明，而是看他的行动；不是看他自称如何如何，而是看他做些什么和实际是怎样一个人。"一言以蔽之，"他们的行为就是充分的证据"[②]。

否认吴三桂降清，恰恰是在理论方法上倒置了言与行、动机与效果的关系，把吴三桂的某种愿望、自我表白作为判断是非的准则。如，左文反复引证，吴三桂在山海关战役后有过请求护明太子入都、重建明政权的"愿望"，同时又证明也有"行动"。的确，吴三桂降清前后一度有此愿望。但在明清敌对的两大势力中间，不允许他首鼠两端，脚踏两只船。因此，他既为清朝打仗，又想重建明朝，是完全行不通的。事实上，他的行动已证明他决心跟清朝走，把自己的荣辱与清朝的命运紧紧地联系在一起。尽人皆知，自山海关战役后，一直到叛清前，数十年间，吴三桂作为清朝的王侯效力行间，镇守严疆。左文只注意到吴三桂欲恢复明朝的愿望，却忽略了他忠实于清朝的行动，而用其"愿望"来"证明吴三桂并未降清"，是难以服人的。

左文所证明的"复明"行动，无非是指他企图立明太子为帝。诸如陈济生《再生纪略》、刘尚友《定思小纪》、袭道人《遇变纪略》等书皆载李自成于四月三十日退出北京、清兵于五月二日进京之际，吴三桂曾行火牌至京，号召所有官员、士绅百姓，都要穿戴公服，到郊外迎太子即位。此外，还有杨士聪《甲申核真记》载五月一日这天"午后，传吴三桂与（虏?）力争，不令其众入城，止头目同吴三桂护东宫（太子）以入"（事实是吴三桂并未入城）。杨士聪是李自成占北京时期的见证人，他所记的，也仅是根据传闻而已。这些记载，不过反映了吴三桂的某种愿望，却未成为事实。因为明太子始终未被吴三桂所掌握，"拥立为帝"又从何谈起！

吴三桂叛清时，曾上书康熙皇帝[③]，发布反清檄文，极力表白自己当初降

---

①《哥达纲领批判》，载《马克思恩格斯选集》第三卷，第3页，人民出版社1972年版。

②《德国的革命与反革命》，载《马克思恩格斯选集》第一卷，第579页，人民出版社1972年版。

③ 黄体芳：《醉乡琐志》。

清并非出于真心，而是多尔衮背信弃义造成的。这番表白，已经透露了他当年降清时内心的苦衷，不过求诸天下人给予理解罢了。令人惊讶的是，左文对此置信不疑，把他的自我表白、声明作为他未降清的证据。试想，一个人做了一件事，并且产生了社会效果，这时，他（她）能用当初的内心“苦衷”来否认自己的行为吗？不能。任何人都必须对自己的所作所为（行动）负责（包括法律责任）。吴三桂为自己的辩解，不管多么有力，都改变不了他降清数十年的历史。这不该成为疑问。

左文还从吴三桂的“态度”来加以论证，断然肯定“从吴三桂一贯抗清的态度上看，吴三桂不会轻易降清”，坚持这一“结论是正确的”。在山海关战役前，吴三桂坚持抗清，坚守孤城宁远（辽宁兴城），直至明亡。这都是事实。使人不解的是，怎么可以由此便断定吴三桂以后不会降清？换言之，他以前抗清“态度”坚决，就保证他将来不能降清吗？还好，左文在这一点上，尚留有余地，说“不会轻易降清”。但是，并不等于永不降清。须知，一个人的“态度”不是一成不变的，随着客观形势的变化，人的态度随时可以改变。尤其是在明清交替的激烈变化时期，每个人的态度瞬息可变。如洪承畴为明军统帅，被俘后，一度拒降，转而跪倒在现今沈阳故宫的大清门前，向皇太极称臣；祖大寿为辽东明军总兵官，两次被围不降，结果还是归命于清政权。吴三桂更是如此。他本与农民军对立，却卷甲归顺，又复叛；由抗清变为降清。到康熙十二年时，再一变而叛清。这说明在他一生中，每到关键时候，他的立场和态度就有变化。左文从吴三桂以前的抗清“态度”，进而断定他以后的态度不会改变，这既不符合事实，在理论上也难站住脚。吴三桂的“行为就是充分的证据”，舍此无他。把人们的自我表白、态度、言论当成判断是非的准则，这种理论上的失误是显而易见的。

吴三桂降清的事，清代官方文献、明末清初时人的大量著述，都有详细的记述，史实之丰富，俯拾皆是。毫无疑问，在这些记述中，拾取任何个别材料来为自己的观点服务，都不是件难事。左文正是按自己的意图摘取个别史料而不计其余，就得出吴三桂没有降清的结论的。因此，有必要对左文所引史料及其结论作一番考察。

吴三桂降清是经历了一个较长的复杂过程的。皇太极晚年屡次招降他暂且不论，从多尔衮率兵之时，就对他展开步步进逼的诱降。四月十六日，多尔衮在答复吴三桂的请兵信中，正式提出要他归降：“今伯若率众来归，必封以故土，晋为藩王。”许以“世世子孙长享福贵，如山河之永也”[①]。但吴三桂在第二次紧急请兵的信中，对此招降未作正面回答，仅说：“幸王速整虎旅，直入山海，首尾夹攻，逆贼可擒，京东西可传檄而定也。”接着又说：“更祁令大军秋毫无犯，则民心服而财土亦得，何事不成哉！”[②]此话耐人寻味，一切尽在不言中。不妨说，它是吴三桂向多尔衮献计，其意在激励清兵速来山海关。这以后，我们便看到多尔衮是怎样一步步逼向吴三桂，使其投降的。他先是故意拖延进军，及至加速进军，于二十一日晚到达山海关外的欢喜岭时，又迟迟不进关。他一方面对吴请兵的虚实保持警惕，一方面寻找时机诱吴就范。当晚，当吴三桂得知清军已至关前，又派人前去催促进兵，“请之者再三”，多尔衮“兵犹未及行”，“三桂复遣使者相望于道，凡往返八次”[③]。次日（二十二日）晨，三桂又派出当地士绅五人再去恳请。多尔衮仍不进兵，却派他的高级决策人物范文程进关，“晓谕军民”[④]。他跟吴三桂说些什么，没留下任何记载。但范去山海关后，吴三桂当即决定亲自面谒多尔衮，这正是多尔衮所希望的，他就是要迫使吴三桂亲自出马，利用他处境危急，达到引诱其投降的目的。所以，他一听说吴三桂来见他，就兴奋地说：“天下在掌中矣！”[⑤]他认为只要把吴招降，进而击败农民军，天下便唾手可得。从多种记载来看，他们进行了紧急谈判，一方以立明太子为帝做条件，答应“裂土”酬谢；一方表示同意出兵，并提出双方盟誓，又以吴兵与农民军无法区别为由，要求剃发以相别。此时，吴三桂已被早一天到来的农民军打得精疲力竭，正面临着一场生死的恶战。他唯一的想法，就是要保住身家性命，还要报仇雪恨。在这种情况下，他对多尔衮的要求慨然允诺：“为今兵少，故乞师于若，盟誓剃发无恨！”[⑥]当即剃发，迅速举行仪式，按满族习俗，杀白马乌牛，祭天地，斩衣折箭为誓[⑦]。

至此，应该说，吴三桂个人完成了降清的过程。事实表明，他降清并非出于原来的主观愿望，但降清的条件却相当充分。第一，他处境危急，不能自存，前有农民军，后有清军，正如他后来回忆的：“计不能两全，乃乞师本

①②《清世祖实录》卷4，第14~17页。
③⑦ 季六奇：《明季北略》卷20，“吴三桂请兵始末”。
④《临榆县志》卷8、卷21。
⑤《吴三桂纪略》。
⑥ 吴伟业：《鹿樵纪闻》卷下。

朝，以雪君父之仇。”[①] 险恶的形势迫使他倒向清朝这一边。第二，吴的亲属如祖氏大家族、原上司洪承畴等大批辽将已降清，对他做了招抚工作，具有吸引力。如多尔衮见吴时，洪承畴在座；他的舅父祖大寿也随军来此，不能不影响到他态度的变化。第三，清朝给了他远比明朝更为优厚的待遇，不能不使他动心。第四，多尔衮实行了正确的政策和策略，对吴三桂之降起了诱导的作用。在多种因素和条件的交互作用下，吴三桂降清也就顺理成章[②]。

在这里，左文提出一个论点，认为吴三桂剃发“似不能作为降清的标志。只能作为区别李自成农民军的标志”。稍有点清史常识的人都知道，从努尔哈赤建国起就把剃发定为一条政治准则：凡剃发者即为我民，拒绝剃发的，视为叛民，以死处置。多尔衮进北京后，曾下令：“剃发者，贼亦非贼；不剃发者，非贼亦贼。”[③] 康熙帝在与台湾郑氏政权谈判时，郑氏政权要求不剃发作为投降的条件，曾说：“若因居住台湾不行剃发，则归顺悃诚以何为据?”[④] 此项国策，至清亡恪守未改。汉人降清，第一件事就是剃发易服。在明朝看来，汉人剃发，即视为叛变。吴三桂已经剃发，并举行盟誓，怎能不是降清的“标志”? 多尔衮提出与农民军相区别，要吴本人及吴军剃发，不过是一种借口。吴三桂是否意识到，这无关紧要，他毕竟剃发了，至叛清前，他再没留发。在山海关战役结束时，山海关百姓与吴军全部剃发[⑤]。这能不能看做降清的“标志”? 对剃发的问题，不是材料有误，而是理论认识上的误解。

紧接着，多尔衮代表顺治帝封吴三桂为平西王，赏赐玉带等珍贵物品，吴三桂一一接受。两个多月后，吴三桂得胜还朝，他“已叨王爵”，特给他的一批将士请功。他在给顺治帝、多尔衮的奏报中写道：“本藩（吴自称）总统两镇，值人心惶惶、靡定之秋，其与本藩同肝胆而归顺清朝，舍性命而捍御逆闯，倘非动以望外之功名，万不能有济。”他特别强调他的将士居请“开国首功，又与寻常战守之功大有分别”，要求给予“破格升袭”[⑥]。连吴三桂本人也承认自己“归顺清朝”，又自诩为“开国首功”，向多尔衮邀功请赏。凡此种

---

① 《平西王吴三桂传》。
② 陈生玺:《清兵入关与吴三桂降清问题》，载《中华论丛》1981年第2期。
③ 李天根:《爝火录》（上）卷2，第136页；卷4，第222页。
④ 《明清史料》丁编，第3本，第272页。
⑤ 《清世祖实录》卷4，第15页。
⑥ 刘健:《庭闻录》卷1。

种，不能说吴没有降清吧！左文不仅否认吴三桂于山海关战役前降清的事实，甚至说他终其一生始终未降清，这种说法未免走得太远了。

吴三桂降清、受封尽载入清官方文件、档案，时人笔记也多有详载。但左文对此不予理睬，仅从个别著述中征引某些材料来证明自己的结论。甚至把一个外国人卫匡国的《鞑靼战纪》作为“权威”记录，极力说明他记载的可靠性，并大量征引，作为自己论点的根据。如果记载的确可靠，当然可以采用。事实并非如此。例如，卫氏写道“吴三桂于是在陕西以西安为首都建立了政权”即是一例。应该指出的是，此人于崇祯十六年（1643）来华，至事变时，才一年多，并没有到过北方，如何能“亲眼目睹”发生在长城脚下的事件？如左文所引他记述吴与多尔衮谈判等事，不过得之于传闻，或时文笔记辗转抄录而已。因为拥立明太子事已在当时广为传播，他所记录的与时人所传大体相似，并无特异之处。当左文引征卫氏所记，证明吴未降清和剃发不能作为降清标志时，却忽略了下面一段话：“大批鞑靼人进入中国，他（指吴）已不可能战胜他们，因而改变了忠心，服从于鞑靼皇帝。”这明明是说吴已降了清朝，左文却无视这段带有结论性的话，置而不录。如此引征是不妥的。同样也是一个外国人，如朝鲜国王李倧之世子被质于沈阳，后随清军入关、进北京，一路亲历与所见之事，汇入《西行日记》，其载山海关战役前前后后，远比卫匡国更为真切。他写道：二十二日晨，“清兵进迫关门五里许，烟尘下炮声大发，俄而吴三桂率诸将数十员，甲数百骑，出城迎降，九王（指多尔衮）受拜礼于阵中”。次日（二十三日），多尔衮令“吴将（三桂）以下，尽为剃头”[①]。此事确为这个朝鲜人所目睹，当不致有误。左文应该注意到，卫氏与朝鲜人记录详实不尽相同，但对吴三桂降清问题的认识是一致的，所提供的材料无根本差异。左文没有引录朝鲜世子的记载，对卫氏也仅引其认为有用之部分，这很难正确说明历史。

吴三桂降清后，当时，在北方已不是秘密，很快传播开来，左文征引南明给吴三桂及其父母封爵、犒吴军的史料，以此证明吴受到称赞。事实是，南明赐封时，还不知道吴已降清，迟至当年十月遣使至北京议和时，才得到准确的消息。至于吴拒绝南明赐封，拒收犒师银米等，左文只字不提。无须解释，南明统治集团决不会赞成吴降清。左文力图通过这两件事证明，当时吴是个被肯

---

① 《沈馆录》卷7，第13页。

定的人物，以此作为吴没有降清的佐证。但事与愿违，由于运用材料的偏向，把本来已经清楚的史实，又弄得似是而非了。

二、明清之交以来对吴三桂降清的评论

吴三桂“大义灭亲”，借兵复仇，击败农民军，恢复北京之举，一时间，为人们广泛传颂，成了全国的一个风云人物。亡明士大夫阶层，南明统治集团，以及中小地主以上阶层，对吴三桂推崇备至，简直成了他们的骄子！他们把吴三桂比做复楚的包胥，中兴唐朝的郭子仪、李光弼，宋代忠君报国的岳飞。地主阶级和亡明士大夫仇恨农民起义军，自然对吴三桂怀有感激之情，各种溢美之词、桂冠加在他身上，这是不足为怪的。左文不加分析地肯定这些赞颂，实际上，也就肯定吴三桂参加镇压农民起义军是正确的了。

但是，原明统治阶层的人物及其史家对吴降清却不是众口一词的赞扬，而是持不同的态度。概括起来，一是给予肯定；一是惋惜、同情；一是否定、斥责。

肯定和赞扬吴三桂降清的，主要是来自清朝方面。招降吴三桂，最符合它的根本利益。为笼络他，不厌其烦地颂扬，不断地赏赐，这些记录，充斥在清官方文件之中。顺治元年十月，首次授给吴三桂平西王册印，文曰：“咨尔平西伯吴三桂，洞识天时，当叔父摄政王统兵西征之际，尔即擒流贼说士，遣官归命军前。迨王师式临，开关迎入。又随叔父摄政王，破贼兵二十万，底定中原……特授以册印，封为平西王。尔其益励忠勤，屏藩王室。”[①] 顺治八年、十四年又两次记功，特授金册金印。

康熙元年（1662），玄烨刚即位，又颁给吴三桂平西王金册金宝，封为亲王，用以表彰他镇压农民军余部和扫除南明势力的功勋。毋庸讳言，吴三桂叛清后，清统治者对他的态度才为之根本转变，却没有否认以前对吴三桂的肯定。

在亡明士大夫中，可以说，几乎没有人公开赞扬吴三桂降清，至多为他惋惜。明末名士夏允彝写道：“包胥侍秦兵而获存楚社，三桂借东夷，而东夷遂吞我中华，岂三桂罪哉？所遭之不幸耳。”[②] 他认为时局不同，造成了国家与

---

①《清世祖实录》卷10，第7页。

②《幸存录》（上）。

吴三桂的不幸，而不能把责任都推到他一人身上。

著名史学家谈迁在其名著《国榷》一书中，对吴三桂请兵、降清作了长篇评论。他写道，当时“三桂内挂贼寇，外怵建人，权其两害，势必东款以击寇，而三桂孤矣”。他指出，如手握重兵的王永吉能挥师助战，三桂未必走降清这条路。他不禁叹息：“三桂孤旅，又无一人佐其谋，前门驱虎，后门进狼，至不暇顾，惜哉!”[①]

谈迁很客观地分析了明末形势，与唐、宋（辽）时期比较，事势两殊，三桂处境不幸，不得已而请清兵，至有悲剧之结局。他为吴叹惋不已。他在另处又写下一段评论，详见该书卷101，页6083、6084，左文做过引证，但有删节。这里仅补其所删文字：“或长安豪杰，立鼓众城守，驰约请和，割榆关（即山海关）以外弃之，岁输币十万、金百万，事虽不济，而此心可盟天日，他日可对先帝于地下。且两军合势……亦表饵之术也。”左文在紧接“寡助之至，未可独责三桂”句下又删去以下文字：“而揆以春秋责备之义，三桂又安所辞乎!”

左文把谈迁上述评论，说成是这位正直的史学家对吴三桂“鸣不平”。恐怕这不是谈迁的全部本意。他以春秋之义责备吴三桂，更看不出“鸣不平”的意思。左文没有把吴三桂“复仇”与降清两件大事做具体分析，却否认他降清，肯定他“复仇”，用亡明士大夫及南明统治集团的赞扬话，进一步肯定吴三桂。相反，对批评吴三桂的学术观点则斥为是清朝统治者的“定论”、“受传统观点影响极深”。但人们是否也可问一句：左文所持论点，与亡明士大夫有何不同？岂止不同！在我们看来，左文似乎走得更远。比如，左文反复论证吴三桂在云南进行了“复明反清”的长期准备。吴三桂已发展成一个军阀，他在云南所做的一切，都不过是维护和发展本集团的既得利益。当撤藩令触犯他的根本利益时，他不惜孤注一掷，作困兽之斗。左文把吴三桂的这些活动，都看成是“复明”的准备。这在当时恐怕没有几人能相信这一点。即使一时相信，很快也识破他的真面目，纷纷离他而去。左文既肯定吴三桂的叛乱活动，又认为他自己当皇帝也是合理的，这样看问题，历史就没有是非了。

---

① 谈迁：《国榷》卷101，第6075页。

三、我们的看法

吴三桂降清是历史事实，我们不必讳言，重要的是，如何看待他降清这件事。

三百余年过去了，无论是当时，还是以后，吴三桂基本是个被否定的人物，而至近世，又被冠以现代用语“汉奸”“叛徒”之称，倍加挞伐。我们认为，对吴三桂降清及其一生的评价，既不能站在明朝的正统立场上，也不应迁就清朝的官方观点。处理民族间的历史问题包括对历史人物的评价，应从中华民族和大一统的原则来考虑。中华民族是一个整体，生活在中国领土上的各民族都是她的一部分，因此，我们应平等对待，既允许汉人统一中国、当皇帝，也允许少数民族统一中国、当皇帝，所谓“有德者居之”。建立清朝的满族，是中华民族的一员，它能顺应中国历史发展的趋势，君临天下，无可责难。如李自成能统一全国，自然可以。可惜他失败了，张献忠也失败了。南明是个黑暗腐败的政治集团，它也迅速地被历史所抛弃。唯有清朝胜利了，统一了全国。在那个时代，不管哪个集团，哪个阶级的统一，都必然是封建的统一，即使农民起义后的统一，最终还是脱离不了封建主义的窠臼。因此，我们没有必要谴责清朝入主中原。在清朝逐步胜利的过程中，大批汉官汉将加入清政权，是很自然的。把这一批人都定为“汉奸”可乎？反过来说，历史上的女真、蒙古、契丹等少数民族加入汉人建立的政权，也可以叫什么“奸”吗？在封建主义时代，我们判断是非，不是简单地以一个集团否定另一个集团，亦不是以民族为区分，肯定一个民族，排斥另一个民族，那是封建统治者及其史家的观点。我们的出发点，是从能否顺应历史发展，能否符合本民族与中华民族的长远利益，对具体人和事作具体分析。

在中国历史上，各民族互相加入对方的政权，各民族的统治阶层的人物，从一个营垒跑到另一个营垒，是正常的历史现象。它正体现了中华民族内部的彼此渗透，彼此吸引。对此，我们无须大惊小怪。

吴三桂是清建国至入关前明朝方面最后一个降清的人，又是清入关之始第一个降清的汉将。他同早期降清的李永芳、范文程及稍后的祖大寿一家、洪承畴一大批汉官汉将一样，在降清这个问题上，没有什么不同，无非是寻求出路罢了。所不同的是，降清有先后，时间有早晚。还有，他们每人降清的具体情况不尽相同。有的兵败被俘而降，有的受明朝迫害，被逼来归，也有的自愿投靠，以求重用等等。吴三桂是被李自成逼迫，于危机之中投入清朝的。在降清这个问题上，我们不能是此非彼，肯定一部分汉官降清为是，否定吴三桂降清为非。与早期降清的汉官相比，他更引人注目，原因就在于他在关键时刻投向清朝，共同击败了李自成的农民军，这是不能掩饰的历史污点。同时，我们也应实事求是地看到，造成这种结果，李自成也负有责任。由于他在北京期间实行政策的重大失误，严重损害了吴本人及家庭的利益，使他在思想与精神上受到强烈刺激，断然同农民军决裂，转而投靠清朝。这的确是事出有因。我们不能苛求吴三桂，更不能要求他必须正确对待农民军的错误政策。那种以“大地主大官僚的阶级本性”来解释的简单分析，是不能深刻地说明历史的。

从清朝方面来说，吴三桂降清后为其统一全国所立下的功勋是不可磨灭的。在当时历史条件下，清朝能够迅速统一全国，避免了似乎难免的大分裂，是有利于中华民族的好事。中国只有统一，才有进步，并能应付日渐东来的西方殖民主义的侵略，如抗击沙俄对中国黑龙江流域的野蛮侵略，就是康熙帝利用国家统一的物资与军事力量将其击败，收复了失地。从国家统一这个意义上说，吴三桂和千百个汉官汉将及数以万计的汉军帮助清朝统一全国，是不应该斥为“汉奸”的。他们并非一开始就喜欢清朝这个少数民族建立的政权，而是清朝的一系列新政策吸引了他们，优厚的条件满足了他们的利益要求。这就是它胜于明朝，甚至胜于农民军的优势之一。大量的文献资料向我们展示了一幅前所未有的图景：从努尔哈赤特别是皇太极开始，明朝归顺清朝的将官、吏员、士兵、生员，真是成百上千，络绎不绝，接踵而至，恰似一股潮流。在这股潮流中，吴三桂作为其中的一员降了清朝，我们也就无可厚非了。

历史问题是复杂的，一个人的思想变化及其行动，是由多种因素决定的。关于吴三桂其人及降清问题的评价，不是一个简单的问题，应当在正确的理论指导下，全面占有资料，不带任何偏见地展开研究，必能还吴三桂的历史真面目。

（原载《北方论丛》1988年第1期）

明清之际历史人物传记修纂评价研讨会综述

明清之际是明清鼎革、社会大变动的一个特殊的历史时期。在这个时期，直到吴三桂发动武装叛清，群雄并出，多个政权并立，各种人物登上历史舞台，有清朝、明朝人物，又有大顺、大西农民起义人物，还有南明、台湾郑氏及三藩人物等等。如何评价这个历史时期的人物，历来是学术界激烈争议的一个焦点，历经三十年改革开放，争议迄今不止，不同观点的对立甚至比以前更为尖锐。

新修《清史》传记部分，其中明清之际的历史人物与三藩人物占有相当比重。对于怎样写好这些人物传，承担项目的专家皆感到难度较大，希望开会讨论，以解决撰写传记中的一些实际困难。

传记组应三级组专家的要求，遂决定召开“明清之际历史人物传记修纂评价研讨会”。会议选定在明清交战激烈及吴三桂叛乱发生地云南召开，让与会专家亲临其地，感受历史。

会议于2008年10月29日至11月1日举行。参加会议的专家，有与本次研讨会主题相关的项目组（太祖、太宗、顺治与康熙卷）成员，他们是：张丹卉、张玉兴、佟悦、程大琨、赵朗、廖晓晴、刘凤云、岑大利、陈连营；另特邀王戎笙、工汝丰、徐凯、李尚英等专家，云南大学方铁教授、云南师大邹建达教授应邀与会；传记组潘振平、张捷夫、赫治清、李治亭、赵珍等，同与会专家一起参加了讨论。会议由国家清史编纂委员会委员、传记组副组长李治亭研究员主持，组长潘振平代表传记组讲话，他阐述了此次研讨会的必要性和学术价值，提出会议的主题，将评价人物与撰写传记有机地结合起来，期待与会专家各抒己见，通过讨论，争取达成某些共识，找到可供具体操作的方法。

会议围绕明清之际至三藩时期的人物评价这个主题，深入展开讨论，探讨撰写传记的基本做法。观点难免有不同，争议亦属必然。但专家皆心平气和，以诚相待，化争论为共商，看法互补。讨论始终充满了热烈的气氛，将讨论的问题提升到一个新的水平，获得了关于如何评价历史人物的新认识，相互借鉴写作传记的好经验、好方法。归纳会议讨论的内容和新的认识，可概括为如下五个方面。

第一，撰写人物传记，应突出人物即传主所处时代及生活环境。

1. 明清易代的不同评价。如何正确认识时代，对于评价人物及传记的撰写都十分重要。明清易代是一个特殊的历史时期。讨论一开始，专家们就给出了不同的答案。

顺康卷项目主持人张玉兴研究员认为，写人物传，“必须认清传主所处的时代，明确形势，给传主以准确的历史定位”。他以明清之际为例，指出：当时民族矛盾已上升为社会主要矛盾，因此，抗清是正确的。对抗清或反清的人物应按此定位。

张玉兴研究员的看法引起了与会专家的共鸣。潘振平编审强调：撰写一个人物传，必须写清楚传主所处的时代及其生活的环境。换言之，就是把传主置于他（她）所生活的那个时代的背景下，从其时代作出判断，来展开对传主的历史考察。每个历史人物的思想与行为不能不受到时代的制约，也必然受到周围环境的影响。撰写人物传，必写其时代及生活的具体环境，已成为大家的共识。但对具体时代的认识并非一致。赫治清研究员明确地表明自己的见解。他说，写传记重在把握历史人物的定位，首先要给时代定位。如明清易代，要阐明时代的矛盾，就是清对明的民族征服战争。从清入关到南明永历覆亡，不能用“统一”来解释。如清初实行过大暴政，也不能用“统一”来解释清初的形势，否则，就把反清的人物给否定了。清统一是偶然性，不能用必然性来解释。清朝也不是新兴的力量，这只能是农民起义军。

时代是不断变化、不断发展的。我们应以科学发展观对变化了的时代作出正确的判断，给人物以准确的历史定位。以康熙初年为例：除台湾，大陆基本统一，但全国久经战乱，经济残破，广大百姓渴望国家得到治理，生活安定。当此之际，平西王吴三桂抗拒撤藩，率先在云南起兵叛清，把刚刚安定的中国又推入一场八年之久的战乱之中。吴三桂违背人民的愿望，逆历史的发展方向而动，就注定了他失败的必然命运。刘凤云教授在回顾了这段历史之后指出：吴三桂“反清”是不能肯定的，“永远翻不了案”！如果说，清军下江南，发布剃发令，由此而掀起的大规模的抗清斗争具有一定的进步意义，那么，吴三桂为一己之私，起兵反清就毫无进步意义可言。

大多数专家认为，明清易代，就是这两个王朝一兴一亡的过程，而这个过程，亦即是从四分五裂走向新的统一。我们只能从这一历史发展的大趋势来检验每个人的实践活动，作出评价，以此为指导写好传记。

2. 明清之际人物的复杂性。前已指出，明清之际，形势乱而复杂多变，各种政治军事势力交织在一起，又相互斗争，前途与命运难卜。故在此局势下，涌现出各种各样的人，他们的价值取向与利益的选择也时刻处于变动之中。这就使这一历史时期的人物极具复杂性。大家以明清之际的时代为例，从不同角度说明，明、清、大顺、南明、大西几方的激烈争夺，将使身处这一复杂环境中的每个人作出自己的选择：要么站在这一方，要么投到另一方，诸如降清、反清、忠明、叛明、投归大顺或大西后再投清等等，已成为明清之际的普遍现象。如吴三桂，先忠明，后投大顺不成，再归清，最后又叛清。像吴三桂如此反反复复，也不是个别现象。这就是在一个特定的历史时期出现的特殊问题。它生动地反映了时代给予人们的深刻影响，直接制约着每个人的思想和行为，任何伟大的人物都不能超越，只能在严峻的形势面前作出价值判断，以决定去从！

在讨论中，与会专家不论对具体人、具体问题持何观点，都认识到：无论写大传，还是小传，都不可忽略人物所处的时代和生活的具体环境，舍此，就会失去评价历史人物的客观依据。

第二，撰写人物传，如何处理传主人物的是非问题？

举凡传记，有关传主的是是非非、品格优劣、才能高低，都在学者的笔下给予全面披露。其写法，或夹叙夹议，或予评论，皆无不可。这属于个人写史，少有禁忌。此系一人之言，如能成一说，则称为一家之言。

历代以国家的名义为前朝修史，包括本纪、列传等，则与个人写史不同。其根本差别就在于，修史重在真实地记述历朝及个人的历史，用文字保存其历史，亦即留下史料，为后人之研究提供事实依据。因此，修史不宜将作者的品评或分析直接书诸文字。简言之，写清了史实，后人自可作出判断。这就是国家修史远不同于个人修史有更大自由度，可以随意发挥。故历代之二十六史中的本纪、列传，皆于每篇末写一段撰者的话，如《史记》有“太史公曰”，其后，又有“赞曰”“论曰”之类，就是直接表达撰者对传主的明确评价。

应当指出，历代修史所撰人物传记，并非无观点，也不是不断是非。恰恰相反，褒扬忠义、正直，贬斥邪恶、虚伪，构成了二十六史传记中判断是非的基本原则。例如，《明史》把李自成、张献忠等农民起义领袖人物尽打入“流贼”，其实践活动皆判为“祸乱”。乾隆四十一年，命国史馆增设“贰臣传”，将明清之际降清的人物都列为“贰臣”，明示其“一身事两朝”，大节有亏，鲜明地表示出他们的是非观。当然，历代修史也贯彻“为君者讳”“为亲者讳”的原则，同样是一种是非的判断。

历代“正史”与个人写传写史固然有所不同，但都以不同的方式表达撰述者对传主的是非评断。那么，我们今天为清朝修史，撰写人物传，应该如何表达我们对其是非的判断呢？

在讨论中，与会专家借鉴历代修史的经验与缺失，主张对传主所作所为应作出是非的判断。著名清史学者、中国社会科学院历史研究所王戎笙研究员认为：“我们应该有是非观。心里有是非，但又不能在传记中大写是非。”他举例说，当时有一些人很有气节，坚决不投降，抗清到底。这个气节应该给予赞扬。但又不能大写特写，只要把拒降、抗清的事表述清楚就行了。他曾与外国学者交流学术，外国学者说，他们写名人传记，都不作评价，也就不分是非与否。王先生指出：事实并非如此。比如，他们对林肯、尼克松等重要人物，都有很具体的评价，贯彻了是非分明的原则。

沈阳故宫博物院佟悦研究员对王先生的一席话又作了补充。他也曾与加拿大学者讨论过传记的写法。他们认为我们中国学者写人物传，总是分出好人坏人，而他们就不分，就是把传主们都当成一个人来写，说我们对人物分析太多等等。“其实，他们说的也不尽然，如同王先生所说，他们也有是非观，同样分清是非。”

潘振平接着说：历史人物在他们生活的时代，在具体处事中不可能没有是非，我们写传记如不写是非，就完全失去了历史的真实性。但在传文中又不能写得太多。一个基本的方法，就是通过对史料的取舍、剪裁来体现出传主的是与非。这也是国家修史与个人著书立说的一个明显区别。

中央党校岑大利教授认为，写传记，回避是非，就写不清传主人物的真实面貌。她举例说，满汉臣工之间存在着矛盾，如汤斌因为是汉人，与满官发生矛盾，结果把错误都推到汤斌的身上，明明是对的，却说成是错误。我们写汤斌传时，如不把事实与是非写清楚，那么，汤斌这个人就永远写不清楚了。

何为是？何为非？根据什么来断是非？中国人民大学历史系王汝丰教授对此发表看法说：我们判定历史人物的是非，一是从人物所处的时代来考察，看人物的实践活动是否符合时代的主流趋向，是否符合时代精神；二是以当代的价值判断，即指历史人物对当代有何影响。即使影响不到今天，那么，与当代的时代精神或人们的价值观念有何异同之处，据此，即可判断历史人物实践活动的是与非。他说，不论对什么人，都要具体人具体分析，具体事也要具体分析。王先生长期治中国近代史或称晚清史，即以李鸿章为例：我们不必简单说他卖国，或说他误国，但他负责外交，又主持其事，责任是推脱不掉的。如甲午战争，打不打？李鸿章犹豫不决，误了战机，结果中国以失败而告终。李鸿章是个复杂人物，可以就事论事，对他的具体事要多分析，才能分出是非来。

王汝丰先生又以袁世凯为例，说他是一个更复杂的人物。有人说他办了军事工业，也派了留学生，办这些事都不错。但他要当皇帝，复辟帝制，仅此一件事，就可以给他盖棺论定！

总之，撰写人物传，一定要分清是非；同时，也必须用文字表述清楚。这已成为与会专家的共识，特别是为继续写好传记提供了具体指导。

第三，传记修纂如何把握评价历史人物的标准？

这是个老话题。以往研究人物，或者评价人物，都制定几条标准或原则，如20世纪六七十年代，总有学术权威来制定评价历史人物的标准。因为这些标准都贯彻了“以阶级斗争为纲”的理论指导，历史人物的面貌被扭曲而无法获得真实。

自改革开放以后，原先流行于学术界的那些评价历史人物的条条框框即标准已被人们给予扭正，迄今，再无人提这个那个标准，照样做评价历史人物的文章。现在，当我们认真评价明清之际的历史人物时，还要不要有一个评价标准？如果有标准，那么，这个标准是什么呢？

与会专家们指出，改革开放三十年中，学术界的确没有人再主观制定评价人物的标准，但是，这并不是意味着没有标准。其实，当学者评价某个历史人物时，在其内心还是有自己的标准的。所以，我们应当承认，评价历史人物并非没有标准。正如赫治清研究员所说：坚持历史唯物主义，实事求是。这就是以事实为依据客观地观察问题，理性分析，得出相应的结论。

专家们一致认为，标准是客观的，总是以社会及人民的利益为旨归。标准并非一成不变，各个时代都有各自的评价标准，社会各个阶层的评价标准也有区别。

国家清史编委会主办的“中华文史网”主编李尚英教授认为，自皇太极建立清以来，清与明的斗争实质可以说是地主阶级之间的斗争；清军入关后，清廷的主要敌人是南明小朝廷、农民军余部。因此，清廷不管自觉还是不自觉地，其所进行的战争就是一场统一战争。如何评价这一时期的历史人物，有的学者强调用“大一统理论”为人物评价标准，有的学者则强调“民族矛盾和民族利益”，导致见解歧异。他指出：“‘大一统理论’与‘民族矛盾和民族利益’本不相矛盾。但现在学者研究的出发点有所不同，其结果就得出了不同的观点。”他认为，应该把两者统一起来，研究和分析明清鼎革这个时代，进而引出正确的结论。

北京大学徐凯教授发表看法说：中国传统文化对历史人物的评价影响很大。比如，“贰臣”不是清朝独有的现象，历朝历代当政权更迭时都有一大批人成为“贰臣”，为什么清朝那么重视这件事？清朝还是出于本身统治的需要，提倡“忠君”，不要学“一身事两朝”的“贰臣”。他又举出宋朝的事例：宋代已形成以儒家理学评价人物的标准，其是非、正误、好坏等，皆以理学为标准。如，汉代杨雄因事王莽而受到贬斥，著名女诗人李清照因改嫁而名声一落千丈！为倡导忠贞，到处立关帝庙，表彰关羽忠君、忠义，实则是把其精神推向整个社会，达到教化百姓的目的。原先受推崇的姜子牙比关羽逊色，就被从庙中请了出来，换上了关羽。

徐教授又指出，古人评价民族人物也有标准：“华夷之辨”和《春秋》大义，就足以把少数民族人物否定掉。

归纳徐凯的看法：历来评价历史人物都有标准，此其一；其二，评价的标准因时代而变化，此即说，没有永远不变的标准；其三，古人即历代统治者评价人物，多以道德为标准，这就是对人物的品德及道德的表现看得很重。品德的表现好坏，将决定对人物的褒贬。

会议上，专家们围绕“道德标准”展开了热烈讨论。他们对这个问题既有共识，也有争议。专家们都认为，重视道德是中华民族的优秀传统，如果评价历史人物忽视道德的表现，就忽视了中华民族的道德评价传统，是不利于文化传承的。因此，评价人物，其道德问题不能不考虑。但是，也须看到，道德也是变化的，其中也有不利于社会发展的道德约束，甚至损害社会一部分人的利益。如，徐凯已举出的事例：李清照因为改嫁而受到贬抑，就不可取。一女不嫁二夫，“从一而终”、“饿死事小，失节事大”、“存天理，灭人欲”之类的观念，走向极端，窒息了社会与人性的合理要求和发展。在今天看来，这类道德观不可取，是传统道德观中的糟粕，不能提倡，当然不能把它作为评价的标准。道德问题要有所选择，就是“忠君”，也要看怎么“忠”，“忠”于谁。如果是“助纣为虐”，这类的“忠”就不值得肯定。总之，道德不可不重视，但更重要的是看其实践活动，到底做了哪些有益于社会、有益于当时百姓的好事。李治亭研究员认为：道德可以是一个标准，但不是唯一的标准，也不是主要的标准，还是要坚持“实践是检验真理的唯一标准”，将人物的实践活动作为第一标准。他举例：乾隆四十一年倡修“贰臣传”，并增修“逆臣传”时，史臣请示如何撰写吴三桂传，乾隆帝称：“功则功之，罪则罪之。”看起来功罪分明，但都是以对清朝的功罪而设定的标准。显而易见，我们评价其人，应当跳出为一姓王朝而“忠”的狭隘观念。

明清之际，有大量的明将吏、儒士即汉官降清，也有部分农民军将领降清。这就遇到了一个严峻的道德问题。用一个学者的话说：他们都要接受道德的审判。张玉兴研究员认为，那些降清的人，不论出自何种原因，都是对民族对国家的背叛，都在否定之列！那些坚决抗清的人物才值得肯定，理应受到赞扬。他强调：“抗清是宝贵的民族文化遗产。”

潘振平编审对这个问题提出了自己的见解。他认为，降清人物并不都一样，比如入关前，有主动降清的，也多有被动降清的，当然也有拒降的人，反映了他们的价值观不同，并随着环境的变化而变化。如生存的“大环境”“小环境”各有所不同，影响着人对价值观的判断。因此，对降清的不能一概而论，也不能用一个标准去衡量，都打入一类人物。他又指出，处理南明人物较困难。他们当中一些人抗清有气节，要表彰，但南明又很腐败，把崇祯朝的腐败都带进新政权，尤其是重翻那时的大案、要案，把朝政搞乱，政权无法运转。所以，评价南明人物时，要把以上两个方面的情况都考虑进去，不可偏向一方而否定另一方。

李治亭主张，评价明清之际的人物，同评价其他人物一样，应贯彻平等公平的原则，尤其是对不同民族人物，更须公平、平等。例如，努尔哈赤统一本民族，建立本民族的政权，然后向明朝展开了军事进攻，揭开了明清战争的序幕。不久，李自成、张献忠等农民起义军也把进攻的矛头指向了明政权。前者是反抗明朝的民族压迫和奴役，后者则是反抗明朝的阶级压迫和阶级剥削。不言而喻，两者的反抗都是天然合理的，理应同等对待，这才是公正、公平、平等的原则，应给予同等的评价。学术界却有一种与此相反的意见：努尔哈赤起兵进攻明朝是“武装叛乱”，明朝出兵是“镇压地方叛乱”云云。李自成起义是反压迫的正义斗争，天然合理。一个是少数民族，一个是汉族，却不同等对待，显然不公平，按此原则去评价，必然要出现偏差。

会上，已提出不同的意见和论述，多是针对不同看法而发的。不过，大家见仁见智，人们可以择善而从之。

第四，评价或纂写历史人物传，学者要不要将个人的主观意识包括情感注入其研究中？以何种方式或渠道把这种主观意识表达出来？

这个问题，与前三个问题有不可分割的联系。如判定时代、分清传主的是非、确定评价的标准等等，可以说，这些都是学者主观意识活动的结果，换言之，都离不开学者的主观意识，否则这一切都不会发生。质言之，没有学者主观意识的活动——研究，什么也不会存在。

与会学者所说的主观意识，主要是指自己的思想感情，如爱与恨、喜欢与厌恶等，在撰写传记中，经常出现这类情感，多少影响到对传主的正确评价。在讨论中，许多学者都谈了这方面的认识。

辽宁大学历史文化学院张丹卉教授执笔撰写李永芳、鲍承先等降清人物传记。她看了许多档案及朝鲜方面的史料后感受到，李永芳降后金，实在出于“无奈”，他没有别的选择。当然，他可以选择去死，为明殉节。但在当时的情景下，他选择了降，接受对方给的优惠条件。“这是我的认识，就带着这种感情去写。”

辽宁省档案馆程大琨承担顺康朝人物传，其感受甚深。他说：“写人物传，不自觉地就把自己的感情倾注于文中。对人物爱与憎如何表达？我体会，尽量不投入感情为好。不然，感情用事，就会偏离了历史！”

徐凯认为：“切忌融入个人情感，善恶必书，是为实录！”他的意思是，个人带有情感，以个人好恶取舍，就会把自己喜欢的人评价过高，净说好话；反之，如自己厌恶某人，就会将此人说得一无是处。在以往的研究中，学术界常有这种情况发生。如，农民起义的领袖人物，常被赞扬得无以复加，而统治阶级中的人物常被骂得面目全非。

潘振平指出，我们修史，写人物传，评价人物，都应剔除个人的感情偏见，“要秉笔直书，善恶必录!”

李尚英建议，从国家修史的角度言，写人物传记时，应“搁置争议，就事论事，客观叙述，不加褒贬”。

通过实践经验，尤其是回顾20世纪在这方面的教训，与会专家主张，还是要理性思考，冷静地看待传主方方面面的实践活动，如实地写出传主的本来面貌，作出符合本人历史的评价。

第五，关于写传记，如何取舍史料?

史料是学术研究的基础和前提。假如无史料，一切都无从谈起；有史料而又不足，也不会得出完整的认识，更难下结论。承担传记组传记项目的专家们普遍感到资料十分有限，有的专家用“匮乏”来形容，可见某些资料缺乏的严重程度。

张捷夫研究员说，资料问题当然很重要。一是有没有资料，二是有没有新资料。如果没有资料，可以不立传，即使是大学士级别的人物，没什么资料就不立传。已经有资料，还要看能不能挖掘新史料，就是说，在已知的史料基础上，努力增补新史料尤其重要，这是取得突破的一个关键，因而应尽力去找新史料。

在搜集史料的过程中，如何取舍？这是人物评价或撰写传记的又一个关键。

专家们对这个问题已取得共同认识：其一，搜集资料要全面。明清之际的重要人物的活动，在明清官方实录、档案文件中或多或少留有文字记录；同时，生活在同一时期的史家所撰史书，以及笔记、见闻之类的书中，也记录了他们的某些活动，如谈迁之《国榷》、计六奇之《明季北略》、王在晋之《三朝辽事实录》等一大批私家著述，实为必读之书。除明清双方的官私书，还有一大资源，这就是来自李氏朝鲜方面的记录，其史料相当丰富，记录努尔哈赤、皇太极两朝之人和事，甚至比中国方面记录得还细致！如《李朝实录》等朝鲜官方实录所记载之事，远胜明清两方的记录。还有朝鲜人不断出使中国所写的回忆录、沿途所经之地的见闻录等，都是难得的史料。要研究这一时期的人物，就要全面去搜罗明、清及朝鲜三个方面的史料，缺一不可。单纯去搜集其中一个或两个方面的史料，难免会有缺欠。

专家们强调，明清档案特别是清代遗留的档案汗牛充栋，仍是我们研究人物与其他问题的首选史料。现已公开出版或网上公布的档案很多、很丰富，应该充分利用。

徐凯教授集中问题，专门谈了朝鲜方面所存有关记述中国明清史事的各种资料。潘振平还专门谈了明清史料问题与朝鲜方面的史料，提醒各专家应予重视。

其二，不论记录传主好事、坏事，都不能放过，应一并搜集，进行比对，以定传主之是非，认清其真实面貌。专家们指出：取舍材料最忌讳的就是怀有偏见，凭个人好恶，如喜欢其人，就取用那些赞扬传主的材料，而记述其短处的史料就弃而不用。反之亦然。有的专家列举南明福王弘光朱由崧为例：有的史书记载弘光颇有抱负、有作为，有的则记述他腐败无能，两相对照，判若两人。如果多取用赞扬的史料，弘光就是一个值得肯定的人；若用记述其劣迹的史料，弘光必然是一个被否定的人。许多专家都说，这种情况是历史上常见的现象，不足为奇。关键的问题，就是研究者不抱任何偏见，搜集记述其好坏两个方面的史料，进行比较性研究，才有可能厘清史实，分辨出其人的真实面貌。因此，取舍史料，固然要辨伪存真，但研究者不能感情用事，更不能随心所欲，带有主观随意性，需要的是冷静思考，慎重处理历史人物的各种实际问题。

明清之际的人物，情况十分复杂，尤其是降清人物、抗清人物的评价极具争议性，在将学术“政治化”的年代，这是一个极为敏感的话题。而今，人们的思想解放，学术无禁区，学术观点可以自由发表。这个研讨会中的专家所论，确有发前所未发、议前所未议之处。评价人物所提出的问题，确有新见，有深度。最重要的是，人的观念与价值判断都取得了长足进步。

当然，也不能不看到，一次研讨会对研究的问题虽有推进，有共识，却不可能都达成共识，仍有分歧和异议是自然的。争论还将继续下去，期待学术界继续探讨。

（原载《炎黄文化》第九辑，2008年）

专题论丛

WEIYANJI

给清史以准确的历史定位

自1912年清朝宣布逊国，以《清史稿》之编纂、萧一山著《清代通史》为标志，正式揭开了清亡后清史研究的里程。迄于今，已历九十余年，清史研究从未间断，而以近二十余年的研究为极盛。即以清断代史为例：先有戴逸的《简明清史》，后有郑天挺的《清史》、中国人大清史所与中国社科院历史所合著的《清代通史》（全十册）、杜家骥的《清朝简史》、我主编的《清史》（两卷本）等书相继问世，已是前七十年数倍之多！论文之多，更是以万计。改革开放二十余年来，清史研究之盛，远远胜过前七十年的总和。

清史研究成绩斐然，但其中也存在着巨大分歧。以《清史稿》和萧一山《清代通史》为代表的历史观点及对清史的评价，固不足论；而"文革"前特别是"文革"中，极左思想泛滥，贬斥清史，亦不足怪。直至改革开放时期，人们的思想大解放，价值观念大变化，我们对中国历史的原有认识包括对清史的评述，都已改变了许多。然而，在清史研究中延续下来的传统观念，依然根深蒂固，因而不能正确解读清史。从根本上说，就是如何正确认识清史，准确地给清史定位。例如：一说满族为"异民族"，视清朝为"异国"；当初努尔哈赤起兵，向明朝挑战，指为"犯上作乱"。一说满族离开其居住地，进入中原，就是对"中国"的"侵略"、"进犯"，是满族贵族对汉人的"民族征服"。一说清朝统一全国，"是以全国生产力大幅度破坏为代价的"，它"代表落后的生产方式"，使中国的发展"延缓了一百年"。一说清初减轻农民的负担，"在很大程度上口惠而实不至"，即使如康熙朝"宣布减免赋税并没有多大实际意义"。所谓康熙盛世纯属子虚乌有，是"被某些学者捧出来的"！

至于近代时期，清朝更是一无是处，几乎没做一件好事！除了那些内反清朝统治、外反西方与日本列强侵华的仁人志士及死难烈士，几乎没有一个好人！

学术之争，本属学术研究过程中正常现象；持不同观点，无可厚非。但我们认真分析上述诸多观点时，便不难发现，在这些观点的背后，却是隐藏着如前已指出的某种民族偏见或陈旧的史学观念，给清史做出了不恰当的评价。

那么，我们应当怎样认识清史，给它一个正确的历史定位呢？

任何一件事的好坏，评价一个人的是是非非，总是比较而言的，即相互比较而后知。这就是比较的方法，再简单不过。这同样适用于对清朝的认识。一方面，从中国历史的发展进行比较：以清朝与它的前代明朝，再上溯到明以前历代相比，究竟在哪些方面达到或超过其发展水平，又做了哪些“前无古人”之事，同样，它又做了哪些不如前代甚至倒退之事；另一方面，与当代中国相比，它给我们留下了哪些有价值的历史文化遗产，或者说，它对后世有多大影响，只要认真比较，清朝的历史真貌就会显现出来。

如所周知，清朝的前身——史称后金，是由女真——满族创建的，在联合汉、蒙古族及其他少数民族的过程中，变为强大的清王朝。满族的先世，可追溯到先秦时代世居东北地区的肃慎族，其后，又有勿吉、挹娄、靺鞨等族相继生活在黑龙江、松花江流域，都是肃慎族的延续，直至北宋时期的女真人，才是满族的直接先世。约当17世纪30—40年代，明末东北诸部女真人为努尔哈赤与皇太极父子所统一，始形成满族共同体。不可驳辩的事实是，满族及其先世，从来就是世世代代生息在东北的一个古老民族，无疑是中华民族大家庭的一员，把它视为“异民族”、“异国”，排斥在中国之外，这不单是民族歧视，而且是一个原则性错误！如同鲜卑、契丹、女真、蒙古族各建一代王朝（北魏、辽、金、元）一样，满族也建立了自己的国家政权；又同他们一样，疾驰中原，一统天下。明清角逐近半个世纪，一个胜利了，一个灭亡了，这是明末社会诸矛盾及民族矛盾相互作用的必然结局。评述两王朝的兴替，既不能站在明王朝的立场，斥责清朝夺权非理，也不能站在清朝的立场，为其辩解合理，要的是客观的立场，从明清之际的社会发展趋势，探索这场大变动的内在原因。当我们肯定农民大起义反抗直至推翻明朝统治天然合理时，同样，也应肯定一个弱小的少数民族反抗明朝的统治，甚至向它争夺统治权，也是合理的。这实际是对社会变革的认同，使我们的认识与历史发展的趋势相一致，看问题就会较少差误。

自清朝定鼎北京，迄至逊位，有国长达二百六十八年。在西方列强入侵中国、发动罪恶的鸦片战争前，约近二百年，清朝所做的一切，实集历代之大成，在许多方面已经超越了前代，把我国封建社会推上了最后一个发展高峰。概括地说，主要表现在如下几个方面。

清承明制，建立一套臻于完善的高度集权的君主专制体制，而它自创的一些机构，使其体制独具特色。诸如理藩院、军机处、南书房、内务府等，为历代所仅见；六部满汉复职制，实为它的独创，八旗制融军政为一体，发挥着独特的功能。清制，严密、完备，井然有序，历代如宦官之乱、后宫干政、外戚专权、朋党祸国等祸患，在有清一代基本没有重演，最高统治集团保持了长期的稳定，社会亦获安宁。

坚持以农业为“国本”的治国方略，大力垦荒，不断扩大耕种面积。雍乾之际，全国耕地已达十亿亩，为历代垦荒之最！大规模治理黄、淮，广兴水利，投资之巨，又为明代所不及。储粮备荒，减免钱粮，康熙和乾隆两朝共五次蠲免全国钱粮，创中国历史最高纪录。自康熙五十年起，“盛世滋生人丁永不加赋”，取消人头税；雍正时，改革赋税，摊丁入地，同具划时代意义。经济长期保持繁荣，人口迅速增长，财政稳步上升，乾隆鼎盛，最高存储银八千万两，常年在七千万两上下。清朝已建立了发达的封建农业经济。

清朝拥有一支强大的军队，以独特的八旗制组织军队，辅以绿营兵，在保卫国家的领土主权及维护国家统一的斗争中，展示了它的威力。如平吴三桂之乱，收台湾，击沙俄，驱准保藏，西北激战七十年（康熙二十九年至乾隆二十四年），西南荡除土司分裂势力等等，内反分裂，外反侵略，国家统一，固若金汤，其武功之盛，与明朝劳而少功恰成鲜明对照。

文化繁盛，远迈前代。主要集中于康、雍、乾、嘉四朝，160年间，诗词创作，各成流派，直追唐宋；小说、戏剧新发展，以《红楼梦》为代表，堪称千古绝唱！戏曲又胜元杂剧，书法、绘画独树一帜；经学、理学、史学、考据学等，学派林立，著作山积！《四库全书》集古今之大成，传统文化大总结，为文化繁盛的突出标志。

清朝最具深远历史意义的变革之一，是在意识形态领域，坚持儒家“大统”的理论指导，将国家的“大一统”发展到了极限。突出反映在民族观念的时代飞跃，即抛弃历代所坚持的“华夷之辨”、“内中国外夷狄”的传统民族观念，以康熙帝废长城为标志，实现了自皇太极以来所倡导的“满汉一体”、“中外一视”、“天下一家”的政治目标，将世代隔离汉族与“三北”广大地区游牧民族的长城废弃而不用，从此边疆与内地形成一体，真正成为一家，困扰历代两千余年的所谓“外患”、“边患”，一劳永逸地彻底根除！这与明代设长城为限隔，同蒙古、女真战斗不已相比，简直如天壤之别！

清朝最伟大的贡献，就是建立了空前“大一统”的多民族国家。明以前，历代设治与直接行政管辖，多限于长城以内；只有少数王朝，如汉、唐、元等突破长城之限。多数王朝，以明为例，在长城外边疆地区实行羁縻统治，官其酋长，因俗而治，定期向中央王朝朝贡。清朝彻底打破传统惯例，在少数民族边疆地区设置机构，派驻军队，因地制宜，实行不尽相同的管辖机制，统辖于中央。例如，在东北地区设盛京、吉林、黑龙江三将军衙门，而在其汉人集中之地又设府、州、县管理。在内外蒙古设盟旗制管理蒙古族。在西北设伊犁将军管新疆，在天山南路实行伯克制的行政管理体制，皆受制于清朝派驻各城的参赞大臣或办事大臣、领队大臣。在西藏，设驻藏大臣，代表朝廷监管西藏军政与财务。在西南，废除千百年世袭土司制，改土归流，由中央派官管辖地方。清朝所辖，陆地总面积达一千三百多万平方公里，共有五十五个民族接受一个统一的国家政权管理。其疆域之辽阔广大，在清以前，除元朝，再没有一个王朝拥有如此广袤的疆土！而清朝将中国的疆域推向了极限，直接为当代中国的版图奠定了基础。其功绩，无与伦比。仅就疆域而言，清朝将多民族凝聚成一个巩固的中华民族共同体，即使有多少错误，清朝也应该备受赞扬！

清朝管辖广大疆土，保持了国家的长治久安，社会长期稳定，尤其康乾盛世持续百余年，堪称清朝创造的一个奇迹。

总结清代（近代前），真正实现了政治、经济、军事、文化与民族及其疆域的“大一统”。故可以认为，清史者，大一统也！当然，到了近代，清朝走下坡路，积弱成弊，在西方列强的淫威下，中国失去了很多。如，同帝国主义列强签订一系列不平等条约，丧权辱国，割地赔款，中华民族为此蒙受奇耻大辱。自乾隆后期，约当18世纪末，中国亟须变革、开放，与世界对接时，清朝一概拒绝，连西方先进的科学技术也被拒之门外！在延续百年后，一场救亡图存的戊戌变法运动，竟被打入血泊之中，清朝丧失了最后一次挽救自己的机会，只有等待辛亥革命把它打倒！

嘉道之际，中国已经由强变弱，而道光以后，则由积弱而衰败。无须讳言，清朝不能推卸责任，但其历史性的贡献也不能抹杀，它在前中期所实行的治国方略及各项政策如民族政策等，对于我们仍具有巨大的认识价值，无论其经验与教训，都有借鉴意义。清朝遗留的历史文化遗产十分丰厚，认真加以总结，不失为研究清史的一大目的。

（原载《河南师范大学学报》2005年第2期）

清史纪元应始于何年

正确地把握住清朝历史发展的进程，根据它的特点，科学地划分其历史分期，包括准确地划定它的起始之年，是我们研究清朝社会和编好有清一代通史的不可忽视的一个问题。

清史的分期及其纪年，从已发表的著述而言，史学界似无大的分歧。即以清史的起始时间而言，传统的看法，公认1644年是清史的开端，亦是明朝灭亡的终止时间。这一结论，即使没有人说它是定论，至少也让人感到已无多少讨论的必要。然而，习惯不能成为科学。如果对清史作深入的探讨，不难发现这个“定论”颇有商榷余地。不言而喻，1644年在明清兴亡史上是一个伟大的转折，是极为关键的一年，说它有划时代的影响亦不过分。在这一年，先是李自成率领农民起义军胜利地进入北京，明朝作为统治全中国的中央政权宣告灭亡。在这一年，十余万清军铁骑奔驰进关，夺取农民军的胜利果实，开辟了大清朝历史的新天地。清军与大顺及南明这三股政治势力奋力角逐，各种矛盾与斗争交织在一起，而胜败决于朝夕之间，且巧合于1644年。这种带有戏剧性的历史演化，使我们有理由认为，1644年堪称为中国历史上改朝换代的大事变的年代。但是，应该看到，尽管1644年是明清兴亡史上大变动的一年，却不是清朝开基立国之始，事实上也不是明朝寿终正寝的最后一年。清朝的真正起始之年，本来是1636年（崇德元年）。对于这一年是不是清朝开始的纪年，于治史者来说，是个认识问题和承认不承认的问题。

事实难道不是如此吗？翻开清朝的一部通史，人们必然看到，清朝入关前的历史在整个大清朝全史中占有十分重要的地位。自1616年努尔哈赤建后金，至皇太极逝世，其政权建立共历28年。如果说努尔哈赤的功绩在于开清朝历史之先河，为未来的清帝国奠定初步的基础，那么到皇太极时，已经他之手完整地构筑了一座规模可观的清帝国大厦。皇太极继承其父努尔哈赤的未竟事业，发挥了巨大的历史主观能动精神，因势利导，艰难创业，勤于政事，勇于战阵。在他继位后的十年间，后金无论在内政、外交，以及经济、政治、军事、文化诸方面都得到了迅速发展。这不仅把他父亲最积极的方面作了发扬光大，尤为难能可贵的是，他还从其父的错误政策所造成的逆境中摆脱出来，把后金推向了清朝这个后来竟统治中国长达二百六十余年的新时代。他继努尔哈赤之后，统一了黑龙江中上游广大地区；他在辽东南部沿海夺取了明兵的所有据点，明在这里经营多年的沿海防线完全崩溃。他不遗余力地向辽西进兵，势力直达山海关外的长城脚下，在他去世前，已把整个东北（宁远、中后所等孤城尚在明军手中）置于清的统治之下。不仅如此，他采取抚绥的政策，联合蒙古科尔沁诸部，集中力量打击并降服了强悍的察哈尔部，迅速导致漠南蒙古全部归入清（后金）政权的版图。他两次进征朝鲜，毫不留情地割断了它与明朝的政治隶属关系，把它置于自己的掌握之中。在后金国力蒸蒸日上、骎骎乎前进不已的形势下，皇太极于天聪十年（1636）春，正式即皇帝位，改元崇德，更定国号大清。有了清朝，人们才可能谈论清史。1636年在清朝编年史上岂可等闲视之！我们姑且不论皇太极即帝位、改国号表明他对前途抱有多么坚定的信念，不容忽视的事实，它向人们明确地宣布清已经作为与明朝抗衡而存在的一个政权。更何况它终于战胜明朝，取而代之。因此，不管从何种意义上说，崇德元年都不愧为清史发展的一个新纪元。从此，便真正开始了清代历史的进程。其后数年间，年轻的清政权，更以惊人的速度向前发展着。至崇德七年（1642），即他去世的前一年，他曾为清政权的发展及其个人的业绩作了这样的描述："予缵承皇考太祖皇帝之业，嗣位以来，蒙天眷佑，自东北海滨（鄂霍次克海），迄西北海滨（贝加尔湖），其间使犬、使鹿之邦，及产黑狐、黑貂之地，不事农耕，渔猎为生之俗，厄鲁特部落，以及斡难河（鄂嫩河）源，远迩诸国，在在臣服。"他所勾画的大清朝，已辖有广大的东北及蒙古的辽阔疆域，并且的确不是夸口之言。差不多与此同时，地处辽远的漠北蒙古车臣汗诸部闻风降服，向清政权行"九白之贡"。更有西藏的宗教领袖达赖与班禅遣使涉万里之险，投奔清政权，给予政治上的承认与支持。可见至皇太极去世前后，清的政治势力范围已超过其实际占有的疆土。皇太极生前十分明确他的历史使命，不过是给他的后世子孙树立一个可以仿效的楷模，为将来进一步统一中原打下牢固的基础。他常说，创建一个国家，譬如盖房子，基础牢固，才不致速毁。历史证明，他在位17年，以实际行动实现了这一愿望。他不仅为清政权建立对全国的统治打下全胜的基础；同时，我们也看到清政权这座基础牢固、规模壮观的大厦已经在长城以北的辽阔土地上矗立起来，从而在实际上已形成了以长城为界的南北两个政权对峙的新局面。我国历史上几个南北对峙的政权，如魏晋南北朝，宋与金等，基本上是以黄河，或以长江为界。而清与明则以长城为界对峙。这是新的历史条件下又一个“南北朝”。应当指出，这个时期的清政权，比历史上任何一个北朝的领土都要大得多，比当时的明朝也要大得多（李自成、张献忠等农民军已占去明朝数省之地）。对皇太极来说，最大的遗憾，是他还未及取关内，并牢固占领，即被突然的疾病夺去了生命，因而历史上一个硕大的果实幸运地降临到他的幼子福临身上，使他没费吹灰之力，于1644年到北京登基坐殿，君临天下。

就皇太极个人而言，在有清一代的十二个皇帝中（包括努尔哈赤和他本人在内），他无疑处于承前启后、继往开来的关键地位。如果没有皇太极的勇于进取，励精图治，赫赫的文治武功，以及一系列精明得当的政策，就不可能有1644年清兵蜂拥进关，当然也就谈不到一代大清政权及其二百六十多年的统治。皇太极去世后，由他重新加工改建的清政权的民族联合政体，一直成为该政权的基本模式；他的一系列遗策被他的后世子孙奉为守成的基本国策；他建的大清国号也一直沿用到清朝的末代皇帝。所有这一切，再清楚不过地说明皇太极是名副其实的大清皇帝第一人。他的前辈即使如努尔哈赤为清（后金）的草创者，比之他的功绩，亦大有逊色。他的后辈如福临进关当了比乃父有更广阔领域的皇帝，却也无法取代那个开创清朝的时间纪录。我们无须来证明6岁的福临无法与皇太极相比拟，这是不成其为疑问的问题。福临能够进北京，多赖多尔衮之力。须知1643年清兵进关的前夕，即皇太极去世之时，明清兴亡的最后结局，已到了瓜熟蒂落、水到渠成的地步。而1644年，则是清政权摘取成果之时。多尔衮的历史作用，就在于他善于利用皇太极的成就，不失时机地抓住农民军攻围北京这一千载难逢的大好机会，决策进关，在极短的时间实现了皇太极生前未能完成的遗愿。多尔衮率清军经山海关一战，再没有经过战斗，就兵不血刃地进入北京。北京不是打出来的，是农民军让出来的。因此，多尔衮的几个月的争战更是无法与皇太极几十年的奋斗同日而语，按1644年为清朝起始的说法，至少是夸大了该年的作用，也夸大了多尔衮的作用。在事实上，奉六岁即位的福临为清朝开国皇帝，而把皇太极降到清史前的微不足道的地位，那就在一定程度上颠倒了历史，既与清朝本身的历史未尽吻合，当然也不能说是科学的。据此，我们不能不得出这样的结论，即清史的纪元，与其说是1644年，不如说1643年；恰当的说法，不如说1636年更符合清史的实际。

清（后金）入关前的这段历史，特别是皇太极在位时期，对于清朝发展所具有的决定性意义，以往论者大多估计不足。或把清入关前的历史看得无足轻重，或避而不谈，或谈而不详，于是乎，始必言顺治，盛必称康、乾。近来有的同志以1644年划线，把清在关外近三十年的那段历史“毫无疑义”地“算作明朝历史的一部分”，否认了清（后金）在关外独立于明朝之外的政权性质，看不到它在全中国广大地区的统治权威，阉割了清史前后发展的连续性和完整性。清朝所走过的漫长道路及其丰富多彩的内容，恰似一部雄伟壮观的多幕的历史活剧，它有自己的序幕、开始、发展、高潮、直至尾声几个必然阶段。在关外时期，努尔哈赤无疑是“序幕”中的主角。从皇太极开始，才演出了清史的真正内容。其中，天聪九年（1635）以前，应为清朝前史，自崇德元年（1636）至八年（1643）应是清帝国的创建时期，顺治元年（1644）清兵入关后，进入它的长足发展时期，至康、雍、乾，为其鼎盛时期。自1840年鸦片战争以后，清朝这部活剧才转入“尾声”。如果按照以往的方法编撰清史，入关前的这段历史算作明史一部分，1840年以后的历史即“尾声”划入近代史，这岂不是把一部完整而连贯的清史斩头去尾了吗？那么，清史还剩下多少呢？在这里，序幕与正式开场不见了，结尾不见了，只剩下发展与高潮的几个中间小阶段。不管怎样说，这不是一部清朝全史，充其量不过是若干片断而已。我们应当承认，每一个人、家庭、民族、政权、国家，都各有自己的历史。究竟把谁的历史依附于谁的名下呢？比方说，蒙古、朝鲜、满、回等各个少数民族的各自的历史统称为中华民族历史的一个组成部分，这是正确的，而把他们的历史算作汉族历史的一部分则是不正确的。同样，清朝自1616年建立后金政权时起，就有了自己的历史。尤其是到皇太极时期，清进而发展成为一个占地广大、国力强盛的独立政权，它在走与明朝不同的道路，也书写了与明根本不同的历史。既然这样，为什么不可以把它的历史当做一部重要篇章载入清朝史册？这使我们联想到魏晋南北朝时期，北朝有北魏、东魏、北周诸政权，南朝有连续更迭而短命的宋、齐、梁、陈政权，它们都各有自己的历史。

我们没有把一个政权的历史算作另个政权的一部分。再如，宋与金南北对峙百余年，金有金史，宋有宋史，两者都不能把对方的历史算作自己的一部分。清与明是两个敌对的政权，就对峙的形势而言，它们与魏晋南北朝、宋与金等并无区别。因此，在整个中国通史上，清朝的勃兴史是不能算作明史的一部分的，它应当是、也只能是清朝历史的一个不可分割的组成部分。反过来说，把南明史“只能算作清史的一部分”也是不妥的。南明史作为明的亡国史而载入明纪年，亦属自然之事。把南明史与清入关前的历史混为一谈，甚至张冠李戴，是难以使人理解的。

以1644年为清史纪元的观点，需要澄清两个问题。首先，清兵入关，究竟是清统一全国的继续，还是统一全国的开始？我们认为，应该是前者，而不是后者。如上所述，清统一全国的过程，早在关外时期即已开始。努尔哈赤在辽东地区建立了前进的基地，经皇太极大力推进，加速了统一全国的进程。他以夺取全国的统治权为最终的政治目标，从东、北、西三个方面建立了对明朝的战略包围，并五次派大军深入明朝腹部，奋力骚扰，从各个侧面砍伐明朝这棵“大树”。最后，经锦州松山决战，造成了清军直捣关内之势。明朝的灭亡仅是时间问题。但皇太极因为过早地去世，才没能实现其夙愿。继续统一全国的任务是由他的后继者福临及兄弟子侄来完成的。很清楚，清兵入关，不能看做是清入主全国的开始，恰恰相反，它是贯彻皇太极的遗志，统一全国的继续与扩大。实际上，清兵进入北京后，仍然没有统一全国，这个过程又经历了顺治之世，到康熙初年才逐步完成的。以1644年作为入主全国的标志，这就抹杀了清入关前已开始对全国实行统一这一重要事实，无意之中误把山海关当成了国界，似乎关外不是中国的领土，因而清统一东北及蒙古地区不被看做是统一全国的一部分，只有入关才是统一全国的开始。显然，这是不恰当的。

其次，占领北京，能否作为我们承认其为中央王朝的标志？在这个问题上，以1644年为清史纪元的论点反映了一种正统观念。1644年前，明朝的都城设在北京，号令天下，显示了它作为中央王朝的最高权威。但李自成、张献忠等农民军已不听其号令；关外的清政权也早已独立门户，与它争夺统治权，这也是不容否认的事实。因为明占有北京，就奉明为中央政权，要求清政权听命于他，并按传统的正统观念，在编写历史时把清附入明的大名之下。明一旦失去都城北京，于是，就宣布它灭亡。事情远非如此简单。李自成攻占北京，它作为明中央政权的象征是灭亡了，但它并没有最后灭亡，它的历史也没有完结。它只亡了一半，长江以南的半壁江山还掌握在明宗室手中，在南京成立的福王政权，是明王朝的继续，它代替北京的崇祯政权，行使着中央政权的号令，并力撑危局，仍然维持了同清政权暂时对峙的局面。明与清在南方角逐的历史，既是清继续统一全国的过程，也是明继续挣扎直至灭亡的过程。一句话，无论明失去北京，还是清得到北京，都不能作为我们是否承认它们为中央王朝的唯一根据。当然，北京在当时成为全国的政治、经济、文化的中心，不管哪一方占有它，都有重大意义。但不能说谁占有旧政权的都城，就是命定的中央政权。我们判定一个政权是否成为中央王朝政权，应从其实际领有的疆土、政令通行到多大范围，以及该政权的规模等多方面因素加以考察，至于是否占有旧政权的都城，这无关宏旨。历史上，在几个政权并立的情况下，要不要找个主要的作为中央王朝？或者把若干政权归到一个政权的名下？这不一定。究竟谁是主要的，还要从实际出发，具体分析。我们常常肯定和承认其中一个或几个政权，主要是根据它对社会的发展起到某种进步作用。它能否成为全国政权，则是另一回事，两者应区别开来。因此，我们对待几个同时并存的政权，不一定非找出一个正统王朝来不可。例如，《三国演义》奉蜀汉为正统，反映了封建社会中以名分为第一的正统观念。以占有北京为中央王朝的观点，亦是一种正统观念。我们在史学研究中应对这种观念予以彻底清除。

1644年，明朝失去北京，李自成得而复失，最后为清所有。一年之中，变化如此之大，这完全是历史的偶然巧合。假如这些大事变不是发生在同一年内，今天我们如何给他们分期，恐怕要费些周折。但是，历史的演变并不依据人们的主观愿望来进行，偶然孕育于必然之中。整个政治格局的天翻地覆，突发于“曾几何时”之间，却是经历了长期的酝酿过程，各种矛盾的发展，最终演化成1644年的局面。因此1644年不是事变的开始，而是矛盾发展到一定阶段的产物。这一年也不是事变的最后结局，而是明、清、农民军三股实力对比发生巨大变化的转折点。显然，以1644年为清史纪元之年、明亡之日，在理论上也说不通。考察、探索清史纪年的问题，必须溯本求源，以各个发展时期的特点为依据，做出令人信服的科学结论。否则，即使是相当长的时间为大家所沿用，久而久之，以讹传讹，必然遇到麻烦，并迟早被否定。

上述想法，很不成熟，难免错误，期待清史界同志给予指正。

（原载《沈阳故宫文集》，南开大学出版社1992年版）

清史研究中几个争议问题

清朝离我们这个时代最近，自其逊国迄今也不过八十余年。由于清朝是以满族为主体建立起来的一代封建王朝，以及它所处时代的特殊性，不仅构成了清史极其丰富多彩的内容，而且争议也颇多，有些看法还相当尖锐，反映了分歧的深刻程度。

关于清入关前史。或称为“清前史”，从清朝的全部历史行程来看，当属清史的“源头”，无疑是清史的重要组成部分。它的历史内涵，一言而概之，即是清朝勃兴史，与后来君临天下自成“因果”关系。清前史还与明朝衰亡史、“三北”（东北、西北与北部）蒙古诸部势力的消长、满族的崛起交织在一起。显而易见，清前史在整个清史研究中不能不居于特殊地位。这一阶段的历史，头绪纷繁，错综复杂，加之史料不足，造成迷雾重重，难见真相，更需给予理论回答。因此，对清入关前的每个重大问题，即或一般问题，常常是观点歧异，各持一端，很难取得共识，时至今日，某些分歧仍然存在。

清入关前，作为它的一个特定的历史发展阶段，有其时间断限。1644年，在清朝编年史上，既是清史新纪元的开端，又是清入关前史的终止时间，已无疑义。分歧出在上限时间始于何年。一种主张，从1616年后金建国，到1644年，共二十八年，为“关外期”，归入明史。一种主张，以努尔哈赤于1583年（万历十一年）起兵复仇为始，迄至1644年，共六十一年，是为清前史时期。考察清朝勃兴史，努尔哈赤起兵复仇，实际已开始了清朝勃兴与满族形成的历史进程，历三十三年浴血奋战，才促成后金国的创建与女真人的重新凝聚，最终脱胎成一个新的民族共同体——满洲。显然，把努尔哈赤统一女真诸部的这段三十三年的历史排除在清前史之外，是不妥的；把本属于清朝历史的这个特定阶段"归入明史"，未必可取。

清入关前的社会性质，是指后金建国前的女真社会及后来进据辽东时期，属于何种性质的社会。这是一个长期争论不休的"老大难"问题，争论的焦点，集中在女真社会是否经历过奴隶制。早在20世纪五六十年代，部分学者认为，后金建国时已由家族族长制向封建制转化，有的甚至断定，已"飞跃"到封建社会。著名满族史专家王锺翰首次提出奴隶制说，论证后金在进入辽沈前，已属奴隶制社会（《清史杂考》）。自20世纪70年代末，讨论这个问题更趋热烈。有的仍否认有过奴隶制，却是由前期的封建制向发达的封建制演进。较多的学者主奴隶制说，有的具体地分析其奴隶制的特点是家内种族奴隶制，真正的封建化，至康熙初年才完成。但大多看法较一致之处，就是后金进入辽沈已开始封建化，而完成于皇太极时期。

在八旗制度研究中，意见相左，争论颇多。八旗制度为满族所独创，是清朝立国的一项带有根本性的制度，具有军事、行政、经济及民族的广泛的内容和职能。这已为清史学者所认同。争论最多的是建旗时间。清官书载，努尔哈赤于辛丑年（1601）始建四旗，于乙卯年（1615）增设为八旗（《大清会典事例》）。一些学者提出质疑，认为初建四旗，应为旗纛，不具有后来八旗组织"固山"的含义，改为八旗的时间是在1622年二月以后。在日本，还有1605年、1612年建旗诸说。比较各种说法，清官方记载虽受到质疑，却仍被大多数学者所接受。清入关前后，曾涌现出一大批叱咤风云而影响后世的人物。今天，我们对这些人物的评论，也是褒贬不一，尤其是对投清（后金）的重要人物的认识，更见分歧悬差。这并不奇怪。明清之际，政权易代，新旧交替，牵动着各个政治集团的根本利益。处于斗争漩涡中的每个人，既有其自身的利益，也有对国家前途的思考，情况十分复杂。这给我们的评价造成诸多困难。这并非说评价人物没有标准，实际上，对人物的不同认识，反映了不同的评价标准。尽管如此，我们的指导思想，应坚持中华民族一体的原则，平等地看待历史上的各民族。我们看到，汉民族或少数民族互相加入对方政权，乃是历史上常见的现象。应当承认，民族间的纷争确有是非，但个人的功过只能从是否有利于历史的发展来判定。至于个人的品质优劣，不能与社会实践的效果混为一谈。这一基本观点，符合历史唯物主义的辩证思想，因而是有生命力的。

关于清军入关与中国历史发展趋势。1644年，清军全力进关，大败李自成农民军于山海关前，迅即占领北京。然后，挥师南下，扫荡南明残余势力，剿灭农民军余部。截至顺治十八年（1661），除台湾，清朝完成了对全国的完全统一。从这一重大历史事件引出的问题是，明清之际中国历史的发展趋势是什么？清军入关是否顺应了这一趋势？清朝所进行的战争是什么性质的战争？学术界做出了不同的回答。根据已发表的研究成果，可以归纳为两种对立的观点，一种观点肯定清军入关与明亡的必然性，确认清朝重新统一中国符合历史发展趋势。这一基本观点具体表述了这样的学术思想：明清之际，中国还不具备向资本主义转化的各项条件，无论是李自成农民政权或清政权统一中国，都不可能建立资本主义社会。当时面临的现实问题，是分裂还是统一。统一有利于中国的发展，特别是对已东来的西方殖民主义势力将起到抵御的作用。所以，重新统一就是这一时期的历史发展趋势。明朝包括南明小朝廷黑暗腐败，已丧失存在的价值；李自成与张献忠两个农民政权亦无力重建全国统一政权；唯清政权生机勃勃，极富进取心，在很短时间统一了中国，避免了分裂持续下去。不言而喻，清朝所进行的战争是统一战争，应该予以肯定。当然，它实行的某些极端错误政策则不在肯定之列。

与上述观点截然相反，对清朝的统一持否定态度。例如，有的学者把清朝的统一战争称为“民族征服战争”，尤有甚者，斥责清入主中原为“异民族”入侵、“异国大军压境”等等。最有代表性的观点，莫过于“四十与一百年”之说。所说四十天，是指李自成农民军从进北京（三月十九日）到被迫撤离（四月三十日），此为历史的关键时刻，决定着中国历史的发展方向。农民军如坚持下去，建立全国政权，将会加速封建社会解体，向资本主义转化。很不幸，清夺取了统治权，使中国的发展延缓了一百年！这些说法，都从根本上否定了清入关和重新统一全国的必然性。

两种观点如此尖锐对立，大有水火不容之势。应当指出，后一种观点是不能接受的。因为满族是中华民族的重要一员，她初创的国家是中国境内的地方政权，不可与中国境外的“异国”、“异民族”同日而语。在中国这一辽阔的土地上，汉人可以当皇帝，少数民族也可以当皇帝，否则诸如北魏（鲜卑）、辽（契丹）、金（女真）、元（蒙古）等朝代都应否定，集各民族而成的中华民族也将不复存在。实际上，清入主中原，并非是单一的满洲族，还有大批汉军与蒙古及其他少数民族，是名副其实的多民族政权，因而不能称为是满洲八旗对汉族的“民族征服”。说清朝入关，延缓中国发展一百年，尤属离谱，令人难以置信。问题的症结，或墨守儒家的“华夷之辨”的陈规；或走另一极端，认定农民政权可以改变中国历史发展的方向。不需辩驳，历史已对这些观点做出了否定的回答。

关于康乾盛世。自康熙前期，从大乱走向大治，中经雍正承前启后，到乾隆后期，约近百年，恰值18世纪，形成了“全盛”之局，史称“康（雍）乾盛世”。它一系列的巨大成就，展示出一代“盛世”的雄姿盛容：开疆拓土，建立了多民族的“大一统”国家，为现代中国的版图奠定了基础；社会经济全面繁荣，整治了黄、淮，改造运河，国家长治久安，国力空前强大；“盛世”修文，大规模整理典籍，对中华民族传统文化全面总结，远迈历代。当然，它也把封建专制主义发展到了顶峰。同历史上曾出现过的“盛世”相比，“康乾盛世”毫不逊色。但是，它的历史局限或缺欠，也是不言而喻的，在总体上落后于同时期的西方科技文明。多年来，我们对“康乾盛世”这一特殊时期的历史重视不够，研究不足，在有关清代的相关著作中，并没有给予充分的评估，有的甚至怀疑清代是否有过“盛世”，论证它的经济尚不及明万历初期的发展水平，实际是否定了它的存在。这一阶段的历史之所以特别值得重视，是因为它有助于我们揭示中国封建社会发展的一般的或特殊的规律，而它所提供的经验教训尤其丰富，具有重大的认识价值，对于实践不无指导意义。

清史中可争议的问题很多，有待于深入研究，继续讨论，达成共识。经验已经证明，民主讨论是推动学术发展的动力，没有民主讨论，没有积极探索，学术研究也就失去了生命力。

（原载《人民日报》1997年12月6日）

关于清入关前史料辨伪存真问题

清朝是中国封建社会最后一代王朝，它距我们这个时代最近，因而得以保存下难以计量的文字与实物的资料，在此之前的任何一个朝代都无法同它相比拟。研究历史，缺乏史料，如做无米之炊，固然是一大难处；但史料繁富，不能尽读，且记载不一，真伪难辨，也给研究带来新的困难。研究清史包括清前史，首要的问题，是对大量的文字资料进行鉴别，这是关系到研究能否深入的一个重要因素。已故著名清史学者孟森等已就清史特别是清前史料和问题作过考辨，具有开创的意义。但比起极其丰富的史料和诸多未知数，他们还只是做了其中一部分的工作，尚有一系列的史料和清史之谜没被认识。因此有必要继续从事这方面的工作。本文仅就清入关前史料的辨伪存真问题，作一探索，以期引起共同讨论。

一

清入关前史料是有清一代所有文献资料的重要组成部分。来源多，数量大，记述内容广泛，互有交叉而多差误，构成了这一部分史料的丰富性和复杂性，也是它的基本特点。

我们常说的清入关前史，应指1616年建后金国，中经天聪十年四月改国号为清，止于1644年四月清兵入关夺权之前，这一时期共有二十八年。从更广泛的意义上说，努尔哈赤于1583年起兵，至建国前这一阶段的三十三年，也应包括在清入关前史之内，时间可达半个世纪以上。在这一历史时期，先是后金与明朝、蒙古、朝鲜四足鼎立，进而变成三足，直至它与明朝的最后争衡。处在这种军事与政治纷争的环境中，各方都按自己的立场和观点来记述这一时期的历史，很自然地呈现出记述多来源而又错综复杂的状况。概括起来，记述这一历史时期的历史文献，主要有三大来源：

其一，首先是清（后金）自己记述的历史文献。如，用满文记载太祖、太宗史绩的《满文老档》《满文旧档》，太祖与太宗两朝《实录》。其中，太祖朝实录单独成册，有太宗时修的《清太祖武皇帝弩儿哈奇实录》及康熙、乾隆朝修订的《太祖高皇帝实录》三种。遗存的《清太宗实录稿本》残卷，为顺治九年首次修太宗实录的初稿本，保留了更多的原始资料。《天聪朝臣工奏议》，为天聪六年正月至九年三月诸臣的汉文奏疏，是直接记述太宗朝政治、军事、经济、文化等社会状况的重要史料之一。

清入关后，开始大量修史，诸如《满洲实录》《满洲源流考》《皇清开国方略》《八旗通志》《八旗满洲氏族通谱》《满汉名臣传》《大清会典》《大清一统志》等“钦定”之书陆续问世，都保留了清入关前很有价值的史料。清人撰《明史》，在许多方面与清入关前史有牵连，不同程度地透露了某些史实。清逊国后，民国修《清史稿》，错讹虽多，毕竟是部系统的清史，其史料亦有可摘取之处。

还有半官方的王先谦辑《东华录》、蒋良骐辑《东华录》，节录自《清实录》，同时也补充了一些新史料，是我们研究清入关前史必备的参考书。

其二，明官方记录的清入关前史，并不比清（后金）官方逊色。例如，系统完备的《明实录》所记女真史料不下一二百万言，而直接记述后金建国前后直至清入关前的历史，则充斥在万历中期至天启朝实录之中。清人辑《崇祯实录》，过于简略，多少也反映了它的历史。辽宁省档案馆保存的《明代辽东残档》和中国第一历史档案馆的《明档》，都是当时明朝对清（后金）的真实报导。辽东一向是明朝防范蒙古、女真（满）人的边防重地，被列为“九边”之首，形同京师左臂。在“辽事”发生前后，直至明亡，有关“筹辽”“筹边”的专史不断出现，如《皇明九边考》《筹辽硕画》、收入《明经世文编》中的许多奏疏等，都从不同方面反映了清入关前的诸多史实。王在晋作为明统治集团中的一员，亲撰《三朝辽事实录》，评记从万历四十六年，经泰昌，至天启三朝时期辽东历史的演变。因此，欲治清入关前史，不可不重视明官方或半官方的记述。

其三，来自朝鲜李氏王朝的记录，可以说，内容相当广泛、丰富、系统。

最值得重视的是《李朝实录》，它所记明清之际与有清一代的史实，几乎无月不记，甚至累日记叙。就某种意义上说，它实为中国明清两朝实录的总汇！吴晗生前辑《朝鲜李朝实录中的中国史料》达百万言以上，即是明证。其他如《栅中日录》《建州闻见录》《燃藜室记述》《建州纪程图记》《沈阳状启》《西行日记》《燕辕直指》《松溪集》《潜谷先生遗稿》等书，多系与中国清朝（后金）交涉的朝鲜使臣，乃至留质于沈阳的世子等人所著，皆为亲身经历和目睹，故其所记，具有相当可靠性，史料价值甚高。朝鲜人的记载，是我们研究清入关前史的一个重要史料来源，不容忽视。这时期，也有日本人的少量记叙，如《韃靼漂流记》，以其见闻，记录了清初的社会生活，颇为难得。

当然，记叙清入关前史，要数中国方面的史籍更为广泛，种类繁多。除了官方修史，大量的是明清之际的私人著述，包括时人笔记、文集、专题研究、方志、碑刻、谱牒等等应有尽有。以常见的为例：谷应泰的《明史记事本末》，谈迁的《国榷》、于燕芳的《剿奴议撮》、马文升的《抚安东夷记》、茅瑞征的《东夷考略》、严从简的《殊域周咨录》、计六奇的《明季北略》、张岱的《石匮书后集》、彭孙贻的《山中闻见录》、杨宾的《柳边纪略》、王一元的《辽左见闻录》，直至晚清魏源的《圣武记》诸书，或是作者当时的见闻之作，或是依据档案等第一手资料而成的学术专著，不失为重要参考。个人文集，如孙承宗的《高阳集》、熊廷弼的《熊襄愍公集》等，都是他们同后金斗争的记录，具有重要价值。在私人的著述中，家修谱书、墓志铭等也不容忽视。如明代镇辽名将李成梁后人修的《李氏宗谱》，清初平南王尚可喜始修的《尚氏宗谱》，各叙其家史，同时也反映该时代的历史内容。《碑传记》中，则以墓志铭的形式，记述其一生之行状，补充了正史中不易见到的某些史实的细节，丰富了我们对清入关前史的认识。除了文字记载，还通过考古发掘，不断发现实物，从中提取新的史料。20世纪70年代初，在后金的第二个都城辽阳，发掘出清开国勋臣何和礼的妻子、努尔哈赤之女和硕公主的墓碑和彭春的墓碑，碑文所记，补充了官修史书的不足，并纠正其某些错误。

总之，明清笔记著述之丰，私人治史之盛，都达到了一个新的高峰，种类之多，举不胜举。在专史、专书之外，清入关前史料还散见各类“杂记”“杂录”之中。如《啸亭杂录》《听雨丛谈》《茶余客话》《广阳杂记》等，即是此类书，内容失于少而简，却弥足珍贵。

东北是清朝的“龙兴”之地，从县到府、到省，皆有方志，或多或少地无不涉及清入关前在东北地区的经济与军事活动。如《盛京通志》《吉林通志》《黑龙江志稿》《长白汇征录》《长白先民传》《黑水先民传》及其他各府州县志，都辑录了清入关前在本地区活动的内容和有关文物遗迹。它们取材大都来自官书和已知的史料，其中也不乏对当地历史和地理的精当考略。

以上所举，不过举其大略，实际的史料远远超出我们已知的部分。像这样多源地记叙某一时期的历史，这在清以前还不多见。这就构成了清入关前史料的极其复杂性，对我们正确使用这些史料带来了很大的困难。因为所有这些史籍，皆非一时之作，亦非一人之作，而各人的材料来源不同，取舍不一，必然造成记叙上的彼此差误，加之详略有别，视点、立场的差异，往往对一件事会得出截然相反的结论。我们应当对清入关前史料作出正确估计，才能指导我们正确地使用这些史料。

二

在我们已知的记叙清入关前史各种史籍中，论其记事的系统性、连贯性和内容的广泛性，无疑当首推《清实录》，迄今还没有一部史书可以跟它相提并论。因为除《清实录》以外的其他史书在记事的覆盖面和时间的跨度上都有很大的局限性，不可能全面系统地反映整个时代的历史演变过程。这正是《清实录》所依据的优势，我们应当把它作为考察清入关前史的基本线索。当然，《清实录》容量再大，也无法包罗一切史实，特别是清统治者出于自身的政治需要，不惜回避甚至隐瞒某些史实，给历史蒙上了层层迷雾。在这方面，其他史书可以弥补其不足，尤其是在某些具体问题上披露被统治者所隐瞒的事实，并提供翔实的细节，因而历史才变得更具体、更生动，人物有血有肉，更具形象性。这就是说，无论官书，还是私家著述、方志、碑刻，都保存了一定价值的史料，不可避免地都有其缺欠，记事不实之处，或者完全错误。如何辨识史料的真伪，估量其价值，就需要多方面的鉴别比较，剔除其不实或伪造的部分，而留其真。事实表明，不经过这一番科学的筛选，就难识“庐山真面目”。

试举以下例证。

关于明清战争中双方兵力，《清实录》等清官方史书对自己方面的用兵数，从来讳莫如深，只“罗列营制而皆不计兵额”，不肯把每次战争的八旗兵数“轻以示人”[①]。

萨尔浒激战，是明清兴亡史上第一次战略性决战。《清太祖武皇帝实录》卷三不载后金兵力，却报导明用兵二十万，其中两路各率兵六万，另两路各为四万，以足二十万之数，甚至伪造明统帅杨镐的话，夸大到四十七万。它的用意，无非是宣扬后金以寡击众，八旗兵不可战胜。无须多辨，清官方史书所报明兵之数，严重失实。

明朝方面对明兵参战人数的报导也不尽一致。据《明神宗实录》卷五七〇载：战前，参与同杨镐制定作战方案的主要人物兵科给事中赵兴邦在一份关于辽左剿守机宜的题奏中，主张兵贵求精，不贵求多。他批评有人一提用兵，动则五万，八万，或十万，劳民伤财。他赞成采取守势，说舍守而言剿，“即拥十万之兵，费三百万之饷，苟且完局，辽左一空，辽将不知所终已”。他的意思是说，即使征伐，也不过集兵十万到顶了！又据同书卷五八〇载：杨镐于兵败后称：明主客军出口作战的只有七万。另据王在晋《三朝辽事实录》卷一中说，此战除朝鲜援军，主客出塞明军共八万八千五百五十余员名。王氏是在萨尔浒之战三年后即天启二年（1622）出任辽东经略的，他了解真实情况，才报告明兵具体数目。

明亡后，谷应泰撰《明史记事本末》，叙述萨尔浒之战甚详，核定史实，认定明“四路计兵十万”。

综合上述明官方记载，可概知明军总数在十万以下，七万以上，当以王在晋的记载更接近实际。杨镐为明军统帅，自然比谁都更知道明军数目，却自报七万，有意隐瞒兵数，尽量少报，同时夸大后金兵数，意在为他的失败开脱罪责。谷应泰记为十万，只说“四路计兵”，可能把朝鲜援军万人也计在内，取其整数为十万，而王在晋报明军近九万人，并没有把朝鲜援军包括进去。

后金投入的兵力，明与后金双方均无具体数字。努尔哈赤在迎战明军时，曾说过：“凭尔几路来，我尽一路去。”此即集中优势兵力，各个击破的作战方针。这是基于后金兵力不足，兵分则势弱，因此不得不采取集中兵力于一路。战后，他又解释说：他如“分兵破敌，必谓吾兵众；若为我往来剿杀，必为我兵强”[②]。显见后金兵力少于明兵，当无疑问。考当时后金只有满洲八旗，刚

① 王庆云：《石渠余记》卷2，“京营表序”。
②《清太祖武皇帝实录》卷3。

刚建立政权，偏居赫图阿拉一隅，总兵力不会足十万之数。据谷应泰仅记杜松一路渡过浑河，进至二道关，“遇建州兵可三万骑”。此处即后金集中的一大主力，部署在周围的兵力也不会超出此数。又据《太祖武皇帝实录》卷三载，留守赫图阿拉的兵，仅有四千人（实际人数当不止这些），表示后金已倾国中之兵，与明决战。因此，我们有理由认为，后金兵在人数上处于劣势。

报导后金兵总数最具体的还是明统帅杨镐，他向朝廷报告：“据按上所见”，约有十万[①]。这完全是扯谎！杨本人并未出沈阳，未见后金一兵一卒，明分四路进兵，彼此不相顾。至三路惨败，一路未交锋而退兵，何以得见阵上后金的总兵力？再说，后金机动作战，破其一路再击其他，岂能重复计算后金的兵力？换言之，明方误把后金上述打法看成是四路应战，故计其四路兵为十万。这样，杨镐称明兵仅七万，后金兵十万，向朝廷表明明兵少，不足以同后金相敌。这就完全颠倒了史实，何须深辨！

努尔哈赤于天命十一年（1626）初发动了宁远之役，用兵多少，更是记载各异，各持一数，迄今也不辨真伪。

让我们查阅《太祖武皇帝实录》卷四：

努尔哈赤遣返被俘的汉人进宁远城，向明将袁崇焕传话：“吾以二十万兵攻此城，破之必矣！”袁回答：“……乃谓来兵二十万虚也，吾已知十三万，岂其以尔为寡乎！”

努尔哈赤自报兵数二十万固不可信，袁崇焕反其意而用之，指为十三万，就是可靠数字吗？长期以来，我国学术界就以袁说为准数，已成通行的定论。日本史学界一些著作也沿袭此说[②]。

请看明朝方面对后金兵力的侦察报告：

第一次是在后金刚围宁远时，辽东经略高第报告：后金约有五万余骑[③]；

第二次是山海关主事祖陈苞“塘报”：“虏众五六万人”；

第三次是兵科都给事中罗尚忠报：“虏众有五六万骑”；

第四次是山西道御史高弘图于战后的奏疏中也提到后金兵约有五万之多[④]。

作为守宁远的主将袁崇焕除了答复努尔哈赤说出十三万之数，未见载另报

---

① 《明神宗实录》卷580。

② ［日］陆战史研究普及会编：《中国古战史·明与清的决战》，第145页，1972年。

③ 《明熹宗实录》卷62。

④ 以上见《明熹宗实录》卷63。

后金兵数。可以认为，朝廷官员和临近前线的明将众口一声，皆报后金五六万骑，此消息多来源于袁崇焕，似无疑问。在后金兵临城下的情况，明将只能多报而不会缩小对方的兵数。五六万之数，已是明官方承认的数字。

清修《明史》，在《袁崇焕传》中，回避《清太祖武皇帝实录》中二十万与十三万两种说法，不提兵数，而在《满桂传》中承认在这次战役中，“我大清以数万骑来攻（宁远），远迩大震”，也否认了十三万的说法[①]。至于其他史书，如《东莞五忠传》记载后金兵三十万、《石匮书后集》更记为四十万，与事实相去更远。

十分清楚，后金此次攻宁远，动用兵力在五、六万人之间。十三万的传统之说应当予以修正。

清（后金）对明的战争，如大战辽沈、屡次进关征明、两次入朝鲜、松锦决战等一系列大小战役，都不载明其兵数，只要认真参酌各书，反复考辨，都可以得到准确的答案。

关于努尔哈赤之死，历来有两种说法，一说于宁远受重伤而死；一说死于痈疽。孟森先生对此作过考辨，否定了前一说法，但史学界长期流行的说法仍是前者，迄今尚无一致的意见[②]。

其实这个问题并不难解决。首先，朝鲜方面独家报道努尔哈赤死于炮伤，能否成立。据朝鲜李昌龄所著《春坡堂日月录》[③]，内中载该国译官韩瑗来中国后，被袁崇焕带到宁远城，正赶上努尔哈赤来攻宁远，韩氏“同见其战”况，对此役的描述颇细致生动。就在这段评述宁远之役的文字最后，突然写了一句：“奴儿哈赤先已重伤，……因懑恚而毙云。”

奇怪的是，除了上述一个外国人的记载，在当时国内却找不到类似的内容，竟连率军民同后金激战的袁崇焕在屡次向朝廷报捷书中，也不曾提及努尔哈赤受伤与否一个字！如果这位后金汗果真被炮击成重伤，袁必以特大喜讯而大书特书。他与朝鲜译官韩瑗同在敌楼观战，为何不见或不知努受伤，唯独韩知道？这是难以解释的现象。《春坡堂日月录》仅泛记“胡人”死伤累累，不涉及任何将领的死伤，却是中国的史书如《明神宗实录》《石匮书后集》《明季

---

① 《明史》卷271。

② 详见《努尔哈赤评传》《努尔哈赤传》《努尔哈赤》（载《清代人物传稿》）及《明清战争史略》诸书。

③ 见［朝鲜］李肯翊：《燃藜室记述》卷25。

北略》等书记事更具体，如说“炮毙一大头目”“伤一裨王”“毙棉服者十余人，所谓固山牛鹿也”。这些被击毙的将领中，都没有努尔哈赤受伤的影子！朝鲜人所记“胡人”死伤与努受伤也无联系，突兀其来地称他“先已重伤”，在受伤时间上已是含混不清，更写不出受伤的任何具体事实。从最后一句“因懑恚而毙”可知，此段文字是在努死后追记的，并非是战斗结束时的见闻报告。按朝鲜人的说法，努先受重伤，因耻于失败，心情愤激而死。不说他死或逝，更不说薨，却用了一个“毙”字，表示了对他的死的极度轻蔑，把他的死硬同失败受伤联系起来，大抵是朝鲜人对后金的诅咒。

明朝对努尔哈赤之死有以下报导：一是毛文龙在宁远战结束数月后，在向朝廷的奏疏中称：他听到“回乡的张有库等人说，新年老汗于二十四日在宁远等处攻城，不料著伤……”[①]朝廷对此并不以为然。相反，袁崇焕却做了不同的证实：他得到可靠情报，“皆云奴酋耻于宁远之败，遂蓄愠患疽，死于八月初十日。”[②]接着，御史汪若极也确认：在宁远城下，“奴焰大挫，一旦疽发而伏天诛”[③]。从而否认了毛文龙的传闻。据《太祖武皇帝实录》，努死于八月十一日，与袁所报仅差一天，这证明袁所得到的情报是相当准确的。事实上，努于宁远战后八个多月才死，而这期间，他仍在正常地进行政治与军事活动，未见有受伤的迹象。

本来，关于努尔哈赤之死，已先有孟森之遗文《清太祖死于宁远之战不确》，并附有已故商鸿逵教授《赘言》[④]，后有李鸿彬副教授著文[⑤]，均已辨正所谓受伤之说不确。然而，人们仍习惯以往成说，没有详细地研究各方面史料，只据朝鲜人的一面之词，拿来就用，显然是不妥当的。

关于范文程于1644年进呈取中原之策，已载入《清世祖实录》卷四，《碑传集·范文程传》亦收入此文，与《实录》略有出入，基本内容相同。原“中央研究院语言历史研究所”藏有内阁大库残档，内有《世祖实录稿本》四册，封面题“二次本”，收录了范氏这份奏文，业经改过一次，但比正式收录到《世祖实录》定本时几经挖改，更接近原奏文。现将“二次本”与该《实录》

①《明熹宗实录》卷65。
②《明熹宗实录》卷71。
③《明熹宗实录》卷72。
④《中国历史文献丛刊》1980年第1期。
⑤《社会科学战线》1980年第2期。

所载各摘出几段，加以对照。

《清世祖实录》：

……是则明之受病种种，已不治，河北一带，定属他人，其土地人民，不患不得，患得而不为我有。

《二次本》：

今明朝受病已深，不可复治，河北数省，必属他人，其土地人民，不患其不得，患我既得而不能有。

《清世祖实录》：

盖明之劲敌，惟在我国，而流寇复蹂躏中原，正如秦失其鹿，楚汉逐之，我国虽与明朝争天下，实与流寇角也。为今日计，我当任贤以抚众，使近悦远来，蠢兹流孽，亦将进而臣属于我。

《二次本》：

夫明之劲敌，惟我国与流寇耳。如秦失其鹿，楚汉逐之，是我非与明朝争，实与流寇角也。战必胜，攻必取，贼不如我；顺民心，招百姓，我不如贼。为今之计，必任贤抚民，远过流寇，则近者悦而远者来，即流寇亦入而为臣矣。

《清世祖实录》：

及今进取中原之意，而官仍其职，民复其业，录其贤能，恤其无告，将见在密迩者绥辑，逖听者风声自翕然而向顺矣。夫如是，则大河以北可传檄而定也。

《二次本》：

及今日进取中原之意，官仍为官，民应为民，官其贤能者用之，民之失所者养之，是抚其近而远者闻之自服矣。如此，河北数省可传檄而定也。①

从上引几段文字，稍一对照，便发现不仅文字已加工润色，而且凡至关重要之处，改动尤其明显，与范氏原意大相径庭。其一，在对当时形势的估量上，范氏认为，清与李自成等农民军构成了明朝两大劲敌。这是符合当时的实

① 《二次本》“范氏原奏文”，转引自台湾庄练水《吴三桂封王》，1972年。

际情况的。但他把清与农民军相提并论，有损清朝的形象。因此，《实录》一意要突出清兵无敌于天下，便纂改成：“明之劲敌，惟在我国。”其二，范氏把清军与农民军进行比较，各指出其优劣，颇为中肯。已夺取全国政权的清朝统治者视为抬高和美化农民军，贬低清朝，故《实录》中把二者比较的文字全部删掉，不留痕迹。其三，范氏认为此次取中原，可得“河北数省”，而《实录》则改为“大河以北”，与其原意又有程度之不同。如此等等。

关于多尔衮与吴三桂在山海关外威远台谈判内容，不见载于《清世祖实录》等官书，连随军的朝鲜麟坪大君亦不知内幕，所著《西行日记》不录一字！其他如《国榷》《平吴录》《平滇始末》《庭闻录》等直接记述吴三桂生平的重要著述，也几乎一无所知。在浩繁的官私著述中，唯有张怡的《谀闻续笔》卷一明载三桂与多尔衮谈判的内容：

> 桂念腹背受敌，势不得两全，乃与清帅约云：从吾言，并力击贼，吾取北京归汝；不从吾言，等死耳，请决一战。问所欲，曰：毋伤百姓，毋犯陵寝，访东宫及二王所在，立之南京，黄河为界，通南北好。清帅许之，攥刀说誓，而以兵若干，助桂击贼。

这一记载，如果属实，不仅揭示出吴三桂降清的秘史，也关系到明朝的命运。近年，陈生玺副教授就此问题作了令人信服的考辨，使这一扑朔迷离的悬案得到了解决[①]。

表面看，张氏所记，显系孤证，但考之后来的事变和他书有关记载，却证实了张氏所记并非是望风捕影。陈生玺引证《国榷》《再生纪略》《定思小记》《遇变纪略》等书，证明三桂曾与李自成于山海关大战后议和，索要东宫太子，并向北京发出紧急通告，要京师官民准备迎接太子即位。多尔衮却不让三桂进京，责令其继续追剿农民军，他却趁机进京师，登上武英殿，确立了清朝的统治。多尔衮背盟一事，直到三桂叛清时才予以揭露。黄体芳《醉乡琐志》载明三桂给康熙帝的信中，谴责当年多尔衮撕毁协约、灭亡明朝的罪行。三桂在通告天下的檄文中又重申了这一事实。而康熙帝和他的重臣对此回避，不敢正面回答。《圣祖实录》对此重大事件不记一字！所有这些，使人无法怀疑三

---

① 陈生玺：《清兵入关与吴三桂降清问题》，载《中华文史记丛》1981年第2期。

桂与多尔衮定盟划界为子虚乌有之事，应是客观存在的事实。

关于清初三藩之一平南王（初封智顺王）尚可喜的身世、叛明归后金的原因与经过，后来迁藩广东后又主动撤藩归老辽东的内在因素等一系列问题，清官方史书如清太宗、世祖、圣祖三朝实录、《八旗通志》《清史列传》《平定三逆方略》，直至《清史稿》，多失载，或简括，语焉不详。这对于研究尚可喜颇多障碍。弥补官书记载之不足或纠正其失实的，唯有《尚氏宗谱》与《元功垂范》两书。谱书之可贵，始修于可喜在世时即康熙十四年，他死后，其子孙不断续修，至伪满洲国时期为最后一次修谱，前后二百多年，共修过五次，突出记述了可喜兼及诸子一生之实迹，为我们提供了相当翔实的史料。

例如，可喜的身世，各书仅笼统写了一句“辽东人”，而《宗谱》则详述其祖先原为山西洪洞县人，后迁至河北衡水，到可喜父时，再迁至辽东海州（辽宁海城市）定居，可喜即诞生于此。故应说可喜为海州人，祖籍为河北衡水。

再如，可喜与其父何时、又因何从军，他因何弃明归后金等情节，也以宗谱记述最详、最清楚，也最感人。时当后金破辽阳后，他与父先后投效毛文龙部。父战死于楼子山，他接替父职，以干练之才晋升至副将。毛文龙被袁崇焕杀害，皮岛之权归沈世魁。可喜因前与沈氏有隙，遂遭其迫害，为避杀身之祸，被迫投向后金。这一过程，《宗谱》记述颇绘声绘色，为《实录》所不及！后来，可喜急流勇退，主动提出撤藩，《宗谱》也透露了他当时的真实想法，求其自全之计，避朝廷之猜忌。这些均详见《宗谱》卷一“先王实迹”及《元功垂范》，兹不赘述。

与尚可喜有密切关联的是他的长子尚之信，官书失载他早期的身世，特别是对他一度“叛清”也多含混，事实不清，自相矛盾。康熙帝决定处死他，由大学士明珠说出了获罪的原因：“尚之信不过纵酒行凶，口出妄言。”这就否定了因叛逆而致死的结论[①]。但是，“钦定”的《平定三逆方略》却又把他打入“三逆”之中，这就使清朝统治者自陷相互矛盾的境地。《宗谱》对尚之信叛清与死因均有详细辩驳，而且又载明康熙四十一年（1702），朝廷为他平反，圣祖知其“忠”，给其妻与子女恢复名誉、授官职，为其子女择亲，大加赏赐[②]。

①《清圣祖实录》卷100。
②《尚氏宗谱》卷2，“大房”。

《清圣祖实录》隐去这段重要史实，其他官书也略去不书。否则，就等于推翻圣祖所定的“逆案”。如果不以《尚氏宗谱》核明史实，就无法澄清这一“逆案”的内幕真相！

类似的事例，不胜枚举。这些事例固然可以说明很多问题，但从史料的意义上说，它仅仅证明对清入关前史料辨伪存真是多么重要！没有这个过程，就不能正确阐明清入关前史的真实面目！

三

我们从以上所举事例，不难得出这样的结论：清入关前各类史籍，包括档案，没有一部（件）是准确无误、完整无缺的。这就要求我们必须全面地占有史料，通过比较，反复印证，鉴别真伪，是绝对必要的。

我们在对清入关前（也包括其他时期）史料的认识和具体使用上，尚存在一些倾向性的问题，应当加以澄清。

一种倾向是，偏重某一种史料，而忽视其他。如对《满文老档》则视为至上，以为只有《老档》才是真正的原始档案，比任何史料都可靠。这种认识未免失之于片面，对清代史料缺乏总体认识，做出了不恰当的估量。我们认为，既不能把《老档》同其他史料对立起来，也不能以它来代替一切史料。诚然，《满文老档》是反映清入关前史的极为重要的史料，但我们也知道它并不是原件档案的逐件拼凑，同其他官书一样，也是经官方系统整理，有取有舍，也有删改，而后才确定下来的。它记述清入关前史，或从简，或疏漏，或隐而不书皆有之，因而反映太祖、太宗两朝的史实远不是完备的。孟森先生指出，老档中有些史料原为汉文，入档时则译成满文，而近世又还原为汉文，已与原件大有差异，“凡译书每减少原件真相”。事实正是如此。他举出崇德元年十月《老档》一件，内记明锦州城一个叫崔应时的人，与肃亲王豪格等往复的约降信。崔应时的信从文句到内容，皆“鄙俚怪诞”，译成满文时，第一次删润；再由满文译成汉文，为第二次删润。幸好崔氏的原信件尚存，与各次译文比较，已看出删润之严重。随着汉化日深，清统治者逐渐认识到崔氏所言荒诞不经，耻于刊载此类东西，故收入官书时，又屡经删改，使其荒诞文字踪影皆无[①]。

① 《明清史论著集刊》（下），第336页。

再举一例。努尔哈赤起兵伐明的“告天七大恨”，太宗时修《太祖武皇帝实录》、乾隆时修《太祖高皇帝实录》及王先谦辑《东华录》皆载，除个别文字不同，内容略无异致。再有金梁译《满洲老档秘录》，从满文中译出天聪元年正月太宗致书袁崇焕，信中详列天命四年“七大恨”的内容。世人皆以此信为“七大恨”的真本，实为不确之说。据孟森核对，金梁所译满文竟与《东华录》字句几乎无明显异别。这并非说金梁抄袭《东华录》，很明显的是，《老档》同《清实录》，都是后改本，而《东华录》亦节自《清实录》，它们之间大抵是因袭关系，从这个意义上说，满文与汉文无异。例如，天聪元年太宗致书袁崇焕，上述三种文献皆书：“满洲国皇帝致书……”云云。是时，太宗既没有称帝，也没改称“满洲”，何得称“满洲国皇帝”？以此观之，所谓《满文老档》，同其他官修汉字史书一样，都经改动、删润。如果把《老档》都视为原档原件，实在是一种误解。当然，我们并不想贬低它的价值，而是强调对老档也应取分析、鉴别的态度，不能一味相信。换言之，不要把《老档》或其他某种史料绝对化，视他种史料可有可无，甚至加以否定，就更不妥了。

再一种倾向是，偏重明清官方档案与官修史书，往往忽视非官方的私人著述，如明清时人笔记、杂记等常在忽视之列。不容否认，档案是第一手史料，官修史书也包容了一定的原始史料，在整个史料中不能不居于首位。但我们也应看到，当时人以其亲见、亲历或得之于可靠的传闻，又有取之于当时邸报、塘报、奏疏等，专书眼前所发生的各种事件、人物活动，同样具有较高或很高的史料价值，其中某些部分应作为档案来使用。在原档不易得的情况下，它们所提供的某些史料，就显得更加珍贵。如前已提到的《谀闻续笔》，它记述三桂与多尔衮定盟内容，迄今不见原档，官修史书又不载，我们只能借助该书提供的重要线索，跟踪考察，始得其历史真相。再如，李自成进北京后所作所为及山海关大战前前后后，官书记载极简，不如时人所记更为详备。诸如《甲申核真略》《甲申传信录》《流寇志》等书，多为作者亲历之事，故其内容如同“实录”。内容丰富的谱牒，也具有档案、实录的价值。但它往往被认为是自家人对其先世的溢美之词，而受到轻视。在封建主义时代，为君者讳，为亲者讳，已成为写史的根本原则。一国之史，一家之史，一人之史，概莫例外。实际上，剔除其溢美之词，仍然保留了重要史料。研究尚可喜，不读《尚氏宗谱》，就难使研究深入下去。

实地考察，即对清入关前在东北地区所留下的遗物遗迹进行现场观测，更少为人们所重，习惯于从文献到文献，而不问实际情况如何。关于三仙女沐浴的传说，治史者多不知这个传说假托何地，言必称长白山天池。文艺创作尤以天池有此传说大加渲染，更助长了以讹传讹。阅《长白汇征录》（又名《长白征存录》），始知清人假托三仙女沐浴之水，位在天池之东五十余里的红土山下，有池，名曰布勒瑚里。山旧名布库里山，湖名土人呼为圆池，即“天女浴躬池”。康熙时，曾立有石碑，记此传说，迟至20世纪60年代初被毁坏无遗。当我们实地考察时，对照《太祖武皇帝实录》卷首所描绘的环境与方位，以及仙女沐浴的情景，始感两者颇为吻合。这就为我们研究这一神话来源及清统治者为何将此神话假托圆池提供了实证材料。

萨尔浒与松山大战，是清入关前同明朝进行的两次战略决战。仅从文献记载来阐述这两场战争，不过是纸上谈兵。笔者亲历两处古战场，即今抚顺东萨尔浒山和锦州南的松山，才深刻地体验到清兵何以取胜，明兵何以致败。尤其是松山之战规模比萨尔浒之战更大，胜败关系兴亡，双方无不倾注了全力，拼力一战。在观察了松山城遗址和周围地理环境后，始信服时人所说，将明全军置于松山“孤危之地”[①]而饷路绝，岂能不败！

因此，研究清入关前史亦即明清之际的历史，不可不重时人笔记，亦不可轻视实地考察所获得的感性资料，都是研究问题的不可或缺的一大辅助史料。

还有一种倾向，在使用史料时，表现为主观随意性，只为个人的需要，而不问史料的真伪。仍以前举萨尔浒之战明与后金兵力为例，有的同志就抓住杨镐所奏“据陈上所见”，后金兵约有十万这句话展开“论证”，得出明兵力与后金兵旗鼓相当，即十万对十万的结论，从根本上否认后金以少胜多的事实。对这个问题，只要稍加分析杨镐说得是否合乎逻辑，他的十万之数的情报来于何处，再考察后金刚建国拥有的军事实力，是不难得出正确结论的。清兵屡次进关伐明，每次进关所携将士数量不尽相同。一些文章不做任何考辨，信手写上十万、二十万，多则写到三十万。有何根据？没有任何史料证明。这都是主观随意性的典型表现。像这样的例子还可举出，这里点到为止。

清入关前史料的丰富性和复杂性，错讹、失载、隐漏在在皆有，这就要求我们在考察和研究任何一个问题时，忌带主观随意性，也不能只靠一两种史料，就希图解决问题。目前，在史料上下的工夫不够，是清史学界存在的问题

① 见《国榷》卷97。

之一。为图省力气，或急功近利，不愿下工夫全面地收集和占有史料。比如，研究努尔哈赤，以老档、实录等为基本史料，还必须通读明万历朝后期与天启朝实录。有的连天启朝实录也没有尽读，只读了一部分，因而不能全面反映努尔哈赤的历史。现存明后期的档案《明档》（洪武以来的档案很少），不查阅一件，就难得努尔哈赤、皇太极父子的重要史料。现存清入关后的档案多至山积，如汗牛充栋。研究清入关后的历史包括人物，如不使用这些档案，是自断一大史料来源。

上述现象种种，总的意思，是想说明一个问题：欲对清史包括清前史的研究有所深入，首要的条件，是对诸种史料的研究，即辨伪存真，取得新的突破。已故学者孟森先生及当代老一辈学者，还有日本学术界一些学者已对清入关前史料的研究做出了榜样，在辨考清史史料和史实上开拓了道路。我们应继承这一好的传统，继续他们未做过的工作，在更广阔的领域获取更为丰硕的成果！

（原载《宫苑文集》，辽宁人民出版社1989年版）

关于清史编纂体裁体例的几点设想

发凡起例，选体裁，定体例，历来是编书之第一要义。体裁与体例当否，从一定意义上说，将决定编书之成败。编纂清史乃国家之大事，当代盛世之文化标志，关系匪轻。故定体例，当慎之又慎，必经精密思考，反复论证，然后精心设计。为此，笔者也提出个人的几点意见，算不上是方案，姑且称为几点设想。

一

首先，应为编纂清史正名，或称之为定位，名正言顺。确定编纂清史的性质，深刻认识未来的《清史》是一部什么样的书，在中国学术史上将居于何种地位，惟其如此，才能方向明，指导思想正确，是成功的编纂清史的基本保证。迄今，一些学者对这个问题尚存异议，认为我们编纂清史不是修“正史”，所以不要把它说成是“正史”，也不要强调与二十四史（实则应为二十六史）“对接”，《清史》仅是一部史书而已。此说不尽合理。众所周知，历代官修史书，毫无疑问，此系官方行为亦即国家行为。这就与个人即私家修史严格区分开来。官方修史，代表国家，故谓之正史。私家之史不能代表国家，不可进入正史之列。当今修清史，是党中央决策，由国务院组织有关部委具体实施，调动国内清史专家学者修史。显而易见，此次修清史，既不是国家资助性质的规划项目，也不是国家某个部门组织的项目，更不是学者们自行组织的课题，明确地说，它是中央决定、由政府直接组织实施的国家文化建设项目，无疑是国家行为，或称为官方行为。这与历代皇帝下诏修史没有什么不同，同属国家或官方行为，把我们正在编纂的清史能接续二十四史之后，被当世及后世公认为第二十五史，实在是所有参与修清史的学者们的莫大荣幸！

一些学者讳言我们修清史为正史，讳言接续二十四史之后，究其原因，是认识上陷入了误区。他们以为，我们与封建史家完全不同，我们的国家与历代封建专制国家不可同日而语，故耻于言正史，耻于与二十四史接续。须知，文化是一个永不停止的传承过程。无论是封建文化、资本主义文化，直至当代文化，都不过是一定历史阶段的文化形态。优秀文化必然要继承下来，那些不适应社会需要的文化同样会被摒弃。今天，我们继承历代官修史书的传统，由国家决策修清史，即称官书、称正史，又有何妨！一些学者还习惯过去的思维定式，总习惯于阶级分析，力图把我们同历代封建史家及其封建国家划清界限。其实，大可不必。因为我们是继承历代官修史书的传统，并非是继承封建主义的史学思想与观点，恰恰相反，我们是按照历史唯物主义的原理，以马克思主义为指导，重新编纂清史，给予完全不同于封建史家与资产阶级史家的全新解释，表明我们当代学者的"清史观"。

因此，我们应实事求是，没有必要避嫌避讳，所谓官修正史，本属国家行为，古今同义。我们正着手编纂的清史，就是官书、正史，名正言顺。我们重修清史，编纂一部代替《清史稿》，或与之同列的"新清史"，如同新旧《唐书》、新旧《五代史》、新旧《元史》等。《清史稿》被列为第二十六史，而我们新修的这部"新清史"，自然应列在《清史稿》之后，成为第二十七史。这也是顺理成章的事。

二

从司马迁著《史记》，直至最后一代王朝史《清史稿》，已成二十六史的大系，勾勒出中国五千年最为详尽而完备的历史进程，这在世界史上确乎绝无仅有。历代为修史而创立的多种体裁体例，如纪传体、编年体、纪事本末体等，也是任何国家所无法比拟的。至近代，又引进西方的章节体，已成为当代修史著书的主要体例。历代创造了多种修史的体裁体例，为我们重修清史提供了更多的选择。那么，哪一种体例更适合我们的需要，或者是几种体例"混合"使用呢？

我个人以为，还是采用纪传体好，同时辅以其他体例，集历代修史体例之大成。

以纪传体修史，是中国史学的一个独特的传统，也是中国史学特色之一。自司马迁创造纪传体，一直沿用而不衰不废，即使后来又有了编年体、纪事本末体，仍无法取代纪传体，其生命力之强可知。事实表明，纪传体是官修史书必用的体例。这并非说历代修史偏爱纪传体，而是此种体例最适合修一代王朝史。其一，此种体例能最大限度地包容一代王朝历史的方方面面的信息。因为分门别类，可以将每一门类的历史，实际是专题专史，或者说，将每一个领域皆可独立成篇，互不相扰（人物之间有交叉，属例外），如人物列传、食货志、地理志、艺文志、天文志等等，各成系统，这就使每个部分的历史内容都能得到最充分的叙述。其二，纪传体的优势，或者说，它的基本要求，就是准确地记述史实，实际是保存一代王朝的历史资料，如同保存历史档案，虽然它不是档案的原件，却是档案的浓缩。一般来说它不直接求证，也不考辨，更不要论述，而是忠实地记录各个方面的历史及其演变过程与结果。当然，这并不意味没有观点，没有是非，在行文中皆可看到修史者的政治与思想的倾向。如本纪、列传，文末或以“论曰”、或“赞曰”等形式，表述修史者是非观点。在其他志中，其是非得失，皆在行文中表述。纪传体的优势，是从横的方面叙述历史最完备，如列传，可以最大限度地收录人物，每个人依据其业绩、行状，记述详略有别。总之，纪传体能够最完整而系统地记述一代王朝史，保存了它的最基本的史料，真实地再现一代王朝的历史原貌。

章节体的优势，就在于从纵的方面，综合记述一代王朝盛衰兴亡的过程，体现出阶段性，即可分性，划分为若干时期，因而将一代王朝史的进程叙述得较为清楚。这正是纪传体的缺欠，因为它是分门别类，分成“块块”，互不交叉（人物传例外），单一地叙述各个方面、各个领域的历史内容，无法将各个方面综合起来，从整体上分阶段地写出王朝史的演变过程。章节体的严重缺欠是，从横的方面无法包含王朝史的方方面面的内容。如人物传，只能在相关的内容，涉及某个人物，也只是点到为止，不能将一个人物的一生全部反映出来，更不可能如纪传体之人物列传，将一代王朝的所有重要人物的一生全部揭示出来。比较之下，纪传体的优点，仍然远远超过其他各类体例体裁。

我们重修清史，是党中央决策的国家行为，代表国家学术的最高水平，这与历代修史没有什么不同。从继承优秀传统来说，我们没有理由拒绝纪传体。

但也有学者主张用章节体，称“章节体的出现，是一个进步”。这没有疑义，但不能由此得出结论：纪传体代表落后。纪传体在我国已经使用了两千多年，已形成一个传统，不能一概而论，凡传统皆落后，属于优良传统，理应要继承，发扬光大。有些传统确已落后，就要加以改造。纪传体并不落后，至今仍适用，已如上述。但要用章节体，就不太适用于新修清史。它的缺欠，正是纪传体的优点，即从横的方面，无法完备地记叙历史。

这里，提出的问题是，应当正确处理继承与创新的关系，处理得当，相得益彰，所选体裁体例必为当世乃至后世所公认，否则，难以行远。一些学者忽视甚至无视传统，力主“创新”，另搞一套。在个别人的观念中，总以为纪传体是为封建史学所用，突出以帝王将相为中心，而我们不宜使用。这种认识，不能说正确。就内容而言，体例体裁不过是外在的形式，同一形式，可以装进不同的内容。纪传体既然能“装”封建帝王将相的内容，同样可以“装进”无产阶级领袖们的内容。况且同是清史，同属纪传体，就看哪家“装”得好了！传统与创新两者关系处理不当，势必割断了历史与现实的必然性联系，丢掉传统，实则是丢掉了中国史学的品格，也就失去了中国史学的特色。

如前已说明，纪传体修史，是中国史学的一个优良传统，是中国史学区别任何国家史学的一大特色。这就是中国史学的“个性”，亦即中华民族性，因而才能在世界史林中占有自己的地位。因此我认为，优秀传统不能丢，应当继承并发扬光大。但是，又必须创新，没有创新，也就没有史学的新发展。我所主张的创新，是在继承优秀传统的基础上的创新，创新就是对优秀传统的发展，若舍弃传统，就是舍弃了根本，所谓创新，就成了无源之水，无本之木，就不成其为创新了。

具体说，是在纪传体的框架内，进行适当改造。这符合历代修史的传统，又体现当代史学的新发展。其实历代修史也是在不断创新，有发展，有变化，个别的还有倒退。如《史记》推崇农民起义领袖陈涉，把他与诸侯将相同列为“世家”。其后修史，凡农民起义领袖都被打入盗、贼、匪之列。如《明史》增“流贼”传，专叙李自成、张献忠事。比起司马迁，清人的观点显然是倒退。时代不同，人们的认识也在变化。所以，每代修史，所设篇目及定位都有所不同。如《清史稿》所设“交通”“邦交”“海军”等志，皆为前代所无有，却是清史的独特内容之一，也包含了创新之意。

我们修史，以马列主义为指导，是完全崭新的唯物主义史观，这与历代修史有着本质的差别。指导思想与理论之不同，是最根本的创新。即以修清史而言，我们的“清史观”，肯定与《清史稿》也有原则区别，表述我们对清史的崭新认识和科学评价。不仅如此，而且具体篇目之废立、增删，或改变，比照《清史稿》，其变化必然很大。这同样反映了创新。还有，吸收其他体例，以补其纪传体之不足，与历代修史的单一的纪传体相比，也体现了创新的意义。

根据以上想法，我的意见是，应当坚持纪传体的体裁，以其为基本框架，或称为“主体体例”，再适当引进古人修史的其他相关体例。我相信，这是可行的最佳选择。

三

清史编纂体例体裁问题，戴逸先生已提出了一套比较完整的设想，并多次作了说明。根据戴先生的思路，我也尝试设计清史的编纂体例，这就是以纪传体为“主体”体例，是为主件，再辅以其他各件，便构成清史编纂的整体体例。具体设计，分列如下。

（一）清史概说

历代官修正史，没有“概说”一朝之史的内容，只在部分纪传中做简略说明，对某一方面的历史的简单概括，表述史家的观点，缺乏从整体上对一朝之史的评述。时至当代，我们应当弥补这一缺失。“概说”要求对有清一代作出全面的、完整的评述。内容包括：清史的内涵、清史的分期、各时期的基本内容、清朝的历史贡献与失误、与相关的朝代之比较、清朝在中国的历史地位、清朝的历史经验与教训、我国史学界研究清史的历程与成就，以及学术界的分歧、展望未来清史研究的发展趋势等等。一句话，就是要对清史作出总的正确评价。理论分析贯彻始终，理论分析是此部分内容的最基本的也是最高的要求。

此件之所以成为必要，目的是对读者进行“导读”，引导他们正确认识清史，帮助他们解读各部分内容。无论对一般读者、大学以上学历的学生，还是专业研究人员，这部分对于他们都将是重要的。

（二）清朝通史

此部分是为广大群众写的一部清史通俗本。与“概说”不同的是，它不分问题，也不从理论上进行分析，而是按时间顺序，系统地叙述清朝全史，从兴起、强盛，到衰亡，给以完整地描述。

“通史”的体例，我主张不用章节，为与纪传部分协调一致，一律分卷，即卷一、卷二……此其一；其二，采用纪事本末体阐明清朝全史。自萧一山开创章节体撰写清朝通史以来，迄今已有八部章节体清朝通史问世。体例一致，容量有详略之别，清史观点除萧一山持资产阶级史学（也含某些封建史学）观外，其后各部清史大同小异，仅在个别问题上分歧明显。如再沿用此体例，一则缺乏新意，一则内容含量恐不及肖氏的四百余万字的规模，在观点上，也不一定有多大的突破。我们再照此写清朝通史，不能创新，不过是“重复劳动”。实际上，已往刻板地叙述清史，已使读者失去阅读的兴趣。

以纪事本末体代替章节体叙述清史，其好处是：按时间为序，一事一题，叙述其本末，有头有尾，内容完整，语言生动些，读者好看好记。表面看，各题独立成篇，而内在联系浑然一体，同样能鲜明地反映清朝盛衰兴亡的历史进程。具体设计是：

卷一　太祖开国　　一　太祖起兵
二　太祖建国
三　进军辽东
……

卷二　太宗承前启后　　一　太宗即位
二　太宗改革
三　征伐朝鲜（两次并为一个内容）
……

卷三　统一全国（或一统天下）　　一　清军进关
二　顺治迁都北京

以下，以此类推。根据内容，设卷数不同，并非一帝一卷。上列标题，是为了说明问题，随便写出，切勿当真。

（三）清史编年

以时间为序，逐年地摘大事而编，组成清史大事长编。这就是编年体的具体应用。

（四）列传

需要说明的是，皇帝与诸臣的传记，旧史分“本纪”“列传”，如何处理？两种办法，一是仍保留旧史体例，一是取消“本纪”，统称为“列传”。我倾向保留“本纪”。皇帝的身份与地位，为最高统治者，保留“本纪”，以与其他臣属、名人相区别。如果我们把诸帝统统降到诸臣之列，没有实际意义，看起来很“革命”，不过是一种人为的主观意识。有人说，旧史都是以帝王将相为中心，应当打破。在过去，这一说法都能接受，但在今天看来，需要校正。这个道理很简单。古往今来，在历史上留下名字的，总是那些为社会作出各种贡献的时代精英，或者对当时社会产生重大影响的历史人物（包括反面人物，留下罪孽或过错的人）。凡帝王，居最高地位，他们的名字或年号是一个时代的名词，自然成为一个时代的中心人物。他的臣属们，凡有大作为、居权要地位者，自然都是一个时代的响亮人物。他们进入史传之中，亦是必然之理。这同二十六史一样，也只能是很少一部分载入史册。所以，不论是哪个阶级的代表人物，都是他们生活时代的著名人物，载入史册是必然的。问题的性质不同，道理是相同的。我们无须拘泥于形式或表面，看问题要实际些，求其实最好。

因此，我主张清朝诸帝传与后妃自成一个传记系列，这样便于阅读，也便于掌握清史。诸王传如何安排？我意，在诸帝本纪下，分别列其后妃与诸子传。如太祖本纪，叙其一生接续后妃传，再列诸子传：（1）长子褚英；（2）次子代善……余类推。

皇帝“本纪”为人物列传的第一个系列，第二个系列为诸臣传。历代修史将人物分类，是按忠奸的标准加以划分的，同时，也以时间顺序来排列人物，即生活在王朝初期的人排在前，生活在王朝末期的人物自然排列在最后。我们修清史，人物不宜分类，给人物从政治上定性，难以做到准确，亦难免有失公允。旧史又把文化名人分为一类，也不易分得清。因为文化名人者，很多人同时又是朝廷命官，职位又较高，把这些人归入文化名人系列，不尽合理。我的想法是，可否以职务分类？如，中央一级的人物，把有清一代的大学士人物、六部首脑与副职、九卿科道等各为一组，以时间顺序排列。地方封疆大吏、总督、巡抚及其各部门首脑人物、府州县及著名人物，也各为一组。这样做的好处，对于同级别的所有人物一目了然，便于比较研究。各类人物，一生中皆有升迁、或被贬、降级降职，如何来认定其职位级别？当以其一生中任职最高为选择标准。如此分类，不具政治含义，也无定性失当之虑。文化名人类，还要保留，要与其职位脱钩，强调其对文化的特别贡献。

未入清朝，或反叛清朝的人物，如南明、准噶尔、吴三桂的周政权、太平天国（含捻军）、辛亥革命等，如何处理？我意，可专列：南明君臣列传、准噶尔诸部列传、吴氏周政权列传、太平天国列传、辛亥革命党人列传。

上述诸政权，不宜附“载记”。《晋书》附《载记》，是修史的一个特例。其意甚明，即尊晋为正统，将不归属晋的北方“五胡”所建诸政权，隐去他们的帝号，直书其名，统统归属于晋的名分之下。实际上，也等于承认这些政权是政治实体。这是修《晋书》的史家们对这段历史问题的一个处理方式，明确地站在东晋的立场，来看待南北分裂的事实。清朝则与此不同，第一，清入关一年后，迅速渡江，仅用十余年就统一了南明所有疆土。这是清统一过程中发生的事，非同于东晋时南北政权对峙。准噶尔部叛乱西北长达70年，是在清朝统一的形势下，西北地区准噶尔上层贵族发动叛乱，危害国家“大一统”，破坏安定的局面，无论建何种国家，都不能予以承认。同样，吴三桂在全国刚刚统一后举兵叛乱，建号称帝，完全是为一己之私，毫无进步意义。如果把他们列入《载记》，就等于承认他们分裂国家为合理，其政权为政治实体。因此，从当代中国的“大一统”的要求出发，我们应当承认肯定清朝为“大一统”所做的一切努力。反对分裂，反对动乱，不给南明、准噶尔、吴氏周政权以合法的地位，这与当代中国的根本政治利益是一致的。太平天国、辛亥革命同上述几个政权不同，反抗或反叛清朝有其合理性和进步性。他们是在清朝统一的情况下发动的一场变革中国的运动。为强调国家的“大一统”，无须再作《载记》，这丝毫也不降低他们的革命的意义，也不存在贬斥或否定的意思。在他们的列传里，可以充分反映他们的革命思想和革命业绩。总之，这些问题的处理，一定要与当代中国“大一统”的需要相联系。有此原则，其他类似的问题都可以迎刃而解，如义和团人物、戊戌变法人物等，都可以专开一个人物小系列。将这些人物归入一个大事件，这本身就给予他们应有的历史地位，实质也突出了他们的作用。

（五）志

二十六史中的《志》，相当于今时的专史。欲全面展示一代王朝之史，“志”的部分是其主体内容之一，所占比重，甚至超过人物列传。修“志”之质量，当决定修史之成败。

《清史稿》中的“志”，就内容而言，明显不足，它所列的“志”，不足以反映清朝历史的方方面面。《清史稿》各类志，大而化之，没有细分类，也造成修“志”不足；观念陈旧，不能以近现代观念反映清史内涵，列不出更多的新的“志”目。因而，我们的原则，按当代的分类观念，在《清史稿》原有的各志的基础上，调整、增补、删除、改变原“志”的名称，重新分类成各志。

1. 经济志：取代通行的《食货志》。这样既能反映清代经济的内容，也符合现代人的术语。具体内容：（1）农业，（2）手工业，（3）商业，（4）矿业，（5）近代工业等。

2. 赋税志：此项从《食货志》分离出来，亦不列入经济志，独立成篇，以突出其重要性。内容包括：农业赋税、货币、金融、商业税、盐茶以及其他税收项目，海关亦当包含其中。

3. 水利志：包括治黄、淮、海塘、兴修水利工程，漕运等；如有必要，可将漕运单列为志。

4. 交通志：驿站、陆路、水路、铁路、轮船等。

5. 科技志：农业、手工业、近代工业、矿业冶炼等技术、科学著作、新发明等。

6. 气象志：取消《清史稿》之“天文志”，其内容亦当更改为：天象变化、冷暖雨水变化、水旱蝗灾、地震等，载入这些史料，可看出清代200多年的天象变化的规律，为当代气象研究提供实证资料。

7. 行省志：取代“地理志”。历代官书设地理志，叙其疆域行政区划，名实未必相符。考虑到清代已实行行省管理制，何如直书“行省志”，名从其实，尤便于掌握清代行政区划的历史沿革。

8. 城镇志：清代城镇发展迅速，特别是边疆地区涌现大批城镇，远胜历代。城镇的增加，应是社会经济发展的一个标志。故研究城镇意义重大。修清史，专设城镇志，很有必要。至于哪些城镇入志，哪些不入，当经讨论详加审定，列出城镇级别为宜。

9. 职官志。

10. 刑法志。

11. 兵志，或改称为军事志。

12. 教育志，以学校与科举为主要内容。

13. 文学艺术志。

14. 学术志：为突出反映清代的文化艺术与学术的成就，当分设此两“志”。

15. 民族志：历代所设“四夷”传，不宜再沿用，当改称“民族志”。《清史稿》设藩部、土司，没有具体以民族列志目。我们修清史，当以每个民族列志目，部分小民族可与同地区的其他民族同列，或附于本地区重要民族之内。

16. 宗教志：含秘密会道门、民间宗教。

17. 舆服礼仪志。

18. 社会风俗志。

19. 文物志：清代的宫殿、陵园、寺庙、城建遗址、国宝级文物、档案及其他遗留至今的各类具有重大价值的实物。历代修史皆无此志，本次修清史应予增加。

20. 外交志。

以上，初设20个志目。志的数目多少不是关键，关键在于所设志目能否反映清史的基本面貌，列出的各志目是否科学地概括清史的有关内容。有的学者设志达40多个，似嫌多，还是精练、准确为好。究竟多少为宜，亦当再议。

（六）图、表

古人修史，制图甚难，故正史中一律无图。当代科技发达，制图已是简单之事，当用图展示清史，表明当代修史的特点和进步。表，修史必不可少。可斟酌《清史稿》诸表，有所损益。

以上六个部件，组成新修清史的基本内容。总的文字量，以二千五百万字为宜，留有余地，当其“膨胀”，以达三千万字。如定为三千万字，可能胀到三千万字以上。因此，应予严控。

语言文字，已出现两种主张，一是浅近文言，一是当代典雅书面语。两种语言，各占优势。前者用语精练，可以“省文”。困难是，当代学者多不习文言，不易操作，而读者亦不习惯阅读，不合现代人的习惯。后者便于阅读，也便于当代修史之学者实际操作。困难是，用此文字必然增加文字，难以做到“省文”。鉴于当代学者多不习文言，只能选择当代典雅书面语。即便如此，凡参与修史的学者的文字水平，皆达到“典雅”也不容易。

（原载《史学集刊》2003年第3期）

必须还历史真实

——《正说清朝十二帝》质疑

阎崇年编写、中华书局出版的《正说清朝十二帝》，究竟是一部什么样的书呢？本文仅就"正说"其中一帝努尔哈赤，提出如下质疑。

一、一个人造的神话

近一二年间，一个易中天《品三国》，一个阎崇年《正说清朝十二帝》(以下简称《正说》)，真是红遍全国。其书发行量之巨，使人顿生"洛阳纸贵"之虑；其人俨然成了"学术明星"：电视访谈、报纸采访、请作报告，尤其是四处签名卖书，痴迷读者争先恐后，人人争识"韩荆州"。继易、阎之后，于丹堪称是"后来居上"！让"粉丝"们听得如醉如痴，其书曰《论语心得》，更使易、阎之书顿失颜色，发行之巨，简直铺天盖地，声势猛烈。

在学术界看来，若果真如此，史学与儒家经典成"显学"，真乃学术之大幸。可惜，这一切不过是人造的虚拟神话，不难识破！易中天学中文、教中文，本不搞历史，却是大胆品三国与两汉，到底品出了什么？给读者、观众什么教益？把真实的历史变为荒诞不经的闹剧，以学术来衡量，其书不伦不类，其说谬言歪理，毫无价值可言！

尽人皆知，于丹学中文，搞传媒，本不搞孔孟，更遑论老庄！居然大谈其"心得"，竟把《论语》中的"小人"解读为"小孩"！于丹实为古今第一人！孔子及其弟子经常谈论的"小人"与"君子"，乃当时现实生活中不同的品格、不同地位的两种人。如，"君子喻于义，小人喻于利"；"君子坦荡荡，小人长戚戚”。即使中学生读了这些话，也会大致明白。在当代日常生活中，“小人”、“君子”常被人使用，古今基本同义。唯独博士毕业、身居教授之位的于丹不懂，制造了一个可供千古“传奇”的天大笑话！连“小人”之意都不懂，还谈什么《论语》“心得”！于丹哪里是说“心得”，她是在戏说《论语》！其荒谬程度，连善于制造荒谬的易中天恐怕也会自叹不如！

比之易、于的专业，阎崇年有所不同。他是专门研究清史的，自号是研究努尔哈赤的专家，被某些媒体奉为“学术权威”、“阎清史”，更出奇地是，竟把他吹成“当代清史大师”！且看其“正说”清十二帝，所谓“权威”、“大师”，不攻自破。实在说，阎崇年仅略知努尔哈赤，稍及皇太极，其余，即入关后直至末帝宣统，计十帝，本无研究，这又与易中天、于丹相类，敢讲自己不懂的东西，先在《百家讲坛》为十二帝“解密”，继之形诸文字出版。此书既非学术专著，又非专题研究，亦非故事、演义，与《品三国》同属不伦不类的“四不像”，只能算做是十二帝的“简介”或“说明书”罢了。就是这样一部“四不像”的书，满篇错误，硬伤累累，竟被吹上了天，岂非咄咄怪事！

“文革”期间，将学术政治化，以政治是非为是非，为政治服务，影射史学大行其道，学术也就失去了它的本色。易、阎、于另走一极端，以“戏说”的方式，将严肃的中华民族文化与历史庸俗化、娱乐化与商业化，贩卖假冒伪劣。他们的共同特征是：高学历、低水平；非专业讲专业，随心所欲！学术界有识之士、著名学者已给予严厉批评，他们不为所动，确已走失学者的良知！

易、阎、于等标榜将史学、传统文化“大众化”，实则是大搞民族文化虚无主义。因为他们可以摒弃历史的真实性，不须弄懂儒家经典的本义，凭着感觉去讲，迎合观众或读者的某些情趣的需要，达到视听觉的刺激，博取一乐而已。

易、阎、于等所言所写，不过是低俗文化的宣泄，何以造成其大红大紫之奇效？实非其书其人的魅力，说到底，乃媒体之伟力，更有个别媒体为之鼓吹，大肆造势，如同广告效力一样，于是奇迹发生了！

神话，毕竟不是真实地存在。现在，该是打破其神话，还其本来面貌的时候了。

以上，权作本文的一个引子。下面，转入本文的正题，驳斥阎崇年“正说”努尔哈赤的种种谬误。

二、努尔哈赤历史定位质疑

努尔哈赤自明万历十一年（1583）起兵，迄至天启六年（1626）去世，跃马弯弓，驰骋40余年。终其一生，做了三件大事：其一，统一女真诸部，初步形成满洲；其二，创建国家政权——史称后金；其三，向明宣战，断绝同明的隶属关系，揭开了明清（后金）战争的序幕，也开始了明清兴亡的历史进程。此三件大事，足以给努尔哈赤作出正确的历史定位：他是清帝的直接始祖、清朝的开创人、满族形成时期的领袖。不论从哪个方面说，无论后世子孙取得何等伟大成就，都代替不了他的开创者的历史地位！

如果真是一个研究努尔哈赤的专家，那么，给努尔哈赤定位，既简单又容易。但阎先生为其定位大误，史实大错，有错而不知改，又在《我为何重视努尔哈赤》一文中，连连铸成新错，其荒谬的程度，令人难以置信！

阎先生有意抬高努尔哈赤，对其定位远远高于其他十一帝，即使康、雍、乾三帝亦不能与之相比，唯独给努尔哈赤以“伟大的政治家、军事家”的称号；又评其贡献最多，总结出“十大功绩”，连康熙与乾隆两位“大帝”也望尘莫及！现在，就让我们来看看阎先生制定的“十大功绩”究竟是什么。

“统一东北地区”，是阎先生为努尔哈赤确定的“十大功绩”之一。阎先生引述一段史料加以证明：“自东北海滨，迄西北海滨，其间使犬、使鹿之邦，及产黑狐、黑貂之地，不事耕种、渔猎为生之俗，厄鲁特部落，以至斡难河源，远迩诸国，在在臣服。”[①]这是原则性错误。稍知一点清入关前史的人都知道，努尔哈赤终其一生，只统一了半个东北，至皇太极去世前，才基本“统一了东北全境”（尚余四城，仍为明守）！阎先生自称研究努尔哈赤数十年，出此大错，谁人信之？更为严重的是，上述引文，原载《清太宗实录》卷61，第30页，本系皇太极于崇德七年（1642）告祭其父努尔哈赤说的一段话，对其执政十六年，最终统一东北业绩的总结。顺便指出：皇太极已于崇德元年任命梅勒章京（入关后改称副都统）吴巴海镇守宁古塔（黑龙江宁安），管辖黑龙江与乌苏里江流域的疆土。清在黑龙江正式设治，即始于此。但阎先生（以下称“作者”）不明历史真相，却把皇太极说的话及其业绩廉价地移植给了努

①《清太宗实录》卷61。

尔哈赤！本来努尔哈赤并没有统一东北，又强加给努尔哈赤的这一段话，纯属张冠李戴，成了无稽之谈！说到此，并未结束，他进一步发挥："如果没有努尔哈赤对东北的统一，后来沙俄东侵，日本南进，列强争进，东北疆域被谁人占有，实在难卜。"作者在继续犯错误：努尔哈赤并未统一东北，何以做此大胆联想？本来属于皇太极的功绩，硬是强加给了努尔哈赤。试问：为何如此颠倒史实，任意篡改历史？

《正说》开列努尔哈赤"统一女真各部""促进满族形成""制定满族文字"三项功绩，实则就是满族形成的一件事。统一女真各部，重新凝聚，以创制新文字为标志，才使新的民族共同体——满洲得以形成。换言之，满族之形成，恰是女真诸部统一的必然结果；没有其统一，也就没有满族。二者互为因果，不能割裂。作者硬是把一件事给分解为三，以凑足"十大功绩"。如此玩弄数字游戏，掩饰事实真相，实非"大师"所为！

诸如"建立后金政权""制定抚蒙政策""丰富军事经验""迁都沈阳"等，何须以"功绩"论！因为这些与历代创业之君所行相类，努尔哈赤并无特别之处。试看历史上哪个创业帝王不建政权、不建都？迁都也是常有之事，如元太祖、元世祖屡次迁都，最后定都于大都（北京）；明太宗自南京迁都至北京，辽与金的都城亦一迁再迁。他们各自制定民族政策，这些必做之事，无须论为"功绩"。如"丰富军事经验"，也是一大"功绩"？把"经验"也以"功绩论"，应是作者的一大发明！如以迁都为功，多尔衮决策迁都北京，其功绩之大，不在努尔哈赤之下吧！唯《正说》把此类事看得过重，做了不正确的表述，大书特书，无非是刻意抬高努尔哈赤罢了！

至于努尔哈赤"创建八旗制度"，应视为一大功绩。如同其先世金代女真人所创"猛安谋克制"，八旗制也是本民族的军政合一的社会组织制度，在特定历史条件下发挥过巨大作用。此制为努尔哈赤原创，仅编满洲八旗与一蒙古旗而止，毕竟是草创，真正把八旗制完善而定型，还是皇太极完成的。皇太极增建汉军八旗与蒙古八旗，是对八旗制的进一步创建；又把此制推广到内蒙古，皆为努尔哈赤所不及。作者将八旗制的创建全部归功于努尔哈赤，大失历史真实。

在作者评出的努尔哈赤"十大历史功绩"中，其"推进社会改革"最具社会进步意义。在他看来，努尔哈赤"创立八和硕贝勒共议国政制"，即"贵族共和制"；经济上实行计丁授田、按丁编庄、奴隶制田庄转化为封建田庄等，都是实行“社会改革”。事实并非如此。如果说，在女真（满）族社会内部，建国家，定制度，应看做是女真社会发展的一个重大进步。但是，他把上述制度和做法带到发达的辽东汉人聚居的农耕区，实则把辽东社会拉向倒退。

所谓“贵族共和制”，无疑保留了原始军事民主制残余，可以看做是女真（满）族社会发展的一个阶段，但进入一个发达而先进的辽东地区，仍行此制，不能认为是先进的制度，与明制相比，显系原始而落后。

所谓“计丁授田”，并非真正实行“均田”。努尔哈赤进入辽东后，将该地区因战争而荒芜的无主地，首先分别授给各驻守当地的八旗满洲贵族及其士卒，而在战争中被掳的大批汉人，有的在其满洲王公贵族，包括将官之家为奴，有的在其庄园——拖克索，供其役使。连清人也承认：“国初时，浮掠辽沈之民，悉为满臣奴隶。”[①]他们在名义上以成丁分得一份土地，但其所有权属于他们的主人。当然，也规定给“乞食之人、僧人”分地，但改变不了“计丁授田”的农奴制本质。总之，这是在战后打破明在辽东的封建土地占有关系，由满洲王公贵族及农奴主对土地的重新占有，并无社会改革的意义。

所谓“编庄”，规定满汉人合居一处，要同吃、同住、同耕。实行此“三同”，满人为汉人所供养，汉人却备受欺凌，直接被与之“三同”的满人所剥削。还有一种形式，即把汉人编入拖克索（庄园），每13个汉人编为一庄，给牛与耕地若干，其粮食除自己食用，还将另一部分缴纳官赋。果真实行此制，对汉人不无好处。但关键不在此。努尔哈赤把这些庄园按品级都分给了满官，如，每一备御官则赐给一庄，级别越高，其分得的庄园就越多。编入此庄的汉人成丁就成了他们的奴隶，因不堪忍受奴役，故引发大批庄丁逃亡。这证明一个不可辩驳的事实：努尔哈赤进入辽沈后，推行民族奴役的政策。正如《清太宗实录》所载，满洲大臣直白：“昔太祖（努尔哈赤）诛戮汉人，抚养满洲。”连清太宗也说过：“我国将士向来骚扰辽东民人。”一个先进的辽东地区，行此落后的制度，这哪里是“推进社会改革”？作者称：努尔哈赤制定了“民族和解政策”。看看事实，哪里有“和解”？努尔哈赤晚年，民族矛盾尖锐，到处都有汉人的反抗，国势岌岌可危。

在辽东真正实行社会改革，绝不是努尔哈赤，而是继承其汗位的皇太极！他一即位，就大刀阔斧地改革其父的弊政与落后的体制。据《清太宗实录》

①《啸亭杂录》。

载：皇太极力主“满洲、蒙古、汉人视同一体”，将满汉合住改为分屯别居，汉人自立一庄，用汉官管理；恢复汉族奴隶的“民户”地位，编为户籍。优礼汉官，大量吸纳汉、蒙古人加入后金（清）政权，续建汉军、蒙古八旗，从而彻底改变其父所建单一的女真（满）族政权，改造成统一的多民族的政权。又如改官制，变体制，按明制设六部，废“贵族共和制”，实行中央集权的君主专制。皇太极的一系列改革，从根本上消除了努尔哈赤晚年的社会危机，将清政权引导到蓬勃发展的道路。

作者将正、误乃至错谬混淆一处，统统作为“功绩”加以赞扬。所列“十大功绩”，硬是凑数，何如实实在在，将历史真相告诉读者！事实上这样做丝毫也不影响对努尔哈赤的历史定位。我绝非否定努尔哈赤。前列努尔哈赤一生所做的三件大事，将他置于开创者、创始者的地位，还嫌低吗？作者绞尽脑汁，事无巨细，不计是非，甚至将他人如皇太极的实践活动也算到努尔哈赤身上，正如前已指出，竟将皇太极说过的话也变成努尔哈赤的语言！此种学风，为治史者之大忌，为史家所不齿！

三、“正说”努尔哈赤中的谬误再举例

阎崇年给努尔哈赤的历史定位，已经远远地背离了努尔哈赤自身的历史真实，大失史学的严肃性与科学性。作为一个学者，亦失应有的学风与史德。上文仅就作者杜撰的“十大功绩”予以质疑，除此，《正说》与《晚报》刊文中的错谬之多，俯拾皆是，这在史学界实属罕见。在这方面，作者创错谬之最！为此，再举例以证之。

《正说》写道：“金亡之后，女真各部，纷争不已，强凌弱，众暴寡……”到努尔哈赤起兵前，女真“300年来”未获统一。这段话来源于《清太祖武皇帝弩儿哈奇实录》，原文是：女真“各部蜂起，皆称王争长，互相战杀，甚且骨肉相残，强凌弱，众暴寡”。史载明确告诉人们：这段话是对努尔哈赤起兵前夕女真社会局势的真实概括。但作者把它断为“金亡以后”，历“元明300年来”，女真社会就是这种状况。这完全是误读误解。事实是，金被元灭亡后，女真族遭到极度摧残，元气大伤。其残存的女真人散居东北，既无力抗元，亦无力内争。换言之，已形成不了任何集团势力。在元朝统治下，按民族分等，女真族被列入“汉人”之中，身份低于蒙古和色目人，受其控制与压迫

更甚于其他民族。入明以后，境况有所改善，女真诸部酋长不断受到招抚，赐以官职，生聚渐兴旺。自元迄至明中叶，女真人沉寂了两百年之后，才渐次恢复了民族的活力，开始登上历史舞台，到努尔哈赤出生前后，延至其起兵时，女真社会才出现了如上面所描写的互相战争的局面。可惜，作者连这个常识问题也出错，对女真社会的演变做出了不正确的解释。

作者在解释努尔哈赤的“抚蒙政策”时，写道：“他用编旗、联姻、会盟、封赏、围猎、赈济、朝觐、重教等政策……”作者将清朝逐渐实行的对蒙古政策，统统都归为努尔哈赤所制定。但事实却否定了作者的信口开河。满蒙联姻，实始于努尔哈赤，与部分蒙古部落建立了军事与政治同盟，努尔哈赤以“保护人”的身份，与他们共同对付察哈尔部林丹汗。努尔哈赤与之联盟的蒙古如科尔沁部等，尚未真正建立起如后来的那种君臣关系。到皇太极时，才开始把这种隶属关系确立起来。给内蒙古诸部按八旗制编旗，也是皇太极做的一件大事；“会盟”并非努尔哈赤所为，确是康熙帝为解决喀尔喀蒙古问题，先于康熙二十五年（1686）派理藩院尚书阿尔尼举行过一次“会盟”。更重要的一次“会盟”，是康熙三十年康熙帝亲自前往多伦并亲自主持“会盟”，决定喀尔喀蒙古实行“盟旗制度”。作者归纳努尔哈赤对蒙古实行“编旗”的八大政策，很多项并无史实根据，却是将其以后皇帝做的事又移植到努尔哈赤的名下！

更为离奇的莫过于说：“迁都沈阳后”，“沈阳及辽河地区的经济与社会得到全面开发与迅速发展”，还“带动了东北地域经济与文化的发展”。这是事实吗？纯属无中生有！自努尔哈赤发动对明朝战争以来，辽东、辽西先后辟为战场，努尔哈赤每攻下一城，必屠城杀戮与抢掠，撤走时毁城，夷为平地，如抚顺、清河、开原、铁岭、广宁等，都变成一座座废墟！明代辽河流域的经济及文化遭到毁灭性打击：百姓或死或逃，土地荒芜，原先的繁盛之地已成无人之域！当时，朝鲜人、明辽东将吏等，都留下了战乱实况的真实记录。如，明辽东经略熊廷弼写道：明万历四十七年（天命四年，1619年），一年内，辽东十余万人死亡，“或全城死、全营死、全寨死、全村死、全家死……山骸川血，鬼哭人号”。朝鲜学者李肯诩记述：辽东大批人口逃入朝鲜，“前后数十万口”。明人陈仁锡记载：辽东百姓死十之八九，仅存者不足十之一！如，辽东“盖州、复州有可铸之矿而无人开”；辽西锦州、义州、右屯等地，“有可屯之田而无人垦……”类似记载，史不绝书。皇太极时，与明朝继续在辽西地区展开拉锯战，对峙十余年，以至人烟几绝，一片荒凉。努尔哈赤占据辽东，辽河地区处于激烈交战状态，战争阴云密布，谁来“全面开发经济”？即使个别地区，农业生产有所恢复，仍恢复不到明统治时期的经济发展水平。在作者的笔下，辽河流域，一片光明，和平安宁。如此歪曲历史，莫此为甚！

作者不顾历史事实，把战争残破的经济说成是“全面开发”“迅速发展”，甚至奉努尔哈赤为“近代辽河流域、沈海区域经济”开发的“创始者”！这是作者的又一大“发现”！简直是闻所未闻之奇事！

努尔哈赤之死，又是作者解不开的一个谜。本来，学术界对其死事早有定论，确认其非为炮击伤而死，实死于疾病。明代官书《明熹宗实录》载：指挥宁远战役打败努尔哈赤的明将袁崇焕奏报：“奴酋（指努尔哈赤）耻宁远之败，遂蓄愠患，死于八月初十日（实际死于十一日）。”此报出自当事人袁崇焕给熹宗皇帝的奏疏，其他任何传言包括炮伤致死，皆不足信。作者在20年前出版的《努尔哈赤传》中，提出炮伤致死，或病死，或两者兼而有之的多种说法。那时，水平不足，不能辨真假，情有可原，而今已成“权威”，却仍含糊其辞，声称：“清史界有不同见解，有学者认为：这个（被击伤的）‘大头目’就是天命汗努尔哈赤。”所谓的“有学者认为”，实则就是作者本人！而在另一处行文中，却又说：努尔哈赤“忧愤而死”。努尔哈赤到底是怎么死的？作者还是坚持炮伤而死，但又不敢明说，便假托到清史界“有学者”的身上。治学之不实，于此可见一斑。关键是，作者读书不足，连《明熹宗实录》都没有认真全读过，又不信袁崇焕之说，难怪解不开不成问题的努尔哈赤死事之谜！

《正说》标榜“解密历史真相”，究竟解了几个“密”？恰恰相反，诸如努尔哈赤之死，以及以上所举事例，不但没解密，却是制造了史实混乱。努尔哈赤以下，还有十一帝，其谬误多得惊人。阎崇年“正说”的要害，严重违背历史真实，给努尔哈赤及清史作出了错误的解读。

四、“正说”充斥唯心史观

传承历史与文化，除写成严肃的学术专著、论文，还可借助多媒体，采取多种形式，包括群众喜闻乐见的形式，诸如历史小说、评书、故事、演义，乃至影视、戏剧等，还有“正说”“品说”，都可以用来阐发历史。但是，不管采取哪种方式，一个最基本的要求是，应坚持历史的真实性，在唯物史观的指导下，准确地解读历史，阐明其深刻的思想内涵。换言之，历史的真实性与唯物史观，是史家阐释历史与文化的不可背离的两项基本原则。舍此，必然将历史引向歧途。阎崇年、易中天等人无视解读历史应遵循的原则与规则，随心所欲，以个人好恶的唯心史观，胡乱评说历史。易中天的所谓“品说”，表面看，应是严肃之作，以高品位、高格调来品出三国史给人们的教益。但与人们期望的正好相反，却完全是戏说，充斥低级趣味，把一部如英雄史诗的三国史“品说”成一部荒唐的闹剧！

照理说，阎崇年的“正说”，应比易中天的“品说”更正宗、更严肃，如《正说》明文标榜：其“正说”正是针对“戏说”而发。这说明该书应是一部名副其实的学术高端之作。但事实完全出乎人们的意料，作者打着“正说”的旗号，却不正说清史，不顾历史事实，不惜无中生有、张冠李戴、随意篡改，甚至杜撰清史；其史观之荒谬，提出诸多荒唐的说法，哗众取宠。如前已指出，作者研究清史很有限，除了研究过努尔哈赤、袁崇焕，其他研究，特别是清入关后，迄至清亡，基本没有涉足，甚至可以说没有做过哪怕是一般性研究。故其所说所写，多吸收他人的研究成果，加以简单归纳而成。正因为没做过研究，在识读和取用别人的研究成果时，也是生吞活剥，不可避免地错谬累累，亦属自酿之恶果。

在“正说”清十二帝中，颇多“理论”发明。以努尔哈赤为例：他“既播下了‘康乾盛世’的种子，也埋下了‘光宣衰世’的基因”。据说，这就是努尔哈赤“对清代历史产生了原生性的影响”！清朝走向鼎盛，是努尔哈赤的“种子”所致吗？清朝走向衰亡，就是努尔哈赤的“基因”所害吗？这就叫“原生性影响”？何为“原生性”？清朝之兴与最后亡国，都是努尔哈赤决定的吗？无限夸大努尔哈赤的作用，视同神人，作者的唯心史观真发挥到了极限！用这种“血统论”来解释努尔哈赤与清朝兴亡的关系，谁都看得清其中的荒谬。作者“总结”努尔哈赤成功的“秘密”，有“天合、地和、人和、己合”之说，其主观臆造，牵强附会，充斥唯心说。以“300年也会有王者兴”的宿命论，宣扬“天命”必归努尔哈赤！又称，清朝灭亡的“最主要原因就是八旗制度的腐朽。而八旗制度就是努尔哈赤开创的”。且不讨论清朝灭亡的原因是否是八旗制的“腐朽”，当初创立此制，不可否认，它发挥了重大作用，以至最终夺取了天下。最后，此制度变得“腐朽”，怎么也清算到努尔哈赤的头上？时代总是要变化的，原先的制度不适应时代的要求，也该变革，这是后代子孙的事，他们不变革，听任制度“腐朽”，怎么可以让努尔哈赤对二百多年后的事负责！这种不合情理的逻辑推理，不顾事实的解析，只能陷入荒诞不经的泥塘！类似的事例，在《正说》中俯拾皆是，是其唯心史观的大泛滥！

阎崇年自以为《百家讲坛》使他名满天下，其实，却是彻底暴露了他的浅薄与无知，也使学术界更看清了其学术真相与人格即“史德”的低下！清史学界对其学术绝不会认可！不论其书发行多少册，也不论其收视率有多高，媒体如何吹捧炒作，加了多少吓人的“尊号”，假的就是假的，虚造的“繁盛”，迟早会崩塌，昙花一现！

我本无意于贬低阎崇年之学术水平，况且学术差错、失误难免，不必大惊小怪。但其谬论之多、错误之严重，为多年来史学界所罕见！而其本人对此毫不在意，蔑视学术界。眼下又“正说”《清兴明亡六十年》，继续以想当然的唯心史观传播错谬，如此下去，岂不搞乱了清史！以假当真，以次充好，既败坏了学风，又败坏了民风。有鉴于此，不得不略为指谬，也期待阎崇年先生有所反省。

本文仅仅指出“正说”努尔哈赤些许错谬，至于其他错谬，及其后所谓“正说”的清十一帝，同样错谬累累，非本文所能容纳。如有必要，我很乐意继续讨论下去。

（原载《文化学刊》2007年第5期）

深切悼念文良老师

1995年4月25日19时38分，我的授业之师、中国著名的明清史学者、辽宁大学历史系教授孙文良先生，因患白血不治之症，不幸于沈阳逝世，终年只有六十二岁。

噩耗传来，从辽大校园，到辽宁省学术、教育及思想文化界，从关东大地，到北京，都为他的突然去世深感震惊，学术界为过早地失去一位富有创造力的开拓者而为之悲痛。从国内各地包括港台的友人，还有日本著名的明史学者山根幸夫教授等一大批国外友人，纷纷发来唁电唁函，表达了对这位卓有成就的学者和朋友的真挚敬意和深切的悼念。中国史学会会长戴逸教授电嘱代送花圈，代表中国史学界同志悲悼……

作为他的学生，我于20世纪60年代初受业于先生的明清史，并把我引导到这一研究领域，在他的教诲下，逐步成长起来，迄于今，凡30余年。他既是我的恩师，又是我最亲密的朋友，对于他的去世，我无法用语言表达内心无尽的悲痛。我痛惜他的旺盛的生命结束得如此突然，痛惜他的才华未尽其用而匆匆离去，忆及往事，倍增无休的怀念和痛悼。

1933年，先生出生于关东文化的荟萃之地——辽阳（灯塔）的一个农民之家。在这里，读完了小学、初中、高中，因家境贫寒，报考了沈阳师范学院历史系。1954年毕业，留校工作两年，于1956年考取北京师范大学中国古代史专业研究生，师从于著名历史学家赵光贤教授，专攻秦汉史。次年，因“反右”政治风暴陷导师于灾难之中，先生遂转师于著名历史学家白寿彝教授，改学明清史。自那时，直至去世，先生在明清史园地辛勤耕耘，凡近40年。

1959年，先生以优异的成绩毕业，重返故乡，进入辽宁大学历史系，讲授明清史。迟至“四人帮”被粉碎，先生首批晋升副教授、教授。在从事教学与科研的同时，长期兼任行政职务，由教研室主任而升任系副主任，再荣任校教务长，校职称评定委员会主任，还兼辽宁省史学会理事长，选任中国史学会两届理事等。1985年，先生毅然辞去教务长职务，返回历史系任教，并创办明清史研究所，担任所长至去世。

先生是中华人民共和国建国后成长起来的新一代明清史专家。他得赵、白两位名师之传授，于先秦史、明清史皆有深厚的根基，尤其是对明清史，钩沉史籍，游刃自裕，如数家珍。他才思敏捷，言而雄辩，笔而擅文，有口皆碑，有史学“才子”之誉。

早在研究生期间，先生已显示出优良史才，不同凡响。他被指名参加撰著已故史学大师郭沫若先生主编的《中国史稿》，主笔明清资本主义萌芽，建树了一家之言。这是先生最早的学术记录。

自献身教育事业，先生一直在明史、清开国史及其发展史这一广阔的学术领域驰骋，殚精竭虑，鞠躬尽瘁，数十年奋斗，未有一日之废。

循着先生的人生之路，他在神圣的学术领地，留下了鲜明的足迹。

还在20世纪60年代，由国家民族事务委员会发起，辽宁省民族事务委员会具体组织，选调北京、辽宁等省的学者及民族事务工作者共数十人，对东北地区的满族历史文化现状展开社会普查。先生为其成员之一。调查经历数年，撰写成长篇调查报告，先生又是主要执笔人之一。这就是20世纪80年代初期公开出版的《满族简史》的最初稿本。以此为契机，先生也开始了明代辽东问题及满族史、清朝勃兴史的研究。《明末的辽东和明末的辽事问题》（1962）与《萨尔浒之战》（1964）两文之发表，就是先生的最初研究成果。前文首次提出明末辽事问题与明亡的关系，指出“明末的辽事问题反映了一朝一代的兴亡，明清统治的交替并非偶然”。满族贵族“占领全辽，进关南下”，始得华夏。后文则论证了战争的性质和起因，分析明朝失败的原因，结论为此次战役“是明清兴亡史上一次具有决定性的战争”。两文的结论都写于三十余年前，它经受住了时间的考验，至今仍是不易之论。

“文革”期间，一场空前的政治大风暴席卷一切，冲决了社会生活的正常秩序。先生同中国大多数知识分子一样，携全家下放劳动锻炼，教学与科研一度中断。一年后，返回历史系，在教学之余，继续明清史研究，很快写出《论努尔哈赤与明朝的关系》的长文。该文以考证著称，详考明朝对努尔哈赤历史封爵，努尔哈赤进京朝贡的次数和时间，直至起兵反明等重大问题。本文的重要贡献，不仅阐述努尔哈赤对明关系演变的秘史，尤其是考释出努尔哈赤进京朝贡八次的精确论断，纠正了稻叶君山与孟森等中外学者“三次说”的错误，从而解决了长期争论不休的一大学术难题。此文之发表，标志着先生的学术已臻于成熟，真正跻身于中国新一代史学家的行列。

当我国进入改革开放的新时期，先生也开始了辉煌的学术创造。在粉碎“四人帮”之际，学术界尚未从以往的思想禁锢中完全解脱出来，先生已冲出“起跑线”，在明清史研究领域奋力开拓，一发而不可收。我作为他的学生，首次同他合作撰写《清太宗全传》，为长期被忽略的清太宗描绘了他的一生历程，同时也揭示了满族崛起及清开国的秘史。还在动笔前，先生曾预言“我们成功于斯，亦失败于斯。但我想会成功的”。果如所料，1983年该书一出版，立即引起国内外学术界的强烈反响。日本清史学者细谷良夫著文《关于〈清太宗全传〉》，指出此书“是萧一山著《清朝通史》以来最值得重视的一部书”，它之出版，反映了中国学术界的“新动向”。在国内，继该书后，有关清帝系列传记纷纷出版。该书初版过八万册，又连出两版，共十一万余册。该书在新时期对清史研究的开拓意义是不言而喻的。当该书稿交付出版，经先生提议，我们又转向明清战史的研究，不久，便出版了《明清战争史略》(1986)，给予明清（后金）长达半个多世纪的军事斗争以系统的评述。接着，我又协助先生主编了《满族大辞典》，为国内第一部少数民族的百科全书。以上三部著作的问世，都增补了学术空白。我们还应白寿彝先生之邀，共同参加编纂由他主编的多卷本《中国通史》，先生任《清史卷》主编之一。

这期间，先生自著并出版了《明清人物》(上海)、《中国官制史》(台湾)，与他人合作的《乾隆帝传》(吉林)、《一六四四年中国社会大动荡》(辽宁）等著作。

先生于论文之作同样丰厚。诸如《论明与后金的辽沈之战》《税监高淮乱辽述略》《论明末辽东总兵李成梁》《略论清初盛京特殊经济地区的形成》《清前期满族文化发展的趋势》《〈满洲源流考〉辨析》等一大批论文，约计六十余篇，绝大多数都在《民族研究》《明史研究》《清史研究（通讯）》《辽宁大学学报》等期刊上发表，还有部分发表在《社会科学战线》《社会科学辑刊》以及日本《明代史研究》等期刊上。

1992年，刚六旬之虚龄，辽宁大学出版社为先生出版了《满族崛起与明清兴亡》一书，是先生三十多年来发表的七十多篇论文中选出满族与明清史论的精品结集，并补写了部分篇章。这部收入二十九篇论文的集子，其最大的特色是绝大多数都属先生首次为前人及今人尚未曾论及的问题。其次，比较集中地研究了满族在辽东的勃兴史及明清（后金）对辽东的争夺。该书《论满族的崛起》一文，先生以独特的视野，精辟地论证了满族史的开端、满族共同体的形成、满族名称的由来等重大问题，对已故孟森先生的《清代种族及世系》一文提出了质疑，所论令人耳目一新。继早期发表的《明代的辽东和明末的辽事问题》，该书又收进续作《明朝兴亡所系辽东之得失》，结论尤为明确："明亡始于辽亡，辽亡影响明亡。"显然，这一结论是对前文观点的重要发展，其论精妙，不失经典之义。其余各文，实际是对这一结论的具体阐释。可以认为，这部集子完全代表了先生致力于满族及明清兴亡史研究所形成的系统的学术思想体系。

在新时期的十余年中，平均每隔二年，先生就推出一两部新著及多篇论文。须知，先生还担负着本科生与研究生、外国留学生的教学任务，兼负行政工作及大量的社会活动，而著述宏富、速度之快，适足以令人惊叹。不难想见，先生用功之勤，毅力之顽强，个中艰辛备尝，是常人所难以承受的。

先生向以治学严谨著称。他精于考辨史实的真伪，如前述，对努尔哈赤与明朝的关系，对《满洲源流考》的辨析，对满族名称由来的新解等等，都是精于考辨的典型之作。先生还善于从别人所忽视的角度提出问题，从理论上给予回答。如，有关明清（后金）对辽东的争夺，学术界论述甚多，但从辽东得失关系、明清兴亡的角度看问题，并加以论证的，都不见他人。先生不循传统之成说，不囿于已有之定论，一文一书都贯彻了学术创新的丰富思想，发掘深远，观点"领异标新"（郑板桥语），无处不闪耀着真知灼见的光彩。先生一生以教书育人为己任，一向执著而乐此不疲。他常说："我乐意教书，对于我是最大的乐趣。"他教书认真，要求严格，在辽宁大学是出了名的。一年一度报考研究生，本科生都慕先生之名，愿投考他，但惧于先生的严格，一些考生望而却步。先生对此并不遗憾，说："我不会改变严格要求，你怕就别考。"在先生的课时内，只要不病倒，他都雷打不动。1989年6月，中国又发生了一次政治动乱，学生包括研究生一度都不上课，但先生照常按时来到课堂，独自一人在课堂守候，始终不见学生来，先生直到课时已过，才夹起讲义回家。我不禁感叹："老师太认真了！"先生却严肃地说："我是教师，不论发生什么情况，我都坚守岗位。”先生忠诚于教育，爱弟子如己出，令人感泣。

先生一生，矢志不渝地坚持诚实做人，严肃做学问。每当我与先生独处，谈论的主题，就是做人做学问的道理。先生言行一致，表里如一，于学问精益求精，求真学问，不欺人；做人以诚相待，实事求是，不吹不捧，不媚俗，不阿权贵。先生平等待人，乐于为人之助，凡求他查阅一条史料，谈一个问题，求审文章，先生都一丝不苟，总是给求助者一个满意的答复。数十年来，校内外得到先生之助的人，难以计数。至今，凡得先生帮助的人，忆及往事，内心无不充满了感激之情。先生一生，与世无争，对名利看得十分淡泊，大智若愚，超凡脱俗，表现出一个真正学者的风范。

先生的一系列著述及其学术思想，无疑确立了他在国内明清史研究领域的学术地位。他的高尚节操，无私奉献，赢得了学术界的广泛尊敬。他当之无愧。

在先生的生命旅程行将结束的前八个月，他应吉林文史出版社之邀，撰写《洪武帝传》，这是他在已出三种同名传记的情况下，完成的最新的一部著作，没有因袭，没有雷同，完全是先生的匠心独造，建树了他心目中朱元璋的崭新形象。

岂料此书竟成了先生的绝笔。在接近完稿时，先生已患重病在身，却全然不觉，每到晚上，劳累了一天，从下肢到脚部已浮肿，只用温水浸泡，以图缓解。每星期还有五六个课时，先生照常上课。在写作与教课交替中完成了全部书稿，刚好春节既过，先生的身体则垮了下来，再没有恢复的希望了……

当此病危入院抢救之时，先生还有多少事要做啊！

应山东教育出版社的邀请，先生主编《清史稿大辞典》五百万字，已工作了近三年，尚有余稿还在撰稿中。

台湾一家出版社，屡次邀写一部清帝传记，刚答应下来，未及写一个字。

先生的三个研究生去年考入，刚授完明史课，亟待他哺育成长。

我和先生还有新的合作计划，正待实施……

先生正处于事业的巅峰时期，精力充沛，以他的卓异的史德史才，精湛的学术水平，一定能够也必能写出新的惊世骇俗之作，为中国的明清史研究再添异彩。

痛哉！天不假年，中道而殁。先生之过早谢世，诚为史学界一大损失，而我痛失导师，将何以弥补！

先生弥留的时刻，没及留下遗言，只从两个眼角处缓缓地流下两滴泪。先生无尽的遗憾，“天命”难违的无奈，都包含在这两滴泪中。先生匆匆地去了，身后的宏富著作，是一份宝贵的精神财富。他一生献身于教育与科研事业，兢兢业业，百折不挠，为我们树立了一代学者的典范。

文良先生的名字和事业，将随着时间的流逝而愈显光辉。

1995年5月15日文良先生逝世20天草成

7月25日文良先生逝世三周月修改

（原载日本《明代史研究》第24号，1996年4月）

读史议论

WEIYANJI

读史与人生

推荐书目

读史必读《史记》。《史记》，西汉司马迁著，是我国有史以来第一部纪传体史书。记事上起黄帝，下止于西汉武帝时期，上下纵横近三千年。该书内容极为广泛而丰富多彩，涵盖全部上古史，包括夏商周三代、春秋战国至秦与汉初。我国封建社会的变革，以及文化与哲学、史学等学术的诞生，都发源于这一漫长的年代。记事详备、真实，文笔优美，语言生动，通俗易懂，尤其描写人物形象，栩栩如生，呼之欲出。本书既为信史，又可作文学名著读。后世撰史，皆仿效《史记》，但极少可与之相比拟者，《史记》实为我国贯通古今的第一名著。

读书赠言

人以食养身，读书以养气；食以饱而止，而读书多多益善。物欲盛而伤身，求知欲旺而生命之火不熄。

书籍是人类知识的宝库，又通过书籍将知识世世代代传承，以至绵延不绝。读书获取知识，这个道理人人都明白。但是，读书不仅仅是获取知识，读书还将提高人的自身素养，有助于塑造美好的人生形象。正如古人所说："读书以变化气质"，"读书务在明理"，强调读书对个人"修身"极端重要。今天，我讲的题目是《读史与人生》，是从学习历史方面，结合个人的体验，谈谈读史对指导人生的重要意义。

一、中国历代皆重读史

在谈"读史与人生"之前，有必要对历代重视读史做一评介。

历史是一个很宽泛的科学范畴，从广义上说，举凡人世间乃至宇宙间所发生过的一切，都可以称之为历史。因为事物的千差万别，历史又分为种种不同的门类，诸如人类史、宇宙史、科技史、政治史、经济史、文化史、哲学思想史、艺术史、军事史、民族史等等；再如一国之史、一家之史，乃至个人历史，毫无疑问，都可以涵盖在历史的范畴之内。我们这里所说的历史，通常是指社会演变与发展的历史，是属于社会科学的范畴。如从广义上说，社会科学的各个门类如文学、哲学、经济学、法学、政治学、民族学、军事学、教育学等等，又都可以覆盖在历史学的范畴之内。所以，从一定意义上说，历史是社会科学的百科全书。这充分体现在马克思的一句至理名言：迄今为止，我们只知道一门科学，这就是历史。马克思是科学社会主义的创始人，他在研究了整个社会科学之后，得出了这个科学结论，把历史置于社会科学的首要地位。

中国历史悠久，具有五千年文明史。自从有了文字，就有了文字记载的历史。早在商周时期，就设史官记载历史，有左史记言、女史记后宫的具体分工等。商周以后，历代都设史官，名称不尽相同，其职责不变。秦以前，如《尚书》《周易》《春秋》《左传》《战国策》等典籍，都是那个时代的历史记录。西汉时，伟大的司马迁的历史名著《史记》，开创了纪传体史学，为历代沿袭，直至民国初修《清史稿》，积两千年之所成，全称廿六史。这套廿六史，构成了中华五千年历史大系，展现了中国极为详尽完备的漫长的历史进程。自汉以后，还有一种实录体记史，逐日逐月逐年记载每个帝王从即位到死的历史实录，具有档案性质，弥足珍贵。现今仅存《明实录》与《清史实》两部，明清五百余年间的事都包括在其中，明以前的历朝实录都已失传。至北宋，有司马光编纂皇皇巨著《资治通鉴》，独创编年体，上起公元前403年三家分晋，下至北周显德六年（959），共载1362年的历史，是中国有史以来第一部通史。南宋袁枢创纪事本末体，作《通鉴纪事本末》，以后，历朝都有本朝的“纪事本末”。除官方记史修史，还兴起私家著史之风，自春秋战国各学派著书立说，个人修史，至明清发展到极盛，如笔记、杂记、见闻、文集等应有尽有，皆有极为丰富的历史内容，都是史学的一部分。统计历代遗留下来的历史典籍是很难的。因为古代文史不分家，很难界定历史与文学的界限。但据有关学者统计，历代遗留各类典籍约有十九万余种，可以说是浩如烟海，汗牛充栋。

用文字记载历史，所遗典籍之巨，在当今世界，独一无二，且不说美国建国只有两百余年，即使如历史悠久的印度、埃及、希腊等文明古国，也无法同中国古代典籍相提并论！中国历代设史官，开史馆，代代沿袭，没有间断，历四千余年而不衰，形成了中国历史文化的一个优良传统。中国史学发达，堪称是一个真正的泱泱史学大国，这在世界文化史上是一大奇观。

历代重视历史，还集中地表现在把历史作为普遍受教育的重要内容。从皇帝到皇子教育，从私塾到学校，历史都是必修课。这里，仅举清朝为例：清入关前，清太宗皇太极很重视历史，经常组织臣属学习。崇德元年（1636），他召集兄弟子侄及大臣在宫内（今沈阳故宫）读《金史·世宗本纪》，一人念，大家听，各谈体会，再联系实际，检讨各项政策之得失。入关后，在位皇帝每天都阅读先帝一生的《实录》；康熙时，还要读《春秋》《资治通鉴》等书，后嫌《资治通鉴》过长，重新改编成简本《通鉴纲目》，供皇帝及诸皇子学习。明时，这些书都是宫廷教育与皇帝学习的必读之书。在中国古代，主要是隋唐实行科举取士的制度以后，凡参与科举的知识分子即读书人，如不懂历史，如同当代不懂数理化的学生一样，是很难考中的。总之，历史在古代教育中，是不可或缺的一门主修课，惟其精通历史，才有可能成为一个有用的人才。

以近现代而言，从马克思、恩格斯到列宁、斯大林、毛泽东这些无产阶级的革命导师，在他们的一系列著作及他们的理论体系中，包含了极其丰富的历史内容。而他们本人都精通历史，用历史的知识阐释重大的理论问题。毛泽东一生熟读中国历史，据报载，他一生精读《资治通鉴》，至去世前已读过17遍，以至已将书严重磨损，书上无处不有他作的批注，弄得全书面目皆非了。毛泽东学习古今，其理论极其深刻，在很大程度上借助于对历史的精通。他对历史的精通和娴熟运用，实为当代中国第一人！迄今，没有一个中国人能比得上他。

二、历史是政治教科书

中国历代王朝，自秦汉以来，直至清代，为中国封建社会的全部历史进程，为何如此重视历史？就是那些无产阶级革命导师也无不重视历史，试问：历史何以有如此巨大的魅力，成为千古不变的顶重要的学问？这是由历史本身所具有的独特的价值决定的。

毫无疑问，历史是一门科学。当然，把历史变成一门科学，还是在马克思主义产生以后。即便如此，当历代还不能真正科学地解释历史时，却已经自觉地应用历史的知识、历史的经验来指导其实践了。在他们看来，历史是学习政治的教科书。什么是历史？前面已说过，就是已过去了的一切往事，极而言之，每分每秒的瞬间消逝；推而广之，每天每月每年，乃至几十年、百年、千年所发生的事，都是历史。从人类社会的变化，各种制度的嬗递，以及人们的政治观念的更替来考察，其实，历史就是政治，是昨天乃至前天的政治。中国文明史是由历代王朝相互接续而形成的全部历史进程。其中，一兴一亡、一治一乱，乱而后治，盛极而衰，周而复始，以至无穷。所谓“天下大势，分久必合，合久必分”，正是治乱规律性的体现。贯穿其全部内容的就是政治。政治的本身，就是人的活动，包括主观意识和实践行为。人们的意识即人心所向和行为趋向，决定或改变历史的进程。所以，历史既研究社会的发展，又研究人们的社会实践活动。正如列宁说过：历史无疑是由人们的实践活动构成的。中国历代所编纂的正史即廿六史，除了部分地记载一代王朝的地理、天文和典章制度，全部都用来记述人的政治实践活动及军事、文化与思维活动，归结为政治贯穿于全部活动之中。包括《资治通鉴》这部通史，都堪称为中国政治通史。“资治通鉴”这个书名，是北宋神宗给命名的，取“鉴于往事有资于治道”之意，是相当深刻的。司马光在谈到编纂《资治通鉴》的指导思想时，说得很清楚：“专取关国家盛衰”之事，使之“善可为法，恶可为戒者”，具体说，“嘉善矜恶，取是舍非，足以懋稽古之盛德，跻无前之至治”。表扬善的、好的，抑制恶的、坏的；肯定正确的，舍弃错误的，发扬古人的优良的品德和德政，以达到国家大治。按司马光的意图和全书内容，我们称《资治通鉴》为历代政治教科书，是很恰当的。所以，该书名为历史，实则是治乱兴衰的政治书。孔子作《春秋》，尤其体现了鲜明的政治原则，即褒善抑恶。他创下了“春秋笔法”：一字之贬，胜似斧钺，如子杀父，臣杀君，用“弑”表示，不称杀，被钉在历史耻辱柱上，以令后世“乱臣贼子惧”。上面说的《资治通鉴》、廿六史及其他各类史书，都遵循孔子的“春秋之义”，贯彻儒家的这一政治原则。

历史的本质是政治。这就不难理解历代从皇帝到臣民如此看重历史，尤其是历代最高统治者皇帝，凡有作为的明君，无不把历史当成政治来学习，从中汲取丰富的政治营养，用以治理国家。妇孺皆知的唐太宗就是一个善于学习历史、善于总结历史经验的皇帝。他经常同魏征等亲近大臣讨论怎样仿效尧舜，并期望自己也成为尧舜那样的明君。一部《贞观政要》就是他学习历史、总结经验的思想结晶。历史上，唯一出身于和尚的朱元璋当了皇帝，原是安徽凤阳人，家里很穷，根本念不起书，在他参加农民起义后，才开始读书识字，特别是成为起义领袖，乃至当了皇帝，很重视学习历史。他的亲密谋臣李善长、刘基、宋濂等，都是他的老师。其中讲到刘邦如何从一个布衣百姓成为皇帝，总结其成功之道。朱元璋“法其所为”，把自己比做刘邦，他的臣下也赞扬他的作为很像刘邦，但又超过了刘邦。

清朝皇帝是满族人，他们刻苦学习汉文化，尤其重视历代政治经验，学习的热情甚至比汉族人还要高些。清世祖福临命学者将《资治通鉴》译成满文，供他本人与满族大臣及子弟阅读。他邀集汉族名儒大臣，经常共同学习和讨论历史问题。顺治十六年（1659），有一次，他与范文程、陈明夏、宁完我等名臣讨论历代明君。他首先提出问题：“上三代，尧舜是我们后世人没法相比的，那么，汉高（刘邦）以下，哪个皇帝可称为明君呢？”陈明夏回答说：“汉高、汉武、光武（刘秀）、唐太宗、宋太祖、明太祖等，都属明君。”顺治帝又进一步提问：“这几个明君中，哪一位是最好的？”陈等回答：“唐太宗似乎超过了他们。”顺治帝表示异议，说：“不然，历代贤君，我意仍以洪武（朱元璋）为优。因为他创造了一代典章制度，为我朝所沿袭，这是最重要的。”[①]他以明史为课本，天天学习。有一天，他再次与群臣论明史，说：“朕观明史，洪武、永乐（明太宗）行事远迈前王。”[②]康熙帝熟读《资治通鉴》，通晓明史等历代历史，又访问明末遗老故旧，探寻明亡国的原因，从中认识到明末政治腐败是亡国的根源，以明代特别是末年太监专权、争权为戒，采取重大措施，防止太监干政。清代没有发生太监干政之祸，就是汲取了明朝的教训。

清入关前，历清太祖努尔哈赤、清太宗皇太极两代，因为当时长期处于战争环境，加之其崛起初期，文化本来落后，努尔哈赤本人没念过书，他的16个儿子，唯有皇太极识字。但他们却十分重视并努力学习历史，上面说皇太极与群臣学《金史》即是一例。当他们发现了问题，出现了差错，就用历史为教材进行教育。1641年，皇太极发起对锦州的包围战，派他的弟弟多尔衮为帅，统领清军执行这项使命。因为围城已久，清军松懈，多尔衮下令清军后撤十五里驻营，得便打猎，对明军已谈不上围困，明军随意出入城内外，完全失去了围困而逼其投降的战略意义。不仅如此，清军日久想家，多尔衮又允许分

①② 见《清世祖实录》。

批分期轮流回家。因此，围了半年，毫无进展，明军仍坚守，不损毫毛。皇太极得知内情，真是气坏了！他没有马上查办，而是命范文程招他们回沈阳，集中在一起，指令他们读《元史》忽必烈征伐南宋一段历史。说的是蒙古人不耐南方酷暑，忽必烈想撤兵，等来年冬攻伐。但他的一名大臣力劝忽必烈，不能功亏一篑，不能给南宋以喘息之机。忽必烈听从了劝告，一鼓作气灭了南宋。范文程传达了《元史》这段故事，多尔衮等将领马上认识到自己所犯错误的严重性，没有以国家为念，完全是出于私心才铸成大错，造成重大损失。多尔衮等心服口服，认错认罚。一段历史，就收到了比处罚更为有效的教育目的。

历代之乱至亡，大多是由吏治败坏引发的，所谓“官逼民反”，就是贪官污吏所行不法，欺压盘剥百姓，逼得百姓铤而走险，奋起反抗。唐太宗深通此中道理，打了个很形象的比喻：百姓是水，君为舟，水能载舟，也能覆舟。所以，他很注重吏治，从中央到地方，严加整饬，故形成“贞观之治”崭新的政治局面。朱元璋起自民间，受尽贪官污吏的欺压，对贪官格外仇恨。他当了皇帝后，不惜以残酷刑法惩治贪官，发现一个，杀一个，剥皮填草，使贪官为之震慑，不得不敛迹。清入关后，承明末乱政之弊，首惩贪官，规定了严厉的法律。初期，以贪污十两银即革职，超过六十两就杀头。后虽稍松，但处罚仍然很重。从顺治，经康熙、雍正，至乾隆中期，不断“澄清吏治”，严惩贪污行贿等腐败行为，才出现政通人和的“盛世”局面。

毛泽东汲取历代政治经验，一贯重视干部教育，严要求，力惩贪官污吏。解放初，枪毙大贪污犯原天津市委书记张青山等，就是一个著名的例子。在毛泽东的教育下，我们的干部绝大多数都是好的或比较好的，贪官很少。“文革”时，揭发当权派，抓住只言片语，无限上纲上线，打成“走资派”，但在经济上却无问题可抓，有的不过是三年困难时期养鸡取蛋，或享受干部的某些“特殊”待遇而已。经过“文革”的“大揭发”，却是证明我们的干部是好的，真正的贪官污吏实属很少。毛泽东一贯强调“历史的经验值得注意”。他一生为政，一生读史，超越古人，集历代之大成，成为一代伟人。

历史证明，不懂历史就不懂政治，就不能成为政治家，相反，就会败坏国家，招致失败。秦始皇创大一统，行中央集权制，有功于历史的发展，但他真的不懂历史，厉行严刑峻法，不准百姓随便说话；收尽天下兵器铸“金人”，严防百姓反抗；苛敛百姓，超经济剥削；好大喜功，修长城，筑阿房宫，戍南岭，建陵墓，无休止地征用劳力，农业荒废，经济崩溃。这些极端的政策，一反春秋战国以来的宽松的政治和思想的自由表达，他死后，天下迅即大乱，建国才二十多年传至二世而亡。隋炀帝是历史上有名的荒淫的暴君，他不学习，更不懂得总结历史经验，就是一味地追逐声色之乐，把他父亲杨坚艰苦创下的基业，只用十几年就给败坏殆尽，在隋末大起义的浪潮中亡国了。明神宗也是个酒色之徒，他哪里懂历史！他不学无术，有二十年不上朝，不见大臣，隐于后宫享乐，外面的事一概不知。他只知敛财，盘剥百姓，不顾百姓死活。自他开始，明朝政局急转直下，把大明江山推入危险的深渊。所以，史家论定明朝之亡，"实亡于神宗"[①]。自此走下坡路，明朝不可复振，直到灭亡。

中国是个以农为本的农业大国，历代一直坚持"重本"的国策，民以食为天，"重本"即重农业是对的，但同时以商工等为"末业"，采取抑制的政策就错了。限制商业的发展，窒息了商品流通，所以，中国资本主义始终没有发展起来，影响了历史的进程。在当代中国改革开放前的许多年，我们实际上也执行了"重本抑末"的政策，带来的后果是，严重地阻碍了经济的发展。中国历代不准许官吏经商，谁都明白，官吏利用权力从事经济活动，必然"与民争利"，搞乱了经济。前些年，政府中一些官员或机关经商，利用权力，为其牟取暴利开了方便之门，给我国的经济改革带来了巨大损害。类似的现象还有，就不一一列举了。这说明我们的一些干部不懂历史，本来历史上已经被禁止的东西，或证明是正确的做法，因为不懂历史，又重复出现历史上的教训，而好的经验没有继承下来。这方面，是值得深刻反省的。

历史不是"古董"，也不是一堆"故纸"，却是一部活生生的政治，但它又是可以借鉴，可以用于实践的。在中国，只有精通中国五千年文明史，把历史的经验付诸于国家的管理和治理，才能把中国的事办好。所以，历史作为一门科学，也是可以实践的科学。

历史的重大价值，还表现在它能预测未来。《周易》作为我国先秦时代的一部极为重要的哲学思想著作，近年来被利用来"算命"，预测一个人的命运，甚至预测国家的命运前途，那是搞迷信，不足为据。我们这里说的预测，是指应用丰富的历史知识，对历史有着深刻的认识，又牢牢掌握对现状的了解，综合古今情势，对未来做出科学的估量，以便发挥主观能动作用，顺应历史发展的趋势，引导国家和人民向着好的方面发展，达到预想的政治目标。在

① 见《明史·神宗本纪》。

这方面，古人也懂得这个道理。唐太宗就说过："以古为镜可以知兴替。"也是说预测，是在通晓历史的基础上才能做到。近现代的无产阶级导师为我们做出了示范。马克思、恩格斯在资本主义蓬勃发展的上升期，就预测到未来的社会将发生的巨变，设计出社会主义与共产主义的美好蓝图。俄国十月革命的胜利，中国及欧亚许多国家的社会主义的胜利，都证明了马克思预见的正确。近几年，情况尽管又有了新的变化，并不能说明马克思、恩格斯说得不对，他们是研究了历史，考察了当代资本主义的发生发展，发现了社会发展规律才预测到的。现在，社会主义仍在实践中。他们所描绘的一个没有剥削没有压迫、物质极大丰富的美好社会，作为人类的美好理想，永远是正确的。就某些方面说，毛泽东也是个伟大的预言家。早在井冈山革命时期，毛泽东就预测"星星之火，可以燎原"，中国革命必将胜利；日本帝国主义发动侵华战争，狂妄地宣称要灭亡中国。毛泽东批驳了"亡国论""速胜论"，提出"持久战"的战略，预测日本必败，中国必胜。八年抗战，正是按照毛泽东的预测发展的。类似的事例很多，受篇幅限制，不能一一征引。总之，预测就如同已知两个数来求一个未知数。知道昨天与今天的天气（包括已知去年或前年同期的天气），就可以预报明天的天气。已知历史，已知现状（国内的，国际的），就可预测明天或今后一段时期的变化。历史这一独特的功能，是其他社会科学所不能替代的。

三、历史是人生的教科书

人生在世，我以为有两项使命：一是做人，二是做事。做人的目的，是为了做事，有功于国家和人民，尽到了做人的责任，才不虚此生。世间事物千差万别，人也是形形色色。人降生世间，没有生而就是坏的，也没有生而就是好的，都是后天发展起来的，向好向坏，都是靠自己的努力与否，靠个人对人生的自觉磨炼与否。读史给予人生的启示和滋养，确有其特殊的功效。

前面所讲的，是从宏观上阐扬历史的价值，但与人生也是息息相关。我们知道，历史是人的活动的总和。以廿六史为例，据统计，共载有历史人物四万左右。上至帝王将相，下至平民百姓，社会各个领域各行业的人物，以至妓女、和尚、道士、游侠等等，应有尽有，有好人也有坏人；有君子，也有小人；有忠烈义士，也有千古罪人。人生百态，尽载入历史。他们的成败得失，升降荣辱，如一面面镜子，照出人生的真貌，展示了各种人物的本质，给后人以深刻的影响和教育。在这方面，历史不愧称为人生的教科书！以下，分几个方面说说。

做人要立志，人无志事不成。《史记》有“陈涉世家”，记载陈涉当年为人佣耕，曾说：“苟富贵勿相忘。”同伴笑他说大话，他却心怀大志，说：“燕雀安知鸿鹄之志哉！”后来，他果然当了农民起义领袖，虽然失败了，却做了一番轰轰烈烈的大事业。《春秋》讲，人生有“三立”：就是立德、立功、立言。陈涉以短暂的人生得以“立功”。首举义旗，率先亡秦，其功之大，无与伦比！战国辩士苏秦先前穷困已极，连兄嫂、妻子都鄙视他。他发奋读书，不惜头悬梁、锥刺股，终于学成，游说各国成功，身挎六国相印，实现了他的夙愿。张仪在楚国，很穷，被人污为小偷，打得皮开肉绽。回家养伤，问老婆：我的舌头还在吗？老婆说在，他满有信心地回答：只要舌头在，我还要去游说！后来，他游说秦国成功，被拜为相。苏秦与张仪各创一说，这就是大家都知道的“合纵”与“连横”对立的两种学说、两种战略。他们都以“立言”即立二家之言而彪炳史册。项羽是前楚国贵族，看见秦始皇巡游威风得很，说出一句惊人之语：“彼可取而代之！”刘邦也出语不凡：“大丈夫当如是也！”他俩都立志取代秦始皇，这在当时法律严苛的情况下，敢于说出要灭九族的话来，是需要拿出巨大的勇气的。果如所言，两人都成就了大事业。韩信虽穷而志不穷，身挎宝剑，显示他的志向不俗。街头地痞侮辱他，他甘受胯下之辱，却更磨炼了他的意志，后为刘邦打天下，拜将封侯。康熙帝六岁时，哥哥已八岁，父亲顺治帝问他们的志向，长大干什么。哥哥说，想当个贤王。康熙帝却说：愿效法父皇。就是将来当皇帝。出语非同凡响，只过了两年，他就继承了皇位，成为一代明君。

立志固然重要，但不检点自己，不严格要求自己，立志也终将丧志，如玩物丧志、酒色丧志、追名逐利丧志等等。项羽素质就差些，早年有大志，待事业取得成功，他的大志渐致消沉。他进入咸阳，不在此建都，偏偏要建在无足轻重的家乡彭城，谋臣劝他不可，他却说，不到家乡建都“如衣绵绣夜行”。他不过是炫耀自己，却不顾事业之成败。他让出了当时的政治、经济中心地区，给了刘邦以可乘之机，终于不免乌江自刎的可悲结局。陈涉也以骄傲自满，违背当年“苟富贵勿相忘”的承诺，闹得众叛亲离而失败。

要立公心，与人为善，不贪不占。这是人生的重要品格，历史给予的教训是特别深刻的。《将相和》是讲战国时赵国廉颇与蔺相如两位将相的故事，已成为千古美谈。蔺相如处处以国事为重，不计私人恩怨，终于感动了老将廉颇，两人和解，同心为国，顶住了秦国的进攻。清入关前，清军每与明军交战，诸王贝勒都要各抢财物，将战利品据为己有。皇太极严厉地教训他们说：钱财乃身外之物，何必过多谋求？得钱财再多，不过一“富家翁”，不肖子孙总会挥霍一空，这些抢来的财物于你们又有何用？唯有建功立业，可垂永久啊！古人讲：得人心者得天下，失人心者失天下。这已成为历代为君者的座右铭。事实上，并不是每个皇帝都能做到，也不是每个人都能坚持到底的。李自成的失败便是一个突出事例。本来，他率大军推翻明朝统治，大得人心。不幸的是，他把数十万军队带进北京城内，不过几天，军纪大坏，在城里抢财夺物，闹得全城不得安宁；他本人进了紫禁城皇宫，尽情享乐，他的部下忙于做官，摆谱显威风，又抓抄缙绅之家，追赃索银，人人自危。很快，失掉人心，他也就失败了。刘邦先占咸阳，不取宝物，只要户口等册簿；不住皇宫，还军坝上，与百姓“约法三章”，保护百姓生命财产，大得民心。项羽与李自成正好反其道而行之，跟刘邦所做，形成鲜明对比，结果都以失败告终。

封建主义时代，涌现出很多清官，不是假的，是真正的清廉，怕是我们也自叹弗如呢！当然，他们是忠君的，但他们那种以天下为己任的品格，体恤百姓痛苦，认真做几件实事、好事，一文不取的高尚人格，至今仍称为人生的最高境界。清朝康熙时代，政治廉明，清官也最多。有个叫于成龙的，山西人，顺治末年考中进士，授予广西罗城知县的职务。他骑着毛驴，不带家眷，独自赴罗城上任。罗城处大山之中，县城只有十来户人家，他就在一座破旧房子办公，整天问疾问苦，为百姓办事，除苛税，请蠲免，清盗匪，还办学校。他和百姓吃的都一样。当地百姓深深感动，凑了一点钱，跪求他接受，于成龙婉言谢绝，但拗不过百姓的一片真诚，只留了够买一壶酒的钱。他从罗城升任四川合州知州，罗城老幼哭送，喊着：于青天走了，我们没有天了……真是感人。后来，他以优异的政绩，官越做越大，当到江南总督，住在南京这座繁华的都市。他的节操不减当年，生活极为艰苦。他做了半辈子的官，从不带家属，他儿子从山西来南京看望他，与仆人吃同样的粗茶淡饭，儿子走时，他只买了半只熟鸭和一百多斤红薯，供儿子路上食用。平时，待客也以青菜为主，人传为“于青菜”。他死于任所，家徒四壁，只有一件线绨官服、一桶米和腌渍的豆豉，除此，别无所有。当地百姓闻其死讯，空巷而出，罢市悼念。被康熙帝誉为“天下第一廉吏”。以于成龙之廉，比之今日的某些人，如何？

被康熙帝推为“江南第一清官”的张伯行，与于成龙一样，在当时也是誉满全国。他为官清廉，不必细说，只说他当福建巡抚出一告示，严禁“馈送”，文曰：“一丝一粒，我之名节；一厘一毫，民之脂膏；宽一分，民受赐不止一分；取一文，我为人不值一文，谁云交际之常，廉耻实伤。倘非不义之财，此物何来！”通篇仅六十多个字，表达了他的为人和为政原则。文质朴如古谣歌，真是为百姓而写，为百姓说话。他这样说，也是严以自律，赢得朝野官民一致赞颂。康熙帝下江南时，征询各方反映，推奖无异词。康熙帝大为高兴，说：“汝等何莫保举，朕保之。将来居官好，天下以朕为明君，若贪赃坏法，天下人笑朕不识人！”康熙帝连续提拔他。当张伯行揭发大贪官江南总督噶礼时，受到噶礼及其同伙的陷害，但康熙帝坚信张伯行操行，予以保护，江南百姓欢呼不已，在门上张贴：“天子圣明，还我天下第一清官！”有数十万人“拜龙亭呼万岁”，又有数万人赴北京，至畅春园，为跪谢康熙帝保张之恩，都愿各减一年寿给康熙帝，增“圣寿”万万岁，以表达感激之情。一个地方官员受到千万百姓爱戴，比之今日，也不过如此。

人之一生，要始终坚忍不拔，不管身处逆境，或是穷困，不改其志向与品格，坚持下去，必获成功。历史提供的借鉴，数不胜数。如周文王被殷纣王拘禁而“演《周易》”；孔子周游列国而不得志，如丧家之犬，便著书立说，广收学生，培养人才，创立儒家学派，数千年而不倒！屈原忠君报国却遭放逐，作《离骚》，千古绝唱；孙膑受酷刑，两腿残废，作兵法传世；司马迁因替降匈奴的大将军李陵说句公道话而惨遭宫刑，却忍辱负重，实现父亲生前之愿，撰成名著《史记》；苏武牧羊十九年，受尽人间苦难，终不改其品格，至暮年回归汉朝，至今传颂不绝；司马光政治上失意，以十九年之功，撰成巨著《资治通鉴》。正如《史记·商君传》有一段话说得好：“成大功者不必谋于众，高人之行者不必和于俗。”关键在于自己要有追求的目标，要坚定不移去实现。唐代才子王勃书《滕王阁序》，有一段话，也是说的这个思想。他说：“老当益壮，宁移白首之心；穷且益坚，不坠青云之志。”让我们以此言共勉！

最后，我们要通过读史，善于把握机遇。人生的转折点，在人的一生中能有几次机遇啊！机遇就是时机、机会的意思，它可能随时会降临到我们身边，如果不认识，或已认识到，但无决心去利用，那么，机遇稍纵即逝。对自己的一生或成或败，往往取决于机遇的把握。这里，讲讲清初平西王吴三桂与平南王尚可喜两个人，因机遇把握不同，竟造成了两种完全不同的命运。康熙十二年时，天下太平，但身居南疆广州的尚可喜却不自安。因为他知道自己是异姓王，镇守一方，手握重兵，预感威重功高“震主”，已猜到朝廷对他们这几个异姓王很不放心，所以，他“身在名利之中，心常在名利之外”。为求得自己及其子孙安全之计，即与谋臣商议：与其等朝廷下令撤藩，莫如自己主动撤，变被动为主动，以博取朝廷的欢心。果如所料，康熙帝正处心积虑削藩，一时无从下手，恰好尚可喜请求撤藩，要求返回故乡海州（辽宁海城）养老。康熙帝顺水推舟，马上批准，赞赏他能“识大体”，很明智。尚藩一撤，震动了吴三桂和福建靖南王耿精忠。他俩为权位所惑，根本无意撤藩，被迫也上疏表态，假意求撤，希图康熙帝能挽留他们。但出他们意料之外，康熙帝迅速照准不误！命令传来，吴、耿顿感如灭顶之灾。时机把握错误，一误再误，吴自逼自己举兵叛清，耿也起兵响应。经八年战争，吴耿彻底失败，吴整个家族被灭绝。耿精忠本人被处以磔刑而惨死。尚可喜没有叛清，得以圆满结果，整个家族被保全，平安返回故里，得到很好的优待。这就是一念之差，机遇丧失，吴与其家族结局太惨，竟不剩一人！而尚可喜后人留居海城者至今已超过一万！

说到我们自己，比如，选专业、求职、出国、经商等等，处处存在某种机遇，把握好，抓得住，就意味着未来的成功（但不奋斗也不行）。做什么事，要闻风而动，敢为天下先，勇于捷足先登，有“背水一战”“破釜沉舟”的气魄，哪有不成功之理！如以迟疑为“沉稳”、以怯弱为“老练”，凡事不为人先，不为人后，随大流，有机遇而不用，必属庸人之列，就不必指望取得什么成就。

人生是由多方面构成的，以上说的四个方面，是人生的基础，通过读史，完全有可能达到修身养性的目的。人有善恶，事有是非，行为有邪正；思想有纯污，品行有高下，胸怀有宽狭，如此等等，都可以在历史中找到相类或完全相同的内容。无疑，这些极其丰富的内容就是活生生的人生教材，通过历史上的形形色色人物，是是非非，如同镜子一样，会折射出我们自己的人生弱点、缺欠，必能激发我们自己向善、向美、向纯正方面发展。

读读历史吧！历史会使我们的气质变得高雅，富有教养，头脑灵活而聪明。古人云：“言乃心声，气由夙养，必士品端而后文风正。”[1]只有通晓历

① 见《清世祖实录》。

史，才能领会此言之不妄！

此次所讲，不想空言说教，也不想定出几条原则就会解决问题，而是多讲了些实例，供大家体会，道理自在其中。

（原载《当代学人跨世纪的思考》，吉林人民出版社1997年版）

历史·治国·修身漫议

天地无弃物。世间存在的一切东西都各具自身的功能价值。今天，当人们把崇拜的目光投向科技，追逐物质利益的时候，对于精神的、思想的、道德的价值已有所忽视。其中，史学被冷落，甚至有渐废之势，值得一议。

中国史学源远流长，堪称举世无双。早在商周时期，朝廷就设左、右史分记国君言行，设女史专记后宫之事。其后，历代皆设史官，名称虽异，其职事不变。特别是自汉代以降，发展成《实录》的体例，逐日逐月逐年记载每一帝王一生的历史。根据《实录》和国家保存的大量档案，编写成一代王朝的历史。从司马迁著《史记》，直至最后一代王朝史《清史稿》，已成二十六史的大系统，勾勒出中国五千年文明史最为详尽而完备的历史进程。这在世界上确乎绝无仅有。除此，还有其他各种体例的官方及私人著述的典籍，其数量之巨，如汗牛充栋，内容之丰富，无与伦比，也是任何国家所无法比拟的。

中国历代皆重历史，不仅设职官专记当朝事，而且从皇帝到臣属，到下层读书人，一向把历史作为必修之课，总结和研究前代历史，吸取经验，予以继承和弘扬。历代重历史的真正意义就在于，他们把历史当做政治教科书，治国安邦的借鉴。唐太宗说过一句名言："以古为镜，可以知兴替。"他注重学习历史，善于总结经验，故能开创唐初"贞观之治"的盛大局面。宋代史学家司马光编纂的编年体史书，名曰《资治通鉴》，是宋神宗以该书"鉴于往事，有资于治道"，故赐其书名。司马光编纂该书有着十分明确的指导思想，如他所说："专取关国家盛衰，系生民休戚，善可为法，恶可为戒者。"供皇帝阅读，以"鉴前世之兴衰，考当今之得失，嘉善矜恶，取是舍非，足以懋稽古之盛德，跻无前之至治。"即达到前所未有过的天下大治。孔子作《春秋》，其本意也是褒善抑恶，足以使“乱臣贼子”惧。历代所遗二十六史，实际就是一部中国政治通史长卷，《资治通鉴》尤其鲜明地反映了这一特色。可见，历史就是昨天乃至前天的政治。纵观历代名君者，无不认真学习历史，精通历史。除了人们熟知的唐太宗，这里再举一个少数民族的皇帝，他是清入关前的清太宗皇太极，本来没有多少文化，却极为重视历史，经常组织臣属一起读《金史》，他亲自讲解，谈个人体会。他把金代和其他各代成败的经验教训应用到治国，把清朝推上蓬勃发展的道路，为清朝进关奠定了坚实的基础。相反，那些昏庸荒唐之君，是极少或根本不懂历史。隋炀帝就是一个典型。他置历史的教训于不顾，一味追逐声色之乐，荒淫到登峰造极的地步，仅十余年就把父亲开创的隋朝江山毁于一旦。不懂历史就不懂政治，何以为政？岂能预测未来！古今不同，制度迥异，但其为政治国的道理却是相通的。毛泽东同志熟悉中国历史，如数家珍，运用历史的经验，建树了一代空前的伟业，再一次证明历史的不可替代的巨大价值。

历史对于一个人的修善或称之为“修身”，同样不可忽视。古人对此认识相当深刻。不妨再征引宋神宗的一段话：“朕惟君子多识前言往行，以蓄其德，故能刚建笃实，辉光日新。”意思是说，一个人应多了解和熟悉前人的所言所行，用以培养自己的品德，就能刚健而坚实，光辉日新。历史无疑是由人们的活动构成的，所以说历史也就是人的历史。人有善恶，事有是非，行为有正邪，思想有纯污，诸如此类，都是人的内在与外在活动的表现，构成了人生百态大观。当我们看到一个个历史人物的善善恶恶的一生时，多少领悟到人生的意义和价值，返诸自身，才能懂得做人做好人的道理，去努力塑造自己的美好形象，不断完善自己的一生。从这个意义上说，历史又是人生的教科书。一个人没有历史的素养，难成高雅之士；一个民族缺乏历史的教育，亦难摆脱愚昧，不能坚强地自立于世界民族之林。

中国有史以来就重视历史，尊重历史，不断地从历史中汲取营养，用以治国、治军，办一切事业；用以教化百姓，启迪智力。这实在是一个好传统。很可惜，这个好传统快被淹没在商品化大潮之中，把历史作为商品廉价出售，大赚其钱。比如，严肃的历史被“戏说”，真实的历史被那些“行家里手”随心所欲地“改编”，面目皆非；以揭露历史上的丑恶为名，广求博收那些庸俗有悖人伦的内容，大量搬上影视屏幕，编成出版物，广泛发行，迎合社会某些人们心态，争相出版《圣经》，佛家、道家诸经典，以售其说。诸如妓女、和尚、道士、名人婚恋、性变态等都成了“重大”题材被炒得热火朝天！制造这些假冒伪劣的历史，无非是刺激人们情绪，“占领”市场，捞取更多的钱！于是，真正有教育意义或具有很高的认识价值的历史经验的研究，几近无人问津，就连高等院校历史系也变得日益冷清，考生逐渐减少，有的恐怕已难以为继了。

大量的社会现象显示，历史作为一门科学，已从前期的高涨转向衰落，或者说，已陷入困境。但愿它是暂时的现象，迟早会再度繁荣起来。我们史学工作者有责任继续作出努力，把好传统发扬下去，实现历史学的特有的价值，使之“辉光日新”，再造民族的新辉煌！

（原载《社科信息报》1994年6月25日）

清代“大一统”的新观念

在我国历代王朝中，清朝是最值得重视的少数几个王朝之一。她统治中国长达260多年，集历代之大成，取得了多方面远迈前人的成就。其中，最需要大书特书的业绩，就是提出“大一统”的新观念，破除千百年来“华夷之辨”的传统旧观念，成功地建立了空前“大一统”的一国多制的多民族国家。

“大一统”是孔子著《春秋》阐发的政治理念。如《礼记》为“大一统”做了最通俗的解读：“天无二日，土无二主，家无二尊，以一治之也，此即大一统之义也。”据此可知，“大一统”的涵义，即天下统于一个政权，一个政权统于一“主”。主张国家统一，反对分裂。西汉著名的儒家学者董仲舒高度评价“大一统”：“《春秋》大一统者，天地之常经，古今之通谊。”强调“大一统”是社会运行的一条法则，古今通用的准则，“六合同风，九州共贯也”[①]。历代政治家们皆以“大一统”为其政治理想，以统一国家为己任。因此，不论国家分裂多久，迟早会归于一统。很可惜，迄今研究孔子及儒家学说，很少提及“大一统”，更谈不上研究。当然，清朝实践“大一统”也不被人们所认识，不能对清朝作出正确的评价。

应当指出，儒家所主及历代皆实践的“大一统”，存在严重缺欠，这就是把“四夷”的少数民族排除在外。春秋时期所倡“大一统”思想，可以概括为“尊（周）王攘夷”，正如汉代史学家班固所解释：“帅诸侯，朝天子，正天下文化，兴复中国，攘却夷狄。”这就把“夷狄”排斥在“大一统”之外，此即“内诸夏而外夷狄”之意，又有“内中国而外夷狄”之说，将华夏后来称汉族

① 见《汉书》。

者视为“内”，周边少数民族为“外”。将两者严格区分内外，故其“大一统”，重在“诸夏”的统一，而“夷狄”则是“诸夏”的附庸。秦始皇筑长城，成为区分华夷的一道新的天然分界线。《汉书》称：“秦始皇攘却戎狄，筑长城，界中国……”长城即“为中国之竟（境）界也”。自秦以后，直至清以前（元除外），历代固守长城，成为千百年来“华夷”的分界线，“大一统”则止于长城脚下。但是，历代并不放弃“夷狄”，恰恰相反，他们将“夷狄”收为附属，实行朝贡制，与中央王朝保持臣属关系。从广义上说，居住在边疆地区——长城以外的民族也涵盖在“大一统”之内，却不是完全的、彻底的“大一统”，属于形式上的“大一统”。因此，历代“边患”不绝，征伐不断，战事不息，就在于这种形式上的“大一统”，并没有真正将边疆与民族实行如内地郡县制的管辖制，每当中央衰落，或“夷狄”强盛之时，就会发生“内忧外患”。

可见，“大一统”的基本问题，就是一个民族问题。质言之，唯有解决少数民族的真正统一，才能真正实现国家的“大一统”。在清以前，都没有解决这个困扰历代王朝千百年的“老大难”问题。

在简要地概述“大一统”的起源、涵义及历代实践之后，我们才认识到清朝实践“大一统”的划时代的意义。

清朝“大一统”的思想，源起于清入关前时期。努尔哈赤创建后金政权，占据辽东，掠汉人为奴，“诛戮汉人，抚养满洲”。努尔哈赤严格区分满汉，排斥汉族。他是站在满族的立场上，视汉族“非吾族类，其心必异”，同样是“华夷之辨”的一种民族观念。皇太极即位后，明确地表达了他的民族新观念。宣布：“满汉之人，均属一体”，无论是法律审判、承担差徭及公务，满汉人不得有差异。十年后，他进一步重申：“满洲、蒙古、汉人，视同一体。”即平等对待。他把他的民族新观念，皆付诸实践。如改善汉人的生活状况，给汉人以新的社会地位，优礼汉官，吸收到国家各级政权等等。后金转危为安。皇太极制定和实施一系列的新的民族政策，反映了民族观念的重大变化。不仅壮大了后金的实力，而且也为未来建立“大一统”的多民族国家开其端奠定了坚实的基础。实践很快证明：清入关后，他的子孙们承袭了他的民族新观念，不断突破“华夷之辨”的旧传统，把民族“大一统”的新观念推向新的发展阶段。

顺治帝不只是继承了皇太极的皇位，更重要的是继承其新的民族观，并把它发扬光大。他君临天下，面对远比东北地区更为广大的汉人，反复倡导“满汉一体”的新观念。他说：“历代帝王，大率专治汉人。朕兼治满汉，必使各得其所，家给人足。”他指出历代“专治汉人”，排斥“四夷”，实际就是对“华夷之辨”的批判，引导“满汉官民，俱为一家”。

康熙帝又把前辈们的“大一统”的事业推向前进，明确提出“天下一家”的思想。他所说的“天下”，包括满、汉、蒙古及其他各民族，视为“一家”，体现出“中华民族”为一体的大民族观。这就与历代汉族王朝所主的“汉人天下观”划清了界限。他的一项最具有划时代意义的举措，就是于康熙三十年宣布废除长城：从此不再修长城，长城万里不再设防。废长城，也就撤除了分隔“华夷”两千年的一道藩篱，取消了分别“内外”的界线，也就使“华夷之辨”失去了存在的依据，实现了康熙帝的“中外一视”的政治理想！

从理论上批判“华夷之辨”，正确阐述“大一统”思想，当推雍正帝。《清世宗实录》《大义觉迷录》等典籍已记录了他的精彩论述。这里，只摘引几句：清朝“所承之统，尧舜以来中外一家之统也；所用之人，大小文武，中外一家之人也；所行之政，礼乐征伐，中外一家之政也。”追根溯源，“华夷”各族，自尧舜以来，皆属“一家之人”，如“满、汉各色，犹直省之各有籍贯，并非中（国）外之分别也。”各民族之人，只有“籍贯”之不同，不能分为“中外”。他痛斥著名学者王夫之、吕留良等人鼓吹“华夷之辨”，说：在“天下一统、华夷一家之时，而妄判中外”，是“逆天悖理”！他们指“夷狄为异类”即“禽兽”。雍正帝斥为谬言，指出：人与禽兽之分，在于能否行“伦常之理”，岂能以华夷——不同民族“而区别人禽”呢？

雍正帝的理论批判和阐述，这在三百年前，实为前人所未发，为同时代人所未识。雍正帝不愧为一位思想家和理论家！

雍正帝的论证，标志着清朝民族“大一统”新观念的理论体系已经形成，是对儒家“大一统”理论的划时代的发展。清朝坚持“大一统”，为中华民族的“一体化”作出了历史性的贡献。清朝的民族新观念及其政治实践，在今天仍有不可估量的指导意义。

（原载《天津日报》2008年11月3日）

清太宗喜欢读史

自孔子著《春秋》，特别是司马迁的名著《史记》传世以后，史学已成为中国古代社会的一门“显学”。历代王朝将历史列为学校教育的必修课，从皇帝到王公大臣都把前朝的历史典籍作为必读书。有的皇帝不只读史，还组织学者编纂史书。史学巨著《资治通鉴》，就是宋神宗指令司马光编纂的。神宗认为，此书“鉴于往事，有资于治道”。因而赐此书名。短短两句话，表达了一个十分可贵的思想：以史为鉴，可用于治国。具体说，“善可为法，恶可为戒”。历史是一面镜子。读史可以广见识，增智慧，明辨是非，通晓治国之道。

长期以来，流行一种说法，说满族文化落后，全凭“武力征服”中原。此话说得不完全对。只要看看清太宗如何读史，如何借鉴历史的经验与教训，就可以从一个侧面明白清朝最终获得胜利实非偶然。

清太宗皇太极，是努尔哈赤第八子。据朝鲜《李朝实录》，努尔哈赤的十六个儿子中，只有皇太极识字。后来，他在实践中努力学习，很快提高了文化水平。他从少年时代就投身行伍，跟随父亲驰骋于战场。在即位后的17年中，战争更加频繁，战争规模更加扩大。但他与众不同，无论政务多么繁忙，军事活动多么紧张，仍坚持读史！

他读史的兴趣，来源于父亲的影响。努尔哈赤喜读《三国演义》，他把此书当做是一部奥妙的兵书来读，凡打仗，必仿效该书中的军事战法，而且总是取得胜利。皇太极受其父亲影响，也喜欢上了《三国演义》，读了一遍又一遍。还有一部《三国志传》，皇太极也读了。他从这部书中，学习“治国”之道，学习军事。

皇太极读史，当然不限于三国史，历代所修正史，他都涉猎。如《汉书》

《隋书》《唐书》《辽史》《宋史》《金史》《元史》《资治通鉴》等，凡是他感兴趣或以为有用的部分，他都认真研读。读后，他还召集臣属谈自己的读史体会。天聪九年（1635）五月二十日，他向文馆大臣发表自己的想法：

> 朕观汉文史书，殊多饰词，虽全览无益也。今益于辽、宋、金、元四史内择其勤于治而国祚昌隆，或所行悖逆而统绪废坠，与夫用兵行师方略，以及佐理之忠良、乱国之奸佞，有关治要者，汇纂翻译成书，用备观览。至汉人正史之外，野史所载，如交战几合、逞施法术之语，皆系妄诞。此等书籍传之国中，恐无知之人信以为真，当停其翻译。①

这段话的意思是说，他认为历代汉文史书，其中大多巧于掩饰、避讳，全都阅读，没什么必要。只需选择《辽史》《宋史》《金史》《元史》四部史书中有关治国用人的内容，例如勤政治国而使国家繁荣昌盛、倒行逆施而使国家衰败，以及用兵行军方略、佐理国政的忠良之臣、乱国乱政的奸恶之人的有关记述，辑录出来翻译成满文，汇纂成书，以备学习与阅读。至于那些野史所载什么施行法术之类，都属荒诞不经的东西。此类书如在国中流传，恐怕那些无知之人信以为真，因而应停止其翻译。

皇太极读史的范围广泛，从远古唐尧虞舜，直到他生活的明清之际，其中有汉人在中原建立的汉、唐、明等王朝，也有少数民族建立的辽、金、元等王朝，有关这些王朝盛衰兴亡的历史，皇太极如数家珍，道之能详。在中国历史上，这样的帝王实不多见。

皇太极从读史中，慢慢悟出了历史不依人的意志而演变的道理，并据此批驳明朝的崇祯皇帝及其大臣对自己的责难。天聪三年（1629），皇太极率八旗将士突入关内，通过其将领，向明朝守城的百姓们宣传："如果明帝认为我们占有的地区太小，不应当称帝；那么，古代的辽、金、元都是小国称帝，谁能禁止他们！就是你们的朱（明）太祖，曾经当过和尚，靠天保佑，建立了一代帝业，难道有一姓为帝，永久不变吗？""自古相传，有兴有废，纵观历史，古往今来，很少传至二十世。难道明朝皇帝的子孙们就能百世为君吗？现在已到

①《清太宗实录》卷23，第140页。

了明亡之时，一切征兆都已显现。”①

有一次，他向文馆官员阐发他对历史的认识，说：“天下者，非一人之天下，惟有德者能居之，亦惟有德者可称为天子。”②他进一步解释：“匹夫有大德，可为天子；天子若无德，可为独夫。”他列举辽、金、元本来都是东北地区的弱小民族，他们以自己的“大德”而称“天子”，曾经达到强盛，但看看现在，他们还存在吗？早就不复存在了！他由此得出结论：自古以来，任何朝代既没有一贯衰败的，也没有一贯强大的，更没有久盛不衰、长存至今的！③朝代之兴亡，帝王之更替，是必然的，不可避免的，唯有行德政，才可以延长其存在而已。

大抵因为同属汉族以外的少数民族，皇太极偏爱阅读辽、金、元史，而尤钟情于《金史》。他经常把诸王贝勒、固山额真（八旗长官）、都察院等各官员召到凤凰楼，集体学习《金史》。这里，只举其中一次。崇德元年（1636）十一月十三日，他命内弘文院大臣读《金史·世宗本纪》。读完，他先发表看法：“你们都听着：金世宗这个人，是蒙古、汉人中名声最好的一位贤君，当时及后世，都称他是‘小尧舜’。我看了他的事迹，特别羡慕，不胜向往！耳目倍加明亮。”他最钦佩世宗遵守祖制，保持女真服饰与语言，时时练习骑射，因而要求臣工效法世宗，坚持本民族的文化传统。他表示还要学习金世宗“勤求治理”国家的勤奋精神，把国家治理好。他说：“从古至今，懈于治国者，国必败；勤于治国者，国恒存。”④

凤凰楼现在完好地保存在沈阳故宫博物院内，此楼正是当年皇太极与诸臣共同学史读史之处。清宁宫也是他与内院诸臣读《金史》《元史》的地方。

皇太极读书的方法，一种如上所述，是召集诸王大臣集体学习，相互谈学习体会；一种是命几个汉官给他们读讲，然后集体讨论，务求正确理解；或者是个人读书，有不明白的地方，再提请汉官讲解。这些学习方式方法，都收到了良好的效果。

皇太极读史，绝非是为了消遣解闷。他一再强调读史重在应用。他每当遇到军国大事需要决策时，总是阅读史书上的有关内容，从中寻找答案。有时，

①《清太宗实录》卷20，第26页。
②《东华录》天聪九年五月。
③《清太宗实录》卷28，第46页。
④《清太宗实录》卷37，第10页。

读史顿有感悟，马上制定新政策、新措施。有的大臣或将领犯了错误，他就找来史书，读其中有关联的内容，然后，用历史的教训、经验，对其进行教育。天聪五年（1631）正月，有一天，皇太极来到文馆，满文学者达海正在翻译《武经》。皇太极便翻看起来，书中有一段记述，引起了他的注意：古代有一良将，他想把一瓢酒赠给士兵喝，但酒太少了，怎能够数千人喝？于是，他将酒倒进河里，使一河的水都带有酒味，他便与士兵们临河同饮。这位将军连一点点酒也要与士兵分享，士兵们大受感动，在战斗中出死力去赢得了胜利。皇太极看到了这里，马上联想到：额驸顾三台在一次战斗结束后，竟然用绳子拴在战死的士卒的腿上，将其遗体拽回来。主将如此轻蔑部下，岂能激发士兵的战斗力！[①] 他找来诸将领，以上述史实为教材，对顾三台及诸将进行批评教育。借此机会，他还讲述春秋名将吴起爱护士卒的故事：吴起与士卒同甘共苦，穿一样的衣服，睡不设席，行不乘马，亲带干粮。有一部下得了脓疮，他用自己的嘴去吮脓。吴起的高尚精神，感动了全军，打起仗来，没有一个不拼命的！皇太极教育他的将领要向吴起学习[②]。

皇太极把学习历史看成是学习谋略、智慧的捷径，当做政治与人生的教科书。他坚持学习历史，以提高自己的素养；又用历史为教材，不断地教育诸臣与将领。《清太宗实录》记录他学史用史，多达五十多处。事实证明，读史使他与众不同，帮助他获得了辉煌的成功！

（原载《清史镜鉴》第一辑，国家图书馆出版社2008年版）

① 《清太宗实录》卷8，第6页。

② 《满文老档》太宗天聪二十三年，第313页。

多尔衮严惩贪官

在清朝开国史上，摄政王多尔衮无疑是决定清朝命运的关键人物之一。他在明清兴亡的关键时刻，毅然决策进关夺权；又在关键时刻，指挥关键的山海关决战，一举击败李自成，清朝顺利进关；再决策，定鼎北京；遣师战西北，李自成逃遁，至九江口而覆没；挥师下江南，扫荡残明势力；进军西南，尽收全蜀，张献忠授首……清朝入关仅七年，其势如风卷残云，国家初成一统！从一定意义上说，多尔衮之开创清朝历史新纪元，与努尔哈赤之开国奠基一样，同具深远的历史意义。

学术界关注多尔衮，多集中在清朝入关及统一全国等大事上，较少注意或往往忽略有关他治国方面的建树。其实，多尔衮进关即从严整顿吏治，同样展现出一个政治家的远见卓识和非凡魄力。

清朝自其前身政权后金建国，即与明朝对峙，迅速展开战争，二十八年后，明朝终于不敌新兴的清朝而覆亡了。立国长达二百七十多年、庞大的明王朝，何以亡国？多尔衮对此保持高度警惕，以明亡为戒，不断总结教训，用以整肃明末以来所形成的贪风。

顺治元年（1644）五月三日，即清军进入北京的第二天，多尔衮便迅速采取行动，向投诚过来的原明将吏发出了训令：各官都要痛改原明陋习，共同以忠诚、清廉相互激励，不得以剥削百姓而自利。我清朝的各级臣属，不纳贿，不徇私，不修怨，违犯者必从重惩处。你们是新归服的原明臣民，如果重犯以上所列罪过，一定以国法严惩不贷！①

① 原文见《清世祖实录》卷5。

这以后，多尔衮利用一切机会，大谈明亡的教训。五月二十四日，进入北京二十余天，他对兵部官员说："至于明朝之破坏，俱由贪黩成风，德不称任，功罪不明所致。"六月，多尔衮召集百官，详细分析明亡的原因。大意说，明朝所以倾覆，都是由于内外各院官吏贿赂公行，功过不明，是非不辨。凡用官员，只要是有钱，即本人表现不正派也得以当官；没有钱的人，即便贤能又有才华也不能任用为官！因此，贤者都心怀怨恨而被埋没，不贤者多拉关系而侥幸为官。贤能的人不得重用，国家怎能得到治理？不贤的人靠贿赂得官，岂肯实心为官？甚至无功者用行贿的手段可以冒功请赏，有功者因不行贿而功劳被埋没。乱政坏国，皆由此而开始，其罪过，也莫大于此！如今，内外官员如尽洗去从前贪婪之念，殚忠尽力，那么，国家会给予充足的俸禄，你们将永享福贵。如果仍如以前而不悔改，还是行贿营私，有国法在，一定不会轻处，必斩首示众！①

尽管多尔衮已经发出了严厉警告，不得因循原明旧习，但实际上，明末以来已败坏的吏治并未好转，相反，还有恶化的趋势。一方面，清朝刚进关，战争还在进行中，兵连祸结，饥荒四告。但满洲贵族进入北京及其他繁华都市，一改关外的简朴，乘机享乐，想法捞取钱财；另一方面，大批投入清朝的原明将吏，积习难改，还是我行我素，以为多尔衮不过说说，或是做点表面文章。到八月初，掌管官员监察的都察院左副都御史刘汉儒报告称："近来吏治不可言矣！"他列举了很多事例，令人震惊不已。吏治败坏的情况不断报来。礼科右给事中杨时化上疏，揭露官场腐败说："诸臣年来，日从事于宴会。"一年到头，每天都参加宴会，比明朝时还严重三倍；还有，请优伶唱戏曲，更比以前严重五倍！每个官员有多少俸禄，能承受这么多淫纵事！他接着说，有的官员"才出公署即赴宴席，甚有一日几家征召者……精神既疲于宴会矣，欲其勤于政事……不可得也"。他疾呼："废职诲贪，养交乱政，此为厉阶也。覆辙在前，势所必至！"官员们都不履行职责，想着如何贪污，拉帮结伙，这是国家大乱的开始。不加纠正，必然陷入明朝的覆辙！明朝官员早已盛行此道："京官政事外，惟拜客赴席为日课。"官员不为国事而做，惟天天会见客人，到处赴宴，明朝哪能不亡国！

清朝入关几年，吏治却不见好转。吏科给事中林起龙指出："今贪官污吏

① 原文见《清世祖实录》卷7。

遍天下，虽有参劾，不过十之一。其他弊端较之明季更甚！”

俗云：治重病，用猛药；治乱世，用重刑。多尔衮深知此中道理，于入关初就三令五申，宣布对贪官施用极刑，表明惩贪的决心。当时，百姓受害最重者，一为加派，二为火耗，各级官员从中贪取私利。在国家向农民征收额定的赋税外，另巧立名目，增加一项或者几项税收，称为“加派”。农民在缴纳赋税时，往往用的是细碎银块，国家不便储存，易丢失，遂将这些小银块放进特制容器内加热熔化，重新铸成重量不等的银锭。在熔化过程中，银两必有损耗，不足原重量，其损耗的部分称为“火耗”，便摊派到农民身上，再缴纳这笔钱，实则又多纳了一份税额。加派多少，火耗多少，都由当地税官决定，银两纷纷流进了他们的腰包。所以，清初的加派与火耗实为害民的两大弊政！

多尔衮得报地方加派、火耗之事，深恶痛绝，立即发出严令：国家征收的正赋尚且不断蠲免，岂容额外多取！所谓火耗，“正是贪婪积弊”，这些害民之举，即“严行禁革”。他警告：“官员犯赃，审实必斩。”同样，违禁加耗，“即以犯赃论”，必斩无疑。

多尔衮说过最严厉的一句话：“贪官必诛，何必论赃多少！”不论贪污多少，只要沾个“贪”字，就必须处死！明末吏治败坏，恶习难改，至清初已成积重难返之势。多尔衮看得明白，不用重刑重处，是无法遏制贪风继续蔓延的。他要求各级官员不论谁，只要发现贪污行贿之事，要朝闻夕奏，不得稍有迟延；知情不举，与贪官同罪并罚。顺治二年（1645）二月，借顺治帝给山西省发布“恩诏”的名义，规定：自本年二月一日起，省内一切大小官员，“但有贪贿枉法，剥削小民者，俱治以死罪”。

明末以来，盛行送礼风，尤其是官员之间、上下级关系，相互送礼，馈赠钱物，延至清初，此风更盛。多尔衮对此恶习发出了“实为可恨”的切齿声，认为是助长贪风的一大祸患，必欲除之而后安！他规定：每位官吏于“俸禄之外”多取一点点，“便是贪赃”，即以贪官罪惩治。

多尔衮亲自监督各监察部门的执法情况，遇有重大贪污案件，他便亲自处理。顺治二年，宣府巡抚李鉴揭发赤城（今属河北）道朱寿鍫贪赃枉法。朱指使其子去找英亲王阿济格的心腹绰书泰，送礼拉关系。阿济格受人之托，先是写信，又乘出师宣府地区，当面担保朱氏为忠良之人。李鉴断然拒绝。其后阿济格又派绰书泰、总兵刘芳名威逼李鉴放过朱氏。李鉴不畏权势，将此案报到北京。多尔衮下令评审，案情属实，即判处朱寿鍫、绰书泰死刑，籍没家产，刘芳名革职，给予李鉴重奖。顺治五年（1648）三月，甘肃巡按许弘祚给固山贝子满达海送去骆驼、帐房等物，分明是拉关系，谋求高升。事发，许弘祚被革职，满达海收受礼物也受到处分，所得礼品被没收。次年二月，汉羌总兵尤可望的罪行被揭发，既有贪污罪，也有奸淫妇女、妄杀兵丁诸罪。多尔衮不论其以前有何功劳，立即下令斩首处死。福建巡按周世科以“贪婪无忌”等害民罪，先判凌迟处死，多尔衮开恩，改为斩首。

多尔衮雷厉风行，反贪绝不手软，在中央与地方引起巨大震动。不幸的是，大规模反贪才刚刚开始，多尔衮便于顺治七年（1650）病逝。但是，反贪并未停止。他的侄儿、当朝皇帝顺治帝继承其遗志，继续大力反贪、惩贪。他曾说：“朝廷治国安民，首在严惩贪官。”还说：“优者选用，劣者除名，澄清吏治，大端在此。”[①]这位年轻的皇帝把惩贪置于治国的首要地位，显示出他对吏治问题的深刻认识。

多尔衮反贪、澄清吏治开其端。历顺治、康熙、雍正、乾隆四帝，皆坚持反贪惩贪，终把清朝推上鼎盛！

（原载《清史参考》2008年第1期）

① 以上引文皆引自《清世祖实录》。

康熙帝废长城

长城宛如一条游龙，自西北而东向，蜿蜒逶迤，逾山涉险，穿谷行川，最后，飞上燕山峰峦，越山海关而直下渤海湾，于“老龙头”处，畅饮万顷波涛碧水。

长城横亘东西万余里，雄踞“三北”广阔草原与千万亩耕田之间。虽然它早已化为历史的陈迹，却是中华民族的象征，引为民族的自豪与骄傲！长城既是中国的，也是世界的，它是人类史上的一大奇迹。

秦始皇为什么创修长城？历代大多王朝为什么坚持用长城？历来人们只从军事防御的意义上解读，却没有从更深层的原因去探索：长城的长久存在，给中国历史的发展带来何等巨大的影响？还有，长城何时被废弃的？长城废弃后，产生了何种不可估量的历史后果？这些问题，被长久忽略，几乎不为人们所关注。

长城兴于中国历史上第一个“大一统”的中央集权制的秦王朝，两千年后，废于中国最后一代“大一统”的清王朝。深刻认识长城的兴废，是真正揭示中国历史演变之谜的关键之一。

一、秦筑长城，别内外，界“中国”

当秦始皇吞并六国，大行“包举宇内”之志时，其宿敌匈奴正横行于北方广阔的草原上。匈奴的先人活动的年代，可追溯到夏商之际，至秦统一，已有千余年的历史。战国时，匈奴铁骑不断劫掠内地，地处北方的赵、燕、秦三国深受其害，遂各筑长城防御。秦统一天下，利用三国故长城，连为一体，西展至临洮，东延至辽东，筑成万余里的土石防御工程，用以阻挡匈奴南下。

秦始皇筑长城，其主观意图是用于军事目的，防御北方游牧民族的内侵。这已为人们所熟知。但是，长城对中国历史发展的巨大影响和无可替代的应用价值，已远远地超出单纯的军事用途，却是秦始皇始料不及的。从科学的眼光看问题，显而易见的是，长城之设，反映了中国古代农耕民族同游牧民族的对立，换言之，是这两大民族冲突的产物，说到底，就是华夏文化与游牧草原文化的对立冲突。长城外，从西北，经北部，到东北的西部，是一广袤万里的草原地带，世代以草原为生的民族，不论其族名、部族有何区别，皆同属游牧民族，诸如秦汉之际的匈奴、东胡、魏晋时的鲜卑、隋唐时的突厥、宋时的契丹、元明时的蒙古等，都曾主宰过草原，称雄北方。草原是他们生活的摇篮，驰骋与战斗的广阔舞台。长城之经久而不衰，与强悍的游牧民族的千百年生生息息及其激烈活动不可分割地联系在一起，如果这些游牧民族消失了，长城就会变成毫无用处的废弃之物。

长城之设，实为华夏民族亦即汉族与游牧民族设置的一道民族分界线。于是，在古代中国人的认识中，形成“内外”的一个新的政治地理概念。如东汉人说得明白：“天设山河，秦筑长城，所以别内外，异殊俗也。”① 秦修筑的长城，同自然界的山河一样，是区分内外的天然分界线。因为民族文化不同，习俗相远，所以才用长城加以区分，故有内与外之别。这是人们从长城的存在而获得的一个新认识，在历代官方乃至民间所说的“内外”，概以长城为界。商周时所谓“内诸夏外夷狄”，至秦以后才形成以长城为限隔的民族区分的新观念。

长城之设，引起人们观念的最重大的变革，即赋予“中国”以全新的政治地理概念。众所周知，早在商周时已使用“中国”这个称谓，它与后来直至当代，以中国为国名完全不同。商周所称“中国”，是指商周王室居于众部族及诸侯的中心地域，后扩而广之，凡遵奉周礼的诸侯国，统称为“中国”，这里既包含血缘亲族，又含不同地域的非血缘的政治文化同一体，但最根本的内涵，还是以文化异同来加以区分的。与周礼同属文化的共同体，皆为中国的一部分。秦并六国，废分封，置郡县，全国统于中央，中央又统于皇帝一人。进

---

①《后汉书》卷90。

一步说，不分地域，不分文化异同，凡在郡县辖境内，均在中国的疆域之内。长城的出现，改写了“中国”政治地理及国家疆域的旧概念，将北方所辖疆域一直推进至长城脚下，这意味着秦代中国已突破商周时代中国的狭小范围，其地域空前扩大，人们对“中国”的认识遂放大，变为一种全新的“中国概念”。《汉书·西域上》写道：“秦始皇攘却戎狄，筑长城，界中国，然西不过临洮。”这段话，生动地概括了长城修筑后人们对“中国”的新认识。这里所说“界中国”，直接表达的意思是，长城“为中国之竟（境）界也”，即“中国”与“三北”戎狄的国界线。此意与当代之国与国的边境线完全不同，不能同日而语。它系指不同民族、不同文化的分界线。一句话，是中国境内的不同的民族区域而已。故又有“内中国而外夷狄”之说，与上文的“内诸夏外夷狄”如出一辙。其差别是，前者是从国家方面说的，而后者是从民族的区分来说的。

二、历代修长城，“大一统”受阻

秦始皇废分封，设郡县，行专制，国家空前统一，所谓书同文，车同轨，行同伦，就是对国家统一的生动写照。秦始皇并不崇尚儒家，却在政治实践上成功地实现了儒家“大一统”的政治理想。

“大一统”是春秋时孔子首倡的政治学说。其精华思想，主张国家统一，反对分裂，反对诸侯割据，“礼乐征伐自天子出”。如《礼记》说：“天无二日，土无二主，家无二尊，以一治之也，即大一统之义也。”但是，儒家“大一统”思想也有缺欠，集中反映在民族观念，提出“华夷之辨”的思想，即“内诸夏外夷狄”，严格区分华夏与夷狄，以内外相别。汉代班固称：“帅诸侯，朝天子，正天下文化，兴复中国，攘却夷狄。”[①]一方面坚持“大一统”，一方面排斥“夷狄”，实则是把不同于华夏文化的夷狄排斥在“大一统”之外。

汉代儒家的代表人物董仲舒对“大一统”做了高度概括：“《春秋》大一统者，天地之常经，古今之通谊。”[②]自秦以后，“大一统”为历代奉为治国的理论指导，是制约或左右中国历史发展的一条法则。

---

① 《白虎通义》。

② 见《汉书》卷56。

秦始皇统一中国，开创了中国“大一统”的崭新局面，这是商周以来划时代的伟大变革！秦修长城，也就把“大一统”扩展到长城脚下。自汉始，历代皆承袭秦制，但是，历代能否突破秦的“大一统”的局限，将“大一统”发展和扩大到长城外。关键问题，将取决于能否真正统一长城外“三北”地区的诸游牧民族。历代王朝所称“外患”“边患”，几乎无例外地来自这里，二十六史留下了难以计数的纪录。与此形成鲜明对比，在南疆及西南，却从不见有一个少数民族北上争衡，甚至都未曾涉足长江之滨！因此，这一广大地区的各民族从未对中原王朝构成威胁。

秦以前姑置不论，即以秦为开端，直至清初，上下两千余年间，生息在“三北”地区的游牧民族与部分狩猎民族十分活跃，诸如匈奴、乌桓、鲜卑、氐、羌、党项、回纥、高句丽、突厥、蒙古、契丹、女真、满洲等，都在不同历史时期，频频进取中原，战事连绵。这些民族各建政权，其中有部分民族灭掉中原王朝，或一统天下，或拥有半壁江山。他们构成中原王朝的长久威胁。历代王朝特别是汉族所建王朝，历来坚持“内中国外夷狄”的传统的民族观念，视之为“异类”，甚至斥为“禽兽”，认定“夷狄”“非我族类，其心必异”，实行“严华夷之防”的传统政策，这就是坚守长城这道万里藩篱，严格将长城内的华夏族亦即“中国”与长城外的游牧民族限隔开来，实行不同体制的统治。具体说，内行中央直接管辖的郡县制，外行“羁縻制”，即官其酋长，因俗而治，实则是“以夷治夷”，并以朝贡的方式，定期向中央王朝缴纳贡品，保持政治上的隶属关系。在清以前，近两千年中，这一政治的民族格局几乎没有改变。

同时，历代统治者相互承袭，加紧修长城，以长城为国家安全之保障，防备“三北”的游牧民族进入中原。汉继秦后，大修大筑长城，已为人们所熟知。在汉以后，除了唐、元等少数王朝没修过长城，也曾借用过长城的防御功能。其他各朝或局部或全部整修过。如北魏、北齐、辽、金等在北方建政权，中央王朝都投入巨大物力人力，在原长城的基础上进行加固，部分新修。如隋，投入百万民工整修。比较各代修长城，又以明朝为最。自明太祖洪武十四年（1381）筑山海关，迄至崇祯亡国前，明持续修理长城，长达两百五十余年！工程之浩大，修筑之完备，长城之长，都创历史最高纪录。

历代修长城，并没有从根本上根除“边患”，也挡不住游牧民族的铁骑奔驰，却严重障碍历代国家“大一统”的进一步发展。如前已指出，历代的“三北”少数民族限隔在长城外，没有真正行使国家管辖权，只满足于定期朝贡，实际是维持表面的统一，当中央王朝衰弱，或者某一游牧民族变得强大，就会打破原先的那种松散的隶属关系，冲突或战争就成为不可避免。汉与匈奴战斗数十年，文景之世，还向匈奴表示：“长城以北，引弓之国，受命于单于；长城以内，冠带之室，朕亦制之。”①以长城为界，汉与匈奴“内外”分治。显然，汉之“大一统”受阻于长城脚下。再以隋为例，西北有突厥，东北有高句丽，隋与之战斗不已，其“大一统”亦止于长城。如明，号称一代统一王朝，有蒙古族与之长期对峙、战斗，后有女真之崛起，“三北”几乎为两族占据，以至于明之实际控制不出长城。更有匈奴、鲜卑、羯、氐、羌五族进入中原，将晋分割，晋仅得江山半壁。党项据西北，而契丹、女真先后自东北入据中原，北宋、南宋始终难成一统之局！

历史表明，因长城之役，清以前，历代没有从根本上解决“三北”的民族问题，因而没有实现国家全面的、真正的统一，其“大一统”一直徘徊在长城一线。即使如汉唐这样强大的王朝，一度突破长城之限，在长城外部分地区设治，但为时未久，很快向内撤还，遂使有所扩展的“大一统”又向内收缩。

三、康熙帝废长城，“天下一家”

历代王朝的国家“大一统”，长期受阻于长城之设。与其说为长城所阻，不如说囿于传统的狭隘的民族观念，制约着人们的思想，不敢越长城一步！这一不变的“内中国外夷狄”的格局，最终为清朝所打破，具体说，是由康熙帝打破的，把中国“大一统”的理论和实践推进到了时代的极限。

康熙帝即位时，除了台湾，全国大陆重新实现了统一，当台湾归入清朝版图，清朝对全国的统一始告完成。此间，内平吴三桂八年之乱，外击沙俄的野蛮入侵。清朝的国力空前强大，国家的统一得到了巩固。

清朝的“大一统”能否巩固，尤其是能否进一步发展，同历代一样，关键取决于“三北”游牧民族的动向和清朝所采取的政策。

还在清入关前，已经统一了全东北，自顺治开始在东北全面设治，相继设盛京将军与吉林将军衙门，至康熙反击沙俄入侵时，再设黑龙江将军衙门，将

① 《史记·匈奴传》。

东北地区直接置于中央行政管辖之下。康熙二十八年（1689）与沙俄签订《尼布楚条约》，划定中俄东段边界。“三北”之一的东北，就民族问题而言，一劳永逸地获得了彻底解决，从此安宁无扰。其“大一统”由明代东北仅止于今辽宁开原，发展到今吉林与黑龙江两省。换言之，明时仅直接管辖辽东地区（相当于今辽宁省境），而清则将南自渤海、北至外兴安岭以南的整个东北地区，完整地归入它的“大一统”之内。

“三北”之一的另一个广阔地区，即长城北之蒙古游牧地，其中，漠南蒙古也已在太宗时期归入清朝管辖，并将八旗制度推广到这一地区，以盟旗制统辖诸蒙古，而漠北蒙古即喀尔喀诸部也与清朝建立朝贡关系。“三北”的西北地区，与前两个地区不同。这里，本来也是蒙古族游牧地，称厄鲁特蒙古，因其内部有准噶尔部之崛起，相互攻伐不已，情况更为复杂。由于路途遥远，西北与东北联系不便，迟至太宗去世前，距清入关还不到一年，始遣使赴沈阳，与清建立了朝贡关系。一直持续到康熙二十八年，西北及北部、东北三个地区，皆“安堵”如故。

康熙二十九年（1690），以噶尔丹为首的准噶尔分裂势力公然发动战争，侵夺内外蒙古，直接威胁京师。康熙帝毅然决策征伐，很快就阻挡住了噶尔丹的猖狂进攻。次年，即康熙三十年，率诸王贝勒大臣至多伦诺尔（今内蒙古自治区多伦），约会内外蒙古来此“会盟”，为其定疆界，制法律，为喀尔喀蒙古诸部编制盟旗，从而实现了北部蒙古的空前统一，接受清朝的国家主权管辖，困扰明朝二百多年的蒙古问题宣告解决。

就在这次“会盟”之后，有的大臣看到长城年久失修，建议拨款修理。康熙帝继承了太宗、世祖提出的“满汉一家”的民族思想，进而又发展成为“中外一视”“天下一家”的“大一统”思想，发现长城的存在不利于国家的统一，尤其不利于与“三北”游牧民族的政治一体化，当即否定修长城的建议，说出了一段意义深远的话。为了说明问题，有必要引述如下：

> 秦筑长城以来，汉、唐、宋亦常修理，其时岂无边患？明末我太祖统大兵长驱直入，诸路瓦解，皆莫敢当。可见守国之道，惟在修德养民，民心悦，则邦本得，而边境自固，所谓众志成城者也。[①]

① 《清圣祖实录》卷151。

康熙帝决策废长城，从此长城南北不再有内外之分，不再有华夷之辨，真正成为“一家”，使“中国”具有了当代中国的涵义。废弃长城，实际是拆除了分割广大汉人与“三北”少数民族的一道隔离墙，迅速形成空前“大一统”的多民族国家。康熙帝的这一决策，废土石工程的长城，构筑一道“众志成城”的民族长城，无疑是“大一统”理论的划时代的突破，是伟大的创举！正如雍正帝所说：“自古中外一家，幅员极广，未有如我朝者。”又说：“今六合成大一统之天下，东西南朔，声教所被，莫不尊亲。”[①] 这些话不无自夸之意，仍不失为对清代多民族“大一统”的生动概括，也是对康熙帝废长城的正确评价。

（原载《人民论坛》2005年7月中）

---

① 见《清世宗实录》卷83。

《康熙王朝》中之康熙帝与历史上的康熙帝

关于康熙帝其人其事

康熙帝八岁即位，六十九岁去世，在位长达六十一年，除去亲政前的七年，其执政也达五十四年。以在位之久，堪称中国历代皇帝之最。他不仅是清代，也是中国历史上少有的几个贤明君主之一。他以杰出的才能，巨大的勇气，超凡脱俗的品格，开创了一个盛世的新时代，把中国封建社会推进到新的发展高峰。在他的统治下，坚持国家的统一，反对分裂；对外反侵略，捍卫国家主权；推行民族联合的政策，实现了国家与民族的“大一统”，把一个历经五十多年战乱、残破而分裂的中国，重新凝聚成一个多民族的“大一统”的国家。他治国首重治黄，根治水患，整修大运河，畅通漕运，奖励垦荒，蠲免钱粮，增丁不加赋，经济空前繁荣；倡导文教，注重教育，组织学者整理典籍，编纂图书。他以文治天下，文化昌盛，吏治清明，社会安定。

康熙帝一生所取得的一系列成就，无不与他的个人素养与品格息息相关。我们从他的“御笔”批示、日常谈话、行为方式、处理具体问题的方法、策略等方面，可以得出应有的判断。勤政、刻苦，是康熙帝最优秀的品质之一。清入关初，规定皇帝每月逢五之日亲临太和殿处理政事，其他时间则灵活掌握。康熙帝亲政后，改变此项规定，除实行逢五日临朝，其余每天到乾清门听政议事，其后五十多年，“早夜孜孜，有如一日”。臣属曾劝他节劳，他说：“朕惟政治，务在精勤。”[①] 再说批阅奏疏，更是件苦差事。他却是不舍昼夜，一定将当天送达的奏章批阅完，从不拖拉。吴三桂叛乱时，每天多达三四百件，他批答如流，不积压一件！晚年，他还说：他阅奏本“曾无一字疏漏”。他出巡外地，同样阅奏章。他说：“朕于政事，无论大小，从未有草率完结者。”从他亲政到去世前，出巡共四十五次。如以北巡计算，自康熙十六年（1677）为首次，至去世前，四十五年中，他北巡包括避暑山庄，达五十六次，几乎年年出巡，有时一年中外出两次或更多次。出巡是很辛苦的，他出巡的目的明确，就是“周览民情，察访吏治”。一生如此劳苦，在帝王中实不多见。去世前，他自评一生，说：“数十年来，殚心竭力，有如一日，此岂仅‘劳苦’二字所能该（概）括耶!”公平地说，这正是他一生的真实写照。

康熙帝处事慎重，重证据，重调查，每逢大事，必经大臣间反复讨论而定。如撤三藩、收台湾，事关国家安危，都是经过群臣反复辩论，才由他决策的。在决定是否同意吴三桂撤藩时，只有极少数人同意，大多数反对。康熙帝却取激进之策，终于激变成乱，吴三桂抗拒撤藩，举兵反叛。群臣要求处死力主撤藩的大臣，他却主动承担责任，给予了保护。康熙帝还有一个可贵的品质，就是不尚空言，讲求实际，反对歌功颂德，一生中坚决不上尊号，反对群臣给他祝寿。他不事浮华，崇尚节俭，作为一个帝王，实属难能可贵。康熙帝酷爱读书，据他说，从五岁即知读书，终生“乐此不疲”。即使每次远出巡视，必携带大批书籍，每读书至深夜。他多方拜师，虚心求教，终于成为一代大学问家，又掌握西方的天文学、数学、几何学等多学科的先进知识，在当时知识界中无出其右者。还有，他的诗作、书法皆不俗，说他是位诗人亦不为过。

说到他的性情，为人沉稳，内刚外柔，待臣属平和，极少疾言厉色。他心地善良，时刻以民生民命为念，为政“尚宽”，以“不嗜杀”为宗旨，故待人处事颇宽容，不到万不得已，即宽无可宽、免无可免时，才做出处理。如此等等。这就是历史上真实的康熙帝。

电视剧《康熙王朝》中的康熙帝与历史上的康熙帝大相径庭，几无相同之处。例如，编导把少年康熙帝沉静、爱思考、刻苦读书一笔抹杀，却凭主观想象，把他描绘成不爱读书、顽皮、使性子、挑剔老师的顽劣少年。治黄、河

① 见《清圣祖实录》。

务、撤三藩三件大事，本是少年康熙帝提出，并书之于宫中柱子上，日日提醒自己。而《康熙王朝》将此重要史实转嫁到子虚乌有的所谓“伍次友”其人，由他提出，被少年皇帝采纳的。为了迎合“观赏”的需要，又制造出康熙帝、苏麻喇姑、伍次友的“三角恋爱”。当孝庄将苏麻许配给皇帝时，她竟抗婚！苏麻此女，不见经传，据悉在满文中有点滴记载，说她是孝庄自沈阳带来的一个婢女。即便如此，怎么可能到了康熙帝身边，出出进进，昼夜不离身边，为康熙帝出谋划策，而朝廷中的大批重臣、能臣都不如她！在皇帝身边还有一个男人即魏东亭，历史上根本没有这个人，却在电视剧中与苏麻一左一右，形影不离。

关于四辅臣辅政

《康熙王朝》将辅政的史实搞得一塌糊涂：索尼老奸巨猾，明哲保身，毫无责任感；鳌拜专权夺权，遏必隆与苏克萨哈不起作用。他们从辅政伊始，就展开斗争，起因是苏克萨哈揭发鳌拜私自侵吞“圈地”。其实，四辅臣辅政的史实既简单又清楚。初期，他们四人和衷共济，忠心耿耿，做了不少有益的事。矛盾的缘起，源于苏克萨哈与鳌拜的个人关系不睦而结仇，鳌拜挑起重新调换已圈的土地的事件，遂使矛盾公开化，势成水火。原来，清入关初，为安置新迁入的满洲贵族及八旗将士的生活，将京畿地区历战乱而成无主的耕地包括明朝勋戚们的土地，连同当地部分汉人的有主土地，一体圈占为已有，名曰“圈地”。掌权的多尔衮出于私利，竟将应拨给镶黄旗的永平地区的好地拨给了他所属的正白旗，而把应拨给正白旗的保定等地区的贫瘠地划给了镶黄旗，后者却是敢怒不敢言。不过，二十余年过去了，倒也相安无事。鳌拜分掌辅政部分大权，旧事重提，执意调换，引起朝廷内外，连及两旗的旗民，皆骚动不安，引发一场流血斗争。

苏克萨哈属正白旗，坚决反对“更换”两旗土地。鳌拜属镶黄旗，执意“更换”。索尼“素恶苏克萨哈”，给予支持；遏必隆则随声“附和之”。鳌拜有恃无恐，命户部尚书苏纳海、直隶总督朱昌祚、巡抚王登联具体实施。不料，遭到他们三人的坚决抵制。鳌拜大怒，假传康熙帝旨，将三人逮捕下狱，欲处死，唯苏克萨哈反对，康熙帝虽年幼，亦知杀大臣太过，明确表态不同意，鳌拜请求再三，他就是不同意。然而，鳌拜置皇帝于不顾，却盗用皇帝的旨意，以“不愿迁移，迟延藐旨”等罪名，于康熙五年十二月将苏纳海等三人判为绞刑处死，籍没家产。康熙帝对此无能为力。次年六月，索尼去世，鳌拜乘机抢权，他由原第四位抢居“首列”，苏克萨哈、遏必隆处处退让，于是，鳌拜独掌朝政大权，结党成派。七月，十四岁的康熙帝正式亲政。苏克萨哈为避开鳌拜，急流勇退，即提出辞去现职，要求“往守先皇帝陵寝”。鳌拜则以苏克萨哈心怀不满，以“大逆”论处，谋兴大狱，将苏克萨哈及长子、兄弟及侄女与内大臣查克旦统统处死。康熙帝坚决不允，鳌拜利令智昏，“攘臂上前，强奏累日”。可见其猖狂的程度。康熙帝被逼不过，忍痛批准，但须将苏氏的磔刑改为绞刑。鳌拜让步。害死苏氏，鳌拜更是毫无顾忌，气势汹汹。朝廷内外成了鳌拜势力的天下！其结局，正如人们所熟知：康熙帝少年老成，以“布库戏”（满、蒙古族摔跤的竞技活动）为名，招选一批年少力壮的贵族子弟为其心腹，其中就有索尼次子索额图。于康熙八年（1669）五月，略施小计，指使这批少年亲信一举将鳌拜擒获，其势力顷刻瓦解。康熙帝不忍心处死鳌拜，将其长期拘禁，后死于幽所。

从四辅臣受命辅政，到鳌拜及其集团的破灭，只有八年时间，史书记载清楚，充满了“戏剧”性。可是，电视剧却说是苏克萨哈揭发鳌拜多占“圈地”，对“圈地”一再使用，并不做任何解释，显见编导根本就不懂“圈地”的涵义，也就不懂“更换”土地这一重要史实。

关于撤三藩的问题

以平西王吴三桂镇守云贵、平南王尚可喜守广东、靖南王耿继茂（电视剧改为“镇南王”）守福建，合称“三藩”。吴、尚都是第一代王，耿为第二代王。吴三桂叛时（康熙十二年）已经六十一岁，尚可喜则七十岁。吴叛前二年即康熙十年，靖南王耿继茂病逝，其长子耿精忠继承王爵，是为第三代王，时年不过三十余岁。《康熙王朝》却通过孝庄太后之口说：“这耿精忠六十有二了，吴三桂也是五十有八了。”康熙帝确久有撤藩之意，但惧于三藩势大，不敢贸然下达命令，他是含而不露，心藏玄机而不泄，只是在寻找机会而已。《康熙王朝》却尽量宣扬此事，吵吵嚷嚷，讨论、争论，搞得沸沸扬扬。事关重大，康熙帝岂能如此愚蠢？为了稳住三藩，凡是举报他们过错的人，都遭到重处。《康熙王朝》却把这一重要事实转嫁给云南巡抚朱国治身上！给吴三桂下达撤藩令，也不是朱国治，而是康熙帝转派钦差折尔肯等专程赴云南宣布的。

撤三藩的一个关键性因素，就是究竟谁先提出撤藩的?《康熙王朝》指为吴三桂首先自请撤藩，这完全错误！史有明载：是尚可喜最先申请撤藩，“归老辽东”。康熙帝抓住这一时机，立即批准。吴、耿大受震动，被迫上疏，言不由衷地也表示撤藩。吴自信康熙帝与朝中大臣一定会挽留他。他想错了。康熙帝明知其伪，亦批准。这就叫弄假成真。吴无路可走，遂举兵反叛，抗拒撤藩。特别要强调的是，尚可喜至死没叛清，一再拒绝吴三桂的威胁利诱。《康熙王朝》的编导误以为“三藩之乱”必是他们共同叛乱，于是，便设计尚、耿二王同去云南，与吴三桂密谋策划，康熙帝召三王同进京以作试探等情节，又加进一个诈称“朱三太子”实则是京城“市井无赖”的杨启隆，奔走于云南与北京之间，进行策反。这些情节不符合历史事实。从撤藩到攻取台湾，《康熙王朝》特别突出一个人物，他叫陈廷敬，声称他最先提出，吴三桂要叛，向朝廷发出了警告；撤藩前，他已是户部尚书，又是负责撤藩事宜，与吴三桂商酌撤藩所需费用，云云。事实是，撤藩前，陈氏仅官至翰林院侍讲学士，位卑下，根本不参与国家政事。时任户部尚书者，为米思翰。一句话，撤藩与陈氏毫无联系！直到康熙二十五年，陈氏才出任户部尚书。其后收台湾也与陈氏无涉，是时仅官至礼部侍郎。为了突出陈氏，《康熙王朝》还“安排”康熙帝“南巡”至陈廷敬的家——今山西阳城县黄城村。把当时参与的重要人物差不多一笔勾去，唯独把陈氏一再突出，成了重大事件的“主角”。编导对陈氏情有独钟，令人费解。

《康熙王朝》中叙说的一些最基本的常识，有些也不对。仅举几例。明珠当着康熙帝的面说：“大清律乃圣祖所定。”“圣祖”是康熙帝死后的庙号，他活着的时候，他本人及群臣怎能预知他死后的庙号？孝庄太后说：“先帝皇太极……”，此处本应说“先帝太宗”，岂可直呼其名！剧中自相矛盾处多有，如吴三桂与朱国治比赛钓鱼，说：“朱由榔投湖自尽。”（第十四集）到了下一集，其子吴应熊说：“绞杀了朱由榔。”又如吴三桂行贿索额图，给了20万银票；又每年给莫洛十万两白银。这两个人都是康熙帝极信任的重臣，索任大学士，莫任刑部尚书，主撤吴藩最为坚决。有何根据说他们受贿？等等。

（原载《人民论坛》2002年5月中）

历史上真实的雍正皇帝

雍正皇帝，本名爱新觉罗胤禛。他是康熙帝玄烨第四子、乾隆帝弘历的父亲。他当皇帝时年号“雍正”，人们习惯称他为雍正帝。

自清朝定鼎北京，直到末帝溥仪（宣统），共历十帝，雍正是第三帝。清朝最受后人推崇的皇帝，首推康熙帝，其次是乾隆帝，史家把他们的功业和开创的繁盛时代誉为“康乾盛世”。其实他们之间还有个雍正帝，他上承其父康熙帝（圣祖），下传其子乾隆帝（高宗），祖孙三代保持了治国大政的连续性，各有开拓，各有创造。这是自清入关后，战胜艰难险阻，冲破惊涛骇浪，国势日趋强盛的一个重要原因。所称“康乾盛世”，正确的说法，应是“康雍乾盛世”。

雍正帝是个长期被忽略的人物，名声也不大好。旧时一些演义、野史小说往往抓住所谓阴谋篡位（学术界称“夺嫡”）、篡改康熙帝遗诏、残害兄弟、滥杀无辜等捕风捉影的事，把他描绘成一个生性残忍、狠毒的人，对其功业往往略而不计。清史学界注意到雍正帝，为他作传，或写评论，也只是近一二十年的事。

其实，不少传说于野史稗乘。雍正生于康熙十七年（1678）十月三日。至六十一年（1722）十月十三日康熙帝病逝，他受其父遗命，即皇帝位，时年45岁。史载康熙帝确有遗诏，保存在《清圣祖实录》，原文是：“雍亲王皇四子胤禛，人品贵重，深肖朕躬，必能克承大统。著继朕登基，即皇帝位。”应该承认，雍正属合法继承。所传“夺嫡”“篡位”“改遗诏”等说法，大抵是他的政敌们制造出来的。

不论从康乾盛世的形成过程，还是纵观清朝全史来考察，雍正朝都是一个非常重要的历史阶段。他没有康熙、乾隆帝的长寿，也没有他们享国之久，在位只有十三年，五十八岁而终。尽管时间短促，却不容忽视。他忠实地继承了康熙帝开创的事业，并把它推向前进，又为后继者乾隆帝的继续发展铺平了道路。没有他的奋发有为，就没有乾隆朝的鼎盛辉煌，也不可能有清朝的长治久安。

首重吏治，刷新政风。康熙帝开创了盛世局面，但晚年以后，近十年间，由于天下承平日久，颓风渐起，吏治松弛，钱粮亏空，国家财政储备减少，朋党斗争此伏彼起，国势呈下降之势。雍正帝洞悉时弊，继位之后，一改其父晚年为政宽纵之风，以政治家的气魄和极大的勇气，力挽狂澜，匡救时弊，重振雄风。

雍正帝为政首重吏治，针对吏风败坏的情况，从严从速整顿。康熙帝为政，主张“治天下之道，以宽为本”，而其晚年，遇有官员犯法，能宽则宽，能免则免，导致奸宄佞臣心存侥幸，屡屡犯禁。雍正帝则主张从实际出发，该宽则宽，该严绝不宽免。但为矫枉之故，他又不得不严。年羹尧以平定青海叛乱、拥戴雍正帝为功，变得骄横，目无法纪。到雍正三年，问题暴露，获罪九十二款，其中贪黩之罪十八款、侵蚀罪十五款，两项经济犯罪三十三款，占其罪状的三分之一。如，接受经他题补官员的“感谢银”四十余万两、冒销四川军需银一百六十余万两等等。他贪污、挪用、侵占、受贿、强夺，积累了巨额赃私，还经营房地产、典当、木材等生意，所聚不义之财又不知凡几。本应斩首，但雍正帝不忍杀他，遂改为“自裁”，由年自己结束生命。该集团中的人，都给予严处。拥戴雍正帝的首功大臣隆科多，是雍正帝的舅舅，权势煊赫，无人可比。但他也是徇私舞弊，贪赃枉法。雍正帝毫不留情地将他逮捕，定罪四十一款，但网开一面，留他一条性命，判为永久监禁。雍正帝敢于将身居高位的年、隆两人依律治罪，是需要勇气和魄力的。至于对其他各级官员中的贪官污吏的处理，可想而知。后人评说，多认为雍正用法苛严，不念旧情，实乃未察史实。

清理亏空，充盈国库。与惩贪相联系，雍正帝在清理康熙晚年钱粮亏空时，终于查明各级官员侵贪国家资财是造成钱粮亏空的根本原因。据统计，自康熙五十一年到雍正元年，十一年中，几乎无省不欠，以江苏省拖欠最多，达八百八十一万两。国库钱粮不翼而飞，皆被各级地方官挪用、侵吞，财富日益集中，黎民饱受其苦。雍正帝洞悉各级官员侵吞钱粮的种种手法，制订相应政策，解决了这一老大难问题。他向各省主管钱粮的布政司发出“上谕”，重申力除积弊的信念：“各省库项亏空，动辄千万，是侵是那（挪）总无完补，耗蠹公帑，视为泛常，尤为不法，宜严革前弊，永杜侵那（挪）!”[①]为此，成立“会考府”，责成其弟怡亲王允祥主持，专管钱粮奏销，审核发现问题，立即参奏。

康熙时，对负有钱粮亏空责任的官员，至多“革职留任”。雍正元年二月规定：以后凡亏空钱粮各官，一律革职，并由本人负责“追还”所欠钱粮。三月，又加重处分：各州县官亏空钱粮，由其选任者，如督抚、布政司分担赔偿的责任。雍正二年（1724）八月，责成刑部等衙门规定了更为严厉的处分：自今以后，有挪移银一万两以上至两万两者，发到边卫充军，两万两以上者，照侵盗钱粮例处斩。限一年补赔，予以免罪。最迟限三年赔完，如不能全完，将未完之数，照例治罪。处分确属严厉，但雍正帝重点打击的对象，就是因贪污、勒索而造成亏空的官员。

雍正帝雷厉风行，大张旗鼓，清查各省及中央各部门钱粮亏空，发现一个，处理一个，革职抄家，如数赔偿。经数年整顿，康熙晚年亏空的钱粮基本追缴完毕，凡百姓欠的，大都宽免。雍正帝特置“封椿库”，放在内阁东侧，凡一切赃银等皆贮于内，至雍正末年，已达三千余万两。各省应征的钱粮按时征收，故仓廪充实。据报，“积贮可供二十余年之用”[②]。事实证明，他成功了。

打击贪官污吏、澄清吏治等措施的实施，既解决了财政危机，又刷新了政治局面。雍正帝反复讲的一个道理，就是“吏治不清，民何由安”。不断申明：“朕惟国家首重吏治。”自雍正三年后，吏治渐有起色，如他说：“各省吏治，今渐可观。”雍正八年四月，他说：近年以来，我留心体察内外文武大小官员，奉公守法，各勤本职者多了起来，“朕心深为嘉悦”。显然，他对自己八年来澄清吏治所取得的效果是满意的。直到他去世时，官员犯法行贿的事明显减少，好官、清官大量涌现出来，雍正帝大力表彰，树为榜样。如河南巡抚田文镜洁己奉公，雍正帝召集满汉大臣百官，评述其业绩，称他：“实为巡抚中之第一。”惩贪与表彰清官同时进行，已表现出雍正帝作为政治家的本色。一

① 《清世宗实录》卷3。
② 《啸亭杂录》。

朝兴亡，雍正帝首重吏治，抓住了问题的关键，为他施政奠定了坚实的基础。

创设新制，巩固皇权。雍正帝富有政治家的才能，在位时间虽短，颇多发明，给清朝的发展注入了强大的活力。

巩固并发展君主专制体制，应是雍正帝在政治上的一项重大创建。这里，不能不提到他与八弟允禩等诸兄弟的斗争。人们常以“骨肉相残”来指责雍正帝残忍。事实上，这不是兄弟感情的问题，而是一场严肃的政治斗争。以允禩为首，有九弟允禟、十一弟允䄉、十四弟允禵为成员，是一个政治集团。它的存在，与雍正帝强化皇权不相容；打击过火，又不一定妥当，但把他们从政治舞台上清除出去，势所必然。雍正帝正是在清除允禩集团，惩治年、隆两权臣的过程中，巩固了皇位，提高了皇权的绝对权威。在此基础上，于雍正七年（1729）独创军机处，使中央体制及运行机制发生了重大变化。原本由内阁及六部等部门承旨承办的事，改由军机处直接承办。一句话，军机处成为中央权力的“总汇”，但其权属皇帝，它只是皇帝的办事机构，不再受各部与内阁的约束。这样，皇帝把一切权力集于一人之手，达到了高度的专制。这一体制一直延续到清末。

加强君主专制的另一项制度，就是密折制。他规定：在京的满汉大臣、外省的督抚、提镇等中央与地方官，均行“密折”制，即秘密陈奏机密要事，主要是揭发官员的不法事。特别要求在京的科道监察官员每人每天上一道“密折”，只说一件事，不论大小事，都要据实写明。这一制度，使群臣相互监督、相互揭发，都在雍正帝的掌握之中。有些学者斥其为“特务统治”。其实不然。在封建时代，对各级官员实行明的或暗的监督促其自律，是必要的。

雍正帝严禁朋党，为防止皇位争夺造成内乱，雍正帝将传统的明立太子的做法改为秘密建储。雍正元年八月，他宣布了建储的新规定：由他暗定储君（太子），将名字亲写，藏于匣内，放置在乾清宫正中“正大光明”匾额的后边；他还另密写一份，密封于匣内，随时携带。当他的生命行将结束时自打开匣，公布继承人。此制一直沿用到清末，再没有发生争储的斗争。

这些改革，使君主专制达到了顶峰。

摊丁入亩，轻徭薄赋。雍正帝在经济上的重大改革，主要是将赋税征收改为“摊丁入地”。封建社会的赋税，包括地税和人丁（成丁）税两大项。明万历年间开始实行“一条鞭法”，将实物税与差徭折成银两缴纳。雍正帝在此基础上，把人丁税并入地亩税中，按地亩多少纳税。以康熙五十年各省丁口为常数，将丁税数额均摊入粮税之内，其后新增丁口不计税。“摊丁入地”是封建社会一次具有划时代意义的改革，它一劳永逸地取消了千百年所实行的丁口税，减轻了广大农民的负担，也使历代编审户丁渐失应有之义，到乾隆三十七年（1772）便“永行停止”编审丁户，使人身获得了自由。

与此相关的一项重大变革就是“除贱为良”。包括乐户、堕民、蛋户及世仆等，被称为“贱民”，世代相袭，不得改为其他职业。社会视他们为“非我族类”，而被打入社会最低层。自雍正元年始，雍正帝先后下令，将他们“改籍为良”，即允许他们另谋生业，一同编为民户。如生活在广东水上的“蛋户”，废其贱民身份，可以登岸居住，鼓励他们垦荒种田。

改土归流，整肃周边。雍正帝关注边疆，在西南地区实行“改土归流”，是他又一项重大的制度改革。西南地区包括云南、贵州、广西、四川诸省与相邻的湖南等地，是僮（壮）、黎、苗、瑶、彝多民族聚居之地，千百年来，为世袭的土司所统治。这里，生产力水平低下，大多“刀耕火种”。而土司制极端落后、腐朽、野蛮，实行残酷的压榨和剥削。同时，土司常常同中央对抗，引发军事冲突。雍正帝看到了问题的严重性，决意进行改革。雍正四年（1726），他任命鄂尔泰为云贵总督，实施“改土归流”：废除土司世袭制，改由朝廷派命官管理地方，直接纳入中央的管辖之下。很多土司抗拒改制，挑起大规模的战争，但都失败了，直到雍正十年，基本实现了“改土归流”。这是西南地区千百年来社会制度的大变革，实质上也是一场社会革命，它推动了西南各少数民族走上新的发展道路。

雍正帝的政治实践，表明他不仅是一位出色的政治家，也是站在时代前沿、富有创造力的改革家。他的军事实践，也不逊色。除了上述“改土归流”过程中同土司们的军事斗争外，更有在西北地区青海反击和硕特蒙古罗卜藏丹津叛乱中表现出的卓越的军事才能。继之，准噶尔部噶尔丹策零叛乱，清军再次扬武西北，激战五年，于雍正十二年双方停战。雍正帝并未亲自上前线，但他的决策、军事部署和作战方略，充分显示出他的胆识、魄力与军事才能。

雍正帝在位期间进一步巩固了国家的“大一统”，促进了中国统一的多民族国家的形成，功绩是巨大的。不仅如此，他本人的文化素养、性格、作风等，极具个性，且有许多过人之处，是一般帝王无法比拟的。

励精图治，勤于政事。雍正帝的生活很严谨。他不事享乐，在位13年，从不出游，不狩猎，不搞盛大的庆祝活动。他日常生活的范围，不是在森严的紫禁城，就是到近处的圆明园住一阵。他每天所做的，基本是定时或随时召见臣属，批阅奏章，一丝不苟，从不偷闲。他，才思敏捷，颇具辩才，引经据典，出口成章；下笔如泻，挥洒自如，语言犀利，一针见血。批答往往千百言。他遗留至今的《朱批奏折》360卷、《上谕内阁》159卷，还有《上谕八旗》等巨帙，洋洋数千万言。清史研究的先驱孟森先生不禁感叹："自古勤政之君，未有及世宗（雍正）者。"① 清史权威郑天挺先生也倍加赞扬："他（雍正）对自己的职务毫不懈怠，做到了'今日事今日毕'。作为一个封建帝王，能做到这点，是很不容易的。"②

雍正帝意志刚强，办事果断，又富于感情，嬉笑怒骂，任情所至。他跟臣下文字往来，批答奏本，常有诙谐，读来成趣。最重要的是，他有思想，闪耀着智慧的火花。他的关于"名与实"之辨、满洲与直隶辨、满洲与尧舜之统的关系等等，议论精辟，见解独到③。康熙帝去世，他首先做出评价：论继统，当为守成；论勋业，"实同开创"。《清史稿》也以此评作为对康熙帝总的评价。今天研究康熙帝的学者也未作出如此精确的评价！说雍正帝是思想家亦不为过。

当然，雍正帝也有不足之处。雍正帝在思想文化领域实行专制主义，苛察士大夫的思想倾向尤其严厉，以迭兴文字狱之惨烈最受后人指责。文字狱发端于康熙初年，盛于雍正，至乾隆中期后，渐行停止。文字狱无疑是雍正帝等人的一个污点，也是康乾盛世及整个清史中最黑暗的一页历史记录！他迷信佛道，在宫廷弄神弄鬼；他讲"祥瑞"，为自己歌功颂德。但我们不能说他残暴、狠毒、狡诈，这些都是从他严猛为政，树敌太多，得罪诸兄弟、权贵及知识分子而招来的诋毁，不足为据。

（原载《人民论坛》1999年2月）

---

①《明清史讲义》。
②《清史简述》。
③ 以上见《清世宗实录》。

清史纪实小说的开山之作

《福昭创业记》初版于1938年，迄今近五十年。这部差不多已绝版的历史小说，现由吉林文史出版社重印发行。它的再版，对于文史爱好者，并为学术界提供研究的资料，无不大有裨益。

《福昭创业记》的作者“儒丐”，姓穆，长期担任《盛京时报》文艺副刊的主编，撰写了不少文艺作品，是20世纪30年代东北文坛上一位知名的小说家。《福昭创业记》是他的代表作之一，曾先于报上连载三百六十八天，然后汇编成书，同时又译成满文，作为“东方国民文库”之一种公开出版发行。这部以演义形式叙事的历史小说，共分三十四个回目，上迄清太祖起兵创业，终止于吴三桂接引清兵入关，详细记叙了清代的勃兴、满族的崛起这一漫长的历史过程，集中而突出地描写了清初发展史上两位杰出人物——清太祖努尔哈赤与清太宗皇太极父子艰难开基立业的动人事迹。努尔哈赤死后葬福陵（即沈阳东陵），皇太极葬昭陵（沈阳北陵）。因此，作者将本书取名为《福昭创业记》（以下简称《创业记》），还是名实相符的。

清朝是我国封建社会的最后一代王朝，它同我们这个时代距离最近。照理说，我们对它应比任何一个朝代都更了解，更熟悉。实际上，我们知之不多。清朝入关前后共三百年历史，人们较为熟悉的不过是康熙帝、乾隆帝、西太后、光绪帝等人物的事迹，至于其他时期的历史恐怕就说不大清楚，尤其是对于大清王朝的开创者努尔哈赤与皇太极这两个时期的历史就更陌生了。造成这种状况的原因之一，我想，这与史学界长期不重此段历史研究多少有些关系。这可以追溯到民国初年，当时清朝刚刚结束其统治，学术界、文艺界研究和反映清史的论著、作品多限于清入关后，又比较集中在康乾“盛世”前前后后和清末一段。因为处在国民革命高涨、反满思想强烈的政治气氛下，不可能正确地评价清史，很容易地忽略了清入关前这段历史，自然地也忽视了努尔哈赤和皇太极对开创清王朝的巨大意义，也就不可能给他们一定的历史地位。这种偏向持续了相当长的时期，因而造成了对这段历史研究的空白现象。直到近年，始有所改变。我们知道，一代之兴，一代之亡，都有其深刻的社会根源，同时也与人们的主观作用分不开。清朝的先世作为东北的一个少数民族奋然崛起，取明而代之，在当时的历史条件下，这是相当艰巨甚至是难以想象的事。但是，它毕竟取得了最后的成功。这主要是努尔哈赤和皇太极父子利用明朝迅速衰落的有利形势，创造了新的制度，制定了一系列行之有效的政策，因之产生了强大的物质力量和政治力量，终于为清朝入主中原奠定了不可动摇的基础，准备了一切必要的条件。不论怎么说，清入关前这段历史对它建立全国政权，并维持了二百多年的长治久安，都具有不能低估的重要性。从科学的眼光来看，如果不研究清入关前史，不掌握它发生、发展的规律，就很难深刻而正确地认识有清一代的历史。《创业记》却是走在清史研究的前面。它最先以努尔哈赤与皇太极为描写对象，以历史小说的形式，生动地反映了清入关前这一段非常重要的历史，具有开创的意义。作者搜罗典籍，分类排比，加以融会贯通，第一次如此完整、如此系统、如此清晰地勾勒了清入关前史的概貌，形象地揭示了清代勃兴的历史进程，寓历史的经验于描写之中，给人们以启迪和思索。仅此一点，《创业记》是值得重视的，毫无疑问，也是应予肯定的历史小说。

如同当代小说尊重社会现实生活一样，历史小说也应当尊重历史。这应该是创作以历史为题材的文艺作品的一条原则。道理很简单，所说历史，实则是昨天乃至前天的现实。已经逝去的历史人物都是当时活生生的人；那些消失的重大历史事件，曾是当时现实生活中轰轰烈烈、极其壮观的一幕。历史文艺作品既然取材于历史，当然应当忠实于历史的本来面貌，同时也允许在这个基本原则的指导下，进行艺术的概括和再创造。民国以来，涌现出一大批以清史为题材的小说或其他形式的文艺作品，它们有一种倾向，这就是从作者的好恶出发，任意地给历史人物涂抹脸谱，多少歪曲了历史人物的基本形象；又随意地离开事实去描写历史事件，结果，弄得人物或事件失真，这样描写历史显然是不恰当的。虽然历史研究与历史题材的文艺作品各擅一道，表现形式不同，使用的手段不同，亦即科学思维与形象思维之不同，但是我们都懂得，不管研究成果还是历史题材的文艺作品，有一点是相同的，即都必须是正确地反映历史，揭示历史的真相。舍此无他。从这个原则来衡量《创业记》，它的可取之处，就在于它比较尊重历史，书中人物的言论、思想、作风、习惯、形象，以及各个历史事件的发生和结局，都有事实根据。例如，《清太祖武皇帝实录》《清太宗文皇帝实录》《满文老档》《满文老档秘录》《东华录》等等，堪称是记述努尔哈赤与皇太极事迹的权威性的文献资料。我们把上述文献拿来同《创业记》相对照，很快就会发现，它的基本情节、基本事实，连一系列的细枝末节，无不在文献中找到具体记载。《创业记》中许多人物的对话，也几乎实录于文献中的精彩记叙。总之，全书贯彻了以历史事实为依据的严肃的创作原则。正如作者称：清代“载籍浩繁，非一般人民所能尽读，故节其要，旁采新书，而成是篇”。又自谦地说：本书“文虽鄙俚，事皆有据，不可概视为稗官家言也”。观其所作《创业记》，作者的这一宗旨和自评，实非虚语。事实表明，他的确阅读了大量文献资料，并进行了深入研究，去芜杂，留精华，用功之勤，不逊于治史的学者。作者取材于史书记载时，还借助学术界研究的成果，对史料的价值和可靠性作了必要的考订，这是难能可贵的。例如，关于萨尔浒大战明清（后金）双方的兵力，有种种不同的记载，清代官方记载明朝投入兵力二十万，还有的夸大为四十余万。实际上这两种说法都不对。作者在这里则采取了当时学术界的科学结论，写作十万（确切说法，应为九万），基本符合历史事实。再如，明崇祯帝杀袁崇焕，实误中皇太极的反间计，已为学术界所证实。《创业记》也依照这一历史真相真实地再现了当时这一幕历史的活剧。总的说来，《创业记》对历史事件的叙述和对努尔哈赤与皇太极的评价，从大的方面来说，跟学术界的看法有近似之处。所以，我们有理由认为，《创业记》不仅仅是一部历史小说，而且在一定意义上说也是一部学术性著作，适可以作为史学研究者的参考。

我们强调历史小说应当尊重历史，并不是要求它完全照抄史料，恰恰相反，作为文艺作品，必须进行艺术再加工，活灵活现地描述历史，这是小说、戏剧等文艺作品与历史科学论著的一个显著区别。首先，历史小说要有完整的故事，没有故事，不能称为小说，而故事则体现在事件情节的形象叙述。同样，没有情节的叙述，也构不成故事。在这方面，《创业记》有着较强的故事性。作者把收集到的零散史料加以集中。理出事件的始末，经过慎重地取舍，简洁而完整地写出它的全过程。从本书所列的三十四个回目，我们清楚地看到，它是按时间顺序，以一个个重大事件为中心情节，逐步地向我们打开清朝勃兴的历史画卷。特别是在一事与另一事之间衔接得很紧凑，由此及彼，过渡自然，凡文意转折之处，也井然有序，一扫零乱、松散之弊。《创业记》确以叙事首尾呼应、结构严谨而取胜。其次，历史小说要刻画出人物的形象，这也是区别于历史专著的一大特点。历史人物的形象不是作者的主观想象，而是根据史料，用艺术的手法，合理地加以塑造。一般地说，人物的形象总是通过人物的语言、行动、情感，以及性格特点诸方面体现出来。《创业记》就是使用小说的这些表现手段，把努尔哈赤与皇太极的胸怀大志、勇于进取、勇敢善战、富于牺牲精神的形象刻画出来，真实地塑造出卓越的政治家、军事家的完整形象。书中其他主要人物，都各具自己的形象，互不雷同。

《创业记》另一个明显的优点是，作者在叙事中夹叙夹议，在紧要之处，作者加上自己的评议或补充必要的知识，丰富所要描写的内容。如同电影的“画外音”，起到说明、提示的作用，帮助读者深入理解故事情节。例如，在第一次写到努尔哈赤的云梯攻城法时，作者以自己所见云梯，并尝试作过攀登，很逼真地描写了云梯的形状、规格以及攻城时如何使用等。读者读此，对古人使用云梯攻城的艰巨和战斗的激烈程度，仿佛置身于古代战场，格外真切。

《创业记》在语言的运用上，具有与同时期其他历史小说不尽相同的特点。它采用通俗白话与浅近文言相结合的方式，既保持了古人用语的习惯，也广泛地应用了作者当时的群众语言，生动流畅，读起来没有阻滞的感觉。当然，书中用了不少如之、乎、者、也一类的语气词，说话的“说”字，多用“曰”字，人物说的话，也多是浅近文言。这些对于不常读古文的人来说，难免觉得别扭。但只要认真读下去，不仅习惯这些浅近文言，而且一定还感到大有韵味，从中学到古今语言的巧妙运用。应当指出，民国时期文艺的一大进步，就是在语言上走向大众化、民族化，通俗白话逐渐成为主流。《创业记》在语言通俗化上做得还不够彻底，但也作出了很大努力，作者把白话与浅近文言结合起来，可以认为是一种尝试。

作者是满族人，长期生活在东北，他对于其祖先创立一代伟业深为钦仰。因此他怀有缅怀的心情创作这部历史小说，目的是启发和激励后人把先世艰难创业的精神发扬光大，用于“建设”国家，致力于“报国”的事业。他的这一思想意图在书中流露于字里行间，并在“自序”中作了明白的交代。我们知道，作者所处的政治环境，恰是“满洲国”刚刚被日本帝国主义扶植起来。显然，作者的政治“理想”是重建他的祖先的大业。这种怀旧的、不切实际的妄想是与历史发展的方向背道而驰的。正是出于这种政治追求，作者对努尔哈赤、皇太极所作评价，完全采取了清代统治阶级的观点，给予了全面肯定，把他们都描绘成十全十美的人物。他称赞努尔哈赤创建的后金奴隶制社会是“现实的乌托邦”，在这个社会里，“法律是那样的公平，政治是那样的简朴，积压不理的事，一样也没有”。他赞美努尔哈赤“不分彼我，也没有种族偏见”，“对于人民，爱如赤子”。谁都知道，在一个奴隶主与奴隶（农奴）严重对立、阶级压迫无处不存在的社会里，根本不可能做到“公平”，作为奴隶主阶级的最高代表人物也不可能具有爱人民如“赤子”的博爱精神。不错，努尔哈赤、皇太极都是应予肯定的历史人物，但我们所给予的肯定，与作者的溢美有着明显的不同。我们肯定他们，还要指出其历史的局限、阶级的局限与某些重大问题的失误。这又跟作者力图加以的掩饰存在着原则分歧，事实是，努尔哈赤、皇太极等人物，作为满族的最高统治者，姑且不说他们如何压迫本民族的劳动人民，他们对汉族确怀有程度不同的民族偏见，实行奴役汉人的政策。特别是在交战过程中，屠戮无辜汉人相当残酷。这在努尔哈赤统治时期尤其严重。他发动一系列战争，掳掠了大批汉人为奴，在一个时期，给广大汉人造成了深重灾难。这种情况，到皇太极在位时，虽大有缓和，但是压迫汉人、掠夺汉人的事实仍然存在。可以毫不夸张地说，努尔哈赤与皇太极的大业，恰是建筑在千万人的尸骨之上的，并踏着他们的尸骨一步步走向全国最高权力的宝座！但《创业记》没有给予必要的揭露和分析，因而违背了历史的真实。我们说，历史是人民群众的事业，绝不是一两个英雄豪杰可以包揽一切的。作者片面强调和夸大清太祖与清太宗的历史作用，反映了作者的英雄创造历史的错误观点，不仅如此，作者对清代所有方面都给予颂扬，并比附现实，一方面非今颂古，一方面引申到伪满洲国，提倡满日“协和”。尽管这不是作者的主流思想，却也暴露作者迎合满日的政治需要的思想倾向。我们还要指出，作者对农民起义、农民战争及其领袖人物，如李自成、张献忠等，采取了完全错误的观点，甚至加以污蔑、谩骂，这与历代封建统治阶级对农民起义的态度和立场并无二致。所有这些，都是这部历史小说的严重缺欠，表现了作者的历史唯心主义的观点。

尽管《创业记》存在上述不足，仍然不失为一部较好的历史小说。只要我们对它采取分析的态度，仍能从中获取有益的知识。

（原载《福昭创业记》，吉林文史出版社1988年版）

历史影视创作应当尊重历史

一个不懂历史的民族是没有前途的，而不懂历史的人永远摆脱不了愚昧。历史是科学，历史题材的影视必须尊重科学。“戏说”历史，实则戏说我们这个民族。文艺家，特别是创作历史题材的作家、编剧者，应当正确对待历史，多读点历史，去无知，忌浅薄，戒浮躁，对历史负责，对读者或观众负责，努力创作出精品来。

近二十年来，我国以历史题材的影视创作可谓盛矣。其中，又以清史的影视剧独占鳌头。如《努尔哈赤》《两宫皇太后》《火烧圆明园》《宰相刘罗锅》《戏说乾隆》《雍正王朝》《一代廉吏于成龙》《康熙微服私访》《天下粮仓》《康熙王朝》等，都属清代重大题材而具代表性的作品。这些名目繁多的影视剧纷纷登上荧屏或银幕，走进千家万户，遂成铺天盖地之势，如一股股五彩缤纷的“历史大潮”，将沉寂的历史时空搅得热闹非凡，堪称是我国文化生活的一大奇观。

艺术再创作必须尊重历史

审视这些影视作品，有两种截然不同的评价。一派以“严肃”的史学家们为代表，可称为“严肃派”，认为大多历史影视剧，不尊重历史，将严肃的历史变成信口胡说，缺乏历史责任感。一派为“戏说派”，力主“戏说”历史合乎理性。他们给“戏说”下了一个堂而皇之的定义：“戏说是以一种与我们以往经验完全不同的思维方式在演绎历史”；“戏说历史自然要抛去真实历史的魅力”。应当“从现代社会的紧张生活和多元文化”，以及为“娱乐”和“商业”

的需要去认识“戏说”的必要性，如对影视的“教化作用的过分重视”，就会“使（影视）作品与观众疏离”。所以，“严肃不敌调侃，历史不敌荒诞”。持此说的人向史学界叫板：“何必跟‘戏说’较劲!”此派观点，在文艺、文化及新闻界颇盛行，尤以那些专门制造“戏说”的编导们更为激进。有人口出狂言：“气死历史学家!”又有人蛮横地说：“我对历史不感兴趣!”报载：扮演康熙帝的“明星”竟以皇帝的口吻称：“朕不接见历史学家。”真是一针见血，活现了这些不懂历史的“史盲”们对历史的蔑视和对历史的断然拒绝。

“戏说”派的要害问题，从根本上说，是没有真正解决历史与艺术再创作的关系，不懂何为艺术创作和怎样再创作，失去了理论指导，迷失了方向。具体说，“戏说”派在历史与现实、学术与艺术、真实与虚构等至关重要方面，搞乱了关系，颠倒了主次，将历史影视剧的创作引入歧途。

任何文艺作品，无不来源于现实生活，反映现实生活。《红楼梦》是一部伟大的小说，它的伟大，就因为它最真实地再现了18世纪中国的社会生活，准确地描绘了清代盛衰之际的社会发展趋势。同样的道理，历史题材的文艺作品包括影视，无疑来源于历史资料，再现历史的真貌。历史是什么？就是昨天的、前天的现实。历史与现实的差别，最显著的特征，是“时间差”，时代背景各异。对人而言，诸如观念、行为、道德、礼仪、服饰、语言以及生活方式等等，都因时代不同而变化，但都是人类的社会生活。历史题材的文艺创作要求对历史事件的熟稔和历史进程的宏观把握，要求尊重历史的基本架构和事实，但这种尊重和把握不是历史的照相式摹写，更不是历史教科书，创作中的虚构是在尊重历史真实的基础上合逻辑的想象，是大事不虚、小事不拘的有机结合，因而，才会比历史本身更精练、更丰富、更形象、更鲜活。

这些道理，虽属常识，却是一条创作原则。可惜，当今涌现出来的新潮文艺作家连这点常识都不懂，将历史与现实对立起来，否定历史的客观存在，只按他们头脑中的“新思维”，随心所欲地“演绎”他们编造的“故事”。实际是戏弄生活!

“戏说”派指责历史学家不懂艺术，“一向惯于正襟危坐，板起面孔来说教”。此言是否尊重历史学家，无关宏旨，重要的是，须向这些无知而狂妄的人们“解惑”。须知，历史是科学，文学是艺术，诚然，影视创作不能等同于学术研究，反之亦然。前者是以形象思维的方式，将历史记载转化为视觉艺术，形象地再现昨天的或前天的现实。后者则通过考辨事实真伪，以科学论证的方式，用文字表述历史的原貌。很清楚，学术研究与艺术再创作，其“终极目的”完全一致，仅仅是表现形式和采用的方法、手段不同而已。“戏说派”不懂学术与艺术的关系，却将两者对立起来，以艺术来诋毁科学，只能说明自己浅薄无知。

“戏说”派又搞乱了艺术的虚构与历史的真实这两者的关系。他们认为，虚构即艺术，“严肃”地照搬历史，就没有了艺术。貌似有理，实属谬言。我们承认，将历史改编成影视作品，是一个艺术再创作的过程，对历史进行艺术加工，包括虚构，不仅是必要的，也是允许的，否则，就不成其为艺术作品了。但是，这种艺术再创作，必须尊重历史，就是说，是在历史真实的基础上的再创作，合理地虚构。如果完全离开史实，另行编造历史，与历史风马牛不相及，那么，虚构便失去了赖以存在的基础。

《康熙王朝》是如何“戏说”历史的

“戏说”派的编导们，漠视历史，随心所欲，将严肃的艺术再创作变成对历史的重新编造，如同儿戏，信口“戏说”，亦即瞎说中国历史，面目全非。下面，试解剖《康熙王朝》等电视连续剧，以辨真伪。

《康》剧号称历史“正剧”，声明百分之七十符合历史。此说是否正确，姑且不论，看看事实也就不言自明。

康熙朝承顺治朝之后，励精图治，平叛止乱，东南收台湾，东北击沙俄，初步建立了规模空前的多民族“大一统”的国家；治黄成功，经济繁荣；吏治清明，社会安定，文化昌盛。历经半个多世纪，开创了史称“康乾盛世”的崭新局面。正如其子雍正帝所评：“论勋业，实同开创。”[①] 康熙朝历史极其厚重而丰富多彩，不仅在清史而且在中国历史上占有重要地位。《康》剧理应正确反映它的历史，艺术地再现康熙开创“盛世”的历史进程，要把那些为推进盛世而献身的英雄人物，以鲜明的具体形象重现在当代人的面前，并将历史的启示——经验和教训，传达给人们。很遗憾，《康》剧把一个气势恢宏的康熙朝、把一个不断艰难创业的时代，改写成宫廷内部钩心斗角、阴谋丛生、三角恋爱的故事。编导采取无中生有、张冠李戴、移花接木，直至胡编等手段，将

① 见《清世宗实录》卷1。

一部康熙朝的辉煌历史，搞得混混沌沌、混乱不堪。如顺治帝弃帝位出家、康熙帝与苏麻喇姑长期爱恋纠葛、莫洛每年收吴三桂十多万两白银，索额图收二十万两银票、陈廷敬任处理三藩问题的特使、康熙帝微服私入妓院、在饭馆办案等等，如此重大事件和情节，全属无中生有！《康》剧称：三藩搬家需五至七年，费银一万万两、五十万顷地、一百五十万间房。试问：此数从何而来？史载：搬家时间只需两三个月，即使国家迁都也用不了五至七年！三藩搬家只有本家人及侍婢、家丁与很少的侍卫，每家不过几百人，至多也不超过千人，何需一百五十万间房屋！上列数字，全是编导杜撰，连起码的生活常识都不懂，所以才编出如此荒谬的数字！

又如，编造康熙帝与宝日龙梅在草原“做爱”，事毕，康熙帝竟说她“强暴了朕”！一个小女子竟能“强暴”了堂堂皇帝！古今有此理乎？低级情趣，为谁而编？康熙帝与一个虚构的人物魏东亭同榻而卧，当夜魏就死在了他的身旁。历朝历代有这等事吗？康熙朝中，名臣名将名儒多得很，编导偏不用，硬是造出如吴次友、魏东亭一些不伦不类的人物来。即使是常识也错得荒谬。如大学士明珠称：“大清律乃圣祖所定。”“圣祖”是康熙帝死后的庙号，他还在世，谁能提前预知他死后的庙号？孝庄口称：“先帝皇太极”，臣民即使皇后，谁敢直呼皇帝之名？这里，本应称“太宗”，却直呼其名，即使如孝庄之尊，也要犯“大不敬”之罪！《宰相刘罗锅》中，刘当着乾隆帝的面，竟叫起他的名字：“弘历啊……”连起码的历史常识都不明白！至于时间、地点，《康》剧很少有对的。

我们同“戏说”派的编导们的分歧，不在于哪个情节编得像与不像，更不在于哪句话说得对与不对，根本问题，就是一个创作原则与创作的态度问题，具体说，要不要尊重历史？为何要弃真编假？

“戏说”历史，易将青少年引入误区

中国历史悠久，文献极其丰富。中华五千年文明史，除遗址遗迹遗物可资证明，大量地保存在文字记述的历史文献中。研究中国历史与文化，创作历史题材的文艺作品包括影视剧，都须从这里索取原材料即素材，或进行学术论证，或进行艺术加工，真实地再现历史原貌。不可思议的是，那些号称“艺术家”、“作家”及“名导”们，无须查找历史资料，更不必研究，竟将历史完全

“推翻”，仅凭他们的“艺术”头脑，想当然地重新编历史。他们就是不要真实的历史，认为历史不生动，历史中“无戏”，只有他们编得生动、有情有戏，老百姓才爱看。这不叫艺术再创作，应称之为“历史再创造”！因为他们改变了历史事实，搞乱了原事物（件）的“因果”关系，也就制造了荒唐。

显而易见，历史在编导们的手里，不过是个幌子，一个可借用的道具，只需使用历史人物的名字，让他们穿起古代服饰，搭起宫殿或豪宅，来演绎他们心中的爱情神话和善善恶恶的人性，以古喻今，将历史现代化，宣泄他们的商业价值观和低俗的感情追求，将本来就很生动又给人以启示的历史，变成了一幕幕荒唐的闹剧，实际是制造了一堆堆文化垃圾！

弃真编假，实在是历史题材创作之大忌。究其原因，固然非只一端，但一个很重要的原因，还是编导自身素质低下，懒惰、浮躁，急功近利，不负责任，不肯花点力气读点历史，更谈不上研究。的确，在浩如烟海的史籍中，挑选创作素材，实非易事，要付出艰苦的劳动。看来，编导并不想这样做。《宰相刘罗锅》的编者坦言：开始创作时，还依据有关记载，后来干脆抛开史料，信笔写了起来。不用史料，就加进现代生活内容，如让刘罗锅与乾隆皇帝洗桑拿，刘给皇帝搓澡。乾隆帝宴老臣，六王爷在品酒时，竟做起了现代市场营销酒类的广告！一个富有教育意义的历史内容，变成了荒诞不经的“戏说”！

前引一位编导称：他“对历史不感兴趣”。这大概反映了“戏说”派的共同的价值取向和对历史的明确拒绝。既然如此，为何还要编历史题材的影视剧？他们的本意，就是对真实的历史“不感兴趣”，热衷于“戏说”，实则瞎说，来冒充艺术创作。他们标榜“虚构即艺术”，用以掩饰他们对历史的无知和不读史的懒惰！

与此形成鲜明对照的是，一些艺术家坚持正确的创作原则，尊重历史，创作出真正艺术的文艺作品。如蔡东藩，通读二十四史，写成《中国历史通俗演义》，历经半个多世纪，仍畅销不衰。《清宫秘史》《武训传》，皆有史可据。郭沫若的《武则天》《蔡文姬》等，脍炙人口，却是严肃的历史剧！台湾已故著名作家高阳，以多年之功，查阅清代档案，广取史料，写成《母子君臣》等清史系列小说；又以档案资料为基础，创作出《胡雪岩》《红顶商人》等历史小说，风靡海峡两岸。这些文艺作品，都是在极为丰富的史料的基础上，进行严肃的再创作，故其作品内容真实，艺术魅力至今不减。主张“戏说”历史的人，认为“严肃”的作品“无艺术”的观点，是十足的庸人之论！拿“戏说”

作品与之相比，简直是个倒退！

“戏说”历史，既不真实，实无艺术可言，而其危害尤大。它搞乱了中国历史，使人们不再相信中国历史真实可信，尤其是，将成长中的青少年引进误区，不利于精神文明建设，不利于提高全民族的文化素养。

（原载《人民论坛》2002年9月中）

革命尚未成功 同志仍须努力

——辛亥革命八十年祭

八十年前，孙中山领导的资产阶级革命推翻清王朝在中国的两百六十多年的统治，并一劳永逸地结束了中国两千余年的封建帝制，建立了资产阶级共和国——中华民国。这是中国历史的新纪元，是划时代的伟大事件。无论是对中国、对世界，其影响都是不可估量的，直到今天，我们还感受到它的影响无所不在。因此，重新回顾这场革命，再认识它所提供的经验教训，自然使我们感到十分新鲜，十分宝贵。

孙中山初创民国，如同漫漫长夜，在中国顿时现出黎明的曙光。然而，这曙光就像夜空中的一颗流星，忽闪几下，转瞬即逝。辛亥革命只埋葬了皇帝及其君主专制，而对中国的现状却毫无触动；帝国主义列强依然在中国的土地上横行无忌，封建买办与官僚资本仍主宰着中国的命运；在广大的农村，地主阶级继续占有大量土地，维持其宗法统治。中国的工人、农民和其他劳动者挣扎在死亡线上，过着千百年来延续下来的贫困生活。因为国家政权已被剥削阶级的代表人物所篡夺，自上而下，很多是亡清的朝廷要员、封疆大吏。一句话，辛亥革命后，中国只是一个没有皇帝的封建地主与官僚买办联合专政的国家。革命前，孙中山提出的“平均地权”、“土地国有”、消除贫富悬殊等革命主张，都逐个地破灭了。

孙中山对这一严峻的现实是逐步认识清楚的，并力图予以补救。

袁世凯窃取大总统职位之后，撕下假面具，对革命党人进行镇压，孙中山发出讨袁的号召，举行第二次革命。结果，遭到了失败。孙中山被迫逃亡日本，创建中华革命党（后改名为中国国民党），发表讨袁宣言。袁世凯毫无顾忌，疯狂反攻倒算，由临时大总统变为正式大总统，再变为“中华帝国”的“洪宪皇帝”。孙中山与蔡锷进行联络，由蔡赴云南，组织护国军，以武力讨袁。在全国群起讨伐声中，袁被迫取消帝制，忧惧而死。其后，又有军阀张勋导演了清废帝溥仪重新登基的复辟闹剧。孙中山在上海发表“讨逆宣言”，捍卫共和。张勋复辟迅速被粉碎。段祺瑞篡夺了国家政权，继承袁氏衣钵，不再恢复国会，废除孙中山为民国制定的《临时约法》，实行独裁统治。孙中山在广州发动“护法运动”，重新组织政府，召开国会非常会议，出任中华国民军政府大元帅。护法军击败了北洋军，段氏被迫下台。然而，在军政府内部，又有桂系、皖系等军阀争权夺利，极力排挤孙中山，迫使他辞去大元帅之职。护法运动又失败了。这时，他已认识到：“吾国之大患，莫大于武人之争雄。南与北如一丘之貉。”

自辛亥革命，至1921年中国共产党诞生，整整十年中，孙中山为创建和捍卫民国屡次奋起革命，又屡次失败，他从多次失败中，始悟到军阀肇乱中华，国无宁日。但他却找不到革命的出路。当此危险之际，刚刚诞生的中国共产党和苏俄共产党及列宁，及时地向他伸出了援助之手，从理论上向他阐述了中国革命的症结所在，给他指明了革命的方向。孙中山接受了中国共产党和苏俄共产党的帮助，重新振作起来，将他的三民主义改造成新三民主义，著名的联俄、联共、扶助农工三大政策，即是其核心内容。同时，改组国民党，使之成为各革命阶级联盟的政党，从而与中国共产党的最低纲领取得了一致，并促成国共两党的第一次合作。

正当中国革命出现新的转机、充满希望之时，1925年3月，孙中山不幸在北京逝世。“革命尚未成功，同志仍须努力”这一名言，就是孙中山去世前向全党和一切革命志士发出的伟大号召。他留下的《遗嘱》说：“余致力国民革命，凡四十年，其目的在求中国之自由平等。积四十年之经验，深知欲达此目的，必须唤起民众，及联合世界上一切待我之民族，共同奋斗。现在革命尚未成功……”这些精辟的语言，是他对自己数十年革命的深刻总结，是孙中山一生中一次巨大的思想飞跃，而这个飞跃，恰恰是中国共产党和十月革命对他的影响的集中体现。

回顾辛亥革命和孙中山的革命实践，使人们看到，孙中山不愧是一个伟大的革命家。他把自己的一生无私地奉献给了国民革命，失败了再干，奋斗不息。勇于探索，勇于修正自己的认识和理论，总是努力走在时代的前列，指导中国革命。他虽是一个资产阶级革命家，在他身上所表现出的优秀品质，很值得我们学习和借鉴。他领导的辛亥革命失败了。真正挽救这场革命，并引导中国走向胜利的是中国共产党；又是共产党把孙中山领导的旧民主主义革命转变为新民主主义革命，进而发展到社会主义革命；孙中山追求中国之自由平等的理想，也由共产党给予完全实现。不仅如此，共产党还给孙中山以希望和新生，使他在晚年又焕发出新的光辉。历史已经证明，共产党是孙中山未竟事业的真正继承者、中国革命唯一正确的领导者和组织者，是中国的无可争辩的救星！

辛亥革命及其失败，令人信服地证明，只有社会主义才能救中国。孙中山按照西方资本主义的模式，在中国建立资产阶级共和国。他为此奋斗数十年，结果是，“革命目的未达，仅有民国之名，而无民国之实”。在中国实行资本主义行不通，建立资产阶级共和国也只是一种幻想。近代中国，是半封建半殖民地社会。它造就的民族资产阶级，先天不足，同封建地主阶级有着天然的联系，既受制于帝国主义而又依赖于它，无论在数量上还是经济实力上都是弱小的，因而在政治上也是十分脆弱的。这就决定它领导的革命既不坚决又不彻底，不可能同帝国主义、封建主义展开不妥协的斗争。辛亥革命的失败，正是民族资产阶级软弱和妥协性的大暴露，唯有中国无产阶级及其政党才是最革命、斗争最坚决的阶级。它的目标，是在中国彻底铲除剥削与压迫制度，推翻其反动统治，使中国亿万人民真正获得解放和自由。只有社会主义才能救中国，已经不是简单的理论问题，而是已被辛亥革命以来八十年的实践所证实的千古不易的真理。

自辛亥革命到今已有八十年，如从党诞生时算起，则有七十年，而实行社会主义也有四十二年了。应该说，我们已经取得了决定性的胜利。中国发生了天翻地覆的巨变。但是，我们还不敢说是最后的胜利。从这个意义上说，我们的革命尚未最后成功。因此，我们今天纪念辛亥革命八十年，感到特别亲切，具有特别重要的现实意义，一定会从中汲取有益的经验教训，把中国建设得更强大，以坚不可摧的雄姿屹立在世界的东方！在这里，让我们借用孙中山的遗训共勉：“革命尚未成功，同志仍须努力。”

（原载《吉林日报》1991年10月9日）

附：成功始于勤奋

——我的学术自述

1965年盛夏，我从辽宁大学历史系本科毕业，被选入原东北文史研究所，从此开始了清史研究的漫长历程，迄于今，已走过了四十余个春秋。如果能用最简单的话总结以往人生与事业的感悟，我就会毫不犹豫地说：成功始于勤奋。

一、人生的三次选择

选择专业，确定未来从事的事业，对于每个人来说，无疑是人生的关键性选择，从一定意义上说，实则就是对命运的选择。我选择了历史——清史，也就决定了自己的命运，注定要与辛苦、寂寞、冷清为伴，在无止境的治学路上，默默地耕耘。选中清史作为自己一生为之奋斗的事业，是我个人的自愿选择，是发自内心的一个真诚的愿望！

我出生在一个贫寒之家。父亲没念过书，但他善“讲古”，讲得就像他亲身经历的真事一般。每到周末，特别是逢年过节，他就打开话匣子，滔滔不绝地讲了起来。给我“讲古”的，并非父亲一人，还有从山东老家来的本家人及老乡等。就是这一串串的历史故事，让我不知不觉地进到一个亦梦亦幻的“历史世界”。

我渐渐长大，父亲照旧“讲古”，他的故事太多了，总也讲不完！这时，他又从工厂车间借来一些小人书给我看。从古代到现代，内容丰富多彩！看完，再换回一批小人书。小人书也成了我的历史启蒙老师。

我上四年级时，学校开了历史课，我学得津津有味，开始自己找书读。到了书摊，用买笔记本的钱租了一本《西游记》。这是我第一次读章回体小说，从此，一发不可收。

初中阶段，我的学习兴趣已经明显地向历史倾斜，对数理化已失学习的热情。对我影响最大的，是我读了《郭沫若文集》十三册。他的传奇般经历，他的史学、文学、戏剧、诗歌，都在文集中闪现出耀眼的光华。让我激动、兴奋，更让我向往！在这时，我便萌生了一个念头，将来要当一个历史学家！我独自订阅了一份《考古》杂志，这在全校恐怕也是唯一的一份。当时，心向往的是“考古”，每次细阅《考古》，都增加一份渴望！

读完二年高中（我考入的鞍山一中，实行教改，文理分科，以二年制毕业），即将毕业，报考什么专业呢？我毫不犹豫，不假思索，就填报了考古专业，其次才是历史专业。这是我的第一次人生选择。尽管考古专业未予录取，历史专业却是录取了，虽然学校不是名牌，总算是历史专业，夙愿得偿。

第二次选择，就是在漫长的中国历史中，选取哪一段或哪一个门类为自己未来的事业？刚上大学时，还不懂专业的选项。已学了两年半，还没有找到“喜欢”的感觉。关键是分授各段王朝史的老师所讲，并未引起我的兴趣，对我尚未产生很强的吸引力。到三年级时，来了一位年轻的老师孙文良先生，他给我们班讲授明清史。那时，他才三十一岁，后来才知道，他是毕业于北师大的研究生，为享誉海内外的史学大师白寿彝教授的高足。他上的第一节课，就引起了我的注意。几节课之后，我就全身心地投入到他的讲授中。他的口才无人可比；他讲述时史论结合，可以背诵马克思的名言名句，可以大段大段地背诵古文史料，不断地引用古诗，以诗证史，形象、生动，有故事情节，让人爱听。孙先生的板书与众不同，如同他写钢笔字，喜欢竖写，行草书间有，字写得圆润、洒脱、浪漫。他完全吸引了我，我情不自禁地在笔记本上模仿他的笔体。我完全被“征服”了！羡慕、崇拜、向往之情油然而生。于是，我决心找上门去。在一个周六的傍晚，吃过晚饭，东打听，西打听，终于找到他的家。他那么热情，真诚，很喜欢我来求学。孙老师的态度，让我把原来的顾虑和担心都丢得一干二净了！当晚谈到快十点了，我才告辞，临走，他借我读几本书，当然，都是明清史专业的。其中，就有一本《资本主义萌芽论文集》。

长话短说。在大学毕业前的两年多，我跟随孙老师的学术，亦步亦趋。他是我的授业之师，是我学术的引路人，又是亲密无间的朋友。我常说：生我者父母，育我学术者，文良也！直到他不幸去世，我与他已保持了三十多年的密不可分的关系。

文良老师帮助我实现了第二次人生选择，这就是清史专业。1965年，我毕业即被选入原东北文史研究所工作，我不假思索地选择了清史专业。所领导尊重个人的选择，我又如愿以偿，以此为开端，踏上了清史研究之路。

刚从事清史研究还不到一年，即1966年6月，全国“文革”爆发，东北局及各大区的局统统撤销了。东北文史所也失去了依存条件，遂于1968年撤销了。我们这些来自全国各大学的学子们也失去了安身立命之地，除了小部分留在长春市搞运动，我与大部分同志都上了“五七干校”。到干校七个多月，幸运又一次降临：我作为首批“毕业”的十人之一，被分配到“吉林省革委会”组织组（部）工作。这既非凭关系，也非靠侥幸，还是凭个人的条件：我是一个连队指导员兼党支部书记，又是校革委会委员。挑选我出校工作，也算是顺理成章吧。

1969年9月18日，我与其他9位同志披戴红花，被送出了干校，独自进了省委组织部大门。

我身在组织部，心系清史。我看到部里人调出调进，这正应了“铁打的衙门，流水的官”这句话，感到在这里工作并不安定，充满了变数。工作也单调，无非是“跑腿学舌，勒表划格”。组织纪律约束，不能随意表达意见，也让人窒息。我深知自己不属于“政治”，应回归到已选定的事业中去。遂暗下决心，只要有机会，必须离开！

机会终于来了，1972年6月，省委决定创办“吉林省哲学社会科学研究所”，由原东北文史所所长佟冬同志主持工作。我真是兴高采烈，迅即去看望他，借此探询他可否容纳我。正如我期望的，他极力鼓励我回所工作，他表示，马上给组织部写信，点名要我。可是，谈何容易！组（部）长谢家佑亲自找我谈话，要我留下来。还有我的爱人也不同意我重返这个“小庙”。阻力之大，超出了我的预想。我必须在学术与仕途之间做出最后的选择！

不知谈过多少次，佟所长电话、信一催再催。谢组长见我去意已决，无可挽留，遂于1973年4月3日批准我调离组织部。

二、面壁苦读，勤于动笔

治学之道，唯以勤奋居其首。治学如同练功，没有持之以恒的艰苦修炼，确难攀登学术高峰。

1960年9月6日，我离开父母，告别母校鞍山一中，来到沈阳，迈进了大学的神圣殿堂。入学才一个多月，刚入冬，经济困难降临全国，学生的生活顿时陷入饥饿之中。

尽管忍饥挨饿，常常饿得连腰都直不起来，我还是刻苦读书，不减分毫。

大学学习与中学完全不同，怎样学习、读什么书，都摸不着门路。开始，我就是跟老师讲的课走，其次是按老师每节课后开列的参考书，到图书馆借来读。如，老师讲猿变人，我就去读恩格斯的《劳动在从猿到人转变过程中的作用》《联共（布）党史》；讲到夏、商、周时，我去读《史记》中的夏本纪、殷本纪、周本纪等。马克思、恩格斯的书、《史记》等，都是第一次读到原著，一种新鲜感、渴求之感，都是以往不曾有过的！尝到了甜头，慢慢知道该读什么书，所以，讲到先秦史以及楚汉之争、诸子百家等，还是读《史记》。与此相关，再扩大读书范围，又读《春秋》《左传》《论语》《战国策》《诗经》《孙子》等书，都是在中学时代所不曾目睹过的书，而此时逐一过目，真是眼界大开！以后，随着课本走，每讲到一代王朝时，必读其正史，久而久之，差不多二十四史都触摸过。与此同时，必读当代学者与课本知识相关的著作。我把老师教的课，分门别类，按专题内容去读书，效果甚好。读书分两类，一类是必读原著，真正了解其实在内容，尝到原汁原味；一类是今天的学者或以往的学者对原著的解析解读，两相对照，才能真正掌握到真知识。

在学习过程中，我逐渐认识到，学好史学或将来从事史学研究，最需要两门知识予以辅助。一门知识是哲学，必不可少！哲学是研究人的世界观，包括观察与研究问题的科学方法，增强逻辑思维的能力，提高分析问题的能力。在中学时代，完全不懂哲学，到了大学，第一学年就开了哲学课。老师授课时，征引马、恩、列、斯经典著作，又引导学生去阅读原著，像《共产党宣言》《哥达纲领批判》《反杜林论》《费尔巴哈与德国哲学的终结》等，我都一本本地读，反复琢磨。学哲学的确让我摆脱了愚昧，变得聪明起来。我一贯重视理论，以为没有理论指导，历史就是各类现象的堆积！我努力学习哲学理论，受益无穷，在其后所作论著中，充满了理论思辨的精神。

另一门知识，就是文学。学习文学，就是要学会形象思维，借助丰富的史料，可以展开想象的翅膀，去构思几百年乃至上千年前的人和事，将那些尘封已久的种种“故事”重新再现出来。学文学，可以丰富人的感情，将学者的爱与憎、是与非、善与恶倾泻在史事的评述之中，用以感动今人，达到教化的作用。文学的词汇极为丰富，适足以弥补史学的缺陷。本来，古人文史不分家，经典的史学之作，无不是用生动形象的词汇构筑起来的。

随着学术日见深入，我把史学、哲学、文学的关系，打了个比喻：史学好比是一部车，哲学与文学是它的两个轮子。只有两个轮子转动起来，车才能前进！比喻未必恰当，但我要说的是，研究史学，绝对离不开哲学、文学，必须借助这两门学科知识，史学才能达到高水平！

上大二时，我读吴晗的《投枪集》《匕首集》，记不得在哪个集子，其中有一篇谈治学，以他的经验，概括为“三多”，即多读、多想、多写。我视为自己的座右铭，作为自己治学的指南，努力去实践。这三个“多”，必用“勤奋”贯彻始终。五年中，几乎没有一个星期天去逛街，都在校内图书馆度过每一个周末！说到“想”，真的是进入了一种“状态”；天天想的就是学术观点、看法，每天晚上十点统一熄灯就寝，当大家还在“精神会餐”，我却在想当前学术讨论的热点。上课时，思想也常溜号，自顾想问题。

要说“多写”，就是勤于动手动笔，不停地想，不停地写，熟练地掌握这支笔，运用它来写好文章。我在这方面也下了大工夫，付出了艰巨的努力。总结一下，可归纳为五个方面：一是抄书，无论专业、非专业，只要有精彩内容，有哲理的观点、语句，我都抄录在一个专用的笔记本上，连报纸上的文章，我也抄。比如，专抄《人民日报》报告文学的“开头部分”，因为万事开头难，做文章也重在开头能否开好。马、恩的经典抄得更多，五年中，我抄了十余本。二是写读书笔记，读了书有感而发，就写下自己的体会。例如，抄了马、恩、列的语录，再附写个人的理解。读了《拿破仑传》《斯巴达克斯》之后，我要写上四千多字的个人心得。三是坚持天天写日记，把每天遇到的事、想到的事与感受，都在当天晚上写出来，包括对自己的监督，如一天用功不足，浪费了时间，就在日记里痛斥自己懒惰，马上就会改正。四是写信，给父母、给同学写信，要用心用情去写，特别是给女友一周一长信，搜索枯肠，逼着自己用最美的文字写出内心的深情。五是动笔写文章，这更重要。在读书过程中，发现问题，就尝试写文章。读二十四史，发现各朝代国号都各有来历，于是就撰写成《中国历代王朝国号来源浅说》，一下子写四千多字！学习远古史，了解到农业的出现，就写了《中国农业的起源》。五一劳动节到了，即兴写了《五一国际劳动节的来历》。下工夫最大的，还是撰写《关于中国古代农民起义所建政权的性质》，竟写了万余字！写这么长的文字，这还是第一次呢。这篇文章，常常是在夜不能寐的状态中，想了一段就写一段，硬是拼出来的。这些文字，只是习作，都请文良老师评阅过，给我一一讲评。

这些不同方式的训练，工夫果然没有白费，如文字表述能力，文字的基本功，已大见成效。当然也有力地训练了思维，分析问题的能力明显提高。1964年夏秋，全国掀起了批判忠王李秀成的热潮。我就读的辽宁大学历史系自办《跃进报》上刊登了本系一班金万柏同学批判李秀成的文章。我已读了不少这方面的论文，已是骨骾在喉，趁此机会，我也马上写了一篇针锋相对的文章：《替忠王说几句话》。此文不过三千多字，却是一气呵成。文笔之犀利，观点之鲜明，反潮流之精神，一下子震动了历史系，老师们无不交口称赞文章写得好！也就因此文而在系里成了一个有“影响”的人物了。可以说，多年刻苦读书，已由量的积累，初步转化成质的飞跃！

真正“面壁苦读”，还是大学毕业以后的事。这句话，原是东北文史研究所先期到所的同志治学的一句口号。每间寝室兼工作室住有两人，各给一桌，正好面对墙壁，昼夜兼作，就是读书。当时，还都没有成家，全部住在所内。我的“面壁苦读”就此开始。从入所第一个晚上工作到11点时，不出几天，就超过午夜12点，后稳定在1点左右，已是习以为常。改革开放的新时期已经开始，我感受到社会科学的春天的浓烈气息。我迅速调整心态与生活的节奏，全身心地投入科研，每天工作到凌晨两点半，达十个小时以上。

我的人生目标，绝不仅仅是为了谋生，而是要最大限度地发挥人生的价值，对社会有所贡献！

三、勇于创新，敢于挑战

学术的生命力，就在于不断创新，开拓新领域，提出新命题，论证新理念；同时，敢于向传统成说、陈规旧念发出挑战。

回顾我的清史研究，我的原则是：不跟风，不追逐所谓“热点”，更不追逐“时尚”，而是从自己的研究实践出发，从个人读书与研究中来，提出新的研究课题。

说起我的学术起步，我总说：“我是写故事出身的。”在20世纪70年代初，我刚从省委组织部返回研究所不久，为配合反“苏修社会帝国主义”，我参加编写《东北人民抗俄斗争故事》，我既是主笔人之一，又是书稿的定稿人。此书很快就由吉林人民出版社出版。接着，“评儒注法”是头等政治任务，我又“转战”，与研究室同志很快编写出《西汉儒法斗争故事》，如时出版。虽说通俗读物，对个人却有好处，比如，涉猎面颇广，使我多读了一些书，尤其是写这类题材，其体例不同，语言也特别，我从中受到训练。1979年，吉林人民出版社邀我写一部《清代历史故事》。因为有写“故事”的经验，这个清史故事不出十个月，就完成了15.3万字的书稿。当完成这部小书，我写故事的能力也大有升华，不夸张地说，已是熟能生巧了！

继此书之后，我马上筹划写一部人物传记。在写清史故事过程中，我发现清太宗皇太极这个人物值得一写，而国内外学术界尚无人研究，如能写成传记，也算填补空白。我征求文良老师的意见，他很赞成。我们一拍即合，很快拟定编写大纲，分工执笔。这时，他满有信心地说过一句话，至今我仍清楚记得：“我们成功于斯，失败于斯，但我想我们会成功的！”实在说，这毕竟是我第一次参写大型人物传记，内心并不踏实。看到老师那么有信心，我不再有所顾虑。果如老师所料，我们只用了十个月就写出了33万余字的书稿，定名《清太宗全传》，于1983年6月正式出版。《全传》是改革开放伊始国内发表的第一部清史人物传记，第一版发行79 950册，接着，又第二次印刷16 000册，已在国内外学术界引起了重大反响。日本著名学者细谷良夫以《关于清太宗全传》为题，率先在《东方》杂志发表长篇评论。他认为，此书之出版，反映了当时中国学术界的“新动向”，指出：是“萧一山的《清代通史》以来最值得重视的一部书”。《光明日报》《新闻出版报》等报刊，相继发表了署名的评价文章。

《全传》与国内已出的一些历史人物传有所区别的是，我们摒弃历史人物“脸谱化”、“政治化”的倾向，也不搞历史“比附”，而是严格按照太宗的本来面貌去描述，力戒“千人一面”，通过故事性的情节、特定的时代及其生活环境，以人物的实践活动和语言，再现其个性，进而揭示其性格与内心世界。我们改变以往论文式或证明式的撰写方法，寓评论或褒贬于叙述之中。改革以往的那种专业性的语言与行文方式，用贴近生活的语言，运用近似文学的词汇来表述人物的活动。其风格为文白相间，即用浅近文言与典雅的书面语相结合，让妇孺也能看得懂，增强可读性。

《全传》的成功，对我俩无疑是一个巨大鼓舞。我们并没有停歇下来。文良老师提议：在《全传》的基础上，应该写一部明清战争史。我们又是一拍即合。学术界仅有少量的有关明清战争个别战役的研究成果，还没有一部明清战争史的著作问世。不言而喻，我们又“抢先”一步，展开明清战争史的研究。我们把后金天命三年（1618）后金向明宣战，于抚顺、清河首次交锋，作为明清战争史的开端，至顺治十八年（1661）消灭南明最后一个政权永历政权为标志，明清战争史至此结束。我们对这场近半个世纪的战争史全程进行了考察，提出并明确阐述了与以往传统不同的学术观点。这部新著，以《明清战争史略》为名，共43.6万字，于1986年出版。迄今，这部书仍然是国内唯一的一部明清战争史。

接着，以文良老师为主编，我为副主编，组织清史与满学专家二十余人，共同编写了国内第一部满族的百科全书——《满族大辞典》，历时两年，于1988年出版。为一个少数民族编辞典，这在国内尚属首例。

这时，我提出了一个新的研究课题：写一部吴三桂传记。早在初中历史课本中已知其人，直到编写《清代历史故事》，特别是在上述两部著作中，已更多而具体地涉及他的历史活动。我发现吴三桂其人非同凡响：他是明清兴亡关键时刻的关键人物之一，在清统一全国过程中发挥过重大的甚至是关键作用。至康熙初年，他带头倡乱，一乱就是八年，几陷清朝于绝境。吴三桂所处地位重要，影响深远。自他降清，近三百年间，从民间到学术界都否定他、骂他，却没有一部传记写他，揭示他的人生真相。当我把这个想法说出来，文良老师并不赞成，让我与他合写乾隆传或《1644年社会大动荡》。他告诫我：吴这个人很复杂，不易写，尤其是他一直被骂为“汉奸”、“叛徒”，很敏感，又不易把握分寸。可是，我的思绪已进入跃跃欲试、欲罢不能的状态，无法放弃，最后，我只好独自“闯关”了。

研究吴三桂，实非易事，撰写其传记更难。一难史料分散而难辑，早期即从其出生到投身行伍这段历史，可资证明的资料，微乎其微；二难史料考辨，以史实漏记、误记、错讹互见，辨伪存真，无处不煞费苦心；三难是非难断，两百多年来，对他的评价已“定论”，而今难在判是非，又似是而非，尤难作出准确的结论。“吴三桂”是一枚坚果，能否啃得动，对自己是个巨大的挑战！凭着探索的勇气，并借助已积累的经验，硬是坚持下来。我的原则是，既不按已定见的“汉奸”模式去写他，也不存有为其翻案的设想，我是把他当成一个活生生的人，实事求是，再现他当年的真实面貌。在研究与撰写过程中，我充分运用哲学的思辨与文学的形象思维，来展现吴三桂多变的个性。此书是我一人独著，可以更自由地、最大限度发挥我个人的学术风格，调动一切可以利用的手段，多层次多角度地透视吴三桂丰富多彩的人生。尤其是文字与精心设计的文学表现手法的有机结合，都使上述方方面面的设想得到了较好的体现。

历时一年零八个月，一部以《吴三桂大传》（以下简称《大传》）为名的53万余字的书稿告成。文良老师欣然为本书作序，清史学界老前辈、享誉海内外的王锺翰教授为本书题写书名，1990年正式出版。我的苦心没有白费，《大传》以"新颖、奇特、宛转起伏、耐人寻味"，赢得学术界同声称赞。我的老师文良教授给我的评语是：《大传》是我以往的学术"传统精神的一次升华"。他说我的"传统精神"，就是"大无畏的科学精神，敢于触及棘手的问题"，"敢于碰硬，具有独到见解"（《大传》"序言"）。我追随老师三十余年，知我者莫过于老师，故能说出"知我之言"！《大传》出版还不到一年，《光明日报》记者即来长春采访我，写成《历史人物传记的深层次探索》，于1991年10月23日刊载于该报，对我的人物研究给予了肯定的评价。截至2005年，《大传》出版15年间，大陆已有三家出版社四次印刷。香港天地图书有限公司取得海外发行权，于1994年改成上下两卷出版。《大传》的确是我学术的一次自我超越，是从量变到质变的显著飞跃，标志我的学术"更加成熟"（孙文良为《大传》写的《序言》）。

以此为契机，我更大胆地挑战自己：选取我不曾研究过、学术界尚未有研究成果的领域，奋力开拓，不断取得丰硕成果。在改革开放25年间，我总共出版自著、合著及主编的著作有26部，其中，我个人自著有7部，共351万余字。近三十年内，发表论文220余篇，约两百余万字，著作与论文共550余万字。如将我任主编修改的文字与我执笔写的字数计算在内，就远远超出上述统计数字。

实在说，在过去近三十年内，完成如此之多的论著，对我而言，真是一个艰难的挑战！我体会，挑战包含两层内涵：

第一，在学术上挑战，就必须是创新，否则，就不成其为挑战。

我不能说每一论著都是创新，但我坚持学术创新精神，把它贯注到我的研究与著述之中。《清史》《清康乾盛世》《爱新觉罗家族全书》《吴三桂大传》《明清战争史略》《清太宗全传》及《满族大辞典》等等，在国内学术界都占据

“首创”的地位。先后多次荣获国家级、省级的社科奖项。

我同样重视每一篇论文的创新，从选题到论证，既无前人所论，亦无今人之证，当属首次提出。《论清太宗在清史中的地位》《论清军五次入关及其战略思想》《明清战争与明清历史发展趋势》《论康乾盛世与西方文明》《论清代大一统与西北边疆民族问题》《康熙处理三藩问题辨》等等，都是发前人所未发的新观点、新思维的文章。我发表的系列“考察记”，也构成我的学术的一个特色。20世纪70年代末，我到辽宁新宾县永陵乡努尔哈赤崛起之地——赫图阿拉考察。事毕，写成《努尔哈赤创业考察记》。到1980年代，赴长白山地区，寻访明清的历史遗迹，遂写出《一幅壮丽的历史画卷——明清长白山地区历史考察》；二度前往辽宁海城，在平南王尚可喜出生与归葬地搞调查，先后写成初访、再访清初平南王尚可喜在海城的历史遗迹；考察黑龙江，作《北陲探源记》（上、下）等，这类文章，把历史文献与前人在这些地方活动的遗迹相对照，采用史学与文学相结合的散文体，亦论亦叙亦证，抒发作者对历史的感悟与识见。此类体裁不乏创新之意。

第二，挑战也是对个人学术能力、精力与时间“三合一”的大挑战。

对此，我深有体会。要完成每一项研究，要取得更多更高质量的成果，首先必须全身心地投入，心无旁骛，以积聚成高效率的研究能量。一方面，投入研究的时间，要比常人多出许多；一方面，要在“单位时间出高产”，即在有限的时间内多出成果。

治学是一个艰苦的智力劳动的过程，非勤奋不足以成事！我四十余年的治学历程，要而言之，不过是对“勤奋”的实践而已。与那些名师名家相比，我所做的微不足道！

以上所写的文字，实话实说，对个人以往的清史研究做一回顾，也算是一个小结，至微至陋，本不足道。应《社会科学战线》之邀，给我一次机会，将自己的治学之路写出来，与同仁诸好共勉。借此机会，向《战线》致以由衷的感谢！我已于2002年退休，但事业还在继续。适逢国家组织全国学者重修清史，我入选为国家清史编纂委员会委员，并于退休的第二年调来北京，入传记组工作。我感到欢欣鼓舞。这是我的清史研究之路的又一个新起点，我将继续为之奋斗，把清史研究提高到新水平！

（原载《社会科学战线》2008年3期）

后记

编一本文集，看似简单，做起来也未必轻松。我自己应做的必做，如，搜集已发文章，从中选择，还要按顺序，分类编目录，最后，统一复印入选的文章，这些工作，不能交由别人去做。还有其他相关的事，自己做不了，或不方便，就得麻烦至近的朋友帮忙了。

柳海松为我的师弟，现任职于辽海出版社，精通于编辑之道。我编好文集后，就请他检查、审核，有无不妥，包括文集名称，全由他为我敲定。中国人民大学张公政博士为我查找部分论文，并替我复印；国家清史编委会周晓东、张晓玮博士为我打印论文。他们为我排忧解难，为我付出诸多劳动，让我感动不已。我怀着感激的心情，向他们致由衷的感谢！

当然，辽宁民族出版社为我出文集更让我感动。我在“自序”中先已致谢。这里，还要谢一次！特别是副总编辑吴昕阳如此热心、真诚，亲自操持此事，令人难以忘怀。所以，我要郑重地再次致谢！

还有一些朋友，他们为我出文集，不仅鼓励，还具体指教如何操作。我就不列他们的姓名了。借此机会，特向他们表达感谢。

2011年12月19日

于中国人大静园